◎ 2012年12月7日，中华全国工商业联合会第十一次会员代表大会在北京开幕。

◎ 2012年12月9日，中华全国工商业联合会第十一次会员代表大会闭幕式选举现场。

◎ 2012年12月7日，全国政协副主席、全国工商联主席黄孟复在中华全国工商业联合会第十一次会员代表大会开幕式上做工作报告。

◎ 2012年12月10日，全国工商联十一届执行委员会主席王钦敏在全国工商联十一届一次执委会议上讲话。

◎ 2012年12月9日，中央统战部副部长，全国工商联党组书记、第一副主席全哲洙在中华全国工商业联合会第十一次会员代表大会闭幕式上讲话。

◎ 2012年8月30日，2012中国民营企业500强发布会在北京召开，全国工商联常务副主席孙安民在发布会上致辞。

◎ 2012年4月12日，全国工商联党组副书记、副主席黄小祥会见英国驻华使馆对英投资事务主管Phil Wyithe先生一行。

◎ 2012年2月3日，全国工商联党组副书记、副主席褚平接待各民主党派中央领导同志到全国工商联新办公楼参观。

◎ 2012年5月8日，全国工商联副主席谢经荣出席"2012全国民营企业招聘周"活动启动仪式。

◎ 2012年2月20日，全国工商联副主席庄聪生在小微企业保生存谋发展调研中考察江苏纺织企业。

◎ 2012年6月8日，全国工商联副主席李路会见台湾工商建设研究会前理事长、台湾女企业家协会创会理事长马爱珍女士一行。

◎ 2012年底，全国工商联副主席安七一慰问物业和餐饮公司员工。

中华全国工商业联合会

年 鉴

（2012）

中华全国工商业联合会 编著

社会科学文献出版社
SOCIAL SCIENCES ACADEMIC PRESS (CHINA)

图书在版编目（CIP）数据

中华全国工商业联合会年鉴. 2012／中华全国工商业联合会编著.
—北京：社会科学文献出版社，2013.11
ISBN 978-7-5097-5007-0

Ⅰ.①中… Ⅱ.①中… Ⅲ.①中华全国工商业联合会-2012-
年鉴 Ⅳ.①D665.4-54

中国版本图书馆 CIP 数据核字（2013）第 201425 号

中华全国工商业联合会年鉴 （2012）

编　　著／中华全国工商业联合会

出 版 人／谢寿光
出 版 者／社会科学文献出版社
地　　址／北京市西城区北三环中路甲 29 号院 3 号楼华龙大厦
邮政编码／100029

责任部门／经济与管理出版中心 （010）59367222　　　责任编辑／高　雁　刘丽娜
电子信箱／caijingbu@ ssap. cn　　　　　　　　　　　责任校对／李文明　王建龙
项目统筹／恽　薇　高　雁　　　　　　　　　　　　　责任印制／岳　阳
经　　销／社会科学文献出版社市场营销中心 （010）59367081　59367089
读者服务／读者服务中心 （010）59367028

印　　装／三河市东方印刷有限公司
开　　本／880mm×1230mm　1/16　　　　　　　　　　印　　张／21
版　　次／2013 年 11 月第 1 版　　　　　　　　　　　彩插印张／0.5
印　　次／2013 年 11 月第 1 次印刷　　　　　　　　　字　　数／606 千字
书　　号／ISBN 978-7-5097-5007-0
定　　价／398.00 元

《中华全国工商业联合会年鉴（2012）》
编审委员会

出版前言

2012 年是实施"十二五"规划承上启下的重要一年，也是推动工商联事业继往开来的关键一年。全国工商联坚持以邓小平理论、"三个代表"重要思想、科学发展观为指导，认真学习贯彻党的十八大精神，继续把贯彻落实中央 16 号文件精神作为首要任务，紧扣"两个健康"工作主题，重点做好服务小微企业保生存谋发展调研、非公有制企业文化建设、基层组织建设、全国工商联十一大换届等工作，带动工商联各项工作和自身建设整体推进，工商联服务科学发展和自身科学发展水平进一步提高。

为了全面、直观地反映工商联 2012 年的工作历程，在全国工商联领导的重视和机关各部门、各地工商联支持下，我们编纂了《中华全国工商业联合会年鉴（2012）》。本年鉴资料收录时间为 2012 年 1 月至 12 月，采用分类编排法，共分 5 个部分：

1. 概况：收录了会员组织发展概况、全国工商联十一届领导班子名单和大事记。

2. 工作成果：收录了全国工商联 2012 年的主要工作和活动，包括全国工商联十一大顺利召开、非公有制经济人士思想政治工作、建言献策、服务非公有制经济和区域经济发展、构建和谐劳动关系与法律维权、扶贫与社会服务、对外交往与合作、组织建设、机关建设等九个方面内容。

3. 综合性会议：收录了全国工商联十届九次常委会议、十届六次执委会议、全国工商联十一大、十一届一次执委会议等重要会议情况和领导讲话。

4. 调研报告：全国工商联的重要调研报告。

5. 省级工商联工作：包括全国各省、自治区、直辖市和新疆生产建设兵团工商联 2012 年工作综述。

年鉴中有关领导职务为时任职务。

年鉴的出版得到了各省级工商联的全力配合，在此表示诚挚的感谢！

由于编辑经验不足，年鉴仍然有许多待完善的地方。恳求广大读者和同行提出宝贵的意见和建议，希望您的参与将使年鉴的编撰更严谨、功能更突出。

编　者

2013 年 9 月

目　录

第一部分　概况

第二部分　工作成果

第三部分　综合性会议

第四部分　调研报告

第五部分　省级工商联工作

第一部分　概况

会员发展概况

截至 2012 年底，全国工商联共有会员 3147154 个，比 2011 年底增加 309149 个，增长 10.9%。其中，企业会员 1495405 个，增加 184090 个，增长 14%；团体会员 76874 个，增加 48731 个，增长 173.2%；个人会员 1574875 个，增加 76328 个，增长 5.1%（其中个体工商户 1149243 个，增加 79430 个，增长 7.4%；原工商业者 64130 个，减少 15043 个，减少 19%）。会员数量位居前五位的地区是广东（225007 个）、江苏（216458 个）、河南（196738 个）、浙江（176639 个）和山东（161073 个）。会员数量增幅最大的五个地区是海南（195.7%）、天津（18.6%）、宁夏（16.8%）、山西（15.9%）和浙江（15.4%）。

2012 年会员发展呈现出以下三个特点。一是会员增长速度明显加快。与 2009 年至 2011 年 5.1% 的会员年均增长速度相比，2012 年会员增长速度达到了 10.9%，高出了 5.8 个百分点，全国有 26 个省（区、市）的会员增长速度超过了 5.1%。二是企业会员增速快于全国企业增速。根据国家工商行政管理总局统计，截至 2012 年底，全国共有企业 1366.6 万个，比 2011 年底增加 113.5 万个，增长 9.1%；其中私营企业 1085.7 万个，增加 118 万个，增长 12.2%。工商联企业会员 149.5 万个，占全国企业总数 10.9%，增长 14%，比全国企业增幅高 4.9 个百分点；工商联私营企业会员 121.1 万个，占全国私营企业总数 11.2%，增长 15.4%，比全国私营企业增幅高 3.2 个百分点。三是会员结构得到进一步优化。截至 2012 年底，企业会员、团体会员和个人会员在会员总数中所占比例分别为 47.5%、2.4% 和 50.1%。与上年底相比，企业会员所占比例上升了 1.3%，团体会员所占比例上升了 1.4%，个人会员所占比例下降了 2.7%。

2012 年，各地继续认真贯彻落实中央 16 号文件精神，按照全国工商联要求，制定年度会员发展目标，细化工作要求，进一步加大了会员发展力度，超额完成了 2012 年底全国会员队伍规模达到 300 万的目标。2012 年 12 月召开的全国工商联十一大，对进一步加强会员队伍建设提出了明确要求，希望各地按照面向工商界、以非公有制企业和非公有制经济人士为主体、广泛性和代表性相结合的原则，不断扩大会员覆盖面，注重优化会员结构，切实做好会员发展工作。（薛　葵）

组织发展概况

截至 2012 年底，全国工商联共有县级以上工商联组织 3331 个（含新疆生产建设兵团工商联组织 176 个），比 2011 年底减少 17 个。其中，地级工商联组织 347 个（含新疆生产建设兵团师级工商联组织 14 个），占地级行政区划总数的 100%；县级工商联组织 2951 个（含新疆生产建设兵团团级工商联组织 158 个），占县级行政区划总数的 97.7%。27 个省级行政区实现了县以上工商联组织全覆盖。2012 年新成立县级工商联组织 16 个，撤并县级工商联组织 33 个（含新疆生产建设兵团团级工商联组织 21 个）。目前，西藏、青海、宁夏、新疆 4 个省区还有 66 个县级行政区未成立工商联。

截至 2012 年底，全国工商联共有基层组织 49219 个，其中商会组织 46268 个，比 2011 年底增加 2413 个。其中，乡镇商会 17735 个，增加 34 个，增长 0.2%；街道商会 4575 个，增加 128 个，增长 2.9%；异地商会 3983 个，增加 638 个，增长 19.1%（其中省级异地商会 537 个，占 13.5%；地市级异地商会 1897 个，占 47.6%；县级异地商会 1549 个，占 38.9%）；市场商会 762 个，增加 55 个，增长 7.8%；开发区商会 301 个，联谊会 264 个，其他 1612 个。

从以上数据和各省级工商联组织发展实际情况看，因国家行政区划设置变更等因素，全国县级工商联组织数虽然有所减少，但组织覆盖面依然在稳步扩大。与上年底比较，商会组织发展态势良好，均有不同程度增长，特别是行业组织和异地商会的数量增加较多，分别占新增商会组织总数的 44.4% 和 26.4%。

截至 2012 年底，全国工商联共有行业组织 17036 个，比 2011 年底增加 1071 个，增长 6.7%。其中，全国工商联直属行业商会 27 个；省级工商联所属 650 个，增加 68 个，增长 11.7%；地市级工商联所属 3335 个，增加 211 个，增长 6.8%；县级工商联所属 8992 个，增加 768 个，增长 9.3%；乡镇街道所属 4032 个，增加 26 个，增长 0.6%。

统计表明，工商联行业组织数量保持了持续增长，其中贵州、江西、湖北、四川、广东等省级工商联行业组织数量增加较多；青海、新疆省级工商联行业组织数量没有变化；个别省级工商联在 2011 年底的基础上进一步核实确认后，行业组织数量有所减少。

截至 2012 年底，工商联行业组织已具社团法人资格的共 8742 个，比 2011 年底增加 1417 个，登记率为 51.3%。其中，全国工商联直属行业商会已具社团法人资格的增加 4 个，登记率为 40.7%；省级工商联所属行业组织已具社团法人资格的增加 81 个，登记率为 60.5%；地市级工商联所属行业组织已具社团法人资格的增加 401 个，登记率为 66.0%；县级工商联所属行业组织已具社团法人资格的增加 834 个，登记率为 51.9%；乡镇街道所属行业组织已具社团法人资格的增加 107 个，登记率为 36.8%。

上述数据反映出，工商联系统行业组织登记工作取得了进一步发展。其中山西、内蒙古、福建、河南、湖北、湖南、广东、广西、海南、西藏、青海、兵团 12 个省级工商联所属行业组织已全部完成法人登记；四川、贵州、浙江等省级工商联行业组织登记数量增加较多。（曲　政）

中华全国工商业联合会
第十一届执行委员会名誉主席、主席、
常务副主席、副主席名单

名誉主席：黄孟复

主　　席：王钦敏

常务副主席：全哲洙（朝鲜族）

副　主　席：黄小祥　谢经荣　黄　荣　庄聪生

李　路　安七一　王志雄　卢文端　史贵禄
许健康　孙荫环　苏志刚　李河君　李彦宏
陈经纬　何俊明　张建宏　茅永红　周海江
徐冠巨　董文标　程　红（女）　　潘　刚

中华全国工商业联合会
第十一届执行委员会委员名单

（2012 年 12 月 9 日全国工商联十一大第二次全体会议通过）

（共 494 名，按姓氏笔画排序）

丁　平　丁　冰　丁世忠（回族）　丁佐宏
万　水　马　夫（回族）　马　君（女）
马　虎　马　娅（女）　　马世侠　马世雄（回族）
马永升（回族）　马生华（回族）　马吉孝（回族）
马成喜　马志成　马晓峰　马敏基　王　平（女）
王　伟　王　军（回族）　王　丽（女）
王　劲　王　沁　王　昕（女）　　王　英（女）
王　栋　王　玲（女）　　王　茜（女）
王　瑷（女）　　王　巍　王乃静　王子华
王中联（女）　　王云友　王友诚　王文彪
王水福　王立飞　王立东　王立斌　王光远
王再兴　王安康　王欢畅　王西林　王均金
王志雄　王宝军　王建沂　王炎平　王贵玉（满族）
王钢治　王钦敏　王健林　王振滔　王晓鹏
车建兴　巨艾提·伊明（维吾尔族）
文一波　方文雄　尹彦利　孔黛碧（女）
邓　伟　左宗申　石　红（女、土家族）

石资明（女）　　卢云华　卢文端　卢志强
卢绍杰　卢朝康（朝鲜族）　叶　齐　叶　青
叶志光　叶晓钟（满族）　　叶德林　田　震
田全海　田奎相（朝鲜族）　田德毅　冉先黎
史思军　史贵禄　白沐阳（满族）　　包紫臣（蒙古族）
冯小华　冯月菊（女）　　冯东明　冯亚丽（女）
冯全忠（女）　　尼　玛（藏族）　　尼玛扎西（藏族）
邢艳萍（女）　　达娃旺堆（藏族）　匡　湧
成极中　吕安民　吕建中　吕联勤　朱书成
朱文臣　朱永兴　朱守琛　朱留洪　朱铭泉
朱献福　朱德芳　伍威全　任红军　任武贤
任剑峥　后　力　全哲洙（朝鲜族）　庄聪生
刘　亭（女）　　刘　野　刘书英（女）
刘长林　刘东海　刘玉明　刘庆峰　刘庆瑞（女）
刘延云　刘羽桐（女）　　刘志强　刘沧龙
刘迎霞（女）　　刘幸偕　刘金炎　刘金虎
刘振东　刘朝容（女）　　齐向东　齐思钺（女）

闫希军　关岐生（满族）　　江　南　江廷科　　　　林泽炎　林雅琴（女、朝鲜族）　　　郁　亮

汤　亮　汤为平（女）　　汤新华　汤燕雯（女）　　欧阳晓明（女）　尚吉永　依明江·热木都拉（维吾尔族）

安七一　许仲梓　许连捷　许荣茂　许健康　　　　金占忠（满族）　金生光（回族）　　周　峰

许淑清（女）　阮建昆　孙　明（女）　　　　　　周一晨　周明德　周桐宇（女）　　周海江

孙　斌　孙　震　孙力斌　孙学文　孙其林（土家族）　庞维仁　郑　昕　郑元豹　郑坚江　郑保祯

孙荫环　孙珩超　孙孺声　远勤山　严　琦（女）　　郑振欣　郑跃文　郑翔玲（女）　　郑默杰（女）

严建文（回族）　严望佳（女）　　劳健斌　　　　　单　玫（女）　　宗立成　宗馥莉（女）

芦新菊（女）　　苏寿堂　苏志刚　苏香玫（女）　　屈开平　赵　宏（女）　　赵永亮　赵玉江

杜江涛　李　响　李　猛　李　路　李　飚　　　　赵晓勇　赵瑞海　赵福禧　赵德江　贲圣林

李卫华　李广元　李广文　李书福　李云强　　　　郝　远　荣　海　胡　钢　胡成中　胡克勤

李方瑞　李东生　李占通　李汉宇　李立新　　　　胡定核　胡爱娣（女）　　胡葆森　南存辉

李记泽　李成功　李卓然　李学仁　李学春　　　　钟　飞（女、土家族）　　钟　雪（女、彝族）

李建华　李建明　李建新　李河君　李彦宏　　　　钟永森　钟自奇　钟建民（满族）　　钟家霖

李彦群　李春光　李洪应（回族）　李振国　　　　钟崇武　段祺华　修涞贵　洪　杰　洪袁舒（女）

李海珊　李维斗　李新华　李新宇　李锦生　　　　祝义材　姚东明　姚振华　秦升益　秦太宏

杨　休　杨　敏（女）　　杨　铿　杨　毅　　　　袁亚非　袁仲雪　袁志敏　耿建明　贾文芳（回族）

杨　鑫　杨平安　杨京伟　杨凯山　杨拥民　　　　贾晓九　贾淑芳（女、满族）夏春亭　夏锡汉

杨临生　杨冠兴　杨彦聪　杨桂生　杨浩明　　　　顾小锋　热迪力·阿布拉（维吾尔族）党彦宝

杨继业（蒙古族）杨焱平（女、白族）杨锦明　　　徐　飞　徐　航　徐守铭　徐社会　徐建国

励行根　肖志鸿　肖凯旋　肖春红　吴　迪　　　　徐冠巨　徐桂芬（女）　　高庆林　高德康

吴一坚　吴少勋　吴亚军（女）　　吴美玉（女、黎族）　郭广昌　郭文城　郭占春　郭丽双（女）

吴继德　吴惠权　吴道荣　别胜学　邱小林　　　　郭孟谦　郭宝印　郭春平　唐一林　唐广敏

邱则有　邱淦清　何　婧（女）　　何报翔　　　　唐玉生　唐伟年　陶一山　黄　荣　黄小祥

何俊明　何富强　何超琼（女）　　余汉江　　　　黄飞建　黄少良　黄文仔　黄代放　黄光权

余渐富　辛春华（女）　　辛颖梅（女、回族）　　黄红云　黄志贤　黄远成　黄金桦　黄淑玲（女）

汪力成　汪如田　汪明来　沃伟东　沈　刚　　　　黄锦辉　曹立明　曹志强（满族）　戚宗华

沈文荣　宋丰强　宋建文　宋德成　张　力　　　　崔世昌　崔秀玲（女）　　崔洪金　崔荣华（女）

张　钊　张　林　张　波　张　茵（女）　　　　崔桂亮　符冠华　康和平　章宏伟　阎　志

张　海　张　莹（女）　　张　跃　张　新　　　　梁　静（女）　　梁昭贤　尉竞飞（女）

张乙坤　张文忠　张文荣　张文清　张功祥（白族）　隋熙明　彭德洲　董文标　董霄龙　蒋　平

张必来　张汉泉　张传卫　张兴海　张华荣　　　　韩　伟　韩　庆　韩长安　景　柱　程　红（女）

张志铭　张近东　张国权　张国良　张建宏　　　　程方庆　傅　军　傅光明　傅刚义　曾宪云

张征宇　张明敏　张杰庭　张郑婴　张金山　　　　曾清荣　温显来　谢子龙　谢志强　谢经荣

张复明　张彦森　张思民（回族）　张胜飞　　　　楼　明　赖可宾　赖坤洪　雷元江　雷成才（畲族）

张跃莉（女）　张鸿善　陆　标　阿沛·晋源（藏族）　雷学军　雷菊芳（女）　　蔡　英（女、侗族）

陈　丹　陈　邦　陈　丽（女）　　陈　放　　　　蔡　毅　蔡友平　蔡志婷（女）　　裴晓鹏

陈　峰　陈　翔　陈义龙　陈世强　陈东升　　　　管新飞　廖伟芬（女）　　谭　林　谭长安

陈先保　陈先德　陈年代　陈庆成　陈庆忠（苗族）　谭伯业　谭宪才　熊方军　熊贤林　黎昌晋

陈志列　陈纯星　陈进军　陈陆文　陈季敏（女）　潘　刚　潘　巍（女）　　潘祖昌（壮族）

陈泽民　陈经纬　陈俊雄　陈敬财　邵　军　　　　薛　颖（女）　　薛向东　薛佳平　薛景霞（女）

武志雄　苗青远　范　红　范天铭　茅永红　　　　霍震寰　磨长英（女）　　戴　皓　魏兴斌

林凡儒　林印孙　林欧文

中国民间商会会长、副会长名单

会　长：王钦敏

副会长：全哲洙(朝鲜族)　黄小祥　谢经荣
　　　　黄　荣　庄聪生　李　路　安七一
　　　　王文彪　王健林　卢志强

刘迎霞(女)　刘志强　刘沧龙
许连捷　许荣茂　孙甚林(土家族)
吴一坚　张近东　黄代放　崔世昌
傅　军　霍震寰

全国工商联 2012 年大事记

一月

★1日，由全国工商联主管的政经类月刊《中国工商》正式复刊。

★4~5日，全国宣传部长会议在京召开。我会庄聪生副主席出席。

★5日，李路副主席赴香港出席香港中华厂商联合会第三十九届会董会就职典礼活动。

同日，商务部对外投资和经济合作司与全国工商联经济部在京共同举办民营企业"走出去"座谈会。我会副秘书长欧阳晓明主持，国家外汇管理局、中国人民银行、国家发改委对外经济研究所等单位相关负责同志和20多家来自全国的民营企业负责人参加。

★9日，谢经荣副主席在京会见四川省仪陇县委副书记、县长石全华一行。石全华汇报了仪陇农村产业、县域工业等情况，希望全国工商联继续支持关心仪陇的发展。谢经荣表示，全国工商联将一如既往地支持仪陇发展。

★10日，全国工商联举办离退休人员新春茶话会。全哲洙书记、褚平副主席出席。全国工商联原常务副主席张绪武，原副主席保育钧、瞿怀明及70余名离退休老同志参加。

★11日，全国工商联主办的"2011~2012年中国民营经济发展形势分析会"在京召开。全哲洙书记作主旨演讲。北京大学教授厉以宁、国务院发展研究中心副主任侯云春、大连万达集团董事长王健林、中国民生银行董事长董文标分别围绕帮扶中小企业发展、民营企业进入文化产业等主题发表演讲并回答了记者的提问。会议由庄聪生副主席主持。孙安民常务副主席，国家工商总局钟攸平副局长，我会褚平、李路、王文彪、刘迎霞副主席，以及中央国家机关有关部门负责同志、专家学者、民营企业家、驻华使节等300余人参加。

同日~2月28日，全国工商联举办2011年度优秀工作项目展。机关各部门以及中华工商时报社、中华工商联合出版社通过资料和图片，全面展示了2011年我会各个部门、单位的工作。

★12日，全国工商联在京举办2012年新春联欢会。孙安民常务副主席致辞，机关干部自编自演丰富多彩的节目。黄孟复主席，全哲洙书记，褚平、庄聪生、李路副主席出席。机关全体干部职工，部分直属单位的同志及离退休老同志代表200多人参加。

★13日，中央统战部召开党外人士迎新春招待会。我会全哲洙书记，孙安民常务副主席，谢经荣、庄聪生、李路、王文彪、傅军、刘迎霞副主席，孙孚凌等老领导参加。

同日，全国工商联党组召开扩大会议。会议传达学习了十七届中央纪委七次全会、全国宣传部长会议、中央农村工作会议、中央金融工作会议、全国工业和信息化工作会议主要精神。会议要求，紧紧围绕党和政府的中心工作，继续把贯彻落实中央16号文件作为首要任务，重点抓好小型微型企业保生存谋发展调研、非公有制企业文化建设、基层组织建设、全国工商联换届等工作。会议由党组书记全哲洙主持，党组副书记褚平，党组成员庄聪生、李路，孙安民常务副主席、谢经荣副主席出席。

同日，庄聪生副主席主持召开2012年第一次主席专题办公会议，研究部署2012年全国工商联团体提案工作。研究室涂文副主任介绍了2011年全国工商联团体提案工作完成情况和2012年工作进展情况。我会有关部门及相关商会负责同志出席并发言。

★16日，中共中央政治局常委、全国政协主席贾庆林看望王光英同志。我会褚平副主席陪同看望。

同日，全哲洙书记、谢经荣副主席一行到北京市怀柔区对基层工商联工作、中小企业发展情况进行调研，并对原工商业者及其家属进行春节慰问。

★17日，黄孟复主席、全哲洙书记、孙安民常务副主席、褚平副主席看望王光英、孙孚凌及经叔平同志的夫人王征萱。

同日，谢经荣副主席会见贵州省毕节市委副书记周荣一行。周荣汇报了2011年毕节市经济社会发展情况和全国工商联对毕节实验区的帮扶情况，希望全国工商联组织更多民营企业家到毕节考察投资。谢经荣表示全国工商联将继续做好对毕节实验区的帮扶工作。

★18日，中共中央召开党外人士迎春座谈会。中共中央总书记、国家主席、中央军委主席胡锦涛发表重要讲话。座谈会由中共中央政治局

常委、全国政协主席贾庆林主持。中共中央政治局常委、书记处书记、国家副主席习近平，中共中央政治局常委、国务院副总理李克强，中共中央书记处书记、中央办公厅主任令计划，全国政协副主席、中央统战部部长杜青林出席。我会黄孟复主席出席并发言，全哲洙书记、孙安民常务副主席出席。

★19日，全哲洙书记会见全国政协副主席、致公党中央主席、科技部部长万钢一行并座谈。万钢介绍了科技发展改革工作总体情况；科技部政策法规司徐建培介绍了科技改革有关工作；科研条件与财务司张晓原介绍了科技金融有关工作；火炬高技术产业开发中心赵明鹏介绍了中小企业支持政策及创新资金；发展计划司刘敏介绍了科技发展有关工作。我会欧阳晓明副秘书长提出了全国工商联对科技工作的意见建议。我会孙安民常务副主席，褚平、庄聪生副主席，科技部办公厅、重大专项办公室和我会有关部门负责同志参加座谈。

★21日，中共中央、国务院举行2012年春节团拜会。党和国家领导人胡锦涛、吴邦国、温家宝、贾庆林、李长春、习近平、李克强、贺国强、周永康等同首都各界人士2000多人欢聚一堂，共庆新春佳节。胡锦涛总书记主持团拜会，温家宝总理在团拜会上讲话。我会全哲洙书记，孙安民常务副主席，褚平、谢经荣、庄聪生、李路、王文彪、卢志强副主席参加。

★31日，全哲洙书记会见世界银行高级副行长兼首席经济学家、我会副主席林毅夫，就当前国际国内经济形势、中小企业发展等问题深入交换了意见。孙安民常务副主席，褚平、谢经荣、庄聪生、李路副主席陪同会见。

二月

★1日，国务院总理温家宝主持召开国务院常务会议，研究部署进一步支持小型和微型企业健康发展工作。会议要求认真落实国务院2011年10月12日常务会议确定的各项财税和金融支持政策。我会孙安民常务副主席参加。

★2日，全哲洙书记在京会见上海市委常委、统战部部长杨晓渡一行。孙安民常务副主席，黄

小祥、褚平副主席，欧阳晓明副秘书长，上海市委统战部吴捷、赵福禧副部长参加。

★6日，中共中央举办元宵节联欢晚会。党和国家领导人同首都知识界代表欢聚一堂，共度佳节。我会黄孟复主席、全哲洙书记参加。

同日，黄孟复主席主持召开2012年第一次主席办公会议。会议议题：一、审议《全国工商联机关2011年经费执行情况及2012年经费执行预算报告》；二、讨论全国工商联十届九次常委会议召开地点；三、研究有关文件。全哲洙书记，孙安民常务副主席，褚平、谢经荣、庄聪生、李路副主席出席。王忠明、欧阳晓明副秘书长，办公厅、研究室主要负责人列席。

同日，李路副主席在京会见以瓦伦·洛根和赫曼·梅森为联合团长的美国全国城市联盟代表团。李路希望代表团成员继续为促进中美友好做出贡献。洛根说，美国城市联盟是美国历史最为悠久的非政府组织之一，愿意加强与中方的合作，共同促进美中关系向前发展。双方还就经贸合作等共同关心的问题交换了意见。

★8日，褚平副主席主持召开2012年第二次主席专题办公会议，研究部署全国工商联机关2012年财务预算工作，对今年加强预算管理、厉行节约、提高预算使用效益等工作提出要求。机关各部门及服务中心主要负责同志、预算财务联络员参加。

★9日，我会人事部印发《关于全国工商联机关试行干部工作日志的通知》，要求机关局级以下干部根据岗位职责和工作计划，在工作日志本上如实记录自己每日的主要工作。

★10日，全国工商联召开小微企业"保生存谋发展"调研工作动员会。全哲洙书记在动员讲话中指出，小微企业调研是深入贯彻落实《中共中央国务院关于加强和改进新形势下工商联工作的若干意见》（中发〔2010〕16号，简称中央16号文件）精神的重要举措，是围绕中心服务大局的一项紧迫工作，是促进"两个健康"的一项基础工作，是坚持科学统筹的一项重点工作，也是提高干部调查研究能力的重要载体，促进机关作风建设的重要途径。要定好调研主题，做好调研准备，搞好实地调研，做好分析研究，写好调研报告。孙安民常务副主席主持。黄小祥、褚

平、谢经荣、庄聪生、李路副主席出席，机关局级干部和全体调研人员约80人参加。

同日，全国工商联印发《关于印发〈全国工商联开展小型微型企业"保生存谋发展"调研活动方案〉的通知》（全联发〔2012〕3号）。《通知》要求各地工商联结合自身实际，认真开展小型微型企业"保生存谋发展"调研，并报送调研报告。

★13日，李路副主席在京会见波兰企业发展局局长博·卢·卡斯皮沙克率领的波兰代表团一行。中国民营经济国际合作商会秘书长王燕国、波兰驻华使馆商务处有关同志参加。

同日~14日，由我会扶贫部、中国民（私）营经济研究会、中央统战部光彩事业指导中心共同主办的秦巴连片特困地区扶贫开发政策调研研讨会在京召开。我会谢经荣副主席出席并讲话，王忠明副秘书长作总结发言，扶贫部王钢治部长、中央统战部光彩事业指导中心孙凌雁副主任分别主持。会上传达学习了回良玉副总理在《关于秦巴连片特困地区扶贫开发的政策建议》上的重要批示；重庆、四川、陕西三省市工商联、扶贫办同志从完善基础设施、加大社会事业投入、加强人才队伍建设、加大特色农业扶持、实行特殊财税政策等方面提出了具体的建议意见。国务院扶贫办外资项目管理中心曹洪民副主任辅导解读了中国农村扶贫开发新十年纲要，介绍了连片特困地区扶贫开发规划起草情况。中央统战部五局巡视员戚建美，以及来自重庆、四川、陕西等省市的基层干部40多人参加。

★14日，黄孟复主席、全哲洙书记在京会见河北省委书记张庆黎一行，就河北省非公有制经济发展和加强全国工商联与河北省政府合作事宜进行座谈交流。我会孙安民常务副主席，黄小祥、褚平、谢经荣、庄聪生副主席，河北省副省长聂辰席，省委秘书长景春华，省委统战部部长田向利，省工商联主席黄荣、党组书记武志雄等参加。

同日，全国非公有制经济组织创先争优活动典型经验交流暨指导工作座谈会在京召开。座谈会总结2011年非公有制经济组织创先争优活动工作，交流典型经验，研究部署2012年指导工作任务。座谈会上，12个非公有制经济组织党组

织、企业主要出资人、指导小组和党建指导员介绍了经验做法。我会党组书记、全国非公有制经济组织创先争优活动指导小组组长全哲洙出席并讲话，庄聪生副主席出席。各省级创先争优活动指导小组组长和办公室主任参加。

同日，李路副主席在京会见古巴驻华大使白诗德一行，就计划中的古巴高访团事宜进行了沟通。古巴驻华使馆商务参赞安琪参加。

★16日，全哲洙书记在京会见湖北省副省长、省委统战部部长张岱梨一行，商洽湖北省政府与我会共同举办"民企携手湖北、共促中部崛起"活动有关事宜。我会副主席褚平，湖北省工商联党组书记杨万贵、副主席赵斌等参加。

★17日，全国工商联党组召开扩大会议。会议研究并通过了人事部关于机关局级以下干部2011年度考核等次的建议；讨论了《全国工商联换届工作方案》。党组书记全哲洙主持，党组副书记黄小祥、褚平，党组成员庄聪生、李路，孙安民常务副主席、谢经荣副主席出席。

★20日，全国厂务公开协调小组第十七次会议在京召开。我会谢经荣副主席出席。

★21日，全国工商联办公厅印发《全国工商联换届工作方案》，正式启动全国工商联换届筹备工作，成立了以孙安民常务副主席、庄聪生副主席为组长的会议文件组，以黄小祥副主席为组长的组织人事组，以褚平、谢经荣副主席为组长的章程修改组，以褚平、李路副主席为组长的综合会务组四个工作组。

★22~24日，机关党委会同研究室、会员部、经济部、宣教部组织我会机关2012年度公务员考录面试工作，共有24名考生参加面试。

★23日，全国工商联法律部与最高人民法院监督办联合举办的商会调解与诉讼调解衔接机制建设座谈会在京召开。在全面总结2011年专题调研工作基础上，与会人员对当前商会调解与诉讼调解衔接存在的问题和对策思路进行讨论，研究部署下一步具体工作。谢经荣副主席出席并讲话。全国人大法工委、中国人民大学法学院的十余位专家学者参加。

★24日，全国学习贯彻《中共中央关于加强新形势下党外代表人士队伍建设的意见》电视电话会议在京召开。中共中央政治局常委、全国政协主席贾庆林出席并作重要讲话。会议由全国政协副主席、中央统战部部长杜青林主持。我会全哲洙书记，孙安民常务副主席，褚平、傅军副主席参加。

同日，黄孟复主席在京会见以古巴共产党中央政治局委员、古巴部长会议副主席穆里略为团长的古巴代表团一行。黄孟复向古巴客人介绍了中国民营经济的发展状况及全国工商联的历史沿革、性质、职能和作用，并表示全国工商联愿意同古巴工商团体和企业界人士加强交流和交往，积极推动我会会员企业与古巴工商企业界开展合作。穆里略表示愿同中方相互交流社会主义建设经验，共同推动古中友好关系不断发展，并希望能借鉴中国非公有制经济在改革开放30多年里快速发展的经验，使古巴尽快探索出一条适合自己的经济发展道路。亿利资源集团董事局主席王文彪、新奥集团董事局主席王玉锁参加并分别回答了客人所关心的国有企业改制和民营企业发展历程等方面的问题。中国民间商会副会长孙晓华，我会副秘书长王忠明、欧阳晓明等参加。

同日，全国工商联作为推进使用正版软件工作部际联席会议成员单位，在京召开企业软件资产管理试点工作对接会议。国家版权司王志成副司长介绍了软件资产管理试点工作情况。中国版权保护中心的同志就全国工商联企业软件资产管理试点工作进行对接，讲解了软件资产管理试点工作的做法，提出试点工作要求。联想（北京）有限公司、新华联集团、用友软件股份有限公司有关负责同志参加。

同日~25日，全国工商联宣教工作协调会在浙江省宁波市召开。李路副主席出席并讲话。浙江省工商联党组书记汤为平，宁波市委常委寿永年出席并致辞。会议传达了全国宣传部长会议精神，对2012年度工商联宣传教育重点工作进行部署，提出要求。会议还宣布了"2011年度工商联（商会）工作十大亮点"、"2011年度工商联（商会）工作十大创新"等获奖名单并进行颁奖。各省级和副省级市工商联、我会直属新闻出版单位的代表130余人参加。

★28日，我会扶贫部在京召开2012年试点省（市）工商联融资工作培训会。谢经荣副主席出席并讲话。

同日~29日，全国工商联上规模民营企业调研培训班在湖北省武汉市召开。欧阳晓明副秘书长出席并讲话，湖北省工商联赵斌副主席致辞。我会经济部罗力副部长主持并总结2010年度调研工作，部署2011年度调研工作。来自各省级和副省级市工商联、全国工商联直属行业商会、中国民生银行等负责上规模民营企业调研工作的同志80余人参加。

同日~3月1日，褚平副主席赴香港访问，就进一步助推内地企业"走出去"和加强与香港中国商会的合作，代表全国工商联与香港中国商会签署合作备忘录。在港期间，褚平还出席了2012紫荆花杯杰出企业家颁奖典礼、中港商界交流会等活动。

三月

★2日，全国统战部长座谈会在京召开。我会全哲洙书记、黄小祥副主席参加。

同日，褚平副主席在京会见格鲁吉亚驻华大使玛姆卡·刚姆克列利泽先生和参赞皮皮那什维利·大卫先生。

同日，2012年全国工商联提案新闻通气会在京召开。庄聪生副主席出席并讲话，30多家中央新闻媒体单位的记者参加。

★3~13日，中国人民政治协商会议第十一届全国委员会第五次会议在京召开。我会黄孟复主席、全哲洙书记出席，庄聪生、李路副主席列席。

★4日，全国工商联在京组织召开直属新闻出版单位业务培训会。培训会上，宣教部部长高庆林传达中央有关部门对宣传工作的要求，中央党校国际战略研究中心教授孙建杭、中国社会科学院政治学所所长房宁作专题报告。中华工商时报社、中华工商联合出版社、中国工商杂志社、财经杂志、证券市场周刊等直属新闻出版单位负责人、编辑、记者约110人参加。

★5日，宁夏回族自治区党委、政府和全国工商联、中国光彩事业促进会在京举行与全国知名企业恳谈会暨中国光彩事业宁夏行启动仪式。自治区党委书记张毅、我会全哲洙书记出席并致辞。自治区主席王正伟介绍宁夏区情，自治区党

委副书记崔波主持。我会副主席黄小祥、谢经荣、王文彪、王健林、卢志强、王新奎、刘志强、许连捷、吴一坚、张元龙、刘迎霞及全国100多位知名企业家参加。

同日~14日，第十一届全国人民代表大会第五次会议在京召开。我会孙安民常务副主席，黄小祥、褚平、谢经荣副主席出席。

★6日，我会与湖北省委、省政府共同举办的"民企携手湖北，共促中部崛起"活动启动仪式在京举行。湖北省委书记李鸿忠，我会全哲洙书记出席并讲话。湖北省省长王国生主持。省政协主席杨松，省委常委王晓东、阮成发、范锐平，省人大常委会常务副主任苏晓云，副省长郭有明，省政协副主席陈天会等出席。湖北省委统战部部长张岱梨介绍活动有关情况。我会常务副主席孙安民、副主席褚平，以及出席全国"两会"的部分代表委员和全国知名民营企业家等60多人参加。

★7日，中共中央政治局常委、全国政协主席贾庆林莅临我会视察。全国政协副主席、中央统战部部长杜青林，我会主席黄孟复、党组书记全哲洙，全国政协副秘书长卢昌华等陪同视察。贾庆林看望了我会机关部分工作人员，视察了机关报告厅、贵宾接待室和地源热泵系统等设备设施，听取了全哲洙关于全国工商联工作及新办公楼建设情况的汇报。贾庆林对我会新办公楼竣工投入使用表示祝贺，对近年来我会工作取得的成绩给予充分肯定，指出工商联事业是中国特色社会主义事业的重要组成部分。要求工商联一是要继续深入贯彻落实中央16号文件精神，二是要继续坚持促进"两个健康"工作主题，三是要继续以改革创新精神加强自身建设。最后，贾庆林与我会处级以上干部合影。我会常务副主席孙安民，副主席黄小祥、褚平、谢经荣、庄聪生、李路，中央统战部五局局长杨启儒，我会副秘书长欧阳晓明等参加。14日，全国工商联印发《关于认真学习贯彻贾庆林主席在全国工商联机关调研时讲话的通知》（全联发〔2012〕4号）。要求各地工商联认真组织学习，深刻领会，切实将讲话精神贯彻落实到各项工作中去，努力开创工商联工作的新局面。

同日，我会与云南省委、省政府共同主办的

"民企入滇助推云南产业发展座谈会"在京举行。我会主席黄孟复，云南省委书记秦光荣出席并致辞。我会党组书记全哲洙，云南省省长李纪恒，全国政协港澳台侨委员会副主任杨崇汇出席。座谈会上，中国民生银行董事长董文标、大连万达集团董事长王健林、汉能控股集团董事局主席李河君、天津天士力集团董事长闫希军、新希望集团董事长刘永好等民营企业代表分别就投资云南、振兴西部发言。我会常务副主席孙安民，副主席黄小祥、褚平、谢经荣、庄聪生，云南省常务副省长罗正富、省委统战部部长黄毅等领导，以及民营企业家代表200余人出席。

★9日，中共中央政治局常委、全国政协主席贾庆林2011年12月12日在中国关心下一代工作委员会材料上批示："请中央统战部、全国工商联继续做好民营企业关工委的工作，这是帮助民营企业提高青年职工素质、提高企业竞争力和企业回报社会的有效形式。请配合中国关工委推动这项工作健康发展。"我会领导对贾庆林主席重要批示高度重视，为落实贾庆林主席批示，配合中国关工委做好企业青年工人教育培训等工作，3月9日研究制定了具体落实措施并向中央统战部报告。

同日，"中国光彩事业延边行"活动启动仪式在京举行。我会党组书记、中国光彩事业促进会副会长全哲洙出席并讲话。吉林省委书记孙政才，省长王儒林，省委常委、延边朝鲜族自治州州委书记张安顺等出席。我会副主席褚平、谢经荣、王文彪、王健林、卢志强、刘志强、刘沧龙、吴一坚、傅军、刘迎霞，中国民间商会副会长谢伯阳、张宏伟、董文标，国家部委有关同志，以及来自全国各地的130多位知名民营企业家应邀参加。

★13日，2012年民营企业参与光彩事业统计工作培训班在天津市举办。各省级工商联负责光彩数据采集工作的同志参加。

★14日，全国工商联党组召开扩大会议。会议专题学习了中央政治局常委、全国政协主席贾庆林同志在我会机关调研时的重要讲话，并就工商联系统如何贯彻落实进行讨论研究。会议要求，当前和今后一个时期要结合中央16号文件的贯彻落实，把贾庆林同志重要讲话精神切实落实到工作的各个方面，以改革创新精神抓好今年

的重点工作，圆满完成小型微型企业"保生存、谋发展"调研，着力推进非公有制企业文化建设，不断加强工商联基层组织建设和工商联机关作风建设，扎实做好全国工商联换届工作，以优异成绩迎接党的十八大和全国工商联十一次代表大会的胜利召开。会议由党组书记全哲洙主持，党组副书记黄小祥、褚平，党组成员庄聪生、李路、黄孟复主席、孙安民常务副主席、谢经荣副主席，王忠明、欧阳晓明副秘书长，机关各部门、直属单位主要负责同志出席。

同日，我会人事部印发《关于2011年度考核结果的通报》。欧阳晓明等25名同志考核优秀，王忠明等119名同志考核称职。

★15日，黄孟复主席、全哲洙书记在京会见北京市委常委、统战部部长牛有成一行。我会常务副主席孙安民，副主席黄小祥、褚平、谢经荣、庄聪生、李路，北京市工商联主席程红，市委副秘书长赵玉金，市委统战部常务副部长闵克，市工商联党组书记吴杰，市委统战部副部长张洋、王文杰等参加。

★16日，中华全国总工会、科学技术部、工业和信息化部、人力资源和社会保障部、国务院国资委、全国工商联联合印发《关于进一步加强职工技术创新工作的意见》，旨在提高职工创新能力，促进创新型国家和创新型企业建设。

★20日，由解放军总装备部综合计划部和我会联合主办的装备承制单位资格审查汇报会在京举行。褚平副主席代表我会向军队同志们对我会组织开展军民融合工作给予的大力支持，特别是总装备部综合计划部打破先例，同意我会作为民营企业申领《装备承制单位资格证书》的推荐单位，配合总装备部开展装备承制单位资格认证推荐工作表示衷心感谢。肯定了军队装备部门与我会的良好合作关系以及取得的初步成效，并表示我会将高度重视并继续努力推动军民融合工作的深入开展。总装备部装备承制单位资格审查秘书处秘书长刘建军大校代表军队装备部门，感谢我会与军方联合主办这个汇报会并认为这个会议的举办对军民融合工作具有里程碑意义。海军、空军、第二炮兵、总参谋部装备管理部门负责同志，总装备部装备承制单位资格审查秘书处和军事科学院军民融合研究中心的同志参加。

★21日，全国非公有制企业党的建设工作会议在京召开。中共中央政治局常委、国家副主席习近平会见会议代表并讲话。中共中央政治局委员、中央组织部部长李源潮参加会见并讲话。我会全哲洙书记、庄聪生副主席参加。

★23日，中共中央纪委、中共中央组织部、国务院国有资产监督管理委员会、监察部、中华全国总工会、全国工商联联合印发《关于2012年厂务公开民主管理工作的意见》，旨在以开展"公开解难题、民主促发展"主题活动为切入点，以开展创建厂务公开民主管理示范单位活动为载体，以开展厂务公开、职代会建制专项行动为基础，不断推进厂务公开民主管理制度化、规范化、法制化建设，切实维护职工合法权益，努力构建和谐劳动关系，促进企业党风建设和企业领导人员廉洁从业，为加强和创新社会管理、推动科学发展、促进社会和谐做出新的更大的贡献。

★28日，国土资源部、全国工商联在京联合召开找矿突破战略行动民营企业座谈会，重点围绕民营企业在找矿突破战略行动中如何发挥作用，听取民营企业家的意见和建议。国土资源部部长徐绍史、我会党组书记全哲洙出席并讲话。国土资源部副部长汪民主持。我会常务副主席孙安民、副秘书长欧阳晓明，国土资源部总工程师钟自然和四川宏达集团董事长刘沧龙等26位民营企业家参加。

同日，2012年全国工商联直属行业商会秘书长第一次联席会议在京召开。我会黄小祥副主席出席并讲话。会员部王瑷部长讲评了各商会一季度工作。房地产、纸业、汽车经销商、新能源、五金机电、家具装饰、医药、金银珠宝、环境服务等商会结合工作实际，介绍了"五项制度"的实施情况和如何履行好秘书长职责的经验体会。29家商会秘书长和秘书处负责同志40余人参加。

★29～30日，全国工商联在广西南宁市召开2012年全国私营企业抽样调查暨中小企业监测点培训会议。庄聪生副主席出席并讲话。部分省级工商联副主席，各省级工商联研究室、办公室负责同志及相关专家学者共100余人参加。

★30日，黄孟复主席赴广东省广州市出席香港工商业研讨班30周年庆典活动并致辞。

同日，由商务部流通业发展司、我会经济

部、全国工商联家具装饰业商会和南方香江集团联合举办的全球家居交易集散平台发展论坛在京举行。全国政协副主席张梅颖、郑万通，全国人大常委会原副委员长铁木尔·达瓦买提，我会党组书记全哲洙，商务部部长助理李荣灿等出席。我会副秘书长欧阳晓明主持。有关行业商会、协会代表，金融机构、家居企业代表及媒体等200多人参加。

同日，全国工商联冶金业商会2012年工作年会在河北省廊坊市召开。我会黄小祥副主席出席并讲话。全国人大常委会原副委员长成思危、国务院发展研究中心副主任刘世锦出席并作专题报告。冶金业商会领导及会员100余人参加。

★31日，中非民间商会第二次会员大会在京召开。我会全哲洙书记接见全体参会代表并合影留念，黄小祥副主席出席并讲话。会议审议通过了中非民间商会业务主管单位由中央统战部变更为全国工商联，与中国民营经济国际合作商会合署办公，整合资源，统一管理和指导的决议。科瑞集团董事长郑跃文当选为中非民间商会会长，于平等11名同志当选为副会长。

同日，谢经荣副主席主持召开2012年第三次主席专题办公会议，研究部署《全国工商联2012年工作要点》中关于"深化社会实践教育活动"的相关工作。机关有关部门负责同志参加。

四月

★1日，全国工商联党组召开扩大会议。会议传达学习了全国非公有制企业党建工作会议、国务院第五次廉政工作会议、中央和国家机关正部级单位党员主要负责同志会议主要精神和贾庆林同志在《关于2011年全国非公有制经济组织开展创先争优活动的情况报告》上的批示。会议要求，切实把中央加强和改进非公有制企业党建工作的决策部署落实到工商联的各项工作中，认真参与指导非公有制企业党组织创先争优活动，探索推广工商联系统管理指导联系非公有制企业党建工作的长效机制，积极指导符合条件的小型微型企业通过多种方式组建党的组织开展党的活动，教育引导非公有制经济人士理解支持企业党建工作，不断加强非公有制企业党建工作理论研究；要求结合机关开展创先争优活动和加强作风建设，认真落实党风廉政建设责任制，强化监督管理，确保换届等重点工作圆满完成。会议还讨论并通过了《2012年全国工商联党组中心组理论学习安排》；研究了有关人事事项。党组书记全哲洙主持，党组副书记黄小祥、褚平，党组成员庄聪生、李路，孙安民常务副主席、谢经荣副主席出席。王忠明、欧阳晓明副秘书长，机关各部门主要负责同志列席有关议题。

同日，根据《全国工商联机关干部轮岗暂行办法》，机关安排7名处级干部轮岗。

★9日，商务部、中央外宣办、外交部、国家发展改革委、国务院国资委、国家预防腐败局、全国工商联联合印发《中国境外企业文化建设若干意见》，旨在鼓励和支持中国企业更好地适应实施"走出去"战略面临的新形势，内凝核心价值、外塑良好形象，在实施互利互赢开放战略和建设和谐世界中发挥更大作用，实现企业在境外的健康可持续发展。

★10～11日，全国工商联经济服务工作专题座谈会在上海市召开。我会常务副主席孙安民出席并讲话，上海市工商联主席王新奎、党组书记赵福禧出席。上海市委统战部部长杨晓渡致辞，国家科技部调研室主任胥和平作"科技创新与转型发展"的专题报告，上海众恒信息产业股份有限公司等四家民营企业负责人就企业自主创新、转型升级发言，我会欧阳晓明副秘书长对2012年经济服务的重点工作进行了布置并作总结讲话。来自全国各省级和副省级城市工商联分管经济工作的负责同志约120人参加。

★11日，全国工商联在京召开"我国公有制的有效实现形式"理论座谈会。黄孟复主席出席并讲话，庄聪生副主席主持。中国社会科学院与中国人民大学的知名专家学者，中国民间商会副会长谢伯阳，我会副秘书长王忠明等参加。

同日，由国家人口计生委、全国工商联、中国光彩事业促进会联合举办的"同心·西藏和四省藏区幸福家庭工程——新农村家庭计划"启动仪式在京举行。我会主席黄孟复出席。我会党组书记全哲洙、国家人口计生委主任王侠出席并讲话，国家人口计生委副主任崔丽主持。我会副主

席谢经荣、中国光彩事业基金会理事长谢伯阳、中国泛海控股集团有限公司董事长卢志强出席。有关单位负责人、项目专家组成员、西藏和四省藏区21个项目县代表参加。

★12日，由全国工商联、国务院防治艾滋病工作委员会主办的"红丝带健康包'百校进千企'"活动启动仪式暨工作培训会在京举行。会前，我会主席、中华红丝带基金名誉理事长黄孟复接见参会代表，并与我会副主席谢经荣等共同启动2012年红丝带健康包"百校进千企"活动。这次培训会将对31个省区市工商联、防艾办、共青团的项目人员集中培训，旨在进一步做好针对外来务工群体的安全健康和防治艾滋病宣传教育工作。农民工代表、新闻媒体、首都高校青春红丝带志愿者共100余人参加活动。

同日，黄孟复主席在京会见新西兰恒天然合作集团董事长亨利·凡·德·海登先生一行。李路副主席等参加。

同日，黄小祥副主席在京会见英国驻华使馆对英投资事务主管魏斐然先生和普华永道会计师事务所代表李辰女士一行。黄小祥表示，全国工商联将加强与英国驻华使馆和相关专业机构的联系与交往，推动中国民营企业与英国工商界的交流与合作。

★13日，全联新能源商会和中国资源综合利用协会可再生能源专业委员会主办的第六届中国新能源国际高峰论坛在京开幕。论坛以"新能源——分享我国机遇"为主题。我会黄孟复主席出席并为已在民政部登记注册并更名的全联新能源商会揭牌，黄小祥副主席出席并讲话。

★15～21日，李路副主席率全国工商联代表团赴台湾考察访问。

★16日，黄孟复主席主持召开2012年第二次主席办公会议。会议议题：一、听取我会原办公楼改建为中国工商博物馆的工作汇报；二、审议中华工商时报社与全国工商联债务消除方案；三、审议《关于鼓励、引导非公有制经济参与农村扶贫开发的意见（2011－2020年）》征求意见稿。全哲洙书记，孙安民常务副主席，黄小祥、褚平、谢经荣、庄聪生副主席出席。王忠明、欧阳晓明副秘书长，办公厅王建设主任列席。

同日，全国工商联在京召开"如何进一步坚

持和完善我国的基本经济制度"专家座谈会。黄孟复主席出席并讲话，庄聪生副主席主持。来自国家发改委、国务院发展研究中心、中央党校等部门机构的官员、专家、学者，以及中国民间商会副会长谢伯阳、我会副秘书长欧阳晓明等参加。

★18日，三方联合推动就业再就业工作第八次联席会议在京召开。我会副主席谢经荣、人力资源和社会保障部副部长信长星、全国总工会书记处书记王瑞生出席并讲话。

★19日，全国工商联在京召开"如何进一步坚持和完善我国的基本经济制度"专家座谈会。黄孟复主席出席并讲话，庄聪生副主席主持。来自中国国际经济交流中心、中国社科院、北京大学等部门机构的专家、学者，以及中国民间商会副会长谢伯阳、我会副秘书长欧阳晓明等参加。

★24日，李路副主席在京会见并宴请由台湾工业总会秘书长蔡练生率领的"两岸投资交流考察团"一行。考察团在京访问期间，我会还协助其在京举办了"陆资赴台投资说明会"，我会有关直属商会30多家会员企业参加说明会。

★25日，李路副主席在京会见并宴请以香港总商会中国委员会主席于健安为团长的香港总商会访京团一行。

★26日，全国工商联与南京市政府联合主办的2012中国·南京科技创业创新与重大项目投资洽谈会在南京市开幕。我会黄孟复主席宣布洽谈会开幕。江苏省常务副省长李云峰、南京市委书记杨卫泽分别致辞。南京市市长季建业作南京投资环境推介。

同日，谢经荣副主席在京会见日本中华总商会前会长、日本新华人华侨会颜安副会长一行。

★27日，全国工商联在京举办全国省级工商联会员处长会议暨数据库培训班。黄小祥副主席出席并讲话。会员部王瑗部长布置了会员部重点工作，办公厅同志就执委常委数据库技术操作进行培训。各省级工商联会员处处长、负责数据库工作的统计员共60余人参加。

同日，机关党委、机关工会在京举办健步长走比赛。黄小祥副主席全程参加，机关干部职工近80人参加比赛。

五月

★3日，全国工商联向温家宝总理呈送《工商联服务引导小型微型企业保生存谋发展调研报告》（简称《调研报告》），4日又呈送了《全国工商联小型微型企业调研精选案例》（简称《精选案例》）。2012年全国工商联继续坚持重心下移、面向基层的工作思路，把为小型微型企业服务作为贯彻落实中央16号文件精神，围绕中心、服务大局，坚持促进"两个健康"工作主题的具体体现作为重中之重的工作，于2月至4月，组成5个调研组，分别由会领导带队，以实体经济领域制造业、生产性服务业为重点，在全国17个省区市的67个市区县开展了全国性的小微企业"保生存谋发展"调研。经过反复研究形成了《调研报告》和《精选案例》上报中央，温家宝、贾庆林、李长春、李克强、回良玉、王岐山、刘延东、马凯、杜青林等党和国家领导同志先后做出重要批示。

同日，全国工商联、中国光彩事业促进会联合印发《关于鼓励和引导非公有制经济参与农村扶贫开发的意见（2011－2020年）》，要求各地工商联、光彩会结合实际认真贯彻执行。

★5日，全国工商联党组召开扩大会议。会议研究了全国工商联第十一届执委会、常委会规模等有关事项，通过了《中华全国工商联合会第十一届执行委员会、常务委员会组成及产生办法》；讨论了黄孟复主席在十届九次常委会议上的讲话提纲；研究了有关人事事项。党组书记全哲洙主持，党组副书记黄小祥、褚平，党组成员庄聪生、李路，黄孟复主席、孙安民常务副主席、谢经荣副主席出席。

同日，根据《全国工商联机关干部轮岗暂行办法》，机关安排9名处、科级干部轮岗。

★6日，上海市工商业联合会（商会）第十三次会员代表大会在上海市举行。我会主席黄孟复、市委副书记殷一璀出席并讲话。

★7日，全国工商联第十期乡镇干部培训班在广东省深圳市开班。来自四川省巴中市、仪陇县及贵州省毕节地区的80名基层乡镇干部参加培训，这是我会智力支边和定点扶贫工作的一项重要举措。十期培训班已累计为贫困地区成功培训近800名乡镇干部。

★8日，由人力资源和社会保障部、教育部、全国总工会和全国工商联共同主办的"2012全国民营企业招聘周"启动仪式在甘肃省兰州市举行。人力资源和社会保障部副部长信长星、教育部部长助理林蕙青、全国总工会书记处书记王瑞生、我会副主席谢经荣出席并讲话。甘肃省副省长咸辉致辞。

★9日，全国工商联、国家林业局、中国光彩事业促进会联合印发《关于授予陈雪峰等44名民营企业家"光彩事业国土绿化贡献奖"的决定》，表彰为我国林业改革发展和国土绿化事业做出突出贡献的优秀民营企业家。

同日~11日，全国工商联在京举办机关处级以下干部培训班。这是我会首次举办机关处级以下干部培训班。黄小祥副主席出席开班式并讲话。14~16日举办第二期，两期共计90名同志参加了培训。

★14日，中国工商博物馆布展筹备办公室召开中国商会史专家座谈会，听取对中国商会史布展的意见和建议。我会李路副主席出席并讲话。

★15日，全哲洙书记主持召开全国工商联党组中心组学习（扩大）会，中心组成员从理论和实践相结合的角度对"两个健康"工作主题进行了学习研讨。黄孟复主席，孙安民常务副主席，黄小祥、褚平、谢经荣、庄聪生、李路副主席，王忠明、欧阳晓明副秘书长出席，机关副局级以上干部和直属单位主要负责同志列席。

同日，全国工商联原副主席孙晓华主持召开2012年第四次主席专题办公会议，研究部署《中国工商联简史》修改工作。庄聪生副主席出席并讲话。

同日，李路副主席在京会见以中国工程院院士、中国（澳门）综合发展研究中心执行会长刘人怀为团长的"2012（澳门）两岸四地经济合作交流峰会暨论坛"组委会访京团一行。

同日~16日，全国工商联法律工作座谈会在京召开。谢经荣副主席出席并讲话，法律部赵宏部长作会议总结，白莲湘副部长主持。中央统战部、全国人大法工委、最高人民法院、国务院法制办、人力资源和社会保障部、国家知识产权局等单位有关负责同志，各省级、副省级城市工商联主管法律工作的副主席及部门负责同志等110人参加。

★17日，由全国工商联、湖南省政府、香港中华总商会共同主办的"2012世界华商领袖峰会"在长沙市开幕。我会主席黄孟复出席并讲话。湖南省省长徐守盛、长沙市委书记陈润儿、香港中华总商会会长蔡冠深出席并致辞，湖南省委统战部部长李微微主持。我会副主席刘志强、刘沧龙、许连捷、许荣茂、傅军出席。湖南省工商联主席何报翔、民建中央副主席辜胜阻、世茂集团董事局主席许荣茂分别作主题演讲。庄学海、向文波、黄伟东等企业家进行专题研讨。来自海外和港澳台地区的主要华商团体领袖及境外知名华人企业家、中部六省工商联负责人、湖南知名企业代表等参加。

同日，全国工商联与河北省政府在廊坊市签署《促进非公有制经济发展加速河北经济强省建设战略合作框架协议》。我会党组书记全哲洙，河北省委书记张庆黎、省长张庆伟出席签约仪式。全哲洙、张庆伟分别代表双方在协议上签字。根据协议，双方将在重大发展战略平台建设、促进非公有制经济健康发展、开展民营企业家培训、加强行业商会建设等方面进一步加强合作。

★18日，以"开放崛起，绿色发展"为主题的第七届中国中部投资贸易博览会在长沙市开幕。我会黄孟复主席出席。

★20日，山西省工商业联合会（总商会）第十一次会员代表大会在太原举行。省委书记袁纯清、省长王君、省政协主席薛延忠等领导同全体代表合影留念。我会副主席黄小祥，省委统战部部长聂春玉出席并讲话。

★22日，全国工商联印发《推动解决县级工商联建设中的突出问题工作实施方案》。加强县级工商联建设是全国工商联2012年的重点工作，也是贯彻落实中央16号文件的具体举措。为了推动解决县级工商联建设中的突出问题，经过广泛深入调研，全国工商联制定并印发了该《方案》。《方案》包括总体要求、工作目标、工作步骤、工作保障等方面。

同日，黄孟复主席主持召开2012年第三次主席办公会议。会议议题：一、黄孟复主席在全国工商联十届九次常委会议上的讲话；二、全国工商联十届九次常委会议执委常委替补人事事项的决定；三、全联科技装备业商会拟召开第二次会员大会有关事项；四、关于全国工商联宣传培训委员会主任调整事项；五、关于推荐评选全国就业创业工作先进集体和先进个人事项。全哲洙书记，孙安民常务副主席，黄小祥、褚平、谢经荣、庄聪生、李路副主席出席。欧阳晓明副秘书长、办公厅王建设主任列席。

同日，黄孟复主席、全哲洙书记在京会见甘肃省委书记王三运和省长刘伟平一行。我会黄小祥、褚平、谢经荣、庄聪生副主席，甘肃省委秘书长刘立军、副省长郝远等参加。

★23日，李路副主席在京会见香港理工大学副校长阮曾媛琪女士。阮曾媛琪就"2012紫荆花杯杰出企业家奖"活动评估情况进行了说明，双方就今后共同举办"紫荆花杯杰出企业家奖"的合作事宜进行探讨。

★24日，黄孟复主席在京会见以澳门中华总商会副会长、澳门基本法推广协会理事长崔世昌为团长的澳门基本法推广协会访京团一行。李路副主席参加。

同日，西藏自治区工商业联合会（总商会）第五次会员代表大会在拉萨召开。自治区党委书记陈全国、自治区政府主席白玛赤林发来贺信，自治区党委常务副书记郝鹏，我会副主席庄聪生，自治区党委统战部部长公保扎西出席并讲话。

★25日，全国工商联、湖北省政府共同举办的"民企携手湖北、共促中部崛起"大会在武汉市举行。双方就共同推进非公有制经济健康发展签署战略合作框架协议。我会党组书记全哲洙，湖北省委书记李鸿忠、省长王国生出席并致辞。我会常务副主席孙安民，湖北省常务副省长王晓东分别代表双方在合作协议上签字。大会由湖北省委统战部部长张岱梨主持。我会副主席刘志强、刘沧龙、许连捷、许荣茂、张元龙、张近东以及中国光彩事业促进会、各省市代表团有关负责人和民营企业家800多人出席。与会民营企业家与湖北省在会上签约项目302个，签约总额6423.9亿元。

同日，全国工商联印发《关于奖励2011年度考核优秀公务员的决定》。沈丽霞等3名同志记三等功，欧阳晓明等22名同志获嘉奖。

★28日，中国光彩事业促进会四届三次理事会议在京召开。全国政协副主席、中央统战部部长、中国光彩事业促进会会长杜青林，我会主席、中国光彩事业促进会顾问黄孟复，我会党组书记全哲洙出席。杜青林发表重要讲话，全哲洙作总结讲话。50名企业家、30个单位和个人获得"光彩事业奖"和"光彩事业组织奖"，44位企业家获得"光彩事业国土绿化贡献奖"。我会副主席黄小祥、谢经荣出席。

同日，黄孟复主席在京会见世界经济论坛执行主席施瓦布教授一行。李路副主席等参加。

★29日，中国光彩事业基金会二届一次理事会议在京召开。全国政协副主席、中央统战部部长、中国光彩事业促进会会长杜青林会见与会人员并合影留念。我会党组书记、中国光彩事业促进会副会长全哲洙出席并讲话。会议选举产生了中国光彩事业基金会二届理事会。中国光彩事业促进会副会长谢伯阳当选为理事长；王玉锁、卢志强、张近东、张永珍、胡文新、郭广昌、曹德旺当选为副理事长；李河君任监事长。会议审议通过了中国光彩事业基金会工作报告、《中国光彩事业基金会章程》修订案。

同日，李路副主席在京会见由台湾中华工商业联合协会主席李玉文率领的大陆参访团一行。

★30～31日，河北省工商业联合会第十一次会员代表大会在石家庄市召开。省委书记张庆黎会前接见了全体代表并讲话，我会常务副主席孙安民、省委副书记赵勇出席并讲话。

★31～6月1日，山东省工商业联合会第十二次会员代表大会在济南市召开。省长姜大明，我会副主席褚平出席并讲话。

六月

★1日，全国工商联《劳动合同法》修改工作座谈会在京召开。谢经荣副主席出席并讲话。全国工商联法律委员会部分委员，北京、天津、内蒙古、辽宁、江苏5省（区、市）工商联分管副主席，民营企业代表以及专家学者30余人参加。

★4～5日，全国工商联十届九次常委会议在云南省昆明市召开。会议学习贯彻了中央16号文件，学习了党和国家领导同志在全国工商联报送的小微型企业保生存、谋发展调研材料上的重要批示，听取讨论了黄孟复主席的重要讲话，总结交流了小微型企业保生存谋发展以及工商联和商会服务小微型企业发展、龙头企业带动小微型企业发展的典型经验，审议通过了全国工商联十一届执委会、常委会组成产生办法和有关人事事项。黄孟复和全哲洙分别在开、闭幕会上讲话；云南省委书记秦光荣在开幕会上致辞；开、闭幕会分别由全哲洙和黄小祥副主席主持。云南省省长李纪恒，副省长李江，省委秘书长曹建方，省政协副主席王学智，省政府秘书长丁绍祥，我会常务副主席孙安民，副主席褚平、谢经荣、庄聪生、李路、王文京、王文彪、王健林、王新奎、卢志强、刘志强、刘沧龙、许连捷、许荣茂、吴一坚、张元龙、张近东、崔世昌、傅军、霍震寰，中国民间商会副会长宋北杉、沈建国、马有礼、王玉锁、尹明善、甘国屏、张芝庭、郑跃文、董文标、谢伯阳，中央统战部有关部门负责同志及全国工商联常委等约200人出席。常委会议前召开了全国工商联十届十九次主席会议。

★5日，民企入滇助推桥头堡建设大会在昆明市召开。我会主席黄孟复，云南省委书记秦光荣出席并讲话。我会党组书记全哲洙与云南省省长李纪恒共同签署了《中华全国工商业联合会、云南省人民政府民企入滇助推面向西南开放重要桥头堡建设战略合作框架协议》。大会由云南省委副书记仇和主持。我会常务副主席孙安民，副主席黄小祥、褚平、谢经荣、庄聪生、李路、王文彪、王健林、卢志强、刘志强、刘沧龙、吴一坚、张元龙、傅军、霍震寰，中国民间商会副会长沈建国、王玉锁、尹明善、甘国萍、张芝庭、董文标、谢伯阳，云南省政协主席罗正富，云南省有关部门、州市负责人以及各地民营企业家470余人参加。

★7日，全国工商联、中国建设银行在京举行金融服务交流研讨会。我会王忠明副秘书长出席并作题为《宏观经济发展态势分析》的报告。扶贫部王钢治部长、中国建设银行财富管理与私人银行部魏春旗总经理、北京分行郎理英副行长

出席并讲话。

★8日，李路副主席在京会见台湾工商建设研究会前理事长、台湾女企业家协会创会理事长马爱珍女士一行。国台办联络局邱大昭副局长等参加。

★9～10日，全国工商联宣传培训委员会2012年度会议暨中国文化产业发展高峰论坛在京召开。全哲洙书记出席并讲话，李路副主席作主旨演讲。东方美亚投资有限公司董事长郭丽双、红豆集团董事长周海江、深圳研祥智能集团董事长陈志列、科创集团董事长何俊明、河南仁鼎矿业农庄集团首席执行官杨清河分别围绕"提升文化自觉，打造产业前景"主题演讲。我会许连捷副主席，部分省市工商联领导，我会各直属新闻出版单位负责同志，以及来自全国各地的企业家代表150多人参加。

★10日，由天津市人民政府、全国工商联、国家科技部、美国企业成长协会主办的第六届中国企业国际融资洽谈会在天津市召开。我会主席黄孟复出席并宣布开幕。科技部部长万钢、天津市市长黄兴国、我会常务副主席孙安民、美国企业成长协会总裁盖瑞·兰博诚分别致辞。会议由天津市副市长崔津渡主持。

★12日，中央统战部在北京八宝山东礼堂举办中央统战部原常务副部长、全国工商联原党组书记蒋民宽同志遗体告别仪式。我会全哲洙书记，黄小祥、褚平、谢经荣、庄聪生、李路副主席及全国工商联原领导孙晓华、保育钧、刘一民、刘敏学、王治国、程路等参加。全国政协原副主席王光英、孙孚凌送了花圈。部分机关干部和离退休同志参加。

同日，由中国民营经济国际合作商会主办的"国际经济合作大讲堂"首场报告会在京举行。我会李路副主席出席。外交部部长助理乐玉成就当前国际形势和"走出去"战略作报告。中国民营经济国际合作商会会长郑跃文出席并讲话。中国民营经济国际合作商会部分企业会员、全国工商联有关部门及直属商会代表约300人参加。

★14日，褚平副主席主持召开2012年第五次主席专题办公会议，布置2013年部门预算的编制工作，通报了2012年1～5月预算执行情况，对2013年预算编制、财务管理和厉行节约

提出要求。机关各部门主要负责同志和财务联络员参加。

★16～17日，黄孟复主席赴厦门市出席第四届海峡论坛开幕式并出席由全国工商联、闽台经济合作促进委员会等单位共同在泉州主办的、第四届海峡论坛重要活动之一的第四届海峡两岸商会经济论坛开幕式并讲话。李路副主席出席上述活动。

★17～18日，浙江省工商业联合会第十次会员代表大会在杭州市举行。我会党组书记全哲洙、浙江省委副书记李强出席并讲话。

★18日，全联科技装备业商会第二次会员大会在京召开。我会副主席黄小祥出席并讲话。大会选举产生了第二届理事会，研祥智能科技股份有限公司董事长陈志列当选为会长，第一届会长泰豪集团有限公司董事长黄代放为名誉会长。

同日，机关举办信息技术专题讲座。黄小祥副主席主持，庄聪生副主席出席，机关全体干部及直属单位负责同志参加。

同日～20日，云南省工商联（商会）第十一次会员代表大会在昆明市举行。我会副主席谢经荣出席并讲话。

★19日，李路副主席在京会见以洛杉矶郡郡委会成员唐·纳布先生为团长的美国南加州市长代表团一行。代表团由南加州知名度较高、经济水平较好的沿海城市市长及成长较快的华人金融机构、企业负责人组成。

★20日，庄聪生副主席在京会见以颜宝铃为团长的香港青年工业家协会访京团一行。

同日～21日，广西壮族自治区工商业联合会第十一次会员代表大会在南宁召开。我会副主席李路、自治区党委副书记危朝安出席并讲话。

★21日，全国工商联党组召开会议。会议传达学习了李源潮同志在与省委组织部副部长和市委组织部长任职培训班学员座谈时的讲话。会议要求党组要准确把握"四个必须"的内涵，结合全国工商联机关干部队伍建设实际，进一步建立健全选贤任能的保障机制。会议还研究了有关人事事项。党组书记全哲洙主持，党组副书记黄小祥、褚平，党组成员庄聪生、李路出席，孙安民常务副主席列席。

同日，我会人事部印发《关于印发〈2012

年全国工商联机关竞争上岗实施方案〉的通知》，拟通过竞争上岗方式，选拔任用3名副处级领导职务干部；印发《关于印发〈2012年全国工商联机关民主推荐选拔任用处级非领导职务干部实施方案〉的通知》，拟通过民主推荐方式，选拔任用8名处级非领导职务干部。

★22日，全国企业技能人才队伍建设经验交流会在山东省青岛市召开。我会副主席谢经荣出席并讲话。

★24～26日，宁夏回族自治区工商业联合会（民间商会）第九次会员代表大会在银川市举行。我会副主席褚平，自治区党委统战部部长马三刚出席并讲话。

★25日，由中国民（私）营经济研究会主办的法制环境与中国民营经济发展高层研讨会在京召开。研讨会邀请国内知名的经济、法律等领域的专家学者就推动和完善法治体制建设，促进民企获得公正公平待遇等话题展开研讨。我会副主席、中国民（私）营经济研究会会长庄聪生出席。

同日～29日，机关党委组织机关部门、直属单位13名同志参加由中央统战部主办的第17期入党积极分子培训班。

★27～29日，安徽省工商业联合会第十次会员代表大会在合肥市召开。我会副主席谢经荣，省委副书记孙金龙，省委统战部部长沈素琍出席并讲话。

★28日，全国创先争优表彰大会在京召开。中共中央总书记、国家主席胡锦涛，中共中央政治局常委、国家副主席习近平，中共中央政治局常委、中纪委书记贺国强等中央领导出席。我会全哲洙书记，黄小祥、庄聪生副主席参加。

七月

★2日，全国工商联青年沙龙活动暨青年干部座谈会召开。黄小祥副主席出席并讲话。31名青年同志结合在工商联工作的经历，畅谈了学习《胡锦涛同志在纪念共产主义青年团90周年大会上的讲话》精神的体会，交流如何提高党性修养、加强能力建设、提高工作水平。

同日，褚平副主席主持召开2012年第六次主席专题办公会议，部署我会下半年有关工作，强调三项工作：一、精简会议，提高工作效率，重点抓好全国工商联十一大筹备工作；二、各部门协作配合、形成合力，完成十一大报告及《中华全国工商业联合会章程》修改的文稿起草工作；三、加强学习培训，落实新修订的《全国工商联机关公文处理办法》。机关各部门负责同志参加。

同日～3日，湖南省工商业联合会（总商会）第十一次会员代表大会在长沙市召开。省委书记周强在会前与全体代表合影并讲话。省委副书记梅克保、我会副主席庄聪生出席并讲话。

★3日，统一战线"同心"论坛在京举办。我会黄孟复主席出席并发言，庄聪生副主席出席。

同日，全国就业创业工作评选表彰领导小组全体会议在京召开。会议听取全国就业创业工作先进集体和先进个人评审工作情况汇报，审定评选结果，研究表彰大会有关事项。我会谢经荣副主席出席。

同日～4日，辽宁省工商业联合会第十一次会员代表大会在沈阳市召开。我会常务副主席孙安民、省委副书记夏德仁出席并讲话。

同日～4日，河南省工商业联合会第十一次会员代表大会在郑州市召开。我会副主席褚平，省委宣传部长赵素萍出席并讲话。

★4日，湖北省工商业联合会第十一次会员代表大会在武汉市召开。省委书记李鸿忠会前看望全体代表并讲话。我会副主席黄小祥，省委副书记张昌尔出席并讲话。

同日～15日，全哲洙书记率领全国工商联代表团访问南非、坦桑尼亚、埃塞俄比亚三国。我会副主席刘沧龙、中国民间商会副会长郑跃文等陪同出访。

★5日，黄孟复主席在京会见由台湾工商建设研究会理事长吴嘉璘先生率领的考察团一行。庄聪生副主席、国台办有关同志参加。

同日，由科技部、教育部、财政部、全国工商联共同主办的首届"中国创新创业大赛"启动仪式在京举行。科技部部长万钢、我会常务副主席孙安民、科技部副部长曹建林、教育部副部长杜占元共同启动大赛。曹建林、孙安民作为大赛组委会副主席分别致辞。

★6日，全国工商联向中央统战部报送《关于进一步丰富和完善我国基本经济制度的调研报告》（简称《调研报告》）。全国工商联经过调研，征求中央党校原副校长李君如、中国（海南）改革发展研究院院长高尚全、国务院发展研究中心副主任卢中原、中国社会科学院学部委员张卓元等有关专家学者意见，形成《调研报告》。《调研报告》建议基本经济制度采用以下表述中的一种，或融合几种表述提出一种全新表述。一是坚持以国有经济为主导，民营经济（或混合所有制经济）为主体，多种所有制经济共同发展的基本经济制度。二是坚持以国有经济为主导，多种所有制经济平等竞争、相互促进、共同发展的基本经济制度。三是坚持以国有经济为主导，公有制经济和非公有制经济平等竞争、相互促进、共同发展的中国特色社会主义基本经济制度。

同日，由商务部、国家工商总局、国家旅游局、国务院侨办、国务院台办、全国工商联、中国侨联、中国贸促会等8个部门和天津市等18个省区市联合主办的第十八届中国兰州投资贸易洽谈会在兰州市开幕。我会副主席李路出席。

★10～12日，中组部、国资委、全国工商联共同在上海举办"提升企业家影响力"专题研讨班。我会组织王文彪等21名民营企业家参加培训。

★11～12日，广东省工商业联合会（总商会）第十一次会员代表大会在广州市召开。中央政治局委员、省委书记汪洋发来贺信。我会主席黄孟复，省委统战部部长林雄出席并讲话。

★12日，由民政部、国务院、国资委、全国工商联、广东省政府、深圳市政府主办的首届中国公益慈善项目交流展示会在深圳市开幕。国务院副总理回良玉发来贺电。广东省委书记汪洋出席并宣布开幕。我会主席黄孟复，民政部部长李立国，广东省省长朱小丹，我会副主席谢经荣、刘志强，国务院国资委副主任邵宁，深圳市委书记王荣、市长许勤等上千名中外嘉宾出席。谢经荣还出席了由国务院、国资委和全国工商联共同主办的"中国企业社会责任与商业文化"高峰会议并致辞。

★15～17日，江西省工商业联合会（总商会）第十次会员代表大会在南昌市召开。我会副主席黄小祥，省委统战部部长蔡晓明出席并讲话。

★16~17日，甘肃省工商业联合会第十一次会员代表大会在兰州市召开。我会副主席谢经荣，省委统战部部长泽巴足出席并讲话。

★17日，国务院在京召开全国就业创业工作表彰大会。我会副主席谢经荣出席。我会推荐的20家全国就业先进企业、2家全国就业先进单位和2名全国就业先进工作者受到表彰。

同日~18日，由全国工商联主办的大型民营企业首脑沙龙（2012·无锡）在江苏省无锡市举行。本次沙龙的主题是："未来十年中国民营企业发展：理念、愿景，结构和制度安排。"黄孟复主席出席并讲话。庄聪生、傅军副主席，部分省工商联主席以及我会副秘书长王忠明、欧阳晓明等120余人出席。

★18日，由全国工商联美容化妆品业商会等单位主办的"第二届中国美容业发展高峰论坛暨2012中华全国工商业联合会美容化妆品业商会美容SPA交流中心年会"在深圳市召开。我会副主席黄小祥出席并致辞。

同日，褚平副主席在京会见俄罗斯经济发展部生产力委员会主席费基索夫·格列布先生一行，共同探讨中俄两国的经贸投资合作事宜。

同日，李路副主席在京会见南非非国大经济发展论坛主席达里尔·斯万普尔先生率领的代表团，并代表我会与南非非国大经济发展论坛签订了合作备忘录。中国民营经济国际合作商会、中非民间商会负责同志参加。

★19~20日，江苏省工商业联合会第十次会员代表大会在南京市召开。省委书记罗志军、省长李学勇等在会前看望全体代表。我会主席黄孟复、省委副书记石泰峰出席并讲话。

同日，黄小祥副主席在京会见日中经济协会专务理事稻叶健次一行。

★20~21日，黑龙江省工商业联合会第十次会员代表大会在哈尔滨市召开。我会副主席谢经荣，省委统战部部长夏杰出席并讲话。

★21~8月1日，褚平副主席率领全国工商联代表团访问俄罗斯、乌克兰、格鲁吉亚三国。

★23日，黄孟复主席主持召开2012年第四次主席办公会议。会议议题：一、全联民办教育出资者商会拟召开第二次会员大会有关事项；

二、全联新能源商会拟召开第三次会员大会有关事项；三、全联旅游业商会拟召开第二次会员大会有关事项。孙安民常务副主席，黄小祥、谢经荣、庄聪生、李路副主席出席，欧阳晓明副秘书长、办公厅王建设主任列席。

同日，全国工商联直属行业商会2012年"质量月"倡议活动启动会议在京举行。孙安民常务副主席出席并讲话。欧阳晓明副秘书长对"质量月"倡议活动的背景、具体安排和倡议内容做了说明。全国工商联25家直属行业商会代表参加。

同日~24日，全哲洙书记在京参加省部级主要领导干部专题研讨班。

★25日，各民主党派中央、全国工商联和无党派人士学习胡锦涛讲话座谈会在京召开。我会黄孟复主席出席并发言，孙安民常务副主席，庄聪生、李路副主席出席。

同日，由中国光彩事业促进会和吉林省人民政府共同主办的"中国光彩事业延边行"投资考察活动在吉林省延吉市举行。我会党组书记、中国光彩事业促进会副会长全哲洙，吉林省省长王儒林出席并讲话。我会副主席谢经荣出席。中国民间商会副会长王玉锁、中国光彩事业促进会副会长王再兴代表企业家发言。

★26日，中共中央在中南海召开党外人士座谈会，就当前经济形势和下半年经济工作听取各民主党派中央、全国工商联领导人和无党派人士的意见和建议。我会黄孟复主席出席并发言，全哲洙书记、孙安民常务副主席出席。

同日，全联旅游业商会第二次会员大会在京召开。我会副主席黄小祥出席，为新登记注册和更名的全联旅游业商会揭牌并讲话。大会选举产生了全联旅游业商会第二届理事会，北京中华民族博物院院长王平当选为会长。

同日，全国工商联系统信息员培训班在甘肃省兰州市召开，各省级、副省级城市工商联信息员50余人参加。

★28日，全联新能源商会第三次会员大会在京召开。大会选举产生了全联新能源商会第三届理事会，汉能控股集团有限公司董事局主席李河君当选为会长。我会副主席黄小祥出席并致辞。

同日~29日，内蒙古自治区工商业联合会第十一次会员代表大会在呼和浩特市召开。我会副主席庄聪生、自治区党委副书记李佳、自治区党委统战部部长王素毅出席并讲话。

★29~30日，北京市工商业联合会第十三次会员代表大会在京召开。我会副主席黄小祥、市委统战部部长牛有成出席并讲话。

★30日，国务院总理温家宝主持召开国务院常务会议，听取鼓励民间投资实施细则制定情况汇报等。我会孙安民常务副主席出席。

同日，全国工商联在京召开工商联外事外联服务民营企业"走出去"座谈会。李路副主席出席并讲话。上海、福建、江西、河南、湖北、广东、重庆、宁夏、新疆等9个省级工商联联络部负责同志参加并介绍了各地工商联开展对外交流合作的情况及服务企业"走出去"的经验、做法。

同日~31日，全国工商联在京召开全国县级工商联建设工作座谈会。黄小祥副主席出席并讲话。会员部王瑗部长通报了县级工商联建设有关工作。各省级工商联分管会员组织工作的会领导、会员组织部门负责人和全国县级工商联建设联系点负责同志共70多人参加。

★31日，2010年5月，国务院出台了《关于鼓励和引导民间投资健康发展的若干意见》（简称"民间投资36条"），随后，国务院办公厅又下发了《关于鼓励和引导民间投资健康发展重点工作分工的通知》，2012年初国务院又召开会议，要求有关部委尽快出台实施细则。截至2012年7月，国务院有关部委共出台了42个实施细则。为了学习贯彻"民间投资36条"及42个实施细则，全国工商联编印了《〈国务院关于鼓励和引导民间投资健康发展的若干意见〉实施细则文件汇编》，并于7月31日印发《关于学习贯彻〈国务院关于鼓励和引导民间投资健康发展的若干意见〉及实施细则的通知》（全联发〔2012〕9号）。要求各地工商联组织认真学习、深刻领会"民间投资36条"及42个实施细则，把推动"民间投资36条"及42个实施细则的贯彻落实，作为当前和今后一个时期的重要任务，作为践行"两个健康"工作主题的具体举措。

同日，全国工商联召开2012年庆"八一"复转军人座谈会。全哲洙书记、庄聪生副主席出席并讲话，黄小祥副主席主持。

八月

★2日，全国工商联党组召开会议。会议传达学习了中央领导同志在《统一战线与毕节实验区建设的调研报告》上的重要批示。会议要求，准确把握"以'同心'思想为引领"的深刻内涵，按照中央统战部贯彻落实重要批示的要求，发挥优势，突出特色，将坚定贯彻"同心"思想、奋力推进"同心"实践与工商联"两个健康"工作主题紧密结合，紧紧围绕发展壮大县域经济，进一步总结经验，理清工作思路，落实项目建设，为真正把毕节试验区建设成统一战线服务科学发展的试验区、多党合作的示范区、贯彻"同心"思想的模范区做出更大贡献。会议还研究了有关人事事项。党组书记全哲洙主持，党组副书记黄小祥、褚平，党组成员庄聪生、李路出席，孙安民常务副主席、谢经荣副主席列席。

★7日，贵州省工商业联合会第十一次会员代表大会在贵阳市召开。我会副主席李路，省委副书记陈敏儿出席并讲话。

★8日，由中国光彩事业促进会和宁夏回族自治区党委、政府共同主办的"中国光彩事业宁夏行"大型投资考察活动在银川市举行。我会党组书记、中国光彩事业促进会副会长全哲洙，宁夏回族自治区党委书记张毅参加并讲话。我会副主席谢经荣参加。中央统战部、全国工商联、中国光彩事业促进会、宁夏回族自治区有关领导和来自全国各地的400余位民营企业家参加。

★9~12日，我会主席、中华红丝带基金名誉理事长黄孟复率领中华红丝带基金理事会员企业赴四川省凉山彝族自治州西昌市、昭觉县，考察中华红丝带基金昭觉县抗病毒治疗关爱中心等公益项目，并听取凉山州政府关于艾滋病防治工作的汇报。世茂集团、四川宏达集团等民营企业向凉山红丝带项目捐赠1684万元人民币、200万元港币；中国民生银行出资500万元在美姑县捐建一所红丝带爱心寄宿制学校。我会副主席谢经荣、许荣茂、刘沧龙，四川省工商联主席陈次昌及中华红丝带基金理事会员，项目关爱大使，爱心企业家共70余人参加考察。

同日，褚平副主席主持召开2012年第七次主席专题办公会议，安排和协调近期工作：一、关于中国民营企业500强发布会；二、关于近期会领导将听取有关工作汇报，关于规章制度的制定和修订工作。机关各部门负责同志参加。

★11日，全国工商联纺织服装业商会缝制设备流通分会成立大会在浙江省杭州市召开。我会副主席黄小祥出席并致辞。

★14～15日，由我会法律部主办的"非公有制企业构建和谐劳动关系工作座谈会"在京召开。此次会议是我会贯彻落实中央16号文件和2011年全国构建和谐劳动关系先进表彰暨经验交流会精神的具体举措。谢经荣副主席出席并讲话。中央统战部五局杨启儒局长、国务院法制办、人力资源和社会保障部、全国总工会、中国劳动保障科学研究院等有关单位负责同志及各省级工商联代表、非公有制企业代表100余人参加。

★16日，全哲洙书记主持召开会议，听取非公有制企业文化建设调研情况汇报。庄聪生、李路副主席和王忠明副秘书长、调研组全体成员参加。

同日，全国工商联组织委员会第十一次全体会议在山东省青岛市召开。黄小祥副主席出席。会议主要听取委员汇报各地贯彻落实全国县级工商联建设工作座谈会会议精神情况，研究进一步推动解决县级工商联建设中突出问题的措施；审议全国县级工商联示范点标准；通报全国工商联商会建设座谈会筹备情况和工商联执常委数据库建设情况；征求委员对下一届如何做好工商联组织建设工作、更好地发挥组织委员会作用的意见建议。

★17日，全联民办教育出资者商会第二次会员大会在京召开。我会副主席黄小祥出席，为商会揭牌并讲话。大会选举北京锡华实业投资集团董事长张杰庭为商会第二届理事会会长，罗晓明、周继庭、金秋萍等为副会长，罗晓明兼任秘书长。

★20日，首届世界晋商大会在太原市召开。我会主席黄孟复出席并讲话。山西省委书记袁纯清、省长王君，我会常务副主席孙安民等，以及郭台铭、李彦宏等来自海内外的1400多名晋商精英参加。

同日，全国工商联在京召开鼓励和引导民营企业积极开展境外投资座谈会。国家发改委外资司司长孔令龙应邀宣讲解读国家有关促进境外投资政策。我会副秘书长欧阳晓明主持，机关各部门干部、有关直属商会代表近100人参加。

★21日，全国工商联和吉林省政府在长白山共同举办以"民营经济——转方式稳增长的重要力量"为主题的2012年中国民营经济发展（长白山）论坛。我会党组书记全哲洙，吉林省省长王儒林出席并讲话，我会副主席庄聪生主持。吉林省政协主席巴音朝鲁、省委副书记竺延风、延边朝鲜族自治州州委书记张安顺、副省长陈伟根、省政协副主席别胜学，我会副主席王文京、王文彪、王健林、卢志强、刘志强、刘沧龙、许连捷、傅军，中国民间商会副会长柳传志等140多位来自全国各地的民营企业家参加。论坛期间，来自全国各地的民营企业与吉林省签约28个项目，投资总额达333.65亿元。

★22日，主题为"全球经济转型与中国海外投资新模式"的第二届中国海外投资年会在香港召开。我会主席黄孟复出席并致辞。

★23日，中央组织部组织二局许鹏副局长一行到我会进行社会组织党建情况调研座谈。黄小祥副主席会见了许鹏一行，介绍了全国工商联和直属行业商会党建工作基本情况。

★24日，全国工商联向温家宝总理报送《关于传化集团落实总理指示情况的报告》（全联报〔2012〕13号）。7月14日，温家宝总理在赴成都传化公路港视察时，对传化集团探索和实践的公路港物流模式给予充分肯定和高度评价，指示国家发改委、工信部、商务部认真总结传化物流经验。我会会员企业——传化集团认真落实温家宝总理指示精神并希望国家发改委尽快牵头组织有关部委领导和专家组成联合调查组，就传化公路港物流模式进行专题调研和论证，以便指导和帮助传化集团深入总结公路港物流模式的探索和实践，破解公路港物流模式运行和发展中遇到的难题，进一步提升传化集团公路物流的运营效率。

同日，全联环境服务业商会第三次会员大会在京召开。我会副主席黄小祥出席并讲话。

★25日，全国工商联2012年度提案工作座谈会在京召开。庄聪生副主席出席并讲话。全国政协提案委员会办公室刘晓冰副主任出席并就提案工作的最新要求作专题授课。各省级工商联分管提案工作的领导和研究室主任，我会机关各部门、各直属行业商会有关同志共120人参加。

★27～28日，福建省工商业联合会第十次会员代表大会在福州市召开。我会常务副主席孙安民、省委副书记陈文清出席并讲话。

同日～28日，重庆市工商业联合会（总商会）第四次会员代表大会在重庆市召开。我会副主席褚平、市委副书记张轩、市委统战部部长范照兵出席并讲话。

同日～28日，青海省工商业联合会第十次会员代表大会在西宁市召开。省委书记强卫发来贺电。我会副主席李路、省政法委书记王建军、省委统战部部长多杰热旦出席并讲话。

★28日，黄孟复主席主持召开2012年第五次主席办公会议。会议议题：一、审议全国工商联信息化建设工作方案；二、审议《全国工商联专门委员会工作规则》修改稿；三、关于全联并购公会拟召开第三次会员大会有关事项；四、关于全联环境服务业商会召开第三次会员大会有关事项；五、关于中国民（私）营经济研究会与中国民生银行联合成立小微金融研究中心有关事项。全哲洙书记，黄小祥、褚平、谢经荣、李路副主席出席。王忠明、欧阳晓明副秘书长，办公厅王建设主任列席。

★29日，黄孟复主席在京会见IBM大中华区首席执行官钱大群一行。双方就全球化背景下中国企业"走出去"、提升企业领导力和国际品牌形象及中美企业投资贸易与合作等问题进行了友好交流。黄小祥副主席、欧阳晓明副秘书长参加。

★30日，全国工商联在京召开2012中国民营企业500强发布会。黄孟复主席出席并讲话。孙安民常务副主席揭晓2012中国民营企业500强、2012中国民营企业制造业500强、2012中国民营企业服务业100强名单，欧阳晓明副秘书长发布2012中国民营企业500强调研分析报告。我会领导向部分入围企业代表颁发证书。北京大学国家发展研究院名誉院长林毅夫、中国民生银行副董事长梁玉堂、新奥集团董事局主席王玉

锁、东方集团董事长刘永行分别发表演讲。发布会还进行了以"顺势而为，搏击前行——民营企业发展的愿景与实现路径"为题的对话。我会党组书记全哲洙、副主席褚平，大连万达集团董事长王健林，中国民生银行行长董文标，各部委有关领导，有关社会机构负责同志，各省级工商联负责同志，中央统战部五局负责同志，机关各部门负责同志，入围企业代表以及新闻媒体记者近500人出席。发布会由中央电视台财经频道主持人陈伟鸿主持。

同日，全哲洙书记在京会见由香港中国商会主席陈经纬先生率领的访京团一行。褚平副主席参加。

同日，全国工商联直属会员会议在京召开。我会副主席黄小祥出席并讲话。会议讨论了《全国工商联直属会员入会办法》和《全国工商联直属会员管理和服务办法》。我会直属会员160余人参加。

同日，政务公开、厂务公开、村务公开工作座谈会在京召开。我会副主席谢经荣出席。

★31日，黄孟复主席、全哲洙书记在京分别会见贵州省毕节市委书记张吉勇一行。谢经荣副主席、毕节市织金县委书记崔英魁等参加。

同日，黄孟复主席、褚平副主席到北京医院看望我会老领导王光英同志，为他庆祝93周岁生日。9月4日，全哲洙书记也前往看望。

九月

★2日，第二届中国－亚欧博览会暨中国－亚欧经济发展合作论坛在乌鲁木齐市举行。我会副主席褚平出席。

★3日，中共中央召开党外人士座谈会。我会黄孟复主席出席并发言，孙安民常务副主席出席。

★4日，全国工商联向国务院报送《关于建议设立中小微企业专项金融债券发行制度的报告》（全联报〔2012〕14号）。《报告》建议设立中小微企业专项金融债券发行制度并提出了金融债券发行制度的原则和运行方式。

同日，李路副主席在京会见加拿大中国工商联合会一行，双方就中加经贸关系往来、中国企

业转型升级及"走出去"、中加企业投资贸易与合作等问题进行了友好交流。

★7～9日，中央统战部、全国工商联在京举办"全国省级和副省级城市工商联专职副主席培训班"（第一期）。黄孟复主席出席并讲话；全哲洙书记围绕坚持"两个健康"工作主题、加强领导干部能力建设作报告；庄聪生副主席就深入学习贯彻中央16号文件、开创工商联工作新局面作专题辅导；李路副主席作总结讲话。国家统计局原总经济师姚景源、军事科学院战争理论和战略研究部副部长毛新宇等为学员授课。10月16日至19日，中央统战部、全国工商联又在京举办了"全国省级和副省级城市工商联专职副主席培训班"（第二期）。黄孟复主席、全哲洙书记出席并讲话。中央社会主义学院第一副院长叶小文、姚景源，我会庄聪生、李路、林毅夫副主席等分别授课。两期培训班共培训了各地140多位工商联专职副主席。

★8日，全国党外代表人士实践锻炼基地试点工作总结会暨第二批党外干部实践锻炼启动仪式在京举行。我会副主席黄小祥出席。

★9日，世界旅游经济论坛在澳门举行。我会主席黄孟复出席并致辞。

同日～10日，天津市工商业联合会第十三次会员代表大会在天津市召开。我会全哲洙书记、市委副书记何立峰、市委统战部部长刘长喜出席并讲话。

★10日，2012年全国工商联"质量月"倡议活动发布会在京举行。孙安民常务副主席出席并讲话。我会30家直属行业商会向全体会员发出"提高质量水平，转变发展方式"的倡议。国家质检总局质量管理司惠博阳副司长出席并讲话；我会欧阳晓明副秘书长主持；我会直属行业商会负责人、部分行业商会的会员企业代表参加。

★11日，2012第六届夏季达沃斯论坛在天津市举行。我会主席黄孟复出席开幕式及分论坛"提升竞争力"的互动式会议。

同日～12日，全国工商联商会建设座谈会在京召开。黄小祥副主席出席并讲话。中国民间商会郑跃文副会长，各省级工商联分管领导、会员组织部门负责同志及我会直属行业商会会长共90余人参加。

★13日，主题为"加强交流合作，推进城市转型，实现创新发展"的2012海内外知名企业家齐鲁行在山东省枣庄市开幕。我会主席黄孟复出席并宣布开幕；山东省省长姜大明，我会常务副主席孙安民出席并致辞；我会副主席卢志强、刘志强，中国民间商会副会长沈建国、谢伯阳、王玉锁，山东省委统战部部长颜世元，山东省工商联主席王乃静出席。会前，姜大明向黄孟复汇报了山东经济社会发展情况，并会见了与会的知名企业家代表。在开幕式上举行了重点项目签约仪式，签订合作项目18个，协议投资204.1亿元。来自国内外的来宾共600多人参加。

★14日，中共中央书记处书记、中央统战部部长令计划一行来我会走访。我会黄孟复主席、全哲洙书记，中央统战部张裔炯常务副部长、林智敏副部长、安七一秘书长、杨启儒局长陪同视察我会新办公楼，看望了我会机关部分工作人员并与我会领导及部门主要负责人座谈。黄孟复介绍了工商联基本情况。令计划对工商联取得的工作成绩给予充分肯定，并就下一步工作提出了具体要求。座谈会由全哲洙主持。我会孙安民常务副主席，黄小祥、褚平、谢经荣、庄聪生、李路副主席，王忠明、欧阳晓明副秘书长及部门主要负责同志参加座谈。

同日，全联并购公会第三次会员大会在京召开。我会副主席黄小祥出席并讲话。

★15日，黄孟复主席、孙安民常务副主席、黄小祥副主席一行到我会老领导孙孚凌家中，为他庆祝91岁生日。

★16日，中华全国工商业联合会发表声明，对日本政府"购买"钓鱼岛、侵犯我领土主权的非法行径表示强烈愤慨和严厉谴责！声明表示：坚决反对日方所谓"购岛"行径，决不容许任何国家染指中国的神圣领土；坚决拥护我国政府为捍卫国家领土主权所采取的一切正义行动和必要措施；强烈要求日方立即停止一切损害中国领土主权的危险行径。

★17日，海南省工商业联合会第七次会员代表大会在海口市召开。省委书记罗保铭、我会常务副主席孙安民出席并讲话。

同日，李路副主席在京会见澳大利亚维多利亚州上议院议长布鲁斯·阿特金森和澳大利亚国际商会首席执行官麦克·果一行。双方就中澳经贸关系往来、中国企业转型升级及"走出去"、中澳企业投资贸易与合作等问题进行了友好交流。

同日，李路副主席在京会见伊利诺伊州工具制造公司全球副总裁迈克尔·林奇先生一行。双方就即将在芝加哥举行的中美投资贸易研讨圆桌会交换了意见，并就中美企业交流合作等问题进行了友好交流。欧阳晓明副秘书长等参加。

★19日，2012海峡两岸企业家紫金山峰会在南京市开幕。我会主席黄孟复出席并作主题发言。

同日，全国工商联在京举办民营企业家"请进来"活动暨机关在线学习平台启动仪式。全哲洙书记，褚平、庄聪生副主席出席，黄小祥副主席主持。全国创先争优活动优秀共产党员、山东朱老大食品有限公司党支部书记、总经理朱呈镕同志，非公有制经济十大典型人物、汉能控股集团董事局主席李河君同志应邀作报告。报告后，会领导启动了机关在线学习平台，正式在机关全体干部中开展网上自主选学。

★21日，全国非公有制经济组织创先争优活动总结大会在京召开。会议全面总结非公有制经济组织创先争优活动的成绩和经验，进一步推进创先争优常态化、长效化。我会党组书记、全国非公有制经济组织创先争优活动指导小组组长全哲洙出席并讲话。我会副主席庄聪生出席。大会以视频会议形式召开，全国和各省级、副省级城市非公有制经济组织创先争优活动指导小组成员、部分非公有制企业党组织书记和出资人共2800多人参加。

★24~25日，全国工商联在京召开全国民营企业文化建设座谈会。全哲洙书记出席并讲话，黄小祥、褚平、庄聪生副主席出席，李路副主席主持。华立集团、三胞集团等7家民营企业负责人，福建省、浙江省和青岛市工商联负责人做了交流发言。中央统战部五局局长杨启儒，我会机关各部门、各直属企事业单位负责人及各省级和副省级城市工商联负责同志140余人参加。

同日~10月3日，应美国全国商会、古巴国家商会邀请，黄孟复主席率全国工商联代表团对美国、古巴进行考察访问。代表团在美国访问期间，黄孟复在华盛顿出席以"中美贸易与投资：通向双赢之路"为主题的第四届中美商会合作发展论坛并作题为"构建和谐共赢的中美经贸关系"的主旨演讲；在芝加哥出席以"机遇与合作——制造业及新能源产业合作前景"为主题的中美投资贸易研讨会并发表演讲；在迈阿密出席中美贸易投资早餐会等活动。代表团在古巴访问期间，黄孟复出席了由全国工商联与古巴国家商会共同主办的中古企业座谈会，并与古巴国家商会会长埃斯特蕾亚·瓦尔德斯分别在座谈会上致辞。

★25~27日，孙安民常务副主席赴四川省出席第十三届中国西部国际博览会开幕式，并在"2012全国知名民营企业家四川行暨第七届泛成渝经济区商会合作峰会"上讲话。

★26日，全国工商联法律委员会第八次全体会议在京召开，谢经荣副主席出席并讲话，王文京副主席主持，法律委员会委员近30人参加。

★27日，2012年全国工商联直属行业商会秘书长第三次联席会议在京召开，我会副主席黄小祥出席并讲话。我会直属行业商会秘书长等30余人参加。

同日，陕西省工商业联合会第十一次会员代表大会在西安市召开。省委书记赵乐际、省长赵正永、省政协主席马中平、省委副书记孙清云会前看望全体代表并合影留念。我会副主席庄聪生、省纪委书记郭永平出席并讲话。

同日，新疆生产建设兵团工商业联合会第四次会员代表大会在乌鲁木齐市召开。兵团党委书记车俊出席并同全体代表合影留念，我会副主席李路出席并讲话。

★28日，全国政协办公厅、中共中央统战部、国务院侨办、国务院港澳办和国务院台办在京联合举行国庆招待会。我会党组书记全哲洙、副主席谢经荣出席。

同日~29日，由我会与大湄公河次区域工商论坛主办的"大湄公河次区域资源合作开发与可持续发展研讨会"在广西南宁市举行。我会常务副主席孙安民、广西壮族自治区党委统战部部长范晓莉、大湄公河次区域工商论坛秘书处主任卡梅拉等出席并致辞。会前，孙安民会见了来自大湄公河次区域各国的嘉宾、中外知名专家学者、

GMS 各国驻华官员等。

★29 日，国务院在人民大会堂举行国庆招待会，庆祝中华人民共和国成立 63 周年。胡锦涛、吴邦国、温家宝、贾庆林、李长春、习近平、李克强、贺国强、周永康等党和国家领导人与 1200 多名中外人士欢聚一堂，共庆佳节。我会党组书记全哲洙出席。

十月

★1 日，党和国家领导人胡锦涛、吴邦国、温家宝、贾庆林、李长春、习近平、李克强、贺国强、周永康等来到天安门广场，出席首都各界向人民英雄纪念碑敬献花篮仪式。我会褚平、庄聪生副主席参加。

★9 日，全国工商联在京召开非公有制经济人士座谈会，征求非公有制经济人士对党的十八大的意见建议。全哲洙书记出席并讲话，庄聪生副主席主持。我会李路、王文彪、傅军副主席，中国民间商会王玉锁副会长，中央统战部五局杨启儒局长，我会王忠明副秘书长及 9 位民营企业家代表参加。

★12 日，黄孟复主席在京会见四川省巴中市市委书记李刚一行。李刚围绕城乡规划、基础设施建设、"两化"互动、民生改善、发展高等教育等五个方面进行了汇报。我会黄小祥副主席、巴中市工商联有关同志参加。

同日，全国工商联在京召开第十一次会员代表大会筹备工作动员会。全哲洙书记出席并作动员讲话，黄小祥副主席主持并作总结讲话，褚平副主席宣布筹备工作机构设置和工作分工。孙安民常务副主席，谢经荣、庄聪生、李路副主席出席。机关全体干部及机关服务中心、信息中心的同志参加。

同日，全国政协第十一届全国委员会召开优秀提案和先进承办单位表彰大会。我会庄聪生副主席出席。我会作为优秀提案单位受到全国政协表彰。我会提交的《关于建立中小企业社会服务体系的提案》等 5 份团体提案被评为优秀提案。

★15 日，黄孟复主席主持召开 2012 年第六次主席办公会议。会议议题：一、审议《全国工商联优秀调研成果评选办法（暂行）》；二、审定

2012 年全国工商联科学技术奖授奖建议名单；三、全国工商联冶金业商会召开第二次会员大会有关事项；四、全国工商联纸业商会召开第三次会员大会有关事项；五、全国工商联房地产商会召开第三次会员大会有关事项；六、全国工商联金银珠宝业商会召开第五次会员大会有关事项；七、全国工商联石油业商会召开第三次会员大会有关事项；八、全国工商联厨具业商会召开第三次会员大会有关事项；九、全国工商联五金机电商会召开第五次会员大会有关事项；十、审议《全国工商联直属会员入会办法（送审稿）》。全哲洙书记，孙安民常务副主席，黄小祥、褚平、庄聪生、李路副主席出席。王忠明、欧阳晓明副秘书长，办公厅王建设主任列席。

同日，全国创先争优活动总结交流会议在京召开。我会党组书记、全国非公有制经济组织创先争优活动指导小组组长全哲洙，副主席庄聪生出席。

同日~26 日，全国工商联举行学习国发〔2010〕13 号文件精神实施细则知识竞赛。机关共有 159 名干部参加，占应参赛总人数的 94%。扶贫部、服务中心、机关党委获得组织奖，155 名同志获得纪念奖。

★18 日，李路副主席在京会见加纳——中国友好协会主席科乔·阿莫·高德弗莱德一行。双方就中加人民友好交往，中国企业"走出去"，中非、中加企业投资贸易与合作等问题进行友好交流。

同日，国家档案局档案馆室司、中央档案馆保管部、中央档案馆信息中心有关负责同志莅临我会检查档案工作。经过分项测试和综合测评，认为我会 1951~2010 年党组档案及 2008~2009 年文书档案（共计 1182 卷，10126 件，105245 页）数字化工作符合国家规范要求，成果显著。

★19 日，中国民（私）营经济研究会三届四次理事会议在江苏省无锡市召开。我会副主席、中国民（私）营经济研究会会长庄聪生出席并作题为"坚定信心 锐意创新 全力推动民营经济平稳较快发展"的工作报告。著名经济学家吴敬琏出席并演讲。我会副秘书长王忠明主持，中央统战部五局副局长戚建美等参加。

★21~22 日，四川省工商业联合会第十次会

员代表大会在成都市召开。我会副主席黄小祥、省委副书记李春城出席并讲话。

★23日，全国工商联石油业商会第三次会员大会在京召开。我会副主席黄小祥出席并讲话。

★24日，全国工商联党组召开会议。会议研究了有关人事事项。党组书记全哲洙主持，党组副书记黄小祥、褚平，党组成员庄聪生、李路出席，黄孟复主席、孙安民常务副主席列席。

★25日，全国工商联和国家开发银行在京签署《支持小微企业发展战略合作协议》。根据协议，双方将积极贯彻党中央国务院关于促进小微企业发展的方针政策，通过紧密而务实的合作，将各级工商联和商会的组织协调优势与国家开发银行融资融智优势结合起来，以切实解决小微企业融资问题为重点，建立银行、工商联（商会）、担保机构和小微企业联动的新型金融服务平台，重点支持商圈经济、产业链和产业集群、龙头企业及其上下游小微企业融资等领域，积极探索通过批发贷款方式合力支持小微企业发展。我会主席黄孟复、党组书记全哲洙，国家开发银行董事长陈元出席签字仪式。我会常务副主席孙安民和国家开发银行副行长袁力分别代表双方签署协议。我会副主席傅军，我会和国家开发银行有关部门负责人，部分民营企业、行业商会和担保公司负责人参加。

同日，全国工商联厨具业商会第三次会员大会在山东省滨州市召开。我会副主席黄小祥出席并讲话。

★26日，全国工商联印发《关于贯彻落实〈中共中央国务院关于深化科技体制改革加快国家创新体系建设的意见〉任务分工的通知》（全联厅经通〔2012〕78号）。《通知》明确了《任务分工》中要求全国工商联参加的四项任务，要求各地工商联，按照任务分工，结合本地实际情况，制订工作计划和实施方案，认真贯彻落实，引导和服务民营企业科技创新。

★27日，全哲洙书记在京主持召开会议，征求对全国工商联十一大章程修改和报告起草的意见。孙安民常务副主席，黄小祥、褚平、谢经荣、庄聪生、傅军副主席，部分省市县工商联负责同志和企业家，中央统战部五局杨启儒局长、刘玉江副局长等参加。11月18日，全哲洙书记主持召开会议，第二次征求对全国工商联十一大报告的意见建议。

★28日，黄孟复主席率领全国知名企业家考察了处于"山东半岛蓝色经济区"及"黄河三角洲高效生态经济区"两大国家战略叠加区的莱州市，出席了"全国民营企业家莱州行"活动并讲话。山东省委统战部部长颜世元向黄孟复汇报了山东省经济社会发展和民营经济发展情况。我会副主席卢志强、刘志强、刘沧龙，中国民间商会副会长王玉锁、郑跃文，山东省政协副主席张传林以及来自北京、山东、江苏、浙江等地的100多名企业家参加了考察活动。

同日，全国工商联金银珠宝业商会第五次会员大会在京召开。我会副主席黄小祥出席并讲话。

★29日，全国工商联联络委员会第三次会议在广东省广州市召开。李路副主席出席并讲话，联络委员会主任霍震寰主持，联络委员会主任刘志强作联络委员会2012年度工作报告。

★30日，全国工商联经济委员会会议在京举行。黄孟复主席出席并讲话，孙安民常务副主席主持。欧阳晓明副秘书长介绍了一年来我会重点工作和经济委员会工作开展情况。国家统计局张卫华副司长、清科集团倪正东总裁、商务部研究院邢厚媛副院长等委员先后发言。

同日～31日，吉林省工商业联合会第十次会员代表大会在长春市召开。我会副主席庄聪生、省委副书记竺延风出席并讲话。

★31日，全国工商联五金机电商会第五次会员大会在海南省召开。我会副主席黄小祥出席并讲话。

十一月

★1～4日，中国共产党第十七届中央委员会第七次全体会议在京召开。我会全哲洙书记作为中央候补委员出席。

★2～3日，黄孟复主席赴上海市出席上海海洋大学百年华诞庆典大会并题词祝贺。在沪期间，黄孟复主席还出席了《饮水思源》雕塑揭幕仪式并致辞。全国工商联原常务副主席张绪武、上海市工商联主席王志雄出席上述活动。

★5日，全国工商联纸业商会第三次会员大会在京召开。我会副主席黄小祥出席并讲话。华泰集团股份有限公司董事长李建华当选为全国工商联纸业商会新一届会长。

★6日，全国工商联党组召开会议。会议传达学习了党的十七届七中全会精神和胡锦涛同志的重要讲话。会议要求，必须深刻领会十七届七中全会精神，在思想上、政治上、行动上与党中央保持高度一致，以高度负责和奋发有为的精神做好全国工商联第十一次会员代表大会的各项筹备工作，迎接党的十八大胜利召开。会议还审议通过了全国工商联第十一次会员代表大会代表推荐名单，决定提交全国工商联第十一次会员代表大会代表资格审查委员会。党组书记全哲洙主持，党组副书记黄小祥、褚平，党组成员庄聪生、李路出席，孙安民常务副主席、谢经荣副主席列席。

同日，李路副主席在京会见澳门贸易投资促进局访京团一行。

★8日，全国工商联发贺信，热烈祝贺中国共产党第十八次全国代表大会胜利召开，并预祝大会取得圆满成功。贺信指出，工商联长期以来坚持围绕中心、服务大局，为促进我国经济社会发展积极贡献力量。站在新的历史起点上，各级工商联组织将团结引导广大非公有制经济人士认真学习、深入贯彻落实党的十八大精神，牢牢把握促进非公有制经济健康发展和非公有制经济人士健康成长的工作主题，引导非公有制企业坚定信心、抢抓机遇，在加快转变经济发展方式、保障和改善民生、提升自身素质上实现更大作为，为推动科学发展、促进社会和谐凝聚最广泛力量，为夺取全面建成小康社会新胜利做出更大贡献。

同日～14日，中国共产党第十八次全国代表大会在京召开。我会黄孟复主席、孙安民常务副主席、谢经荣副主席应邀列席开闭幕式。黄孟复在主席台贵宾席就座。我会全哲洙书记作为大会主席团成员在主席台就座，在14日的闭幕会上当选为第十八届中央委员会委员，15日出席了第十八届中央委员会第一次全体会议。

★9日，全国工商联印发《关于授予2012年中华全国工商业联合会科学技术奖的决定》（全联发〔2012〕11号）。《决定》授予"特种计算机及安全保障关键技术"等13项成果全国工商联科技进步一等奖；授予"基于无线传感器和RFID的物联网感知技术及其产业化应用"等26项成果全国工商联科技进步二等奖；授予"智能化自动跟踪监控系统开发及产业化"等76项成果全国工商联科技进步优秀奖；授予"青岛特锐德电气股份有限公司董事长于德翔"等34位企业家全国工商联科技创新企业家奖。在12月4日的全国工商联十届六次执委会议上向获奖者颁奖。

★12日，全国工商联党组召开会议。会议审议并原则通过了《中华全国工商业联合会章程（修改草案）》，决定根据会议意见修改后报中央统战部；听取并通过了《中华全国工商业联合会第十一届执行委员会委员人选名单》，决定将提交全国工商联第十一次会员代表大会主席团审议；听取了中央统战部关于全国工商联第十一届常务委员会人选安排的说明。党组书记全哲洙主持，党组副书记黄小祥、褚平，党组成员庄聪生、李路出席，黄孟复主席、孙安民常务副主席列席。

同日，新疆维吾尔自治区工商业联合会（总商会）第十次会员代表大会在乌鲁木齐召开。我会副主席谢经荣出席并讲话。

★14日，全联旅游业商会等30个全国工商联直属商会在京与甘肃省靖远县等18个国家扶贫重点县（市、区）分别签署产业开发战略合作框架协议。这是全国工商联和甘肃省不断深化合作，发挥工商联和商会组织作用，鼓励和引导更多民营企业积极投身西部大开发，大力促进中西部地区崛起的一项重要举措。我会主席黄孟复、副主席黄小祥，甘肃省委书记王三运、省长刘伟平、省委副书记欧阳坚出席签约仪式并讲话。签约仪式由甘肃省工商联主席郝远主持。我会及30个直属商会有关负责同志，甘肃省委统战部、省工商联和有关县（市、区）负责同志共100余人参加签约仪式。

同日，全国工商联党组召开会议。会议听取了中央统战部四局关于第十一届全国工商联（中国民间商会）领导班子人选安排的说明。党组书记全哲洙主持，党组副书记黄小祥、褚平，党组成员庄聪生、李路、欧阳晓明出席，黄孟复主席、孙安民常务副主席、谢经荣副主席列席。

★19日，全国工商联汽车经销商商会第三次会员大会在京召开。我会副主席黄小祥出席并讲话。

★20日，全国工商联美容化妆品业商会第五次会员大会在上海市召开。我会副主席黄小祥出席并讲话。

同日，由全国工商联与中国民生银行联合指导、中国民（私）营经济研究会组建的"小微企业研究中心"在京正式成立。我会副主席、中国民（私）营经济研究会会长庄聪生、中国民生银行行长洪崎担任中心顾问，16位国内外知名专家学者组成中心专家团。来自国内外银行业及相关研究机构、有关媒体60多位专业人士参加了中心成立活动。

★21～23日，中国光彩事业促进会四届理事会第三期理事培训班在京举办。我会党组书记、中国光彩事业促进会副会长全哲洙出席并讲话，我会副主席谢经荣主持。培训班邀请了6位国内著名专家学者作专题讲座并请2位企业家结合自身企业发展作加快经济发展方式转变案例分析。来自全国20个省区市的近百名中国光彩事业促进会理事参加培训。

★22日，全国工商联印发《全国工商联关于认真学习宣传贯彻党的十八大精神的通知》（全联发〔2012〕12号）。《通知》要求各地工商联：充分认识学习宣传贯彻党的十八大精神的重大意义；全面准确学习领会十八大精神；紧密联系实际，切实推动工商联工作；加强对学习宣传贯彻十八大精神的组织领导。

同日，全国工商联汽车摩托车配件用品业商会第三次会员大会在成都市召开。我会副主席黄小祥出席并讲话。

★23日，全国工商联党组召开扩大会议。会议审议并原则通过了《在中华全国工商业联合会第十一次会员代表大会上的报告》；研究了有关人事事项。党组书记全哲洙主持，党组副书记黄小祥、褚平，党组成员庄聪生、李路、欧阳晓明，黄孟复主席、孙安民常务副主席、谢经荣副主席出席。

同日，全国工商联房地产商会第三次会员大会在京召开。我会副主席黄小祥出席并讲话。

★24日，全国工商联女企业家商会第五次会员大会在京召开。我会副主席黄小祥出席并讲话。

★26日，苏浙沪两省一市现代服务业联合会和无锡市政府共同在江苏省无锡市举办2012长三角现代服务业合作与发展论坛。我会主席黄孟复出席并发表主旨演讲。

同日，全联民间文物艺术品商会第三次会员大会在京召开。我会副主席黄小祥出席并讲话。

★27日，黄孟复主席主持召开2012年第七次主席办公会议。会议议题：一、讨论中华全国工商业联合会第十一次会员代表大会（简称十一大）筹备工作报告、关于十一大报告的起草说明；二、听取关于工商联章程修改工作的说明；三、审议十一大秘书处机构设置和工作任务，审定十届二十次主席会议议程，审议十届十次常委会议议程、十届六次执委会议议程，审议十一大预备会议议程、十一大议程、十一届一次执委会议议程；四、审议十一大主席团组成办法，审定十一大主席团成员建议名单、主席团常务委员会成员建议名单，审定十一大正、副秘书长建议名单，审议代表资格审查委员会组成方案、产生办法及工作程序，审定代表资格审查委员会成员建议名单，审议十一大选举办法和十一届一次执委会议选举办法。全哲洙书记，孙安民常务副主席，褚平、谢经荣、庄聪生、李路副主席出席。王忠明、王建设副秘书长列席。

★28日，中央统战部在京召开党外人士学习贯彻中共十八大精神座谈会。我会黄孟复主席出席并发言。全哲洙书记，孙安民常务副主席，褚平、谢经荣、庄聪生、李路、王健林、卢志强、林毅夫副主席参加。

同日，全国工商联水产业商会第五次会员大会在海南省三亚市召开。我会副主席黄小祥出席并讲话。

★30日，中共中央召开党外人士座谈会。我会黄孟复主席出席并发言，全哲洙书记、孙安民常务副主席参加。

同日，以"红动中华·善行天下"为主题的2012年世界艾滋病日主题慈善夜活动在京举行。我会主席、中华红丝带基金名誉理事长黄孟复出席并致辞，谢经荣、许荣茂、刘沧龙副主席等出席。活动中还颁发了第三届感动红丝带奖。

同日，全国工商联礼品业商会第三次会员大

会在京召开。我会副主席黄小祥出席并讲话。

同日，全国企业班组建设工作会议在武汉市召开。我会副主席谢经荣出席并讲话。

十二月

★3日，谢经荣副主席在京会见由甘肃省工商联党组书记吴继德带队的省工商联及通渭县领导一行，听取关于"同心·光彩水窖"工程的情况汇报。

★4~5日，全国工商联十届六次执委会议在京举行。会议的主要任务是深入学习贯彻党的十八大精神，听取中华全国工商业联合会第十一次会员代表大会（简称十一大）筹备工作报告；讨论并通过十届执委会向十一大的报告，审议并通过《中华全国工商业联合会章程（修改草案）》，决定将这两份文件提请十一大审议；确认有关人事事项。黄孟复主席出席并讲话，全哲洙书记主持。会议期间还颁发了2012年全国工商联科学技术奖。孙安民常务副主席，黄小祥、褚平、谢经荣、庄聪生、李路、王文京、王文彪、王健林、王新奎、卢志强、刘志强、刘沧龙、许连捷、许荣茂、吴一坚、张元龙、张近东、崔世昌、傅军副主席，中国民间商会马有礼、王玉锁、尹明善、张芝庭、郑跃文、金会庆、施子清、董文标、谢伯阳、宋北杉、孙晓华、沈建国副会长及中央统战部有关部门负责同志出席。会前分别召开了十届二十次主席会议和十届十次常委会议。

★6日，中华全国工商业联合会第十一次会员代表大会（简称十一大）预备会议在京召开。黄孟复主席主持。会议通过了十一大代表资格审查委员会成员建议名单、由77人组成的十一大主席团成员建议名单、十一大秘书处机构设置和工作任务、十一大秘书长建议名单和十一大议程。

★7~9日，中华全国工商业联合会第十一次会员代表大会在京召开。中共中央政治局常委、中央书记处书记刘云山接见全体代表，与代表合影留念并在开幕会上代表中共中央、国务院致贺词。民建中央主席陈昌智代表各民主党派中央致贺词。中华全国总工会副主席王玉普代表有关人民团体致贺词。全国人大常委会副委员长陈至立，国务委员梁光烈，全国政协副主席张梅颖、郑万通和中共中央统战部部长令计划，以及全国工商联原常务副主席孙孚凌等出席开幕会，中央和国务院有关部委、各民主党派中央、有关人民团体负责同志应邀出席开幕会。黄孟复主席在开幕会上代表全国工商联第十届执行委员会作报告，全哲洙书记主持开幕会。黄孟复主持闭幕会，全哲洙在闭幕会上讲话。960名代表出席。大会审议并通过了全国工商联第十届执行委员会报告；审议通过了《中华全国工商业联合会章程（修改草案）》；通过了《关于认真学习贯彻党的十八大精神的决议》；选举产生了由494人组成的全国工商联第十一届执行委员会；通过了《向离任十届全国工商联领导岗位的老领导老同志和企业家朋友们的致敬信》。大会期间，还邀请孙建杭、林毅夫同志结合学习贯彻党的十八大精神作关于国际、国内政治经济形势的报告。

★10日，中华全国工商业联合会第十一届执行委员会第一次会议在京召开。中央统战部部长令计划出席并讲话。全哲洙书记主持。会议提议并通过黄孟复同志为全国工商联名誉主席。会议选举产生了新一届领导班子和领导机构，王钦敏当选为全国工商联第十一届执行委员会主席，全哲洙当选为常务副主席，黄小祥、谢经荣、黄荣、庄聪生、李路、安七一、王志雄、卢文端、史贵禄、许健康、孙荫环、苏志刚、李河君、李彦宏、陈经纬、何俊明、张建宏、茅永红、周海江、徐冠巨、董文标、程红、潘刚当选为副主席。丁佐宏等155人当选为第十一届执行委员会常务委员。会议同时选举王钦敏为中国民间商会会长，全哲洙、黄小祥、谢经荣、黄荣、庄聪生、李路、安七一、王文彪、王健林、卢志强、刘迎霞、刘志强、刘沧龙、许连捷、许荣茂、孙甚林、吴一坚、张近东、黄代放、崔世昌、傅军、霍震寰等22人为副会长。王钦敏代表全国工商联新一届领导班子讲话。

★13日，全国工商联党组召开扩大会议。会议传达学习了中办、国办《贯彻落实〈十八届中央政治局关于改进工作作风、密切联系群众的八项规定〉实施细则》和习近平同志的重要讲话。会议要求，组织机关处级以上干部传达学习；召开党组民主生活会，对照检查在作风建设方面存在的问题，研究如何按照中央要求以身作则，加强和改进作风建设的措施；进一步完善机关各项制度，制定贯彻落实的具体措施，加大监督检查力度。会议还研究并确定了会领导班子工作分工；研究了十二届"两委"人员中我会推荐人选；研究了近期主要工作；研究决定安七一同志任全国工商联党组成员。党组书记全哲洙主持，党组副书记黄小祥，党组成员庄聪生、李路、欧阳晓明，王钦敏主席，谢经荣、黄荣、安七一副主席出席。

★14日，李路副主席在京会见香港理工大学副校长阮曾媛琪和紫荆花杯杰出企业家协会理事长、时代集团董事长彭伟民，双方就全国工商联支持举办2013年"紫荆花杯杰出企业家奖"相关事宜进行商讨。

★15～16日，中央经济工作会议在京召开。我会全哲洙书记出席。

★17日，全国工商联在京召开第十次全国私营企业抽样调查分析报告工作座谈会。与会同志对撰写第十次全国私营企业抽样调查分析报告进行了认真讨论。庄聪生副主席就如何写好报告做出了具体部署，明确要求报告要突出重点、体现前瞻性。中央统战部、国家工商总局、中国社会科学院、北京市社科院以及部分高校的专家学者和相关人员应邀参加。

★18日，我会人事部印发《关于做好机关干部2012年度考核工作的通知》，围绕完成2012年度工作目标和履行岗位职责情况，全面考核局级以下干部的德、能、勤、绩、廉，重点考核干部的德和工作实绩。

★20日，中国（首届）创新创业大赛颁奖典礼在京举行。我会黄荣副主席出席。

★21日，2012年全国工商联参政议政委员会全体会议在京召开。王钦敏主席出席并讲话，庄聪生副主席主持，参政议政委员会委员、特邀嘉宾和机关各部门负责同志共40余人参加。

同日～22日，中央农村工作会议在京召开。我会谢经荣副主席出席。

★22日，以"转型升级，迎接挑战"为主题的2012中国民营企业峰会在京举行。我会全哲洙书记出席并致辞，庄聪生副主席、王忠明副秘书长等出席。峰会上发布了2012年民营企业蓝皮书《中国民营企业竞争力报告NO.5——转型升级与竞争力指数》，并公布了2012年"中国民营企业竞争力50强"榜单。

同日，2012年度全国工商联直属行业商会会长联席会议在成都市召开。我会黄小祥副主席出席并讲话。

★24日，全国工商联党组以"认真学习贯彻中央八项规定，切实改进工作作风"为主题召开民主生活会。全哲洙书记主持，黄小祥、庄聪生、李路副主席，欧阳晓明秘书长出席。中央组织部、中央统战部有关同志，我会谢经荣、黄荣副主席，王忠明、王建设副秘书长，有关部门负责同志等列席。

★25日，中共中央总书记习近平走访全国工商联机关，中共中央政治局常委俞正声、中共中央政治局委员、中央办公厅主任栗战书、中共中央统战部部长令计划等陪同走访。习近平参观了全国工商联的历史及工作成果展览，看望了机关部分工作人员并同我会新一届领导班子成员进行了座谈。座谈会由俞正声主持，我会黄孟复名誉主席、王钦敏主席分别介绍了工商联情况。习近平在听取情况介绍后做了重要讲话，他充分肯定了全国工商联过去的工作成绩，希望全国工商联新一届领导班子牢牢把握促进非公有制经济健康发展和非公有制经济人士健康成长的工作主题，围绕提高经济发展质量和效益积极建言献策，引导非公有制经济人士做合格的中国特色社会主义事业建设者，为全面建成小康社会做出新贡献。我会党组书记全哲洙，副主席黄小祥、谢经荣、黄荣、庄聪生、李路、安七一、李河君、董文标、程红，中国民间商会副会长王文彪、王健林、卢志强、傅军出席座谈会。最后，习近平、俞正声、栗战书、令计划等领导同志与我会机关处级以上干部合影留念。

★27日，庄聪生副主席主持召开2012年第八次主席专题办公会议，就2012—2013年中国民营经济发展形势分析会筹备工作进行部署。欧阳晓明秘书长，机关各部门及有关直属单位负责同志出席。

★29～30日，全国统战部长会议在京召开。我会全哲洙书记、黄小祥副主席出席。

★31日，全国工商联党组召开会议。会议传达学习了全国统战部长会议精神和俞正声、令计划同志的重要讲话。会议要求，深刻领会中央对统一战线工作提出的新思想新要求，把握规律，抓住重点，切实转变工作作风，按照明年统战工作的总体部署，结合贯彻落实全国工商联十一大精神，扎实推进我会明年重点工作。会议还研究并原则通过了《全国工商联 2013 年工作要点》；研究并通过了中华工商时报社改制原则和框架方案，决定成立中华工商时报社改制领导小组。党组书记全哲洙主持，党组副书记黄小祥，党组成员庄聪生、李路、安七一、欧阳晓明出席，王钦敏主席，谢经荣、黄荣副主席列席。（关　洁）

第二部分　工作成果

全国工商联十一大顺利召开

【会务筹备工作】全国工商联十一大已经胜利闭幕。在会党组、主席办公会议领导下，会务组由办公厅、扶贫部、机关党委、服务中心、信息中心共50位同志组成，下设综合小组、联络小组、后勤小组、安保小组、财务小组等五个小组。会务组全体同志齐心协力、吃苦耐劳、扎实工作，圆满完成了各项工作任务。

此次会务筹备工作有以下两个特点：一是点多面广、事务庞杂、工作头绪多。会务工作涉及面广，包括日程安排、会议报到、合影组织、会场布置、文件印发、住房餐饮、安全保卫、医疗保健、接送站、大会值班等各种工作任务。另外，这次大会规模空前，会场驻地分布比较分散，两个会议之间需要转场，住房安排非常紧张。这决定了会务工作工作比较复杂，协调工作量大。会务组各项工作相互交叉，重活急活接连不断，对会务组的组织协调能力、落实推进能力、服务保障能力提出了极高要求和严峻考验。二是时间紧、质量要求高、责任重大。会务组从成立到会议召开只有一个多月的时间，在较短时间内完成了大量筹备工作。由于会务组的工作体现在会场内外，体现在领导和代表面前，任何纰漏都可能造成重大影响。

正是因为十一大会务筹备工作具有以上的特点，会务组在会议筹备期间，面对很多突发情况，不推诿、不回避，做到了沉着冷静、积极应对、尽职尽责完成工作任务。会议期间，会务组认真起草十一大期间30余场会议的议程和日程，反复修改20余稿，确保会议程序严谨、内容紧凑；共绘制24张座次图，摆放座卡20多次，共计3000多个，发放座位票2500张；为28场会议准备会议文件103种，使用纸张60多箱、折合A4纸52万页，起草主持词18个；制作发放证件19种，2000余个；精心安排两次报到的转场衔接，报到工作时长达60个小时，为1600余人次办理报到手续；接送站700人次，提供临时用车47次；安排住房1623间，安排人员住房1500人次；提供医务诊疗120人次，处理急诊5次；在20分钟内完成1000多人规模的合影组织工作；整理文件档案以及录音、证件、礼品等实物档案175件；申请财政追加预算450万元，使总预算达到1350万元。

会后，会务组认真总结、分析工作经验及不足，会务工作的圆满完成得益于以下几方面。

一、领导重视，超前谋划筹备工作

领导重视，是做好会务工作的重要前提。会领导在筹备期间多次对会务组工作提出明确要求，会议组织要高标准、严要求、快节奏，要周密策划、精心组织，确保工作高质高效、有条不紊，会议筹备要从大局出发，注重细节，注重落实，务求实效。会务组各小组按照领导要求和分工，认真做好前期谋划筹备，制定了各项工作筹备方案和工作预案，为会议召开做了大量的准备工作。财务小组认真细致审核预算，将各筹备组的预算与十大的预、决算进行对比，发现预算中有遗漏费用，立刻提醒有关组补项。由于前期准备工作充分，在会议期间遇到突发问题能够灵活应对、快速处理。

二、注重协作，互相补台加强合力

会务工作与其他各组工作总体上是一个互相联系、互相衔接的整体，会务组内部之间以及与其他各组密切沟通、加强配合，在各负其责的同时，注重协作、互相补台。由于十一大会议手册定稿较晚，手册印制完毕已是在十一大开幕前夕，综合小组需要完成一千多份文件的装袋工作，同时还有大批文件需要印制。在综合组面临人手紧张的困难时，服务中心协助调集机关服务员、保安人员参与装袋，在短短三个小时就完成了一千多份文件的装袋工作。编写会议手册和起草主持词时，综合小组积极与各组协调，收集相关信息，确保内容准确无误；负责合影的同志及时与联络组协作，保证合影第一排座椅无缺席、无错位。通过协调配合、互相补台，会务组乃至整个筹备工作组切实加强了合力，减少了工作失误。

三、注重细节，狠抓落实精益求精

细节决定工作质量，细节提高工作效率。会务组按照会领导严谨细致、脚踏实地的要求，在了解全局、服务大局的同时，更加注重细节，精益求精。比如，赵德江同志身兼数职，除了会务工作协调，还要参与会议文件的审核把关，夜以继日地工作，每天只能睡一两个小时。在十届六次执委会议期间，马小蔚同志亲自考察周边清真餐厅，为代表尽量提供更好的清真餐饮。乔佳同志在会议期间负责档案的收集整理，文件、录音、照相，乃至座次图、菜单、证件都收集整理，工作非常积极主动，力求十一大档案完整。为了抓好文件筹备工作，魏丹同志在原有文件清单基础上，通过运用色彩、框线等更加细致地反映会议文件信息，使参与人员一目了然地了解文件筹备的全局情况。负责证件保管和发放的同志严格按照程序办事，坚持原则，一丝不苟，严格按照编号和人员发放证件，不仅维护了会议秩序，还有效控制了预算。十一大闭幕会召开之际，临时通知要求按照代表团安排座次，接到通知后，全力以赴，确定参会人员名单、划分代表团区域、绘制座次图、制作座位票，保证了会场的秩序和效果。（沈丽霞）

【组织人事工作】全国工商联第十一次会员代表大会，组织人事组主要承担以下五方面工作：一是十一大和十一届一次执委会议的考勤工作；二是组织人事和选举工作有关文件的起草；三是十一大代表和十一届执委人选资料的收集汇总和信息核实；四是直属会员、行业商会的代表和执委参加大会的组织工作；五是十一大和十一届一次执委会议选举现场组织、计票和选举结果报告工作。

一、把党的十八大精神和党中央关于工商联换届工作要求落到实处

组织人事组认真学习贯彻党的十八大和中央16号文件、中办17号文件精神，准确掌握中央关于工商联换届工作的决策部署和工作要求，在吃透精神、指导实践、推动工作上下功夫，把十八大精神和中央的要求贯彻到组织人事工作的各个方面和各个环节。在代表和执委人选参会的组织工作中，对代表参会和请假情况认真审查，与省级工商联反复沟通，具体落实每一个代表团的参会情况，确保十一大会议的出席率。在选举工作中，根据中共十八大的有关要求和做法，对选举办法、选票设计、选举流程等做了较大的修改，力求准确、规范。

二、紧紧把握"零失误、零差错"的工作标准

组织人事组工作的突出特点可以概括为"三多一高"：一是文件多，十一大组织人事组的各种名单、简历多达29份，选举工作先后起草上报了26份文件；二是流程环节多，许多文件要先后在四五个会议上通过，文件准备和协调的工作量比较大；三是变化多，在选举工作中多次根据会场安排等变化因素对选举流程做了较大幅度调整，确保选举有序、规范。负责大会考勤工作的同志做到时刻跟踪代表和执委到会情况，并及时对各代表团提出要求，保证会议有较高的出席率。"一高"是要求高，为确保较高的出席率，组织人事组向每个代表团的团长、副团长发通知，直接提出明确要求。组织人事组全体同志认真贯彻落实这些工作要求，做到规定环节一个不漏、工作步骤一个不减、发现问题一个不放过，以高度负责任的工作态度，严谨细致的工作作风努力做到各项工作零失误、零差错。

三、着力突出求实创新的工作精神

组织人事组在工作中以提高工作质量和效率

为着力点，突出求实创新的工作精神，超前谋划、统筹安排，确保高标准、高质量地全面完成各项工作。一是从筹备工作开始，对考勤、人事、选举等工作都制定了文件清单和工作流程，明确了各项工作完成的时间节点，将目标任务细化分解到具体责任人，保证各项工作得到落实。二是面对新情况对原有工作流程进行创新。在十一大和十一届一次执委会议选举工作中，代表和委员分别是分团就座和按座签就座，根据这一新情况，组织人事组在会务组的大力配合下，在工作人员安排、选票分装发放、选票统计汇总等环节采取了不少新措施，确保选举工作顺利完成。

四、把做好工作与干部能力建设相结合

组织人事组在工作中始终坚持把做好工作与培养锻炼干部队伍紧密结合，通过各项工作锻炼干部的工作能力和综合素质，推动形成雷厉风行和严谨求实的工作作风，实现既完成好工作又锻炼干部队伍的目标。在实际工作中，敢于给年轻干部压担子，让他们在工作实践中锻炼成长，并适时地给予具体指导。年轻同志通过承担繁重的工作任务，在具体实践中得到了磨炼，真抓实干的意识明显增强，工作能力和综合素质得到提高。（曲　政）

【文件起草工作】 起草好会议文件是确保大会圆满成功的关键。会领导高度重视此项工作，全哲洙书记多次听取汇报并提出具体要求，要求总结工作坚持实事求是，分析形势坚持与时俱进，部署工作坚持解放思想，注重严谨基础上的创新，体现"实、准、新"。

2012年6月，以研究室为主体，抽调机关其他部门部分同志，共22名同志组成的文件组成立。在会主要领导的高度重视和庄聪生副主席的直接领导下，文件组圆满完成了中共中央国务院贺词（代拟稿）、各民主党派中央贺词（代拟稿）、有关人民团体贺词（代拟稿）、十一大筹备工作报告、十届执委会报告、十届执委会报告起草情况的说明、关于十届执委会报告的决议、关于认真学习贯彻党的十八大精神的决议、十一大闭幕词、黄孟复主席在十届执委会第二次全体会议上的讲话、王钦敏主席在十一届一次执委会上的讲话、王钦敏主席在俞正声同志宴请新老班子时的讲话、全哲洙书记在各地代表团团长会议和各省区市工商联党组书记、主席会议上的讲话等14项文件材料的起草工作。

为确保高质量、高效率完成各项工作任务，文件组坚持统筹安排，责任明确，制定工作分工表，把全体成员分为4个小组，每个小组确定负责人、联络人，制定各小组工作进度表定期汇总报送，进度有序推进、及时跟进协调；集体推稿，确保质量，每份稿件都严格按照起草人员起草初稿、小组负责人审改、小组内部集体推稿、文件组集体推稿的流程，重要稿件庄主席亲自参与；优势互补，形成合力，充分发挥研究室了解全局、各部门在本领域有深度思考的特点，在起草中互相启发，实现优势互补。

起草过程中，全体同志充分发扬吃苦耐劳精神，由于时间紧、任务重、要求高，领导听取汇报、修改文稿往往都是在周末、晚上，文件组同志们没有一句怨言，始终保持饱满热情、全身心投入。在大会开幕前的2个半月里，同志们每天都加班到很晚，基本没有休过一次周末。始终做到精益求精，十一大报告起草前，研究室同志收集大量材料，认真研究消化吸收。30多次集中推稿，思想碰撞，启迪思考；会领导和中央统战部同志10多次开会征求意见、深入研讨；2次召开征求意见座谈会，邀请近20位地方工商联领导干部、非公有制经济代表人士、商会负责人参会，当面听取意见，反复修改，确保了文稿的理论性和实效性。总体看，文件组负责的稿件，准确地体现了领导意图，丰富了领导思路，整体质量较好。在分组讨论中，许多代表反映十一大报告是历届换届报告中最好的报告，是一个精品。中共中央国务院贺词（代拟稿）基本被完整采用。（刘亚康）

【章程修改工作】 章程修改是工商联换届工作的一项重要内容。2012年2月，全国工商联成立由褚平、谢经荣副主席牵头，法律部白莲湘副部长为组长，会员部李树林副部长、办公厅张尚东副巡视员为副组长，法律部丁学祥处长、毛红杏副处长、李强、刘登森同志以及办公厅刘海卓同志参加的章程修改组。在会党组领导下，全体同志认真学习党的十八大精神和中央关于工商联工作的指示要求，深入调查研究，广泛听取意见，认真总结经验，反复修改、数易其稿，圆满完成了任务。

近年来，中央和地方党委对工商联工作和非公有制经济发展非常重视，工商联影响力和非公有制经济发展明显。根据各级党委要求和形势发展需要，工商联在工作实践和理论探索中，不断推进工商联建设和非公有制经济人士工作，工商联事业取得突破性进展。章程修改工作主要突出以下四个特点：

一、始终贯彻党的十八大精神。认真学习、准确把握党的十八大、中央 16 号文件、中办 17 号文件和中央领导同志有关重要讲话精神，将党的十八大精神和中央有关指示贯穿到章程修改工作和内容中。章程修改得到中央高度重视，中央政治局常委会对章程草案进行了研究，并提出修改意见。

二、始终贯穿两个健康工作主题。两个健康是工商联一切工作的出发点和落脚点。从章程修改的方案设计、体例结构、重点难点到具体文字修改，都将是否有利于促进两个健康作为章程修改工作的重要标准，切实把章程修改作为践行两个健康工作主题的一次具体实践。

三、始终体现各级工商联成熟经验和做法。近年来，各级工商联主动作为、大胆探索，在推进工商联工作、加强自身建设方面积累了许多新鲜经验。如助推区域经济发展、加强县级工商联建设，等等。将这些创新成果写进章程，有利于工商联不断提高凝聚力、影响力、执行力，以更好适应新形势新任务对工商联工作和自身建设提出的新要求。

四、始终保持章程的稳定性与时代性。充分考虑到章程修订两年来，工商联的发展实际，为保持章程的稳定性、连续性，体现时代特色，始终遵循了普遍要求修改的、实践证明成熟的改，不成熟的不改，可改可不改的原则上不改的总体要求，对章程只作适当修改。

章程修改工作凝聚了工商联组织系统的智慧，体现了广大非公有制经济人士的意愿要求。工作中，主要坚持"四个结合"：

一、坚持发扬民主与集体智慧相结合。章程修改工作中，坚持广泛发扬民主，先后到 10 多个省区市调查研究，召开了 23 场座谈会，参加人员 410 余人次，归纳整理意见建议 215 条；走访了全国总工会、团中央等人民团体；专题研究

了工商联工作和组织建设等重要问题。草案初稿形成后，又召开了部分省、市、县三级工商联主要负责人征求意见座谈会。全哲洙书记 9 次听取工作汇报、指导章程修改工作，主持召开征求意见座谈会。在十一大召开期间，全哲洙书记、褚平副主席、谢经荣副主席亲力亲为、字斟句酌，确保了章程修改工作的质量和草案的顺利通过。

二、坚持理论研究与实践探索相结合。中央 16 号文件颁布以来，工商联主动作为，加强理论研究和实践探索，工商联事业已经成为中国特色社会主义事业的重要组成部分，丰富了非公有制经济人士思想政治工作的手段和途径，加强了非公有制企业党建工作，凸显了"三性"有机统一的工商联商会建设方向，提出了以"四种能力"为核心的干部队伍建设新要求等。这些理论和实践成果成为章程修改工作的重要支撑。

三、坚持顶层设计与基层创新相结合。中央层面与基层站位不同、考虑问题角度不同，但两者具有很强的互补性，许多好的做法、创新经验正是经基层实践证明成熟后获得中央认同才开始推广的。基于此，我们既注重吸收近年来工商联基层组织有益的实践创新，又坚持宏观统筹、顶层设计、注重体现中央文件精神，力求修改出符合工商联实际、体现非公有制经济发展方向、获得普遍认同的好章程。

四、坚持强化作风与锻炼队伍相结合。章程修改工作是一项复杂的系统工程，实际工作难度比预想要大。会领导以高度的政治责任感和政治智慧把握大局，以精益求精的工作态度和严谨细致的工作作风指导章程修改工作。法律部、办公厅、会员部领导高度重视，抽调 8 名骨干力量参加章程修改工作，既有在工商联工作 30 余年的老同志，也有进入工商联工作时间不长、年富力强的新兵；既有精通法律、参加过章程修改的同志，也有熟悉工商联和商会工作的同志。章程修改工作启动后，章程修改组全体同志精诚团结，认真细致，分工明确，发扬忘我工作、连续作战的顽强精神，克服困难，力求章程修改的高质量。（李　强、刘登森）

【宣传报道工作】全国工商联第十一次会员代表大会于 2012 年 12 月 7 日至 10 日在北京召开。大会宣传组在中央统战部、全国工商联党组

的有力领导和大力支持下，充分调动全体成员工作积极性，圆满完成了各项工作任务。

在本次宣传报道工作中，宣传组紧密联系主流媒体、重点运用网络媒体，在几天的会议报道中，共30多家主要新闻单位参会报道，刊发了200余篇文章。截至12月11日，百度新闻累计收录会议相关新闻超过23万篇，浏览量超过4000万次，取得了不俗的报道成果。

主流媒体报道力度大。《人民日报》在12月8日头版刊登了工商联十一大开幕消息，4版刊登了中共中央、国务院贺词全文以及有关工商联的新闻背景，12月11日，5版刊登了评论员文章《在发挥优势中共圆中国梦——祝贺全国工商联十一大胜利闭幕》和对新当选主席的专访。新华社12月5日播发全国工商联十届六次执委会议在京举行的稿件，12月6日即播发综述稿件《凝心聚力 阔步向前》，并被多家媒体转载，在开幕当天（7日）播发了开幕消息和新闻背景，10日晚播发了新主席简历和新领导班子当选情况。十一大开幕当晚（7日），闭幕当晚（9日），十一届一次执委会召开当晚（10日），新闻联播进行了相关报道。其他主流媒体，如中央人民广播电台、中国国际广播电台、经济日报、光明日报等也都对十一大进行了大篇幅报道。

其他媒体报道配合有力。《人民政协报》12月6日、8日、10日、11日在头版刊登了十一大相关消息。《北京青年报》12月9日12版刊发《我国私营企业五年增长一倍》，《科技日报》12月7日刊发《百余项成果获全国工商联科技进步奖》，《人民日报》（海外版）在12月6日4版刊发十届六次执委会召开消息，12月8日1版刊发十一大开幕消息，12月11日4版刊发了新主席的专访稿。

网络媒体报道形式多样。此次会议报道除了传统新闻报道形式之外，还采取了视频、网络专题等多种新媒体报道形式。宣传组提前和百度搜索引擎沟通，策划新闻专题报道栏目，与会议同步上线，集成了来自权威媒体的最新报道，每日根据会议情况动态更新；央视网、新华网、和讯网也专门开设全国工商联十一大专题，每个专题都配上十几段视频采访，集中对本次会议进行了报道。

工商时报报道力度空前。从12月6日开始，《中华工商时报》便集中版面刊登十一大相关消息，12月7日时报辟出32个版面，12月8日辟出32个版面，12月9日辟出24个版面，12月10日和11日每天都辟出8个版面，总共以100多版的篇幅报道全程报道大会过程，引起了社会各界的广泛关注。

在整个会议期间，宣教部还完成了十届六次执委会、十一大开闭幕、十一届一次执委会等四次会议新闻通稿，新华社综述，《人民日报》评论员文章，《中华工商时报》社论，向离任十届全国工商联领导岗位的老领导老同志和企业家朋友们的致敬信，工商联系统学习十一大会议精神通知等新闻稿件和会议文件起草和送审工作。

在会议期间，宣传组为全国工商联名誉主席，十一届执委会主席、常务副主席、副主席和中国民间商会副会长拍摄个人标准照（肖像照），为全国工商联和中国民间商会两套领导班子拍摄合影照。宣传组还承担了十一大各项重要会议的摄影和录像工作，留下了宝贵的影像资料。

在大会举行期间，按照会党组领导要求，宣传组还组织了"学习贯彻中央十八大精神形势报告会"，邀请孙建杭、林毅夫两位专家为参加十一大的会议代表作形势报告。（吴　巍）

非公有制经济人士思想政治工作

【综　述】2012年，全国工商联认真贯彻落实《中共中央国务院关于加强和改进新形势下工商联工作的意见》（中发〔2010〕16号）文件精神，坚持围绕中心、服务大局，以改革创新的精神，探索对非公有制经济人士思想政治工作的新思路、新举措、新载体。创新非公有制经济人士自我教育与引导教育相结合的有效载体，大力推动企业文化建设；做好全国工商联第十一次会员代表大会宣传报道工作，扩大工商联组织的影响力；开办省级和副省级城市工商联专职副主席培训班，提升工商联组织干部工作能力；加强舆论引导能力，营造非公有制经济发展的良好舆论环境和社会环境，为促进非公有制经济健康发展和非公有制经济人士健康成长做出贡献。主要在以下几个方面开展工作。

一、推进民营企业文化建设工作

在全国工商联统一部署和推动下，以开展企业文化调研和召开全国性座谈会为标志，2012年各级工商联正式启动了新一轮以实现引导教育和自我教育为主要诉求的民营企业文化建设工作。2012年初，全国工商联向各省、市、自治区及新疆生产建设兵团工商联下发了开展非公有制企业文化调研的通知，陆续汇集上来各地企业文化工作现状调查和经验总结。6月至8月，宣教部与研究室、会员部等部门共同组成调研组，赴9个省区市开展了全国民营企业文化建设调研，深入50余家民营企业对企业文化建设情况进行了重点调研和考察。9月在北京召开了全国民营企业文化建设座谈会。座谈会上，华立集团等7家民营企业负责人与浙江省等3个省市工商联负责人做了交流发言，从不同角度、不同侧面介绍了加强民营企业文化建设的经验和做法。中央统战部副部长，全国工商联党组书记、第一副主席全哲洙出席会议并作重要讲话。全国工商联副主席黄小祥、褚平、庄聪生，机关各部门、各直属企事业单位负责人，中央统战部有关部门负责同志以及各省级和副省级城市工商联主席、党组书记及宣教部门负责同志140余人出席了会议。会议由全国工商联副主席李路主持。

二、做好全国工商联第十一次会员代表大会宣传报道工作

在这次宣传报道工作中，宣教部紧密联系主流媒体、重点运用网络媒体，在几天的会议报道中，共有30多家主要新闻单位参会报道，刊发了200余篇文章。其间，央视新闻联播播发了4次新闻，《人民日报》刊发了综述、消息和评论

员文章。除传统新闻报道形式之外，宣教部还组织了视频、网络专题等多种新媒体报道形式。宣教部提前和百度搜索引擎沟通，策划新闻专题报道栏目，与会议同步上线；央视网、新华网、和讯网也专门开设全国工商联十一大专题，每个专题都配上十几段视频采访，集中对本次会议进行报道。《中华工商时报》从12月6日至11日总共以100多版的篇幅全程报道大会过程，引起了社会各界的广泛关注。

在会议期间，宣教部完成了十届六次执委会、十一大开闭幕、十一届一次执委会等四次会议新闻通稿，新华社综述，《人民日报》评论员文章，《中华工商时报》社论，向离任十届全国工商联领导岗位的老领导老同志和企业家朋友们的致敬信，工商联系统学习十一大会议精神通知等新闻稿件和会议文件行文和送审工作。完成了新任领导班子成员的个人标准照合影拍摄工作，还承担了十一大各项重要会议的摄影和录像工作。

宣教部还组织了"学习贯彻中央十八大精神形势报告会"，邀请孙建杭、林毅夫两位专家，为参加十一大的会议代表作形势报告。

三、办好全国省级和副省级城市工商联专职副主席培训班

2012年9月、10月间中央统战部和全国工商联举办了两期全国省级和副省级城市工商联专职副主席培训班，共培训厅局级专职领导干部142人。省级工商联专职副主席基本上都参加了培训，新任专职副主席绝大多数参加了培训。全国工商联党组和会领导对这两期培训班高度重视并给以大力支持，黄孟复主席出席两期培训班结业仪式并作总结讲话，全哲洙书记分别为两期培训班全体学员讲课，庄聪生副主席、李路副主席为培训班授课，并进行了具体指导。宣教部在培训内容、课程安排、师资邀请、服务保障等方面认真筹划、落实，特别是邀请国内顶尖的专家学者授课，显著提高培训效果，达到了推出工商联高端培训品牌项目的预期目的。学员们在学习期间，深刻领会中央16号文件精神，准确把握工商联"两个健康"工作主题，正确判断国内外经济形势，并结合自身工作实际撰写了学习体会，对不断创新工

商联工作进行了深入思考，对全联十一大、未来五年工商联工作、非公有制经济人士思想政治工作、非公有制企业党建工作等提出许多意见和建议。

这两期培训班从场地、食宿、接送、师资、课程等各个环节的服务与安排，都得到学员的一致好评，教学效果也获得广泛赞誉，为全国工商联今后进一步加大培训工作力度积累了经验。

四、举办文化产业发展高峰论坛

2012年6月10日，全国工商联宣传培训委员会在京举行了2012年度会议暨文化产业发展高峰论坛。2012年度工作会议以"提升文化自觉，打造产业前景"为主题。论坛围绕提升民营企业家文化自觉、引导民营企业进入文化产业领域，在促进民营经济领域文化产业大发展大繁荣的同时，更好地促进民营企业家群体的健康成长进行研讨。全哲洙书记出席会议并讲话。李路副主席、许连捷副主席及全国工商联宣传培训委员会委员，部分省市工商联领导，全国工商联机关各部门、各直属新闻出版单位负责同志，以及来自全国各地的企业家代表共150多人参加了会议，众多新闻媒体对论坛内容做了广泛宣传报道。

五、开展非公有制经济领域舆情调研、非公有制经济发展舆论环境研究及非公有制经济人士思想状况调研

2012年，宣教部开始编发非公有制经济领域舆情调研。通过与网络搜索公司合作，利用设置好的关键字（词）检索新闻、论坛、博客、微博客等网络平台上涉及非公有制经济领域的热点新闻、突发事件等，及时汇编，并选取社会影响大，有代表性的事件进行舆情解析，每周出一期《非公有制经济领域舆情调研》。

宣教部与新华社新闻信息中心合作共同开展非公有制经济发展舆论环境研究工作。通过对新华社新闻信息中心监测平面媒体（不含境外媒体）、电视媒体针对非公有制经济、非公有制企业及企业主的相关报道的情况的分析研究，形成非公有制经济发展舆论环境分析报告。

10月25日至27日，宣教部组成调研组赴武汉百步亭社区进行调研，了解百步亭的新发展、新变化。通过与非公有制经济代表人士面对面交流的方式，了解其思想状况，摸索其成长规律，探索开展非公有制经济人士思想政治工作的新途径、新方式。（肖　扬）

【开展民营企业文化建设调研】 2012年初，全国工商联向各省、区、市和新疆生产建设兵团工商联下发了《关于印发〈非公有制企业文化建设调研方案〉的通知》，宣教部对各地民营企业文化建设情况进行了汇总。6月至8月，在会领导带领下，宣教部、研究室、会员部等部门共同组成三个调研组，赴9个省区市开展了全国民营企业文化建设调研，深入50余家民营企业对企业文化建设情况进行了重点调研和考察。

第一小组由中央统战部副部长，全国工商联党组书记、第一副主席全哲洙带领，赴广东、安徽、浙江三省进行非公有制企业文化建设专题调研。调研组实地考察了10多家企业，并与企业出资人、经营管理人员和员工进行了深入交流，召开了5场由省有关部门负责人、部分省市县工商联和商会负责人、专家学者、企业家参加的座谈会。

第二小组由全国工商联副主席庄聪生带领，赴福建、北京及陕西等地进行非公有制企业文化建设专题调研。调研组共召开3场由地方统战部、工商联和企业出资人参加的座谈会，并实地考察了20多家在企业文化建设方面取得明显成效的非公有制企业。

第三小组由全国工商联副主席李路带领，赴天津、云南、山东、江苏等地进行非公有制企业文化建设专题调研。调研组对18家企业进行了专题调研和座谈，调研组还与当地工商联开展了交流讨论。调研企业涉及加工制造、医药生产、商贸流通、图书出版、房地产、高科技等各个行业。

此次调研对全国民营企业文化建设的基本情况、工商联引导推动民营企业开展文化建设的基本经验等进行了梳理归纳，为2012年9月份召开的全国民营企业文化建设座谈会打下了坚实基础。（肖　扬）

【召开全国非公有制经济组织创先争优活动典型经验交流暨指导工作座谈会】 2012年2月

14 日，全国非公有制经济组织创先争优活动典型经验交流暨指导工作座谈会在北京召开。会议认真学习贯彻中央创先争优活动领导小组部署的 2012 年工作要点精神，总结 2011 年非公有制经济组织创先争优活动工作，交流典型经验，研究安排 2012 年工作任务。全国非公有制经济组织创先争优活动指导小组组长，中央统战部副部长，全国工商联党组书记、第一副主席全哲洙出席会议并讲话。

全哲洙书记在讲话中指出，非公有制经济组织创先争优活动在中央创先争优活动领导小组的统一领导下，在各级党委和组织部门的重视和支持下，在中央统战部、工业和信息化部、国家工商总局、全国工商联等有关部门的通力协作和各级指导小组、各级非公有制经济组织党组织和广大党员的共同努力下，紧紧抓住党组织组建和党组织、党员作用发挥这两个重点，在提高思想认识、扩大党的组织和党的工作覆盖面、充分发挥党组织和党员作用、推动企业科学发展、健全党建长效机制等方面取得新进展，有效带动了企业出资人和职工群众同心协力创先进争优秀，形成了齐争共创的良好局面。

全哲洙书记指出，非公有制经济组织创先争优活动取得明显成效的主要经验是，必须围绕科学发展主题、加快转变经济发展方式主线，引导党组织和党员围绕企业发展、立足岗位发挥作用，动员职工群众积极参与，为实现企业科学发展注入不竭动力；必须抓住党建指导员、基层党组织负责人、企业主要出资人这三个关键，切实解决党组织组建难和党组织、党员发挥作用难问题，推动非公有制经济组织党建工作取得实质性进展；必须从非公有制经济组织的实际出发，以改革创新的精神创造性地开展工作，注重解决企业发展中的实际问题，不断增强活动的针对性、操作性和实效性；必须加强领导，整合党建工作资源，形成指导工作合力和齐抓共管的工作格局，为探索建立健全非公有制经济组织党建工作长效机制打好基础；必须加强宣传推动，充分发挥典型的示范带动效应，引导企业党组织和广大党员学习典型鼓干劲、争作表率促发展，形成学习先进、赶超先进、争当先进的良好风气。

对于工商部门在非公有制经济组织创先争优活动中所做的工作，全哲洙书记予以高度评价。他指出，国家工商总局制定统一的非公有制经济组织党建工作统计数据指标，动员全系统力量，利用企业登记申报、年检年报时机，对非公有制企业和个体工商户党组织和党员情况进行统计，此项统计为今后进一步做好非公有制经济组织党建工作提供了基础依据。

全哲洙书记强调，中央确定 2012 年为基层组织建设年，非公有制经济组织创先争优活动要认真落实基层组织建设年的各项部署，围绕稳中求进的经济工作总基调，坚持从实际出发，围绕中心，服务大局，以积极推动基层组织建设和促进非公有制经济健康发展、非公有制经济人士健康成长的实际行动迎接党的十八大胜利召开。

会上，甘肃省庆阳市工商局权有让、江苏省无锡市私营个体经济协会陶红等 12 个非公有制经济组织党组织、企业主要出资人、指导小组和党建指导员代表从不同侧面介绍了非公有制经济组织创先争优活动的经验和成效。各省、区、市和新疆生产建设兵团非公有制经济组织创先争优活动指导小组组长、办公室主任参加了会议。（肖　扬）

【联合印发《中国境外企业文化建设若干意见》】2012 年 4 月 9 日，为鼓励和支持我国企业更好地适应实施"走出去"战略面临的新形势，内凝核心价值、外塑良好形象，在实施互利共赢开放战略和建设和谐世界中发挥更大作用，实现企业在境外的健康可持续发展，商务部、中央外宣办、外交部、国家发展改革委、国务院国资委、国家预防腐败局、全国工商联等七家单位联合印发了《中国境外企业文化建设若干意见》。该意见主要包括境外企业文化建设的总体要求、境外企业文化建设的基本内容、加强境外企业文化建设的实施和保障等三个方面的内容，共计十七条。（吴盈禧）

【召开全国工商联宣传培训委员会全体会议暨文化产业发展高峰论坛】2012 年 6 月 10 日，全国工商联宣传培训委员会 2012 年度会议暨文化产业发展高峰论坛在北京举行。本次论坛主要围绕提升民营企业家文化自觉、引导民营企业进入文化产业领域，在促进民营经济领域文化产业大发展大繁荣的同时，更好地促进民营企业家群体的健康成长进行研讨。中央统战部副部长，全国工商联党组书记、第一副主席全哲洙出席会议并讲话。

全哲洙书记指出，发展文化产业需要进一步解放思想，加大体制机制的创新。文化产业是最需要创新的领域，没有体制机制的创新，不可能有整个文化产业的大发展大繁荣。要建立健全党委领导、政府管理、行业自律、社会监督、企事业单位依法运营的文化管理体制和富有活力的文化产品生产经营机制，发挥市场在文化资源配置中的积极作用。民营企业在体制创新、机制创新上有独特的优势。民营企业家要以战略的眼光，有选择地进入文化产业，在实现企业自身转型升级的同时，积极为社会主义文化大发展大繁荣做出自己的贡献。

全哲洙书记强调，发展文化产业要正确认识并处理好"两个效益"的辩证关系。从根本上讲，文化产品的社会效益和经济效益是有机统一的。社会生活是文化发展繁荣的源泉，人民群众是文化建设的主体。文化产品的社会效益和经济效益，最终都体现在受众数量上。好的文化作品不是专家评出来的、不是领导点出来的，是老百姓评出来的。一部作品应有掌声、笑声或哭声，这样的"三声"作品才能发挥感染人、激励人和教化人的功能。另一方面，经济效益必须靠社会效益来保障。如果文化产品不讲社会效益，最终会被边缘化直至被逐出市场，经济效益也无从谈起。我们发展文化产业，一定要坚持社会效益和经济效益有机统一，把人民群众喜欢不喜欢、是否愿意花钱购买和消费作为检验文化产品和服务"两个效益"相统一的一个重要标准。

全哲洙书记要求，发展文化产业要把握好思想性、艺术性、观赏性"三性"的有机统一。文化作品要坚守价值追求，提升思想高度，自觉传播先进文化，使作品真正成为民族精神的火炬，成为人民奋进的号角。文化作品要千姿百态、百花齐放、百家争鸣，要大胆创新，彰显艺术个性，形成多样的风格。文化作品要源于生活、高于生活，在把握时代特征、体现中国特色、反映领域特点这"三特"方面下功夫。好的作品是用"脚"写出来的，所以叫脚本，人民大众的实践是创作的源头活水。我们今天所处的时代是一个走向民族复兴的伟大时代，这场历史上从未有过的大改革大开放大发展，为文化创作者施展才华提供了无比广阔的舞台。要贴近实际、贴近生活、贴近群众，创做出"三性"统一、"三特"突出、具有"三声"感染力、做到"三贴近"的无愧于时代、人民喜闻乐见的作品。

全国工商联副主席李路发表主题演讲。东方美亚影视传媒有限公司董事长郭丽双、红豆集团董事长周海江、深圳研祥智能集团董事长陈志列、科创集团董事长何俊明、河南仁鼎矿业农庄集团首席执行官杨清河等，就民营企业家提升文化自觉、民营企业开拓文化产业前景等议题相继发表了演讲。与会代表还围绕企业家的文化责任、民营影视产业发展的前景、文化产业发展的机遇与挑战3个主题进行了互动交流。

本次会议由全国工商联宣教部部长高庆林主持。全国工商联副主席、恒安集团首席执行官许连捷以及全国工商联宣传培训委员会委员，部分省市工商联领导，全国工商联机关各部门、各直属新闻出版单位负责同志，以及来自全国各地的企业家代表共150多人参加了会议。（肖　扬）

【共同主办首届中国公益慈善项目交流展示会】2012年7月12日至14日，由民政部、国务院国资委、全国工商联、广东省人民政府和深圳市人民政府联合主办的首届"中国公益慈善项目交流展示会"（以下简称"慈展会"）在深圳市举行。中央政治局委员、广东省委书记汪洋，全国政协副主席、全国工商联主席黄孟复，民政部长李立国，广东省委副书记、省长朱小丹，国务院国资委副主任邵宁，全国工商联副主席谢经荣以及深圳市市委书记王荣、市长许勤等领导同志出席慈展会开幕式活动，中共中央政治局委员、国务院副总理回良玉发来贺信。

本次展会以"发展·融合·透明"为主题，汇聚国内544家公益慈善组织（项目）、基金会、企业、教研机构及省、自治区、直辖市参展团，展示国内优秀的公益慈善组织（项目）和公益创意，这是我国首次举办国家级、综合性公益慈善项目交流展示会。我会作为主办单位之一，以

"中国光彩事业"为主题，组织近年来在履行社会责任、参与社会公益慈善事业、扶贫开发等方面表现突出的香江集团、万达集团、苏宁电器、复星集团等30家民营企业参加展览，与国务院国资委组织的中国移动、中国石化、南方电网、中国五矿等30家国有企业同台展示中国企业履行社会责任的成果和理念。

秉承践行社会主义核心价值体系、履行企业社会责任不分所有制的理念，展会期间全国工商联还与国务院国资委联合举办了主题为"共担责任共建和谐"的中国企业社会责任与商业文化高峰会议。对于弘扬先进的慈善公益文化，为在全面建设小康社会和构建社会主义和谐社会做出新贡献具有特别的意义。

首届慈展会在各部门精心组织、密切配合、高效运作下，取得了圆满成功，引起了社会各界和媒体的高度关注，传播面广，观展的政府人员、专家学者、公益人士和社会公众达15万人次，中央、省市（含港澳）媒体30余家至慈展会现场采访，发布相关报道。新媒体也成为重要传播渠道，慈展会官方微博粉丝数量达22318个，发布博文244条；腾讯官方微博听众数量达32931个，广播433条。综合各级领导、各参展单位、新闻媒体和社会各界的评价，首届中国慈展会是一届内容丰富、亮点纷呈的盛会，是一届突出创新、特色鲜明的盛会，是一届聚焦热点、直面现状的盛会，是一届群英荟萃、智慧交融的盛会，是一届广泛传播慈善新理念、大力引领慈善新风尚的盛会。（左田文）

【共同主办中国企业社会责任与商业文化高峰会议】2012年7月12日下午，全国工商联和国务院国资委在深圳市会展中心共同主办了主题为"共担责任共建和谐"的中国企业社会责任与商业文化高峰会。会议由央视新闻频道著名主持人张羽主持，来自全国各地国有企业、民营企业、慈善公益组织的负责人共600多人出席了会议。

这次峰会是国企与民企首次联合向社会展示中国企业社会责任理念和成就，来自全国各地的优秀央企和民企代表齐聚一堂，分享经验的同时共同探讨如何履行企业社会责任，为全面构建社会主义和谐社会做出新贡献。会上，深圳市副市

长唐杰致开幕词，国务院国资委副主任邵宁和全国工商联副主席谢经荣讲话，分别回顾介绍了国资委在推动央企在实践社会责任方面的努力、探索、成果和改革开放30多年来民营企业在自身发展壮大的同时，努力承担和履行社会责任的情况。国资委研究局局长彭华岗和全国工商联副秘书长、中国民（私）营经济研究会常务副会长王忠明发表了主题演讲，介绍国企和民企在履行社会责任和创新商业文化方面的现状、特点和理念。中国五矿集团、亿利资源集团、招商局慈善基金会、香江集团总裁、桃源居公益事业发展基金会分别代表企业和企业慈善公益基金会发言，阐述国企和民企在履行社会责任、参与公益慈善事业方面的成功经验和做法。

会议还围绕"中国企业社会责任"和"中国商业文化"主题分别组织了两场民营企业和国有企业对话交流。正泰集团、长江商学院、中国石化、南方电网、中恒集团、新奥公益慈善基金会和华侨城集团分别代表民企和国企展开对话。

本届峰会积极探索了中国特色社会慈善公益文化，客观反映了中国企业履行社会责任状况，正面展示了构建和谐社会的成果，诠释了中国企业履行社会责任、参与慈善公益事业取得的发展成就和精神财富，取得圆满成功。（左田文）

【组织民营企业家参加"提升企业家影响力"专题研讨班】为加大对企业家的培训力度，努力培养造就更多国际知名的中国企业家，2012年7月10日至12日，按照中组部要求，人事部与会员部共同配合中组部干教局，组织了21位民营企业家赴上海中国浦东干部学院参加中组部举办的"提升企业家影响力"专题研讨班，得到中组部、浦东干部学院、企业家三方的好评。

中共中央政治局委员、中央书记处书记、中组部部长李源潮7月10日全天出席培训活动并在开班式上致辞。国务院国资委主任王勇、中组部副部长王尔乘、国务院国资委副主任金阳出席。王尔乘副部长在结业式上作总结。参加培训的91家企业中有83家参学人员为企业"一把手"。研讨主讲人全部由外方人员组成，邀请了美国芝加哥大学保尔森中心主席（美国前财政部长）亨利·保尔森及陶氏化学、诺华制药、宝洁等8家跨国公司的知名企业家主讲。课程针对性

强、互动交流多、研讨形式多样。

研讨班举办期间，参学民营企业家珍惜机会、全程参与，出席率较高，交流互动积极踊跃，表现出较强的组织纪律性和较高的素质与水平，充分展现了当代民营企业家的风采，得到中组部的充分肯定。

此次研讨班是民营企业家首次参加中组部组织的研讨。会领导高度重视，会员部和机关党委（人事部）按照"政治上可靠、交流沟通能力较强、企业规模较大、实力较强、影响力较大、有一定知名度"的要求，遴选了21位民营企业家参加，并在培训过程中，派专人全程陪同、全程参与、全程服务，及时周到地为中组部与企业家进行信息传达与沟通。

民营企业家对这次专题研讨班的组织工作给予较高的评价，一致认为：通过研讨，对拓宽视野、提高素质有很大的促进作用，体现了组织对民营企业发展的重视与关心；通过研讨，进一步深化了对提升企业家影响力的认识，明确了今后努力的方向；通过研讨，进一步促进了交流，开阔了思路、借鉴了经验，对今后的事业发展和个人成长大有裨益。（付宏静）

【召开全国民营企业文化建设座谈会】 2012年9月24日，全国民营企业文化建设座谈会在北京召开。中央统战部副部长、全国工商联党组书记、第一副主席全哲洙在会上强调，各级工商联要充分认识民营企业文化建设的重要性和长期性，切实把民营企业文化建设作为促进非公有制经济健康发展和引导非公有制经济人士健康成长的一项重点工作和长期任务，作为改进非公有制经济人士思想政治工作的新的着力点，加强组织领导，采取有效措施，以改革创新精神抓好落实推进。

全哲洙书记指出，要充分认识加强民营企业文化建设的重要意义。首先，加强民营企业文化建设，是推进社会主义核心价值体系建设的时代课题。其次，加强民营企业文化建设，是坚持"两个健康"工作主题的有效途径。再次，加强民营企业文化建设，是提高民营企业自身素质的迫切需要。

全哲洙书记强调，要准确把握民营企业文化建设的基本要求。一要服务企业生产经营，企业

文化只有植根于企业生产经营之中，深入贯彻落实科学发展观，才能避免"两张皮"现象，更加具有生命力。二要发挥出资人倡导作用。三要调动职工积极性。四要在兼收并蓄中突出特色。五要坚持企业党建引领。

全哲洙书记指出，要切实加强对民营企业文化建设的指导。首先，要树立宣传典型。加强调查研究，针对民营企业文化建设的不同情况，挖掘、掌握一批企业文化建设做得好的企业和出资人典型，以及一批指导企业文化建设有成效的工商联和商会典型，建立一批民营企业文化建设试点，以点带面，推动工作。其次，要坚持分类指导。不同规模、不同行业的民营企业，其企业文化建设的目标和需求各异，要尊重规律，因企制宜、循序渐进。再次，要加强教育培训。通过教育培训，引导出资人深刻理解社会主义核心价值体系的丰富内涵，自觉抵御不良思想，积极参与"同心"工程、"感恩行动"、光彩事业等社会实践活动，不断提升政治觉悟、思想境界和社会责任意识。最后，要注重统筹兼顾。各级工商联要把指导民营企业文化建设作为整体工作的有机组成部分，与服务指导民营企业科学发展的各方面工作紧密融合起来，实现整体推进、协调发展。紧紧围绕党委政府中心工作，统筹做好服务小微企业、加强基层组织建设、开展民营企业文化建设等重点工作，保持工作的连续性，保证工作的实效性。

在座谈会上，华立集团、三胞集团等7家民营企业负责人，福建省、浙江省和青岛市工商联负责人做了交流发言，从不同角度、不同侧面介绍了加强民营企业文化建设的经验和做法。

全国工商联副主席黄小祥、褚平、庄聪生，机关各部门、各直属企事业单位负责人，中央统战部有关部门负责同志以及各省级和副省级城市工商联负责同志140余人出席了会议。会议由全国工商联副主席李路主持。（肖　扬）

【开展工商联参与指导非公有制企业党建工作课题调研】 2010年9月16日，中共中央、国务院联合下发《关于加强和改进新形势下工商联工作的意见》，明确把协助做好非公有制经济组织党建工作作为工商联党组的一项重要职责，把引导非公有制经济人士支持所在企业党建工作作

为工商联发挥非公有制经济人士思想政治工作职能作用的一项具体内容。2012年3月8日，中共中央办公厅下发了《关于加强和改进非公有制企业党的建设工作的意见（试行）》（中办发〔2012〕11号），明确提出要充分发挥工商联等部门的职能优势作用，形成非公有制企业党建工作的齐抓共管合力。3月21日，中央召开了全国非公有制企业党的建设工作会议，李源潮同志在会议上提到山东、江西等8个省级工商联建立了非公有制企业党建工作机构，积极参与管理和指导非公有制企业党建工作。4月1日，全国工商联党组召开扩大会议，专门学习贯彻全国非公有制企业党的建设工作会议精神。全哲洙书记在会上发表讲话，明确提出要"探索推广工商联党组指导非公有制企业党建工作的长效机制"。

为贯彻落实中央16号文件、中办发11号文件及全国非公有制企业党的建设工作会议、全国工商联党组扩大会议精神，6月29日，研究室起草下发《关于开展工商联在非公有制企业党建工作中的作用课题研究的通知》，要求天津、内蒙古、江西、山东、湖南、海南、云南、西藏、新疆9个依托工商联成立非公党工委的省份工商联，认真总结工商联在指导非公有制企业党建工作中的工作成果，总结提炼经验做法。9月9日至16日，办公厅、研究室、机关党委（人事部）抽调人员组建调研小组，由机关党委常务副书记兼人事部部长郭孟谦带队，就新疆非公有制企业党建工作开展调研。调研共赴阿勒泰、昌吉、乌鲁木齐3个地州市，召开5场座谈会，实地调研走访新疆阿尔曼乳业有限公司、阿尔泰工业用呢有限公司、新疆麦趣尔集团有限公司等7家企业。其间，调研组注重了解工商联在当前非公有制企业党建领导管理体制中的地位作用问题，总结和梳理当地工商联和商会在指导非公企业做好党建工作的成功做法和有益经验。（刘佩华）

【召开非公有制经济人士对党的十八大的新期盼座谈会】 2012年10月9日，中央统战部副部长，全国工商联党组书记、第一副主席全哲洙同志邀请部分非公有制经济代表人士召开座谈会，听取他们对党的十八大的新期盼。庄聪生副主席主持会议，我会副主席李路、王文彪、傅军，副会长王玉锁，以及9位民营企业家代表出席会议。

会议气氛热烈，广大非公有制经济人士发言踊跃、积极向上。对党的十八大，既满怀"前所未有的发展信心"，也抱有"前所未有的热切期盼"。他们普遍认为，党的十八大是在改革开放三十多年的新形势下，在深化改革、加快发展、全面建设小康社会的关键时期召开的一次承前启后、继往开来、具有里程碑意义的重要会议，将是一次解放思想、凝聚人心、深化改革、攻坚克难，激发全社会创造活力，提升国际竞争能力与声望的重要大会，必将开启中国特色社会主义伟大事业的新时代。同时，参会企业家们也表示，要努力提高自身素质，矢志不移跟党走，一心一意谋发展。（刘亚康）

【共同主办2012中国民营企业峰会】 2012年12月22日，由中国民（私）营经济研究会、全国工商联宣教部和中国社会科学院民营经济研究中心共同举办，以"转型、升级、迎接挑战"为主题的2012中国民营企业峰会在北京召开。会议以当前国内外经济形势为背景，围绕民营企业在我国经济发展全面转型时期，如何转变经济发展方式、提升自身竞争力、积极应对挑战展开深入分析和研讨。中央统战部副部长，全国工商联党组书记、常务副主席全哲洙出席大会并致辞。全国人大常委会原副委员长蒋正华、中国社会科学院副院长高全立、李扬，全国工商联副主席、红豆集团总裁周海江，全国工商联副主席、科创控股集团总裁何俊明出席大会并发言。全国工商联副主席庄聪生出席会议。

全哲洙书记在致辞中说，党的十八大明确提出，要适应国内外经济形势新变化，加快形成新的经济发展方式，把推动发展的立足点转到提高质量和效益上来。这对于民营经济而言，既是挑战，更是机遇。广大民营企业必须清醒地认识到，转型升级已成为企业适应经济发展规律、有效增强可持续发展能力的必由之路。目前，我国已有一批民营企业积极主动地推进发展方式转变，在近几年经济形势复杂多变的情况下，多数都保持了较好发展态势，显示出较强的抵御风险能力。但我国大多数民营企业还属于加工贸易型、资源依赖型、能源消耗型，真正打赢转变经济发展方式这场硬仗，形势还很紧迫，任务还很艰巨。民营企业一定要下大力做好、做足、做实"加快转变经济发展方式"这篇大文章，努力实现从依赖规模扩张推动企业发展向注重质量提升带动企业发展转变，从主要依靠资源消耗和投资驱动向主要依靠资源节约和创新驱动转变，从传统产业低端低附加值生产方式向现代产业高端高附加值生产方式转变，从家族为主的企业运营体制机制和治理结构向现代企业体制机制和治理结构转变。

全哲洙书记指出，2013 年是全面贯彻落实十八大精神的开局之年。对于广大民营企业而言，也是风险和困难较多的一年。刚刚闭幕的中央经济工作会议明确指出，做好明年经济工作，要继续把握好稳中求进的工作总基调，继续实行积极的财政政策和稳健的货币政策。会议研究了明年经济的大体增速和新增就业人数等宏观指标。为实现上述预期，中央在宏观调控、农业基础、调整结构、城镇化、民生保障、改革开放等六个方面做出了重要部署，特别强调实现的根本途径是加快转变经济发展方式，关键是深化产业结构战略性调整。为了更好地促进民营经济持续健康发展，无论是政府还是企业自身，都要坚持深入贯彻落实科学发展观，坚持把科学发展理念贯彻落实到各项政策举措中，贯彻到企业的生产经营活动中。从政府的角度，要深化行政管理体制改革，进一步简化审批程序，优化民营企业发展环境；加快出台发展民营金融机构的具体实施细则，特别是通过加大发起人制度改革力度，多设

立一批小微金融机构为其服务；加大对小微企业特别是科技型小微企业的扶持力度，积极推进小微企业服务体系建设。从民营企业的角度，要注重把握全球技术革命新趋势，积极投身战略性新兴产业、现代农业、现代服务业等领域，积极参与实施国家区域经济发展战略；把技术创新作为发展的重要支撑，努力形成新的竞争优势；积极创新商业模式，不断探索差异化的新兴业态；有条件的企业要积极制定跨国经营战略，开展对外投资和并购，逐步实现研发、生产、销售的全球化布局。

全哲洙书记强调，以改革创新为动力，以科技创新为支撑，加快经济结构战略性调整，追求更可持续的经济增长、追求更趋科学的产业结构、追求更高质量的城镇化建设，这是新时期我们面临的重要任务，也是民营经济实现科学发展的必由之路。只要我们继续坚定不移地沿着中国特色社会主义道路奋勇前进，尊重市场经济规律，勇于迎接和战胜各种挑战，就一定能够不断开创我国民营经济加快转变发展方式的新局面。

会议由中国社会科学院民营经济研究中心主任刘迎秋主持。政府有关部门人士、专家学者、民营企业代表等 500 余人出席。会上，中国社科院民营经济研究中心发布了《中国民营企业竞争力报告 2012》。会议还举办了主题为"转型升级与企业竞争力"、"企业内部治理与竞争力"、"人民币国际化和民营企业'走出去'与企业竞争力"的分论坛。（肖　扬）

建言献策

【综　述】2012 年，全国工商联把推动党的方针政策在非公有制经济领域的贯彻落实作为根本任务，紧紧围绕党和国家中心工作，充分发挥工商联作为统一战线重要成员和人民政协重要界别的优势，积极建言献策，为不断改善非公有制经济发展的外部环境做出了不懈努力，在促进两

个健康工作中发挥了重要而积极的作用。

一、深入开展调查研究，服务非公有制经济健康发展

为营造小微企业良好发展环境建言献策。2012 年 2 月至 4 月，全国工商联以实体经济领域制造业、生产性服务业、高新技术产业为重

点，开展了小微企业保生存谋发展调研活动，总结了一批迎难而上、自强不息、加快转型升级的小微企业，总结了一批服务引导小微企业生存发展的工商联、商会典型以及龙头企业典型，形成了《工商联服务引导小型微型企业保生存谋发展调研报告》。报告上报中央后，受到了温家宝、贾庆林、李长春、李克强、王岐山、刘延东、李源潮、马凯、杜青林等9位党和国家领导同志的高度重视并先后做出重要批示，充分肯定了工商联服务引导小微企业的经验做法，同时要求政府相关部门积极研究落实工商联所提建议，进一步支持工商联的工作。调研结束后，全国工商联精选了一批充分体现两个健康的小微企业典型进行重点宣传。《人民日报》、新华社、《经济日报》、中央人民广播电台、中央电视台、《科技日报》等主要媒体，陆续对17家小微企业、商会组织和民生银行进行集中宣传报道，为引导更多小微型企业认清形势、提振精神、坚定信心，努力走转型升级、科学发展之路提供了借鉴，同时也为小微企业健康发展营造了良好环境。

为丰富和完善我国基本经济制度建言献策。为进一步解放和发展生产力，充分激发广大人民群众创业干事的激情活力，3月至5月，全国政协副主席、全国工商联主席黄孟复同志亲自率队就"进一步丰富和完善我国基本经济制度"主题开展调研。调研组在阅研改革开放以来历次党的代表大会和中央全会文件的基础上，先后在北京召开4场座谈会，与30多位经济学界专家学者进行深入探讨；在上海召开3场座谈会，与上海、江苏、浙江等地的30多位企业家和经济学界专家进行了深入交流，同时还实地考察了一部分民营企业，最终形成了《进一步丰富和完善我国基本经济制度的建议》的调研报告。调研报告上报中央后，得到了中央领导同志的高度重视和肯定。

为推动"新36条"实施细则出台积极建言献策。全国工商联充分利用中央召开的各类高层协商会、形势分析会、党外人士座谈会等机会，积极推动国务院有关部门出台"新36条"配套实施细则，特别是与国土资源部共同发布了鼓励和引导民间资本投资国土资源领域的指导性文件，为营造非公有制经济发展良好环境起到了积极作用。为进一步了解实施细则贯彻落实情况，7月全国工商联与国家发改委共同召开座谈会，进一步征询广大民营企业对"新36条"实施细则文件发布与实施的意见和建议。在此基础上，全国工商联向国务院和国家发改委报送了《关于民营企业对"新36条"实施细则反映的报告》，得到了李克强等国务院主要领导同志的高度重视和批示。

为民营企业走出去积极建议献策。全国工商联结合当前民营企业走出去现状，深入开展推动民营企业"走出去"调研，与商务部研究院共同完成的《民营企业"走出去"发展模式与特征研究报告》，得到了贾庆林、李克强、王岐山、张德江、马凯等5位中央领导同志的批示。此外，全国工商联还在北京和浙江两地开展了"民营企业海外并购研究"调研，完成《中国民营制造业企业海外并购能力研究》的调研报告。

二、密切联系非公有制经济人士，引导他们有序参与政治

全国工商联把解决广大非公有制经济人士最关心、最直接、最现实的利益问题作为提案工做出发点和落脚点，广泛联系非公有制经济人士，引导他们通过提案有序参与国家政治生活和社会事务，同时支持商会通过提案积极反映行业诉求，企业呼声。2012年全国政协十一届五次会议，全国工商联共向全国政协提交团体提案29件，大会书面发言6件。其中，全国工商联与民建中央、农工党中央联合提交的《重振实业精神，大力发展实体经济》被列为全国政协的1号提案，3件提案入选全国政协办公厅《重要提案摘报》，2件提案在全国政协大会期间被选定为重点提案，1件提案被确定为全国政协重点提案办理协商会题目。在10月举行的十一届全国政协优秀提案评选活动中，全国工商联共有5件提案被评为优秀提案，为十一届政协全国工商联提案工作画上了圆满句号。

着眼于促进非公有制经济健康发展，通过各种座谈会和研讨会，引导非公有制经济人士及时向有关部门反映意见建议和利益诉求。支持、鼓励并组织非公有制经济人士参加全国工商联《劳动合同法》修改工作座谈会、人力资源和社会保障部举办的规制劳务派遣课题研讨会、全国人大法工委召开的商事调解座谈会、财税立法与税制改革座谈会。广大非公有制经济人士通过工商联反映意见建议的积极性主动性明显提高，工商联的凝聚力影响力明显增强。

三、充分发挥参政议政委员会的职能作用

2012年，全国工商联参政议政委员会围绕全国工商联的中心工作，建睿智之言，献务实之策，在提高工商联建言献策质量和履职能力水平方面做出了积极贡献。

按期召开会议，切实履行职能。12月21日，全国工商联参政议政委员会全体会议在北京召开，全国工商联主席王钦敏出席会议并讲话。会议围绕当前宏观经济形势和2013年经济走势，深入讨论了民营经济发展面临的机遇和挑战，对优化民营经济的市场环境、政策环境、法制环境和社会环境提出了意见建议，就扶持小微企业发展提出了加强自主创新、减税清费、降低融资成本、减少行政审批等方面的政策建议，并对做好2013年全国工商联提案工作和参政议政委员会工作提出了建设性意见。

注重发挥参政议政委员的积极作用。组织部分委员参加了2011～2012年中国民营经济发展形势分析会，邀请部分委员参加2012年中国民营经济发展（长白山）论坛并作发言，动员部分委员为全国工商联小微企业保生存谋发展调研人员进行培训、授课，组织部分委员参与《工商史苑》、《工商联简史》的编写工作。（冯东海）

【开展小微企业保生存谋发展调研】为深入贯彻中央经济工作会议和《中共中央国务院关于加强和改进新形势下工商联工作的意见》精神，全国工商联继续坚持重心下移、面向基层的工作思路，全国工商联于2012年2月至4月，以实体经济领域制造业、生产性服务业为重点，由5位副主席分别带队赴17个省区市的67个市区县，开展了全国性的小微企业"保生存谋发展"调研活动。这次中小微企业保生存、谋发展调研，是在2011年开展中小企业综合性调研的基础上，又一次联合有关部委、整合机关力量、动员工商联系统进行的专项大调研，既是全国工商联围绕中心、服务大局的具体行动，也是改进工作作

风、深入基层一线的实际举措，还是加强干部队伍能力培养、锻炼考察干部的有效手段。

调研重在总结一批迎难而上、自强不息、加快转型升级的小微企业典型，总结一批服务引导小微企业生存发展的工商联、商会典型以及龙头企业典型，推动各级工商联在新形势下更好地发挥政府助手作用。调研期间共召开78场涉及政府部门、商会、企业和理论界的座谈会，走访了261家小微企业以及101个产业园区、服务机构、龙头企业和工商联基层组织，形成了5份区域报告、5份专题报告、104个案例等调研成果，上报的《工商联服务引导小微企业保生存谋发展调研报告》得到9位党和国家领导同志的高度肯定。

调研报告认为，一个国家的经济发展要有活力，要有竞争力，不仅需要"顶天立地"的大企业，更需要"铺天盖地"的小微企业。调研报告提出，近年来特别是中央16号文件下发以来，各级工商联组织牢牢把握促进"非公有制经济健康发展和非公有制经济人士健康成长"工作主题，逐渐认识到服务引导中小企业尤其是小微企业是新形势下工商联工作的重点与难点所在，也是突破与希望所在，一方面积极建言献策，为小微企业营造良好的生存发展环境，另一方面充分发挥统战性、经济性和民间性有机统一的综合优势以及组织网络优势，为小微企业保生存谋发展尽心尽力、排忧解难，探索出了很多成功经验。调研报告建议，要真正落实中央提出的好政策、好措施，促进小微企业保生存谋发展，关键在于深入贯彻落实科学发展观，正确处理政府、市场和企业的关系，以思想的不断解放持续推动改革的不断深化，加快破解制约小微企业生存发展的体制机制难题。要进一步解放思想，形成切实高效帮扶小微企业的社会氛围；要进一步深化改革，加快理顺关乎小微企业生存发展的体制机制；要进一步加强领导，充分发挥工商联优势作用。（刘佩华）

【召开2011～2012年中国民营经济发展形势分析会】2012年1月11日，由全国工商联主办、中国民生银行协办的"2011～2012年中国民营经济发展形势分析会"在北京召开。这是全国工商联自2003年以来连续召开的第8次形势分析会。

中共中央统战部副部长、全国工商联党组书记、第一副主席全哲洙做了题为"保生存谋发展是帮扶中小企业着力点"的主旨演讲。

全哲洙书记强调，大力帮扶中小企业是一项重要战略任务。当前和今后一个时期，要把"保生存、谋发展"作为帮扶中小企业的重要着力点。要对中小企业特别是小型微型企业实施普惠的税收政策。把直接帮助企业渡过难关作为紧要任务，将小型微利企业所得税减半征收作为一项长期政策；把引导企业转型升级作为一项长期任务，发挥好减税在企业调结构、转方式中的积极作用，鼓励中小企业依靠技术创新提高核心竞争力。要对缓解中小企业融资难给予有力的政策倾斜。继续鼓励商业银行积极开发适合中小企业需求的多种金融产品，推动小型金融机构降低贷款利率。要不断扩大民间投资，发展实体经济。加大对"民间投资36条"的贯彻落实力度，加快制定配套政策，深化投资体制改革，降低部分垄断行业以及战略性新兴产业的市场准入门槛，利用市场机制以混合所有制形式促进国有资本和民间资本的相互融合。要为民营企业积极稳妥"走出去"创造有利条件，加快制定中国企业海外投资总体规划，尽快启动海外投资促进法的立法程序，逐步建立企业海外投资服务体系。要切实发挥工商联商会作用，引导商会在帮扶企业解决困难、转型升级、集群发展方面下功夫，努力为商会营造公平、规范的发展环境。

分析会上，北京大学教授厉以宁做了题为"民营企业面临的新形势和经营管理理念的转变"的演讲；国务院发展研究中心副主任侯云春做了题为"促进中小企业健康发展是稳中求进的关键"的演讲；全国工商联副主席、大连万达集团股份有限公司董事长王健林做了题为"民营企业可以成为文化产业的主力军"的演讲；中国民间商会副会长、中国民生银行董事长董文标做了题为"今年四大措施解决小微企业融资难"的演讲。各位嘉宾还就相关问题回答了记者提问。

会议由全国工商联副主席、中国民（私）营经济研究会会长庄聪生主持。全国工商联常务副主席孙安民，国家工商总局副局长钟攸平，全国工商联副主席褚平、李路、王文彪、刘迎霞，以及中央国家机关有关部门负责同志、专家学者、民营企业家、驻华使节等300余人出席了会议。《人民日报》、新华社、新浪网、腾讯网等20多家新闻媒体对会议进行了直播和报道。（尚小琴）

【召开全国工商联2012年团体提案选题讨论会】2012年1月13日，全国工商联研究室组织召开了2012年全国工商联团体提案选题讨论会，全国工商联党组成员、副主席庄聪生出席会议并讲话，机关各部门、各直属商会的代表共50余人参加会议。

会上，庄聪生副主席指出，2011年以来，全国工商联参政议政工作呈现出重视度高、参与面广、成果突出的特点，一些参政议政成果在社会上引起强烈反响，得到中央、国家部委和各级党委政府的高度重视。希望各直属商会、机关各部门要积极引导广大非公有制经济人士把握当前参政议政工作面临的新形势，深刻认识当前国际国内复杂的政治经济形势、非公有制经济发展和工商联事业发展给参政议政工作提出的新任务新要求，充分利用工商联这个主渠道，切实做好提案工作，积极建言献策，为促进两个健康做出应有贡献。庄聪生副主席要求，各单位要坚持把提案质量放在首位，认真开展好深入的调查研究和周密的选题工作，提案稿中的观点要有前瞻性、针对性和可操作性，努力做到有情况、有分析、有建议。

研究室副主任涂文向与会代表介绍了2011年全国工商联团体提案工作完成情况和2012年工作进展情况。各直属行业商会负责提案工作的同志，分别围绕2012年团体提案选题、组稿进展情况、存在困难和问题等方面进行了发言，并对全国工商联加强商会提案工作指导提出了许多意见建议。一是期盼能够通过全国工商联直接参与到国家相关部委的政策制定中；二是希望全国工商联对提案工作进行任务分工，形成对口对接的日常工作机制，加强对各商会关于提案工作的具体指导，通过汇稿会、讨论会等形式，面对面地帮助商会做好提案撰写等工作；三是建议全国工商联把团体提案工作的成效，作为考核各直属商会绩效的重要指标。

全国工商联研究室副主任林泽炎对会议做了总结。他希望各单位从全局的高度深刻认识参政议政和提案工作的重要意义，切实做到选题要

准、层次要高、研究要深、反应要快、效果要好，共同努力做好全国工商联 2012 年团体提案工作。（冯东海）

【开展"进一步丰富和完善我国基本经济制度"调研】 党的十五大确立了"以公有制为主体，多种所有制经济共同发展"的基本经济制度，这是由我国仍将长期处于社会主义初级阶段的基本国情所决定的。然而，随着改革开放的不断深入、社会主义市场经济体制的不断完善，大量混合所有制企业出现，新形势下，从理论上阐明如何进一步坚持和完善我国基本经济制度，对于统一人们思想，更好地巩固和发展公有制经济，更好地鼓励、支持、引导非公有制经济发展，具有十分重要的意义。为了深入了解目前理论界、经济界对我国基本经济制度的最新认识和观点，深入了解大中型民营企业的股权结构和内部治理结构，进一步阐明基本经济制度的深刻内涵，从而在我国深化改革开放的过程中，能够实现"国民共进"，进一步营造各类所有制经济公平竞争、共同发展的环境。2012 年 3 月至 6 月，在中央统战部的统一安排下，全国工商联就"进一步丰富和完善我国基本经济制度"课题开展了调研。

调研组由全国政协副主席、全国工商联主席黄孟复率队。调研前期，在进行了大量的资料查阅工作的基础上，调研组邀请来自国家发改委、国务院发展研究中心、中国社科院、中央党校、国家行政学院、清华大学、中国人民大学的 30 多位经济学界专家学者，先后在北京召开 4 场座谈会，进行深入探讨，形成了初步的观点综述。调研中期，黄孟复主席亲率调研组赴上海开展实地调研，召开 3 场座谈会，与上海、江苏、浙江等地的 30 多位企业家和经济学界专家进行了深入交流，同时还实地考察了一部分民营企业，个别征求了一些理论界和经济学界老同志的意见。调研后期，调研组集中精力撰写完成近 5000 字的《关于进一步丰富和完善我国基本经济制度的调研报告》，上报党中央、国务院。（房安文）

【召开 2012 年全国工商联提案新闻通气会】 2012 年 3 月 2 日，全国工商联提案新闻通气会在北京召开，全国工商联副主席庄聪生出席会议并讲话。机关各部门负责人、各直属行业商会负责

人和 30 多家中央新闻媒体单位的记者共 70 余人参加会议。

庄聪生副主席在讲话中指出，2011 年各级工商联深入贯彻《中共中央国务院关于加强和改进新形势下工商联工作的意见》，积极参加政治协商，议政建言，充分发挥了促进两个健康工作的积极作用。

庄聪生副主席重点介绍了全国工商联提案工作的有关情况。他说，2012 年全国工商联在深入调查研究的基础上，向全国政协十一届五次会议提交了 29 件提案和 6 件大会书面发言，包括推进金融体制改革、缓解企业融资难问题，完善行业发展政策，推动战略性新兴产业发展，支持民营企业"走出去"、"引进来"，促进行业协会商会健康发展等七个方面的内容。其中，针对当前社会普遍关注的促进实体经济发展问题，全国工商联同民建中央和农工党中央联名提交了一份"关于强本固基维护实体经济坚实基础的提案"，这是三家首次共同向全国政协提交提案。他指出，2012 年全国工商联提案工作超前部署、更加注重提案质量、提案内容充分体现工商联优势的特点，主要集中在非公有制经济科学发展、非公有制经济人士健康成长、工商联工作等三个领域，特别是从推进改革、促进行业健康发展、保障和改善民生方面，提出了针对性和实效性很强的对策建议。

会上，各新闻媒体就所关心的提案主题、提出背景、调研情况、建议措施等问题进行了提问，庄聪生副主席回答了媒体提出的关于全国工商联小型微型企业"保生存谋发展"调研活动有关情况、对金融体制改革的建议、民营企业"走出去"等方面的提问。（冯东海）

【召开 2012 年度提案工作座谈会】 2012 年 8 月 23 日至 24 日，全国工商联 2012 年度提案工作座谈会在北京召开。全国工商联副主席庄聪生出席并讲话，全国政协提案委员会办公室副主任刘晓冰同志结合《关于进一步加强人民政协提案办理工作的意见》就提案工作的最新要求作专题授课。各省级工商联分管提案工作的领导和研究室主任、全国工商联机关各部门分管提案工作的负责人、各直属行业商会负责提案工作的人员共 120 人参加会议。

庄聪生副主席在讲话中指出，工商联提案工作已经成为促进非公有制经济健康发展和引导非公有制经济人士健康成长的重要渠道，成为非公有制经济人士有序政治参与的重要平台。他在讲话中系统总结了2011年工商联提案工作的主要成绩和经验，即狠抓组稿工作，提案的选题来源更加广泛、内容进一步丰富；坚持围绕中心、服务大局，提案质量进一步提高；加强组织领导，提案工作机制进一步完善；注重宣传工作，提案的社会影响力进一步扩大；主动沟通协调，提案办理的实效进一步增强。庄聪生副主席全面分析了当前工商联提案工作面临的新情况、新挑战和新机遇，指出当前我国正处在全面建设小康社会的关键时期和深化改革开放、加快转变经济发展方式的攻坚时期，工商联事业实现了新的跨越，站上了新的起点；《关于进一步加强人民政协提案办理工作的意见》的出台，为工商联加强和改进提案工作提供了新的机遇；复杂的国际国内经济形势对提案工作提出了新的任务；工商联两个健康工作主题的确立对提案工作提出了新的要求。工商联必须密切关注当前形势的发展变化，适应新情况，找准新定位，进一步深化对提案工作重要性的认识，切实增强做好提案工作的责任感和使命感，更好地服务科学发展和实现自身科学发展。

庄聪生副主席对明年的提案工作提出了明确要求，一要继续坚持围绕中心、服务大局的基本原则，把提案的内容重点放在服务经济平稳较快发展上；二要努力把提案工作打造成工商联的工作品牌，更好地促进两个健康工作主题的贯彻落实；三要做好调查研究的基础工作，切实提高提案质量。他强调，必须从现在起抓紧准备，把做好提案工作与发展工商联事业结合起来，以促进两个健康工作主题为根本任务，以服务大局为方向，以提高质量为核心，以调查研究为基础，弘扬与时俱进的科学精神，不断增强做好提案工作的政治意识、大局意识和责任意识，努力推动提案工作再上新台阶。

会上，各参会同志结合自身实践就如何做好提案工作、谋划好2013年工商联系统重点调研课题做了交流讨论，提出了意见建议。（冯东海）

【出版《中国民营经济发展报告 No.9（2011～2012）》】2012年11月，全国工商联编辑出版了《中国民营经济发展报告 No.9（2011～2012）》。全书包括主报告、专题报告、区域报告和地方报告四大部分。

主报告由全国工商联研究室负责撰写，系统分析了2011年我国民营经济发展的宏观环境、整体特点，解读了民营经济发展状况、面临的困难和机遇，阐述了如何把保生存、促转型作为扶持民营经济发展的工作着力点。专题报告汇集了个体私营经济、对外贸易、融资、税收、民营上市公司等领域深层次的研究报告，由国家工商总局、商务部、中国人民银行、国家税务总局、民营上市公司研究部负责撰写；全国工商联经济部撰写的《2010年度全国工商联上规模民营企业调研分析报告》也收录其中。区域发展报告由各省级工商联提供，重点反映了各区域民营经济发展的特点、存在的问题和趋势展望，全方位、多角度地反映了当前民营经济发展的现状、特征和发展趋势。

该书集学术性、实用性、文献性和可读性为一身，至今已连续出版了9本。由于数据翔实、资料丰富、视角独特，已经成为各界专家学者以及企业界人士研究民营经济、了解民营经济重要窗口。（郭　蕾）

【召开全国工商联2013年团体提案选题讨论会】2012年11月12日，全国工商联召开2013年提案选题讨论会，全国工商联副主席庄聪生出席会议并讲话。北京、天津、河北、山东四省市工商联，各直属商会和全国工商联机关各部门负责提案工作的同志共50余人参加会议。

庄聪生副主席指出，在党的十八大胜利召开之际，围绕提案选题工作进行专门研讨交流，对加强和改进工商联提案工作很有意义。他说，党的十八大是我国进入全面建成小康社会决定性阶段召开的一次十分重要的大会。大会在科学总结五年成绩和十年经验的基础上，提出了我国发展仍处于大有作为的重要战略机遇期的科学判断，做出了中国特色社会主义"五位一体"总体布局的战略部署。这将为非公有制经济提供更大发展空间和广阔舞台。特别是十八大提出要继续坚持"两个毫不动摇"、激发各类市场主体新活力，依法公平使用生产要素、平等参与市场竞争、同等受到法律保护；要牢牢把握实体经济这一坚实基础，实行更加有利于实体经济发展的政策措施；要加快发展民营金融机构等重要论述，充分说明了党坚定不移地支持非公有制经济发展，坚定不移地重视和扶持小微企业发展。他指出，中国特色社会主义民主政治的健全和完善，离不开非公有制经济人士的积极广泛参与。十八大提出要健全社会主义协商民主制度，凝聚各方面力量，鼓励和引导新的社会阶层人士为中国特色社会主义事业做出更大贡献。广大非公有制经济人士一定要坚定信心，壮大企业、发展实业、振兴产业，为全面建成小康社会做出新贡献。庄聪生副主席希望，各级工商联和各类商会要把提案工作作为引导非公有制经济人士有序参与国家政治生活和社会事务的重要方面，切实推动工商联提案工作迈上新台阶。

在谈到发挥直属行业商会优势时，庄聪生副主席指出，当前，工商联所属各类商会已达4.5万多家，会员总数达294万，遍布我国经济和社会的各行各业。这是工商联提案工作的"天然富矿"。商会贴近基层、贴近企业，最了解非公有制经济人士的愿望诉求，最熟悉企业发展现状，最知悉行业中的问题，也最能够提出促进非公有制经济发展的有针对性意见建议。这为工商联提案工作奠定了坚实基础。庄聪生副主席强调，各行业商会要坚持把提案质量放在首位，着眼行业发展前景，做好周密选题工作，深入调查研究，增强提案选题的前瞻性、针对性和可操作性，使提案做到有情况、有分析、有建议，每个商会争取每年至少提交2篇高质量的提案稿；要主动加强与全国工商联研究室和机关有关部门的联系，努力形成合力。

全国工商联研究室林泽炎副主任介绍了全国工商联2012年提案工作情况和2013年提案选题情况，研究室副主任涂文主持会议。山东省工商联、全国工商联法律部、全国工商联石油业商会和全联新能源商会作为优秀提案初报单位代表，分别就做好提案工作的经验体会做了交流发言。（冯东海）

【召开全国工商联参政议政委员会全体会议】
2012年12月21日下午，全国工商联参政议政委员会全体会议在全国工商联机关召开。全国工商联主席王钦敏出席会议并讲话，会议由全国工商

联副主席、参政议政委员会主任庄聪生主持。

会上，各位委员畅谈了学习党的十八大关于非公有制经济发展的部署特别是坚持两个"毫不动摇"，保证各种所有制经济依法平等使用生产要素、公平参与市场竞争、同等受到法律保护的体会，分析了当前宏观经济形势和明年经济走势，讨论了民营经济发展面临的机遇和挑战，对优化民营经济的市场环境、政策环境、法制环境和社会环境提出了意见建议，就扶持小微企业发展提出了加强自主创新、减税清费、降低融资成本、减少行政审批等方面的政策建议，并对做好2013年全国工商联提案工作和参政议政委员会重点工作提出了建设性意见。

听取大家发言中，王钦敏主席就城镇化建设、国有土地管理、税制改革、高新技术企业认定、中关村发展规划等问题与大家交换意见。

大家发言结束后，王钦敏主席对会议主题和委员发言予以充分肯定。他指出，各位委员都是经济领域和政府有关部门的专家学者，对宏观经济政策制定和效果预测有丰富的实践经验、对民营经济发展有深入的理论研究基础和丰硕的研究成果，为全国工商联参政议政工作做出了贡献，是参政议政委员会发挥智囊团和参谋作用的重要力量。

他强调，参政议政委员会要认真学习领会党的十八大和中央经济工作会议精神，紧紧围绕党和国家中心工作开展调查研究、提出真知灼见，为非公有制经济健康发展建言献策。当前，特别是要结合中央经济工作会议精神确定参政议政工作重点。一是结合扩大内需这一战略基点，围绕改善非公有制经济特别是小微企业的发展环境、民间资本进入重点领域等热点问题提出提案与建议；二是结合工业化、信息化、城镇化和农业现代化"四化"同步发展战略，围绕信息化与其他"三化"的关系、以内容服务为核心发展现代信息服务业、中小企业服务体系建设等开展调研；三是结合大力保障和改善民生、加强和创新社会管理的要求，围绕民营经济社会贡献、社会保障体系建设、生态文明建设等重点问题提出提案；四是结合深化重点领域和关键环节改革的重要部署，围绕政府与市场的关系、金融和财税体制改革等提出意见建议；五是结合实施更加积极主动

的开放战略、全面提升开放型经济水平，围绕民营企业"走出去"中遇到的困难和问题提出有针对性的意见建议。

他指出，全国工商联将应邀出席多项高层协商会，专题协商会和座谈会等活动，就我国经济社会发展建言献策，参政议政工作任务重、责任大，要切实加强与参政议政委员会各位委员的联系与合作，注重将他们的研究成果与建议转化成工商联的政策建议与提案。全国工商联要一如既往地在提升参政议政水平上下功夫，深入开展调查研究，科学运用数据和案例，严谨分析问题与建议，进一步提高政协提案、高层发言和政策建议的质量。

全国工商联参政议政委员会委员、特邀嘉宾与全国工商联机关各工作部门负责同志共40余人参加了会议。（梁岩涓）

服务非公有制经济和区域经济发展

【综述】2012年全国工商联经济部工作的总体思路是：认真贯彻落实中央16号文件精神和中央经济工作会议精神，继续抓住科学发展这个主题和加快转变经济发展方式这条主线，牢牢把握扩大内需这一战略基点，牢牢把握发展实体经济这一坚实基础，以促进"两个健康"为出发点和落脚点，紧密结合国家"十二五"发展规划的总体要求，积极引导和服务于民营企业特别是中小企业依靠创新，加快转变经济发展方式。

一、认真开展调查研究和参政议政，努力提高政策服务水平

一是积极参加黄孟复主席牵头的年度重点调研课题"进一步丰富和完善我国基本经济制度"。

二是积极参加全国工商联小微企业"保生存、谋发展"调研。

三是积极参与提案工作。2012年完成五件团体提案提交十一届全国政协五次会议，其中《关于以放宽石油进口为突破口 推进石油领域体制改革的建议》列入全国工商联2012年度重点提案。

四是深入开展推动民营企业"走出去"调研。与商务部研究院共同完成的《民营企业"走出去"发展模式与特征研究报告》，得到了贾庆林、李克强、王岐山、张德江、马凯等五位领导同志的批示。在北京和浙江开展了"民营企业海外并购研究"调研，已完成调研报告《中国民营制造业企业海外并购能力研究（初稿）》。

五是积极参与政府专项工作的协调机制和责任分工。继续积极参加国务院中小企业发展工作领导小组及办公室工作，参加与商务部在"走出去"部际联席会议协调合作机制的工作。2012年国办印发的《落实〈中共中央、国务院关于深化科技体制改革加快国家创新体系建设的意见〉任务分工》中，我们也将参加四项具体工作。2012年，我部完成对国务院、国家发改委、工信部、商务部等多个部委政策出台前的意见征询和回复工作共14件，大多数意见都得到了采纳。与有关部委就境外中资企业文化建设、职工技术创新工作、找矿突破等方面联合发文3次。特别是《国土资源部 全国工商联关于进一步鼓励和引导民间资本投资国土资源领域的意见》，在民间投资36条实施细则中是唯一由部委与工商联联合下发的文件。

六是与有关部委合作鼓励和引导民间投资健康发展。2012年3月，应国土资源部邀请，共同召开找矿突破战略行动民营企业座谈会。7月，与发改委固定资产投资司共同召开座谈会，进一步征询广大民营企业对民间投资36条实施细则文件发布与实施的意见和建议。我部还参与了铁道部吸引民间投资进入铁路专运通道的项目。

二、开展鼓励支持民营企业科技创新的有关工作

一是继续做好科技奖励工作。2012 年共评出全国工商联科技进步奖 115 个（其中：一等奖项目 13 个，二等奖项目 26 个，优秀奖项目 76 个），科技创新企业家奖 34 人。推荐 4 家企业申报 2012 年国家科学技术奖；推荐 3 家企业申报 2013 年国家级星火计划；推荐 25 家企业申报 2013 年国家级火炬计划。

二是大力宣传科技创新企业。我部开展了科技奖背后的创新故事调研，出版了 22.7 万字的《科技奖背后的创新故事》一书，同时在《中华工商时报》《中国工商》杂志、全国工商联网站进行宣传报道。

三是主办 2012 年全国质量月活动。贯彻落实《质量发展纲要（2011－2020 年）》，与国家质检总局等 21 家单位共同举办。要求各地工商联参照全国质量月活动主题，广泛开展活动。在全国工商联直属行业商会中开展了"质量月"倡议活动。

四是积极鼓励各种形式的创新活动。与全国总工会等单位联合发出《关于进一步加强职工技术创新工作的意见》。与科技部等单位共同指导、支持了"2012（首届）中国创新创业大赛"。

五是推动民营企业进入国防科技工业建设领域。我部与总装备部资格审查秘书处联合召开了"装备承制单位资格审查汇报会"，这是军队装备系统第一次直接听取和审查民营企业装备承制资格的会议；编印了第三册《军民两用高新技术民营企业及产品推荐目录》；深入开展军民融合发展研究工作；对部分省市民营企业进入军品市场情况、存在的问题进行了调研。

三、继续积极参与国际区域经济合作，多方面推动民营企业"走出去"工作

一是继续发挥工商联多年来参与大湄公河次区域（GMS）工商论坛的优势，积极推进 GMS 运输商协会投入运作。出席了第四届 GMS 经济走廊论坛，并与缅甸工商会共同举办中缅企业家投资合作洽谈会。与 GMS 工商论坛共同主办了"大湄公河次区域资源合作开发与可持续发展研讨会"。

二是继续举办民营企业"走出去"培训班。在服务民营企业的同时，推动地方工商联"走出去"工作的开展。

三是继续与商务部、发改委等有关部门和组织合作，加强对民营企业"走出去"的研究、指导和服务。向第四轮中美战略与经济对话有关活动推荐民营企业代表；组团出席亚太经合组织（APEC）妇女与经济论坛；参与"未来十年中美经贸合作展望"研究项目；组织企业参加商务部等联合主办的"中朝罗先经贸区和黄金坪经济区投资说明会"等。在"厦洽会"上，与商务部合作司共同支持举办"中国民营企业走出去发展论坛"。

四是积极支持中国民营经济国际合作商会和中非民间商会开展工作。

四、继续开展企业融资、管理等专业化服务

一是积极推动民营企业风险管理工作。与法律部共同举办非公有制企业知识产权风险管理培训班；与专业公司共同完成并发布了"中华工商上市公司财务指标指数"2011 年度指标和 2012 年上半年指标。该指数至今已累计发布十期。

二是与金融机构合作开展融资服务。2012 年 10 月，与国家开发银行在北京签署《支持小微企业发展战略合作协议》，携手助解中国小微企业"融资难"问题。

三是与天津市政府、科技部、美国企业成长协会共同主办第六届"中国企业国际融资洽谈会——科技国际融资洽谈会"，多方探索解决中小企业特别是科技型中小企业的融资难问题。

五、切实发挥政府助手作用，做好国内大型经贸活动

一是继续参与主办中博会、西博会、齐鲁行、南京重洽会、紫金山峰会、兰洽会、西洽会、厦洽会等一系列国内知名的经贸活动，穿插举办具有工商联特色的论坛。其中"齐鲁行"活动以工商联为主，已连续举办十届，影响广泛，效果突出，成为工商联支持区域经济的一个品牌。

二是继续做好全联执委会和常委会期间与地方政府联合举办的经贸活动。在 6 月执委会期间召开的"民企入滇 助推桥头堡建设大会"上，签约项目 706 个，引进省外资金约 1 万亿元人民

币；与湖北省人民政府共同举办"民企携手湖北、共促中部崛起大会"；支持拉萨市举办"全国民营企业家拉萨行"活动等。这些活动既符合国家经济发展战略，支持地方经济发展，又顺应民营企业产业转移、调整区域布局的趋势和要求，成为地方工商联围绕政府中心工作发挥助手作用的有效载体。

六、创品牌和基础性工作

一是召开"2012 中国民营企业 500 强发布会"，向社会发布民营企业 500 强、制造业 500 强、服务业 100 强名单以及《500 强调研分析报告》，向企业颁发了证书。发布会突出了服务亮点，扩大了品牌宣传，成功塑造了民营企业 500 强企业群体，得到了党和政府重视、民营企业欢迎、中介机构和新闻媒体关注，在社会上产生越来越大的影响。

二是召开了题为"推动民营企业创新，促进发展方式转变"的经济服务工作会，解放思想，集思广益，凝聚共识，积极探讨研究工商联经济服务工作的载体和机制，形成全系统经济工作的合力。

三是举办了第九次"大型民营企业首脑沙龙"活动。主题是："未来十年中国民营企业发展：理念、愿景，结构和制度安排。"会后形成了观点综述报中央有关部门参阅。

一年来，经济部坚持围绕中心，服务大局，紧紧围绕两个健康工作主题，继续推动贯彻落实中央 16 号文件，紧密结合国内外经济形势、国家政策导向、经济工作的目标任务和民营企业发展的实际需求，紧扣国家发展规划，继续以引导民营企业转变发展方式为着力点，努力深化和不断创新经济服务工作内容。（沙　霖）

【举办 2012 年全国工商联上规模民营企业调研培训班】2012 年 2 月 28 日至 29 日，全国工商联上规模民营企业调研培训班在武汉举办。全国工商联副秘书长、经济部部长欧阳晓明出席了开班式并就调研工作的意义、进一步做好调研工作的几个要点作重要讲话。欧阳晓明指出调研推动了工商联工作水平和能力的提高，通过调研可以了解分析中国民营经济发展趋势，把握发展规律，研究大中型民营企业的发展特征，宣传民营经济的作用和贡献；通过调研可以引导民营企业

健康发展；通过调研可以促进区域民营经济发展。调研提升了工商联的凝聚力、影响力，是锻炼和提高工商联干部执行力的重要实践。

经济部副部长罗力主持开班式并对上一年度调研进行了总结，对本年度调研工作进行了部署。经济部有关同志分别就上规模民营企业调研报告的撰写、上规模调研表的设计思路、调研注意事项、数据审查方法和数据库软件使用进行了讲解。来自各地方工商联、9 个全国工商联直属行业商会，中国民生银行，湖北省 16 个地级市工商联负责上规模民营企业调研工作的同志共 80 余人参加了培训。（刘小青）

【召开 2012 年试点省（市）工商联融资工作培训会】2 月 28 日，2012 年试点省（市）工商联融资工作培训会在北京召开。培训会由全国工商联扶贫与社会服务部主办，瀚华担保股份有限公司承办，旨在推动省级工商联搭建"银行—商会（企业）—担保"融资服务平台，为中小微型会员企业提供融资服务。全国工商联副主席谢经荣出席会议并讲话。中央统战部五局、中国建设银行小企业业务部、瀚华担保股份有限公司、各试点省（市）工商联有关领导和中小企业会员贷款需求较大的直属商会会长出席会议。

会议总结了全国工商联与中国建设银行、瀚华担保股份有限公司合作，以北京地区为试点，为工商联直属行业商会会员企业提供融资服务的经验；论证了全国工商联搭建"银行—商会—担保"融资服务平台的可行性和优势；介绍了瀚华担保股份有限公司信用担保模式、风险控制方法和"还贷贷，周转贷"等产品特点；讨论了湖北、辽宁、天津、陕西等试点省市推广和扩大这种融资服务模式，为更多的中小会员企业提供融资服务的可行性和具体操作方法。

培训会旨在促进各试点省（市）工商联和商会在探索搭建"银行—商会—担保"融资服务平台工作中，学习掌握操作方法、具体步骤、相关技术，以及有抵押的等量抵押和放大抵押的 1＋1＋1 担保模式，无抵押的信用担保 1＋1 模式，以提升为中小微型企业和商会服务水平，促进中小微型民营企业健康发展。（王世卫）

【共同主办"民企携手湖北，共促中部崛起"活动启动仪式】2012 年 3 月 6 日，全国工商联与

湖北省委、省政府在北京共同举办的"民企携手湖北，共促中部崛起"活动启动仪式。中央统战部副部长，全国工商联党组书记、第一副主席全哲洙，省委书记、省人大常委会主任李鸿忠出席仪式并讲话。启动仪式由湖北省委副书记、省长王国生主持。湖北省委常委、副省长、省委统战部部长张岱梨介绍了活动有关情况。

全国工商联常务副主席孙安民，全国工商联副主席褚平，湖北省政协主席杨松，省委常委王晓东、阮成发、范锐平，湖北省人大常委会党组书记、常务副主任苏晓云，副省长郭有明，省政协副主席陈天会，以及大连万达集团董事长王健林、香江集团董事长刘志强等60多位全国知名民营企业家出席启动仪式。（吴盈禧）

【共同主办民企入滇助推云南产业发展座谈会】2012年3月7日，由全国工商联与云南省委、省政府共同主办的"民企入滇助推云南产业发展座谈会"在北京举行。全国政协副主席、全国工商联主席黄孟复，中央统战部副部长，全国工商联党组书记、第一副主席全哲洙，云南省委书记秦光荣，云南省委副书记、省长李纪恒出席座谈会，全国政协港澳台侨委员会副主任杨崇汇应邀出席会议。来自全国工商联会员企业和其他知名民营企业的200余位企业家代表参加了此次座谈会。

黄孟复主席在致辞中说，全国工商联的骨干民营企业来参加"民企入滇助推云南产业发展座谈会"，对于深入贯彻落实"两会"精神，加快经济结构调整、推动区域经济发展具有重要意义。近年来，云南省委、省政府把大力发展民营经济作为兴滇富民的一项重大举措，出台了一系列支持和鼓励民营经济发展的政策措施，民间投资环境明显改善，民营经济快速发展。

云南省委书记秦光荣表示，热情欢迎民营企业进入云南农业、工业、服务、水电路讯基础设施、市政公用建设、教育卫生、文化体育、社会福利、生态环保、对外投资等"十大发展领域"，并承诺努力让云南成为思想上信任、经济上支持、政策上放活、环境上宽松、民营企业可以放心投资兴业的沃土。期待企业家们放开脚步进军云南，积极参与云南的"三个发展"和桥头堡建设，共同谱写情系彩云南、携手创辉煌的美丽篇章。

大连万达集团董事长王健林、中国民生银行董事长董文标、汉能控股集团董事局主席李河君、天津天士力集团董事长闫希军、新希望集团董事长刘永好等全国工商联会员企业代表分别就投资云南、振兴西部发表感言。（吴盈禧）

【共同主办找矿突破战略行动民营企业座谈会】2012年3月28日下午，国土资源部、全国工商联在京联合召开找矿突破战略行动民营企业座谈会，重点围绕民营企业在找矿突破战略行动中如何发挥作用，听取民营企业家的意见建议。国土资源部部长、党组书记、国家土地总督察徐绍史，中央统战部副部长、全国工商联党组书记、第一副主席全哲洙出席会议并作重要讲话。

国土资源部地质勘察司司长彭齐鸣介绍了《找矿突破战略行动实施方案》。四川宏达集团董事长刘沧龙等多位企业家做了发言，结合企业实际，从海外勘探开发技术引进，矿权退出机制、简化审批程序、走出去资源开发、发挥资本市场作用等多方面提出许多意见和建议。

徐绍史部长认为企业家们的讨论，撞出了火花，撞出了亮点，对工作有很大启发。他说鼓励和引导民营资本投资矿产勘查开发是今后国土资源部的工作重点。国土资源管理部门将重点抓好几方面的工作：第一是加强公益性地质工作，多提供找矿线索；第二要通过地勘基金和矿业银行，为企业提供资金支持；第三是完善矿业权市场和勘察服务市场；第四要协调利益关系，切实保护投资主体的合法权益；第五将在矿业活动中给予民营企业平等的主体地位。

徐绍史认为民营企业参与找矿恰逢其时，并提出几点建议：一是敢于投资风险勘探；二是要注重资本与技术相结合；三是要走探采一体化道路；四是创造条件"走出去"开发矿产资源。他希望民营企业能够抓住机遇，通过参与矿产资源勘探开发，向又好又快发展。要用先进的理念、管理和技术从事勘查开发，兼顾经济、社会和生态效益。

全哲洙书记指出，实施找矿突破战略行动，首先要在管理体制和机制改革上有所突破，对民营企业进入矿业要同等对待、公平竞争。在行动实施过程中，一要加强勘探与资本市场结合，依靠资本市场推动矿产资源开发；二是加强勘探与开发利用的结合，资源勘探开发向资源利用的产业链延伸；三是市场取向与政府主导结合。希望民营企业积极参与找矿行动，既是一种爱国的行动，也是企业发展的需要，是民营企业调整经济结构、转变发展方式，延长产业链，提高竞争力的有效途径。

全哲洙书记和徐绍史部长都表示，今后全国工商联和国土资源部要加强联系，建立合作协调机制，及时将找矿突破行动中的改革措施、项目信息传达到民营企业，同时也要把民营企业在找矿中遇到的问题及时反映和沟通，帮助企业解决在找矿过程中遇到的困难。

会议由国土资源部副部长汪民主持。全国工商联常务副主席孙安民、副秘书长欧阳晓明、国土资源部总工程师钟自然出席了会议。全国工商联有关部门、国土资源部有关司局负责人参加了会议。（吴盈禧）

【共同主办第七届中国河南国际投资贸易洽谈会】2012年3月23日上午，由全国工商联与河南省政府、商务部、科技部、住房和城乡建设部、国家粮食局等共同主办的第七届中国河南国际投资贸易洽谈会在郑州隆重开幕。全国政协副主席、全国工商联主席黄孟复，河南省委书记、省人大常委会主任卢展工，省委副书记、省长郭庚茂等出席开幕式。全国政协副主席、全国工商联主席黄孟复发表致辞并宣布洽谈会开幕。

黄孟复主席在致辞中说，去年国务院出台了《关于支持河南省加快建设中原经济区的指导意见》，这是中央从促进全国区域协调发展的全局和战略高度做出的一项重要决策，对于促进中部地区崛起、服务全国大局具有重要战略意义。河南发展已经站在新的历史起点上。

黄孟复主席指出，区域经济发展离不开党的政策指引，离不开国有经济的支撑，同时也离不开民营经济的成长壮大。民营经济代表着最具活力的生产力，是我国改革开放的重要推动者，是我国调整产业结构，发展实体经济，转变发展方式的重要依靠力量；民营经济也是富民经济、老百姓的经济，凡是民营经济发展较好的地区，那里的经济发展就充满生机和活力，人民生活就比较富裕。2010年国务院颁布了《关于鼓励和引导

民间投资健康发展的若干意见》（简称"民间投资36条"）对于营造更加有利于民间投资健康发展的政策环境，放宽行业准入，促进投资合理增长，结构优化，起到了引导作用。最近国务院要求有关部门在上半年出台一系列的实施细则，为民间资本积极有序地、高效地进入垄断行业画出"斑马线"。未来投资的增长将主要依靠民间投资，这是中国经济持续发展的内生动力和最大源泉。他希望河南大力发展民营经济，进一步吸引民间资本投资，创造促进民营经济发展的体制机制环境，积极鼓励和支持民营企业在豫投资创业发展。

本次洽谈会呈现四大特点：一是项目投资规模大；二是签约项目质量高；三是项目涵盖领域广；四是合作知名企业多。共有415个项目签约，总投资3006亿元，合同资金2866亿元。（王　彬）

【开展第十次全国私营企业抽样调查】全国私营企业抽样调查工作至今已历经19年，是全国工商联长期跟踪、研究、分析中国私营企业发展状况的重要调研课题。

第十次全国私营企业抽样调查工作于2012年初正式启动。1月17日上午在全国工商联机关召开问卷设计工作座谈会，庄聪生副主席主持会议。会议邀请了中国社科院社会学所副所长陈光金，中国社科院社会学所研究员张厚义，北京市社科院研究员、北京市政府参事戴建中，北京理工大学教授、博士生导师刘平青等长期从事该课题研究的专家学者，还邀请了中央统战部五局调研处处长胡林辉、国家工商行政管理总局处长张久荣等合作单位代表，就调查问卷的设计进行了认真研究。出席会议的还有全国工商联研究室和中国民（私）营经济研究会的有关人员。3月12日，调查问卷经反复征求中央统战部、国家工商总局的意见，报有关领导审阅定稿。

3月29日至31日，全国私营企业抽样调查暨中小企业监测点培训会议在广西南宁召开，戴建中对第十次全国私营企业抽样调查进行了培训，全国工商联研究室在会议上进行了总体部署，要求各地在6月底前完成入户调查工作。

在回收有效问卷5500多份后，全国工商联研究室对问卷进行了编码、录入和数据处理工作，于12月17日在北京召开抽样调查分析报告提纲及写作分工座谈会，全国工商联研究室林泽

炎副主任主持会议。会议邀请参加问卷设计的有关专家，围绕分析报告的提纲进行了热烈讨论。庄聪生副主席在会上提出了明确要求，力争在分析报告中体现当前经济发展中的主要矛盾和突出问题，尤其是对中小微企业进行比较分析。会议决定由戴建中负责修改并完善提纲，按照会议讨论的分工分别进行写作，定于2013年1月13日前完成，最后由全国工商联研究室理论处林蔚然处长进行初步统稿并报相关领导审阅。

目前分析报告的初稿仍在修改完善当中，预计于2013年上半年正式发布。（林蔚然）

【共同主办全球家居交易集散平台发展论坛】2012年3月30日上午，由商务部流通业发展司、全国工商联经济部、全国工商联家具装饰业商会以及南方香江集团联合举办的"全球家居交易集散平台发展论坛"在人民大会堂隆重举行。全国政协副主席张梅颖、郑万通，九届全国人大副委员长铁木尔·达瓦买提，中央统战部副部长，全国工商联党组书记、第一副主席全哲洙，商务部部长助理李荣灿等领导出席。论坛由全国工商联副秘书长欧阳晓明主持。

论坛会上，全国工商联家具装饰业商会透露，鉴于目前流通环节多，流通渠道成本高，整体产业布局不均衡等发展瓶颈问题突出，该商会已与国家有关研究机构、南方香江集团以及几大行业商会充分调研、论证，将依托国家确定的九大物流战略基地，布局珠三角、长三角、环渤海、西南经济圈、中部经济圈、东南沿海经济圈、山东半岛经济圈、东北经济圈和西北经济圈，在全国构建九大全球家居交易集散平台，组织发展我国家居商贸流通网络，形成强大的商品物流、资金流、信息流，构建"买全球、卖全球"的大商贸、大流通家居产业新格局。

有关行业商会、协会代表、金融机构、家居企业代表、媒体等200多人参加了此次论坛。（王　彬）

【共同主办第十六届中国东西部合作与投资贸易洽谈会】由国家发展改革委、商务部、中国贸促会、国家工商总局、国家质监总局、国台办、环境保护部、工信部、国侨办、中国侨联、全国工商联等11个部委，31个省区市人民政府和新疆生产建设兵团共同主办，12个商协会协办

的第十六届中国东西部合作与投资贸易洽谈会在曲江国际会展中心隆重开幕。本届西洽会以"扩大区域合作，促进科学发展"为主题，执行主席单位为宁夏回族自治区人民政府和山东省人民政府。

全国政协副主席陈宗兴，第十届全国人大常委会副委员长顾秀莲，以及30多个中央和国家机关部委、31个省区市和新疆生产建设兵团的领导，马来西亚、哈萨克斯坦、意大利、美国等60多个国家和港澳台地区的嘉宾应邀出席。全国工商联副主席褚平出席了开幕式。（王　彬）

【召开2012年全国工商联经济服务工作专题座谈会】2012年4月10日至11日，全国工商联经济服务工作专题座谈会在上海召开。这次会议是继续贯彻落实中央16号文件精神，把服务实体经济发展作为重点，坚持"重心下移，服务基层"，积极引导和服务于民营企业特别是中小企业加快转变经济发展方式，会议的主题是"推动民营企业创新，促进发展方式转变"。全国工商联常务副主席孙安民，全国工商联副主席、上海市政协副主席、市工商联主席王新奎，全国工商联副秘书长、经济部部长欧阳晓明，上海市委统战部副部长、市工商联党组书记赵福禧出席会议。会议由欧阳晓明副秘书长主持，上海市委常委、统战部长杨晓渡到会致辞。来自全国各省、自治区、直辖市，新疆生产建设兵团和副省级城市工商联分管经济工作的负责同志约120人参加了会议。

孙安民常务副主席分三部分阐述了民营企业创新的相关问题和工商联服务民营企业创新的重点工作。首先，他从六个方面分析了民营企业创新面临的形势。他指出，当前，国际上新一轮抢占科技和产业制高点的浪潮到来，我国进入了技术创新厚积薄发的关键期；逐渐进入高成本时代的趋势倒逼民营企业转变发展方式；比较优势正在发生变化，低成本研发优势正在取代廉价劳动力优势；商业模式创新与技术创新结合产生巨大的经济和社会效益；研发的新兴组织业态不断涌现，缩短了基础研究与应用的距离，加速了民营企业的创新步伐；民营企业创新的政策环境不断优化。

孙安民常务副主席还分析了民营企业创新的

动力、创新途径和存在的问题。回顾了近年来全国工商联和各地工商联围绕推动民营企业创新开展的主要工作，对今后一段时期工商联系统引导服务民营企业创新工作提出要求。最后，他强调，创新是经济和社会发展的动力，促进民营企业创新，更要推动工商联工作的创新，全国工商联将与各地工商联一起，积极探索、把握契机、迎难而上、努力创新，取得工商联经济服务工作的新突破。

会上，国家科技部调研室主任胥和平应邀做了"科技创新与转型发展"的专题报告；上海众恒信息产业股份有限公司等四家民营企业负责人就企业自主创新、转型升级做了大会发言。与会代表围绕工商联以及基层组织为民营企业营造良好创新发展环境，服务于小微企业转型升级，打造工作载体和服务品牌的工作进行了充分的交流和研讨。欧阳晓明副秘书长对2012年经济服务的重点工作进行了布置并做了总结讲话。（沙　霖）

【举办全国工商联科技奖励推荐工作培训班】为做好全国工商联科学技术奖推荐和申报工作，2012年4月25日至26日，全国工商联在浙江省绍兴县举办了"2012年全国工商联科学技术奖励推荐工作培训班"。来自各省、自治区、直辖市和新疆生产建设兵团工商联，全国工商联有关行业商会负责科技奖励工作的同志，有意向申报科技进步奖和科技创新企业家奖的有关企业人员，浙江省有关地市工商联近80人参加了培训。绍兴县委常委诸剑明、浙江省工商联副主席李任治分别在培训班上致辞。全国工商联副秘书长、经济部部长欧阳晓明出席了培训班并讲话。培训班在对2012年科技进步奖和科技创新企业家奖申报书和软件讲解答疑的同时，还进行了各地工商联经验交流，大家除交流推荐工作中的经验、体会外，还对进一步办好科技奖提出了建议。培训班还组织参会人员考察了浙江宝业集团和浙江省现代纺织研究院。培训班得到了浙江省工商联、绍兴市工商联、绍兴县委县政府、绍兴县工商联的大力支持。（袁　媛）

【共同主办2012中国·南京科技创业创新与重大项目洽谈会】2012年4月26日，由全国工商联、南京市政府共同主办的2012中国·南京科技创业创新与重大项目投资洽谈会在南京国际博览中心开幕。全国政协副主席、全国工商联主席黄孟复宣布开幕。江苏省委常委、常务副省长李云峰，江苏省委常委、南京市委书记杨卫泽分别致辞。南京市市长季建业作南京投资环境推介。

南京举办的"科技创业创新与重大项目洽谈会"，成功搭建了招商选资、引资引智的高端平台，贯彻了稳增长和促转型相结合、扩大内需与稳定外需相结合、当前发展与增强后劲相结合的要求，是在应对严峻挑战、奋力攻坚克难中开创科学发展新局面的有力举措。

会上，33个代表性项目现场签署了合作协议。"创洽会"期间，通过各类活动、各种形式进行签约的项目达180多个，其中投资10亿元和1亿美元以上的项目50余个，总投资逾1302亿元。经多年精心打造，"创洽会"已成为南京市展示经济社会发展成就的品牌展会和招商引资的重要平台，是对一年一度"中国·南京重大项目洽谈会"的创新和提升。

本次"创洽会"主要由科技创新、新兴产业、功能平台建设三大板块构成，突出人才优势，建设创业创新体系。"创洽会"期间，南京共排出32场科技创新和经贸交流活动，并围绕"人才引领、创新驱动、内生增长、绿色发展"的主题，推出第六届南京都市圈市长峰会、"南京321计划"创业讲坛等一系列论坛研讨活动。

此外，南京举办的招商引资和项目推介活动主要包括：硅谷创业人才项目展示暨区县（园区）"321"引才环境推介会、南京"321计划"海内外创业项目投融资对接会、2012中国（南京）浦口新城建设推介会暨重大项目签约活动等。（王　怡）

【共同举办2012中国·廊坊国际经济贸易洽谈会并与河北省人民政府签署战略合作框架协议】2012年5月17日，2012中国·廊坊国际经济贸易洽谈会开幕式暨欢迎酒会在河北廊坊举行，全国政协副主席郑万通，河北省委书记、省人大常委会主任张庆黎，河北省委副书记、省长张庆伟，中央统战部副部长，全国工商联党组书记、第一副主席全哲洙，商务部部长助理俞建华共同为大会启幕。期间，全哲洙书记与张庆伟省长共同签署了《中华全国工商业联合会和河北省人民政府促进非公有制经济发展加速河北经济强省建设战略合作框架协议》，双方将全面贯彻落实《中共中央、国务院关于加强和改进新形势下工商联工作的意见》精神，推动河北省重大发展战略平台和全国工商联在冀服务平台建设，以促进非公有制经济健康发展和非公有制经济人士健康成长为合作重点，充分发挥非公有制经济和工商联在加快河北经济强省建设中的重要作用，共同推动民营经济在河北加快发展、科学发展。

中国·廊坊国际经济贸易洽谈会由国家商务部和河北省政府共同主办，全国工商联为支持单位。本届经洽会以区域"融合对接、共享商机"为主题，瞄准三个重点，即在重点区域上深度推进与京津及周边省市、日韩、我国港台的合作，在重点企业上深度推进与骨干央企、知名外企、大型民企的合作，在重点领域上深度推进提升改造优势产业、加快培育战略新兴产业、大力拓展现代服务业等方面的合作。

经洽会期间，发布了200多个重点项目，举办了环首都绿色产业高端会议、APEC智慧城市智能产业高端会议、农业产业化专场推介、文化产业专场推介、旅游产业专场推介、中美合作项目专题对接、海峡两岸合作项目专题对接、电子信息和新能源项目专题对接、电子商务企业合作专题对接、京津冀民营企业合作专题对接、第七届中韩汽车零部件产业采购洽谈交易会、京津冀名品展、品牌园区展、新能源装备展、第十一届品味车苑展等系列活动。（吴盈禧）

【共同主办第七届中国中部投资贸易博览会】2012年5月18日，第七届中国中部投资贸易博览会在湖南国际会展中心隆重开幕，中共中央政治局委员、国务院副总理王岐山宣布开幕。全国政协副主席、全国工商联主席黄孟复，湖南省省长王君以及皖、豫、鄂、湘、赣五省领导出席开幕式。黄孟复主席与中部六省省长共同启动中博会按钮，湖南省委书记、省人大常委会主任周强，商务部部长陈德铭分别致辞，省委常委、副省长高建民出席开幕式。

中国中部投资贸易博览会是目前我国中部地区规格最高、规模最大的经贸盛会，在各方共同努力下，中部六省接力传承，中博会影响

越来越大，已成为中部地区扩大对外开放、加强国内外交流与合作的重要平台，成为促进区域协调发展、助推中部崛起的强力引擎。本届中博会提出了"开放崛起、绿色发展"的主题，围绕这一主题，大会突出了绿色产业、新能源和节能环保的理念，重点展示节能环保领域的新产品和最新技术，本届中博会参会人数超过3万人，参会者中有来自73个国家和地区的300多个客商团体、世界500强以及跨国公司达70家。（王　彬）

【共同发布2011年度中华工商上市公司财务指标指数】2012年5月23日，全国工商联经济部和中华财务咨询有限公司发布2011年度"中华工商上市公司财务指标指数"。从本期发布的指数来看，2007年至2011年全行业平均指数走势与中国宏观经济的基本走势相吻合：2007年至2009年呈现V型变化趋势，2009年至2010年平稳上升，2010年至2011年有所下降。

指数显示的另外一些特征还有，主板及中小板的民营上市公司在盈利能力、成长能力、长期偿债能力以及短期偿债能力方面的表现均优于国有及其他类上市公司；创业板上市公司盈利能力、成长能力、长期偿债能力以及短期偿债能力的整体表现优于主板和中小板上市公司。

指数还显示，2007~2011年，农林牧渔、有色金属、医药生物、食品饮料和纺织服装这五个行业的盈利能力依然持续提高。（于明晟）

【共同主办"民企携手湖北，共促中部崛起"活动并与湖北省政府签署战略合作协议】2012年5月25日，由全国工商联、省政府共同举办的"民企携手湖北、共促中部崛起"大会在武汉举行。会上，双方就共同推进非公有制经济健康发展签署战略合作框架协议。与会民营企业家与湖北省当日集中签约项目302个，签约总额6423.9亿元。

中央统战部副部长，全国工商联党组书记、第一副主席全哲洙，湖北省委书记、省人大常委会主任李鸿忠，湖北省委副书记、省长王国生等出席会议并讲话。

全哲洙书记强调，当前，广大民营企业要树立信心，迎难而上，牢牢抓住科学发展这个主题和加快转变经济发展方式这条主线，积极主动调

结构、转方式、上水平。中部地区是我国经济新的增长极。其中湖北省以其得天独厚的地理区位优势、优良的发展环境和巨大的发展潜力，为民营企业提供了广阔的发展舞台。希望广大民营企业充分利用湖北大发展大建设的良好机遇和巨大商机，助推中部崛起，加快自身发展。希望湖北继续坚持"两个毫不动摇"的长期方针，进一步完善和落实促进民营经济发展的各项政策措施，营造各类所有制经济平等竞争、共同发展的环境。在加大项目推介和招商引资的同时，以项目为抓手，做好跟踪服务工作，及时帮助企业协调解决实际问题，使一批好的项目在湖北落地生根，使此次活动真正取得实效。

湖北省委书记李鸿忠对与会领导和企业家表示热烈欢迎，向长期关心支持湖北省发展的全国工商联和民营企业表示衷心感谢。他用三个"真"表达了对民营企业家的欢迎，一是"真的需要"，二是"真的尊重"，三是"真的支持"。他希望各位企业家踊跃来鄂投资兴业，湖北省将进一步营造重商、尊商、亲商、利商、敬商、懂商、悦商的浓厚氛围，并真正落实到支持服务民营经济发展的各项政策措施上。

会上，全国工商联常务副主席孙安民、湖北省委常委、常务副省长王晓东分别代表全国工商联和湖北省政府共同签署《民企携手湖北 共促中部崛起战略合作框架协议》。全国工商联副主席、苏宁集团董事长张近东，浙江省政协副主席、传化集团董事长徐冠巨，湖北省工商联副主席、均瑶集团总裁王均豪，代表民营企业家在会上发言。全国工商联副主席、香江集团董事局主席刘志强，全国工商联副主席、四川宏达集团董事局主席刘沧龙，全国工商联副主席、福建恒安集团有限公司董事长许连捷，全国工商联副主席、香港世贸集团董事长许荣茂，全国工商联副主席、天津市人大常委会副主任张元龙，中国光彩事业促进会、各省市代表团有关负责人和800多位民营企业家出席会议。（吴盈禧）

【共同主办"民企入滇 助推桥头堡建设大会"并与云南省政府签署《战略合作框架协议》】2012年6月5日，由全国工商联和云南省人民政府共同主办的"民企入滇 助推桥头堡建设大会"在昆明举行。全国政协副主席、全国工

商联主席黄孟复，云南省人大常委会主任、省委书记秦光荣出席并讲话。中央统战部副部长，全国工商联党组书记、第一副主席全哲洙与云南省省长李纪恒共同签署《民企入滇 助推面向西南开放重要桥头堡建设战略合作框架协议》。

黄孟复主席在讲话中指出，当前，我国的中西部地区经过多年的开发积累，基础设施逐步完善，资金人才等要素聚集，经济蓄势迸发，已经成为我国经济发展新的增长极。云南省拥有富集的矿产资源、充沛的电力资源、丰富的劳动力资源和多彩的旅游资源，可持续发展的潜力巨大。与此同时，桥头堡战略提升了云南在全国开放格局中的重要地位，云南将成为中国连接东南亚、南亚国家的陆路交通枢纽，对外经贸合作的重要门户和推进区域经济一体化的先行区。

黄孟复主席希望广大民营企业将自身转型升级与云南经济发展战略结合，充分发挥企业在资金、技术、市场、品牌上的优势，积极发展特色优势产业，提升云南传统产业；合理利用云南的能源、矿产、农业和生物等资源，推进资源优化配置和要素重组；深化人才、科技等方面合作，布局战略性新兴产业、民族文化产业，参与重大基础设施项目建设；发挥云南桥头堡的作用，积极面向东南亚、南亚"走出去"，拓展更广阔的发展空间。在云南投资发展的民营企业要主动履行社会责任，保护生态环境，把云南建设得更加富饶美丽。他同时希望云南省进一步优化创业环境，落实各项政策，提升制度效率，营造良好的体制机制环境，让一切劳动、知识、技术、管理和资本的活力能在云南开发建设中竞相迸发。

云南省委书记秦光荣表示，云南正面临国家深入实施西部大开发、加快建设中国面向西南开放重要桥头堡两个宝贵机遇，云南将以此次活动为契机，进一步改善人文、法制、政策、市场环境，创造更加有利于民营经济大发展的环境，以民营经济的大发展推动云南经济的大跨越。

会上，昆明市、西双版纳州领导介绍了当地的投资环境和特色优势，天津大通投资集团有限公司董事长李占通代表民营企业家做了发言。

全国工商联常务副主席孙安民，副主席黄小祥、褚平、谢经荣、庄聪生、李路等出席会议。云南省有关部门、州市负责人以及各地民营企业

家 470 余人参会。

大会签订民企入滇项目共计 706 个，引进资金 10019 亿元人民币，项目涉及能源开发、矿冶、旅游文化、基础设施等 25 个领域，投资 100 亿元以上的项目 25 个。（吴盈禧）

【共同主办第六届中国企业国际融资洽谈会】2012 年 6 月 10 日至 12 日，由全国工商联、天津市政府等单位主办的第六届中国企业国际融资洽谈会——科技国际融资洽谈会在天津梅江会展中心举行。全国政协副主席、全国工商联主席黄孟复出席第六届融洽会开幕式。

全国政协副主席、国家科技部部长万钢，天津市委副书记、市长黄兴国，全国工商联常务副主席孙安民，美国企业成长协会总裁兼首席执行官盖瑞·兰博诚在开幕式上分别致辞。

本届融洽会在前五届的基础上继续以"参与全球资本流动，创建直接融资平台，服务企业健康成长，促进经济持续发展"为宗旨，以"交流推动交易、交易创造价值、科技引领发展"为核心理念，着力打造专业化、国际化、市场化的大型国际投融资平台。

本届融洽会主要活动共有包括组委会会议、政府招待会、媒体说明会、开幕式、各种资本对接活动、主题论坛、专题论坛、推介会、说明会、项目推介融资路演等 129 个活动。参会机构达 3765 家，参会人数超过 8500 人，涉及参会国家和地区 30 多个。（于明晟）

【联合印发《关于进一步鼓励和引导民间资本投资国土资源领域的意见》】2012 年 6 月 15 日，为进一步鼓励和引导民间资本投资国土资源领域，发挥工商联在政府管理和服务非公有制经济中发挥助手作用职能。国土资源部、全国工商联共同研究，就贯彻落实国发〔2010〕13 号文件联合印发关于进一步鼓励和引导民间资本投资国土资源领域的意见。意见主要包括：保持公平竞争的国土资源市场环境、鼓励和引导民间资本参与矿产资源勘查开发、鼓励和引导民间资本参与油气资源勘查开采、鼓励和引导民间资本参与土地整治和矿山地质环境恢复治理、加强对民间资本投资国土资源领域的服务和规范管理等五个方面的内容，共计十三条。（葛　敏）

【出席大湄公河次区域经济走廊论坛】2012 年 6 月 27 日至 28 日，第四届大湄公河次区域经济走廊论坛在缅甸曼德勒召开，大湄公河次区域六国的经济部长等代表约 100 人参会。商务部部长助理李荣灿率中国代表团出席论坛，全国工商联副秘书长欧阳晓明率企业家作为中国代表团成员出席了论坛。此次论坛是自 2011 年大湄公河次区域（GMS）六国领导在缅甸内比都召开的六国领导人会上共同签署《2012 - 2022 GMS 战略框架协议》以来，GMS 召开的首次重要会议，新战略框架协议主要聚焦在如何使走廊发展取得进展，确定了 GMS 未来发展的重点地区和领域，计划将 GMS 投资从传统的基础设施领域扩展到旨在促进经济走廊发展的多个领域，同时加强产业关联，更好考虑区域经济发展的空间因素，让更多的本地机构参与进来，采取更加有效的监督和评价方式。本次论坛主题为"实施新的 GMS 战略框架协议（2012 - 2022）：扩展、拓宽和深化 GMS 经济走廊"。议题围绕 GMS 交通走廊基础设施建设，物流、贸易和运输贸易便利化、城镇化、人口流动和人力资源发展，在能源、农业及关联产业领域优先投资，及新战略框架下的投资框架和经济走廊发展等方面内容。李荣灿在致辞中介绍了中国为 GMS 发展做出的努力，如投资工程建设，扩大关税优惠等，并就 GMS 各国如何更好地落实战略合作框架提出三点建议：协调政策、互联互通和能力建设。（卢炳男）

【共同主办首届"中国创新创业大赛"】为了深入贯彻十七届六中全会精神，加强自主创新，深化科技体制改革，大力支持创新创业和科技型中小企业发展，科技部牵头举办了 2012（首届）中国创新创业大赛。大赛采用"政府引导、公益支持、市场运作"的模式，旨在进一步提高我国创新创业水平，紧密加强科技和金融的结合，创新科技投入方式，大力弘扬创新创业文化，营造良好的创新创业氛围。大赛统筹发挥政府引导作用和市场在资源配置中的基础性作用，集聚社会力量，整合各种资源，搭建服务平台，为参赛企业提供创业辅导、创业投资、银行授信、股改上市及并购培训等政策支持，促进科技型中小企业创新发展。

科技部、教育部、财政部、全国工商联为大赛指导单位；共青团中央、致公党中央、外专局为大赛支持单位；科技部火炬高技术产业开发中心、科技部科技型中小企业技术创新基金管理中心、科技日报社和陕西省现代科技创业基金会为大赛承办单位。

大赛成立了指导委员会，设主席、常务副主席、副主席和委员。全国政协副主席、科技部部长万钢担任指导委员会主席，科技部副部长曹健林担任常务副主席，其他指导单位的领导担任副主席。全国工商联常务副主席孙安民担任指导委员会副主席，全国工商联副秘书长、经济部部长欧阳晓明为指导委员会委员。2012 年 7 月 5 日，孙安民常务副主席出席了大赛的启动仪式并致辞。

12 月 20 日下午，全国工商联副主席黄荣出席了在北京举行的中国（首届）创新创业大赛颁奖典礼。科技部部长万刚、教育部副部长杜占元等出席了颁奖典礼。（袁　媛）

【共同主办第十八届中国兰州投资贸易洽谈会】由商务部、全国工商联等 8 个部门和天津市等 18 个省区市联合主办的第十八届中国兰州投资贸易洽谈会（以下简称"兰洽会"）于 2012 年 7 月 6 日上午在甘肃国际会展中心开幕。

全国人大常委会副委员长华建敏出席开幕仪式并宣布开幕。甘肃省委书记、省人大常委会主任王三运，商务部党组副书记、副部长姜增伟分别致辞。全国工商联副主席李路出席了开幕式。

此次"兰洽会"以实施"十二五"发展规划为主线，按照转型跨越发展要求，坚持"开放、开发、合作、发展"的宗旨，以"承接东中部产业转移，发展循环经济，促进转型跨越"为主题，搭建区域经济合作与发展平台，推动区域经济合作交流，促进经济社会协调发展。兰洽会期间，组织开展了投资推介洽谈，甘肃名优特新产品展示展销，重点产业和重点地区发展展示宣传，甘肃省投资环境说明和项目推介，文化旅游交流等活动。

山东、河南、青海、北京等省市工商联组织了近 60 名企业家参加了"兰洽会"。（王　彬）

【主办大型民营企业首脑沙龙】2012 年 7 月 17 日至 18 日，由全国工商联主办的大型民营企业首脑沙龙（2012·无锡）在江苏省无锡市举行。本次沙龙的主题是："未来十年中国民营企

业发展：理念、愿景，结构和制度安排。"全国政协副主席、全国工商联主席黄孟复，全国工商联副主席庄聪生、傅军，全国工商联副秘书长、中国民（私）营经济研究会常务副会长王忠明，全国工商联副秘书长、经济部部长欧阳晓明和江苏省、浙江省、海南省、广东省等省市工商联主席，无锡市委、市政府、市人大、市政协等领导，以及国内 40 多位知名企业的企业家出席此次大会。上海市工商联常委、中发集团董事长陈邓华应邀出席并在会上发言。

黄孟复主席做了重要讲话。他在分析了国际国内经济形势之后，指出尽管当前和今后一段时期中国经济发展存在着一定的不确定性，但我们对中国经济未来二三十年的发展充满信心。他还就完善基本经济制度，未来十年民营企业的愿景、战略、结构、制度设计以及国际化，对财富的认识，扩大中等收入人群等问题谈了看法。他希望大型民营企业要审时度势，做好企业的发展规划，积极参政议政，发挥创造力，多做社会公益；为国家经济发展、员工和人民群众富裕多作贡献。

北京大学国家发展研究院院长周其仁教授在沙龙上做了引导发言，分析了当前经济的运行态势与不确定性的风险，对民营企业的发展提出了建议。国内 43 家大型知名民营企业的董事长或主要战略决策者参加沙龙，企业家们围绕未来十年中国经济发展趋势，企业发展愿景，企业治理结构安排和公益行为规划，企业国际化方式，国家宏观经济政策取向进行了深入研讨。（刘小青）

【举办全国工商联直属行业商会 2012 年"质量月"倡议活动】2012 年 7 月 23 日下午，全国工商联直属行业商会 2012 年"质量月"倡议活动启动会议在全国工商联机关举行。全国工商联常务副主席孙安民，副秘书长兼经济部部长欧阳晓明，会员部部长王瑷，全国工商联 25 家直属行业商会的代表以及全国工商联经济部、会员部、宣教部的有关人员参加了这次会议。

会议由会员部部长王瑷主持。欧阳晓明副秘书长对"质量月"倡议活动的背景、具体安排和倡议内容做了说明。各直属行业商会代表针对"质量月"倡议活动以及"质量月"活动倡议书（讨论稿）进行了讨论。

孙安民常务副主席做了重要讲话。他对全国工商联直属行业商会进行 2012 年"质量月"倡议活动做了高度肯定，认为这对全国工商联来说是一个有益的尝试。他强调了要重视质量在民营经济转变发展方式中的重要作用，强调要充分认识到工商联和商会组织开展"质量月"活动是坚持"两个健康"为工作主题的重要工作。他还对本次倡议活动提出了具体工作要求。（袁 媛）

【召开学习贯彻"民间投资 36 条"实施细则座谈会】 为深入贯彻落实《国务院关于鼓励和引导民间投资健康发展的若干意见》 （国发〔2010〕13 号） （简称"民间投资 36 条"）和《国务院办公厅关于鼓励和引导民间投资健康发展重点工作分工的通知》 （国办函〔2010〕120号），截至 2012 年 6 月底，国务院各有关部门已正式出台了共计 41 份实施细则文件，就鼓励和引导民间资本进入相关领域提出了具体实施意见。国家发展改革委固定资产投资司与全国工商联经济部于 7 月 23 日共同召开座谈会，进一步征询广大民营企业对有关文件的发布与实施的意见和建议。全国工商联副秘书长、经济部部长欧阳晓明，经济部副部长罗力，国家发展改革委副司长罗国三出席会议，来自各行业商会及企业代表共 19 人参加会议并发言。

欧阳晓明副秘书长认为，2005 年的"非公经济 36 条"、2010 年的"民间投资 36 条"和 41 项实施细则都非常有作用，非常有意义，没有这些文件就没有今天的成绩。打破垄断是我们今后共同努力的方向，行业商会应该在建立行业规则、维护行业利益方面发挥更大的作用。

罗国三副司长介绍了细则出台的过程。国务院领导在促进民间投资上的认识是到位的，从长远来看，一定要依靠民间资本来保持经济增长，大家应该有信心。大家提出的问题会带回去并向国务院领导会办，推动实施细则的落实。（于明晟）

【共同主办 2012 年中国民营经济发展（长白山）论坛】 2012 年 8 月 20 日至 22 日，全国工商联和吉林省政府在长白山共同举办 2012 年中国民营经济发展（长白山）论坛。中央统战部副部长，全国工商联党组书记、第一副主席全哲洙，吉林省委副书记、省长王儒林出席论坛并在开幕式上致辞。

全哲洙书记在致辞中指出，今年的国际经济政治环境复杂多变，我国经济发展面临的困难增多，经济下行压力进一步加大。中央强调要增强忧患意识、责任意识，牢牢把握科学发展主题和加快转变经济发展方式主线。民营经济在我国转方式、稳增长中日益发挥着不可替代的重要作用。他强调，加快转变经济发展方式，是民营经济应对困难挑战的必然选择。经过 30 多年的快速发展，民营经济低资源成本、低人工成本、低环境成本的比较优势已经消失，走技术创新、产品创新、品牌创新和管理创新的转型升级之路，已成为可持续发展的必然要求，也具备了较为坚实的条件和基础。一是我国仍处于工业化、信息化、城镇化、农业现代化加速发展时期，蕴含着巨大的投资需求和消费需求潜力；二是近几年国务院陆续出台了"中小企业 29 条"、"民间投资 36 条"、"小微企业 29 条"及"民间投资 36 条"的 42 项实施细则等一系列政策措施，支持和鼓励民营经济发展、民间投资准入的政策环境更加完善；三是一大批优秀型民营企业注重加强自主创新，不断推进转型升级，有效提高了核心竞争力，为广大民营企业创新发展、转型升级提供了借鉴。他认为，民营经济是稳增长不可或缺的重要力量，并分别从投资、出口、消费三个方面分析和肯定了民营经济的积极贡献。

论坛期间，分别举办了主旨演讲、高端对话和企业家互动活动。

主旨演讲以"民营经济——转方式稳增长的重要力量"为主题，由庄聪生副主席主持。工业和信息化部党组成员、总工程师朱宏任就"小型微型企业迎来发展新机遇"做了主旨演讲。国家发展和改革委员会固定资产投资司副司长罗国三，科技部火炬高技术产业开发中心副主任段俊虎，商务部国际贸易经济合作研究院党委书记、常务副院长任鸿斌分别就"落实新 36 条，促进民间投资健康发展"、"进一步完善政策措施，促进科技型中小企业创新发展"、"民营企业要敢于善于走出去"发表演讲。全国工商联副主席、亿利资源集团有限公司董事会主席王文彪，牧羊集团副总裁刘萍，中国人民大学教授李义平分别就"在沙漠治理中实现绿色可持续发展"、"实体经济是经济稳定增长的根基"、"创新驱动、转型升级"展开论述。

高端对话共 2 场,分别以"民间投资"和"区域发展"为主题展开,由王忠明副秘书长主持。中国银监会政策法规部主任黄毅,远东控股集团有限公司董事局主席蒋锡培,全国工商联石油业商会会长、泰地控股集团有限公司董事局主席兼总裁张跃,复星高科技(集团)有限公司董事长郭广昌,吉林省发展和改革委员会主任隋忠诚,吉林大学东北亚研究院副院长赵儒煜,全国工商联副主席、四川宏达(集团)有限公司董事局主席刘沧龙,全国工商联副主席、新华联集团有限公司董事局主席兼总裁傅军,全国工商联新能源商会会长、汉能控股集团有限公司董事局主席兼首席执行官李河君等 9 位嘉宾分别围绕"民间投资进入银行业没有障碍"、"民间投资'炒'时代正在过去"、"建立多元化石油市场迫在眉睫"、"别人恐惧时要敢于投资"、"吉林是民营企业发展沃土"、"东北亚区域经济发展商机无限"、"实现企业区域互利双赢"、"发挥民企优势振兴老工业基地"、"大企业带动小微企业共同成长"做了发言。

企业家互动,以"坚定信心、迎难而上"为主题,由庄聪生副主席主持。中国民间商会副会长,联想控股有限公司董事长、执行委员会主席,联想集团创始人、名誉董事长柳传志,全国工商联副主席、恒安国际集团有限公司首席执行官许连捷,中国文化产业商会筹备组组长、百度公司董事长兼首席执行官李彦宏,中国民(私)营经济研究会副会长、红豆集团有限公司总裁周海江,分别以"民营企业家如何培养战略思维"、"坚守诚信理念实现企业持续健康发展"、"通过研发创新增强企业发展动力"和"企业发展要不断突破各种瓶颈"为题做了演讲。

此外,开幕式上,全国工商联副主席、万达集团股份有限公司董事长民营企业家致辞。论坛结束后,主办方还举办了民营企业与吉林省项目签约仪式,共签约 28 个项目,投资总额 333.65 亿元。

国家相关部委领导,吉林省省委、省政府领导巴音朝鲁、竺延风、张安顺、陈伟根、别胜学,全国工商联副主席王文京、王健林、卢志

强、刘志强、刘沧龙、许连捷、傅军,中国民间商会副会长柳传志,国内知名专家学者,吉林省直部门、各州市领导,来自全国各地的近 150 位民营企业家和吉林省约 50 名民营企业家,各媒体记者等共约 400 人参加了本次论坛。中央电视台等 14 家中央新闻单位、财经媒体、网络媒体对论坛情况进行了宣传报道。(刘亚康)

【召开 2012 中国民营企业 500 强发布会】2012 年 8 月 30 日,全国工商联在北京召开了 2012 中国民营企业 500 强发布会,孙安民常务副主席发布了 2012 中国民营企业 500 强、2012 中国民营企业制造业 500 强、2012 中国民营企业服务业 100 强名单,欧阳晓明副秘书长发布了 2012 中国民营企业 500 强调研分析报告。全国政协副主席、全国工商联主席黄孟复发表重要讲话,中央统战部副部长、全国工商联党组书记、第一副主席全哲洙,全国工商联常务副主席孙安民,副主席褚平、王健林、林毅夫,中国民间商会副会长王玉锁、董文标等出席了发布会。全国工商联领导向获选三个榜单的企业代表颁发了证书。

发布会上,中国民生银行副董事长梁玉堂,中国民间商会副会长、新奥集团董事局主席王玉锁,东方希望集团有限公司董事长刘永行做了发言,全国工商联副主席、北京大学国家发展研究院名誉院长林毅夫进行了主题讲演。全国工商联副秘书长王忠明、苏宁电器集团副董事长孙为民、红豆集团有限公司总裁周海江、人民电器集团有限公司董事长郑元豹、宁夏宝塔石化集团有限公司董事长孙珩超、盾安控股集团有限公司总裁吴子富、中国民生银行行长助理林云山,围绕"顺势而为,搏击前行——民营企业发展的愿景与实现路径"的主题进行了现场对话。(赖 晓)

【共同主办第二届中国·亚欧博览会】2012 年 9 月 2 日,第二届中国·亚欧博览会开幕式暨中国·亚欧经济发展合作论坛在新疆乌鲁木齐举行。中共中央政治局常委、国务院总理温家宝出席开幕式并发表主旨演讲,45 个国家和地区代表及我国驻外使节参加了开幕式。全国工商联副主席褚平出席开幕式。

第二届中国·亚欧博览会由包括全国工商联在内的 27 个部委和新疆维吾尔自治区政府、新疆生产建设兵团联合主办,是集高层论坛、商品

贸易、投资洽谈、专题活动和人文交流于一体的国家级综合性展会，也是中国与周边国家（地区）开展首脑外交的重要平台、推动新疆与周边国家合作的重要渠道和树立新疆良好形象的重要窗口。对亚欧国家深化合作，共同应对各种风险挑战，促进区域经济一体化将产生积极作用。

博览会历时5天，共有1000多位中外政要及嘉宾参会，5000余家中外企业和各类采购商参展，27万客人参加，全球200多家媒体参与报道。在本届博览会经济合作项目推介会暨重点项目仪式上，共签约各类投资合同项目170个，签约总金额2068.53亿元。其中民间资本签约项目125个，占签约项目总数的73.53%，签约金额1348.19亿元，主要涉及矿产开发、建材、轻工冶金、旅游、商贸流通、房地产等领域。民间投资比首届中国—亚欧博览会集中签约增长1.35倍，展会中民间投资资本首次突破50%，占签约总额的65.18%，成为本届亚欧博览会一大亮点。（聂志军）

【召开2012年全国工商联"质量月"倡议活动发布会】2012年9月10日，全国工商联"质量月"倡议活动发布会在全国工商联机关举行。全国工商联30家直属行业商会向全体会员发出了"提高质量水平，转变发展方式"的倡议。

全国工商联常务副主席孙安民出席发布会并做了重要讲话。他指出，在当前国际国内复杂严峻的经济环境下，民营企业提高质量水平，转变发展方式，提升自身的综合竞争实力，不仅仅是国家的战略要求，也是民营企业健康持续发展的现实需要。他强调，质量工作是工商联和商会组织促进"两个健康"的一项重要工作内容。全国工商联和直属行业商会要在"质量月"开展一系列活动，引导企业将《质量发展纲要》（2011-2020年）要求落实到发展战略和生产经营全过程，为建设质量强国做出贡献。最后，他要求全国工商联各直属行业商会把引导民营企业提高质量水平作为今后的一项重要工作内容，持之以恒，常抓不懈，形成质量工作的长效机制。

发布会由全国工商联副秘书长兼经济部部长欧阳晓明主持。国家质检总局质量管理司副司长惠博阳出席并讲话。全国工商联会员部副部长马君、宣教部副部长刘檀、全国工商联直属行业商会负责人、部分行业商会的会员企业代表参加了发布会。（袁　媛）

【共同主办2012年海内外知名企业家齐鲁行】2012年9月13日，2012海内外知名企业家齐鲁行活动在山东省枣庄市开幕，本届活动的主题为"加强交流合作，推进城市转型，实现创新发展"。全国政协副主席、全国工商联主席黄孟复出席并宣布2012海内外知名企业家齐鲁行活动开幕，山东省委副书记、省长姜大明，全国工商联常务副主席孙安民出席并致辞，山东省委常委、统战部部长颜世元主持开幕式。

孙安民常务副主席在致辞中高度评价了海内外知名企业家齐鲁行活动取得的成绩。他说，山东已经成为我国经济发展最活跃、社会进步最显著的地区之一。希望进一步营造有利于民营企业发展的良好环境，将各项扶持政策落到实处，使山东真正成为民间资本汇聚、民营企业投资兴业的热土，成为民营企业优化产业结构、转变发展方式的舞台。全国工商联将继续发挥桥梁和助手作用，为山东与各地民营企业交流合作搭桥铺路。

全国工商联副主席卢志强、刘志强，中国民间商会副会长沈建国、王玉锁、谢伯阳，省政协副主席、省工商联主席王乃静，省政府秘书长蒿峰出席开幕式。开幕式后，还举行了本届齐鲁行活动的重点项目签约仪式。（王　彬）

【共同主办紫金山峰会】2012年9月19日，以"世界经济调整中的两岸企业合作"为主题的2012海峡两岸企业家紫金山峰会在南京紫金山庄隆重开幕。中共中央政治局常委、全国政协主席贾庆林出席峰会。

中国国民党荣誉主席连战，中国国际经济交流中心理事长曾培炎，两岸共同市场基金会最高顾问钱复，中共江苏省委书记罗志军，中共中央台办、国务院台办主任王毅等在开幕式上分别致辞。开幕式由江苏省省长李学勇主持。全国政协副主席、全国工商联主席黄孟复出席峰会并作主题发言。

海峡两岸企业家紫金山峰会由中华全国工商业联合会、台湾两岸共同市场基金会等两岸35家主要工商、企业团体和知名新闻单位联合主办。2012年峰会的主题是："世界经济调整中的两岸企业合作——从ECFA到两岸共同市场。"500多位两岸著名企业家和经济界代表人士将围绕两岸实业合作等四个专题进行交流研讨。（陆　军）

【共同主办2012全国知名民营企业家四川行暨第七届泛成渝经济区商会合作峰会】2012年9月25日至27日，由全国工商联、四川省人民政府主办，全国工商联经济部、四川省工商联、重庆市工商联、四川省遂宁市人民政府共同承办的"2012全国知名民营企业家四川行暨第七届泛成渝经济区商会合作峰会"先后在成都和遂宁举行。我会常务副主席孙安民出席活动并讲话。此次活动得到全国各省区市工商联、总商会和民营企业家的积极支持和热情参与。来自全国22个省级企业家代表团、3个异地遂宁商会代表团近300名企业家代表，及部分专家、教授，40余家省内外新闻媒体参加了会议，会议规模达350余人。

本次活动围绕"活力西部·经济高地"主题，探讨在贯彻中央经济工作会议和四川省第十次党代会精神下，如何实施全面开放合作发展战略、引导民营企业积极参与新一轮西部大开发和成渝经济区及天府新区建设，交流民营企业转变发展方式的新举措，提升民营企业的自主创新和可持续发展能力。在本次峰会的合作项目集中签约仪式上，共签约项目20个，签约金额313亿元人民币。项目主要涉及制造业、电子信息、现代农业、商务服务业、城市综合体等多个产业门类。（王　彬）

【共同主办第十三届中国西部国际贸易博览会】2012年9月25日至30日，由国家发改委、商务部、全国工商联等共同主办，四川省人民政府承办的第十三届中国西部国际贸易博览会在成都举办。中共中央政治局常委、全国人大常委会委员长吴邦国、全国人大常委会副委员长李建国、商务部副部长兼国际贸易谈判副代表钟山、全国工商联常务副主席孙安民出席了开幕式。

本届西博会秉承"共办、共享、共赢"办会理念，更加突出国际化、专业化、市场化，更加强化区域交流合作，更加重视扩展投资经贸成果，着力打造西部地区开放开发的最大窗口和最重要平台。本届西博会以"深化国际合作，加速西部发展"为主题。本届展览面积20万平方米，设国际合作馆、西部合作馆、高新技术馆、电子信息馆、装备制造馆、农业产业馆六大类展馆和室外展区。参展企业4598家，其中境外1687家，占36.7%，境内企业2911家，占63.3%。（王　彬）

【共同主办"大湄公河次区域资源合作开发与可持续发展"研讨会】2012年9月28日至29日，由全国工商联、大湄公河次区域工商论坛（简称"GMS工商论坛"）主办，中国民营经济国际合作商会、广西壮族自治区工商联、广西有色金属集团有限公司承办的"大湄公河次区域资源合作开发与可持续发展"研讨会在广西南宁举行。全国工商联常务副主席孙安民，广西壮族自治区党委常委、统战部部长范晓莉，GMS工商论坛秘书处主任卡梅拉等出席开幕式并致辞。广西壮族自治区工商业联合会主席磨长英主持开幕式。

本次会议主题为"发展绿色矿业、实现互惠共赢"。研讨会上，来自越南、老挝、缅甸、柬埔寨、泰国以及广西、中国民营经济国际合作商会的政府官员、专家和企业家先后做了发言，分别就中国—东盟自贸区合作框架下大湄公河次区域合作现状与前景，发展绿色矿业，在变革与创新中实现互惠共赢等议题进行了充分的探讨，提出了许多建设性的意见和建议。研讨会的召开对于推动次区域资源产业贸易、投资合作与发展，促进区域经济繁荣和社会可持续发展具有积极意义。（葛　敏）

【评选2012年全国工商联科学技术奖】2012年全国工商联科学技术奖的评选工作开展了科技进步奖和科技创新企业家奖的评奖。评审工作从3月初开始，10月结束，10月24日进行公示。在经过了企业申报、各地工商联（有关商会）推荐、形式审查、技术行业专家网络初评、科技管理专家综合评审等过程，经由全国工商联主席办公会议审定和公示后，确定2012年度全国工商联科技进步奖一等奖13个、二等奖26个、优秀奖76个，科技创新企业家奖34个，并在全国工商联十届六次执委会上对获奖企业代表进行了颁奖。（袁　媛）

【与国家开发银行签署战略合作协议】2012年10月25日，全国工商联和国家开发银行在北京签署《支持小微企业发展战略合作协议》。全国政协副主席、全国工商联主席黄孟复，中央统战部副部长、全国工商联党组书记、第一副主席全哲洙，会见了国家开发银行党委书记、董事长陈元一行。黄孟复主席、陈元书记出席签字仪式，全国工商联常务副主席孙安民和国家开发银行副行长袁力分别代表双方签署协议。

黄孟复主席指出，国家开发银行高度重视民营经济发展，许多有代表性的民营企业在发展中都得到了国家开发银行的大力支持和帮助。他强调，民营经济的健康发展离不开金融机构的大力支持，中小企业、小微企业占民营经济大多数，国家开发银行对中小企业的支持体现了高度的社会责任感和长远的战略眼光，符合国家的整体战略方针，也是当前我国经济"稳增长"的有力保障。全国工商联与国家开发银行签署战略合作协议不仅具有标志性的意义，也将产生实实在在的效果。希望今后双方进一步加强合作，让更多中小企业、小微企业得到国家开发银行的支持，并鼓励他们做强做大，并积极"走出去"实现国际化。

根据协议，双方将积极贯彻党中央国务院关于促进小微企业发展的方针政策，通过紧密而务实的合作，将各级工商联与商会的组织协调优势和国家开发银行融资融智优势结合起来，以切实解决小微企业融资问题为重点，建立银行、工商联（商会）、担保机构和小微企业联动的新型金融服务平台，重点支持商圈经济、产业链和产业集群、龙头企业及其上下游小微企业融资等领域，积极探索通过批发贷款方式合力支持小微企业发展。

全国工商联副主席、新华联集团董事局主席傅军，全国工商联、国家开发银行有关部门负责人，部分民营企业、行业商会和担保公司负责人出席了签约仪式。（陆　军）

【召开全国工商联经济委员会全体会议】
2012年10月30日下午，全国工商联经济委员会会议在全国工商联办公楼举行。会议由全国工商联常务副主席、经济委员会主任孙安民主持，全国政协副主席、全国工商联主席黄孟复出席会议并作重要讲话。

全国工商联副秘书长、经济部部长、经济委员会副主任欧阳晓明向委员会介绍了一年来全国工商联重点工作、经济工作和经济委员会工作开展情况。委员们从各自工作角度对国际国内经济形势以及民营经济发展的热点问题进行了分析讨论，并就工商联工作以及经济委员会如何发挥更大作用提出建议。国家统计局副司长张卫华、清科集团总裁倪正东、商务部研究院副院长邢厚媛、禾丰牧业董事长金卫东、北京大学教授张维迎、中国民间商会副会长郑跃文、国家发改委国际合作中心主任曹文炼、中国城乡建设经济研究所所长陈淮等委员先后在会上发言。

黄孟复主席在讲话中充分肯定了经济委员会委员们所发挥的作用，并对经济形势提出了自己的观点。他指出生产能力、市场消化能力和盈利能力是判断经济发展的三个重要方面。目前，我国的经济发展态势还比较好，与其他经济体相比，回旋余地也比较大。如果将我国庞大的生产能力服务于国内市场，带动就业的同时提高劳动者的收入水平，改革国有资产运营机制，减轻企业的税费负担，进一步提高、促进和释放消费能力，巨大的国内需求市场将为中国经济持续稳定发展提供强大的动力，我国经济还将迎来一个长期稳定的发展时期。

孙安民常务副主席代表全国工商联向委员们对工商联工作给予的支持表示感谢，并表示全国工商联将一如既往地、更加积极、充分地发挥委员的优势和特长，发挥经济委员会作为专家咨询机构的作用，更好地推动全国工商联参政议政和为民营企业开展经济服务的工作。（王　怡）

【中小企业监测点建设】 为进一步推动中小企业监测点建设工作的开展，2012年3月29日至31日，全国工商联研究室在广西南宁组织召开中小企业监测点培训会议。全国工商联副主席庄聪生出席会议并讲话，全国政协委员、广西壮族自治区工商联主席磨长英出席会议，各省区市工商联研究室和办公室负责同志及相关专家学者约100人参加会议。

会议期间，非公有制经济调查研究系统技术负责人田修博士就监测平台建设目标、监测点设置原则以及监测工作开展规划进行了详细介绍，对参会的各省级工商联同志进行了认真辅导培训，并就监测点建设过程中相关问题与参会代表进行了深入交流讨论。会后，按照《关于建立中小企业监测示范点的通知》（全联厅研通〔2012〕19号）要求，全国工商联与天津、内蒙古、吉林、黑龙江、浙江、湖北、四川等7省区市工商联达成监测示范点建设协议，鼓励7家省级工商联先行开展监测示范点建设工作，为在全国范围内推广实施积累成功经验，同时全国工商联还就监测工作开展给予了相关配套的经费支持。

为深入了解中小企业监测示范点建设情况，更好指导工作开展，6月至7月，研究室组织3个调研组赴试点的内蒙古、黑龙江、湖北3地就相关工作情况进行调研。调研发现，地方工商联对监测工作给予高度重视，在监测点建设和监测工作的开展上初步形成了系列成功经验。与此同时，各地也反映监测工作开展体制机制不健全，还处于摸索阶段；监测工作经费和人手缺乏，工作开展难度大；监测企业积极性不高，配合度差等困难。调研组同志认真了解，并提出了意见建

议，鼓励相关省区市工商联继续先行先试，力求取得突破，为在全国范围内推广监测点建设工作提供借鉴。

鉴于中小微企业的重要地位和开展监测工作的紧迫性，10月，全国工商联下发了《关于建立中小微企业监测点的通知》（全联厅研通〔2012〕79号），依托非公有制经济调查研究系统，开始在全国范围内推广实施监测点建设工作。目前，中小微企业监测工作稳步推进，非公有制经济调查研究系统功能逐渐完善。截至2012年底，监测系统平台已经初步建立起2000多家监测样本企业、100多位非公有制经济研究专家、1300多份非公有制经济调查研究报告的数据库。在系统平台建设的同时，全国工商联坚持监测与服务并重，不断完善平台服务功能，通过提供最新行业及企业发展资讯，深入剖析企业发展、解决问题的经验案例，协调多方资源服务中小微企业健康发展，较好地实现了监测是手段，服务是宗旨的目标要求。（冯东海）

构建和谐劳动关系与法律维权

【综　述】2012年，全国工商联继续坚持多措并举、统筹兼顾的原则，积极发挥在国家协调劳动关系三方会议中的作用，加大法律维权力度，主要完成如下几项工作。

一、积极参与劳动关系立法

5月，对部门规章《特殊工时管理规定》提出立法意见报人社部。6月，全国工商联法律部牵头召开"劳动合同法修改工作座谈会"。全国工商联副主席谢经荣出席会议并讲话，法律部副部长白莲湘主持会议。与会人员剖析了当前劳动合同法实施过程中存在的主要问题，认为应全面审视、尽快修改劳动合同法，以适应社会转型期劳动关系的发展变化，促进社会和谐稳定。作为雇主组织代表，全国工商联在综合各方意见基础上形成了关于劳动合同法的修改意见，并报送立

法机关。7月，全国工商联参加了由中国劳动保障科学研究院主办的"规制劳务派遣课题研讨会"，我会深入分析了当前我国劳务派遣面临的形势和存在问题，提出了有关规范劳务派遣的认识和建议。

二、着力构建非公有制企业和谐劳动关系

2月，全国工商联举办了"参与协调劳动关系工作座谈会"，来自华东7省市和部分地区工商联的负责同志探讨了近年来参与协调劳动关系的工作情况，对当前热点难点问题及下一步工作进行了研究部署。同月，全国工商联参加了人社部国际合作司与国际劳工组织联合召开的"促进集体协商和集体协商争议处理国际研讨会"。3月，全国工商联有关负责同志带国家协调劳动关系三方会议调研组赴重庆开展非公有制企业劳动

关系问题调研，并撰写《重庆市非公有制企业劳动关系调研报告》。8月，全国工商联召开了"非公有制企业构建和谐劳动关系工作座谈会"，全国工商联副主席谢经荣出席会议并讲话，法律部部长赵宏、副部长白莲湘分别主持会议；国务院法制办、人社部、全国总工会等有关单位负责同志及各省级工商联负责人、非公有制企业代表共100余人参加会议。会议旨在进一步贯彻落实中央16号文件精神，巩固2011年全国构建和谐劳动关系先进表彰暨经验交流会成果，指导地方工商联更好地发挥在三方会议中的作用，推动非公有制企业构建和谐劳动关系，促进"两个健康"。

三、扎实推进非公有制企业劳动争议预防与调解工作

8月，人社部、全国工商联共同举办了"非公有制企业劳动争议预防调解培训班"。同月下旬，全国工商联与人社部又联合举办"非公有制企业劳动争议预防与调解工作培训班"，省级工商联法律部门负责同志、各省有关商会负责人、民营企业负责人等共100余人参加培训；培训重点为新形势下非公有制企业劳动关系特点与劳资矛盾分析，劳动争议处理政策及相关法律法规解读，基层劳动争议仲裁机构、企业劳动争议调解委员会建设及工作示范，劳动争议调解仲裁典型案例分析等，通过培训进一步提升了非公有制企业自我预防与内部化解劳动争议的能力。

四、与最高人民法院继续推进建立完善商会调解与诉讼调解衔接机制相关工作

为进一步贯彻落实中央16号文件精神，发挥工商联组织和人民法院在非公有制经济领域的职能作用，推动商会组织积极化解矛盾纠纷、参与社会管理创新实践，全国工商联与最高人民法院在2011年联合调研的基础上，继续推进建立完善商会调解与诉讼调解衔接机制相关工作；力求通过发挥工商联的组织优势和法院的规范指导、监督推进的职能作用，构建科学完善的商会调解与诉讼调解衔接机制，为开展好商会调解奠定更为坚实的工作基础，进一步丰富健全劳动关系协调机制的内涵。

五、积极推动非公有制企业厂务公开民主管理工作

2月，中央纪委、中央组织部、国务院国资委、监察部、全国总工会、全国工商联等6家全国厂务公开协调小组成员单位联合下发了《企业民主管理规定》。这是我国首次以六部门共同颁布规章的形式全面规范以职工代表大会为基本形式的企业民主管理制度，打破了企业所有制界限，明确了非公有制企业也应实行民主管理。我会正认真抓好该《规定》的贯彻落实。5月，中央纪委、中央组织部、国务院国资委、监察部、全国总工会、全国工商联联合举办了"青岛港经验理论与实践研讨会"。全国工商联副主席谢经荣作为全国厂务公开协调小组成员单位负责人出席会议。研讨会旨在总结、宣传、推广青岛港（集团）有限公司深化创新厂务公开民主管理、大力构建和谐劳动关系、培育先进企业文化、实现跨越式发展的成功经验，推动更多企业实行厂务公开民主管理，为推动科学发展、促进社会和谐、实现"十二五"时期经济社会发展目标贡献力量。12月，全国工商联与全国总工会、工信部、国务院国资委联合举办了全国企业班组建设工作会议，谢经荣副主席对非公有制企业班组建设工作提出了要求。同月，谢经荣副主席带队在湖北武汉开展了非公有制企业厂务公开民主管理调研，深入了解了非公有制企业开展厂务公开民主管理的现状及存在的问题。

六、扎实做好法律维权工作

全年共办理格林柯尔系企业维权、扬州吊架有限公司申诉工作、"海峡城"商标维权、三利基业股权转让合同纠纷、北京海岳通公司债权纠纷、湖北联谊实业集团涉嫌非法经营、纸老虎连锁书城维权、"瑞蚨祥世家"商标注册维权、金盛进出口公司票据纠纷、广达铁路工程公司维权等10余件维权案例，有力维护了民营企业合法权益，促进了企业劳动关系和谐稳定。（刘登森）

【共同开展非公有制企业劳动争议预防调解工作调研】工商联参与劳动关系矛盾预防和化解工作，既是深入贯彻落实中央16号文件精神，充分发挥工商联在构建和谐劳动关系中的积极作用，加强工商联商会自治与服务功能、参与社会管理和公共服务的重要方面，也是深入贯彻落实全国构建和谐劳动关系先进表彰暨经验交流会精神，加强源头治理、把劳动关系矛盾纠纷解决在基层、化解在萌芽状态的重要内容。

针对当前非公有制企业特别是小微企业劳动

争议易发、多发，劳动争议总量呈居高态势、集体劳动争议冲突性增强的现状，全国工商联法律部与人社部调解仲裁管理司联合开展了非公有制企业劳动争议预防调解工作调研。

2011年底和2012年初，共在浙江、江苏两省的9个市区县进行实地调研，召开了8场由人社部门、工商联及所属商会、非公企业负责人参加的座谈会，深入考察了多家非公企业、劳动仲裁院和调解组织。法律部白莲湘副部长、调解仲裁司王振麒副司长带队，权益处副处长邹顺、毛红杏及调解处副处长李华参加调研。

根据调研情况，总结地方工商联与基层商会相关工作实践，工商联开展劳动关系矛盾预防与化解工作有利于促进"两个健康"，有利于完善商会职能、实现工商联有为有位。2012年，法律部继续加强与人社部门的合作，共同推动这项工作。

一是加强工作指导。全国工商联与人社部联合发文，对在非公有制经济领域开展劳动争议预防、调解工作进行规范和引导。

二是开展业务培训。法律部与调解仲裁管理司联合举办培训班，对非公有制企业人员、商会工作人员进行劳动争议预防调解培训。

三是推动商会调解组织建设。为充分发挥基层商会组织对小微企业的服务功能，拟在区域性、行业性商会组织中推动建立商会调解机构。（毛红杏）

【共同召开全国厂务公开协调小组第十七次会议】 2012年2月20日，全国厂务公开协调小组第17次会议在北京中国职工之家召开。

全国厂务公开协调小组副组长、监察部副部长郝明金，中组部部务委员兼组织二局局长、基层办主任陈向群，国务院国资委副主任姜志刚，全国总工会副主席、书记处书记陈荣书，全国工商联副主席谢经荣，国家预防腐败局副局长兼中央纪委预防腐败室主任崔海容出席会议。郝明金同志主持会议并讲话。

会议听取了2011年全国厂务公开民主管理工作情况汇报，审议了《关于2012年厂务公开民主管理工作的意见》、《全国厂务公开协调小组及其办公室工作规则》、《第七次全国厂务公开民主管理工作调研检查方案》等文件。

会议对2011年全国厂务公开民主管理工作取得的成绩给予充分肯定，认为全国厂务公开协调小组各成员单位及办公室工作思路清晰、措施得力、重点突出、成效显著。会议强调，2012年将召开中国共产党第十八次全国代表大会，做好今年的工作意义重大；要继续坚持围绕中心、胸怀大局、以人为本、服务发展，着力加强调查研究工作，注重工作创新，狠抓典型带动，推动构建和谐劳动关系；要始终坚持科学发展这一主题，加快转变经济发展方式这条主线，继续加强制度建设，不断促进厂务公开民主管理的规范化、制度化，推动厂务公开民主管理工作深入开展，以优异成绩迎接党的十八大胜利召开。

全国厂务公开协调小组办公室副主任、全国工商联法律部部长赵宏参加会议并宣读了《第七次全国厂务公开民主管理工作调研检查方案》。（刘登森）

【共同召开国家协调劳动关系三方会议第十七次会议】 2012年2月24日，国家协调劳动关系三方会议第十七次会议在北京召开。人社部副部长、国家协调劳动关系三方会议执行主席杨志明，全国总工会副主席、书记处书记、国家协调劳动关系三方会议执行主席张鸣起，中华全国工商业联合会副主席、国家协调劳动关系三方会议执行主席谢经荣，中国企业联合会中国/企业家协会执行副会长、国家协调劳动关系三方会议执行主席陈兰通出席会议并讲话。

会议审议通过了《关于调整国家协调劳动关系三方会议成员和办公室组成人员的建议》，听取审议了《国家协调劳动关系三方会议2011年工作总结》和《国家协调劳动关系三方会议2012年工作要点》，通报了《关于贯彻落实全国构建和谐劳动关系先进表彰暨经验交流会情况的报告》，并对《关于构建和谐劳动关系的若干意见》进行了研究讨论。

会议明确，人社部、全国总工会、全国工商联、中国企业联合会/中国企业家协会将通力合作，围绕"建立规范有序、公正合理、互利共赢、和谐稳定的劳动关系"的目标，突出把握稳中求进的工作总基调，在加强劳动关系协调机制建设上取得新成效，在健全协调劳动关系三方机制上取得新突破，继续保持劳动关系和谐稳定。（毛红杏）

【召开参与协调劳动关系工作座谈会】 2012年2月27日至28日，法律部在江苏省南京市召开了工商联参与协调劳动关系工作座谈会。会议深入贯彻落实中央16号文件精神和《全国工商联关于学习贯彻全国构建和谐劳动关系先进表彰暨经验交流会精神的通知》精神，总结交流华东地区工商联参与协调劳动关系的做法经验，进一步明确了工商联在构建和谐劳动关系中的职能定位、工作目标和发展思路。全国工商联法律部白莲湘副部长及权益处同志，上海、江苏、浙江、安徽、福建、江西、山东等7省（市）分管法律工作负责人及部分市（县）工商联负责同志参加了会议。

参会同志介绍了在参与协调劳动关系三方会议、深化主题实践活动、建立健全商会调解组织、推进工资集体协商和集体合同签订工作、开展法律法规宣传教育活动等方面的做法、经验和成效。

根据会议交流情况，针对工商联在劳动关系工作中定位不清晰、目标不明确、工作不专业等问题，白莲湘副部长结合国家三方会议第十七次会议内容和劳动合同法修订，明确了下一步的工作思路和重点。

一是深入贯彻落实中央16号文件精神和全国构建和谐劳动关系会议精神。各级工商联要围绕"建立规范有序、公正合理、互利共赢、和谐稳定的劳动关系"的目标，在健全劳动关系协调机制上取得新成效，在完善工商联职能上取得新突破。

二是深入了解非公有制企业劳动关系现状。各地要深入企业、深入基层调查研究，全面了解非公有制企业劳动关系现状，找出难点、热点问题。

三是积极开展争议预防调解工作。进一步推动各级工商联及所属商会建立调解组织，重点在区域性、行业性商会中建立调解机构。

四是积极参与劳动关系立法工作。2012年全国人大将修改《劳动合同法》，主要是健全劳务派遣制度。各级工商联要加强相关研究，提出符合非公有制企业实际、体现劳资两利的立法建议。

五是加强培训工作。着力提高工商联在三方四家中的代表能力、对话能力和协商能力。今年法律部将与调解仲裁管理司联合举办培训班，进行劳动争议预防调解培训。（毛红杏）

【联合开展非公有制企业劳动关系状况调研】 为贯彻落实国家协调劳动关系三方会议2012年工作要点和中央非公有制经济组织服务管理工作小组关于开展非公有制企业构建和谐劳动关系专题研究要求，2012年3月13日至16日，国家协调劳动关系三方会议成员、全国工商联法律部部长赵宏带队赴重庆市开展非公有制企业劳动关系调研。重庆市三方委员会副主席、重庆市工商联副主席刘杰锋、重庆市人力资源和社会保障局劳动关系处处长柳东升、全国工商联法律部法规处副调研员马璐瑶、全国总工会集体合同部主任科员高巍陪同调研。

统计显示：2011年重庆市非公有制经济产业活动单位达到108.3万户，比上年末增加21.1万户，其中企业23.3万户，比上年末增加7.5万户，个体工商户85万户，比上年末增加13.6万户；吸纳就业856.4万人，比上年末增加54.1万人；实现增加值6175.01亿元、同比增长19.3%，占全市生产总值的61.7%、比上年提高0.5个百分点；实现利润总额1041.07亿元，同比增长22.75%；实交税金880亿元左右，同比增长 37.02%；提供劳动者报酬 2116.18 亿元，同比增长 17.12%。

通过劳动关系三方四部门座谈会，调研组了解了重庆市非公有制企业劳动关系情况；通过企业座谈会，调研组分析探讨了困扰重庆市非公有制企业和谐劳动关系创建的问题，通过实地走访重庆隆鑫集团、重庆宗申产业集团，调研组获悉了两家企业在构建和谐劳动关系方面的经验做法，这为研究下一步推动非公有制企业构建和谐劳动关系的政策措施，促进劳动关系和谐稳定提供了大量"原声带"。

劳动关系是社会关系的重要内容，构建和谐社会必须要有和谐劳动关系做基础。推动非公有制企业构建和谐劳动关系，是新时期党委政府赋予三方四家组成单位的历史使命和重要工作。为此，调研组建议重庆市非公有制企业劳动关系下一步工作，要多方着力，企业要健全管理制度，增强"互利共赢"意识，政府要完善劳动关系规范运行机制，政府与企业要共同构建矛盾预防和处理机制。（马璐瑶）

【联合印发《关于进一步加强职工技术创新工作的意见》】 为了进一步加强职工技术创新工作，全国工商联与全国总工会、科技部、工信部、人保部、国资委等联合发出《关于进一步加强职工技术创新工作的意见》。意见从充分认识加强职工技术创新工作的重要性、大力加强职工技术培训工作、广泛开展职工技术创新活动、充分发挥劳动模范和优秀技能人才的引领作用、切实加强对职工技术创新工作的组织领导五个方面提出了 20 条意见。（袁　媛）

【召开全国工商联法律工作座谈会】 2012 年5 月 15 日至 16 日，全国工商联法律工作座谈会在北京召开。全国工商联副主席谢经荣出席会议并讲话，中央统战部、全国人大法工委，最高人民法院，国务院法制办、人社部、国家知识产权局等单位业务部门负责人，各省级（含副省级）工商联分管副主席、处室负责人，部分专家学者，约 110 人参加会议。法律部赵宏部长做了会议总结，白莲湘副部长主持会议。

会议认为，当前我国正处于经济社会加快转型的关键期，以中小企业为主体的非公有制经济经营困难加剧，工商联法律工作面临着更加复杂

的局面，必须密切关注小型微型企业发展、基层商会建设、社会管理创新、国家法治进程，及时把握经济社会形势的发展变化。会议要求，2012 年重点抓好以下五项工作。一是以小型微型企业为重点，搭建公共法律服务平台，建立多元化、多样化、多层次的公共服务网络。二是积极参政议政，广泛征求意见，不断提高参与立法质量。三是积极参与协调劳动关系，推动地方工商联加入三方机制工作，组织非公有制企业预防和调解劳动争议培训班和构建和谐劳动关系工作座谈会。四是积极推进商会调解试点，构建多元纠纷解决机制。五是组织知识产权保护风险管理培训，加强法律文化建设，指导企业规范治理结构，促进非公有制企业健康发展。

会议期间，全国人大法工委民法室贾东明副主任围绕中国特色社会主义法律体系、民诉法修改等情况进行了授课辅导，丰富了参会人员的专业知识，拓宽了工作视野。参会人员还实地考察了海淀区人民法院上地法庭与中关村民营科技实业家协会联合开展商会调解情况，并围绕法律维权、调解仲裁、协调劳动关系、加强自身建设等进行了讨论交流。（李　强）

【共同主办青岛港经济理论与实践研讨会】 2012 年 5 月 29 日上午，中央纪委、中央组织部、国资委、监察部、全国总工会、全国工商联联合举办的青岛港经验理论与实践研讨会在人民大会堂山东厅召开。中共中央书记处书记、中央纪委副书记何勇出席会议并发表重要讲话，全国工商联副主席谢经荣等全国厂务公开协调小组成员单位负责人、办公室成员以及山东省委、青岛市委主要领导同志，国家机关有关单位领导同志，高等院校、科研院所有关专家学者，北京市、天津

市、河北省、山东省、青岛市厂务公开协调领导机构负责人和部分企业代表等约 120 人出席会议。研讨会上，青岛港（集团）有限公司董事局主席、总裁常德传，山东省委书记、省人大常委会主任姜异康，交通运输部党组成员何建中，全国人大常委、中国人民大学教授郑功成，中国社

会科学院法学研究所党委书记、研究员陈甦做了发言。研讨会由全国厂务公开协调小组组长、全国总工会副主席、书记处第一书记王玉普主持。

研讨会的主要任务是：全面贯彻落实党的十七大和十七届三中、四中、五中、六中全会以及中央经济工作会议精神，以邓小平理论和"三个代表"重要思想为指导，深入贯彻落实科学发展观，总结、宣传、推广青岛港（集团）有限公司全心全意依靠职工办企业、深化创新厂务公开民主管理、大力构建和谐劳动关系、培育先进企业文化、实现企业跨越式发展的成功经验，积极探索中国特色企业发展之路，推动更多的企业实行厂务公开民主管理，为推动科学发展、促进社会和谐、实现"十二五"时期经济社会发展目标任务贡献力量。

何勇书记要求，会后，全国厂务公开协调小组要加大宣传力度，做好会议精神的宣传工作。各地各有关部门要把学习青岛港经验作为当前和今后一个时期深化创新厂务公开民主管理工作的重要内容，与贯彻落实党中央、国务院关于促进企业科学发展的方针政策有机结合起来，与开展创先争优活动有机结合起来，与创建劳动关系和谐企业有机结合起来，与建设先进企业文化有机结合起来，引导更多的企业以青岛港为榜样，积极探索中国特色企业发展之路，促进企业又好又快发展，为社会主义现代

化建设做出新的更大贡献。

全国厂务公开协调小组办公室副主任、全国工商联法律部部长赵宏，全国厂务公开协调小组办公室成员、全国工商联法律部法规处处长丁学祥参加会议。（丁学祥）

【召开全国工商联劳动合同法修改工作座谈会】2012 年 6 月 1 日上午，全国工商联《劳动合同法》修改工作座谈会在北京召开。全国工商联副主席谢经荣出席会议并讲话。全国工商联法律委员会部分委员，北京、天津、内蒙古、辽宁、江苏 5 省（区、市）工商联分管副主席或部门负责人，有关服务类、制造类、劳动密集型且涉及劳务派遣用工的民营企业代表以及专家学者共 30 余人参加会议。法律部副部长白莲湘主持会议。

与会人员结合实际，剖析了当前《劳动合同法》实施过程中存在的主要问题，以及对社会诚信体系、劳动力稳定就业以及中国经济发展的冲击与影响。一致认为，应全面审视、尽快修改《劳动合同法》，以适应社会转型期劳动关系的发展变化，促进小康社会建设，实现社会和谐发展。

谢经荣副主席在讲话中指出，由于法律出台在特殊的历史时期，法律实施以来出现了许多新情况、新问题、新矛盾，较为突出的就是劳务派遣，全国人大常委会已将修改《劳动合同法》列入今年立法计划。全国工商联高度重视立法参与工作，尤其是关注涉及社会分配公平正义的《劳动合同法》。一个国家的竞争力主要是企业竞争力，我国民营经济占 GDP 的比重已超过 60%，理应受到高度重视和公平对待。全国工商联在这部法律的制定过程中反馈了广大民营企业家的呼声和建议。他表示，全国工商联将把握契机，深入

开展对中小企业特别是小微企业的调研，加强与立法机关的沟通联系，及时反映民营企业的意愿、建议和诉求，积极推动《劳动合同法》修改工作，促进企业发展和社会和谐稳定。会后，全国工商联向全国人大法工委报送了书面意见建议。（刘登森）

【召开非公有制企业构建和谐劳动关系工作座谈会】 2012年8月14日至15日，由法律部主办的"非公有制企业构建和谐劳动关系工作座谈会"在北京召开。全国工商联副主席谢经荣出席座谈会并讲话。中央统战部五局局长杨启儒、全国工商联法律部部长赵宏、副部长白莲湘，国务院法制办、人社部、全国总工会、中国劳动保障科学研究院等有关单位负责同志及各省级工商联代表、非公有制企业代表100余人参加座谈会。

此次座谈会在全国构建和谐劳动关系先进表彰暨经验交流会召开一周年之际举办，旨在进一步贯彻落实中央16号文件精神，巩固去年全国会议成果，推动非公有制企业构建和谐劳动关系，促进"两个健康"，推进民营企业转型升级和社会管理创新。

改革开放30多年来，非公有制企业已成为我国最大的企业群体、经济增长的重要力量、财政收入的重要来源和县域经济的重要支柱。截至2011年底，我国登记注册的私营企业已达967.7万家，个体工商户达3756.5万户，民营企业解决了城镇就业的80%和新增就业的90%以上，成为吸纳扩大社会就业的主渠道。截至"十一五"末，我国非公有制企业从业人员已达3亿左右，非公

有制企业已成为我国构建和谐劳动关系的主体。

谢经荣副主席在座谈会上指出，构建非公有制企业和谐劳动关系是建设社会主义和谐社会的重要组成部分，是企业转变发展方式的强大动力，是推进社会管理创新的有效途径，是增强党的执政基础、巩固党的执政地位的必然要求。

谢经荣副主席详细分析了我国非公有制经济领域劳动关系特征及政府、企业、劳动者三个层面存在的问题。他指出，当前非公有制经济领域主要呈现劳动关系的市场化与劳动用工形式多样化并存，给企业管理提出新的更高要求；劳动合同的不规范性与劳动关系主体的不平等性并存，客观上存在"资强劳弱"的状况；劳动关系日益人性化与劳动者主体的分化并存，职工诉求呈现多元化趋势；劳动争议显性化与企业转型升级并存，对和谐劳动关系建设提出新的挑战等阶段性特征。

谢经荣副主席强调，构建非公有制企业和谐劳动关系，必须准确把握新形势下非公有制企业劳动关系发展变化的特点和规律，认真分析非公有制企业劳动关系领域存在的问题，积极回应非公有制企业的合理关切和诉求。他要求，各级工商联要坚持多措并举，注重统筹兼顾，从积极参与立法，推动劳动法律法规全面落实；进一步提高对参与三方会议工作重要性的认知，充分挖掘、发挥工商联在三方会议中的作用；着重加强企业文化建设；大力化解劳动关系矛盾；加强对构建和谐劳动关系的舆论引导；深化对劳动关系重大理论和实践问题的研究等方面，扎实做好构建非公有制企业和谐劳动关系重点工作。

会议期间，北京、天津、上海、湖北、广东、甘肃6位省级工商联负责人先后做了大会交流发言，海航集团有限公司、杭州娃哈哈集团有

限公司、力帆实业（集团）股份有限公司、新疆华春投资集团、沈阳振浩集团5家非公有制企业负责人做了大会典型发言，中国人民大学劳动人事学院副教授李丽林做了专题报告。（丁学祥）

【共同举办非公有制企业劳动争议仲裁调解培训班】 2012年8月27日至28日，全国工商联法律部、人社部在北京联合举办了非公有制企业劳动争议预防调解培训班。全国工商联法律部部长赵宏、人社部调解仲裁司司长宋娟、中国劳动关系学院书记颜辉出席开班式并致辞。此次培训班由中国劳动关系学院承办，各省级工商联法律部门负责人、行业商会负责人以及会员企业共120余人参加了培训。

这次培训目的是帮助商会和民营企业开展劳动争议预防调解工作，提升自我预防与内部化解劳动争议的能力。课程主要包括劳动争议预防调解政策法规解读、商会在劳动争议预防调解中的作用、劳动关系矛盾与劳动争议、工会在劳动争议预防调解中的作用、企业劳资冲突系统管理、常见劳动争议类型及调解原则、典型劳动争议案例分析等七个专题。

全国工商联法律部部长赵宏做了培训总结，白莲湘副部长主持培训，并对典型劳动争议案例进行了专业评析。

【召开全国工商联法律委员会全体会议】 2012年9月26日，全国工商联法律委员会第八次全体会议在北京召开。全国工商联副主席、法律委员会主任谢经荣出席会议并讲话，全国工商联副主席、法律委员会主任、用友软件股份有限公司董事长兼总裁王文京主持会议，法律委员会委员近30人参加会议。

会议特别邀请国家知识产权局保护协调司副司长武晓明就"国家知识产权战略与民营企业发展"作专题发言。

全国工商联法律部部长、法律委员会副主任赵宏着重介绍了法律部赴上海、安徽开展民营企业知识产权调研的情况，分别从企业、立法、执法和司法3个方面详细分析了民营企业知识产权保护中存在的问题，并就今后全国工商联进一步加强民营企业知识产权保护工作提出了有关建议。

委员们围绕非公有制企业知识产权战略和法律保护问题进行了交流研讨，对国家知识产权政策与民营企业发展间的关系进行了研究分析，并就新形势下如何进一步引导和支持非公有制企业合理运用知识产权，培育自主品牌，加强科技创新，提高核心竞争力，为非公有制经济发展营造良好知识产权法治环境提出了有关意见建议。

王文京副主席在发言中重点阐述了知识产权对民营企业转变发展方式、实现又好又快发展的重大意义，并分别从用友公司促进知识产权发展的经验，在知识产权保护、管理、服务中存在的问题以及解决问题的意见建议等3个方面进行了分析说明。他进一步指出，知识产权保护问题也关系到法律委员会每位委员经营的企业，目前我国民营企业知识产权保护状况不甚理想，各位委员要积极行动起来，为进一步推动民营企业知识产权保护法治环境的不断改善贡献力量。

最后，谢经荣副主席做了总结讲话。他表示，民营企业知识产权问题已成为衡量企业生存能力、创新能力、发展潜力的重要指标。委员们在深入调研基础上对民营企业知识产权保护问题进行了全面客观的分析，对知识产权保护的重要性、必要性认识也非常深刻，知识产权问题已经直接影响民营企业的发展壮大。法律委员会办公室要对前期调研情况全面分析、深入研究、提炼总结，向有关部门提出我们的意见建议。关于明年的工作要从四个方面着力：一是推动社会主义法制基本要求的全面落实；二是积极参与社会管理创新；三是扎实做好企业法制环境调研工作；四是开展企业创新文化和知识产权保护工作。他表示，本次法律委员会会议是十届全国工商联的最后一次，感谢各位委员5年来对法律委员会工作的大力支持，希望大家能够继续发扬主人翁精神，通过多种形式为全国工商联法律工作献计出力，为民营企业发展创造更好的法治环境，为促进非公有制经济健康发展做出更大贡献。

全国工商联法律部副部长白莲湘参加会议。（丁学祥）

【举办非公有制企业知识产权风险管理培训班】 为提高非公有制企业运用知识产权能力，增强风险防范和危机处理意识，2012年10月17日至18日，全国工商联经济部、法律部在北京德宝饭店联合举办非公有制企业知识产权风险管理培训班。

全国工商联副秘书长、经济部部长欧阳晓明出席开班式并致辞，全国工商联法律部部长赵

宏、全国工商联经济部副部长罗力、全国工商联法律部副部长白莲湘出席培训班并分别主持了四场专题讲座，赵宏部长在闭班式上做了总结讲话。来自各省区市工商联经济工作部门、法律工作部门以及各省级工商联推荐的商会、企业代表共计120余人参加了此次培训。

欧阳晓明副秘书长在讲话中深刻阐述了我国推进国家知识产权战略的重要意义。据统计，2011年，民营企业500强共拥有有效专利74631项，其中发明专利占比为43.76%；拥有自有商标的企业数量达到393家，占民营企业500强的78.6%；154家企业拥有国外商标，其中92家拥有马德里商标。企业拥有知识产权的数量与质量已成为衡量企业核心竞争力的重要标志。

知识产权的风险潜藏在公司发展的各个细节中，欧阳晓明副秘书长指出，规避风险关键在于预防，只有依法保护自身的合法权利，才能有力地促进企业的创新发展，并提出企业应构建比较完整的知识产权保护框架，制定知识产权战略规划，有条件的民营企业还要制定国际化战略规划等建议。

国家知识产权局保护协调司副司长武晓明、国家知识产权局专利管理司副巡视员陆毅、最高人民法院知识产权审判庭（民事审判第三庭）副庭长金克胜、国家工商行政管理总局商标局质管处副处长张万新等四位专家分别就国家知识产权战略与民营企业发展、我国企业专利管理新思路及企业专利战略制定、关于知识产权司法保护、商标与商标战略等主题，为学员们上了专业而翔实的课程。

全国工商联法律部部长赵宏做了总结讲话，赵宏部长指出，在我国转变经济发展方式的大背景下，加强对国家知识产权政策学习和强化企业知识产权保护意识，具有很强的针对性和专业性。此次培训学习，既契合我国当前经济社会发展"稳中求进"的工作总基调，又将对进一步加强工商联"两个健康"工作主题，具有重要的现实意义。它是适应工商联事业发展新形势的现实需要、提升非公有制企业核心竞争力的迫切需要和构建非公有制企业知识产权法治环境的需要。她希望，学员们把此次学习的收获和感受带到具体工作中、带到"两个健康"工作主题实践中，为企业健康发展和"走出去"

开辟广阔天地。（戴颖杰）

【共同开展全国厂务公开民主管理第七次调研检查】 根据全国厂务公开协调小组关于开展第七次全国厂务公开民主管理工作调研检查的安排，全国厂务公开协调小组成员、全国工商联副主席谢经荣同志带队于 2012 年 11 月 29 日在湖北省调研检查厂务公开民主管理工作。调研检查组先后听取了湖北省和武汉市推动厂务公开民主管理工作情况的汇报，听取了武汉铁路局和湖北蓝特集团开展厂务公开民主管理工作情况的介绍，并到湖北东峻实业集团和东风汽车集团进行实地调研检查，深入车间班组了解企业生产经营情况，重点调研厂务公开民主管理情况以及职工生产生活情况。

谢经荣副主席充分肯定了湖北省厂务公开民主管理工作取得的成绩。他指出，在省委省政府的高度重视支持下，湖北省厂务公开民主管理工作特别是非公有制企业厂务公开民主管理工作取得了积极进展。一是领导机构健全、工作机制完善。省厂务公开协调领导小组组长由省委副书记担任，形成了有机构、有人员、有经费、有工作制度的"四有"局面。各成员单位各司其职、积极协作、密切配合，工作开展制度化、常态化，形成了齐抓共推厂务公开民主管理工作的合力。二是法制体系逐步完备、运行程序不断规范。制定出台的《湖北省企业民主管理条例》、《湖北省企业职工代表大会工作标准（试行）》和《湖北省委、省政府办公厅关于进一步深化创新厂务公开民主管理工作的意见》等 20 多个法规和文件，为全省企事业单位推动厂务公开民主管理工作提供了必要的法律保障和政策依据，有力地推动了企事业单位厂务公开民主管理工作的制度化、规范化、程序化建设。三是工作覆盖不断扩大、工作创新典型引路。经过艰苦努力，全省国有、集体及其控股企业职代会和厂务公开建制率分别达到 99.5％和 99.8％，高出全国平均水平，非公有制企业职代会和厂务公开建制工作也取得显著进展。武汉市民主管理星级评估制度、荆州市职工议事制度、东风汽车公司民主管理四项制度等典型经验集中反映了推动厂务公开民主管理深入开展取得的阶段性成果，值得认真总结。

谢经荣副主席强调，要充分认识厂务公开民主管理工作在新形势下的重要性，厂务公开民主管理是中国民主政治建设的需要，是中国特色社会主义市场经济的必然选择，对社会和谐、企业发展都有重要的促进作用。结合当前形势和任务谢经荣副主席提出三方面要求：一是要加强分类指导、突出工作重点。对于已经基本覆盖的国有企业要切实提高厂务公开民主管理的实效；对于非公有制企业要进一步提升厂务公开民主管理覆盖面，特别是小型微型企业，要结合非公有制企业数量多规模小、职工流动率高的特点，注重探索符合非公有制企业特点的民主管理模式，提高职工参与率，使厂务公开民主管理更加符合非公有制企业的发展需要。二是要将维护职工权益与调动职工积极性有机结合。要在维护职工政治、经济权益的同时，激励职工工作积极性，增强职工主人翁意识，提升企业向心力竞争力。厂务公开民主管理要同时考虑职工权益和企业利益，增强职工幸福指数，凝聚企业发展向心力，提高企业市场竞争力，为企业科学发展、和谐发展、持续发展提供不竭动力和有效保证。三是要将厂务公开民主管理融入企业文化建设。改革开放以来，企业在资源利用率、技术创新等方面取得了较大进展，但企业文化建设比较薄弱，厂务公开民主管理是源于基层民主管理的创新，应将厂务公开民主管理融入企业文化，要引导企业构建依靠职工发展企业、构建和谐劳动关系的企业文化。谢经荣副主席还就深化创新厂务公开民主管理工作与省厂务公开协调领导小组组长、省委副书记、省总工会主席张昌尔，省厂务公开协调领导小组副组长、省纪委副书记吴琦和省厂务公开协调领导小组副组长、省总工会党组书记、常务副主席黄国庆等同志深入交换了意见。

全国厂务公开协调小组办公室副主任、全国工商联法律部部长赵宏，全国总工会民主管理部副部长张天文，全国工商联法律部权益处副调研员马璐瑶等同志参加了对湖北省的调研检查。（马璐瑶）

【共同主办全国企业班组建设工作会议】 2012 年 11 月 30 日，全国总工会、工信部、国务院国资委、全国工商联在湖北省武汉市联合召开全国企业班组建设工作会议。会议的主题是学习贯彻党的十八大精神，总结全国企业班组建设工作经验，研究部署在新形势下进一步做好企业班组建设有关工作。

全国总工会副主席、书记处第一书记王玉普，国务院国资委副主任姜志刚，全国工商联副主席谢经荣，以及工信部有关负责同志出席会议并发表讲话。湖北省委副书记、省委政法委书记、省总工会主席张昌尔到会致辞。湖北省委常委、副省长、统战部长张岱梨出席会议。全国总工会党组纪检组组长、书记处书记王瑞生主持会议。

王玉普书记对近年来各级工会积极推进班组建设工作所取得的成绩给予充分肯定，对发挥工会组织作用，进一步做好新形势下班组建设工作提出明确要求。他指出，建立现代管理制度已经成为企业发展的重要基石。各级工会要认真按照党的十八大提出的要求，围绕提高企业核心竞争力、促进企业科学发展，不断增强班组创新能力；围绕提高职工队伍素质、促进职工全面发展，切实加强班组职工教育培训；围绕发展企业文化、扎实推进社会主义文化建设，大力培育和谐健康的班组文化；围绕构建和谐劳动关系、完善基层民主制度，深入创建班组"职工小家"，不断提高班组建设工作水平。

谢经荣副主席指出，党的十八大进一步坚定了非公有制企业发展的信心，认真学习贯彻落实十八大精神，是全党全国各族人民的头等大事，也是各级工商联组织和非公有制企业的首要政治任务。要切实推进非公有制企业班组建设工作，不断提高非公有制企业核心竞争力。谢经荣副主席强调，在新形势下，各级工商联要切实提高认识、加强领导，密切与相关部门的联系与配合，把班组建设工作作为促进"两个健康"的一项具体任务抓紧抓好，在非公有制企业班组建设中发挥积极作用。湖北省工商联积极组织民营企业开展班组建设，出现了一批好的经验典型。他要求，各级工商联组织要充分发挥作用，进一步推进非公有制企业班组建设工作。结合班组建设工作要求和非公有制企业发展实际，积极推动企业班组建设，努力提高企业管理水平，更好地发挥班组在企业实现科学发展中的基础性作用。

会上，湖北、上海、大庆、台州等地总工会，以及东风汽车、河北电力、双钱集团（如皋）轮胎、山东齐都药业、宁夏庆华煤化、中国航天科技集团"余梦伦班组"介绍了各自推进班组建设工作的做法和经验。会议期间还实地参观考察了东风汽车公司神龙汽车股份公司的班组建设工作。

全国工商联法律部部长赵宏，全国工商联法律部权益处副调研员马璐瑶参加会议。各省（区、市）四部（委、会）相关部门负责同志共计200余人参加会议。（马璐瑶）

【参与国家立法情况】参与立法是工商联参政议政职能的重要组成部分，也是工商联的政治优势。全国工商联法律部参与法律法规修订和国家有关部委部门规章出台前的意见征询和回复工作共计14件，修改意见得到了立法机关的重视。

全国人大法工委：关于《中华人民共和国劳动合同法》修改意见的函、关于《中华人民共和国军人保险法（草案）》修改意见的函、关于《中华人民共和国农业技术推广法修正案（草案）》修改意见的函、关于《中华人民共和国证券投资基金法（修订草案）》修改意见的函、关于《中华人民共和国环境保护法修正案（草案）》修改意见的函、关于《中华人民共和国特种设备安全法（草案）》修改意见的函、关于《中华人民共和国旅游法（草案）》修改意见的函、关于《中华人民共和国消费者权益保护法修正案（草案）》（征求意见稿）修改意见的函，计8件。

国务院法制办：关于《商用密码管理条例（修订草案送审稿）》修改意见的函、关于《居住证管理办法（送审稿）》修改意见的函，计2件。

人力资源和社会保障部：关于《特殊工时管理规定（征求意见稿）》修改意见的函、关于《社会保险登记管理办法（草案）》修改意见的函、关于《工伤保险辅助器具配置管理办法（草案）》修改意见的函，计3件。

银监会：关于《处置非法集资有关工作建议意见》修改意见的函，计1件。（刘　静）

扶贫与社会服务

【综　述】2012年是实施"十二五"规划和新十年中国农村扶贫开发纲要承上启下的重要一年，也是工商联认真贯彻落实中央16号文件，推动工商联事业继往开来的关键一年。全国工商联扶贫与社会服务工作围绕"两个健康"工作主题，深入开展调查研究，积极创新服务载体，努力探索工作思路，加强对基层工商联工作的指导，密切与政府部门和社会组织间的合作，扎实开展了各项服务工作。

一、深入调查研究、总结帮扶经验，探索扶贫与社会服务工作新途径

一是为贯彻落实《国务院关于鼓励和引导民间投资健康发展的若干意见》、《中国农村扶贫开发纲要（2011－2020年)》精神，正确引导民间资本投资方向，鼓励民间投资参与农村金融市场，全国工商联扶贫与社会服务部和中国民（私）营经济研究会组成联合调研组，在四川、河南、湖南、天津、山东、内蒙古、云南等省开展了"民间资本进入连片特困地区农村金融领域"政策调研，形成了《关于加大民间资本进入农村金融市场的政策建议》。二是认真对我会定点扶贫工作进行总结，探索推动以提供生产性滚动资金为主要帮扶方式，以发展特色产业为主要内容，以促进农民明显增收为出发点和落脚点的扶贫开发方式。对织金县的30个乡镇、10个贫困村的140家农户、50家小微企业进行了问卷调查和走访调研，形成了《欠发达地区农民增收与县域经济发展路径探讨—源于织金县的调研报告》。三是在2011年组织调研组深入重庆、四川、陕西三省市秦巴山区实地调查并形成《秦巴连片特困地区扶贫开发的政策建议》（以下简称《建议》）的基础上，召开了秦巴连片特困地区扶贫开发政策调研研讨会。学习回良玉副总理关于《建议》的

批示，进一步完善《建议》中的十项政策建议，探讨新形势下秦巴连片特困地区的扶贫开发政策。四是组织召开了全国工商联扶贫工作委员会第四次全体会议。对扶贫工作委员会五年来的工作进行总结，报告五年的财务工作情况，对重点帮扶地区及光彩帮扶项目成果进行展示，听取有关领导和委员们对委员会工作的意见和建议。五是与中国光彩会联合下发了《关于鼓励和引导非公有制经济参与农村扶贫开发的意见（2011－2020年)》，对新时期新阶段促进各地工商联和光彩会参与农村扶贫开发做出了部署。六是与贵州省织金县和四川省仪陇县人民政府分别签订了共同建立同心光彩助农生产性帮扶基金项目协议。在此协议基础上，通过中国光彩基金会拨付和县财政配套拨付扶贫资金，共同搭建农村金融生产性资金担保平台，为当地农村生产发展、产业项目和涉农中小微企业提供生产性资金和担保服务。

二、扎实开展光彩活动，巩固和扩大"光彩事业"品牌影响

一是完成了2011年民营企业参与光彩事业数据统计工作，编写了《2011年度民营企业参与光彩事业（履行社会责任）统计调查数据分析报告》。二是与中国光彩会合作组织部分民营企业开展了中国光彩事业延边行、宁夏行等系列光彩活动。仅延边行、宁夏行两项光彩活动共签订投资项目300余项，投资金额达3000亿元，公益捐赠6660万元。三是与国家林业局和中国光彩会联合开展了第四届"光彩事业国土绿化贡献奖"评选工作，在中国光彩事业促进会四届三次理事会议上，对44名第四届"光彩事业国土绿化贡献奖"获奖者进行表彰。四是与国家林业局和中国光彩会联合主办了"第八期全国民营企业家及管理干部林业培训班"，与中国民生银行合

作举办了"全国工商联第十期乡镇干部培训班"。五是有效实施了甘肃省通渭县"光彩·同心水窖"项目、河北省滦平绿色蔬菜扶贫产业项目、西藏农牧民饮水工程项目、新疆维吾尔自治区察布查尔县加尕斯台乡阿克亚尔村帮扶项目、新疆阿勒泰地区太阳能帮扶项目等光彩帮扶项目。

在向新疆阿勒泰地区捐赠太阳能家用发电系统,开展"同心·暖民工程"和实施"光彩·民生工程"过程中,采用了捐赠企业向生产企业采购物资后,向受助地区捐赠实物的实现的方式。作为一种新的捐赠方式的尝试,收到了良好效果。既保证了捐赠的直接性、安全性和有效性,也为生产企业参与光彩事业、回报社会奉献爱心提供了的平台。

三、加强与政府部门和社会组织间合作,创新开展社会服务工作

一是与民政部、国资委、广州省政府、深圳市政府密切合作,共同主办了"首届中国公益慈善项目交流展示会"。并发出倡议与国务院国资委共同主办了主题为"共担责任 共建和谐"的中国企业社会责任与商业文化高峰会议。这是国有企业和民营企业首次联手向全社会阐释中国企业社会责任理念、公益慈善文化以及所做出的贡献。二是与人社部、教育部、全国总工会联合组织全国 31 个省、自治区、直辖市县级以上城市开展了"2012 全国民营企业招聘周"活动。全国有 23.8 万户民营企业参加了招聘周活动,提供各类岗位信息近 326 万条,有 97 万求职者与用人单位达成了就业意向。三是积极配合完成国务院全国就业创业先进集体和先进个人表彰工作。我会推荐表彰的 20 家全国就业先进企业、2 个全国就业先进工作单位,2 名全国就业先进工作者代表出席会议,受到温家宝总理等中央领导的亲切会见。会后,全国就业创业工作评选表彰领导小组办公室专门就我会在表彰活动中的突出工作致函感谢。四是为进一步加强与建设银行合作,探索为中小企业提供融资服务的途径,召开了金融服务交流研讨会。选择辽宁、湖北、天津等省市作为试点,并召开试点省(市)工商联融资工作培训会,指导地方工商联为会员企业提供融资服务。同时,在直属行业商会中试点保单担保、订单

担保、应收(付)账款担保等融资模式。将融资模式从"银行 – 商会 – 担保"的单一模式转向担保、保险融资、私人银行服务等多管齐下的方式,以满足不同企业的需求。五是与国务院防治艾滋病工作委员会办公室联合主办,以人社部、住建部、农业部、卫生部、全国总工会、共青团中央、中国光彩事业基金会作为支持单位,由中华红丝带基金、北京潮人商会、首都高校青春红丝带社团领导小组办公室共同负责实施了红丝带健康包"百校进千企"活动。指导中华红丝带基金开展了"红动中华·善行天下"2012 年世界艾滋病日主题慈善夜等系列公益活动。(聂志军)

【共同主办秦巴连片特困地区扶贫开发政策调研研讨会】2012 年 2 月 13 日至 14 日,全国工商联扶贫与社会服务部、中国民(私)营经济研究会、中央统战部光彩事业指导中心在北京联合召开了秦巴连片特困地区扶贫开发政策调研研讨会。本次研讨会是在 2013 年全国工商联扶贫与社会服务部、中国民(私)营经济研究会、中央统战部光彩事业指导中心联合调研组深入重庆、四川、陕西三省市秦巴山区调研并形成《秦巴连片特困地区扶贫开发的政策建议》(以下简称《建议》)的基础上召开的,旨在召集调研组亲历地区尤其是基层第一线的同志学习贯彻中共中央政治局委员、国务院副总理回良玉关于《建议》的批示精神,进一步完善《建议》中的十项政策建议,结合国家新十年扶贫开发纲要,深入讨论《建议》第三部分提出的"十项政策建议",进一步征求有关方面对《建议》的意见,探讨新形势下秦巴连片特困地区的扶贫开发政策。

全国工商联副主席、中国光彩会副会长谢经荣和全国工商联副秘书长、中国民(私)营经济研究会常务副会长王忠明出席研讨会并讲话。全国工商联扶贫与社会服务部部长王钢治主持会议并在会上传达了回良玉副总理给予《建议》的重要批示。全国工商联扶贫与社会服务部、中央统战部五局和光彩事业指导中心、中国民(私)营经济研究会的领导、专家和有关同志,以及来自重庆市万州区、云阳县、四川省广元市及所辖旺苍县、剑阁县、陕西省周至县、城固县、留坝县、西乡县、汉阴县、紫阳县、宁陕县等省市县

乡的各级工商联、扶贫办（局）负责人及基层一线干部50多人参加了会议。

会上，各地代表重点围绕《建议》第三部分提出的"十项政策建议"展开了热烈讨论。发言十分踊跃，所提意见和建议言辞恳切，对全国工商联狠抓扶贫工作帮助农民脱贫致富的行动普遍赞扬有加。大家认为，全国工商联积极参与国家的扶贫开发事业，心系贫困地区的老百姓，所做出的努力和贡献令人敬佩，重庆市云阳县扶贫办主任徐锋现场难抑心中的激动，十分动情地表示"代表县里的十多万穷人感谢全国工商联的好人"。大家普遍反映，此次在深入实际调研的基础上提出的十项政策建议，符合秦巴山区发展实际，具有很强的针对性和指导性，对加快秦巴连片特困地区经济社会发展，实现全面小康社会将起到重要的推动作用。三省市工商联、扶贫办以及相关基层同志从完善基础设施、加大社会事业投入、加强人才队伍建设、加大特色农业扶持、实行特殊财税政策等方面提出了很多建设性意见和建议。（马占利）

【举办2012年度民营企业参与光彩事业统计员培训班】 由全国工商联和中国光彩会共同主办的2012年度民营企业参与光彩事业统计工作培训班于3月13日至14日在天津市举办。来自全国32个省级工商联和光彩会的负责民营企业参与光彩事业统计工作的工作人员参加了培训。在开班仪式上，全国工商联光彩事业部部长王钢治和中央统战部光彩事业指导中心副主任魏登田进行了动员和工作部署，进行了数据库录入和报送等软件使用的辅导和讲解。该培训班的成功举办为做好2011年度民营企业参与光彩事业统计工作奠定了基础。（马占利）

【共同主办"同心·西藏和四省藏区幸福家庭工程"】 为贯彻落实中央第五次西藏工作座谈会精神及中央对藏区工作和人口工作的战略部署，引导非公有制经济人士积极投身"同心"实践，国家人口计生委、全国工商联和中国光彩事业促进会决定联合开展"同心·藏区幸福家庭工程"。动员泛海公益基金会捐助1000万元，国家人口计生委投入工作经费400万元，共1400万元支持项目开展。

"同心·西藏和四省藏区幸福家庭工程——

新农村新家庭计划"（以下简称"同心·藏区幸福家庭工程"），于2012年4月11日在北京人民大会堂举行了隆重的启动仪式。全国政协副主席、全国工商联主席黄孟复出席启动仪式，中央统战部副部长、全国工商联党组书记、第一副主席、中国光彩事业促进会副会长全哲洙，国家人口计生委主任王侠出席并讲话，国家人口计生委副主任崔丽主持会议。全国工商联副主席、中国光彩事业促进会副会长谢经荣，中国光彩事业基金会理事长谢伯阳，全国工商联副主席、中国泛海控股集团有限公司董事长卢志强出席。

项目在西藏和四省藏区选定21个县，重点开展生殖健康教育、义诊、培训、咨询和送温暖等人口健康促进活动，项目实施周期为两年（2012～2013年）。主要是：一、开展"2012中国幸福家庭藏区行"活动，组织北京医疗专家赴藏区，深入到乡镇，就妇幼保健和妇科常见病进行义诊、检诊，并对县乡镇计生服务站医务人员和工作人员进行培训；二、发放新生儿健康大礼包和文化包；三、制作汉藏双语版电视科普片；四、为藏区群众拍摄"全家福"，为藏区群众拍摄全家福照片，并制作成宣传画悬挂家中。

从6月开始，由国家人口计生委牵头，全国工商联、光彩事业指导中心等部门参加，组织了北京相关医院和研究部门的妇科、产科、儿科和不孕不育等专科的医疗专家，分赴云南迪庆藏族自治州、四川甘孜藏族自治州、青海海北州、西藏山南州和日喀则市、甘肃甘南州，深入县、乡进行义诊和培训，并免费为群众发放一些常用药品。据统计，此次"2012中国幸福家庭藏区行活动"空中飞行距离近2万公里，公路行驶6450公里，服务面涵盖15个县乡，为农牧民义诊5765人次，培训基层医务人员涵盖16个项目县386人次，培训基层计生干部80人次。

通过共同开展"同心·藏区幸福家庭工程"延伸了光彩事业内涵，拓展了"同心"实践平台，引起了社会各界的广泛关注，取得了良好的社会效益。（白 羮）

【共同主办红丝带健康包"百校进千企"活动】 针对流动人口开展艾滋病防治宣传教育是我国防艾工作的重要点之一，为进一步加强外来务工者的艾滋病防治意识和能力，全国工商联与国艾办联合主办，人社部、住建部、农业部、卫生部、全国总工会、共青团中央、中国光彩事业基金会作为支持单位，中华红丝带基金、北京潮人商会、首都高校青春红丝带社团领导小组办公室共同负责实施了红丝带健康包"百校进千企"活动。活动自启动以来，得到了项目省工商联、国艾办、共青团系统的热情参与和支持，为广大外来务工者送去了健康、知识和关爱，项目有效提升了外来务工者的安全健康意识和艾滋病自我防治意识和能力。

2012年1月13日，国务院正式印发《中国遏制与防治艾滋病"十二五"行动计划》的通知，行动计划中正式把"红丝带健康包"列入针对流动人口等群体开展宣传教育的专项行动，标志着红丝带健康包项目又迈上了一个新的台阶。

2012年4月12日，红丝带健康包百校进千企活动工作培训会在北京召开，全国政协副主席、全国工商联主席黄孟复、全国工商联副主席谢经荣、中华红丝带基金常务副理事长谷彦芬、白岩松等领导和知名人士共同启动2012年红丝带健康包活动，全国31个省、自治区、直辖市及新疆生产建设兵团工商联、防艾办、共青团系统负责人，农民工代表、首都高校青春红丝带志愿者代表、新闻媒体代表共同参加了此次工作培训会，此次会议进一步规范了红丝带健康包项目实施执行和跟踪反馈工作。

截至2012年12月，除港澳台地区和黑龙江、西藏两个省区外，全国各省区市均启动了红丝带健康包活动。2012年2月至11月，红丝带健康包累计发放180400个，共向27个省、市、自治区的18万名外来务工者发放，走进400余家民营企业，全国210多所高校近5000名志愿者参与到活动中来。（王丽荣）

【共同主办三方联合推动就业再就业工作第八次联席会议】根据三方合作推动就业再就业工作协议，每年召开一次三方联席会议。2012年4月18日上午，在全国工商联机关召开三方联合推动就业再就业工作第八次联席会议，全国工商联副主席谢经荣，全国总工会党组纪检组长、书记处书记王瑞生和人社部副部长信长星出席会议并讲话。来自全国工商联扶贫与社会服务部、人社部就业促进司、全国总工会劳动保障工作部

有关负责同志共11人参加了会议，会议由全国工商联扶贫与社会服务部副部长刘建同志主持。

会议审议通过了2011年三方合作推动就业再就业工作总结；研究确定了2012年三方合作推动就业再就业工作计划。三方领导充分肯定了2011年三方合作成果，研究部署了2012年工作安排，提出了开展2012年就业再就业工作的明确要求。

全国工商联副主席谢经荣在讲话中提出三点希望：第一，就业调研、对话会等各项常规工作要根据形势发展要求，在内容和形式上加以创新，确保取得实效；第二，全国就业与社会保障先进民营企业表彰活动要实行二级公示，在推荐企业环节进行地方公示的基础上，要对"表彰决定"在全国范围内进行公示；第三，近年来，办公室同志们做了大量的工作，应予以表扬。同时，在人员调整后，仍然要再接再厉、通力合作，认真开展好2012年的各项工作。

全国总工会党组纪检组长、书记处书记王瑞生在讲话中指出，2011年三方合作推动就业再就业工作在解决重点难点问题的基础上，准确判断形势，不断创新工作内容，各项工作取得明显成效。他提出两点具体建议：一是加强调查研究，通过调研，理清问题，找出原因，提出对策；二是深化三方就业服务载体，以市场需求为导向，探索建立起长效的劳务对接机制。

人社部副部长信长星在讲话中指出，合作推动就业工作主题突出，内容丰富，措施得力，成效明显。希望三方今年要在取得成绩的基础上，进一步认清形势、坚定信心、明确目标，围绕解决就业重点难点问题配合做好以下工作：一是做好"顶层设计"。继续指导各省、自治区、直辖市开展"全国民营企业招聘周活动"，要注重实效，重点要在用人单位提供的岗位信息质量上下功夫。二是要切实做好重点人群就业工作，以高校毕业生为主，兼顾零就业家庭、下岗失业人员等就业困难群体。三是开展"就业扶持政策对话"活动，通过现场对话，让更多的民营企业了解更加积极的就业政策，抓好就业政策在民企的落实工作。四是开展好调查研究工作，"招工难"和"就业难"并存这一问题产生的原因比较复杂，需下大力气研究。（左田文）

【共同下发《关于鼓励和引导非公有制经济参与农村扶贫开发的意见》】为认真贯彻落实《中共中央国务院关于加强和改进新形势下工商联工作的意见》和《中国农村扶贫开发纲要（2011－2020年）》，鼓励、引导和组织非公有制经济在农村扶贫开发中发挥重要作用，为实现到2020年全面建设小康社会奋斗目标做出新贡献。2012年5月3日，全国工商联、中国光彩会共同印发了《关于鼓励和引导非公有制经济参与农村扶贫开发的意见（2011－2020年）》。

意见阐述了鼓励引导非公有制经济参与农村扶贫开发的重要意义，提出了总体要求和基本任务，明确了参与农村扶贫开发的途径和领域，对加强引导和服务做了要求。

意见指出，鼓励引导非公有制经济参与农村扶贫开发是非公有制经济加快转变经济发展方式、实现健康发展的重要机遇，是非公有制经济人士践行社会主义核心价值体系、实现健康成长的重要平台。各级工商联、光彩会要高举中国特色社会主义伟大旗帜，以邓小平理论和"三个代表"重要思想为指导，深入贯彻落实科学发展观，贯彻实施《中国农村扶贫开发纲要（2011－2020年）》，以同心思想为统领，以"两个健康"为主题，坚持开发式扶贫方针，坚持"义利兼顾、以义为先"理念，以11个连片特困地区和西藏、四省藏区、新疆南疆三地州为主战场，以扶贫标准以下具备劳动能力的农村人口为主要帮扶对象，以大力促进县域经济发展为着力点，以项目推进、整村推进为手段，支持龙头企业发展，加大引导非公有制经济参与农村扶贫开发的力度，促进农业产业化、现代化发展。

意见强调，在引导非公有制经济参与农村扶贫开发进程中，重在提高农民发展能力和增收水平，重在产业扶贫和解决制约发展的突出问题，重在扶持和推动连片特困地区，特别是革命老区、民族地区、边疆地区的经济社会又好又快发展。努力改善农民生产生活环境和条件，帮助稳定解决扶贫对象温饱、尽快实现脱贫致富、改善和保障民生；努力提高贫困地区和扶贫对象自我发展能力，尤其是组织化程度和参与市场竞争的能力，帮助化解农民生产风险；努力促进进城务工农民充分就业，提高他们的职业技能和收入水平；坚持互利互惠、共同发展，在扶贫开发的同时努力实现企业的科学发展；努力培养和造就一支爱国、敬业、诚信、守法、贡献的非公有制经济代表人士队伍。重点围绕推动贫困地区县域经济发展，参与贫困地区小城镇建设，提高农民增收能力，做好定点扶贫工作，支持农村社会事业发展，不断创新扶贫开发模式等方面，探索非公有制经济参与农村扶贫开发的途径和领域。（聂志军）

【举办全国工商联第十期乡镇干部培训班】2012年5月6日至12日，全国工商联第十期乡镇干部培训班在深圳举办，80名学员参加了培训。其中，贵州省毕节地区55名，四川省巴中市、仪陇县共25名。全国工商联扶贫与社会服务部副部长刘建出席开班式并致辞。

本期培训班邀请到中国社会科学院、国家林业局、华南农业大学、深圳市委党校等专家授课。除坚持2011年设置的《农村社会管理创新暨农村发展生产与精神文明村建设》、《现代农业科学技术与发展趋势》、《生态建设与山区特色产业发展》、《农村专业合作组织》等课程之外，今年又根据欠发达地区县域经济发展特点和我会重点工作，增设了《促进欠发达地区中小微企业发展的作用和对策》、《农村金融改革问题探析》等课程，还首次邀请到民营企业家做案例教学。在集中授课的基础上，根据乡镇干部工作特点，期间组织学员考察了我国农村城市化的先进典型——深圳坂田社区，还参观了神舟电脑等高科技企业。学员普遍反映，此次培训课程安排合理、针对性强、富有实效，开阔了视野、更新了观念，为今后从事农村基层工作有很好的指导作用，受益匪浅。

自2003年开始，全国工商联对定点扶贫县——贵州省织金县进行每年一期的乡镇干部培训。2005年开始将重点帮扶地区——四川省巴中市和仪陇县的乡镇干部也纳入了培训范围。2006年开始与中国民生银行合作，由民生银行提供培训场所和食宿费用，连续三年在深圳民生银行培训中心开展培训。2009年开始，进一步改进课程设置，邀请国家部委相关领导授课，并为学员颁发结业证书，培训班工作机制更加规范，受到了

学员的好评。（赵冬民）

【共同主办2012全国民营企业招聘周活动】
2012年5月8~14日，全国工商联与人社部、教育部、全国总工会联合组织全国31个省、自治区、直辖市县级以上城市开展了"2012全国民营企业招聘周"活动。

5月8日上午，全国民营企业招聘周启动仪式在甘肃省兰州市博物馆举行。人社部副部长信长星，教育部部长助理、党组成员林蕙青，全国总工会纪检组长、书记处书记王瑞生，全国工商联副主席谢经荣，甘肃省委常委、副省长咸辉等领导出席启动仪式并讲话。民营企业家、高校毕业生代表做了发言。人社部、教育部、全国总工会、全国工商联和甘肃省相关部门负责人，部分民营企业家、高校毕业生、就业困难群体和进城务工农民代表近5000人参加了甘肃省兰州市主会场启动仪式。各省、自治区、直辖市县级以上城市与主会场同步启动了招聘周活动。

全国民营企业招聘周期间，各地紧紧围绕"民企就业大有可为"主题，以高校毕业生为主，兼顾进城农民工和就业困难群体，开展了全国性的招聘活动。招聘活动前，各地深入民营企业和院校进行专访和座谈，征询举办招聘活动建议和要求，并采取多种形式收集、筛选和发布适合高校毕业生就业的岗位信息。招聘活动中，各地采取综合招聘、专场招聘、委托招聘、异地招聘、校园招聘、网络招聘等多种方式扎实开展招聘活动。一些地区还组织创业成功民营企业家，深入学校、社区、招聘现场，开展创业成功典型专题报告、创业者现身说法、创业就在身边等活动。丰富多样的招聘活动不但受到高校毕业生和企业的欢迎，也确保了招聘活动的圆满成功。

据统计，全国有23.8万户民营企业参加了招聘周活动，提供各类岗位信息近326万条，有97万求职者与用人单位达成了就业意向，其中，大中专毕业生63万人次；务工农民26万人次，其他各类求职者8万人次。招聘现场累计发放政策宣传品365万份，提供维权及法律援助14万人次。合作四方以高校毕业生为主开展的民营企业招聘周活动，对于政府与人民团体联合建立推动就业工作平台，疏通民营企业用人与高校毕业生求职的绿色通道，发挥政府促进就业与民营企业吸纳就业重要作用，具有十分重要意义。（聂志军）

【共同开展第四届光彩事业国土绿化贡献表彰活动】全国工商联、国家林业局和中国光彩会于2011年联合开展了第四届"光彩事业国土绿化贡献奖"评选工作。确定对44名第四届"光彩事业国土绿化贡献奖"获奖者进行表彰。2012年5月初，三方会签并联合印发了《关于授予陈雪峰等44名民营企业家"光彩事业国土绿化贡献奖"的决定》。在5月28日召开的中国光彩事业促进会四届三次理事会议上，对44名第四届"光彩事业国土绿化贡献奖"获奖者进行了大会表彰，并颁发了奖牌。（马占利）

【开展"民间资本进入农村金融领域"课题调研活动】为贯彻落实《国务院关于鼓励和引导民间投资健康发展的若干意见》（国发〔2010〕13号）、《中国农村扶贫开发纲要（2011－2020年)》精神，正确引导民间资本投资方向，鼓励民间投资参与农村金融市场，在新一轮连片特困地区扶贫开发攻坚战中，促进共同富裕，实现我国全面建成小康社会奋斗目标提出政策建议，在国务院有关部门出台了42项实施细则后，2012年6月至9月间，全国工商联扶贫与社会服务部和中国民（私）营经济研究会组成联合调研组，在四川、河南、湖南等省开展"民间资本进入连片特困地区农村金融领域"政策调研。调研组实地考察访谈了当地相关政府金融监管机构、商业银行、村镇银行、小额贷款公司、农村资金互助组织、金融中介服务机构和信用担保机构，农民专业合作社、农户和民营企业。相关工作得到当地党委、政府，工商联与民营企业积极协助。同时，全国工商联扶贫与社会服务部还委托天津、山东、内蒙古、云南四省市工商联在本省开展了"民间投资进入农村金融领域"调研，作为本次调研的有机组成。在此基础上，形成了《关于加大民间资本进入农村金融市场的政策建议》。该建议分析了民间资本参与农村金融市场的现状，列举了民间资本参与农村金融市场的主要困难，提出了加大国家推动农村金融创新力度、继续放宽准入限制、继续加强政策扶持、继续改善农村金融环境、积极引导民间资本更加规范融入新型

农村金融机构、努力促进农村金融实现良性循环等项政策建议。（马占利）

【开展欠发达地区农民增收与县域经济发展途径调研活动】2012年7月13至22日，全国工商联扶贫与社会服务部围绕贫困地区、欠发达地区农民增收与县域经济发展途径，以解剖个案的方法对我会定点扶贫县——贵州省织金县进行了深入调研。

本调查研究的基本思路是：根据织金县现实贫困状况进行实证分析，并基于实地调查掌握的当地农户、农民专业合作组织、小微企业、县情乡情的资料，量化分析和评估织金县农户、小微企业和县域经济构成及贡献，提出促进农民增收、发展县域经济的路径。同时，参考多方面关于中国农村经济社会和小微企业发展研究最新成果，进行比照，充分考量全国不同类型、不同困难地区的差异性。在此基础上，对全国工商联引导民营企业积极参与农村扶贫开发提出规律性的结论，以指导我们的实践，并放到今后的工作实践中进行校验和修正。

7月14日上午，调查组召开织金县各乡镇领导代表参加的座谈会，进行乡情、镇情摸底问卷，并就"所在乡镇农民增收的最大困难是什么、所在乡镇工作的重心应放在哪里、所在乡镇小微企业生存发展现状及前景如何"三个方面问题开展座谈。全县32个乡镇有27名代表到会并发言。7月15至16日，调研组分5队分赴各乡镇开展入户问卷调查，其中要求专业户、一般户、困难户按照3：4：3的比例选取，对重点帮扶乡镇三甲、熊家场抽取40户，对其余三个乡镇各抽取20户。7月17日上午，召开工商联会员小微企业座谈会。当日下午，召开非会员小微企业座谈会，主要就"发展是否有信心、当前面临的困难和问题、希望得到哪些方面的帮助"三个方面进行调查。7月18日至20日，调查组走访了织金县委统战部、工商联、县统计局、工商局、农牧局及农信社、惠民村镇银行、县域担保公司、小贷公司。

在实地调研的基础上，最终形成了《欠发达地区农民增收与县域经济发展途径探讨——源于贵州省织金县的调研报告》，并在此基础上整理了调研报告简本，报送会领导，得到了有关领导的肯定和批示。（赵冬民）

【组织国务院全国就业创业先进集体和先进个人推荐表彰】根据《国务院办公厅关于做好全国就业创业工作先进集体和先进个人推荐评选工作的通知》精神，全国工商联认真组织了系统内的推荐评选工作。经逐级严格的推荐、审核、公示、审批，全国工商联共推荐表彰20家全国就业先进企业、2家全国就业先进工作单位、2名全国就业先进工作者。

2012年7月17日，国务院在北京人民大会堂隆重举行全国就业创业工作表彰大会。中共中央政治局常委、国务院总理温家宝出席会议并讲话。中共中央政治局常委、国务院副总理李克强等领导出席会议。

会前，温家宝等领导同志在人民大会堂金色大厅亲切会见了全体与会代表，并与大家合影留念，随后为受表彰的先进集体和先进个人代表颁奖。全国工商联推荐接受表彰的先进集体和先进个人代表由谢经荣副主席带队出席了表彰大会。

经全国工商联推荐受到国务院表彰的20家全国就业先进企业为：新华联控股有限公司、汉能控股集团有限公司、新奥集团股份有限公司、上海复星高科技（集团）有限公司、苏宁电器股份有限公司、波司登股份有限公司、浙江吉利控股集团有限公司、杭州娃哈哈集团有限公司、正泰集团股份有限公司、福建恒安集团有限公司、江西豪德集团有限公司、山东华泰纸业股份有限公司、临清三和纺织集团有限公司、百步亭集团有限公司、广西梧州中恒集团股份有限公司、海航集团有限公司、力帆实业（集团）有限公司、四川宏达（集团）有限公司、陕西荣民房地产集团有限公司、宁夏宝塔石化集团有限公司。

经全国工商联推荐受到国务院表彰的2个全国就业先进工作单位为：北京市工商业联合会光彩事业办公室、安徽省工商联职业介绍中心。2名全国就业先进工作者为：天津市工商业联合会光彩事业办公室主任付中印、云南省工商业联合会经济处主任科员刘友庭。（聂志军）

【共同主办"中国光彩事业延边行"】在延边朝鲜族自治州喜迎建州60周年之际，由中国光彩事业促进会和吉林省人民政府共同主办的"中国光彩事业延边行"投资考察活动 7 月 25 日在延吉市隆重开幕。中央统战部副部长，全国工商联党组书记、第一副主席，中国光彩会副会长全哲洙；吉林省委副书记、省长王儒林等中央统战部、全国工商联、中国光彩会、吉林省有关领导和来自全国各地的 230 余位民营企业家出席活动。

全哲洙书记在投资项目签约和公益捐赠仪式上指出，举办"中国光彩事业延边行"活动是今年中央统战部实施"同心"行动的重要内容。要坚持以"同心"思想为引领，着眼于促进非公有制经济健康发展和非公有制经济人士健康成长，丰富光彩精神、推进光彩实践、深化光彩宗旨、建设光彩队伍，引导广大非公有制经济人士踊跃参与扶贫开发，积极构建和谐劳动关系，自觉感恩回报社会，努力与党和人民在思想上同心同德、目标上同心同向、行动上同心同行。他希望广大民营企业充分利用延边具有的东北振兴、西部大开发、图们江区域合作开发、少数民族区域自治等国家战略叠加的政策优势，抢抓中国图们江区域（珲春）国际合作示范区设立的机遇，按照科学发展观要求，在项目对接和产业发展上，体现出高起点、高水平、高效益，找准企业自愿、社会需要、地方支持的好项目，做到项目实施能发挥当地资源和用工优势，促进企业结构调整和转型升级，推动地方和企业共同转变经济发展方式。

全哲洙书记希望延边朝鲜族自治州充分利用好"中国光彩事业延边行"这一载体，牢固树立尊重民营企业就是尊重规律、尊重创造、尊重贡献的观念，在全州上下营造亲商、安商、扶商、富商的氛围，打造良好的政策、市场、社会和法治环境，努力创建全国投资环境最优地区，为民营企业来延边投资兴业提供更加优质便捷的服务。

王儒林省长代表吉林省委、省政府致欢迎词。他说，"延边行"投资考察活动充分体现出中央统战部、全国工商联、中国光彩会对吉林省和延边朝鲜族自治州的关心和厚爱，体现出全国知名民营企业家关心和支持边疆民族地区发展的拳拳之心。各位企业家的慈善义举，项目帮扶，

必将对边疆少数民族地区加快发展、科学发展、和谐发展起到重要的推动作用。吉林将一如既往地为在吉林投资兴业的企业家创造优良的投资环境和优质高效的服务，竭尽全力为企业发展保驾护航，与各位企业家朋友共创企业振兴和吉林发展的美好未来。

全国政协常委、中国民间商会副会长、新奥集团董事局主席王玉锁，全国政协委员、中国光彩会副会长、豪德集团董事局主席王再兴代表企业家发言。

活动期间，企业家们先后到珲春国际合作示范区、延吉市高新区等地进行了实地考察。此次活动共签订投资项目 159 项，其中合同类项目 92 项，总投资近 1000 亿元。在今天的会议上签约合同项目 35 项，协议项目 7 项，签约金额 866.3 亿元，向延边在乡烈士遗属危房改造项目公益捐款 2490 万元。（马占利）

【共同主办"中国光彩事业宁夏行"】2012 年 8 月 8 日，全国工商联与中国光彩事业促进会、宁夏回族自治区党委、政府在银川共同开展了"中国光彩事业宁夏行"大型投资考察活动。中央统战部副部长，全国工商联党组书记、第一副主席，中国光彩会副会长全哲洙，宁夏回族自治区党委书记、人大常委会主任张毅，自治区主席王正伟等有关领导和来自全国各地的 400 余位民营企业家出席活动。

全哲洙书记在讲话中表示，此次活动是中国光彩会年初确定的一项重要光彩事业活动，也是贯彻落实国家新时期农村扶贫开发纲要的重要举措。作为西部经济欠发达少数民族地区，宁夏既是西部大开发的主战场，也是国家扶贫攻坚的主战场。此时，举办"中国光彩事业宁夏行"，引导动员民营企业积极参与自治区建设和扶贫开发事业，既是践行统一战线"同心"思想、推进光彩实践的重要举措，也是促进"两个健康"、服务大局的具体行动。他还指出在当前经济增速放缓与经济运行下行压力较大的情况下，广大民营企业要特别注重加快转变发展方式，在投资方向上更加关注"后发优势"，在投资区域上更加注重面向欠发达地区，在实现自身规模扩大，产业链延长，推进企业自身的科学发展和转型中升级。

他希望各级党委、政府进一步解放思想，注重行政效率，牢固树立尊重民营企业就是尊重规律、尊重创造、尊重贡献的观念，打造良好的政策、市场、社会和法治环境，创造开放合作、双赢发展的新成果。

张毅书记代表宁夏回族自治区党委、政府致辞。他对光彩事业长期以来为宁夏发展做出的积极贡献给予高度评价。他说，今年宁夏确立了"建设和谐富裕新宁夏、与全国同步进入全面小康社会"的奋斗目标，同时提出了打造"黄河善谷"的构想，通过实施特殊的优惠政策，兴建慈善产业园区，支持和助推企业家、慈善家在互利共赢中帮助贫困群众、残疾人口早日脱贫致富。"中国光彩事业宁夏行"活动，是宁夏扶贫开发事业中的一件大事，也是各族群众期盼的一件喜事。宁夏将努力创造优良的投资环境，提供优质、高效、便捷的服务，为企业家在宁夏投资兴业施展才华、创造业绩提供有力保障。

此次活动共签约项目 142 个，投资总额 2060.02 亿元。中国光彩事业促进会组织来自全国各地民营企业家向吴忠市同德生态移民项目区枸杞种植基地等项目捐赠资金 3120 万元，河仁慈善基金会向宁夏回族自治区定向捐赠 1000 万元，用于教育和扶贫事业。签约项目总体上科技含量高、产业层次高、项目领域比较宽，涉及宁夏能源化工、装备制造、农副产品加工、旅游开发等优势产业，对于宁夏经济结构调整具有很大的带动作用。（左田文）

【召开全国工商联扶贫工作委员会全体会议】 2012 年 11 月 1 日，全国工商联扶贫工作委员会第四次全体会议在京召开。本次会议的主要内容是对扶贫工作委员会五年来的工作进行总结，向委员们报告五年的财务工作，对重点帮扶地区及光彩帮扶项目成果进行展示，同时听取有关领导和委员们对委员会工作的意见和建议。全国政协副主席、全国工商联主席黄孟复出席并讲话。扶贫工作委员会副主任、上海复星集团副董事长兼首席执行官梁信军代表委员会作五年工作报告。

报告指出，5 年来，委员会根据全国工商联常委会和主席会的要求，紧紧围绕党和政府的扶贫开发方针和工作部署，不断创新扶贫工作思路、探索扶贫工作方式、完善扶贫工作机制，开展了内容丰富、形式多样的调查研究、重点帮扶、项目扶贫和社会公益活动。各位委员认真履行职责、积极发挥作用，在推动社会力量参与扶贫开发、扩大全国工商联社会影响、营造非公有制经济良好舆论环境方面发挥了示范带动作用。2011 年，委员会被国家扶贫开发领导小组评为"全国扶贫开发先进集体"。

报告建议，扶贫工作是工商联工作的重要方面，是做好广大会员思想政治工作的重要抓手。民营企业参与扶贫工作，应充分发挥优势、体现特色。委员会的工作应充分体现力量的集中、项目的示范和带动作用。

扶贫工作委员会副主任、全国工商联扶贫与社会服务部部长王钢治代表委员会办公室作五年财务工作报告。会议审议并通过了两项报告。

会上，黄孟复主席向大连万达集团、苏宁电器集团、中国民生银行、日照钢铁控股集团、上海复星集团等 5 家为扶贫工作做出突出贡献的单位，以及甘肃省工商联、西藏自治区工商联驻村工作队、四川省仪陇县、昆山五月太阳能公司、广西喷施宝公司等 5 家在实施委员会项目中做出突出成绩的单位颁发纪念牌。（马占利）

【全国工商联直属商会与甘肃省 18 个贫困重点县签约合作】 2012 年 7 月 27 日，全联旅游业商会与成县、礼县签订了《旅游产业开发战略合作框架协议》，帮助当地制定旅游发展规划和旅游路线，进行旅游宣传推介，探索旅游扶贫的途径和模式，并把这种模式向全国工商联的其他直属商会进行推介。同时，甘肃省工商联提出，希望借助全国工商联直属商会会聚国内非公有制经济领域各行业领军人物和商界精英的优势，争取商会组织会员企业赴甘肃考察投资。

8 月，全国工商联直属商会第二次联席会议邀请甘肃省工商联做了"携手合作谋发展、产业开发谱新篇"的发言，首次向 30 家商会介绍了甘肃省的经济发展状况，投资优势，表明了想法，向商会发出邀请，希望商会组织会员企业来甘投资考察。9 月，全国工商联直属商会第三次秘书长联席会议上，甘肃省工商联就合作事宜又与 30 家商会进行了深入沟通，明确了各自意见，确定了具体工作。在前期沟通协调的基础上，10月8日至12日，甘肃省工商联组织有关县市区领导带着项目册，专程赴北京与全联30家直属商会进行了深度沟通，推介当地特色产业项目，再次邀请商会赴甘肃投资考察。

11月14日，全国工商联30家直属商会按照"产业引导带动、项目合作发展"原则，与甘肃省18个贫困县市区签订了战略合作开发框架协议。协议本着"交流、合作、发展、共赢"的原则，涉及文化旅游、资源开发、城镇建设等多个领域，开创了商会"以商招商、合作共赢"帮扶发展的新模式，在全国成为首创。全国政协副主席、党组副书记、中央直属机关工委书记王刚，全国政协副主席、全国工商联主席黄孟复，全国工商联副主席黄小祥，甘肃省委书记王三运，省长刘伟平参加见证了大会签约。会后，甘肃省工商联又迅速组织有关县市区领导再次赴北京与有关商会进行了座谈，邀请他们来甘肃对接考察。2012年12月至2013年3月，全联旅游业商会、新能源商会、水产业商会、房地产商会赴对口合作的成县、礼县、景泰县、靖远县进行了对接考察和项目洽谈。（王兆成）

【组织"红动中华·善行天下"2012年世界艾滋病日主题慈善夜活动】2012年11月30日晚，由全国工商联，国务院艾滋病工作委员会办公室作为指导单位，中国光彩事业基金会主办，中华红丝带基金承办的以"红动中华·善行天下"为主题的2012年世界艾滋病日主题慈善夜在北京富力万丽酒店举行。

全国政协副主席、全国工商联主席、中华红丝带基金名誉理事长黄孟复，卫生部部长陈竺，全球基金秘书处总裁加布里尔·加拉米洛，铁道部副部长、党组成员王志国，全国总工会副主席、书记处书记张世平，全国工商联副主席、中华红丝带基金理事长谢经荣，全国工商联副主席、世茂集团董事局主席、中华红丝带基金执行理事长许荣茂，全国副主席、四川宏达集团董事局主席、中华红丝带基金副理事长刘沧龙，卫生部原副部长、中华红丝带基金副理事长彭玉，全国工商联原副主席、全国工商联直属会员商会会长、中华红丝带基金监事长瞿怀

明，以及民政部、卫生部等有关部门领导和中华红丝带基金理事会员单位、爱心企业家、知名人士、爱心艺术家、受助人代表、志愿者、媒体人士等400余人出席了此次活动。活动由中央电视台主持人沙玛阿果和郎永淳联袂主持。基金形象大使白岩松、章子怡，以及沙玛阿果、艾尚真、李丹阳、蔡国庆、曲比阿乌、爱戴、徐洁儿、叶一茜等众多知名人士参加了此次活动。

黄孟复主席在活动致辞中表示，中华红丝带基金得到了来自社会各界善行义举的鼎力资助、参与和支持，特别是众多民营企业家为红丝带事业出钱出力、出时间出智慧。全社会都在用不同的方式，身体力行地参与到这项公益事业中来，相信只要行动就能带来改变。

晚宴中不仅通过宣传片回顾了基金成立7年来防艾历程，展示了近年来实施的儿童资助类、基础建设类、宣传倡导类三大类项目，而且还用沙画、志愿者诗歌朗诵等形式展示了基金的发展过程。活动中还颁发了第三届感动红丝带奖，"爱心奖"颁给了预防艾滋病宣传员、歌唱家蔡国庆，"温暖奖"颁给了中央电视台《走基层》栏目组，"自强奖"颁给了天津海河之星艾滋病感染者工作组发起人李虎，"贡献奖"授予了积极为四川凉山州项目奔走动员的全国工商联副主席、中华红丝带基金副理事长、四川宏达集团董事长刘沧龙。（王丽荣）

【2012年光彩帮扶项目】
一、甘肃省通渭县"光彩·同心水窖"项目
甘肃省通渭县是甘肃省18个干旱县之一。2012年3月，全国工商联从"西部光彩帮扶基金"中划拨300万元善款援助甘肃省通渭县建设2000眼"光彩·同心水窖"。2012年7月份全部建成，解决了3个乡镇24个自然村中10000个农村人口、15000头家畜的饮水问题，改善了当地人民群众的生产、生活条件。

二、河北省滦平绿色蔬菜扶贫产业项目
河北省滦平县长山峪镇二道营村有10个居民组，460户，1587口人。全国工商联从"西部光彩帮扶基金"划拨100万元，采取扶贫周转金形式用于支持该村的经济发展。该项目由绿丰种植农民专业合作社组织实施，资金主要用于合作

社建设及加工车间、保鲜库、育苗基地等，每年对有日光温室的 35 户（贫困户）以周转金形式进行帮扶。已建立了相关农药管理制度、档案记录制度、产品检测与准出制度，县工商联与绿丰种植农民专业合作社、合作社与扶贫户之间协议、扶贫周转金联保合同书也已签订。2012 年确定帮扶的 35 户中旧棚改建 21 户，新打井 11 眼，增设卷帘机 18 台。预计经过帮扶支持，每户每棚年增产 1000～1500 公斤，增加收入 3000 元。

三、西藏农牧民饮水工程项目

为进一步落实中央第五次西藏工作座谈会和全国工商联援藏援疆工作座谈会议精神，在 2009 年全国工商联向西藏自治区捐赠 1000 万元的基础上（专项基金），2012 年全国工商联又划拨专款 200 万元援建西藏自治区工商联有对口帮扶任务、并派有驻村工作队的日喀则地区岗巴县直克乡、山南地区隆子县加玉乡饮水工程。该工程建成后，将解决岗巴县直克乡 147 户 800 余人（包括乡政府、小学、卫生院人员）、20000 头（只、匹）牲畜饮水安全问题；解决隆子县加玉乡项目区内 86 户 315 人、1500 头（只、匹）牲畜的饮水问题，增加有效灌溉面积 1950 亩（其中耕地面积 610.0 亩，林地面积 210.0 亩，草地面积 1130 亩）。此项目所用资金为"西部光彩帮扶基金" 200 万元，两个项目分别支持 100 万元。

四、新疆维吾尔自治区察布查尔县加尕斯台乡阿克亚尔村帮扶项目

为帮扶新疆维吾尔自治区察布查尔县加尕斯台乡阿克亚尔村的经济社会事业的发展，2012 年 11 月，全国工商联从"西部光彩帮扶基金"中向新疆维吾尔自治区工商联拨付人民币 100 万元，分别用于在察布查尔县加尕斯台乡阿克亚尔村设立光彩事业生产互助基金、建设村卫生室和文化室。

五、向新疆阿勒泰地区捐赠太阳能家用发电系统，开展"同心·暖民工程"送温暖活动和实施"光彩·民生工程"项目

2012 年初，新疆阿勒泰地区畜牧兽医局向全国工商联来函，反映当地牧民在冬季无电照明和取暖，因严寒致病的情况，请求我会实施"同心·暖民工程"，于春节期间向阿勒泰地区牧民捐赠太阳能家用发电系统设备，解决了当地牧民冬季取暖和照明等问题。因实施此项工程意义重大，通过改善牧民的生产生活条件，使地处边疆的少数民族兄弟得到关怀和温暖，共享社会发展成果，对于促进边疆的安定和谐、国家的边防安全具有重要作用。全国工商联与相关企业及受捐地区有关部门的共同努力和密切配合，按照计划于 2012 年 2 月 6 日（正月十五）前将价值 100 万元的 200 套太阳能家用发电系统送到了新疆阿勒泰地区牧民家中，并于 2 月下旬全部安装完毕。"暖民工程"送温暖活动取得成功后，引起了良好的社会反应。新疆维吾尔自治区工商联来函，请求我会继续捐赠太阳能家用发电系统。经全国工商联扶贫与社会服务部与中国民生银行联系，中国民生银行出资 220 万元向昆山五月太阳能有限公司订购 400 套太阳能家用发电系统，免费发放给新疆阿勒泰地区的部分农牧民，实施"光彩·民生工程"。（马占利）

对外交往与合作

【综　述】2012 年，举国关注、举世瞩目的党的十八大胜利召开。在全党、全国各族人民认真学习贯彻党的十八大精神的热潮中，全国工商联召开了第十一次会员代表大会。这次会员代表大会共收到了我国港澳台地区和亚洲、非洲、欧洲、北美洲、南美洲、大洋洲有关国家 48 个商会组织发来的贺信贺词，比 2007 年的"十大"增加了一倍，反映出全国工商联的国际知名度和影响力的不断提升，海外商会组织对全国工商联的关注和重视程度逐渐增强。这一年，全国工商

联联络部和有关部门按照全国工商联主席办公会的要求，深入贯彻落实中央16号文件精神，围绕中心、服务大局，努力发挥外事外联的独特优势，积极推动与我国港澳台地区和国际间商会交流，促进经贸合作，服务民营企业"走出去"，加强外事外联基础工作建设，努力探索和推进外事外联工作的创新与发展。

一、对外交往的概况与特点

2012年，全国工商联的对外交往与合作呈现出以下特点。

（一）对外交往日益频繁

2012年，全国工商联共接待来访团组47个，394人次；累计组织或参与外事活动64次，批准办理组团出访和参团出访24次；与香港中国商会、格鲁吉亚工商会等工商社团和单位签署了8个合作备忘录、意向书和框架协议。在保持与亚洲、欧洲有关国家和地区传统交往的基础上，逐步加大了同非洲、南北美洲、大洋洲有关国家和地区的交流交往。

（二）对外交往层次更趋高端

2012年，古巴共产党中央政治局委员、古巴部长会议副主席穆里略，世界经济论坛执行主席施瓦布教授等外国政要和国际组织代表先后来我会拜访；33个驻华使领馆的46位外交官和16个国外商会代表出席中国民营经济发展形势分析会；黄孟复主席率团出访美国和古巴、赴港澳出席"中国海外投资年会"、赴澳门出席"世界旅游经济论坛"和全哲洙第一副主席率团出访南非、坦桑尼亚和埃塞俄比亚，为民营企业与到访国政要和工商界高层的直接对话交流创造了机会，进一步发挥了工商联在推动我国开放性经济、实施"走出去"战略中的积极作用。

（三）对外交往更加务实

针对中美经贸关系总体平稳发展过程中不时出现的贸易不平衡、贸易摩擦等问题，我会与美国全国商会联合主办了以"中美贸易与投资：通向双赢之路"为主题的中美商会合作发展论坛，对促进两国经贸合作和民营企业对外贸易与投资起到了推动作用。与香港中华总商会、湖南省人民政府主办"世界华商领袖高峰会"，与台湾八大商会联合举办"海峡两岸商会经济论坛"，通过与地方政府的合作，有效地服务当地经济发展。

（四）外事培训重心下移、面向基层

我会与香港中华总商会、澳门中华总商会、香港培华教育基金会、新加坡工商联合总会合作，共举办了4期培训班，加大了对西部和少数民族地区工商联干部的培训力度，共有20个省、自治区、直辖市工商联和全国工商联机关及直属行业商会的109名工作人员参加了学习和培训。与中国民营经济国际合作商会合作，组织开办"国际经济合作大讲堂"，为民营企业"走出去"提供政策咨询和外事服务。

二、围绕工商联外事外联如何服务民营企业"走出去"开展调查研究

2012年，全国工商联联络部把"学习贯彻16号文件精神，创新联络工作"作为工作主线，针对当前联络工作领域遇到的新情况、新问题、新挑战，会同中国民（私）营经济研究会，通过召开专题座谈会、走访企业、下发调查问卷等方式在全国范围内开展了工商联外事外联服务民营企业"走出去"调研，形成了《工商联外事外联服务民营企业"走出去"调研报告》和《工商联外事外联服务民营企业"走出去"经验材料汇编》。通过调研总结了各地联络工作经验，基本摸清了底数，找出了问题，为下一步推进外事外联服务民营企业"走出去"工作打下了基础。

三、以社会资源为依托，完善对外联络网络体系建设，服务工商联外事外联工作

全国工商联的对外联络工作是政治性、政策性、全局性、系统性的工作，需要社会联络资源的协同和配合。2012年，一是加强同相关党政部门、机构和社会组织的协调配合。联络部先后走访了外交部、商务部、国台办、港澳办、对外友协、社科院等单位，学习交流外事管理政策和规定，为工商联外事出访和民营企业"走出去"遇到的问题争取相关支持。与会员部联合推荐2名民营企业家中共党员代表，作为中共青年政治家代表团的正式成员出席中欧政党高层论坛，实现了民营企业家参与政党多边交流的零的突破。通过加强与中国太平洋经济全国委员会、中非基金等社会组织的合作，拓宽了对外交往的渠道，创新了工商联的外事服务工作模式。二是整合联络资源，建设联络系统网络体系。对多年来形成的外事外联工作资源，通过收集、整理和编写，建立起全国工商联联络系统三大工作网络，即有88个国家和地区的192家商会构成的国际合作网络，166个政府部门、研究机构、驻华使馆构成的社会协作网络，78个地方工商联、行业商会外联部门构成的组织系统网络。

四、加强制度建设，提升履职能力和服务水平

加强制度化建设，进一步规范工作程序，以巩固和提高现有的工作成果。一是落实中央和国务院规定，完善外事管理制度。根据中共中央、国务院有关因公出国人员审批管理规定等文件精神，修订完善《全国工商联外事工作管理规定》，进一步规范因公出国人员审批程序、外事接待程序、证照管理等相关规定。二是规范外事接待，发挥外事服务职能。在日常接待工作中，注重工作规范，认真制定外事接待方案，注重会谈参考资料质量等工作，试行礼宾官责任制度，把外事活动、接待、礼仪等各环节落实到人，避免出现漏位、空位、错位。三是完善内部管理，加大督促检查。建立和完善部务会、专题会和外事工作报批制度。加强对出国（境）的人员的行前教育、保密教育和证照管理工作。做好外事外联工作。（王华鲜）

【召开民营企业"走出去"座谈会】2012年1月5日下午，民营企业"走出去"座谈会在全国工商联机关召开。此次座谈会由商务部对外投资和经济合作司与全国工商联经济部共同举办，邀请了20多家来自全国已经在海外投资或正在投资的民营企业负责人参会，国家外汇管理局、中国人民银行、国家发改委对外经济研究所等单位相关负责人也参加了座谈会。全国工商联副秘书长、经济部部长欧阳晓明主持会议。

此次座谈会是为落实国务院领导关于民营企业"走出去"批示精神，充分听取民营企业的意见建议，进一步完善政府支持和服务企业"走出去"的政策措施，使企业"走出去"更加便利化而召开的。座谈会上，十多位参会企业代表结合企业"走出去"的经历和体会，对目前我国境外投资项目审批程序、外汇审批管理程序、境外融资担保、出口信用保险、签证办理、境外风险提示服务、境外知识产权保护、境外投资企业税收政策等方面提出了具体的意见和建议。

听取了企业发言后，国家外汇管理局资本司刘斌副司长和中国人民银行的同志分别表达了对企业"走出去"的支持态度，并对在场企业提出了建议。

商务部合作司刘迎军副司长表示，国家相关部门还应该转变管理思路，更好地为企业"走出去"提供便利，服好务。此次座谈会的目的就是希望推动出台操作层面的一些措施，缓解企业"走出去"遇到的具体困难。同时，刘司长还强调，管理体制和政策的转变需要一个过程，不可能一蹴而就，这需要政府、企业、工商联等共同长期不懈的努力，相信未来会朝着更好的方向发展。

最后，欧阳晓明部长对会议进行了总结。她说，此次座谈会让人感受到商务部等有关部门听取企业意见、为企业解决实际困难的真诚。今后，企业如有其他建设性意见，还可以继续反映。另外，环境的改善要靠大家不断的呼吁和提出建设性的意见，这既是商务部等政府部门的事情，同时也是企业和工商联的事情。工商联今后也将继续探索为民营企业"走出去"提供更加专业、有针对性的服务，希望企业继续关注和支持工商联工作。感谢中国民营经济国际合作商会对此次座谈会的大力协助。（吴盈禧）

【共同主办中法企业沙龙交流晚宴】2012年3月28日，全国工商联副主席李路出席了在北京举办的中法企业沙龙交流晚宴并致辞。法国巴黎工商会会长凯意礼、中国法国工商会会长甘安懿、北京贸促会会长熊九龄以及中法知名企业代表约70人出席了晚宴。中法企业沙龙是由全国工商联、北京市贸促会、法国巴黎工商会和中国法国工商会共同构筑的企业交流平台，通过组织中法企业间的联谊活动，以举办主题会议和午餐会等形式，帮助中法企业家建立直接的联系，方便中法企业及企业家之间的相识了解、交流沟通和经验共享。

李路副主席在致辞中表示，中法企业间的交流与合作是推动两国双边关系特别是经贸合作的重要桥梁纽带，中法两国商会共同创设的中法企业沙龙是一个有益的探索和良好平台，希望两国企业界代表能够本着互利共赢的原则，发挥各自优势，加强务实合作，为推动两国经贸交流和中法关系健康发展做出积极贡献。

晚宴期间，李路副主席与法国巴黎工商会会长凯意礼、中国法国工商会会长甘安懿就两国商会的友好交往进行了沟通，两国的企业家就双方的投资与合作展开了热烈的交流。会员部部长王瑷、联络部部长谭林及中国民营经济国际合作商会相关负责人陪同出席了活动。（王　彤）

【开展工商联外事外联服务民营企业"走出去"调研】 为深入贯彻落实中央16号文件精神，更好地发挥工商联对外联络工作服务民营企业"走出去"，促进"两个健康"，2012年，全国工商联联络部把"学习贯彻16号文件精神，创新联络工作"作为工作主线，针对联络工作领域的新情况、新问题、新挑战，确定了工商联外事外联服务民营企业"走出去"重点调研课题，力求通过对各地工商联开展对外联络工作基本情况的调研，总结经验、摸清底数、找准问题、理清思路，推进工商联系统外事外联工作的创新与发展。2012年2月，联络部拟定外事外联服务民营企业"走出去"调研方案和调研活动实施计划。自4月至8月，联络部会同中国民（私）营经济研究会，开展专题调研活动，先后赴黑龙江、山东、内蒙古、广东等省、自治区进行实地考察，召开部分省、自治区地方政府有关部门、基层商会、走出去企业参加的专题座谈会6场，考察走出去企业十余家，收集省级工商联、副省级城市工商联报送的工作总结38份，典型案例30个，调查问卷46份。全国工商联副主席李路、联络部部长谭林带队参加了调研活动。6月29日，在北京召开直属行业商会外事外联服务民营企业"走出去"座谈会，了解直属行业商会开展国际交流与合作的情况以及服务企业"走出去"的经验、做法和遇到的困难问题等，更有针对性地为行业商会开展服务。外交部领事司负责签证工作的费明星参赞在座谈会上介绍APEC商务旅行卡有关情况，为民营企业走出去提供更加便利的通道。7月30日，在北京召开部分省、自治区、直辖市工商联外事外联服务民营企业"走出去"座谈会，来自上海、福建、江西、河南、湖北、广东、重庆、宁夏、新疆等九个省级工商联联络部负责人参加了座谈会。各地工商联联络部负责同志畅所欲言，充分交流了在服务民营企业"走出去"工作中的具体做法和经验。全国工商联副主席李路在座谈会上讲话，就调研工作提出具体要求。联络部及民（私）营经济研究会的同志参加了座谈会。

考察调研后，调研组撰写了《工商联外事外联服务民营企业"走出去"调研报告》。报告指出，民营企业异军突起，已成为国家实施"走出去"战略的新力量。2011年，民营企业境外直接投资266.7亿美元，占中国企业境外投资总额的44.4%。而在2008年，这个比例仅为14%。服务民营企业"走出去"已成为新时期工商联工作的重要任务。调研报告总结了工商联外事外联服务民营企业"走出去"的基本经验和主要做法。针对现阶段工商联联络工作中存在的队伍素质与担负责任不相适应，服务内容与工作主题不够紧密，服务手段与企业期待还有距离等问题，调研报告提出了四项对策与建议：一、切实加强领导，服务民营企业"走出去"；二、建立专项审批，实现外事服务新突破；三、打造品牌活动，提升工商联（民间商会）国际影响力；四、建设外联队伍，提高专业化服务水平。（徐宝文）

【共同主办2012世界华商领袖峰会】 2012年5月17日，由全国工商联、湖南省人民政府和香港中华总商会主办，湖南省工商业联合会、长沙市人民政府和湖南省商务厅承办的"世界华商领袖峰会"在湖南长沙举行。

全国政协副主席、全国工商联主席黄孟复，湖南省委副书记、省长徐守盛以及香港中华总商会会长蔡冠深出席开幕式并讲话。我会企业家副主席刘志强、刘沧龙、许连捷、许荣茂、傅军以及来自我国港澳台地区和日本、加拿大、新加坡等国家的华商领袖和国内知名企业家400余人出席峰会。

峰会围绕"可持续发展与全球华商新机遇"为主题，全国人大常委会委员、民建中央副主席、经济学家辜胜阻，湖南省副省长、省工商联主席何报翔，全国工商联副主席、世茂集团董事局主席许荣茂分别作题为"中部发展与全球华商新机遇"、"建设两型社会，推动中部崛起"、"当前环球经济形势与华商发展机遇"的主题演讲。庄学海、向文波、黄伟东等企业家则围绕"创新与可持续发展——企业经营之道"的主题开展了专题研讨。

峰会扩大了全国工商联和地方工商联的影响力和凝聚力，加强了我会与海外华商的联系与合作，同时也加强了海内外华商之间的交流与合作。从峰会的效果看，达到了共赢的目的，对于推动地方经济社会发展、扩展地方工商联对外交往途径具有积极意义。此次峰会在中博会期间举办，与地方经济活动紧密结合，互相借力，既丰富了"中博会"的内容，也延伸了"峰会"的成果。前来出席"峰会"的企业家们积极洽谈合作事宜，出席"峰会"期间，签订了包括香江集团有限公司总投资 33 亿元的中南物流商贸园建设项目，大汉控股集团总投资 50 亿元开发宜章双溪生态新城项目等一批项目。（张　巍）

【共同主办中德商会建设合作项目总结会与后续合作研讨会】 由全国工商联、德国中小企业联合总会主办，湖南省工商联承办的"中德商会建设合作项目总结会与后续项目研讨会"于 2012 年 5 月 18 日在湖南长沙召开。研讨会全面总结了合作项目的完成情况和取得的成功经验，探讨了未来项目合作的具体内容和方向。

全国工商联与德国中小企业联合总会的合作始于 1995 年，至今双方共组织开展了近 1000 个合作项目，在加强中德商会间的友好合作，增强我国商会的自身建设，促进双方在培训、信息等方面的合作，推动双方企业会员间的经贸交流等方面发挥了积极作用。会上，全国工商联与德国中小企业联合会决定进一步保持并升级双方的合作关系，签署新一轮的合作协议。在未来三年的合作期内，双方将建立更加有效的联络机制和项目评估机制，创新合作模式，丰富合作内容，拓宽合作领域，共同推动合作项目向更高更深层次发展。（马晓芳）

【参加"倡导企业社会责任，促进南南合作"交流会】 2012 年 5 月 18 日，联合国开发计划署驻华代表处和中国国际跨国公司促进会在人民大会堂共同举办了"倡导企业社会责任，促进南南合作"交流会。

全国政协副主席、中国国际跨国公司促进会会长郑万通和联合国开发计划署署长海伦·克拉克在会上发表了主旨演讲。我会常务副主席孙安民参与了互动环节的讨论，介绍了工商联组织在引导企业履行社会责任、扩大就业、建立和谐劳

动关系、积极开展光彩事业、参与救灾济困等慈善事业和积极引导企业树立全球社会责任意识等方面所做的大量卓有成效的工作。100 名来自企业、基金会和媒体的代表出席了会议。（柯佳希）

【共同主办第四届海峡两岸商会经济论坛】 2012 年 6 月 17 日，"第四届海峡两岸商会经济论坛"在福建省泉州市举行。全国政协副主席、全国工商联主席黄孟复，福建省副省长陈荣凯，国台办经济局局长徐莽，泉州市委书记徐钢，台湾工商社团代表陈武雄出席开幕式并致辞。全国工商联副主席李路以及来自全国工商联直属行业商会、海峡两岸工商界人士近 500 人出席本届论坛。

本届论坛由全国工商联、闽台经济合作促进委员会、台湾工业总会、台湾商业总会、台湾工商协进会、台湾区电机电子工业同业公会、台湾工商建设研究会、台湾工业协进会、台湾中小企业总会、台湾工商企业联合会主办，福建省工商业联合会、泉州市人民政府承办。论坛主题是"两岸中小企业发展的机遇与挑战"。

国家发改委对外经济研究所所长助理刘旭、台湾中小企业总会运营长舒嘉兴、社科院台湾研究所副所长张冠华、台湾资诚联合会计师事务所会计师何淑敏分别就"'十二五'期间两岸经济合作前景与展望"、"台湾中小企业发展现状及经验"、"两岸中小企业合作机遇"、"台湾地区投资环境与政策"做了专题演讲。之后，四位演讲嘉宾与勤业众信联合会计师事务所董事张日炎、福建正大集团有限公司首席执行官郭树清、台湾统一综合证券股份有限公司驻厦门代表处首席代表陈隆坚、福建新大陆科技集团董事长胡钢、全国工商联汽摩配商会副会长兼秘书长李宝民，围绕"商协会在两岸中小企业发展中的作用"同与会来宾进行了对话交流。

论坛期间，福建省工商联与参会的台湾地区八个工商社团共同签署了《福建省工商联与台湾工商社团友好合作备忘录》，为加强两地信息交流与会务交往建立了务实的长效机制。论坛结束后，与会来宾还分别赴晋江、石狮、南安、惠安、安溪等市县开展实地经贸考察。论坛期间，共洽谈台商投资项目 17 个，投资总额 3.4 亿美元。其中超千万美元的项目 10 个，投资领域涉

及制造业、商贸服务业、机械电子、精密仪器、物流运输等。（李圣汉）

【举办民营企业"走出去"培训班】 2012年7月24日至25日，由全国工商联经济部、黑龙江省工商联共同主办、绥芬河市工商联承办的东北地区民营企业"走出去"培训班在黑龙江省绥芬河市举办，全国工商联经济部副巡视员赵征然、黑龙江省工商联副主席陈伟民、绥芬河市委常委、常务副市长吴庆兰出席了培训班开班仪式。吴庆兰副市长代表绥芬河市委、市政府在培训班上致辞，赵征然副巡视员在培训班上讲话并为培训班作总结。培训班由陈伟民副主席主持，来自黑龙江省和吉林省的100多名外经贸民营企业负责人参加了培训。

7月24日，商务部合作司处长杨梅、黑龙江省商务厅对俄合作处副处长都书峰、哈尔滨海关统计处副处长马健华、中国出口信用保险公司哈尔滨营业部处长韩笑先后为培训人员授课。授课内容包括国家促进民营企业"走出去"发展规划及支持政策及俄罗斯入世后给民营企业带来的机遇、挑战及应对策略；黑龙江省外经贸优惠政策及全省对俄经贸合作情况；海关最新政策解析，俄罗斯入世后关税、许可证、配额及进出口商品数量限制等调整情况；对企业出口信用保险支持政策，信用保险产品及投资流程介绍；投保案例分析。红豆集团柬埔寨西哈努克港经济特区有限公司招商部经理王磊在培训班上交流了境外投资的经验体会和风险的防控。

7月25日，全体参加培训人员参观了绥芬河市博物馆、中共六大暨绥芬河秘密交通线纪念馆，考察了黑龙江绥芬河综合保税区和国门。

学员反映，此次培训内容丰富，讲解透彻，可操作性强。通过此次培训，使外经贸民营企业对国家和当地的促进民营企业"走出去"政策更加明晰，理解更加深刻，对民营企业"走出去"起到了很好的引导和促进作用。（卢炳男）

【举办鼓励和引导民营企业积极开展境外投资座谈会】 2012年8月20日下午，机关举办鼓励和引导民营企业积极开展境外投资座谈会。国家发展和改革委员会外资司司长孔令龙应邀就国家有关促进境外投资政策作宣讲解读，并现场回答提问。座谈会由全国工商联欧阳晓明副秘书长主持，机关各部门领导、部分机关干部、各直属行业商会代表以及中国民营经济国际合作商会部分会员企业代表近100人参加了座谈。

会上，孔司长首先介绍了我国企业特别是民营企业开展境外投资、参与国际经济技术合作与竞争的基本情况，对国务院《关于鼓励和引导民间投资健康发展的若干意见》、发改委等13部门《关于鼓励和引导民营企业积极开展境外投资的实施意见》等文件精神做了解读，并详细介绍了当前我国境外投资的项目审核程序、财税金融等政策，分析了民营企业开展境外投资的有利条件和制约因素，希望民营企业走出去后要尊重当地法规习俗，履行必要责任，树立良好形象。

会后，参加座谈的商会代表、企业代表纷纷就境外投资政策和投资中遇到的实际问题向孔司长进行咨询和提问。（张一卫）

【共同主办中国海外投资年会】 2012年8月21日至25日，全国政协副主席、全国工商联主席黄孟复一行7人，赴香港出席了"第二届中国海外投资年会"并考察访问。来自美国、加拿大、英国、德国、俄罗斯、韩国等40多个国家和中国内地及台湾、香港地区的政府官员、投资者、企业高管、专家学者共2000多人与会。我会组织民营企业代表和部分地方工商联代表出席年会。

"中国海外投资年会"由香港中国商会主办，是为落实国家深化对外开放新格局、将香港打造成为实施"走出去"战略重要平台而举办的海外投资盛会。全国工商联是年会的联合主办单位，黄孟复主席为年会组委会主席。本届年会以"全球经济转型与中国海外投资新模式"为主题，围绕全球经济背景下中国企业"走出去"的新路径、海外投资风险防控、海外品牌经营、人民币国际化对中国海外投资的影响、中国企业海外融资并购如何突破等问题进行深入交流和沟通。中共中央政治局常委、国务院副总理李克强为年会发来贺信，黄孟复主席作为主礼嘉宾出席了年会的开幕式、闭幕式，并在开幕式上致辞。

本届年会共举办"中国企业海外投资的融资途径与风险防控"、"同享香港优势·拓展海外市场"等12个专题论坛和2场专题午餐会。国家发改委、科技部、工信部、农业部、商务部、国务院侨办、国务院港澳办等 10 个中央部委和全国政协港澳台侨委员会、外事委员会等 30 多位部级领导出席并发表了演讲。在 8 月 21 日的招待晚宴上举行了"中国海外投资基金"、"香港智库"、"中国海外投资俱乐部"的启动仪式。在 8 月 23 日的闭幕答谢晚会上揭晓了中国海外投资年度人物、中国海外投资年度最佳案例。大连万达集团董事长王健林、四川宏达集团董事长刘沧龙等 10 位企业家获得中国海外投资年度人物奖。中国海洋石油有限公司收购英国图洛石油公司等 7 个案例获得 2012 中国海外投资年度最佳案例奖。

黄孟复主席一行还走访了香港中华总商会、香港中华厂商联合会，看望了我会老朋友霍震寰先生、施子清先生、杨孙西先生、蔡德河先生、伍淑清女士，并会见了我会在港执常委，听取了他们对加强两岸三地交流合作和全国工商联工作的意见建议，并就相关问题交流了看法。（张　巍）

【参加世界旅游经济论坛】2012 年 9 月 9 日至 11 日，由全国工商联、中央人民政府驻澳门特别行政区联络办公室、中国外交部驻澳门特别行政区特派员公署、中国国家旅游局、世界旅游业理事会、亚太旅游协会为支持单位，澳门特别行政区政府主办，全联旅游业商会协办，世界旅游经济研究中心承办的"世界旅游经济论坛"在澳门召开。全国政协副主席、全国工商联主席黄孟复出席论坛并发表重要讲话。来自美国、英国、法国、印度、新西兰、日本、吉尔吉斯斯坦等 19 个国家的国家政要、知名学者专家、企业家 900 余名代表出席论坛。

论坛以"增长驱动增长：旅游与经济发展的互惠互动"为主题，分别通过"大型活动及节庆、开拓新市场、创新科技及传媒、目的地规划、时尚生活与休闲娱乐"五部分，探讨了旅游与相关经济和产业之间实现互动互惠等问题。

论坛的成功举办对提高旅游产业全球地位，推动全球经济复苏，引导世界旅游经济今后发展趋势，加强全球各国旅游合作，及以旅游促进世界和平产生了巨大的推动作用，加速推进了澳门成为"世界旅游休闲中心"的目标。（李圣汉）

【参加世界经济论坛 2012 年新领军者年会】2012 年 9 月 11 日，全国政协副主席、全国工商联主席黄孟复应邀出席了在天津举办的世界经济论坛 2012 年新领军者年会（第六届夏季达沃斯论坛）开幕式，并在"提升竞争力"分论坛上发表演讲。本届论坛以"塑造未来经济"为主题，来自全球的商业、政府、社会、学术界和媒体的 2000 多人出席会议。

黄孟复主席在分论坛上表示，从总体上来看，中国制造业大国的地位还是没有根本的改变，而且会持续相当长的一段时期。虽然制造业劳动力成本在上升，但是中国 30 多年来所形成的庞大的工业体系和配套体系，为制造业的发展打下了基础。中国的企业现在非常注重科技投入，这是企业创新力的物质基础，中国非常重视人力资源的利用，因为创新主要还是靠人才，能够吸引大批优秀的人才到企业里来，是保持企业创新能力的一个重要基础。

世界经济论坛由施瓦布先生于 1971 年创立，以研究和探讨世界经济领域存在的问题、促进国际经济合作与交流为宗旨的非官方国际性机构。论坛总部设在瑞士日内瓦，每年初在瑞士达沃斯召开年会。世界经济论坛全球行业峰会暨全球成长型企业年会，简称为夏季达沃斯论坛，目前已在中国成功举办了六届。（王　彤）

【共同主办第四届中美商会合作发展论坛】由全国工商联与美国全国商会共同主办的第四届中美商会合作发展论坛于 2012 年 9 月 25 日在美国华盛顿举办。美国全国商会高级副会长薄迈伦主持开幕式。全国政协副主席、全国工商联主席黄孟复做了题为"构建和谐共赢的中美经贸关系"的主旨演讲。他认为，中国和美国作为世界上最大的发展中国家和最大的发达国家，面对当前全球经济下行的严峻挑战，中美两国应加强合作，肩负起引领世界经济稳定均衡和可持续发展的重任。他指出，中美经济有着广泛的共同利益和相互依存的关系，经贸合作为两国都带来了巨大的利益，在合作中出现一些矛盾，应该多用协商的办法解决，贸易战是我们工商界所不愿意看到的。当前中美两国都在进行经济结构调整，经济的差异性和结构的互补性成为中美经贸长期合作发展的客观基础，在经济全球化和产业链分工的大背景下显得更加突出，中国经济的快速发展将会给包括美国在内的全球经济复苏带来机会。

在介绍了中国民营经济发展情况后，他强调，民营企业作为中国市场经济的主体，将成为中美经济合作的重要力量。他建议，要从两国的长远利益出发，不断改善中美贸易投资环境，加强在技术创新、基础设施等领域开展合作，培育新的增长点。推动中美合作不仅需要政府之间加强对话和磋商，也要通过两国商会的民间渠道，加强工商界之间的沟通合作。

全国工商联访美代表团全体成员出席论坛，与美国财政部、商务部负责人和美国企业家就中美经贸关系、中美投资发表了各自见解。研讨会分析了中美经贸关系现状和问题，分享了中美企业跨国投资的经验，提出了加强中美经贸合作的建议。在增进理解互信，实现互利共赢，以更大的热情推进中美经贸合作上取得了共识。

全国工商联和美国全国商会表示要共同建立中美商会之间的民间沟通机制，反映中美企业的诉求；共同搭建中美经贸合作桥梁、投资服务平台和民间化解摩擦的协调通道；共同分享商会建设的经验和研究成果。参加论坛的美国各州、各市政府代表积极推荐本地的优惠政策与投资环境，热情欢迎中国企业前往投资。（王　彤）

【共同主办中美投资贸易研讨会】由全国工商联与美国芝加哥全球事务委员会、芝加哥招商局共同主办的中美投资贸易研讨会于2012年9月27日在美国芝加哥举办。芝加哥全球事务委员会董事、UL有限公司CEO伟廉仕主持研讨会。全国政协副主席、全国工商联主席黄孟复发表了演讲，他指出，尽管中国成为世界第二大经济体，但是人均收入还处于较低的水平，后发优势明显，具有巨大的发展潜力。中国正在转变经济发展方式，未来20年将有可能保持7%以上的发展速度，继续成为世界经济发展的重要推动力。他认为，经济全球化加深了国与国之间经济的融合与依赖，世界各国都根据自身的比较优势在全球价值链上分工合作，靠贸易保护压制别国而获利是行不通的。中国正处于工业化快速发展阶段，正在由中低端向高端发展，奥巴马总统提出"再工业化"，中美的工业化并不是矛盾和重叠的，美国具有创新的优势，中国有庞大的工业体系和配套体系，中美两国存在着有差异的比较优势，两国的工业化蕴藏着巨大合作商机。他指

出，中美贸易逆差的重要原因之一是中国在美投资还不多，目前中国对外投资已发生了巨大的变化，正在迅速增长，中国企业对美投资的意愿也很强烈，我们感受到美国各州市政府欢迎中国企业投资的诚意和热情，看到了许多合作的机会，希望美国政府为中国民营企业赴美投资提供更多的便利和公平的环境。

全国工商联代表团中的制造业和新能源企业家、美国企业家、芝加哥政府负责人在研讨会上发言，他们分析了中美在制造业和新能源合作的机遇、比较优势和存在的问题，表达了强烈的合作愿望。中美企业家提出，中美之间要保持畅通的沟通渠道，消除误解，加强互信，创造更多的商业机会。据悉，已有46个中国企业在芝加哥落户，芝加哥政府表示要建设成为北美对中国商业环境最友好的城市。（王　彤）

【召开全国工商联联络委员会全体会议】2012年10月29日，全国工商联联络委员会第三次全体会议在广东省广州市南沙区召开。全国工商联副主席李路出席会议并作讲话，全国工商联副主席、联络委员会主任霍震寰主持会议，全国工商联副主席、联络委员会主任刘志强作联络委员会2012年度工作报告。

李路副主席在讲话中充分肯定了联络委员会一年来的工作，并对当前的民营企业"调结构、稳增长"与"走出去"的关系做了论述。李路副主席指出，要充分发挥工商联组织的作用，建立全国的工商联系统外事外联信息库，加强对行业商会外事外联工作的指导，打造上下联动的活动平台，为民营企业"走出去"服务。

刘志强主任的工作报告全面总结了联络委员会一年来所做的工作，特别是贯彻落实中央16号文件精神，为开展民间外交发挥"外脑"智库作用，参与工商联外事外联服务民营企业"走出去"调研、健全和完善联络工作的"三个网络"建设，促进"两个健康"，服务民营企业"走出去"的工作情况。

委员们对联络委员会2012年的工作报告进行了讨论，委员们认为，工作报告实事求是，是一个切合实际的工作总结。委员们从围绕国家经济发展的大局，如何做好工商联的外事外联工作服务民营企业"走出去"，提出了许多既有价值，

又具有可操作性的建议。委员们参观了霍英东先生纪念馆、南沙科技软件园、南沙区社会经济发展展览，出席了国家级开发区——广州南沙新区发展规划推介说明会。（王华鲜）

【全国工商联与海外商会签署合作备忘录纪事】2012年2月28日，全国工商联副主席褚平与香港中国商会主席陈经纬在香港签署了《中华全国工商业联合会与香港中国商会合作备忘录》。

同日，全国工商联副主席李路与巴黎工商会会长凯意礼、中国法国工商会会长甘安懿签署了《中法企业沙龙合作意向书》。

2012年5月19日，全国工商联与德国中小企业联合总会在湖南长沙签署了《中华全国工商业联合会与德国中小企业联合总会合作协议书》。

2012年7月12日，中央统战部副部长、全国工商联党组书记、第一副主席全哲洙与埃塞俄比亚商协会会长穆卢在埃塞俄比亚首都亚的斯亚贝巴签署了《中华全国工商业联合会与埃塞俄比亚商协会合作备忘录》。

2012年7月18日，全国工商联副主席李路与南非非国大经济发展论坛主席达里尔·斯万普尔签署了《中华全国工商业联合会与南非非国大经济发展论坛合作备忘录》。

2012年7月23日，全国工商联副主席褚平与格鲁吉亚工商会主席卡哈在格鲁吉亚首都第比利斯签署了《中华全国工商业联合会与格鲁吉亚工商会合作备忘录》。

2012年8月28日，全国工商联副主席李路与香港理工大学副校长阮曾媛琪女士签署了《中华全国工商业联合会协助香港理工大学举办"紫荆花杯杰出企业家奖"活动合作备忘录》。

2012年9月20日，全国工商联与中国太平洋经济合作全国委员会签署了《中华全国工商业联合会与中国太平洋经济合作全国委员会合作框架协议》。（刘　璐、王　彤）

【全国工商联领导会见来访海外团组纪事】2012年2月6日，全国工商联主席李路会见以瓦伦·洛根（Warren E. Logan）和赫曼·梅森（Herman Mason, Jr.）为联合团长的美国全国城市联盟代表团一行16人。

2012年2月13日，全国工商联副主席李路会见波兰企业发展局局长博·卢·卡斯皮沙克率领的波兰代表团一行4人。双方就经贸合作等共同关心的问题交换了意见，表示要加强沟通与交流，共同为中波企业交往牵线搭桥。

2012年2月24日，全国政协副主席、全国工商联主席黄孟复在全国工商联机关会见以古巴共产党中央政治局委员、古巴部长会议副主席穆里略为团长的古巴代表团一行13人。全国工商联副主席、亿利资源集团董事局主席王文彪，中国民间商会副会长、新奥集团股份有限公司董事局主席王玉锁陪同会见，并就客人所关心的国有企业改制和民营企业发展历程等方面的问题进行了交流。中国民间商会副会长孙晓华，全国工商联副秘书长王忠明、欧阳晓明等参加了会见。

2012年3月2日，全国工商联副主席褚平会见格鲁吉亚驻华大使马姆卡·刚姆克列利泽一行2人。

2012年4月12日，全国政协副主席、全国工商联主席黄孟复会见新西兰恒天然合作集团董事长亨利·凡·德·海登先生一行5人。

同日，全国工商联副主席黄小祥会见英国驻华使馆对英投资事务主管魏斐然（Phil Wyithe）先生和普华永道会计师事务所代表李辰女士一行3人。

2012年4月24日，全国工商联副主席李路会见并宴请台湾工业总会"两岸投资交流考察团"一行12人。

2012年4月25日，全国工商联副主席李路会见并宴请香港总商会北京访问考察团一行20人。

2012年4月26日，全国工商联副主席谢经荣会见日本中华总商会访问团一行14人。

2012年5月15日，全国工商联副主席李路会见澳门两岸四地经贸合作交流峰会暨论坛组委会访问团一行20人。

2012年5月18日，全国政协副主席、全国工商联主席黄孟复在湖南长沙会见前来出席第七届中国中部投资贸易博览会开幕式并参加中德商会建设合作项目总结会与后续合作研讨会的德国中小企业联合总会会长肯茨勒先生一行3人。

2012年5月23日，全国工商联副主席李路会见香港理工大学阮曾媛琪副校长一行2人。

2012年5月28日，全国政协副主席、全国工商联主席黄孟复会见世界经济论坛执行主席施瓦布教授一行5人。

2012年5月29日，全国工商联副主席李路会见台湾中华工商业联合协会代表团一行37人。

2012年6月8日，全国工商联副主席李路会见台湾工商建设研究会名誉理事长马爱珍女士一行3人。

2012年6月19日，全国工商联副主席李路会见以美国洛杉矶郡郡委会成员唐·纳布为团长的南加州市长代表团一行20人。

2012年6月20日，全国工商联副主席庄聪生会见并宴请香港青年工业家协会访京团一行30人。

2012年7月9日，全国工商联副主席谢经荣出席香港中国商会在北京举办的中国海外投资年会新闻发布会。

2012年7月18日，全国工商联副主席褚平会见俄罗斯经济发展部生产力委员会主席、沃银德克资本公司合伙人费基索夫·格列布先生一行6人。

同日，全国工商联副主席李路会见南非非国大经济发展论坛主席达里尔·斯万普尔一行5人。

2012年7月19日，全国工商联副主席黄小祥会见日本日中经济协会代表团一行6人。

2012年7月25日，全国工商联副主席李路会见并宴请台湾两岸和平发展论坛经贸交流团一行12人。

2012年8月29日，中央统战部副部长，全国工商联党组书记、第一副主席全哲洙会见并宴请香港中国商会访京团46人。

2012年9月4日，全国工商联副主席李路会见加拿大中国工商联合会会长滕达一行10人。

2012年9月17日，全国工商联副主席李路会见澳大利亚国际商会高级顾问、澳大利亚维多利亚州上议院议长Bruce Atkinson先生及澳大利亚国际商会主席麦克·果先生一行6人。

2012年10月18日，全国工商联副主席李路会见科乔·阿莫·高德弗莱德主席率领的加纳—中国友好协会代表团一行15人。

2012年11月6日，全国工商联副主席李路会见澳门贸易投资促进局访京团一行5人。

（刘　璐、马晓芳）

【全国工商联团组出访纪事】

一、全国工商联副主席李路一行赴香港访问

应香港中华厂商联合会邀请，全国工商联副主席李路等一行3人于2012年1月4日至6日赴香港出席香港中华厂商联合会第三十九届会董会就职典礼并考察访问。

在港期间，李路副主席代表全国工商联出席香港中华厂商联合会第三十九届会董会就职典礼活动，并向施荣怀先生当选会长表示祝贺；拜访香港总商会，了解其运作和管理模式，与总商会中国委员会主席于健安、总裁袁莎妮，就今后两会开展交流与合作进行了广泛的探讨。走访了香港理工大学、香港中国商会及全国工商联联络委员会主任霍震寰先生，磋商落实全国工商联2012年有关合作项目的相关事宜。李路副主席拜访了香港中联办协调部沈冲部长、郭亨斌副部长，沟通情况，了解港情，听取意见和建议。专程看望了全国工商联老朋友、香港老工商业者蔡德河（联合国际香港有限公司董事长）和陈瑞球（长江制衣有限公司主席）两位老先生。拜访了全国政协委员、庄士机构国际有限公司主席庄绍绥先生，全国政协委员、长荣国际集团有限公司张囗蘅女士，全国政协委员、恒丰证券有限公司董事长张华峰先生。（刘　璐）

二、全国工商联组织欠发达地区和少数民族地区基层工商联干部赴香港参加第24期开放建设研讨班（工商联）

为了学习和借鉴香港地区成熟的市场经济发展经验和完善的政府及商会等机构先进的运营管理模式，2012年1月5日至18日，全国工商联组织7个省、自治区地方工商联干部37人（主要是国内欠发达地区和少数民族地区基层工商联的干部）赴香港参加由香港培华教育基金会资助举办的"第24期开放建设研讨班"（工商联）专题班。

通过学习，使来自欠发达地区和少数民族地区基层工商联的学员进一步认识到了"一国两制"方针对香港经济社会发展的繁荣稳定产生的巨大作用；进一步认识到了发展经济要符合科学发展规律；进一步认识到依法治国、按章办事的重要性；进一步树立了保护自然环境、科学发展的理念。学员们表示，通过学习和考察，开阔了

眼界，增长了知识，增强了进一步做好工商联工作的信心。（李圣汉）

三、全国工商联代表团赴新加坡进行商会运作与管理研讨活动

为了学习借鉴新加坡在商会运作与管理中的有益经验和成功做法，进一步促进中新两国商会的交流与合作，2012年1月9日至13日，全国工商联代表团一行18人赴新加坡进行主题为"商会运作与管理"的交流研讨活动。

全国工商联代表团与新加坡工商联合总会、新加坡制造商联合会、新加坡中小型企业商会举行了座谈会，就两国商会情况进行深入交流探讨，并实地走访了新加坡家具工业理事会，开展了对新加坡商会基本情况的调研。调研主要内容有三个方面：第一，新加坡商会的管理体制；第二，新加坡商会的主要职能；第三，新加坡商会的自身建设情况。

通过交流与研讨并结合开展调研活动，出访达到了预期目的，取得了调研成果，撰写了《新加坡商会调研报告》。（王治国）

四、全国工商联副主席褚平赴香港出席第七届紫荆花杯杰出企业家奖颁奖典礼活动

2012年2月27日至3月1日，全国工商联副主席褚平一行6人，赴香港出席"2012紫荆花杯杰出企业家奖"颁奖庆典活动并考察访问。

"紫荆花杯杰出企业家奖"是由香港理工大学于1997年创办，旨在表彰内地杰出民营企业家的创业精神和成功经验，促进内地与香港工商界的交流合作。2012年是香港理工大学建校75周年和"紫荆花杯杰出企业家奖"创办15周年，颁奖活动十分隆重。本届紫荆花杯杰出企业家奖，有内地20位企业家获此殊荣，褚平副主席作为主礼嘉宾出席并致辞，香港特区立法会主席曾钰成、中央政府驻港联络办副主任殷晓静、香港理工大学校长唐伟章、中国民营科技实业家协会理事长段永基一同主礼。香港特区政府官员、香港工商社团领袖、内地企业家代表等300多位嘉宾出席颁奖活动。

褚平副主席在港期间，还走访相关部门和香港工商社团，增进了彼此的交流与合作，并代表我会与香港中国商会主席陈经纬签署了旨在推动两会在更广领域、更深层次开展更加务实合作的《合作备忘录》。（张巍）

五、全国工商联副主席李路率团赴台湾考察访问

2012年4月15日至21日，应台湾工商企业联合会邀请，全国工商联副主席李路一行11人对台湾进行为期7天的考察访问。

代表团一行在台期间，拜会了国民党荣誉主席连战先生，双方就充分发挥工商社团在加强两岸民间交流中应发挥的作用进行了交谈。组织召开了60人规模的"第四届海峡两岸商会经济论坛"说明会及晚宴活动，就"第四届海峡两岸商会经济论坛"的活动安排和有关情况进行说明。拜访了工业总会、商业总会、工商协进会、台湾区电机电子工业同业公会、工商建设研究会、工业协进会、中小企业总会、工商企业联合会、高雄市港都企业家联谊会、青年创业协会总会等10个工商社团；考察了台湾玻璃工业彰化厂、福寿实业鹿港厂、光泉牧场、爱之味公司、第一生技、金州海洋科技公司、新光医院、世益电子工业等企业，还考察了高雄市科技园区、太阳能科技示范场等。

代表团走访的商会及企业涵盖了台湾从北到南的最具有代表性的商会组织和企业。其中既有在台湾具有广泛影响力的七大工商社团，也有台湾最大的青年工商社团和总部设在高雄、联系南部企业最为广泛的港都会；走访和接触到的企业和工商界人士涵盖了制造业、高科技、农业、服务业等多个行业。

代表团此行圆满完成了邀请台湾八个工商社团共同主办并组团出席"第四届海峡两岸商会经济论坛"的任务，同时向台湾工商界人士宣传了"十二五"规划，介绍了大陆社会、经济发展情况，以及工商联在促进中小企业转变经济发展方式、转型升级等方面所做的工作。所到之处，两岸工商界人士均希望发掘两岸在电子、石化、机械等传统行业的合作潜力，创新合作模式、提升合作水平；加强环保、低碳、节能等新兴产业的合作，促进大陆七大战略新兴产业与台湾六大新兴产业的对接；拓展两岸在信息服务、物流、分销、医疗、旅游、金融、电信等服务业领域的合作方面加强交流。（刘璐）

六、中央统战部副部长，全国工商联党组书

记、第一副主席全哲洙率全国工商联代表团访问非洲三国

应南非非国大经济发展论坛、坦桑尼亚总理府投资事务授权部、埃塞俄比亚工业部邀请，以中央统战部副部长，全国工商联党组书记、第一副主席全哲洙为团长的全国工商联代表团于2012年7月上旬对南非、坦桑尼亚和埃塞俄比亚等非洲三国进行了访问。此次出访旨在了解上述三国的投资环境和政策，加强全国工商联与访问国商会间的交流与合作，实地考察我国民营企业在外投资合作等情况，了解民营企业在"走出去"中取得的成果和遇到的问题，促进对非投资，推动企业在扩大对外开放中更好地转变经济发展方式。

坦桑尼亚总统基奎特会见全哲洙

访问期间，全哲洙第一副主席分别会见了坦桑尼亚总统基奎特、副总统比拉勒以及投资中心主席、农工商会主席，南非旅游部副部长、非国大经济发展论坛总协调人，埃塞俄比亚工业部部长、矿产部部长、财政和经济发展部部长、商协会主席等相关政府部门和商会组织负责人，深入了解三国经济贸易发展、产业投资政策、资源开发合作等具体情况，并与埃塞俄比亚商协会签署了合作备忘录。全哲洙指出，中国和非洲有着共同的发展目标、深厚的传统友谊、良好的合作基础、很大的互补优势和广阔的市场空间，合作领域广泛。全国工商联作为中国以民营企业为主体的人民团体和商会组织，愿与三国政府、商会组织和企业共同努力，不断开拓新的合作领域，探索新的合作方式。在促进两国企业在传统的能源、资源领域开展技术交流与多种合作的同时，大力拓展农业、基础设施建设、金融服务等领域合作。全哲洙表示，全国工商联鼓励有实力、有条件、有准备的中国民营企业到非洲创业发展，

积极引导"走出去"的民营企业守法经营、诚信经营、规范经营，积极融入当地社会，造福当地人民，为促进投资国经济发展和改善民生多作贡献。

访问期间，代表团还先后考察了中资南非Powerstar卡车组装厂、海信南非公司、格林西亚置业公司、三一重工南非公司、坦中合资友谊纺织厂、四达传媒坦桑尼亚公司、埃塞俄比亚扬帆汽车装配厂、华坚埃塞俄比亚公司、中非洋皮业、埃塞俄比亚东方工业园园区企业等，听取了华为南非公司、坦中国际矿产资源公司、中兴埃塞俄比亚公司以及中非发展基金南非代表处、埃塞俄比亚代表处业务开展情况，并分别在三国召开了中资企业座谈会，深入了解企业在对外投资中取得的成就和遇到的问题。全哲洙指出，"走出去"是企业转变发展方式，实现产业转移和升级的客观要求，就现阶段来讲，非洲等发展中国家是中国民营企业拓展海外市场的重点区域之一。在经济全球化和企业国际化的大背景下，中国的民营企业在"走出去"实践中要妥善处理五个关系，即国际化与本土化、国际化与集群化、国际化与产业化、国际化与品牌化以及国际化与企业文化的关系，努力融入当地社会，实现和谐、可持续发展。尤其要认真研究投资国经济社会发展总体规划和各项产业政策，遵守投资国法律和当地文化习俗，处理好与工会的关系，积极参与当地公益慈善活动，关心企业员工的生产与生活状况，自觉承担社会责任，注重防范各种风险，努力提高经济效益，真正实现互利共赢。

访问期间，代表团拜访了我国驻南非、坦桑尼亚、埃塞俄比亚三国大使馆以及我国驻南非开普敦总领事馆，详细了解了三国投资条件和中国企业投资情况、发展状况。全哲洙第一副主席感谢使领馆对民营企业投资海外给予的有力支持引导和对全国工商联代表团的热情接待、周到安排，并表示全国工商联将进一步通过使领馆有组织地与所在国政府和商会组织建立更为广泛和深入的联系，助推"走出去"战略的实施。全国工商联副主席刘沧龙、中国民间商会副会长郑跃文、中非发展基金总裁迟建新等随同出访。（马晓芳）

七、全国工商联与香港中华总商会、澳门中华总商会合作举办第182期香港工商业研讨班和第二期澳门商会运作与交流研讨班

2012年7月16日至25日全国工商联与香港中华总商会合作项目——第182期香港工商业研讨班在香港举办，全国工商联和中西部11个省、自治区工商联及部分市县工商联干部30余人参加学习研讨。全国工商联与澳门中华总商会合作举办的第二期澳门商会运作与交流研讨班于7月25日至28日在澳门举办，来自全国工商联和12个省、自治区工商联及部分市县工商联干部50余人参加学习研讨。与第二期澳门商会运作与交流研讨班衔接的"商会建设专题研讨班"于7月23、24日在广州举办，全国工商联和广州市工商联及广州市10个区县工商联干部19人参加学习。

第二期澳门商会运作与交流研讨班得到了在澳门的全国工商联副主席和执常委的大力支持。全国工商联原副主席、澳门中华总商会会长马有礼先生，全国工商联副主席、澳门中华总商会副会长崔世昌先生，在澳门会见了参加第二期澳门商会运作与交流研讨班的全体学员。

在为期一周多的时间里，三个研讨班的学员分别深入了解了广州民营经济发展和基层商会建设情况，香港和澳门社会、经济、文化、商会发展的情况，并与香港中华总商会、澳门中华总商会和港澳有关部门建立了联系、加深了了解。参加研讨班的东中西部各地区工商联人员也有充分的交流，建立了联系，为今后进一步加强全国工商联与香港中华总商会、澳门中华总商会，香港、澳门与内地，广东省与内陆省、自治区，行业商会与地方工商联之间的沟通和联系创造了条件，建立了渠道。学员们普遍反映，这次研讨班取得了圆满成功并达到了预期的效果。（王华鲜）

八、全国工商联副主席褚平率团出访格鲁吉亚、乌克兰、俄罗斯

2012年7月21日至31日，应格鲁吉亚工商会、乌克兰工商会和中国驻俄罗斯大使馆的邀请，以全国工商联副主席褚平为团长的全国工商联代表团一行16人，对格鲁吉亚、乌克兰和俄罗斯三国进行了考察访问。

访问期间，代表团与三国政府的相关部门、工商社团以及工商界人士进行了广泛接触。在格鲁吉亚访问期间，代表团拜访了格鲁吉亚经济与可持续发展部部长维拉。与格鲁吉亚工商会主席卡哈和副主席祖拉进行了座谈并共同签署了两会合作备忘录。两会企业家代表还进行了卓有成效的商务对口洽谈。中国驻格鲁吉亚大使馆经商处还专门为企业家们举办了格鲁吉亚投资环境和政策说明会，解答了在格投资有关问题。考察了新疆华凌集团格鲁吉亚项目，并听取了华凌集团在格投资的两个项目及收购格银行的情况介绍及相关经验和建议。参观了格鲁吉亚最具代表性的葡萄酒厂Tbilvino和白兰地酒厂Sarajishvili。

在乌克兰，代表团拜会了中国驻乌克兰大使张喜云，拜访了经济发展与贸易部副部长班拉杜夫，与乌克兰工业家和企业家联盟副主席布拉夫杰维奇进行了座谈，并举行了中乌两国企业家对口洽谈会。

在俄罗斯，代表团拜会了中国驻俄罗斯大使李辉、中国驻圣彼得堡副总领事张志强，拜访了俄罗斯经济与发展贸易部副司长波波夫、俄罗斯联邦工商会副主席特拉什科、圣彼得堡工商会副主席萨沃晓夫，并与俄方企业家进行了商务对接；考察了中国企业在俄罗斯投资的示范性项目——波罗的海明珠项目（这是两国首脑签订的战略合作框架协议中确定的项目），参观了俄罗斯中国商会所在地——格林伍德国际商贸中心，与会长蔡桂茹及一些项目负责人进行了深入交流。

代表团此行深入了解了格鲁吉亚、乌克兰和俄罗斯三国政治、经济、文化等基本情况，搭建了民营企业"走出去"的平台；搭建了我会与格鲁吉亚、乌克兰和俄罗斯三国政府部门和主要商会组织联系的平台，扩大了工商联的影响力；搭建了国内企业家之间以及企业家与工商联干部之间相互交流、增进友谊、合作发展的平台，增强了工商联的凝聚力。（柯佳希）

九、全国政协副主席、全国工商联主席黄孟复率全国工商联代表团访问美国、古巴

应美国全国商会、古巴国家商会邀请，全国政协副主席、全国工商联主席黄孟复率全国工商联代表团于2012年9月24日至10月3日对美国、古巴进行考察访问。此次出访旨在加强全国工商联与两国商会间的交流与合作，了解两国的经济发展和投资环境，促进中国与两国的经贸合作，推动我国民营企业对外贸易和投资。

在美国访问期间，黄孟复主席率代表团出席了在华盛顿举办的中美商会 VIP 早餐圆桌会和以"中美贸易与投资：通向双赢之路"为主题的第四届中美商会合作发展论坛，在芝加哥举办的以"机遇与合作——制造业及新能源产业合作前景"为主题的中美投资贸易研讨会，以及在迈阿密举办的中美贸易投资早餐会等活动。代表团还先后会见了特拉华州州长马克尔、伊利诺伊州副州长西蒙、芝加哥市市长伊曼钮尔、迈阿密市市长里加拉多、美国前财政部长鲍尔森、美国前商务部部长戴利等，分别就全球及中美经济前景的看法，中美投资贸易关系、美国投资环境等问题进行讨论。代表团还与美国企业界、有关机构、智库进行了多次深入交流。

黄孟复主席在第四届中美商会合作
发展论坛作主旨演讲

在第四届中美商会合作发展论坛上，黄孟复主席做了题为"构建和谐共赢的中美经贸关系"的主旨演讲。他认为，中国和美国作为世界上最大的发展中国家和最大的发达国家，面对当前全球经济下行的严峻挑战，中美两国应加强合作，肩负起引领世界经济稳定均衡和可持续发展的重任。他指出，中美经济有着广泛的共同利益和相互依存的关系，经贸合作为两国都带来了巨大的利益，在合作中出现一些矛盾，应该多用协商的办法解决，贸易战是我们工商界所不愿意看到的。当前中美两国都在进行经济结构调整，经济的差异性和结构的互补性成为中美经贸长期合作发展的客观基础，在经济全球化和产业链分工的

大背景下显得更加突出，中国经济的快速发展将会给包括美国在内的全球经济复苏带来机会。在介绍了中国民营经济发展情况后，他强调，民营企业作为中国市场经济的主体，将成为中美经济合作的重要力量。他建议，要从两国的长远利益出发，不断改善中美贸易投资环境，加强在技术创新、基础设施等领域开展合作，培育新的增长点。推动中美合作不仅需要政府之间加强对话和磋商，也要通过两国商会的民间渠道，加强工商界之间的沟通合作。论坛由全国工商联与美国全国商会共同主办，美国全国商会高级副会长薄迈伦主持了开幕式，代表团的民营企业家、美国企业家、美国财政部、商务部的负责人就中美经贸关系及中美投资发表了各自见解。研讨会分析了中美经贸关系现状和问题，分享了中美企业跨国投资的经验，提出了加强中美经贸合作的建议。在增进理解互信，实现互利共赢，以更大的热情推进中美经贸合作上取得了共识。全国工商联和美国全国商会表示要共同建立中美商会之间的民间沟通机制，反映中美企业的诉求；共同搭建中美经贸合作桥梁、投资服务平台和民间化解摩擦的协调通道；共同分享商会建设的经验和研究成果。参加论坛的美国各州、各市政府代表积极推荐本地的优惠政策与投资环境，热情欢迎中国企业前往投资。

在芝加哥举办的中美投资贸易研讨会上，黄孟复主席发表了演讲，他指出，尽管中国成为世界第二大经济体，但是人均收入还处于较低的水平，后发优势明显，具有巨大的发展潜力。中国正在转变经济发展方式，未来 20 年将有可能保持 7% 以上的发展速度，继续成为世界经济发展的重要推动力。他认为，经济全球化加深了国与国之间经济的融合与依赖，世界各国都根据自身的比较优势在全球价值链上分工合作，靠贸易保护压制别国而获利是行不通的。中国正处于工业化快速发展阶段，正在由中低端向高端发展，奥巴马总统提出"再工业化"，中美的工业化并不是矛盾和重叠的，美国具有创新的优势，中国有庞大配套的制造体系，中美两国存在着有差异的比较优势，两国的工业化蕴藏着巨大合作商机。他指出，中美贸易逆差的重要原因之一是中国在美投资还不多，目前中国对外投资已发生了巨大

的变化，正在迅速增长，中国企业对美投资的意愿也很强烈，我们感受到美国各州市政府欢迎中国企业投资的诚意和热情，看到了有许多合作的机会，希望美国政府为中国民营企业赴美投资提供更多的便利和公平的环境。研讨会由全国工商联、芝加哥全球事务委员会、芝加哥招商局主办，芝加哥全球事务委员会董事、UL有限公司CEO伟廉仕主持，代表团中的制造业和新能源企业家、美国企业家、芝加哥政府负责人在研讨会上发言，他们分析了中美在制造业和新能源合作的机遇、比较优势和存在的问题，表达了强烈的合作愿望。中美企业家都提出中美之间要保持畅通的沟通渠道，消除误解，加强互信，创造更多的商业机会。据悉，已有46个中国企业在芝加哥落户，芝加哥政府表示要建设成为北美对中国商业环境最友好的城市。

代表团在古巴访问期间，分别会见了古巴部长会议副主席兼政治经济纲领执行委员会主任穆里略、古巴部长会议副主席卡布里萨斯、古巴外贸外资部部长马尔米耶卡等，他们介绍了古巴经济发展情况、经济模式更新的措施、吸引外资政策、基础设施建设以及双边合作等，双方就中国企业在古巴的合作领域和方式进行了热烈的对话。代表团出席了由全国工商联与古巴国家商会共同主办的中古企业座谈会。会上，黄孟复主席与古巴国家商会会长埃斯特蕾亚·瓦尔德斯分别致辞，介绍了本国经济发展情况及商会建设情况，古方推出一批制造业、旅游业、采矿业等项目，欢迎中国企业投资。

在与古巴政府领导人和商会负责人的会见中，黄孟复主席介绍了中国改革开放以来民营经济的发展过程，民营经济已经成为国民经济的重要组成部分，在中国特色社会主义事业建设中发挥着不可替代的作用。当前中国民营企业对外投资已渐成趋势，并不断拓展投资合作的广度和深度。全国工商联是中国最大的商会，愿意积极发挥民间组织的优势，支持有实力、有条件、有信誉的中国民营企业到海外开展经济技术合作，帮助企业更好地融入投资国的经济和社会发展中，实现和谐共赢。

访问美国、古巴期间，代表团得到了我驻美国大使馆、驻芝加哥总领馆、驻休斯敦总领馆、驻古巴大使馆的热情接待和帮助。黄孟复主席要求，全国工商联要加强与我国驻外使领馆的联系，在使领馆的指导和帮助下，与国外商会、机构和企业建立更加密切的联系，使工商联推动民营企业"走出去"的工作更加扎实有效，提高民营企业对外投资的针对性、可靠性，少走弯路，降低风险。（王 彤）

十、出席澳门国际贸易投资论坛

2012年10月17日至18日，中国民间商会副会长、中国民营经济国际合作商会会长、科瑞集团董事长郑跃文代表全国工商联参加了在澳门举办的"第十七届澳门国际贸易投资展览会暨国际贸易投资论坛2012"等活动，并在论坛上做了题为"打造国际合作平台 服务民营企业走出去"的主旨发言。（柯佳希）

组织建设

【综　述】2012年，按照全国工商联整体工作部署，继续坚持重心下移，抓基层打基础的总体思路，组织建设工作取得了新进展。

一、按照抓基层打基础的工作思路，推动解决县级工商联建设中的突出问题

县级工商联是工商联事业发展的基础。推动解决县级工商联建设中的突出问题，是深入贯彻落实中央16号文件的重要任务，也是践行"两个健康"工作主题的重要保证。2012年初我会的工作要点中提出"举全国工商联系统之力打一场攻坚战，力争用两年左右时间基本改变县级工商联建设长期薄弱状况"，明确了工作目标，围绕目标从四个方面推动落实。

一是起草、印发《推动解决县级工商联建设中突出问题工作方案》。《方案》提出了解决县级工商联建设中突出问题的总体要求，明确了"一个设立"、"五个有"的工作目标：设立工商联党组，有编制、经费、办公场所、办公设备、丰富的活动内容；规划了工作步骤：从 2012 年 2 月到 2013 年 12 月，分为五个阶段，每个阶段都有工作进展的内容和时间节点要求；强调了工作保障。《方案》下发的目的在于，把解决县级工商联建设中突出问题的任务具体化，把改变长期薄弱状况的标准清晰化，做到"一个设立"、"五个有"就达到了基本改变长期薄弱状况的目标。

二是召开片会、开展调研、下发问卷、摸清家底。深入县级工商联进行调研，并召开东、中、西部三个片会，共有 15 个省级工商联参加。通过片会和调研，了解县级工商联实际情况，发现典型、总结经验、查找问题。同时，将《县级工商联组织建设情况调查表》下发至各省所辖全部县级工商联，用三个月时间收回 2949 份调查表，占全国县级工商联总数的 99.4%，对县级工商联的人员编制、经费保障、办公场所、设立党组、领导班子建设等情况有了具体的掌握，形成了《县级工商联建设调查分析报告》。

三是召开"全国县级工商联建设座谈会"。会议围绕推动解决县级工商联建设中的突出问题，对各地贯彻中央 16 号文件加强县级工商联建设情况进行阶段性总结，交流了各地推动解决县级工商联建设中突出问题的有效做法和经验。对各省落实《方案》的具体进度逐一进行讲评，使各省既看到工作成绩，更明确差距，找准下一步工作的着力点，以此推动工作落实。

四是制定下发《全国县级工商联建设示范点标准》。目的在于通过开展创建县级工商联示范点活动，逐步树立一批具有示范带动作用的先进典型，以点促面，使越来越多的县级工商联组织摆脱薄弱状况，真正成为工商联工作可靠的组织基础和扎实的工作依托。

二、按照扩大会员覆盖面和优化会员结构的工作要求，加强会员队伍建设

近年来，工商联会员队伍不断发展壮大，会员数量稳步增长。但是与全国私营企业相比，全国工商联私营企业会员仅占 10% 左右。这与非公有制经济不断发展的形势，与中央 16 号文件提出的要求相比存在很大的差距，工商联会员发展还有相当大的空间。因此，主要开展了以下工作。

（一）对近三年各省级工商联会员增长率进行统计分析，结果显示：2009～2011 年全国会员平均增长率为 5.1%，进而要求各地，按照这一平均增长率，结合地方工作实际，制定年度目标，加大会员发展力度，力争使本地区会员增长不低于 5.1% 的全国平均水平，实现 2012 年底会员队伍 300 万的目标。各地按照全国工商联要求，制定年度会员发展目标，细化工作要求，进一步加大了会员发展力度，切实做好会员发展工作。截至 2012 年底，全国工商联共有会员 3147154 个，比 2011 年底增加 309149 个，增长 10.9%，实现了 2012 年底全国会员队伍规模达到 300 万的目标。

（二）对原工商联执委常委数据库系统进行了升级改造，拓展数据库的工作边界，扩大了非公有制经济人士信息收集范围。采集对象由省级以上工商联执委常委扩大到县级工商联执委常委。升级改造后的数据库采用统一系统、同时启动、同步推进的工作方式，采集全国和 32 个省级工商联、347 个地（市）级工商联及 2973 个县级工商联的执委常委的 10 项个人基本情况和 6 项企业信息。根据执委常委数据库采集的信息，从个人基础信息、社会任职情况和所在企业基本情况三大方面及年龄结构、政治面貌、人大政协任职、行业分类、企业规模和企业党建工作等 13 个项目对 9383 位省级执委常委和 198271 位县级以上执委常委进行了初步分析，了解了近 21 万非公有制经济代表人士的基本情况，初步做到基本情况清楚，总体家底明晰。完成了《全国县级工商联执委常委数据库分析报告》。

（三）按照中央 16 号文件精神的要求，继续做好原工商业者老会员的工作。根据全国工商联会员数据显示：全国原工商业者 2007 年底为 120933 人，截至 2012 年 6 月 30 日为 66692 人，减少了 54241 人，四年半时间减少了 44.85%。为进一步做好这项工作，2012 年初全国工商联再次下发了《关于进一步做好原工商业者老会员工作的通知》，要求各省工商联了解摸清并统计上报本省原工商业者及遗孀的数量、领取养老金等有关情况，并对各省进一步解决好部分原工商业者和遗孀生活困难问题，做好工作计划和春节慰问工作提出了要求。

三、按照全国工商联商会建设工作会议精神，切实推进商会规范化建设

（一）按照全国工商联商会建设工作会议要求加强了对直属商会的指导，要求各商会学习和执行"五项制度"，结合自身实际，制定实施细则，建立并执行了每季度召开直属商会秘书长联席会议和每半年召开会长联席会议的制度。通过这一机制，各商会相互学习借鉴，工作定位更加明确，服务意识明显增强，执行力有所提升。同时，加大了对地方工商联商会工作的调研和指导力度，各地进一步明确了商会的发展方向和工作目标，更加重视商会建设工作，其中浙江、重庆、云南、河南、安徽5个省级工商联召开了全省商会建设工作会议。

（二）召开了全国工商联商会建设座谈会。会议从8个方面梳理了各地贯彻落实全国商会建设工作会议精神的经验和做法。会员部着重对各省在加强商会建设中的共性和个性问题逐一进行了分析，使得各省在比较中看到差距，在交流学习中学到经验。会议提出，力争用3年左右的时间，大部分省级工商联基本实现商会组织在行业、乡镇、街道、市场的基本覆盖，尤其是在先进制造业、现代服务业、战略新兴产业等领域的组织基本覆盖。

（三）指导商会进行换届，法人登记取得新进展。2012年共组织完成了科技装备、新能源等19家商会的换届工作。通过换届加强了商会会长班子以及秘书处建设，发展壮大了会员队伍，解决了许多难点问题，规范了商会管理，提升了商会的影响力和凝聚力。

目前，直属商会中已有13家在民政部完成了法人登记，还有6家已经通过了民政部的部务会研究，报至国办三局。通过法人登记，也促进了我会按照民政部的规定，依据社会团体业务主管单位的职责要求，切实做到商会组织加快发展和规范管理并重。

（四）研究制定了直属商会考评工作方案、工作细则和评分标准。为通过考评各直属商会自身建设和作用发挥情况，总结经验，查找不足，促进商会进一步提高工作绩效，更好地服务会员，服务行业，服务社会，着重围绕商会组织建设、服务平台建设、提交提案、工作创新、完成工商联交办事项等情况，对各直属商会2012年工作进行考评。（曲政）

【开展"两个健康"工作主题调研】 改革开放以来，随着我国经济社会发展特别是非公有制经济发展，工商联事业不断向前推进。近几年来，全国工商联一方面积极进行实践探索，另一方面主动加强理论建设，在学习贯彻中央16号文件过程中，提出了把"两个健康"上升为工商联工作主题的实践课题和理论任务。2012年"两会"期间，贾庆林同志在全国工商联机关调研时发表重要讲话，充分肯定了全国工商联对工商联工作主题的探索，并要求工商联工作必须坚持"非公有制经济健康发展和非公有制经济人士健康成长"这一工作主题。为在实践中突出工商联工作主题，在理论上深化工商联工作主题，推动工商联更好地服务科学发展、实现自身科学发展，2012年4月初，全国工商联专门下发了《"两个健康"工商联工作主题调研方案》，围绕什么是主题、为什么工商联工作主题是"两个健康"、"两个健康"主题的内涵是什么、工商联工作如何体现和坚持"两个健康"主题等内容，在工商联系统组织了"两个健康"工作主题研讨活动。2012年4月中下旬，中央统战部副部长、全国工商联党组书记、第一副主席全哲洙，副主席褚平、庄聪生分别带领中央统战部、全国工商联有关同志组成调研组，赴浙江、山东、北京等地，了解研讨活动的进展情况，听取各方面的认识和思考。2012年4月底，在四川召开了"两个健康"主题研讨会，中国民间商会副会长、力帆集团董事长尹明善，中共湖南省委组织部副部长郭树人等一批工商联领导、专家学者，从实践与理论相结合的角度进行广泛而深入的讨论。5月15日，全国工商联专门召开党组中心组学习（扩大）会，研究讨论工商联"两个健康"工作主题。会上，黄孟复主席，全哲洙书记，常务副主席孙安民，党组副书记黄小祥、褚平，副主席谢经荣、庄聪生、李路，副秘书长欧阳晓明、王忠明分别围绕如何把握"两个健康"工作主题、如何践行"两个健康"工作主题、如何保证"两个健康"工作主题进行了探讨。6月5日，全哲洙书记在全国工商联十届九次常委会议上发表讲话，就践行"两个健康"的根本任务、综合优势、根本方法等提出了明确要求。8月8日，《人民日报》发表全哲洙书记的署名文章《坚持"两个健康"工作主题　推动非公有制经济持续发展》，进一步扩大了"两个健康"工作主题的影响。在全国工商联的组织带动下，各地工商联纷纷围绕"两个健康"工作主题开展研讨，形成了一批研究成果，进一步统一了工商联系统领导干部和广大非公有制经济人士的认识，全国工商联就此汇编了《论工商联"两个健康"工作主题（2012）》一书。

"两个健康"工作主题的提出及相关成果，也得到了党和国家有关领导同志的肯定。2012年12月25日，中共中央总书记习近平同志在走访全国工商联时明确指出"希望同志们认真学习贯彻党的十八大精神，牢牢把握促进非公有制经济健康发展和非公有制经济人士健康成长的工作主题"。2012年12月7日，中共中央、国务院致中华全国工商业联合会第十一次会员代表大会的贺词中指出："希望你们认真学习贯彻党的十八大精神，始终坚持统战性、经济性、民间性有机统一，坚持团结、服务、引导、教育的方针，坚持把促进非公有制经济健康发展和非公有制经济人士健康成长作为工商联工作主题。"（刘佩华）

【召开全国工商联直属商会秘书长联席会议】
2012年第一、二、三季度，分别召开了全国工商联直属商会第一、二、三次秘书长联席会。

3月28日，召开了全国工商联直属商会第一次秘书长联席会，主要议题是贯彻落实全国工商联商会建设工作会议精神、推进五个制度性文件落实、加强商会管理与制度性建设。会上，全联房地产商会、全国工商联纸业商会、全国工商联汽车经销商商会的秘书长结合落实五个制度性文件，介绍如何履行好秘书长职责。会员部部长王瑗讲评各商会本季度完成全国工商联布置的工作任务情况，通报会员部落实《全国工商联2012年工作要点》工作方案有关内容，会员部副部长

李树林主持了会议。各商会秘书长针对五个制度性文件学习落实过程中的做法和存在的一些问题进行了交流。全国工商联副主席黄小祥出席会议并讲话，提出三点要求：第一，进一步认清商会的重要地位，切实发挥好商会的作用。第二，把握好商会发展建设面临的重要机遇，努力提升商会建设整体水平。第三，始终把自身建设作为商会建设的一项重要内容，自觉做到不辱使命、创新作为。黄小祥副主席指出：直属商会秘书长联席会议是一种好的形式，通过这一例行会议，讲评通报各商会工作进展情况，促进全国工商联相关制度和要求的落实，同时适当安排一些以会代训的内容，互相交流学习，实现共同提高。

6月29日，召开了全国工商联直属商会第二次秘书长联席会，主要议题是结合一季度推进五个制度性文件的落实，为进一步加强直属行业商会管理工作，健全商会工作机制，分享商会管理经验；总结商会半年工作。会上，烘焙业公会、新能源商会、家具装饰业商会的秘书长围绕如何提升执行力谈了做好商会工作的体会。会员部部长王瑗就直属商会上半年工作进行了讲评。黄小祥副主席出席会议并讲话，要求深入学习中央16号文件精神；加强行业商会自身建设；充分发挥商会的职能作用；建设和谐并充满活力的商会的要求。要求各直属行业商会要全面把握当前商会建设工作面临的新形势、新任务，充分发挥商会的职能作用，做好政府与企业之前的桥梁和纽带，力争在发展会员、服务会员、提升商会执行力等方面取得新的突破，为建设中国特色商会组织做出应有的贡献。

9月27日，全国工商联召开了直属商会第三季度秘书长联席会，主要议题是商会如何做好调查研究、建言献策工作。全联房地产商会、全国工商联石油业商会、全国工商联农业产业商会、全联新能源商会、全国工商联冶金业商会、全国工商联汽车经销商商会、全联环境服务业商会、中国民营经济国际合作商会的8位商会秘书长围绕会议主题做了发言，就服务会员、反映诉求等方面的工作进行了交流，提供了一些很好的经验和做法。黄小祥副主席出席会议并讲话，指出调查研究、建言献策是商会的重要工作手段，也是商会做好各项工作的基本功。商会要想在行业中

有影响力，有发言权，就必须充分了解本行业的发展态势和本商会会员企业所面临的问题和困难。要深入行业、深入企业去了解这些问题，调查研究能力是必不可少的；要向上反映这些问题，帮助企业解决这些困难，建言献策的渠道也是必不可少的。黄小祥副主席就商会如何更好地做好调查研究、建言献策工作，讲了三点意见。一是充分认识做好调查研究、建言献策工作的重要意义。工商联作为党领导的统一战线组织和人民政协的重要界别，参加政治协商、发挥民主监督作用、积极参政议政是工商联的重要任务。商会作为工商联的组织基础和重要依托，联系非公有制企业最紧密，服务非公有制经济人士最直接，是工商联建言献策的重要基础和源泉。二是明确调查研究、建言献策的目标和任务。中央16号文件明确指出，要加强对关系非公有制经济健康发展、非公有制经济人士健康成长和现代商会建设等方面的全局性、基础性、前瞻性问题的研究。商会在全国工商联的领导下，要积极开展经济发展形势分析、行业发展调查、会员企业发展情况调查、非公有制经济人士评价、商会发展研究等重要课题研究，对商会如何发挥好职能作用、有效促进"两个健康"进行了一些探索。三是正确把握做好调查研究、建言献策工作的方式方法。调查研究是谋事之基、成事之道，对商会工作而言，调查研究是一项基本功，是深入实际、联系企业、反映行业状况、发挥建言献策作用的重要基础性工作，是服务会员、做好商会各项工作的重要前提。（江 建）

【召开中非民间商会第二次会员大会】2012年3月31日，中非民间商会第二次会员大会在京举行。中央统战部副部长，全国工商联党组书记、第一副主席全哲洙接见了全体会议代表并合影留念。全国工商联副主席黄小祥出席会议并讲话。中央统战部五局巡视员戚建美，全国工商联会员部部长王瑗、副部长李树林，商务部中国国际经济技术交流中心、联合国开发计划署驻华代表处代表，以及全国工商联直属商会代表共100余人出席会议。

会议审议通过了商会第一届理事会《工作报告》、《财务报告》和修订后的《章程》等文件，选举产生了第二届理事会和新一届领导班子，郑跃文当选会长，于平、张春来、阮小明、王吉春、刘代文、张华荣、苏跃华、迟建新、徐志明、高自民、章治安当选副会长。会议通过了尹明善为名誉会长，胡介国、马有礼、许智明、陈安华为名誉副会长。聘任王晓勇为秘书长。

黄小祥副主席代表全国工商联对商会第二次会员大会的顺利召开、对新当选的领导班子表示祝贺，肯定了商会成立六年来在促进中非民间经贸交流与合作方面做出的有益探索和积极贡献。希望全体会员再接再厉，在新一届理事会和领导班子带领下，发挥企业家办会优势，工作再上一层楼。

黄小祥副主席勉励会员企业深化与商会发起方合作；充分利用中国民营经济国际合作商会平台，提升服务能力；积极把握对非贸易和投资机会，加强风险防范；认真总结经验，规范商会建设，维护商会形象，打造金字招牌；积极推进与非洲人民的民间交往，树立中国民营企业家的良好形象。

当选会长郑跃文在讲话中表示，将恪尽职守，团结商会的班子，带领大家努力工作，为会员做好服务。会议研究讨论了2013年商会工作思路，提出要在继续坚实基础的前提下，保持工作延续性，把服务会员作为全年工作主线，建好平台，做好服务。提出十二项原则，打造精干商会：一是坚持服务立会的办会理念，二是发挥会长会议的领导作用，三是做好顾问团、专家团建设，四是做好现有会员的服务，五是做好新会员的发展工作，六是建设完善商会服务平台，七是加强政府联络与国际联络，八是加强与中非发展基金的紧密型合作，九是推动国内与非洲中非商会组织建设，十是以商会和会员活动为主题开展宣传，十一是与中国民营经济国际合作商会携手合作、共同发展，十二是建立完善商会考评制度与激励机制。（江 建）

【举办全国省级工商联会员处长会议暨数据库培训班】2012年4月27日至28日全国省级工商联会员处长会议暨数据库培训班在北京召开。会议以中央16号文件精神为指导，围绕加强工商联信息化建设，就各地在服务会员发展、加强数据库建设方面的经验做法进行了交流。全国工商联副主席黄小祥同志出席会议并讲话。全国工商联会员部部长王瑗同志布置和讲评了重点工作。各省、自治区、直辖市和新疆生产建设兵团工商联会员处处长、负责数据库工作的统计员，全国工商联会员部有关同志共六十余人参加会议。

会上，黄小祥副主席从加强工商联数据库建设是贯彻落实中央 16 号文件的需要、是服务非公有制企业健康发展的需要、是服务非公有制经济代表人士健康成长的需要三个方面阐述了新形势下做好工商联数据库工作的重要性；总结了近年来各地加强工商联数据库建设工作的经验和不足；并就下一步以改革创新精神加强工商联数据库建设提出了四点要求：一要加强领导，精心组织；二要强化数据库管理，密切与统计局、工商局等部门的工作联系，把相关数据信息的统计分析与国家标准统计口径结合起来，提高工作效率；三要强化对地方数据库工作的检查指导，开展对各省级工商联数据库建设情况的考评工作，通报考评结果，完善激励机制，推动工作落实，提高工作质量；四要结合换届工作抓数据库建设，把握源头数据，保证省、市级工商联执委常委信息的准确性。

王瑷部长对重点工作进行了布置和讲评。她从推动解决县级工商联建设中的突出问题、加强商会建设、认真进行换届工作的人事安排、做好2012 年上半年会员组织统计数据填报工作、数据库建设工作、原工商业者有关材料上报情况等六个方面总结讲评了各省级工商联前期工作情况，就下一步工作提出了明确要求，对各地按要求做好相关工作进行了具体布置。

会上，江苏省工商联会员处李晓东处长、湖北省工商联会员部赵序渢部长以及内蒙古自治区工商联会员部冯建学同志、福建省工商联会员部金秋珊同志分别围绕抓会员队伍发展、加强数据库建设工作和落实岗位责任、提高数据库工作质量做了交流发言，与会同志围绕黄小祥副主席讲话、王瑷部长工作布置进行了互动交流。在全国工商联信息中心的技术支持下，会议对参会人员进行了执委常委数据库操作培训。

此次会议，提高了各省级工商联对数据库建设工作重要性的认识，明确了完成数据库信息填报的工作要求，增强了做好相关工作的信心和责任心，会议成效明显，达到了预期目的。（王子萱）

【开展县级工商联建设调研】为全面贯彻落实中央 16 号文件精神，全国工商联十届五次执委会提出，必须把加强基层指导作为工商联的重要职责。2012 年全国工商联工作要点明确提出，推动解决县级工商联建设中的突出问题。把能否解决实际困难和问题作为检验各地贯彻落实中央 16 号文件成效的一个重要标志，分类指导、配合推进各地重点解决县级工商联机关人员编制、办公条件、工作经费等实际问题，更加注重领导班子建设。全面了解换届后县级工商联建设的新情况新问题，认真总结各地加强县级工商联建设的经验，探索建立信息沟通、工作指导、服务支持等方面的长效机制，举全国工商联系统之力打一场攻坚战，力争用两年左右时间基本改变县级工商联建设长期薄弱状况。

为摸清县级工商联建设的底数，掌握实际情况和困难，找准问题，理清思路；分析长期困扰县级工商联组织建设的关键因素，探讨解决问题的有效措施；在调研中推动各省级工商联把县级工商联建设继续纳入重要议事日程，根据全国工商联的目标要求制定符合本省实际的工作目标及分阶段实施方案，同时，通过开展调研活动，推动各地联系点建设，扩大县级工商联联系点覆盖面，研究制定示范点创建标准。2012 年 3 月至 4月间，在全国工商联副主席黄小祥的带领下，全国工商联会员部及中国民（私）营经济研究会研究人员组成 3 个调研组，分别到甘肃、山东和广西壮族自治区进行调研并召开了三个县级工商联建设工作片会。

调研组分别走访了甘肃定西市安定区、白银市会宁县、兰州市七里河区、山东青州市、青州市张店区、青州市周村区、邹平县、广西武鸣县、扶绥县、凭祥市、灵山县等 11 个县级工商联进行实地调研，在兰州市、济南市、南宁市召开了 3 场座谈会，有 15 个省级工商联分管会员组织工作的副主席和会员组织部门负责人参加会议。调研组还走访了部分基层商会。通过召开座谈会和深入基层走访，重点了解了县级工商联自身建设和发挥作用的情况，特别是中央 16 号文件下发后，县级工商联工作的新变化、新情况、新问题，以及县级工商联建设中的实际困难。调研发现，省级工商联指导和帮扶市、县两级工商联，扎实贯彻、深入落实中央 16 号文件精神，在争取党委政府支持、服务中心工作上，在加强县级工商联领导班子建设、解决县级工商联发展突出问题上采取措施、创建载体，创造了新经验。大部分县级工商联都能够以换届为契机，在提升县级工商联的影响力、凝聚力、执行力方面抓住机遇、主动作为，在协助地方党委政府管理和服务非公有制经济方面发挥了应有的作用，有力地促进了非公有制经济健康发展和非公有制经济人士健康成长。同时，也发现当前县级工商联建设编制、经费、办公条件等实际问题仍然存在，针对发现的问题，调研组分别提出了解决问题的措施建议。（张世芳）

【开展商会协会登记管理体制改革调研】 全国工商联副主席黄小祥一行于 2012 年 7 月 17 日到深圳市工商联和民营企业，就深圳市商会、协会登记管理体制改革及民营企业发展情况进行为期 2 天的调研。

黄小祥副主席在深圳市工商联机关召开座谈会，与民间组织管理局、商会、行业协会相关负责人进行了座谈交流，详细了解深圳市社会组织改革的相关情况，特别是推行无业务主管单位以来，商会、协会的发展情况。据民间组织管理局相关负责人介绍，2012 年 7 月 1 日起，社会组织的业务主管单位均改为业务指导单位，申请成立社会组织，由民政部门直接审查登记。目前，在全市 5094 家社会组织中，已有 700 多家直接登记，占到 14.2%。参加座谈会的商会、行业协会相关负责人结合自身情况分别发表对取消前置审批、无业务主管单位的看法。

广东省工商联、深圳市工商联相关负责同志介绍了推行无业务主管单位以来，工商联商会的发展情况，并提出重点培育打造枢纽型商会的建议。黄小祥副主席指出，深圳市在社会组织管理方面先行先试，探索出一条新的道路，体现了深圳的创新精神，值得赞赏。黄小祥副主席对商会协会的管理提出了几点看法和要求：一是商会协会要坚持民间办会、政府指导、企业联合、行业推动、自律发展，这是市场经济的内在要求，也符合民营企业自身发展规律。二是在商会协会登记管理方面，要坚持创新求变、服务企业、方便

办事。实行无业务主管单位的办法，值得探索和进一步完善。同时也要把握好一业多会与适度竞争的关系，放开条件与规范管理的关系，只有这样社会组织管理创新才能取得更好的成绩。三是要更加准确地把握工商联与商会之间的关系。从广东省、深圳市的情况来看，即使不作为业务主管单位，工商联依然可以团结服务商会，商会也同样可以以团体会员的形式加入工商联。可以判断，工商联是否作为商会协会业务主管单位，并不是工商联与商会紧密联系的唯一条件。工商联要提高服务商会的水平和能力，吸引、凝聚更多的商会加入到工商联组织中来，为非公有制经济健康发展和非公有制经济人士健康成长做出更大贡献。

黄小祥副主席肯定了工商联做枢纽型商会组织的培育、管理和服务工作的做法，认为这是一个可以在实践中大胆探索的重要课题。黄小祥还勉励各商会、行业协会加强自身建设，规避市场风险和法律风险，在市场经济中积极发挥作用，为会员企业提供更好的服务。

在调研中，黄小祥副主席还听取了深圳市工商联工作情况汇报，还深入深圳海王集团和研祥集团进行调研。（王兆成）

【召开全国县级工商联建设工作座谈会】 2012 年 7 月 30 日至 31 日全国县级工商联建设工作座谈会在北京召开。这次会议是对各地加强县级工商联建设工作的阶段性总结和检查。全国工商联副主席黄小祥出席会议并讲话，各省、自治区、直辖市和新疆生产建设兵团工商联分管会员组织工作的会领导、会员组织部门负责人和全国县级工商联建设联系点负责同志共 73 人参加会议。会议由全国工商联会员部部长王瑗主持。会议研究部署以下三项工作。

一是讲评推动解决县级工商联建设中突出问题的工作情况。会议就全国工商联会员部《县级工商联建设调研综合报告》、《全国县级工商联组织建设情况问卷调查分析》等四项工作的开展情况进行了简要介绍，下发了《全国零编制县级工商联和未设党组县级工商联名单》，分析了全国县级工商联建设中存在的问题。

二是交流加强县级工商联建设的有效做法和主要措施。争取党委政府重视，把争取党委政府

对工商联工作的重视支持作为推动县级工商联建设的重要举措；加强领导力度，把解决县级工商联建设中的突出问题列入重要议事日程，主要领导亲自抓，分管领导经常抓，充分调动各部门积极性共同推动；加强分类指导，各省级工商联针对不同地市的实际情况，有针对性地提出了不同的工作要求；健全抓落实的工作机制，省级工商联向地市工商联转发了《实施方案》或下发了本省的分阶段实施方案，要求地市工商联结合实际制定本地的分阶段实施方案并上报；加大宣传表彰力度，采取多种形式宣传加强县级工商联建设的重要意义，突出宣传一批体现时代要求、工作特色鲜明、具有较强示范效应的县级工商联。

三是提出加强县级工商联建设的意见建议。加大落实中央 16 号文件的力度，由全国工商联和中央有关部门组成督察组，到基层检查中央 16 号文件的贯彻落实情况，督促各地党委政府做好落实工作，切实改善工商联工作环境；加大对《实施方案》的检查落实力度，全国工商联和省级工商联要完善推动工作落实机制，加强对县级工商联建设的推动和指导力度，定期到各地检查县级工商联建设的工作进展，通报各地县级工商联达到"一个设立、五个有"的有关情况，确保工作目标的实现和工作任务的完成；加大教育培训力度，由全国工商联对换届后县级工商联领导班子特别是主席、党组书记的培训进行统筹安排，各级统战部、工商联分工负责，制定教育培训计划，编好培训教材，落实培训人员、时间和经费；加大工作交流力度，全国工商联和各省级工商联进一步加强总结交流力度，召开县级工商联建设经验交流会或现场观摩会，为大家提供学习交流平台。（马　澄）

【召开全国工商联商会建设座谈会】为深入贯彻中央 16 号文件和全国工商联商会建设工作会议精神，全国工商联商会建设座谈会于 2012 年 9 月 12 日在京召开。全国工商联副主席黄小祥出席会议并讲话，会员部部长王瑷通报了各省级工商联贯彻落实全国工商联商会建设工作会议的情况，会员部副部长李树林主持会议。来自全国各省、自治区、直辖市和新疆生产建设兵团工商联分管会员组织工作的领导以及全国工商联 30 家直属商会会长出席会议。

黄小祥副主席在讲话中指出，中央 16 号文件首次提出积极培育和发展中国特色商会组织，这是党中央、国务院对包括工商联商会在内的我国工商社团改革发展实践的经验总结，也是着眼于推动政府职能转变、完善社会主义市场经济体制做出的重要决策，需要我们进行坚持不懈的探索。

针对如何加强工商联商会建设工作，黄小祥副主席提出三点意见。一要充分认识加强商会建设的重要意义。准确全面理解中国特色商会组织的科学内涵，需要着重把握好四个方面的内容，即：加强商会建设是社会主义市场经济发展的必然要求；商会建设是工商联基层组织建设的重要内容；商会组织是工商联践行"两个健康"工作主题的有效载体；商会组织是充分发挥工商联"三性"有机统一综合优势的重要平台。

二要明确新形势下商会发展的任务目标。新形势下，工商联商会要深入学习中央 16 号文件精神，坚持中国特色社会主义理论体系，坚持"两个健康"工作主题和"三性"有机统一综合优势，围绕中心、服务大局，按照方向正确、管理民主、行为规范、服务高效、充满活力的中国特色商会组织发展目标，加强自身建设，切实提高商会运作水平和能力，提升商会凝聚力和影响力。商会要推动产业发展，不断提升服务能力，积极参与创新社会管理，把借鉴与创新作为商会发展的不竭动力。

三是必须从战略高度把商会建设摆上重要议事日程。工商联作为商会业务主管单位，承担着指导和推动商会组织完善法人治理结构、规范内部管理、依照法律和章程开展活动的职责。各级工商联必须把商会建设摆上重要议事日程，积极探索、培育和发展中国特色商会组织的思路和途径。要认真履行商会业务主管单位职责，坚持商会发展的正确方向，制定符合本地情况的商会发展规划，指导商会扩大组织覆盖面和会员覆盖面。

黄小祥副主席指出，党的十八大和全国工商联十一大即将召开，工商联事业发展面临新的契机，希望各级工商联和各级各类商会以本次商会建设座谈会为契机，开拓进取、求真务实，在商会建设工作上取得新成绩，为开创工商联商会工作新局面奠定更加坚实的基础。

会上，北京市工商联等 9 家单位分别代表各级工商联、行业商会、乡镇商会、市场商会和异地商会，从不同层面、不同角度做了大会交流发言。在分组讨论会上，大家总结分析了2011年全国工商联商会建设工作会议精神的贯彻落实情况，研究剖析当前工商联商会建设存在的困难和问题，探讨交流进一步加强和改进工商联商会建设的办法和措施，进一步确立了商会工作发展的方向和目标。（王兆成）

【举办全国省级和副省级城市工商联专职副主席培训班】 2012年9月、10月间中央统战部和全国工商联举办了两期全国省级和副省级城市工商联专职副主席培训班，共培训厅局级专职领导干部142人。省级工商联专职副主席基本上都参加了培训，新任专职副主席绝大多数参加了培训。全国工商联党组和会领导对这两期培训班高度重视并给以大力支持，全国政协副主席、全国工商联主席黄孟复出席两期培训班结业仪式并作总结讲话，中央统战部副部长，全国工商联党组书记、第一副主席全哲洙分别为两期培训班全体学员讲课。

这两期培训班的主要特点：一是领导高度重视。中央统战部和全国工商联共同举办省级和副省级城市工商联专职副主席培训班，体现了中央统战部、全国工商联对做好地方新一届工商联工作的高度重视。二是主题突出，指导思想明确。培训班总体来讲达到了帮助大家开阔工作思路，明确工作方向，树立进取信心，更好地谋划和做好工商联工作的目的。三是师资层次高。培训班的课程内容经过了精心安排，所邀请的授课老师，都是著名专家学者和知名人物。他们的授课内容，导向正确，信息量大，启发性强，深受同志们的称赞。四是同志们热情高、收获大。参加这次学习的许多省级工商联都是刚刚完成换届工作，新一届领导班子工作伊始，各项工作任务十分繁重，大家能够统筹兼顾，挤出时间来参加学习，并表现出了饱满的学习热情。培训班期间，大家认真听讲、深入思考，共同分享学习体会和工作经验，表现出了浓厚的学习氛围。五是紧密联系工商联工作实际。培训班不但授课内容紧扣工作实际，而且要求每位学员结合实际，以"对开拓工商联工作新局面的思考"为题提交了一份学习体会。宣教部将这些体会整理上报全国工商联党组，对全国工商联全面了解工作情况、准确把握工作问题、总结吸收工作经验、深入研究工作思路起到了积极作用。六是会务保障工作得力。培训班举办期间得到了中央统战部干部培训中心、全国工商联机关服务中心、中华工商时报社和北京青年旅行社的大力支持。整个会务工作紧张有序、保障有力。

学员们在学习期间，深刻领会中央16号文件精神，准确把握工商联"两个健康"工作主题，正确判断国内外经济形势，并结合自身工作实际撰写了学习体会，对不断创新工商联工作进行了深入思考，为履行职责、开拓工作奠定了良好的基础。同时对全国工商联第十一次会员代表大会、未来五年工商联工作、非公有制经济人士思想政治工作、非公有制企业党建工作等提出许多意见和建议。（李兵书）

【召开全国工商联直属商会会长联席会议】 2012年12月22日，全国工商联直属商会会长联席会议在四川省成都市召开。会议的主要内容是传达学习党的十八大和全国工商联十一大精神；讲评商会四季度工作；讨论《全国工商联直属商会年度考评方案》，部署直属商会年度总结与年度考评工作。会议还听取成都市有关领导介绍了经济发展状况，对区域经济发展情况有了进一步的了解。全国工商联副主席黄小祥，会员部部长王瑗、副部长李树林及有关人员，直属商会会长、秘书长出席了会议。

王瑗部长对直属商会四季度工作做了讲评，对年度考评工作进行了部署。强调做好考评工作是促进商会总结经验，查找不足，进一步改进工作方法，提高工作绩效，更好地服务会员，服务行业，服务社会。

黄小祥副主席结合商会工作谈了四点意见：

一是深入学习贯彻党的十八大和全国工商联十一大精神。这次商会会长联席会议的重要任务就是深入学习贯彻党的十八大和全国工商联十一大精神，进一步把广大会员的思想和行动统一到党的十八大和全国工商联十一大精神上来，把智慧和力量凝聚到提出的目标和任务上来。各直属商会要紧密结合本行业、本商会实际，高度重视，组织会员认真学习，深入讨论，努力做到入脑入心，切实学懂吃透会议精神。要充分利用各种形式、各种机会，引导会员企业准确把握未来五年非公有制经济发展面临的新机遇、新挑战，进一步增强发展的信心，为推动科学发展凝心聚力。要结合本商会的实际情况，谋划好商会明年的工作。要在探索商会职能建设和可持续发展上下功夫，走中国特色商会发展之路。特别是要按照十八大提出的各类社会组织协同社会管理的要求，探索加强和创新社会管理的途径，为促进社会和谐作贡献。

二是深刻洞察把握国际国内经济形势。指出如何把握未来几年的发展机遇，推动行业健康发展，逐步实现企业健康发展，是各个商会担负的重大历史责任。商会不仅要作为行业自律组织发挥作用，还将作为社会自治管理新型组织发挥作用，做到统战性、经济性、民间性的有机统一。为让商会更好地发挥作用，就需要加强商会的科学化、制度化、规范化管理。

三是把商会年度考评作为加强商会建设的重要工作来抓。对各商会进行年度考评，目的是检查各商会自身建设和作用发挥情况，总结经验，查找不足，促进商会进一步改进工作方法，提高工作绩效。共同研究考评方案，就是要使商会明确建设目标，做到发展有基础，有模式，有考核，有总结。商会考评既要有普遍性，还要有特殊性；既要有共性的考核，还要尊重个性特点。

四是把服务区域经济发展作为增强商会活力的重要内容。各直属商会作为全国工商联的基层组织，团结凝聚着一大批坚定跟党走、有雄厚经济实力、有高度社会责任感的企业家，也理所应当地配合政府推动区域经济协调发展，成为繁荣地方经济和促进社会发展可以依靠的重要力量。这次在成都举行会长联席会议是一个尝试，希望各商会能够结合实际，按照地方发展的需要和行业的特点来设计合作共赢的发展思路和设想。以后举行会长联席会议要作为一项制度来执行，不仅把商会自己的事办好，还要把商会与地方共同发展、紧密合作的事办好。（江　建）

机关建设

【综　述】2012年，机关党委（人事部）以邓小平理论、"三个代表"重要思想、科学发展观为指导，以迎接和学习、宣传、贯彻党的十八大、全国工商联第十一次代表大会精神为主线，坚持围绕中心、服务大局，大力加强机关党的建设、干部队伍建设，努力服务机关工作和干部健康成长。

一、进一步完善理论学习制度，创新理论学习形式，不断推进学习型机关建设

开展了迎接和学习宣传贯彻党的十八大和全国工商联第十一次会员代表大会精神活动，张挂横幅标语和展板，组织集中收看十八大开幕式和政治局常委中外记者见面会，及时发放相关学习资料，开设专题网络课程，组织学习培训班，营造浓厚政治文化氛围；定期举办民营企业家请进来、季度讲座、专题报告以及青年沙龙等活动，组织干部职工加强对马列经典著作、中国革命史、中国特色社会主义理论体系、中央16号文件精神和时事政策的学习，拓展干部视野；通过年度优秀调研报告和理论学习征文评选活动，组织机关干部开展理论研究；建立机关在线学习平台，推行全员自主选学。机关政治理论学习向制度化、规范化方向推进。

二、扎实推进机关党的组织建设

开展基层组织建设年活动，开展对党（总）支部评分定级、整改提高；认真做好党员发展工作，2012年机关党员比例达87.7%；规范完善党员数据库信息；创新和完善民主生活会制度；举办年度优秀工作项目展；认真做好十八大代表候选人和中直机关工委党代会代表候选人推选工作。加强党员干部廉政教育，开展党风廉政宣传教育月活动，举办党风廉政知识问答活动，组织观看警示教育电视片，加强对干部选拔任用和招录、换届选举等工作的监督，认真处理来信来访，做好领导干部上报个人重大事项工作。

三、规范人事工作，加强干部培养

进一步完善干部管理制度，初步建立了公务员管理信息系统，坚持考核手段多样化，创新干部日常考核机制，试行工作日志制度。干部选拔任用工作取得新进展，通过民主推荐、竞争上岗选拔任用干部，通过公务员公开招录、接收军转干部和从地方选调干部等方式，不断充实机关干部队伍。进一步规范我会所属事业单位编制，加强直属单位领导班子建设。做好干部培训，通过组织局级干部参加院校培训和自主选学、举办处级及以下干部培训班、全员在线自主选学、外派培训等形式加强干部培训。坚持开展轮岗交流、挂职锻炼工作。积极为机关干部做好工资福利和服务保障，完成机关集体户籍迁移，协助一些干部职工办理进京落户、两地分居等问题，为援疆援藏和挂职干部做好协调保障工作。

四、强化机关文化建设，关心干部职工生活

按会领导要求，定期举办会领导与机关干部谈心活动，走访慰问困难党员干部和职工，倾听干部职工心声，了解干部职工诉求，听取干部职工意见建议，促进机关和谐。充分发挥工青妇组织的作用，组织干部职工赴北戴河休假，开展健步走比赛、乒乓球比赛，组织新春联欢会、观看电影演出、"五四"青年节活动、"三八"妇女节活动等形式多样的文化体育活动，促进"健康、和谐、向上"的机关文化形成。

五、提高离退休人员服务质量

研究分析我会离退休人员实际状况，确立重点关注对象、改进服务保障方案。制定《机关离退休人员外出参观学习有关规定》、《健康安全责任承诺书》，规范老同志外出活动。建立离退休人员管理数据库。为全体老干部配置了多功能语音电话系统，为一批老同志配发了"999"急救手机。组织离退休人员外出参观学习考察，坚持每月开展一次离退休人员党支部活动，及时向离退休人员传达中央精神。举办离退休人员新春茶话会，定期走访慰问离退休人员，不定期组织老干部座谈会，倾听老同志们的意见建议，力所能及地帮助解决实际问题。（张一卫）

【机关制度建设】 机关制度建设是一项提高机关执行力、转变工作作风的基础性重点工作。《全国工商联2012年工作要点》提出，要强化机关制度管理，建立健全机关内部运行管理制度，加大制度执行督查力度，增强机关干部执行制度的自觉性，进一步提高工作质量和工作效率。经过一年的努力，办公厅协调各部门继续完善机关工作制度和内部管理制度，加强制度执行和落实，取得了积极成果。

为推动机关工作制度的落实力度，根据《关于检查机关工作制度落实情况的通知》（全联厅通〔2011〕225号），办公厅、机关党委（人事部）共同于2011年12月至2012年1月开展了机关工作制度落实情况的集中检查。此次检查采用了部门自查与重点督查相结合的方式，对学习实践科学发展观活动以来建立的21项工作制度进行了检查，各部门分别撰写了详细的自查报告。通过检查，增强了机关干部执行制度的意识，进一步明确了工作程序和责任。

2012年3月，《全国工商联机关工作制度落实情况》在《工商联信息》上刊发，中央统战部副部长、全国工商联党组书记、第一副主席全哲洙做出重要批示。批示指出，制度建设是自身科学发展、机关作风建设的基本保证，也是提高机关工作质量、效率，进一步提升能力建设的根本措施。请速按整改建议所提的问题认真加以完善。为落实全书记批示要求，办公厅认真研究进一步完善机关工作制度的措施，并向机关各部门印发了《关于对机关工作制度研提意见的通知》，梳理、汇总了机关需要制订和修订的14项制度。

完善后的机关制度共计60项，涵盖了公文处理、后勤保障、人事等内部管理制度，以及信息工作、优秀调研成果评选、外事工作等工作制度。制度建设对机关工作上水平、机关建设上台阶发挥了重要推动作用。（刘海卓）

【举办2011年度优秀工作项目展】 2012年1月至2月，机关举办了2011年度优秀工作项目展。机关各部门以及机关服务中心、中华工商时报社、中华工商联合出版社精心设计展板，用翔实的资料和图片，系统回顾了全年的各项工作，全面展示了全国工商联机关2011年的工作成果和创先争优主题教育活动的成效。（张一卫）

【组织入党积极分子参加统战部第 17 期入党积极分子培训班】 为做好入党积极分子培养教育工作，2012 年 6 月 25 日至 29 日，机关党委组织机关部门、直属单位 13 名同志参加了由中央统战部主办的第 17 期入党积极分子培训班。

参训学员们十分珍惜此次难得的学习机会，妥善处理工学矛盾，严格遵守考勤制度，按时上课，认真听讲。通过聆听讲座、观看录像、参观学习、交流讨论等多种形式，大家进一步加深了对党的认识，端正了入党动机，对加入党组织的要求和期望更为迫切。期间，每位同志均撰写了真情实感的思想汇报。经过考试，13 名入党积极分子顺利结业，并有 2 名同志被推选为代表在结业仪式上作总结发言。

大家纷纷表示，这次学习受益匪浅，学有所思、学有所得，作为一名入党积极分子，将继续保持学习热情，在本职岗位努力工作，争取早日成为光荣的共产党员。（付宏静）

【加强事业单位清理规范及直属单位领导班子建设工作】 按照中央编办《关于开展事业单位清理规范工作的通知》（中央编办发〔2011〕24 号）要求，机关对直属事业单位进行了调查摸底，并正式报送了我会的清理规范意见。2012 年 7 月，中央编办正式函复我会（《中央编办关于中华全国工商业联合会所属事业单位清理规范意见的函》中央编办函〔2012〕129 号）对我会所属事业单位编制进行了进一步的规范。在此基础上，机关进一步加强了直属单位领导班子建设，完成了中华工商联合出版社有限责任公司、全国工商联人才交流服务中心领导班子的调整。（张　强）

【开展与机关干部谈心活动】 2012 年全国工商联党组领导定期与干部开展谈心活动，倾听干部心声，了解干部诉求，听取干部意见建议，增进与干部职工的沟通与了解。

7 月 2 日，机关召开青年干部座谈会，党组副书记、副主席、机关党委书记黄小祥同志出席。黄小祥副主席转达了会党组领导对青年干部的问候，并在听取青年干部的发言后，对青年干部提出了希望和要求。座谈会上，31 名青年同志结合工作实践，畅谈了学习《胡锦涛同志在纪念共产主义青年团成立 90 周年大会上的讲话》的

体会，交流了如何加强修养、提升能力、做好工作，并对机关青年工作提出了一些建议。机关党委专职副书记、人事部部长郭孟谦，研究室副主任林泽炎，法律部副部长白莲湘应邀参加了会议，并结合自身工作经历与大家进行深入交流。

7 月 31 日，机关召开庆"八一"复转军人座谈会，中央统战部副部长，全国工商联党组书记、第一副主席全哲洙同志出席会议并讲话。座谈会由全国工商联党组副书记、副主席、机关党委书记黄小祥同志主持，党组成员、副主席庄聪生同志出席了会议。机关部门、直属单位复转军人代表 35 人参加。全哲洙同志在讲话中代表会党组和工商联全体同志向机关复转军人表示节日问候，并希望机关复转军人永葆军人本色，勤奋学习，刻苦钻研，立足岗位，锐意进取，再建新功。会上，复转军人代表踊跃发言，一致感谢机关长期以来对复转军人的关心，深情回忆在部队受到的教育和锻炼，纷纷表示要在今后的工作中继续发扬革命军人优良作风，为工商联事业发展作贡献，不辜负党组织和部队多年来的培养。会后，会领导在机关餐厅宴请了参会的复转军人。

会党组领导与大家推心置腹的交谈，增进了了解，加深了感情，达成了共识，让干部职工深切感受到党组的关心和温暖，赢得了干部职工的广泛认同和欢迎。（张一卫）

【举办全国工商联信息员培训班】 2012 年 7 月，全国工商联系统信息员培训班在甘肃兰州举办。

此次培训班的主要任务是围绕"创新信息工作，加强信息化技术保障"这一主题，贯彻《中共中央办公厅关于加强和改进党委信息工作的意见》（中办发〔2012〕15 号）文件精神，加强信息报送工作；征求对《全国工商联信息化建设工作方案》的意见，为方案实施做好基础准备工作。

办公厅主任王建设传达了全国工商联对信息工作的要求和会领导指示精神，会议由办公厅副主任秦臻主持。会议对全国工商联内刊编辑及信息采编工作、社情民意信息报送情况和有关要求、信息报送渠道、信息系统操作规程等内容进行了培训及讲解。甘肃、四川、安徽、江苏省工商联分别介绍了工作经验。会议就如何加强工商联信息工作进行了分组讨论和大会交流。

自 2009 年以来，全国工商联每年都举办一期由各省级和副省级城市工商联信息员参加的培训班。通过培训，提高各级工商联信息员对信息工作重要性的认识，加强交流与沟通，掌握信息报送系统的使用方法，提高信息采编水平。培训班取得了良好的反响和成效，各地上报信息在质量和数量上都有了显著提升。（李山海）

【建立机关在线学习平台推行全员自主选学】为丰富机关干部学习内容，增强学习的自主性和针对性，推进学习型机关建设，在全国工商联领导的重视、关心和支持下，经过一年的筹备和建设，2012 年 9 月 19 日，机关在线学习平台正式启动，开始在全机关推行全员自主选学。学习平台结合工商联机关干部思想和工作实际，以政治理论、经济理论和时事政治为主要学习内容，以促进机关干部综合素质协调发展、实际工作能力全面提高为目标，设立了党史党建党性修养、政治理论与时政、工作能力、个人修养四个模块的课程。至 12 月，学习平台共开设视频课程 28 门 136 学时，举办在线知识竞赛一次，较好地满足了机关干部学习的多样性需求，有力地激发了机关干部学习的积极性。为推动机关理论学习的制度化、规范化和常态化，机关党委还制定了机关干部在线学习要求，对 2012 年 12 月底完成 20 学时的同志进行了通报表扬，并授予 2012 年"规定学时完成率"前 3 名的研究室、经济部、法律部党支部"干部在线学习先进党支部"荣誉称号。（张一卫）

【机关信息化建设工作调研】为了落实《全国工商联信息化建设工作方案》，了解地方工商联信息化工作情况，学习先进经验，推广办公、数据库系统的应用，建立会员企业服务平台，形成工商联组织合力，提升工商联信息化服务水平，全国工商联办公厅于 2012 年组织开展信息化工作调研。

调研工作由全国工商联办公厅副主任秦臻率队，先后于 9 月 24 日至 27 日、10 月 11 日至 17 日，赴福建省工商联、宁德市工商联、福州市鼓楼区工商联、四川省工商联、成都市工商联、双流县工商联和新疆维吾尔自治区工商联、吐鲁番地区工商联、昌吉市工商联调研。

通过调研了解，各地在开展信息化建设上都有一定基础，个别地区取得了较好的工作经验。三个省级工商联全部建有办公系统，省级及市级工商联都建有网站，在宣传工商联工作、非公有制企业社会贡献等方面都发挥了较好作用。通过调研也发现工商联系统内部信息化建设缺少统筹管理和顶层规划，这些问题的发现对全国工商联进一步完善和实施信息化建设方案，提高信息化建设水平具有启发和借鉴作用。（李山海）

【召开 2012 年度局处级党员领导干部民主生活会】在全党上下认真学习贯彻党的十八大精神和中央八项规定之际，机关各党（总）支部于 2012 年 12 月至 2013 年 1 月召开了以"坚持理想信念，改进工作作风，为民务实清廉"为主题的局处级党员领导干部民主生活会。会党组成员分别出席所联系的党（总）支部民主生活会并讲话，各党（总）支部科级以下党员、干部及机关党委、纪委有关同志列席会议。

会党组于 2012 年 12 月 24 日率先召开了以"认真学习贯彻中央八项规定，切实改进工作作风"为主题的民主生活会。对于会前征求的群众意见和建议，党组要求每位会领导按照工作分工提出具体解决措施和时间表，在下一步工作中加以落实，并下发《关于全国工商联党组处理群众意见措施的通报》（全联党组〔2013〕9 号），切实为党员群众解决实际问题。

为确保本次民主生活会真正取得成效，各党（总）支部认真部署、精心准备，组织局处级党员领导干部开展理论学习，并相互征求意见，有的支部还以书面形式让大家对部门工作和部门局处级党员领导干部提出意见。同时本着开诚布公、推心置腹的态度，深入开展谈心活动，交流思想，坦诚沟通。在此基础上，大家认真准备发言提纲，为开好民主生活会奠定了良好基础。

每位党组成员在参加所联系党（总）支部生活会时，针对各党（总）支部实际，提出具体希望和要求，大大加强了党组对各党（总）支部的领导。发言的局处级党员领导干部能够围绕会议主题，联系思想和工作实际，认真开展党性分析和对照检查。讲成绩少、讲不足多，讲客观理由少、讲主观原因多。开展自我批评态度端正，直奔主题，既把握了问题的方方面面又突出了问题产生的思想根源；在开展批评中大家都能从有利于班子团结和个人成长进步的角度出发，直言不讳，坦诚相见，同时注意方式方法，将民主、诚挚、团结、求实的氛围贯彻始终。

为进一步提高民主生活会质量，在 2011 年尝试对民主生活会情况进行量化测评并取得较好的效果基础上，2012 年继续请全体参会人员从四个方面对民主生活会进行满意度测评。统计表明，绝大部分支部的测评分值与往年相比有所提升，群众反映的问题有所减少。

通过不断完善制度、积极探索创新，各党（总）支部的民主生活会真正成为提高党员领导干部的思想政治水平，加强党性锻炼，促进支部团结，提升支部战斗力的重要制度保障。（付宏静）

【组织机关廉政教育】2012 年，在全国工商联党组、中央统战部机关纪委的坚强领导下，机关党委、纪委坚持预防为主，毫不放松地抓好党风廉政教育。

上半年，组织党员干部集中观看了警示教育片《堂堂外表下的真相——李堂堂受贿案警示录》、《小金库引发的大案》、《损公肥私者的最终结局》，在机关在线学习平台上增加了如《学习贯彻第十七届中央纪委第七次全会精神》、《加快推进惩治和预防腐败体系建设》、《保持党的纯洁，迈向伟大复兴——保持党的纯洁性教育专题》等专题课程。通过观看专题片，引导党员干部筑牢拒腐防变的防线，切实增强廉洁自律意识。

9 月，根据中央统战部机关党委要求，组织开展了以"保持党的纯洁性，保障统战事业科学发展"为主题的党风廉政宣传教育月活动，集中学习了中纪委十七届七中全会精神和廉政准则。组织 18 个党（总）支部全体党员参加了"2012 年中央统战部'保持党的纯洁性，保障统战事业科学发展'党风廉政知识问答"。各支部平均成绩均在 96 分以上，进一步推动了我会党风廉政建设。

同时，在干部选拔任用和招录、换届选举等工作中加强监督，公布监督电话、设立意见箱。认真处理来信来访，监督落实《关于清理规范庆典、研讨会、论坛活动工作的实施方案》和《关于清理规范评比、达标表彰工作通知》精神，做好领导干部上报个人重大事项工作。（付宏静）

【机关人事工作】2012 年，机关人事工作在会党组的领导下，围绕中心、服务大局，积极开拓进取，扎实开展工作。按照年度工作计划，大力加强干部队伍建设，进一步推进干部人事制度改革，加大教育培训力度，提高干部队伍整体素质，较好地完成了年度工作任务。

一、做好干部选拔任用工作

组织民主推荐选拔任用干部，坚持实行差额推荐、差额考察，共任用局级干部 6 人、处级干部 16 人、科级干部 11 人。组织竞争上岗选拔任用干部，任用处级领导职务干部 3 人。坚持从具有两年以上基层工作经历的人员中录用公务员，完成 2012 年招录公务员面试、考察、体检、备案工作，新录用公务员 5 人。严格按照国务院军转办的要求，经过报名材料审核、面试、体检、考察、审核档案等程序，接收 2 名军转干部。分别从人力资源和社会保障部、北京市、重庆市调入 4 名干部，充实机关干部队伍。

二、初步建立了公务员管理信息系统

建设全国工商联机关公务员管理信息系统，将机关局级以下 164 名干部信息（每名干部 60 项信息）录入到系统中，经审核后报中组部、中央统战部。

三、加强干部培养

坚持开展轮岗交流，在 2011 年实施轮岗交流的基础上，按照轮岗交流办法，2012 年轮岗交流干部局级 3 人、处级 19 人、科级 5 人。坚持机关干部基层挂职制度，2012 年有 2 名同志在贵州省织金县挂职锻炼，2 名同志在民营企业挂职锻炼。组织多形式、多层次的干部培训。5 月，在中央社会主义学院举办了 2 期机关处级以下干部培训班，每期培训班为期 3 天，共计 90 人参加培训。组织了 10 名局级干部参加自主选学，1 名省部级干部、12 名局级干部参加中组部调训，1 名处级干部参加美国杜克大学培训，1 名科级干部参加香港理工大学高级英语研修班，5 名新招录同志参加公务员初任培训工作。

四、加强干部考核及奖励工作

完成机关公务员年度考核及奖励工作，将奖励情况报中组部及中央统战部备案，发放公务员奖励奖章、证书及奖金；完成中管干部及领导班子考核、其他会领导考核及"十八大"两委人选推荐工作。坚持考核手段多样化，创新干部日常考核机制，推出试行工作日志制度。（李晓兵）

【组织机关学习活动】2012 年机关党委坚持把理论武装作为机关党建和干部队伍建设的关键环节来抓，完善理论学习制度，创新理论学习形式，不断推进学习型机关建设。

开展了迎接和学习宣传贯彻党的十八大和全国工商联第十一次会员代表大会活动，组织全体党员干部集中收看十八大开幕式和政治局常委中外记者见面会，及时发放十八大报告、党章等相关学习资料，在学习平台开设十八大精神专题辅导课程，分两批组织局级干部参加统战部十八大精神学习培训班，迅速掀起学习贯彻十八大热潮。以迎接党的十八大和全联十一大为主题，张挂横幅标语，精心设计并制作全国工商联各届代表大会展板，营造浓厚政治文化氛围。

加强对马列经典著作、中国革命史、中国特色社会主义理论体系和时事政策的学习，组织机关全体干部学习中央 5 号文件精神、贾庆林同志在全国工商联机关调研时的讲话和中央 16 号文件，开展国发〔2010〕13 号文件精神在线知识竞赛。全年共为各党（总）支部分别发放学习资料刊物及书籍近 100 本（期）。

定期举办民营企业家请进来、季度讲座、专题报告以及青年沙龙等活动，拓展干部视野。2 月 15 日，举办全国工商联小型微型企业"保生存谋发展"调研专题培训会，邀请工信部、商务部、财政部、科技部、人力资源和社会保障部等部委相关业务部门负责人为大家授课。5 月 25 日，举办学习《国务院关于进一步支持小型微型企业健康发展的意见》（以下简称《意见》）辅导报告，邀请工业和信息化部党组成员、总工程师朱宏任同志介绍了《意见》出台的背景、文件的政策着力点、下一步重点推进的几项工作。6 月 18 日，举办以信息技术为专题的季度讲座，邀请计算机工程和人工智能专家李德毅同志和国家互联网信息办公室网络新闻协调局管理处处长侯召迅同志分别就云计算实践分析、政务微博使用和网络舆论引导进行讲解辅导。8 月 20 日，举办"鼓励和引导民营企业积极开展境外投资"座谈会，邀请发改委外资司司长孔令龙就有关政策做宣讲解读。通过专家报告、辅导讲座使机关干部深化了对新技术、新形势的了解，进一步增强了政策把握能力。

9 月 19 日，机关举办民营企业家"请进来"

活动，邀请全国创先争优活动优秀共产党员、山东朱老大食品有限公司党支部书记、总经理朱呈镕同志，非公有制经济十大典型人物、汉能控股集团董事局主席李河君同志作主题演讲并与大家现场交流，开拓了机关干部的理论视野，增进了机关干部的实践阅历，进一步深化了机关干部对民营企业家的了解。

机关党委还开展了年度优秀调研报告和理论学习征文评选活动，组织机关干部围绕党史党建和工商联工作开展理论研究，积极撰写理论文章、工作体会。共收到理论文章和调研报告 25 篇，经评审，有 12 篇调研报告和理论征文获奖，较好地激发了机关干部开展理论研究的浓厚兴趣。（张一卫）

【举办机关文体活动】2012 年机关党委充分发挥工青妇群团组织的积极作用，开展了丰富多彩的文体活动，不断加强机关文化建设。

1 月 12 日，机关举办了新春联欢会，全国政协副主席、全国工商联主席黄孟复，中央统战部副部长、全国工商联党组书记、第一副主席全哲洙，全国工商联常务副主席孙安民，党组副书记、副主席褚平，党组成员、副主席庄聪生、李路，以及原副主席沈建国同志出席。孙安民常务副主席代表会领导班子致辞。机关全体干部职工以及离退休干部代表 200 余人参加了联欢会。联欢会以"我爱我家"为主题，各部门青年同志在联欢会上表演了主题突出、形式新颖的文艺节目，受到大家的一致好评。联欢会气氛热烈、高潮迭起，充满了欢乐、祥和的气氛。

3 月 6 日，机关组织职业女性形象设计专题讲座，邀请专家为机关女同志提供个性化的形象设计专业指导，受到女同志的欢迎。

4 月 27 日，机关在北京奥林匹克森林公园举办了健步长走比赛。机关干部职工近 80 人参加了活动。全国工商联党组副书记、副主席、机关党委书记黄小祥为第一组运动员发布出发号令，并且带头参加比赛，走完了全部 5.6 公里赛程。张尚东、杨峰、孟沫、刘敏、胡正福、王凌燕、王彤、张少康、郭晨、高俊连 10 名同志获得了优胜奖。黄小祥同志为获奖同志颁奖并与他们合影留念。

6 月 15 日，机关举办"苹果杯"全国工商联乒乓球友谊赛，机关各部门、直属单位以及广大干部职工积极参与，共有 13 支代表队、110 名干部职工参赛。全国工商联党组成员、副主席庄聪生同志出席开幕式并为获奖人员颁奖。经过一天紧张激烈的角逐，中国证券市场研究设计中心队、办公厅队和宣教部队分获团体冠、亚、季军，费勇和王春丽分获男、女个人冠军。

9 月 24 日至 25 日，机关组织乒乓球队，参加统战系统"同心杯"乒乓球赛，一举夺取团体并列第三名、男子单打甲组第一名、男子单打乙组并列第三名、女子单打并列第三名的优异成绩。（张一卫）

【机关老干部工作】

一、组织召开离退休人员新春茶话会

2012 年 1 月 10 日上午，机关召开离退休人员新春茶话会。中央统战部副部长、全国工商联党组书记、第一副主席全哲洙，全国工商联党组副书记、副主席褚平出席新春茶话会。全哲洙同志代表会党组向全体参加新春茶话会的离退休人员致以新春的慰问和节日的问候，并通报了全国工商联一年来的工作和取得的重大成绩。

二、组织离退休人员赴江西婺源开展活动

为大力弘扬中华民族尊老、敬老、爱老的传统美德，丰富机关退休人员的精神文化生活，2012 年 4 月 23 日至 27 日，机关组织 32 名退休人员赴江西婺源参观游览。这次活动既丰富了离退休人员的生活，又充分体现了会党组、会领导对老同志的关怀，进一步增强了我会机关的凝聚力和向心力。

三、组织退休人员参观将府庄园敬老院

为使退休人员充分了解和感受新型养老方式的优越性，拓展老同志的养老思路，帮助离退休群体转变和更新养老观念，机关于 2012 年 7 月 12 日组织离退休人员参观朝阳区将府庄园敬老院。在近三小时的活动中，大家在风景如画的庄园中边参观边交流，开阔了视野，放松了身心，也增进了彼此感情。此次活动得到了参观人员的一致好评，取得圆满成功。

四、组织退休人员赴金海湖及海子民俗村参观

2012 年 9 月 20 日，机关组织退休人员赴平谷金海湖及海子民俗村参观。（薛　峰）

第三部分 综合性会议

全国工商联十届九次常委会议

会议综述

全国工商联十届九次常委会议于 2012 年 6 月 4～5 日在云南昆明召开。会议深入贯彻落实《中共中央国务院关于加强和改进新形势下工商联工作的意见》（中央 16 号文件）精神，认真学习领会党和国家领导同志重要批示精神，坚持"两个健康"（促进非公有制经济健康发展，引导非公有制经济人士健康成长）工作主题，以改革创新精神服务引导小微型企业保生存谋发展，为推动我国经济平稳较快发展做出积极贡献。

全国政协副主席、全国工商联主席黄孟复，中央统战部副部长，全国工商联党组书记、第一副主席全哲洙在会上发表讲话，云南省委书记、省人大常委会主任秦光荣致辞。

吉林省珲春市国遥博诚科技有限公司董事长李国哲等 6 位小微型企业代表，内蒙古自治区包头市政协副主席、工商联主席安润生、江苏省吴江菀坪缝纫机零件同业公会会长周平、汉能控股集团董事局主席李河君在会上做了经验交流。

云南省委副书记、省长李纪恒，全国工商联常务副主席孙安民，副主席黄小祥、褚平、谢经荣、庄聪生、李路，云南省省委常委、副省长李江，省委常委、省委秘书长曹建方，省政协副主席王学智，省政府秘书长丁绍祥，全国工商联副主席王文京、王文彪、王健林、王新奎、卢志强、刘志强、刘沧龙、许连捷、许荣茂、吴一坚、张元龙、张近东、崔世昌、傅军、霍震寰，中国民间商会副会长宋北杉、沈建国、马有礼、王玉锁、尹明善、甘国屏、张芝庭、郑跃文、董文标、谢伯阳，中央统战部、云南省有关部门负责同志及全国工商联常委约 200 人出席会议。（魏　丹）

黄孟复同志在全国工商联十届九次常委会议上的讲话

（2012 年 6 月 4 日）

在迎接党的十八大和全国工商联第十一次会员代表大会胜利召开之前，我们召开这次常委会议，具有特殊重要的意义。这次会议的主题是，深入贯彻落实《中共中央国务院关于加强和改进新形势下工商联工作的意见》精神，认真学习领会党和国家领导同志重要批示精神，坚持"两个健康"工作主题，以改革创新精神服务引导小微型企业保生存谋发展，为推动我国经济平稳较快发展做出积极贡献。下面，我讲三个问题。

一、新形势下开创工商联事业新局面必须坚持"两个健康"工作主题

长期以来，工商联积极顺应时代发展要

求，努力发挥独特优势作用，在促进"两个健康"方面，开展了大量卓有成效的工作，有效提升了工商联的凝聚力、影响力和执行力。今年"两会"期间，贾庆林同志视察全国工商联机关时，明确提出把"两个健康"作为工商联的工作主题。这是科学发展主题在工商联工作中的具体体现，标志着工商联工作理论的重大创新，是工商联事业发展的必然要求。我们要在深入贯彻落实中央16号文件过程中，紧紧围绕"两个健康"工作主题，着力服务科学发展和实现自身科学发展，努力开创新形势下工商联事业新局面。

（一）坚持"两个健康"工作主题是工商联丰富工作实践和长期历史经验的科学总结

回顾工商联近60年的发展历程，"两个健康"工作主题具有深厚的实践基础和理论依据。新中国成立初期，党中央赋予工商联的主要职责是引导私营工商业者发展生产、改善经营，团结他们遵守政府的政策法令，自觉接受社会主义改造，为巩固新生的人民政权和恢复国民经济作贡献。改革开放以后，随着我国非公有制经济的快速发展和非公有制经济人士的大量涌现，党中央明确提出工商联要做好非公有制经济人士思想政治工作，团结他们积极投身改革开放和社会主义现代化建设的伟大实践。2000年，江泽民同志在第十九次全国统战工作会议上明确提出，要"着眼于非公有制经济健康发展和非公有制经济人士健康成长"加强工商联工作，首次提出了"两个健康"这一重要观点。2006年，中共中央在《关于巩固和壮大新世纪新阶段统一战线的意见》中，要求"重视发挥工商联在促进非公有制经济人士健康成长和促进非公有制经济健康发展中的作用"，首次明确了工商联的作用就是促进"两个健康"。2010年，胡锦涛同志在全国政协民建和工商联界别委员联组会上，要求工商联引导非公有制企业在加快转变经济发展方式、保障和改善民生、提升自身素质三个方面有更大作为，指明了工商联促进"两个健康"的主要方向。2010年9月颁发的中央16号文件，始终贯穿促进"两个健康"，突出强调了工商联在促进"两个健康"中不可替代的独特作用。

工商联事业发展历史充分说明，"两个健康"工作主题的提出，是我们党关于非公有制经济和工商联工作规律的科学揭示和理论突破。今天，工商联事业已经站在了一个新的历史起点上。面对新形势，如何把握工商联工作大局、解决工作中的突出问题、实现科学发展，如何在建设中国特色社会主义伟大事业中发挥更大作用，是摆在我们面前的重大课题。"两个健康"工作主题的提出，科学回答了这一时代命题，为我们指明了前进方向。

（二）坚持"两个健康"工作主题是新形势下工商联围绕中心服务大局的必然要求

工商联事业与党和国家的事业紧密相连。始终坚持围绕中心、服务大局，是工商联发挥作用、体现价值的根本所在。"十二五"期间，党和国家的中心大局就是坚持科学发展主题和加快转变经济发展方式主线，以深化改革为动力，大力推进经济结构战略性调整；今年又明确提出坚持"稳中求进"的工作总基调，积极推进稳增长、控物价、调结构、惠民生、抓改革、促和谐等各项工作。完成好这些目标任务，离不开非公有制经济的积极作为、科学发展。从调结构看，以小微型企业为主的非公有制企业多数集中在制造业和服务业，努力促进非公有制企业健康发展有利于我国产业结构的调整；小微型企业与大中型企业基于产业链形成了广泛的协作配套关系，引导他们走"专、精、特、新"之路，对于提升我国产品结构，努力实现"中国制造"向"中国创造"的转变，起着重要作用。从转方式看，淘汰高耗能、高排放、低效益的落后和过剩产能，广泛推行使用清洁能源生产和节能技术，加强自主创新，掌握关键核心技术，培育自主品牌，小微型企业面临的任务十分繁重。从惠民生看，有效增加城乡居民收入，不断提高群众生活水平，首先就要解决每年新增千万人的就业问题，这离不开非公有制经济的快速发展。从促和谐看，非公有制企业和非公有制经济人士已经成为党的群众工作的新领域，加强党的基层组织建设和创新基层社会管理的重要着力点，是党执政的群众基础和社会基础，是社会和谐稳定的重要基石。工商联作为党和政府联系非公有制经济人士的桥梁纽带，政府管理和服务非公有制经济的助手，坚持"两个健康"工作主题，就是在践行科学发展主题和加快转变经济发展方式主线，就是在贯彻"稳中求进"的工作总基调，完全符合时代要求和实践需要。

（三）坚持"两个健康"工作主题是深入贯彻落实中央16号文件精神的内在要求

中央16号文件是新形势下加强和改进工商联工作的纲领性文件，"两个健康"工作主题贯穿中央16号文件始终。文件开篇提出工商联工作是党的统一战线工作和经济工作的重要内容，强调了工商联既担负着为社会主义现代化建设汇聚力量的政治使命，也承担着直接参与服务社会主义现代化建设的经济工作，明确了工商联坚持并促进"两个健康"的重要战略定位。文件把促进"两个健康"作为指导思想的重要内容，突出了其核心地位；把非公有制企业和非公有制经济人士作为工商联的会员主体和工作对象，明确了其构成主体；把"团结、服务、引导、教育"作为工商联的工作方针，明确了要统筹兼顾非公有制经济发展和非公有制经济人士成长的方法和原则；把统战性、经济性、民间性有机统一作为工商联的基本特征，强调了工商联独特的综合优势；把在非公有制经济人士思想政治工作中的引导作用以及在政府管理和服务非公有制经济中的助手作用，放在五项职能的最前面，凸显了"两个健康"的重要地位。可以说，"两个健康"工作主题是对工商联工作的高度浓缩和精辟概括，不仅蕴含了工商联工作的指导思想、基本任务、职能作用和基本要求，而且昭示了工商联工作的前进方向和奋斗目标。当前和今后一段时期，我们继续深入贯彻落实中央16号文件精神，就必须坚持把"同心"思想和"两个健康"工作主题结合起来，贯彻落实到工商联工作的各个方面、各个环节中去，做到一切工作都紧紧围绕主题来谋划，一切成效都以能否坚持和促进这个主题来检验，思想上同心同德、目标上同心同向、行动上同心同行，真正把工商联建设成一个政治坚定、特色鲜明、机制健全、服务高效、作风优良的人民团体和商会组织，不断开创工商联事业发展新局面。

二、服务和引导小微型企业保生存谋发展是当前实践"两个健康"工作主题的重要着力点

小微型企业作为工商联的主要工作对象，已经超过1000万家，加上3800多万个体工商户，其从业人员已近2.8亿，还孕育了5000多万新的社会阶层人士，在安排社会就业、增加居民收入、满足市场需求、弘扬创业精神、推动技术进步、促进县域经济社会发展等方面发挥着不可替代的重要作用，具有百姓生活离不开、社会就业离不开、经济发展离不开的极端重要性，已经成为当前我国稳增长、调结构不可或缺的重要力量。温家宝总理在今年的政府工作报告中七次提及小微型企业，体现了中央对小微型企业的高度关注。但当前小微型企业经营压力增大、生产成本上升、融资难、用工难等问题仍然突出，急需给予扶持。面对这种新的形势，工商联积极服务引导小微型企业保生存谋发展，不仅符合"两个健康"工作主题的本质要求，更符合当前经济社会形势发展的客观需要，是工商联充分发挥助手作用、服务党和国家中心工作的具体体现。为此，今年2月至4月，全国工商联以实体经济领域制造业、生产性服务业、高新技术产业为重点，开展了小微型企业保生存谋发展调研活动，总结了一批迎难而上、自强不息、加快转型升级的小微型企业，总结了一批服务引导小微型企业生存发展的工商联、商会典型以及龙头企业典型，形成了《工商联服务引导小型微型企业保生存谋发展调研报告》。报告上报中央后，受到了温家宝、贾庆林、李长春、李克强、王岐山、刘延东、李源潮、马凯、杜青林9位党和国家领导同志的高度重视并先后做出重要批示，充分肯定了工商联服务引导小微型企业的经验做法，同时要求政府相关部门积极研究落实工商联所提建议，进一步支持工商联的工作。这充分表明，当前我们把践行"两个健康"工作主题的着力点放到服务小微型企业保生存谋发展上，是完全正确的，符合形势的要求和中央的期望，是工商联服务科学发展、努力实现自身科学发展的具体实践。

（一）实践中涌现出一大批具有示范作用的小微型企业先进典型

近几年特别是去年以来，国家陆续出台了一系列扶持中小企业特别是小微型企业发展的政策措施，从2009年《国务院关于进一步促进中小企业发展的若干意见》，到2011年国务院常务会议研究确定的支持小型和微型企业发展的九条金融、财税政策,《中国银监会关于支持商业银行进一步改进小企业金融服务的通知》,再到今年出台的《国务院关于进一步支持小型微型企业健康发展的意见》,以及最近有关部门陆续出台的落实《关于鼓励和引导民间投资健康发展的若干意见》的实施细则,为小微型企业渡过生存难关、持续健康发展注入强大动力。在激烈的市场竞争中,一批小微型企业努力抓住各种政策性机遇,勇于突破、敢于创新,主动调结构、转方式,取得了骄人的业绩。这些企业,有的坚持技术创新,努力掌握自主知识产权,潜心研发高、精、尖的产品,靠创新开拓广阔的国际国内市场,展示出了旺盛的生命力和巨大的发展潜力;有的加快进入新兴产业,依靠发挥市场反应灵敏、决策灵活的优势,积极进入新材料、新能源、生物医药、节能环保、高端制造等领域,获得发展先机;有的积极融入产业集群发展,在充分利用产业链上下游协作配套、土地厂房等资源集约利用、公共服务集中提供等优势,大幅降低生产经营成本,提升市场竞争力;有的在困难面前不等不靠,努力创新经营模式,扩大市场份额,闯出发展新路子;有的精心培育自主品牌,集中力量做专、做精主营业务,成为小而强、小而久的企业;有的积极开展对外贸易、进军国际市场,不断拓宽生存发展空间。这些小微型企业不仅在市场竞争中赢得了一席之地,而且还涌现出一批自觉坚持党的领导,坚定不移走中国特色社会主义道路,致富思源、富而思进,义利兼顾、以义为先,关爱员工、促进和谐的优秀企业家典型,展现了合格的中国特色社会主义事业建设者的风采。这次小微型企业调研结束后,我们精选了一批充分体现"两个健康"的小微型企业典型,中共中央政治局常委李长春同志批示中宣部"选一批高科技企业;坚持自主创新有自主品牌、自主知识产权企业;自强不息、善经营会管理企业;发展战略性新兴产业企业;注重技术改造、转型升级企业进行重点宣传。"自5月末起,人民日报、新华社、经济日报、中央人民广播电台、中央电视台、科技日报等主要媒体,陆续对17家小微型企业、商会组织和民生银行进行集中宣传报道,为引导更多小微型企业认清形势、提

振精神、坚定信心,努力走转型升级、科学发展之路提供了借鉴,同时也为小微型企业健康发展营造良好环境。

（二）工商联在主动服务引导小微型企业保生存谋发展方面积累了大量成功经验

各地工商联在服务引导小微型企业保生存谋发展方面进行了积极探索,做了大量卓有成效的工作。有的积极建言献策,在反映企业呼声、畅通建言渠道、推动政策落实等方面发挥了重要作用。有的大力抓好信息服务,充分利用互联网、移动通信、电子商务平台等信息化手段,为小微型企业提供准确、多元、及时的产业政策、市场需求、人才咨询、技术成果等信息,推动了企业与企业、企业与社会机构的信息共享、互利共赢。有的不断创新维权模式,一些工商联成立了专门的维权投诉部门,一些与政府相关部门建立了合作化维权机制。有的加大典型宣传力度,通过树立、宣传一批可信、可比、可学的小微型企业先进典型,激励企业迎难而上,引导企业转型升级。有的开展各种经验交流、现场观摩、媒体互动等活动,既增进了社会对小微型企业的了解,又有力提振了小微型企业的发展信心。各级工商联普遍把商会作为服务引导小微型企业保生存谋发展的重要抓手,依托行业商会、园区商会、异地商会了解会员企业、熟悉行业特点、掌握市场信息的独特优势,在创新融资与担保手段、满足人才与用工需求、加强产学研合作、制定行业标准规范、推进品牌诚信建设等方面,不断增强服务引导工作的针对性和实效性。有的还十分重视发挥龙头企业的带动作用,在遵循市场经济规律的前提下,积极引导龙头企业把帮扶小微型企业作为自身持续发展的重要前提和履行社会责任的重要内容,推动龙头企业在资金管理、技术指导、专利服务、人才培养、标准推广、安全生产、资源配置等方面,给予小微型企业更多扶持,形成优势互补、共生共赢的利益格局。各级工商联组织积极探索服务引导小微型企业生存发展的经验做法,体现了创新的精神、开拓的意识,凝聚着各级工商联干部的心血和汗水,值得认真总结和借鉴,这对于坚持"两个健康"工作主题、更好地加强工作指导至关重要。

（三）工商联要把服务引导小微型企业保生存谋发展作为一项长期战略任务抓实抓好

当前，不同地方、不同层级的工商联组织在服务引导小微型企业保生存谋发展方面还很不平衡，工作水平和能力还存在较大差距。仍有不少地方缺乏对小微型企业重要性的认识，工作思路仍然停留在"抓大放小"上；服务和引导小微型企业的载体、手段比较单一，缺少长效机制，随意性较大，连续性不够；不少基层组织建设薄弱，缺少与小微型企业信息交流和经常性联系的制度，服务质量和实效还有待进一步改进和提升。小微型企业是我国实体经济的重要基础、最具活力的企业群体，也是当前经济社会发展中需要高度重视的重要问题。5月5日，温家宝同志批示，"工商联要充分发挥自身优势，努力做好小型微型企业的引导、支持和服务工作"。5月16日，贾庆林同志批示："全国工商联十届九次常委会议把服务引导小微企业发展作为会议主题，很有必要。"当前和今后一个时期，我们要按照温家宝和贾庆林同志的重要批示精神，在以下几个方面下功夫：一是必须不断解放思想、转变观念。要改变以往只服务大中型企业、忽视小微型企业的工作思路，把服务对象主要是非公有制经济代表人士扩展为广大非公有制企业及其人士；要从全局和战略的高度充分认识小微型企业在经济社会发展中的极端重要性，把引导推动大中型民营企业调结构、转方式与服务引导小微型企业健康发展有机结合起来，树立"抓大扶小"的意识，以思想的不断解放和观念的切实转变推动工作重心下移。二是必须不断完善工作机制。要坚持因地制宜、分类指导，在营造政策环境、参与区域经济发展规划、创建服务品牌、解决实际困难方面，努力做到各有侧重，形成宏观指导与微观服务有机结合的服务网络；要建立工商联服务引导小微型企业健康发展的长效机制，研究制定服务小微型企业的中长期工作目标，细化工作任务、明确职责分工，建立考核评价与成效激励机制。三是必须加强典型引导。各级工商联要积极配合新闻媒体认真做好典型宣传工作。按照中央领导同志批示精神，深入挖掘一批充分体现"两个健康"工作主题，依靠技术、管理、营销、人才、市场等要素迎难而上的小微型企业典型、帮扶小微型企业的商会典型和带动小微型企业生存发展的龙头企业典型，以及有较强社会责任感的小微型企业经营者典型等，主动提供报道线索。同时，要把握好宣传时机，充分利用自办媒体做好典型宣传工作，扩大典型宣传的覆盖面和影响力。要充分利用典型宣传成果，组织以科学发展观、党的理论方针政策为重点的培训活动，加强小微型企业经营者队伍建设。全国工商联将全面总结各地帮扶小微型企业生存发展的经验做法，探索工作规律，适时出台指导意见。四是积极推动政策落实。要经常深入小微型企业开展调查研究，一方面积极宣传党和政府促进小微型企业发展的相关政策措施，使他们增强发展信心，把握产业导向、用好用足政策；另一方面要及时发现新情况新问题，对有普遍性、倾向性的问题进行集中反映。要抓住贯彻落实国发14号文件的有利时机，积极配合工信部"中小企业服务年"工作，主动参与小微型企业公共服务，搭建政府部门、社会机构之间的桥梁，推进政府主导、市场机制运作的小微型企业社会服务体系建设。要抓紧与统计部门、工商部门、中小企业管理部门建立合作关系，研究确定监测内容和各项调查分析指标，依托工商联基层组织开展小微型企业运行监测工作，为党和政府制定相关扶持政策、服务经济社会发展提供重要参考。

三、坚持"两个健康"工作主题，以崭新面貌和优异成绩迎接党的十八大和全国工商联十一大的胜利召开

下半年，党的十八大将胜利召开，全国工商联第十一次会员代表大会也将召开。下半年的工作任务十分繁重而艰巨，我们要以科学发展观为指引，紧紧围绕党和国家中心工作，解放思想、改革创新、真抓实干、务求实效，认真做好各项工作，在新起点上不断开创工商联事业新局面。

（一）引导非公有制经济努力为经济平稳较快发展作贡献

当前，国际经济复苏缓慢曲折，不稳定性、不确定性因素持续增加。国内正处于加快转变经济发展方式的关键时期，一方面，城乡区域之间发展差距依然较大，产业布局不够合理，资源环境约束强化，结构调整任务十分艰巨；另一方面，外贸出口压力较大，国内市场需求不足，制造业、生产性服务业等实体经济领域一些小微型企业生产经营更加困难，经济下行压力明显增大，企业生存发展面临诸多挑战。今年一季度，我国经济增速为8.1%。前4个月，固定资产投资（不含农户）同比增长20.2%，较前3个月回落0.7个百分点；民间固定资产投资同比增长27.3%，较前3个月回落1.6个百分点；外商直接投资同比下降2.38%。4月份，规模以上工业增加值同比实际增长9.3%，较3月份回落2.6个百分点，为2009年6月份以来增速首次跌破10%；社会消费品零售总额同比名义增长14.1%，较上月增幅下降1.1个百分点；进出口总额增长2.7%，其中出口增长4.9%，进口增长0.3%；我国全社会用电量同比增长3.7%，增幅创下自2011年1月以来16个月新低。受经济下滑和结构性减税的影响，4月份全国税收增速继续大幅回落，单月增幅降至2.6%，同比回落23.3个百分点；全国财政收入同比仅增长6.9%，回落20.3个百分点。面对当前经济形势，中央领导同志强调要把稳增长放在更加重要的位置。广大非公有制企业要充分认识到，尽管当前经济增长速度放缓，但我国经济调整的方向和目标是正确的。党和政府历来高度重视非公有制经济发展，尤其是近期出台的一系列政策为非公有制企业创新创业、拓展领域、转型升级创造了良好环境。各级工商联组织要积极引导广大非公有制企业准确把握形势，提振精神，增强信心，应对挑战，主动调结构、转方式、上水平，为促进我国经济平稳较快发展做出贡献。

（二）全力保证全国工商联换届工作顺利进行

今年底召开的全国工商联第十一次会员代表大会，将选举产生新一届领导班子，审议通过工作报告和修改完善《中华全国工商业联合会章程》。这是工商联政治生活中的一件大事，必须以高度的政治责任感和严谨的工作态度，全力保证换届工作的顺利进行。要认真学习贯彻党的十八大精神，按照中央16号文件和《中共中央办公厅转发〈中央统战部关于工商联（民间商会）2012年换届工作的意见〉的通知》精神要求，

深入开展换届工作调研。要全面了解和把握新形势下工商联工作面临的新情况、新问题，不断丰富"两个健康"工作主题的内涵，认真总结过去五年工作的基本经验和规律性认识，科学谋划未来五年的工作目标和主要任务，尤其是服务引导小微型企业生存发展的思路和举措，为起草一个好的工作报告提供实践基础。要紧紧围绕"十二五"科学发展主题和加快转变经济发展方式主线，顺应工作重心下移、服务对象延伸的内在需要，全面查找现行章程中不适应新形势、新情况的地方，逐条研究、反复推敲、认真修改，力争形成一个充分体现时代特征、具有鲜明中国特色、符合工商联事业科学发展特点的好章程。要认真进行换届工作的人事安排，突出代表性和广泛性，坚持用人标准，搞好综合评价，规范工作程序，严格遵守组织人事工作纪律。换届工作时间紧、任务重，要本着高度负责的态度和求真务实的作风，认真细致、有条不紊地做好换届的各项筹备工作。

（三）积极推进企业文化建设

各级工商联要把引导非公有制企业开展文化建设作为促进"两个健康"的重要抓手，积极推行以社会主义核心价值体系为主导的企业文化建设。要深入开展企业文化建设调研，研究企业文化在不同地域、不同行业和不同发展阶段非公有制企业中的表现形式、实践载体和实际效果，发现企业文化建设中存在的新情况、新问题，了解不同层次非公有制经济人士以及员工对企业文化的认知度，寻找非公有制企业文化建设工作的突破口。通过不断实践，探索非公有制企业文化建设工作的普遍规律，研究企业文化建设与非公有制经济人士践行社会主义核心价值体系、构建和谐劳动关系、履行社会责任等方面的相互关系，与非公有制企业党建工作相结合的有效途径，与"两个健康"工作主题、思想政治工作生命线的内在联系。要树立宣传一批企业文化建设的先进典型，组织召开企业文化建设座谈会，在总结各地经验做法的基础上，适时提出加强和改进非公有制企业文化建设工作的指导性意见。要结合企业文化建设，深入开展同心工程、光彩事业、感恩行动等实践活动，大力弘扬同心思想、光彩精神和感恩文化。

（四）切实加强基层组织建设

进一步贯彻落实《全国工商联关于加强县级工商联组织建设的若干意见》和全国工商联商会建设工作会议精神，牢固树立坚持不懈抓基层、扎扎实实打基础的思想观念，把加强工商联基层组织建设作为促进"两个健康"的重要突破口。要加强商会建设，进一步明确中国特色商会组织建设工作的指导思想和基本要求，切实把商会工作纳入各级工商联重要议事日程。分级分期对商会会长和秘书长开展集中培训，提高对中国特色商会组织本质特性的认识和民主办会的能力。召开全国工商联商会建设座谈会，在坚持"三性"有机统一、符合中国特色商会组织发展方向、注重加强班子建设和制度建设、充分发挥作用等方面总结交流新的实践经验，加强工作指导，激发商会活力。推进对细分行业、园区、市场、异地等相关商会的组建力度，切实履行工商联社团业务主管单位职责。要大力加强县级工商联建设，加快推进解决县级工商联人员编制缺、办公条件差、经费保障弱的具体困难，为服务大量处于县域的非公有制企业创造有利条件。提高小微型企业在商会会员中的比例，以精心、有效服务吸引更多小微型企业加入到工商联组织体系中来。全面了解换届后县级工商联建设的新情况新问题，认真总结各地加强县级工商联建设的经验，探索建立信息沟通、工作指导、服务支持等方面的长效机制，力争用两年左右时间基本改变县级工商联建设长期薄弱的状况。

（五）不断提高工商联工作科学化水平

提高工商联工作科学化水平非一朝一夕之功，要把加强干部队伍建设，尤其是领导班子建设作为重要着力点。目前，各省级工商联的换届工作已经陆续展开，不少新人担任或即将担任工商联的主席、党组书记。他们接触工商联工作不多，需要深入学习掌握中央16号文件、"两个健康"工作主题的精神实质。要配合中央统战部，组织好换届后全国省级工商联主席、党组书记的学习培训，提高他们的政治把握能力、调查研究能力、群众工作能力和落实推进能力。要切实改进工作作风，强化深入基层的工作意识，通过参与完成重点工作、协同突破难点工作，营造重刻苦学习、重勤奋敬业、重改革创新的浓厚氛围，形成注重实绩、务求实效的良好工作作风。要加大干部培养力度，推行学习培训、岗位交流、基层挂职等有效措施，更加注重在实际工作尤其是重点工作中培养锻炼干部。要建立健全机关内部运行管理制度，增强机关干部执行制度的自觉性，进一步提高工作质量和工作效率。

各位常委、同志们，让我们紧密团结在以胡锦涛同志为总书记的党中央周围，高举中国特色社会主义伟大旗帜，以邓小平理论和"三个代表"重要思想为指导，深入贯彻落实科学发展观，旗帜鲜明、始终如一地坚持"两个健康"工作主题，振奋精神、开拓进取，以崭新面貌和优异成绩迎接党的十八大和全国工商联十一大的胜利召开！

全哲洙同志在全国工商联十届九次常委会议上的讲话

（2012年6月5日）

全国工商联十届九次常委会议即将结束了。会议学习贯彻了《中共中央国务院关于加强和改进新形势下工商联工作的意见》（以下简称中央16号文件）与党和国家领导同志在全国工商联开展小微型企业调研后报送材料上的重要批示，听取讨论了黄孟复主席的重要讲话，总结交流了小微型企业保生存谋发展、工商联和商会服务小微型企业发展、龙头企业带动小微型企业发展的典型经验，审议通过了全国工商联十一届执委会常委会组成产生办法和有关人事事项，在坚持

"两个健康"工作主题上形成了共识，在服务引导小微型企业发展上理清了思路、明确了任务，圆满完成了各项议程。

把非公有制经济健康发展、非公有制经济人士健康成长确立为工商联工作主题，既是贯彻落实中央16号文件的实践探索和理论创新，也是贾庆林主席在全国工商联调研时提出的明确要求和殷切期望。"两个健康"工作主题，是科学发展观在工商联工作中的深入贯彻和"同心"思想在工商联工作中的集中体现，深刻总结了工商联成立以来特别是改革开放以来的实践经验，高度概括了中央16号文件关于新形势下工商联工作的一系列思想观点，特别是明确指出了工商联如何引导非公有制企业和非公有制经济人士与我们党思想上同心同德、目标上同心同向、行动上同心同行这个具有根本性的重大问题，为当前和今后一个相当长时期加强和改进工商联工作提供了根本遵循。下面，我就贯彻落实好这次会议精神，按照科学发展观要求，以"同心"思想为引领，在新起点上辩证地把握和践行"两个健康"工作主题，谈几点意见。

一、把围绕中心服务大局作为践行"两个健康"工作主题的根本任务

发展是科学发展观的第一要务。"两个健康"工作主题，就是着眼于非公有制经济已经成为社会主义市场经济的重要组成部分、"两个毫不动摇"已经成为社会主义初级阶段的长期方针而提出来的，充分肯定了非公有制经济在加快转变经济发展方式中的主体地位，更加鲜明地强调工商联的定位和作用就在于服务科学发展。在新的发展阶段，工商联事业已经成为中国特色社会主义事业的重要组成部分，工商联工作已经成为党的统一战线工作和经济工作的重要内容，工商联组织已经成为党和政府联系非公有制经济人士的桥梁纽带和政府管理服务非公有制经济的助手。当前，在工商联工作中坚持发展第一要务、践行"两个健康"工作主题，就必须围绕中心服务大局，服从服务于经济建设中心，推动非公有制经济稳中求进、健康发展。一方面，要"扶小"，服务和引导小微型企业稳步发展。小微型企业主要集中在传统制造业、传统服务业和高新技术产业，是发展实体经济的重要基础、改善群众生活

的重要保障、转变发展方式的重要领域。在新形势下，小微型企业生存发展已经成为影响稳增长、保民生、转方式、调结构的重要因素。党中央国务院高度重视小微型企业问题，特别是去年以来，国务院在制定了支持小微型企业发展的9条金融财税措施后，又出台了《关于进一步支持小型微型企业健康发展的意见》。非公有制企业中多数是小微型企业，工商联会员中多数也是小微型企业。对于工商联而言，促进非公有制经济健康发展，就是服务于经济建设中心；服务小微型企业保生存谋发展，就是服从稳中求进总基调。我们要按照昨天黄孟复主席在讲话中关于服务小微型企业的总体部署，通过提高建言献策水平，推动落实国家促进小微型企业发展的各项政策措施；通过充分发挥工商联、商会和龙头企业作用，提供融资、信息、技术、人才、法律等方面服务，帮助小微型企业加强技术创新和内部管理，引导小微型企业坚定发展信心、积极应对困难挑战。另一方面，要"抓大"，引导和支持大中型企业转型发展。加快转变非公有制经济发展方式，把稳增长放在更加重要的位置，大中型企业应当起示范带动作用。最近，交通部、铁道部、卫生部、国资委、证监会、银监会六部门相继出台落实"民间投资36条"的政策措施，其他国务院相关部门也将在6月底之前陆续推出有关实施细则。面对经济结构、产业布局、企业重组、投资领域加快调整的新情况，必须及时引导企业树立"发展是硬道理、硬发展没道理"的科学发展新理念，按市场经济规律办事，既要抓住政策机遇理性扩张发展规模，注重发展战略创新，优化产业结构，推进技术创新、商业模式和资本运营深度融合，不断提高企业科学管理水平，稳健"做大"；更要避免盲目决策，进行科学论证，加强技术、人才、质量、管理等方面的统筹协调，搞好风险管控，提高可持续发展的核心竞争力，力求"做强"。当前，特别要引导龙头企业把帮扶产业链下游小微型企业作为实现自身科学发展的重要基础和履行促就业保稳定社会责任的重要方面，通过发起成立小型金融机构为小微型企业提供有效融资服务，通过开放企业自有研发试验设施支持小微型企业技术进步和设备改造，通过培育产业园区和专业市场带动小微型

企业协作配套和集群发展。

二、把非公有制经济人士思想政治工作作为践行"两个健康"工作主题的生命线

以人为本是科学发展观的核心。"两个健康"工作主题，就是着眼于非公有制经济人士已经成为新的社会阶层的主要组成部分而提出来的，充分肯定了非公有制经济人士作为中国特色社会主义事业建设者的社会地位，更加鲜明地强调工商联工作的根本目的是团结凝聚非公有制经济人士积极投身中国特色社会主义建设。在新的发展阶段，工商联作为党领导的统一战线组织的性质没有变，工商联主要是做人的工作特别是经济领域统战工作的使命没有变，非公有制经济人士思想政治工作作为贯穿工商联工作始终的生命线地位没有变。当前，在工商联工作中坚持以人为本核心、践行"两个健康"工作主题，就必须牢牢把握非公有制经济人士思想政治工作这条生命线，切实增强思想政治工作的针对性和实效性。一要把小微型企业经营者作为非公有制经济人士思想政治工作的新的着力点。小微型企业生存发展的困难时期，就是小微型企业经营者最需要得到生产经营上的帮助、成长进步上的关心、履行责任上的引导的非常时期，也是工商联发挥职能作用、贴近企业服务、广泛凝聚力量的最佳时期。要紧密结合小微型企业量大面广、信息渠道较窄、自律意识较弱、整体素质较低的实际，创新方式方法，在政治安排上给予信任，在生产经营上给予服务，在个人成长上给予关心，帮助办实事解难事，同时要更加注重做好践行"同心"思想的引导教育工作。下半年全国工商联换届时，将适当吸收小微型企业代表进入领导机构，在坚持先进性基础上更加体现代表性，这将对做好小微型企业中的非公有制经济人士思想政治工作起到引导激励作用。二要继续探索引导教育与自我教育相结合的有效途径。充分运用并长期坚持典型宣传这一成功方法，配合中宣部做好小微型企业保生存谋发展先进典型的推荐和宣传。筹备召开企业文化建设座谈会，引导非公有制经济人士在倡导形成富有企业个性、全体职工认同、促进企业发展的企业核心价值观的过程中，自觉践行社会主义核心价值体系，不断提升自身素质。贯彻落实中共中央办公厅印发的《加强和改进非公

有制企业党的建设工作的意见（试行）》和全国非公有制企业党建工作会议精神，协同指导非公有制企业加快组建党的组织、开展党建工作，配合中组部做好非公有制企业创先争优活动先进党组织和优秀党员表彰工作，把企业党的建设、企业文化建设和非公有制经济人士思想政治工作紧密结合起来。三要在深化实践教育中进行思想教育。生产经营是企业的主要实践活动。因此，要紧密结合企业的生产经营，积极引导非公有制经济人士深入学习实践科学发展观，注重技术创新，加强职工培训，推动民主管理，充分调动职工群众积极性，同时主动参与同心工程、感恩行动、光彩事业以及其他社会公益慈善活动，以生动的实践活动感染人、教育人，影响人、带动人，团结广大非公有制经济人士认真践行"同心"思想。分层次、多形式地开展教育培训活动，有计划地抓好各地工商联换届后非公有制经济代表人士的集中培训，提高其思想政治素养和做好工商联工作的能力水平。

三、把"三性"有机统一作为践行"两个健康"工作主题的综合优势

全面协调可持续是科学发展观的基本要求。"两个健康"工作主题，就是着眼于工商联工作涉及中国特色社会主义事业建设全部领域而提出来的，充分考虑了我国非公有制企业发展和非公有制经济人士成长中还存在一些不健康、亚健康的现象，更加鲜明地强调把全面协调可持续作为检验"健康"的重要标准，着力使工商联促进"两个健康"的各项工作、各个环节相协调。在新的发展阶段，工商联以"三性"有机统一作为基本特征，并以此区别于民主党派、其他人民团体和协会商会，这是党中央在深刻总结工商联性质发展变化的基础上做出的科学判断。统战性决定了工商联的政治地位和政治功能，能够保证促进"两个健康"的正确方向；经济性决定了工商联的构成主体和经济功能，能够适应促进"两个健康"的实践要求；民间性决定了工商联的运行方式和社会功能，能够推动促进"两个健康"的方式创新。当前，在工商联工作中坚持全面协调可持续基本要求、践行"两个健康"工作主题，就必须坚持"三性"有机统一综合优势，切实发挥在促进"两个健康"中的不可替代作用。一要

在思想政治工作中体现"三性"有机统一综合优势。充分发挥工商联在非公有制经济人士思想政治工作中的引导作用，不能只强调统战性，习惯于简单说教式的做法，关键要体现出并利用好"三性"有机统一综合优势。要充分发挥经济性，努力解决非公有制经济人士最关心最直接最现实的企业发展中的突出问题，真正赢得非公有制经济人士的思想认同和情感认同，切实增强工作实效；要切实体现民间性，利用商会的市场运行机制广泛联系服务非公有制企业和非公有制经济人士，把发挥商会宣传政策、提供服务、反映诉求、维护权益、加强自律等作用作为引导教育的重要内容，不断扩大思想政治工作的覆盖面。二要在经济服务工作中体现"三性"有机统一综合优势。充分发挥工商联在政府管理和服务非公有制经济中的助手作用，不能只强调经济性，满足于经济领域中为活动而活动的思维，关键要体现出并利用好"三性"有机统一综合优势。要牢牢把握统战性，教育引导非公有制经济人士深入学习实践科学发展观，树立"义利兼顾、以义为先"的理念，诚信经营，保护环境，回馈社会，产业报国，牢牢把握经济服务的正确方向；要切实体现民间性，提高各类商会在加强自律和服务社会等方面的水平，引导会员企业承担起服务和管理员工、构建和谐劳动关系的责任，确保经济服务的社会效益。三要在社会管理工作中体现"三性"有机统一综合优势。充分发挥工商联在加强创新社会管理中的协同作用，不能只强调民间性，停留于商会是自主办会、自我管理的民间组织和企业是自主经营、自负盈亏的独立法人的认识，关键要体现出并利用好"三性"有机统一这个综合优势。要牢牢把握统战性，把培育发展中国特色商会组织作为工商联推动行业协会商会改革的根本任务，通过多种途径加强对商会工作的指导；要充分发挥经济性，引导企业在生产经营中为职工提供安全生产环境，对职工实行人性化管理，建立健全职工工资合理增长机制，增强企业协同社会管理的物质基础。

四、把统筹兼顾作为践行"两个健康"工作主题的根本方法

统筹兼顾是科学发展观的根本方法。"两个健康"工作主题，就是着眼于工商联工作长期面临历史问题和现实矛盾并存、局部困难和整体改进交织的复杂局面而提出来的，充分体现了工商联工作领域更加广泛、任务更加繁重、机遇挑战并存的阶段性特征，更加鲜明地强调工商联围绕促进"两个健康"，努力做到突出重点、突破难点，注重实效、推动全局。在新的发展阶段，工商联工作领域扩大到整个非公有制经济领域，工商联工作对象扩大到整体非公有制企业和非公有制经济人士，充分表明加强和改进新形势下工商联工作，是一项系统工程，也是一项长期任务。当前，在工商联工作中坚持统筹兼顾根本方法、践行"两个健康"工作主题，就必须统筹重点、兼顾一般、科学谋划，使各个方面有机协调、各种力量相互配合、各项工作紧密融合。一要做到"两个健康"之间的融合。非公有制经济健康发展，就是要按照科学发展观的要求，实现企业自身科学发展；非公有制经济人士健康成长，就是要按照爱国、敬业、诚信、守法、贡献的要求，做合格的中国特色社会主义事业建设者。非公有制经济健康发展是非公有制经济人士健康成长的重要条件，非公有制经济人士健康成长是非公有制经济健康发展的持久动力，两者相辅相成、相互促进。践行"两个健康"工作主题，必须纠正厚此薄彼的片面认识，克服"重活动、轻引导"的单打一做法，坚持一手抓服务支持、促进非公有制经济健康发展，一手抓教育引导、促进非公有制经济人士健康成长，将促进"两个健康"统一于工商联的全部工作之中。二要做到突出重点工作与推进整体工作的融合。精心谋划每个年度、每个阶段的重点工作，做好重点工作之间的有序衔接和相互促进，确保工商联各项工作始终围绕一个时期的重点工作协调推进、整体提高。合理配置突破重点工作与做好常规工作的各方力量，不同层级工商联、同一工商联机关的不同工作部门，既要各尽其责，也要分工协作，在重点工作和全局任务上协同配合，以重点工作有突破，带动整体工作上水平。三要做到改革创新与继承传统的融合。工商联近60年的发展，形成了弥足珍贵的实践经验和精神财富，为我们取得今天的重大成绩奠定了坚实的工作基础。但面对众多新情况新任务，我们必须在继承历史经验的基础上，与时俱进推动体制机制、方式方法的创新，着眼不断发展的形势，研究新情况，找准新对策，拿出新办法，争创新业绩。

五、把加强自身建设作为践行"两个健康"工作主题的有力保证

服务科学发展的水平高低，从根本上决定于自身科学发展的能力强弱。"两个健康"工作主题，就是着眼于增强工商联的凝聚力、影响力、执行力，努力把工商联建设成为一个政治坚定、特色鲜明、机制健全、服务高效、作风优良的人民团体和商会组织而提出来的，充分表明了工商联实现自身科学发展的内在要求，更加鲜明地强调工商联要以自身科学发展保证服务科学发展。主题就是方向，就是动力，就是作为。当前，推进自身科学发展、践行"两个健康"工作主题，就必须把贯彻落实中央16号文件作为首要任务，不断增强大局观念、服务意识，既善于顶层设计、把好方向，又注重基层设计、抓好落实，以加强工商联自身建设的内在动力和实际作为践行"两个健康"工作主题。一要加强班子建设，为践行"两个健康"工作主题提供领导保证。党组在践行"两个健康"工作主题过程中要发挥领导核心作用，更加注重提高政治把握能力，积极支持主席工作，充分发挥党外干部作用，在思想上政治上行动上与党中央保持高度一致，真正做到懂全局、议大事、管本行。会员代表大会、执委会、常委会作为工商联组织的领导机构，在践行"两个健康"工作主题过程中要发挥决策作用和导向作用，始终围绕"两个健康"工作主题确定会议任务、审议会议内容、创新会议形式。当前特别是要按照"两个健康"工作主题的要求，以选配好班子、起草好报告、修改好章程、组织好大会为重点，做好全国工商联换届工作。加强和改进对下级工商联的工作指导，进一步探索各类专门委员会发

挥作用的途径，激发全系统的积极性和创造性，把各种力量都凝聚到践行"两个健康"工作主题上来。二要加强基层建设，为践行"两个健康"工作主题提供组织保证。县级工商联和商会的工作状况直接决定了工商联践行"两个健康"工作主题的力度、广度和成效。下半年，要开好县级工商联建设工作会，研究帮助县级工商联解决实际困难和问题的有效做法，争取用2年左右时间从根本上改善县级工商联工作薄弱状况；要开好全国工商联商会建设座谈会，及时总结培育发展中国特色商会组织的实践探索，认真履行业务主管单位职责，加强指导与管理，充分发挥商会作用，以整合工商联组织的力量和作用促进"两个健康"。三要加强能力建设，为践行"两个健康"工作主题提供队伍保证。一支政治强、业务精、作风正的干部队伍，是工商联践行"两个健康"工作主题最具活力的因素。要按照局级干部成为专家权威、处级干部成为行家里手、一般干部做到应知应会的培养目标，继续拓展岗位锻炼、实践锻炼、基层锻炼等培养途径，不断提升干部队伍的政治把握能力、调查研究能力、群众工作能力、落实推进能力，在践行"两个健康"工作主题实践中大有作为，努力开创工商联工作新局面。

总之，我们要从全局和战略的高度认清肩负的政治责任和历史使命，旗帜鲜明地坚持"两个健康"工作主题，以改革创新精神创造性地开展工作，真正使践行"两个健康"工作主题的过程，成为对工商联工作再实践、再认识的思想解放过程，成为突出重点、突破难点的工作谋划过程，成为面向基层、重心下移的作风转变过程，不断提高工商联服务科学发展和自身科学发展的工作水平，以优异成绩迎接党的十八大和全国工商联第十一次会员代表大会的胜利召开！

全国工商联十届六次执委会议

会议综述

2012年12月4~5日，全国工商联十届六次执委会议在北京召开。会议的主要任务是深入学

习贯彻党的十八大精神，听取全国工商联第十一次会员代表大会筹备工作报告，讨论并通过了十届执委会向十一次会员代表大会的报告，审议并通过《中华全国工商业联合会章程（修改草案）》，决定将这两份文件提请中华全国工商业联合会第十一次会员代表大会审议，确认有关人事事项。

全国政协副主席、全国工商联主席黄孟复，中央统战部副部长，全国工商联党组书记、第一副主席全哲洙在会上发表讲话。会议期间还颁发了 2012 年全国工商联科学技术奖。

大会由中央统战部副部长，全国工商联党组书记、第一副主席全哲洙主持。全国工商联常务副主席孙安民，全国工商联副主席黄小祥、褚平、谢经荣、庄聪生、李路、王文京、王文彪、王健林、王新奎、卢志强、刘志强、刘沧龙、许连捷、许荣茂、吴一坚、张元龙、张近东、崔世昌、傅军，中国民间商会副会长马有礼、王玉锁、尹明善、张芝庭、郑跃文、金会庆、施子清、董文标、谢伯阳、宋北杉、孙晓华、沈建国，以及中央统战部有关部门负责人出席会议。（魏　丹）

黄孟复同志在全国工商联十届六次执委会议上的讲话

（2012 年 12 月 5 日）

各位执委，同志们：

全国工商联十届六次执委会议是本届执委会最后一次会议。两天来，我们完成了各项议程，为中华全国工商业联合会第十一次会员代表大会的召开做好了准备。下面，我讲三个问题。

一、关于 2012 年主要工作

年初，贾庆林同志在全国工商联机关调研时，对我们贯彻落实中央 16 号文件的探索实践给予了充分肯定，强调要坚持两个健康工作主题，不断提高工商联工作科学化水平。为了贯彻落实中央领导同志的指示精神，我们深入基层调研并集中进行学习研讨，把思想认识统一到两个健康工作主题上来，进一步明确了两个健康工作主题的丰富内涵和基本要求。一年来，我们紧紧围绕这一工作主题，按照全国工商联十届五次执委会议做出的工作部署，继续推动贯彻落实中央 16 号文件，坚持面向基层、重心下移，突出重点、突破难点，工商联各项工作取得了新的成绩。

（一）主动服务小微企业发展

在去年开展的全国性中小企业综合调研活动中，我们提出，中小企业的问题主要在小微企业。为了推动各级工商联直接服务小微企业，今

年 2～4 月，我们以实体经济领域为重点，深入 17 个省区市的 67 个市区县开展小微企业保生存谋发展调研，温家宝等 9 位中央领导同志对调研报告做出重要批示。以这次调研活动为契机，工商联系统进一步强化了"抓大扶小"意识，更加注重服务小微企业。全国工商联积极履行国务院中小企业发展领导小组成员单位的职责，认真参与制定"小微企业 29 条"等相关政策措施，推动改善小微企业发展环境；与国家开发银行签订支持小微企业发展战略合作协议，与中国民生银行共同组建成立中国小微企业研究中心，参与主办中国企业国际融资洽谈会，引导金融资源支持小微企业特别是科技型小微企业发展。许多地方工商联和所属商会也与有关方面密切合作，广泛提供融资、技术、信息、人才、法律等多种服务，不少商会还直接组建了服务实体，服务范围明显扩大，服务质量不断提高。

（二）积极服务企业转型升级

今年以来，我们把参与国家区域发展战略，作为企业转型升级的重要机遇，相继主办或参与举办中博会、西博会、廊坊国际经贸洽谈会、齐鲁行等一系列重大经贸活动，与吉林省政府共同主办中国民营经济发展（长白山）论坛等具有工

商联特色的高水平论坛，为企业结构调整牵线搭桥；先后与河南、湖北、云南、西藏等地政府共同举办区域性经贸活动，协议投资额超过2万亿。把提升企业自身素质作为企业转型升级的关键，继续举行民营经济发展形势分析会、中国民营企业500强发布会、科学技术奖评选等活动，参与开展全国"质量月"活动，引导企业把发展的立足点转到提高质量和效益上来。把推动企业走出去作为企业实现转型升级的重要途径，举办大湄公河次区域资源合作与可持续发展研讨会，筹备成立大湄公河次区域运输商协会，组织企业先后赴美洲、非洲、欧洲等多个国家进行考察交流，为企业提高全球配置资源能力和国际竞争能力搭建平台、创造条件。把营造有利的政策环境作为企业实现转型升级的重要前提，组织开展关于丰富和完善我国基本经济制度的调研，在中央召开的各类协商会、座谈会上积极建言献策，积极推动国务院有关部门出台"民间投资36条"配套实施细则，特别是与国土资源部共同发布了鼓励和引导民间资本投资国土资源领域的指导性文件，为营造非公有制经济发展良好环境起到了积极作用。

（三）着力加强民营企业文化建设

加强和改进非公有制经济人士思想政治工作，关键是创新工作载体，改进方式方法，增强针对性和实效性。今年，我们继续在探索引导教育与自我教育相结合的有效形式上下功夫，把加强民营企业文化建设作为一项重点工作来抓，着力发挥先进企业文化对非公有制经济人士的教育引导功能。6~8月，全国工商联调研组赴9个省区市开展了全国民营企业文化建设调研，深入近50家企业考察文化建设情况，总结了一批企业的经验做法。9月召开了全国民营企业文化建设座谈会，明确了企业文化建设的总体要求和具体部署。坚持把企业党建与企业文化建设结合起来，把理论培训与实践教育结合起来，开展感恩行动和光彩事业延边行、宁夏行活动，进一步拓展了思想政治工作的途径，丰富了思想政治工作的内涵。

（四）切实改变基层建设薄弱状况

中央16号文件下发以来，我们下决心要改变县级工商联和商会建设长期薄弱状况，提出了一系列明确要求。全国工商联在今年3~4月到部分省区进行调研指导，7月召开全国县级工商联建设工作座谈会，专门下发《推动解决县级工商联建设中的突出问题工作实施方案》和《全国县级工商联建设示范点标准》。一些地方工商联召开工作会议，采取各种措施推进这项工作，许多县级工商联在机构设置、人员编制、行政经费、办公条件等方面得到明显改善。今年，全国工商联继续贯彻落实商会建设工作会议精神，坚持培育与规范并重，认真指导直属商会换届工作，配强商会班子，规范内部管理。9月召开商会建设座谈会，总结交流经验，进一步明确中国特色商会组织发展方向，提出下一步工作要求。

（五）重点做好工商联换届筹备工作

换届是工商联政治生活中的一件大事，党中央国务院对此高度重视。去年4月，中央政治局常委会专门听取了工商联换届工作方案汇报；5月，中央办公厅转发了《中央统战部关于工商联（民间商会）2012年换届工作的意见》；多位中央领导同志就工商联换届筹备工作做出重要指示。按照中央要求，全国工商联党组配合中央统战部加大工作指导力度，加强与各地统战部的沟通协调，及时提出意见建议，推动各地工商联换届工作顺利进行。目前，在地方党委的统一领导下，各省区市工商联和新疆生产建设兵团工商联相继顺利完成换届，一大批政治坚定、熟悉统战和经济工作、热爱工商联事业的同志走上领导岗位，总体上达到优化结构、提高素质和健全机制的工作目标，为工商联事业长期可持续发展打下良好的组织基础。为增强地方工商联新一届领导班子的政治把握能力和领导工商联工作能力，全国工商联与中央统战部共同组织开展了两期省级和副省级城市工商联专职副主席的集中培训，取得明显成效。

做好全国工商联换届工作是我们今年工作的重中之重。根据全国工商联十届五次执委会议和十届九次常委会议的工作部署，在今年7~8月领导班子成员率队赴上海、江苏、陕西等7省市开展调研的基础上，我们抽调机关各部门骨干人员成立了换届工作机构，围绕起草报告、修改章程、组织人事工作、会务安排等重点，有条不紊推进各项筹备工作。目前，各项工作已经基本就绪。今天提交审议的十届执委会报告和章程修改草案，历经 30 多次修改，总体上体现了党的十八大精神和中央 16 号文件要求。在中央统战部的协调指导和各地工商联的大力配合下，我们严格选人用人标准，认真开展综合评价，选出的十一大代表，素质普遍较高，结构比较合理，体现了广泛性与代表性相结合的原则。

二、关于十届执委会履行职责情况

五年来，全国工商联十届执委会认真履行职责，切实发挥作用，不断加强自身建设，在推进工商联各项工作取得重大突破的进程中，起到了重要的决策和领导作用，为十一届执委会工作奠定了扎实基础。

（一）尽心尽力履行委员职责

作为执委会领导机构的成员，执委能否履职尽责，直接影响着执委会作用的充分发挥。五年来，大家对工商联组织表现出强烈归属感，把工商联的事当成自己的事，把担任执委作为一份光荣使命和自身荣誉，心甘情愿奉献，尽心尽力履职，为推动工商联更好发挥职能作用开展了卓有成效的工作。一是认真参加执委会议、常委会议。执委会议、常委会议出席率不断提高，委员参加会议、履行职责的意识不断增强，就一些全局性、重要性问题提出建设性的意见建议。二是积极参加专门委员会工作。全国工商联各专门委员会成员中，执委占 40% 左右，一些执委还担任了专门委员会主任或副主任职务。他们凭借自身积累的丰富工作经验，结合各专门委员会特点，充分发挥骨干作用，为工商联工作提供了决策参考、信息咨询等有力支持。参与专门委员会工作已经成为发挥执委作用的重要形式。三是主动参与工商联组织的各类活动。各位执委特别是企业家执委积极参加全国工商联组织的大型经贸交流、对外合作等活动，特别是在执委会议和常委会议期间，许多企业家执委踊跃参加工商联与当地政府共同举办的助推地方经济发展大会，共同打造工商联工作品牌，增强了工商联组织的凝聚力和影响力。

（二）积极主动发挥带头作用

各位企业家执委，都是非公有制经济各领域、各行业的代表人士。五年来，大家以强烈的责任感，倍加珍惜工商联执委和非公有制经济代表人士身份，主动发挥模范带头作用，树立了非公有制经济人士群体的良好形象，扩大了工商联的社会影响。一是带头科学发展。执委所在企业多数是大中型企业，许多还是民营企业 500 强。他们按照科学发展观和"十二五"规划要求，带头加强技术改造和设备升级、主动调整产业结构、自觉节能降耗和淘汰落后产能、大胆拓展新兴市场，成为民营企业加快转型升级的领头羊和排头兵。有的企业还积极发挥"龙头"效应，利用与众多小微企业在供应链和产业链上下游的共生共荣关系，积极探索在股权合作、技术研发、市场开发、融资担保等方面配套合作，带动小微企业健康发展。二是带头回报社会。许多企业家执委带头参与新农村建设、光彩事业、感恩行动、扶贫开发以及其他公益慈善事业，弘扬了义利兼顾、以义为先理念。在关键时刻，各位执委表现尤其突出。汶川特大地震发生后，不少执委挺身而出，慷慨解囊，带动全国民营企业半个月内捐款捐物 44.65 亿元。2010 年 4 月 20 日晚，在中央电视台举办的"情系玉树、大爱无疆——抗震救灾大型募捐活动"特别节目现场，以执委为主的 163 家民营企业当场捐款达 10.1 亿元，占晚会募捐总额的 50%。面对国际金融危机，不少执委所在企业带头顾大局、讲贡献，不仅不裁员、不减薪，还积极吸纳社会就业，促进劳动关系和谐，随着企业效益的提升不断提高职工工资收入，为维护社会和谐稳定做出了积极贡献。三是带头提升素质。许多企业家执委坚定与党同心同德、同心同向、同心同行，自觉加强理论学习，积极支持所在企业党建工作，倡导先进的企业文化，参与社会建设和社会管理创新，思想政治素养不断提高，社会责任意识不断增强，发挥了很好的示范带头作用。五年来，我们表彰的优秀中国特色社会主义事业建设者、构建和谐劳动关系先进企业、就业与社会保障先进民营企业、"关爱员工、实现双赢"先进民营企业，创先争优活动先进党组织和优秀共产党员，以及在 2011 年首次全国非公有制经济先进事迹报告会上发言的典型，有很多都是我们的执委。他们的事迹生动诠释了优秀中国特色社会主义事业建设者的时代精神，充分反映了非公有制经济人士艰苦创业、回馈社会、造福人民的良好风貌。

（三）切实有效加强制度保障

健全的制度是组织发挥作用的重要前提，完

善的机制是推进工作落实的有力保障。五年来，我们着力规范和完善会议制度，建立健全工作机制，创新方式方法，执委会自身建设水平不断提高。一是出台指导意见。全国工商联十届二次执委会议讨论通过了关于加强执委会建设的意见，明确提出要把科学发展观作为执委会工作的指导原则，把加强学习作为提高执委会整体素质的重要举措，把调查研究作为提高执委会建言献策能力的有效手段，把民主集中制作为执委会的根本组织原则，从总体上明确了执委会建设思路，推动执委会建设走向规范化。二是健全会议制度。制定《全国工商联执委会和常委会会议考勤规定（试行）》，进一步规范和完善会议请假制度、考勤制度和委员出席会议情况的通报制度，完善工作程序和议事规则，提高会议质量和决策效果；制定《全国工商联关于进一步发挥兼职副主席作用的意见》，建立兼职副主席参与有关工作、会议和活动等机制，健全了经常联系制度。三是建立数据库。2009年我们建立了全国和省级执委常委数据库，2010年对收录信息进行了分析比较，今年又扩大了采集信息范围。目前，已收录全国、省、地、县四级工商联近20万执委常委的相关信息，数据库已经基本建成。

三、关于十八大精神的学习贯彻

党的十八大是在我国进入全面建成小康社会决定性阶段召开的一次十分重要的大会。认真学习宣传贯彻十八大精神，是当前和今后一个时期工商联的首要政治任务。最近，中共中央印发了《关于认真学习宣传贯彻党的十八大精神的通知》，全国工商联随后也下发了通知，各级工商联要认真抓好落实，组织开展好学习宣传贯彻活动。

（一）准确把握精神实质，坚定发展信心

学习贯彻十八大精神，首先必须认真研读十八大文件，原原本本学习十八大报告和党章，学习习近平同志在十八届一中全会上的重要讲话精神，着重深刻领会中央提出的七个方面的十八大精神实质。十八大解决了道路问题，强调坚定不移沿着中国特色社会主义道路前进；解决了理论问题，强调马克思列宁主义、毛泽东思想、邓小平理论、"三个代表"重要思想、科学发展观一脉相承的理论体系不可动摇；解决了组织问题，选举产生了以习近平同志为总书记的新一代中央

领导集体；解决了目标问题，提出了全面建成小康社会和两个百年目标。特别是十八大明确提出，深化改革是加快转变经济发展方式的关键，经济体制改革的核心问题是处理好政府和市场的关系，必须更加尊重市场规律，更好发挥政府作用。政府与市场的关系处理好了，我们至少可以再大踏步发展二十年；处理不好，就可能原地踏步，实现不了全面建成小康社会目标。处理好政府与市场的关系，就是要在充分调动生产要素、激发市场活力的基础上，加强政府宏观调控。改革开放三十多年的成功，就是因为激发了市场活力。市场经济规律告诉我们，生产要素在市场配置基础上，能产生更多物质产品。全面建成小康社会，首先必须激发市场活力和各类市场主体的竞争力，使市场主体的创造力充分迸发，使创造社会财富的源泉充分涌流。同时也要注重发挥政府宏观调控弥补市场不足和市场缺陷的作用，从现在的"组合拳"调控形式向以经济手段为主的调控形式转变。在处理好政府与市场的关系中，工商联是桥梁纽带，民营企业是市场的主体部分；工商联任务更重，民营企业家责任更大。学习宣传十八大精神，就是要把十八大精神实质落实到思想深处和企业发展中，坚定信心按照市场规律和企业特点搞好发展。一要增强改革开放信心。中国的改革开放使绝大多数人受益，谁要阻止改革开放都是没有出路的。当前，中国发展到了关键时候，在国际金融危机深层次影响持续发展的形势下，中国虽然经历了从高速发展转向中高速发展，但只要我们能继续保持7%～8%的增长率，对世界经济都是很大的鼓舞，更是很大的贡献。2008年以来爆发的国际金融危机，其实并不仅仅是表面上的一场金融危机，更主要的是反映了资本主义制度无法解决的制度性缺陷和问题。广大民营企业要倍加珍惜我国的重要战略机遇期，牢固树立中国特色社会主义共同理想信念，增强对改革开放必由之路的信心，矢志不渝坚定道路自信、理论自信、制度自信。二要加快转型升级。转型升级的一个重要支撑力量就是科技创新，创新型国家的科技增长贡献率一般都在75%以上，而中国还不到40%。要认真分析形势，树立长远目标，培养科技人才、加强科技合作、加大经费投入等方面下功夫，真正把企业发

展建立在质量效益和科技基础上。三要增强社会责任意识。习近平总书记提出，社会共同富裕需要大家共同努力。各位企业家执委，都在地方、全国甚至世界上有一定影响，都有促进企业发展、造福人民的责任心。但非公有制经济人士是一个群体，哪一个人出一个问题、犯一个错误，都会影响这个群体的整体形象。广大企业家要保持积极健康向上的状态，按照十八大提出的方针政策，在企业发展中抛弃只重速度不顾质量、只重短期不看长远、只重效益不管环保等方面的陋习，要站在更高的层次，更加关注职工生活的改善、职工工资的增加、职工技能的培养、劳动生产率的提高，同心同向为促进共同富裕而努力，为造福子子孙孙、实现民族复兴而奋斗。

（二）紧密联系实际，切实推动工作

学习贯彻十八大精神，必须要坚持学以致用、用以促学，紧密联系实际，切实推动工作。一要联系非公有制经济发展实际。经过 30 多年的快速发展，非公有制经济已经成为社会主义市场经济的重要组成部分和社会主义现代化建设的重要推动力量，在拉动经济增长、吸纳社会就业、推进自主创新、促进共同富裕等方面，发挥着不可或缺的重要作用。但同时，非公有制企业很多处于产业链的低端，大中型企业中有的可持续发展能力偏弱，小微企业中许多面临市场需求不足、成本上升、融资难融资贵等生产经营困难，调结构、转方式的任务十分繁重。立足这一实际，我们必须学习贯彻十八大关于经济建设的重大决策部署，以转变发展方式为主线推动非公有制经济持续健康发展。二要联系非公有制经济人士成长实际。随着非公有制经济持续快速发展，非公有制经济人士队伍日益壮大，目前全国仅私营企业投资者和个体工商户总数就已超过6000 万人。总体上，他们拥护党的领导，拥护改革开放政策，是中国特色社会主义事业建设者。经过各级党委统战部门和工商联的长期教育引导，一支爱国、敬业、诚信、守法、贡献的非公有制经济代表人士队伍逐渐成长起来。目前，全国县级以上党代表、人大代表、政协委员、工商联执委中，非公有制经济代表人士超过23 万人，其中人大代表 4 万多人，政协委员 8 万多人。但是也要看到，非公有制经济人士队伍还存在一些

需要改进提高的问题。立足这一实际，我们必须学习贯彻十八大关于统一战线工作的重大决策部署，以培养合格中国特色社会主义事业建设者为目标引导非公有制经济人士健康成长。三要联系工商联事业发展实际。作为中国特色社会主义事业的重要组成部分，新世纪以来特别是近五年来，工商联事业发展取得长足进步。目前，工商联会员总数已达 294 万，其中企业会员 136 万，各类商会超过 4.5 万。工商联在解决一些重点难点问题上取得重大突破，促进两个健康取得显著成效，凝聚力、影响力和执行力明显增强，在党和国家中心工作中的地位作用明显提升，工商联事业站上新的历史起点。但是，与新形势新任务的要求相比，工商联在服务中心工作意识、基层组织建设、理论研究、制度建设等方面还存在一些差距。立足这一实际，我们必须把学习贯彻十八大精神与全面深入贯彻落实中央 16 号文件精神结合起来，牢牢把握两个健康工作主题，深入调查研究，以改变基层薄弱状况为重点全面加强自身建设，不断提高工商联工作科学化水平。

（三）精心组织学习宣传，确保取得实效

学习贯彻十八大精神，必须按照中央要求，根据全国工商联部署，加强领导，认真组织形式多样的学习宣传贯彻活动。一是领导干部要带头学，认真组织好非公有制经济人士特别是工商联执委的学习。各级工商联和商会要采取集中宣讲、学习座谈等多种形式，特别是要把学习十八大精神与开展理想信念教育结合起来，增强学习效果，切忌形式主义，务求取得实效。二是加强对敏感问题和热点问题的正面引导，解疑释惑，最大限度凝聚共识，帮助非公有制经济人士全面准确理解十八大精神，了解和掌握方针政策，增强科学发展信心。要坚持团结稳定鼓劲、正面宣传为主，绝不给错误思想言论提供传播渠道。三是及时了解学习宣传贯彻情况，注重宣传工商联干部职工和广大非公有制经济人士在学习贯彻十八大精神中解决实际问题的新成效新进展，及时了解非公有制经济人士的思想状况，密切关注社会舆情，有针对性地做好引导工作。

五年来，各位执委在履行职责中进行了很好的合作，结下了深厚的友谊。这次会议后，一部分同志将不再担任新一届执委，我也即将退出工

商联领导班子。五年中，我们是同事，共同经历了风风雨雨；今后，我们是朋友，将继续携手前进。在此，衷心感谢大家对工商联事业的发展和我的工作的大力支持！

同志们，中华全国工商业联合会第十一次会员代表大会后天就要召开了，工商联事业将迈入新的发展阶段。让我们紧密团结在以习近平同志为总书记的党中央周围，高举中国特色社会主义伟大旗帜，全面深入贯彻落实中央 16 号文件，牢牢把握两个健康工作主题，抓住机遇、开拓进取，奋发有为、扎实工作，不断开创工商联事业新局面，努力为全面建成小康社会、夺取中国特色社会主义新胜利做出新的更大贡献。

中华全国工商业联合会第十一次会员代表大会

会议综述

中华全国工商业联合会第十一次会员代表大会于 2012 年 12 月 7～9 日在北京召开。中共中央政治局常委、中央书记处书记刘云山会见全体与会代表，并代表中共中央、国务院致贺词。全国人大常委会副委员长、民建中央主席陈昌智、中华全国总工会副主席、书记处第一书记王玉普分别代表各民主党派中央和各人民团体致贺词。全国人大常委会副委员长陈至立，国务委员梁光烈，全国政协副主席张梅颖、郑万通和中共中央统战部部长令计划，以及全国工商联原常务副主席孙孚凌出席开幕会。

全国政协副主席、全国工商联主席黄孟复代表全国工商联第十届执行委员会作工作报告。报告在全面回顾工商联五年来的工作后指出，未来五年是全面建成小康社会具有决定性意义的五年，也是工商联事业加快发展、大有作为的五年。工商联要高举中国特色社会主义伟大旗帜，坚持围绕中心服务大局，坚持改革创新、主动作为，坚持面向基层、重心下移，以转变发展方式为主线促进非公有制经济健康发展，以培养合格中国特色社会主义事业建设者为目标引导非公有制经济人士健康成长，以改变基层薄弱状况为重点全面加强自身建设，不断提高工商联工作科学化水平，为全面建成小康社会、推进中国特色社会主义伟大事业做出新贡献。

全体与会同志认真学习党的十八大精神，顺利完成各项议程，大会通过了《中华全国工商业联合会第十一次会员代表大会关于第十届执行委员会工作报告的决议》、《中华全国工商业联合会第十一次会员代表大会关于〈中华全国工商业联合会章程（修改草案）〉的决议》和《中华全国工商业联合会第十一次会员代表大会关于认真学习贯彻党的十八大精神的决议》。

新选出的全国工商联第十一届执委会由 494 人组成。其中，非公有制经济代表人士共 345 名，占执委会总数的 69.7%，有 136 名全国人大代表、全国政协委员，有 66 位全国劳动模范，有 97 位全国"优秀中国特色社会主义事业建设者"，有 9 位执委是中共十八大代表。

中央统战部副部长、全国工商联党组书记全哲洙致闭幕词。全哲洙指出，这次大会是在全党全国各族人民认真学习贯彻党的十八大精神热潮中召开的，大会把学习贯彻十八大精神作为一条主线贯穿始终。大会高举旗帜、主旨鲜明，会议各项议程紧密结合工商联实际，努力将十八大精神和党中央对非公有制经济以及工商联工作的最新要求体现其中。大会对统一工商联干部职工和广大非公有制经济人士的思想认识，高举中国特色社会主义伟大旗帜，牢牢把握"两个健康"工作主题，奋力开创工商联事业新局面，将产生广泛而积极的影响。

全哲洙说，这次大会得到党中央国务院高度重视和社会各界的大力支持。党中央国务院贺词对全国工商联"十大"以来工作给予充分肯定，对工商联工作提出新的更高要求，充分体现了党中央对广大非公有制经济人士的亲切关怀，对工商联工作寄予的殷切厚望，给我们以极大的鼓舞和鞭策。

全哲洙说，这次大会凝心聚力，务实高效；开拓进取，继往开来。大会选举产生了新一届执行委员会，一批思想品质优、社会贡献大、公众形象好、参政议政能力强的非公有制经济代表人士进入工商联领导机构。大会对开创工商联工作新局面具有十分重要的意义。

大会期间，全体代表认真学习了党的十八大报告和党中央国务院的贺词，审议了工作报告和章程修改草案，并围绕工商联如何服务科学发展和实现自身科学发展进行了深入的探讨。

大会要求，各级工商联要及时向工商联干部职工和广大非公有制经济人士传达会议精神，组织好学习，切实把思想和行动统一到本次大会的精神上来，把智慧和力量凝聚到实现大会部署的各项任务上来。大会要求参会的非公有制经济人士代表牢固树立中国特色社会主义共同理想信念，矢志不渝坚定道路自信、理论自信、制度自信，带头贯彻执行大会各项决议，以实际行动在加快转变经济发展方式、保障和改善民生、提升自身素质上实现更大作为。各级工商联要认真学习贯彻十八大精神，全面深入贯彻落实中央16号文件，牢牢把握"两个健康"工作主题，凝心聚力，埋头苦干，开拓进取，为全面建成小康社会、不断夺取中国特色社会主义新胜利而努力奋斗。（魏　丹）

刘云山同志代表中共中央、国务院致中华全国工商业联合会第十一次会员代表大会的贺词

各位代表，同志们：

值此中华全国工商业联合会第十一次会员代表大会隆重召开之际，党中央、国务院向大会表示热烈的祝贺！向全体代表，并通过你们向广大工商联会员和非公有制经济人士，致以亲切的问候和良好的祝愿！

改革开放以来，在党的路线方针政策指引下，我国非公有制经济蓬勃发展，广大非公有制经济人士自觉坚持科学发展，积极履行社会责任，为拉动经济增长、创造就业岗位、增加社会财富、加强自主创新、提高对外开放水平、维护社会和谐稳定做出了积极贡献。实践证明，非公有制经济不愧为社会主义现代化建设的重要推动力量，非公有制经济人士不愧为中国特色社会主义事业建设者。

在党中央、国务院领导下，各级工商联组织坚持改革创新、积极主动作为，把促进非公有制经济健康发展和非公有制经济人士健康成长作为一切工作的出发点和落脚点，充分发挥党和政府联系非公有制经济人士的桥梁纽带作用、政府管理和服务非公有制经济的助手作用，服务科学发展和自身科学发展成绩显著。特别是近5年来，各级工商联自觉按照科学发展观的要求，紧紧围绕经济建设中心工作，积极建言献策，引导企业调整结构、转型升级，主动服务小微型企业，促进实体经济发展；把非公有制经济人士思想政治工作作为贯穿各项工作始终的生命线，引导广大非公有制经济人士爱国、敬业、诚信、守法、贡献，做合格的中国特色社会主义事业建设者；全面加强自身建设，不断提高工商联组织的凝聚力、影响力、执行力，各方面工作都取得了新的显著进展。在此，党中央、国务院向各级工商联组织和广大非公有制经济人士致以崇高的敬意！

党的十八大是在我国进入全面建成小康社会决定性阶段召开的一次十分重要的大会。党的十八大描绘了在新的历史条件下全面建成小康社会、加快推进社会主义现代化的宏伟蓝图，是我们党团结带领全国各族人民沿着中国特色社会主义道路继续前进、为全面建成小康社会而奋斗的政治宣言和行动纲领。党的十八大强调指出，要毫不动摇巩固和发展公有制经济，毫不动摇鼓励、支持、引导非公有制经济发展，保证各种所有制经济依法平等使用生产要素、公平参与市场竞争、

同等受到法律保护；鼓励和引导新的社会阶层人士为中国特色社会主义事业做出更大贡献。这为非公有制经济健康发展提供了有力保障，对非公有制经济人士健康成长提出了更高要求，为做好新形势下工商联工作指明了前进方向。

工商联事业是中国特色社会主义事业的重要组成部分，工商联工作是党的统一战线工作和经济工作的重要内容。希望你们认真学习贯彻党的十八大精神，始终坚持统战性、经济性、民间性有机统一，坚持团结、服务、引导、教育的方针，坚持把促进非公有制经济健康发展和非公有制经济人士健康成长作为工商联工作主题，充分发挥在非公有制经济人士思想政治工作中的引导作用，在非公有制经济人士参与国家政治生活和社会事务中的重要作用，在政府管理和服务非公有制经济中的助手作用，在行业协会商会改革发展中的促进作用，在构建和谐劳动关系、加强和创新社会管理中的协同作用。加强和改进思想政治工作，引导非公有制经济人士积极建言献策、有序参政议政，在促进非公有制经济人士健康成长方面有更大作为；创新经济服务工作，引导企业加快转变发展方式，在促进非公有制经济健康发展方面有更大作为；认真履行社会团体业务主管单位职责，指导和推动商会建设，在培育和发展中国特色商会组织方面有更大作为；积极参与协调劳动关系三方会议，协助指导非公有制企业党建工作，在协同加强和创新社会管理方面有更大作为；大力加强领导班子、干部队伍和基层组织建设，努力建设政治坚定、特色鲜明、机制健全、服务高效、作风优良的人民团体和商会组织，在加强自身建设方面有更大作为。

各级党委和政府要切实加强对工商联工作的领导和支持，把工商联工作摆上重要议事日程，落实党委领导班子抓工商联工作的责任，建立政府联系工商联工作制度，及时研究和解决工商联工作中的重大问题。要一如既往重视和关心工商联干部，为工商联发挥作用创造良好条件。

中华全国工商业联合会第十一次会员代表大会和十一届一次执委会，将选举产生新一届全国工商联领导机构和领导班子。相信并希望新一届全国工商联领导机构和领导班子，以高度的政治责任感和改革创新精神，扎实工作，奋发有为，团结带领广大会员不断开创工商联工作新局面。

让我们更加紧密地团结在以习近平同志为总书记的党中央周围，高举中国特色社会主义伟大旗帜，以邓小平理论、"三个代表"重要思想、科学发展观为指导，凝聚力量，攻坚克难，坚定不移沿着中国特色社会主义道路前进，为巩固壮大新时期最广泛的爱国统一战线，为全面建成小康社会而努力奋斗。

祝中华全国工商业联合会第十一次会员代表大会圆满成功！

中共中央
国务院
2012 年 12 月 7 日

高举伟大旗帜　促进两个健康
为全面建成小康社会作出新贡献
——在中华全国工商业联合会第十一次会员代表大会上的报告

（2012 年 12 月 7 日）
黄孟复

各位代表：
　　中华全国工商业联合会第十一次会员代表大

会，是在全党全国各族人民认真学习贯彻党的十八大精神热潮中，召开的一次重要会议。会议的主要任务是，高举中国特色社会主义伟大旗帜，牢牢把握两个健康工作主题，为全面建成小康社会做出新贡献。刚才，中央政治局常委刘云山同志宣读了中共中央、国务院的贺词，给我们以极大的鼓舞和鞭策，我们要认真学习贯彻落实。现在，我代表中华全国工商业联合会第十届执行委员会作报告，请予审议。

一、深入贯彻落实科学发展观，工商联各项工作成效显著

党的十七大以来，在党中央的正确领导下，我国非公有制经济蓬勃发展，其中私营企业达1025万户，五年增长近一倍，个体工商户达3896万户，五年增长43%；在城镇固定资产投资中比重超过60%，五年提高16个百分点；提供了80%的城镇就业岗位和90%的新增就业岗位，国内生产总值贡献超过60%，税收贡献超过50%。非公有制经济人士队伍不断壮大，其中私营企业出资人和个体工商户达6000万，许多人获得优秀中国特色社会主义事业建设者、劳动模范和优秀共产党员等荣誉称号，一批代表人士成为人大代表、政协委员和工商联执委，有序参与国家政治生活和社会事务，党代会中非公有制经济人士党代表数量显著增多。非公有制经济充满勃勃生机，非公有制经济人士队伍呈现崭新面貌。

随着非公有制经济在经济社会发展全局中的作用越来越重要，非公有制经济人士作为党执政的群众基础和社会基础的地位越来越突出，党和政府高度重视工商联工作。2010年，中共中央国务院颁发的《关于加强和改进新形势下工商联工作的意见》（以下简称中央16号文件），是指导工商联工作的纲领性文件，具有里程碑意义。首次召开全国加强和改进工商联工作会议，中央领导同志发表重要讲话，12个部委发言给予支持，掀起了贯彻落实中央16号文件的高潮。在文件颁发后的一年内，各省区市和新疆生产建设兵团都出台实施意见并召开了工作会议，巩固发展了党委政府重视关心、社会各界帮助支持的良好局面。目前，工商联会员已达294万，比五年前增长37.4%。工商联工作迈上新台阶，工商联事业迎来新机遇。

在这样的历史背景下，工商联坚持以邓小平理论和"三个代表"重要思想为指导，深入贯彻落实科学发展观，把促进非公有制经济健康发展和非公有制经济人士健康成长作为一切工作的出发点和落脚点，充分发挥党和政府联系非公有制经济人士的桥梁纽带作用、政府管理和服务非公有制经济的助手作用，明晰了贯彻落实科学发展观的基本思路和具体任务，凝聚力、影响力、执行力显著增强，服务科学发展和实现自身科学发展取得突出成绩。

（一）围绕中心服务大局，促进非公有制经济健康发展取得明显成效

五年来，我们坚持发展这个科学发展观的第一要义，按照党和国家整体部署，紧紧围绕经济建设中心，大力促进非公有制经济健康发展。

注重引导企业科学发展。面对国内粗放型增长方式带来的各种压力和国际经济环境复杂多变引发的各种影响，以科学发展为主题，以加快转变经济发展方式为主线，既是中央在新形势下做出的重大决策，也是非公有制企业走出困难局面、实现可持续发展的必由之路。全国工商联明确把贯彻落实科学发展观作为十届一次常委会议主题，并贯穿于每年工作部署中；十届五次常委会议专门做出了《关于推动非公有制企业加快发展方式转变的决议》，引导和服务企业在加快转变发展方式、保障和改善民生、提升自身素质上有更大作为。与各地工商联通过召开民营经济形势分析会、推荐国家科技进步奖、评选全国工商联科学技术奖、发布中国民营企业500强、共同开展质量月活动等，引导和鼓励一批企业调结构、转方式，积极应对激烈市场竞争，有效增强了抵御风险能力和可持续发展能力。经中央批准，全国工商联加入协调劳动关系三方会议，参加全国的一些综合性会议和全局性工作，更加有利于从全局出发引导企业科学发展。全国工商联通过参加大湄公河次区域工商论坛和担任轮值主席、主办中尼论坛、成立中国民营经济国际合作商会、组织企业参与国际交流合作等多种途径，与各地工商联共同努力，推动企业走出去加快战略转型，特别是在一些企业海外投资、并购等过程中，做了大量沟通协调工作，起到了促进作用。

主动服务小微企业。国际金融危机爆发后，中小企业特别是小微企业生产经营遇到较大困难，成为影响国民经济平稳较快发展的制约性因素。我们及时研判形势、统一思想，确立了面向基层、重心下移、抓大扶小的新思路。去年初，全国工商联集中力量开展中小企业调研，鲜明提出中小企业的问题主要在小微企业，对国务院陆续制定出台扶持中小企业特别是小微企业发展的政策措施发挥了重要作用，产生了广泛而积极的社会影响。国家重新划分企业规模类型标准后，为进一步推动各级工商联直接服务小微企业，全国工商联又组织开展小微企业调研，树立宣传了一批迎难而上、自强不息、转型升级的小微企业典型，总结推广了一批服务小微企业的工商联、商会典型以及龙头企业典型，得到了中央领导同志的肯定和鼓励。全国工商联与中国建设银行、国家开发银行签订支持小微企业发展战略合作协议，与中国民生银行共同组建中国小微企业研究中心，各地工商联和所属商会也都把服务重点转向小微企业，与有关方面密切合作，努力提供融资、技术、信息、人才、维权等多种服务，许多商会直接组建了服务实体，在推动小微企业社会化服务方面取得实质性进展。

积极参与国家区域经济发展。组织企业按照国家区域发展战略调整投资方向和产业结构，促进区域协调发展，是工商联围绕中心服务大局的重要任务。2009年以来，全国工商联按照国家区域发展战略和主体功能区战略部署，以项目投资为主要方式，与10多个省级政府联合开展了民营企业助推区域经济发展活动，协议投资总额超过6万亿元；继续参与主办中博会、西博会、中国—亚欧博览会等区域性活动，积极支持地方举办各类经贸活动，共同促进经济发展。在这些活动中，各地工商联密切协作，通过大量的项目调研、项目梳理、项目推介等前期准备工作，组织企业和地方对接，在促进产业梯度转移和区域协调发展的同时，也为企业寻求新的发展空间、加快转型升级提供了机遇。

着眼改善发展环境建言献策。围绕贯彻落实党的路线方针政策和国家的重要决策部署，为营造非公有制经济良好发展环境建言献策，是工商联履行参政议政职能的重要方面。全国工商联在深入调研基础上，提出发展实体经济、解决企业融资难、扩大民间资本投资领域、支持企业走出去等建议，与有关部门共同承担非公有制企业生存发展环境和制度设计、"十二五"时期促进非公有制经济健康发展、非公有制企业人才队伍建设等课题研究，为国家制定相关政策提供了重要参考；组织开展"非公有制经济36条"、"民间投资36条"等政策落实情况调研，积极推动国务院有关部门"民间投资36条"实施细则的制定落实，认真参与有关法律法规的制定修改。各级工商联每年通过应邀参加民主协商会、出席座谈会和通报会、提交议案提案、呈送调研报告等，围绕经济社会发展尤其是非公有制经济发展中的重点、难点问题及时反映社情民意，许多意见建议被采纳，成为党委政府制定相关政策措施的重要参考。

（二）加强和改进思想政治工作，引导非公有制经济人士健康成长取得明显成效

五年来，我们坚持以人为本这个科学发展观的核心，将思想政治工作贯穿各项工作始终，不断探索工作规律，创新工作方法，积极引导广大非公有制经济人士坚定不移走中国特色社会主义道路。

强化非公有制经济人士思想政治工作地位。全国工商联在实践中继承优良传统，准确把握新形势下工商联的性质和任务，着眼促进两个健康，把思想政治工作摆在更加重要的位置。2008年，与中央统战部共同召开首次全国非公有制经济人士思想政治工作会议，下发《关于加强和改进非公有制经济人士思想政治工作的若干意见》，提出了今后一个时期思想政治工作的主要任务和具体措施，中央领导对此给予充分肯定和明确指示，为确立工商联在非公有制经济人士思想政治工作中的引导作用，奠定了重要的思想认识和工作实践基础。经过两年多的贯彻落实，去年组织各地工商联总结交流经验，研究完善措施，进一步强化了非公有制经济人士思想政治工作在工商联各项工作中的生命线地位。

探索引导教育与自我教育相结合。针对非公有制经济人士队伍特点和成长规律，我们把典型宣传作为引导教育与自我教育相结合的重要形式。全国工商联与中央统战部等部门共同开展第

三届全国优秀中国特色社会主义事业建设者评选表彰活动,人民日报和各省级党报对表彰人选进行公示,中央主要媒体对部分先进典型进行系列报道,中央电视台《新闻联播》、《对话》等栏目对优秀建设者成长历程进行集中展示,开创了工商联典型宣传的新方式。我们还与有关部门共同开展了全国构建和谐劳动关系先进企业表彰、全国就业与社会保障先进民营企业表彰、"关爱员工实现双赢"先进民营企业表彰等一系列树典型、学先进活动,各地工商联也自下而上地树立宣传了一批可信、可比、可学的先进典型。特别是去年经济下行压力加大,为引导企业战胜各种困难,增强发展信心,我们周密策划、精心组织,以电视电话会议形式召开了首次全国非公有制经济先进典型事迹报告会,中央领导同志发表重要讲话,全国参会人数超过 12 万,中央主要媒体集中连续报道,在非公有制经济人士中乃至社会各界引起了广泛关注和强烈反响。宣传方式的创新,丰富了引导教育与自我教育相结合的内容和形式,增强了思想政治工作的亲和力与感召力。

组织开展学习培训与实践教育活动。各地工商联着眼于提高非公有制经济人士的素质,与党校、行政学院、社会主义学院、高等院校等密切合作,联合开展理想信念、现代经营管理、法律法规、思想道德等学习培训活动;结合庆祝新中国成立 60 周年和建党 90 周年,组织开展座谈交流,增强非公有制经济人士对世情国情党情的了解,坚定走中国特色社会主义道路的信念。面对国际金融危机的冲击,引导企业顾大局、讲贡献,自觉不裁员、不减薪、不欠薪。在抗击汶川和玉树地震、甘肃舟曲泥石流等重特大自然灾害中,组织非公有制经济人士踊跃捐款捐物,支援灾区重建,折合金额累计超过 70 亿元。与有关部门共同主办民营企业招聘周活动,近 90 万家企业提供各类岗位信息 1457 万条,帮助 496 万求职者达成就业意向,促进了社会就业。动员企业参与宁夏行等光彩活动、感恩革命老区井冈行等感恩行动以及援藏援疆活动,仅 2008 至 2011 年,光彩事业项目到位资金总计 1833 亿元,安置就业人员 325 万人,帮助 861 万人摆脱贫困;感恩行动累计受助对象 31 万人,资助金额和物资总计 76 亿元,惠民项目到位资金 90 亿元。

引导非公有制经济人士支持企业党建工作。根据中央的统一部署,非公有制企业党组织参加了第三批学习实践科学发展观活动,工商联作为成员单位加入了活动指导小组。这是非公有制企业党组织第一次被纳入全党的集中性教育活动,也是工商联第一次被赋予参与指导企业党建工作的重要职责。在参与指导非公有制企业党组织学习实践科学发展观活动和随后开展的创先争优活动中,我们积极探索企业党建工作与非公有制经济人士思想政治工作的关系,创造性地提出要抓住党建指导员、企业党组织负责人和企业出资人这三个关键,引导出资人在支持企业党建工作中促进企业发展和自身成长。据统计,仅在创先争优活动中,全国共新组建非公有制企业党组织 17.7 万个,有 10 个省份依托工商联和统战部成立了非公有制企业党工委。一些非公有制企业党组织被评为先进党组织,许多工商联商会也积极探索党建工作。非公有制企业党建工作的开展,促进了企业文化建设。全国工商联组织开展调查研究、座谈交流,进一步强调以党建工作引领企业文化建设,注重发挥出资人在企业党建工作中的支持作用和在企业文化建设中的倡导作用,带动各地工商联拓展了思想政治工作的内涵和途径。

(三)抓基层打基础,工商联自身建设取得明显成效

五年来,我们坚持统筹兼顾这一科学发展观的根本方法,突出重点、带动全局,下大力气狠抓自身建设,努力做到工商联事业全面协调可持续发展。

以解决实际困难为突破口加强县级工商联建设。基层组织是整个工商联事业的发展基础。面对长期缺乏基层组织意识、县级工商联工作总体薄弱的状况,全国工商联把加强基层组织建设提上重要议事日程,首次就加强和改进县级工商联建设召开组织工作会议,中央统战部转发了《全国工商联关于加强县级工商联组织建设的若干意见》。中央 16 号文件下发后,各地工商联主动争取党委政府支持和统战部指导,改善县级工商联的工作条件;全国工商联组织各地深入总结经验,建立健全县级工商联联系点制度,明确县级

工商联建设标准，进一步推动解决县级工商联的实际困难。目前，县级工商联共有 2973 个，不少地方在机构设置、人员编制、行政经费、办公条件等方面已有明显改善。

以三性有机统一为方向加强商会建设。工商联的组织特点，决定了商会在工商联工作中的依托作用和基础地位。在党中央国务院及有关部门支持下，全国工商联获得全国性社会团体业务主管单位授权，29 个省级工商联获得本级社会团体业务主管单位授权，为切实发挥工商联在行业协会商会改革发展中的促进作用创造了条件。首次召开商会建设工作会议，强调商会建设必须坚持三性有机统一的正确方向，提出培育和发展中国特色商会组织的重要任务。制定下发《工商联商会章程范本》和《工商联商会管理办法（试行）》，分级分期对商会会长和秘书长开展集中培训，工商联对商会建设的指导开始走向制度化和规范化。经过多年的探索创新，行业商会、乡镇商会、街道商会、异地商会、园区商会等持续发展，新型商会组织不断涌现。目前，工商联所属各类商会已达 4.5 万多家，形成了覆盖全国各地、遍布各行各业的组织网络。

以提高干部队伍素质为重点加强机关建设。建设一支高素质的干部队伍，是工商联履行职责、发挥作用的重要保证。全国工商联与人力资源和社会保障部首次联合表彰工商联系统的先进集体和先进工作者，向在工商联连续工作 25 年以上的同志颁发荣誉证书，激发了干部职工的责任感和荣誉感。在学习实践科学发展观活动中，明确提出机关干部要在实践中提高政治把握能力、调查研究能力、群众工作能力和落实推进能力。在创先争优活动中，强调立足本职岗位，围绕重点工作，在开展调研、起草文稿、组织活动、协调服务等环节锻炼干部。经过努力，许多想干事、能干事、干成事的干部逐渐成长起来，干部队伍年轻化、专业化、知识化方面呈现出可喜变化。去年以来，各地工商联陆续换届，一批德才兼备、年富力强的同志走上领导岗位，班子结构明显优化。围绕两个健康工作主题、三性有机统一、非公有制经济人士思想政治工作、中国特色商会组织、非公有制企业党建等开展理论研究，形成了一批研究成果。机关党建工作不断加

强，各项制度日益健全。值得一提的是，近几年，全国工商联和部分地方工商联办公环境得到很大改善，机关面貌焕然一新。

同志们，过去的五年是不平凡的五年，是我们深入贯彻落实科学发展观，各项工作取得突出成绩的五年；是我们顺应形势、迎难而上、主动作为，地位作用明显提升的五年。总结五年来的工作，我们得出以下六条基本经验和规律性认识。一是必须始终坚持党的领导这一根本原则，充分发挥党组的领导核心作用，确保党和国家的决策部署在工商联工作中的贯彻落实，确保工商联事业发展的正确方向。二是必须始终坚持围绕中心服务大局这一根本方向，自觉把工商联工作放到党和国家中心工作中去谋划和推进，树立并落实科学发展观，当好桥梁纽带，发挥助手作用，积极为改革发展稳定大局贡献智慧和力量。三是必须始终坚持两个健康这一工作主题，把它作为一切工作的出发点和落脚点，贯彻到工商联工作的全过程，体现到工商联工作的各方面，团结凝聚广大非公有制经济人士投身社会主义现代化建设。四是必须始终坚持三性有机统一这一基本要求，牢牢把握统战性，充分发挥经济性，切实体现民间性，努力将工商联的基本特征转化为特色功能，在发挥综合优势和独特作用中实现价值、彰显特色、扩大影响。五是必须始终坚持面向基层重心下移这一工作思路，注重帮扶小微企业，加强基层组织建设，不断扩大工作覆盖面，提高工作实效性。六是必须始终坚持改革创新这一强大动力，解放思想、转变观念，在工作思路、工作方法、工作机制和理论建设等方面勇于探索创新，敢于主动靠前、自我加压、积极进取，有为求有位，有位更有为，确保工商联工作充满生机与活力。以上六条规律性认识，是推进工商联事业发展的基本经验，要在今后的工作中继续坚持并不断丰富和完善。

五年来的成绩来之不易，积累的经验弥足珍贵。这得益于党中央国务院和各级党委政府的高度重视，得益于各级统战部门的精心指导，得益于社会各界的大力支持，也凝聚着广大非公有制经济人士和全体工商联干部职工的心血和智慧。在此，我谨代表十届执委会，向长期关心支持工商联工作的各级党委、人大、政府、政协和统战

部门、社会各界，表示衷心的感谢！向广大非公有制经济人士、各级工商联干部职工和老领导、老同志，致以崇高的敬意！

在总结成绩的同时，我们也要看到，与新形势新任务的要求相比，工商联工作还存在一些差距。一是主动服务中心工作的意识和能力有待进一步提高，方法有待进一步创新，一些同志特别是有的领导干部对形势任务认识不足，缺乏谋划重点工作和解决突出问题的能力，尤其是工作执行力不强。二是思想政治工作的针对性和实效性有待进一步增强，一些同志对非公有制经济人士思想状况了解不深，对其成长规律研究不够，开展工作重活动、轻引导，工作手段缺乏创新。三是基层组织建设薄弱状况有待进一步改变，不少县级工商联工作条件差，有的干部精神不振、不思进取、得过且过；一些商会运行不够规范，服务质量不高，工作缺乏活力。四是理论研究有待进一步深入，没有形成充分利用社会力量、整合内部资源的研究机制，对工商联基础理论缺乏系统研究。五是制度建设有待进一步加强，有些工作仍然缺乏制度规范，有的制度落实不到位，督促检查力度不够。对于这些问题，我们要高度重视，采取有效措施，切实加以解决。

二、认真学习贯彻党的十八大精神，准确把握工商联工作新形势新要求

十八大是在我国进入全面建成小康社会决定性阶段召开的一次十分重要的大会。会议从战略高度深刻审视当今世界和当代中国发展大势，全面把握我国经济社会发展新要求和人民群众新期待，鲜明地宣示和回答了在新的时代背景下举什么旗帜、走什么道路、保持什么样的精神状态、朝着什么样的目标继续前进等关系党和国家工作全局的重大问题。当前和今后一个时期，工商联的首要政治任务，就是要把思想和行动统一到十八大精神上来，把智慧和力量凝聚到十八大确定的目标任务上来。

（一）深刻把握中国特色社会主义科学内涵，坚定共同理想信念

中国特色社会主义是党和人民90多年奋斗、创造、积累的根本成就，是全党全国各族人民团结、奋进、胜利的伟大旗帜。改革开放30多年来，我国经济总量跃升至世界第二位，社会生产力、经济实力、科技实力显著增强，人民生活水平、综合国力和国际竞争力显著提高，国家面貌发生新的历史性变化。这些辉煌成就的取得，靠的就是中国共产党带领全国人民始终坚定不移高举中国特色社会主义伟大旗帜，既不走封闭僵化的老路，也不走改旗易帜的邪路，始终把握社会主义初级阶段这个最大国情，立足社会主义初级阶段这个最大实际，在一以贯之的接力探索中开辟了中国特色社会主义道路，形成了中国特色社会主义理论体系，确立了中国特色社会主义制度。

十八大全面把握世情国情党情新变化，把科学发展观与邓小平理论、"三个代表"重要思想一道，确立为党必须长期坚持的指导思想，指出科学发展观最鲜明的精神实质是解放思想、实事求是、与时俱进、求真务实，深刻回答了新形势下实现什么样的发展、怎样发展等重大问题，是指导党和国家全部工作的强大思想武器，把中国特色社会主义规律的认识提高到新的水平。明确提出建设中国特色社会主义五位一体总体布局，促进现代化建设各方面相协调，促进生产关系与生产力、上层建筑与经济基础相协调，不断开拓生产发展、生活富裕、生态良好的文明发展道路。特别强调在新的历史条件下，必须坚持人民主体地位、坚持解放和发展社会生产力、坚持推进改革开放、坚持维护社会公平正义、坚持走共同富裕道路、坚持促进社会和谐、坚持和平发展、坚持党的领导。这八项基本要求体现了对共产党执政规律、社会主义建设规律、人类社会发展规律的深刻认识，必将成为全党全国各族人民的共同信念，极大地推进解放思想、改革开放、凝聚力量、攻坚克难，奋力开拓中国特色社会主义事业新局面。

非公有制经济人士是中国特色社会主义事业建设者。建设中国特色社会主义所取得的巨大成就，包含着非公有制经济人士的积极贡献；实现"两个百年目标"，更需要非公有制经济人士有更大担当、更大作为，做出更大贡献。我们要深刻领会十八大精神实质，牢固树立中国特色社会主义共同理想信念，始终坚信中国特色社会主义道路是创造人民美好生活的必由之路，矢志不渝坚定道路自信、理论自信、制度自信，为加快社会

主义现代化建设、实现中华民族伟大复兴而顽强奋斗、艰苦奋斗、不懈奋斗。

（二）深刻把握全面建成小康社会目标任务，坚定科学发展信心

党中央深刻分析当前国内外形势变化，明确做出我国发展仍处于可以大有作为的重要战略机遇期这一科学判断，继续强调坚持发展是硬道理的本质要求就是坚持科学发展，并提出了全面建成小康社会和全面深化改革开放的目标任务。综观国际国内大势，世界经济增长不稳定不确定因素增多，我国发展中不平衡、不协调、不可持续问题依然突出，企业发展的资源环境等瓶颈约束和成本上升等经营困难加剧，非公有制经济面临着严峻挑战。但同时，和平与发展仍是时代主题，世界多极化、经济全球化深入发展，国内经济总体向好，特别是十八大就经济社会发展做出系列重大决策部署，为非公有制经济开拓了更为广阔的发展空间，非公有制经济面临着难得机遇。

十八大强调，深化改革是加快转变经济发展方式的关键，经济体制改革的核心问题是处理好政府和市场的关系，必须更加尊重市场规律，更好发挥政府作用，着力激发各类市场主体新活力，加之国际金融危机后各国都在重新认识市场和政府的作用，这必将为非公有制企业科学发展提供更为有利的条件。科技创新是提高社会生产力和综合国力的战略支撑，必须摆在国家发展全局的核心位置，实施创新驱动发展战略，加之世界科技革命孕育新突破，这必将为非公有制企业自主创新提供更为有利的条件。推动发展的立足点转到提高质量和效益上来，促进工业化、信息化、城镇化、农业现代化同步发展，扩大国内市场规模，完善现代产业体系，实施区域发展总体战略，加之国际产业调整重组步伐加快，这必将为非公有制企业调整结构提供更为有利的条件。推动城乡发展一体化，加快发展现代农业，深入推进新农村建设和扶贫开发，加之农业市场科技化、国际化水平进一步提高，这必将为非公有制企业配置资源提供更为有利的条件。实行更加积极主动的开放战略，加快转变对外经济发展方式，全面提高开放型经济水平，加之全球经济合作向多层次全方位拓展，这必将为非公有制企业

走出去提供更为有利的条件。十八大着眼经济社会全面协调可持续发展，做出推动文化产业快速发展，促进创业带动就业，加强军民融合式发展，引导人才向科研生产一线流动等一系列部署，把生态文明建设摆在突出地位，优化国土空间开发格局，全面促进资源节约，加大自然生态系统和环境保护力度，这都将推动非公有制企业在中国特色社会主义事业总体布局中发挥更加重要的作用。

十八大就非公有制经济专门做出新的重要阐述，把"两个毫不动摇"放在全面深化经济体制改革的突出位置。在坚持平等保护物权，形成各种所有制经济平等竞争、相互促进新格局的基础上，强调保证各种所有制经济依法平等使用生产要素、公平参与市场竞争、同等受到法律保护，提出推行公有制多种实现形式，实行更加有利于实体经济发展的政策措施，加快发展民营金融机构，提高大中型企业核心竞争力，支持小微企业特别是科技型小微企业发展，鼓励引导社会力量兴办教育和医疗，加大非公有制经济组织、社会组织党建工作力度等重大举措。这不仅充分体现了党中央对发展壮大非公有制经济和实体经济的战略更加重视，为非公有制经济在内的各类市场主体创造公平发展环境的决心更加坚定，支持占非公有制经济绝大多数的小微企业、解决最困扰非公有制企业的融资难问题、推动民间资本进入金融和社会事业等领域、加强非公有制企业党建工作的措施更加有力，还将进一步促进非公有制企业参与国有企业改革、拓宽投资渠道，加快形成公有制经济和非公有制经济互相促进、相互融合的"国民共进"新格局。非公有制经济在改革开放中产生，也必将在改革开放中不断发展壮大。广大非公有制企业要主动顺应重要战略机遇期内涵和条件的变化，坚定发展信心、勇担历史使命，以奋发有为、攻坚克难的精神状态，力争在激烈的市场竞争中赢得主动、赢得优势、赢得未来。

（三）深刻把握统一战线工作时代要求，坚持两个健康工作主题

十八大强调要巩固和发展最广泛的爱国统一战线，明确统一战线是凝聚各方面力量，促进阶层等方面关系和谐，夺取中国特色社会主义新胜

利的重要法宝，鼓励和引导新的社会阶层人士为中国特色社会主义事业做出更大贡献。这不仅是党中央对以非公有制经济人士为主体的新的社会阶层人士所作贡献的充分肯定，而且是对他们积极投身社会主义现代化建设发出的时代号召。十八大把保障和改善民生放在更加突出的位置，强调人民主体地位，坚持维护社会公平正义，坚持走共同富裕道路，为人民创造良好生产生活环境，并首次明确提出"两个同步要求"和"两个倍增目标"。这不仅鲜明地昭示党中央把人民对美好生活的向往当作奋斗目标，而且为先富起来的广大非公有制经济人士致富思源、富而思进、履行责任指明了努力方向。十八大关于统一战线和非公有制经济的重要论述，对新形势下深入贯彻落实中央 16 号文件、加强和改进工商联工作、促进两个健康提出了新的更高要求。

工商联事业是中国特色社会主义事业的重要组成部分。党中央把两个健康确立为工商联工作主题，是中央 16 号文件精神的高度概括，是工商联工作理论的创新成果，是科学发展观在工商联工作中的集中体现，准确反映了新时期以来工商联工作的本质特征、努力方向和根本要求。工商联必须将学习贯彻十八大精神与学习贯彻中共中央、国务院贺词精神结合起来，与全面深入贯彻落实中央 16 号文件结合起来，自觉用十八大精神武装头脑、指导实践、推动工作，自觉把两个健康工作主题融入到工商联工作的各方面和全过程。要更加自觉地把围绕中心服务大局作为践行两个健康工作主题的根本方向，深入贯彻落实科学发展观，服从服务于经济建设中心，努力推动非公有制经济加快转变发展方式。更加自觉地把非公有制经济人士思想政治工作作为践行两个健康工作主题的生命线，坚持团结、服务、引导、教育方针，尊重非公有制经济人士在自我教育中的主体地位，凝聚最广泛的发展力量。更加自觉地把三性有机统一作为践行两个健康工作主题的综合优势，促进思想政治、经济服务、社会管理等工作的深度融合，发挥工商联在促进两个健康中的不可替代作用。更加自觉地把统筹兼顾作为践行两个健康工作主题的根本方法，坚持一切从实际出发，以重点问题的突破和难点问题的解决带动全局，统筹做好各项工作，使两个健康

互为促进、相得益彰。

三、高举中国特色社会主义伟大旗帜，奋力开创工商联事业新局面

未来五年，是全面建成小康社会具有决定性意义的五年，也是工商联事业加快发展、大有作为的五年。工商联工作的总体要求是，高举中国特色社会主义伟大旗帜，以邓小平理论、"三个代表"重要思想、科学发展观为指导，认真学习贯彻党的十八大精神，全面深入贯彻落实中央 16 号文件，牢牢把握两个健康工作主题，坚持围绕中心、服务大局，坚持改革创新、主动作为，坚持面向基层、重心下移，以转变发展方式为主线促进非公有制经济健康发展，以培养合格中国特色社会主义事业建设者为目标引导非公有制经济人士健康成长，以改变基层薄弱状况为重点全面加强自身建设，不断提高工商联工作科学化水平，为全面建成小康社会、推进中国特色社会主义伟大事业做出新贡献。

（一）服务和促进非公有制经济持续健康发展

非公有制经济健康发展，直接关系着我国能否打胜加快转变经济发展方式这场硬仗。我们要按照十八大对经济建设的整体决策部署，引导非公有制企业牢牢把握发展实体经济这一坚实基础，加快形成新的发展方式，不断增强长期发展后劲。

推动企业加快转变发展方式。引导企业把科技创新作为发展实体经济的重要支撑，加快新技术尤其是关键核心技术研发应用，改造提升传统产业，形成新的竞争优势；注重节能减排，加强资源能源的高效利用，发展绿色、循环、低碳经济；把握全球技术革命新趋势，投身战略性新兴产业、现代农业、现代服务业、文化产业等领域，培育新的增长点；积极创新商业模式，将价值链向研发、标准制定、销售服务和品牌建设拓展，探索差异化的新兴业态；积极参与国家区域经济发展战略、新农村建设，利用区域间资源禀赋差异和比较优势进行企业布局；建立健全现代企业制度，加强诚信建设，进一步提升自身素质。继续推动完善落实国务院"民间投资 36 条"实施细则，促进产学研结合和科技金融融合，引导智力资源、金融资源服务于

企业转型升级。

积极为企业提供服务。充分发挥工商联和所属商会的独特优势，不断创新服务企业的内容和方式，积极开展政策、投融资、技术、信息、人才、法律等服务。以服务企业自主创新、品牌建设、国际化经营和企业文化建设为着力点，支持培育一批率先实现转型升级、具有核心竞争力的大中型企业。继续推动落实国务院有关促进小微企业发展的政策措施，及时掌握企业运行状态，帮助解决制约小微企业生存发展的突出困难和问题。发挥商会、商圈的集聚作用，建立公共服务平台，增强行业内和集群中小微企业的生存发展能力。引导龙头企业发挥技术、资金、市场的优势和辐射作用，带动产业链和供应链上的小微企业共同发展。推动民间资本加快发展民营金融机构，推广"银行＋商会＋企业"的融资合作模式，促进投资公司、担保公司、小额贷款公司、村镇银行等服务小微企业。

支持企业积极稳妥走出去。准确把握经济全球化大趋势，集中力量培育一批具有较强国际竞争力和全球资源配置能力的跨国公司。加强与有关部门的合作，帮助有条件的企业制定跨国经营战略，开展对外投资和并购，获取技术、知识产权、人才、渠道、资源等要素，逐步实现研发、生产、销售的全球化布局。协助推动我国境外合作区建设，促进企业集群式走出去和产能转移；促进加工贸易转型升级，大力发展服务贸易，优化贸易结构，形成以技术、品牌、质量、服务为核心的出口竞争新优势。重视与国外工商社团的互联互通，扩大海外交流范围和规模，提升大湄公河次区域工商论坛、中尼论坛、中美商会合作发展论坛等民间交往活动成效，积极探索在政府间区域合作框架内，逐步拓展参与双边、多边、区域次区域经济合作机制的广度和深度。发挥商会作用，引导企业遵守投资国法律法规，尊重当地风俗习惯，注重安排当地就业、保护资源环境、遵守市场秩序；为企业开展国际合作提供服务，组织应对国际经贸摩擦，帮助解决境外投资、对外贸易中遇到的困难和问题，提高抵御国际经济风险能力。加强与香港、澳门、台湾地区工商界的联系，不断深化两岸四地经贸合作。

（二）进一步加强和改进非公有制经济人士思想政治工作

非公有制经济人士思想政治工作，是新形势下党的群众工作的新领域和统战工作新的着力点。我们要把非公有制经济人士思想政治工作贯穿于工商联工作各方面，加快形成工商联系统共同参与的思想政治工作新格局，注重人文关怀，增强针对性和实效性，旗帜鲜明地用社会主义核心价值观凝聚共识，引导广大非公有制经济人士做合格的中国特色社会主义事业建设者。

开展教育培训活动。组织非公有制经济人士学习领会党的十八大精神，开展中国特色社会主义理论体系教育，用马克思主义中国化最新成果武装思想，用中国特色社会主义共同理想凝聚人心，坚定理想信念。开展世情国情党情教育、爱国主义教育和社会责任教育，弘扬感恩文化、光彩理念、优秀建设者精神，引导他们自觉践行社会主义核心价值观，筑牢共同思想道德基础。开展经济、科技和管理等培训，提升非公有制经济人士企业经营管理水平。立足非公有制经济人士特点和需求，制定培训规划，组织编写教材，建立师资队伍，创新培训方式，形成分级培训网络。更加注重知行合一，切实把学习成果体现在自觉履行社会责任的实际行动中，通过社会实践活动巩固提高培训成效，引导非公有制经济人士积极参加同心实践，促进思想上同心同德、目标上同心同向、行动上同心同行。

加大典型宣传力度。把经常性宣传与集中性宣传结合起来，推动学习先进典型常态化，不断扩大典型宣传影响。丰富宣传手段，拓展宣传渠道，广泛宣传非公有制经济成就和贡献，充分展示非公有制经济人士创业创新精神，营造劳动光荣、创造伟大的社会氛围。探索利用互联网、移动通信等现代信息传播技术，及时了解非公有制经济人士思想动态，提高舆情把握能力和舆论引导能力。

加强企业文化建设。引导企业以社会主义核心价值观为引领，以推动企业科学发展为目标，以全体职工认同参与为基础，紧紧围绕企业生产经营活动，弘扬爱国、诚信、守法、创新、友善、责任等理念，努力建设具有时代特征、中国特色、企业特点的企业文化。注重发挥主要出资人倡导作用，引导他们在企业文化建设中不断提高自我教育、自我激励能力，养成积极向上的健康心态。把企业党建与企业文化建设有机融合起来，坚持分类指导，研究制定指导性意见，发挥先进企业文化的教育引导功能。

（三）组织引导非公有制经济人士有序参与国家政治生活和社会事务

非公有制经济人士有序参与国家政治生活和社会事务，是推进社会主义民主政治建设的重要方面。要充分调动非公有制经济人士积极性，畅通反映社情民意的渠道，积极参政议政、建言献策。

加强调查研究。选准党和政府关心、广大非公有制经济人士期盼、工商联能够有所作为的课题，深入基层和企业，开展调查研究，了解真实情况，研究具体问题，解决实际困难，使非公有制经济发展重大问题和涉及非公有制经济人士切身利益的实际问题能够及时通过工商联得到反映。注重调动非公有制经济代表人士和基层参与积极性，完善工商联系统优秀调研成果评选表彰机制，形成并发展多层次、多领域合作调研局面。分级分片建立重点企业分类监测点，定期统计监测企业主要数据，以定量分析支撑调研的定性分析。

积极建言献策。提高在党和政府召开的民主协商会上的发言质量，继续做好提交政协提案、报送情况反映、推荐执法监督员、参与法律法规制定修改等工作，完善受政府委托征询非公有制经济人士意见的制度，及时反映非公有制经济人士的意见建议。充分发挥商会优势，围绕企业发展中的普遍性问题和行业发展中的趋势性问题，多建睿智之言、多献务实之策，促进非公有制经济发展市场环境、政策环境、法治环境和社会环境的不断改善。

提高参政议政水平。从工商联作为党领导的人民团体的性质特点出发，把握好非公有制经济人士参与国家政治生活和社会事务的正确方向，引导他们增强大局意识和责任意识，立足企业生产经营活动，着眼经济社会发展和事关国计民生的重大问题，提出意见建议。帮助担任人大代表和政协委员的非公有制经济人士，了解和掌握参政议政的特点、内容和方式方法，积极参加人大、政协组织的各种活动，努力在实践中提高履职尽责的水平。

（四）积极参与社会建设和社会管理

加强社会建设，是社会和谐稳定的重要保证。我们要以构建和谐劳动关系为重点，充分发挥协同作用，积极履行工商联、所属商会和非公有制企业在社会管理和服务中的职责，畅通和规范非公有制经济领域诉求表达、利益协调和权益保障渠道。

引导企业构建和谐劳动关系。积极履行协调劳动关系三方会议成员单位职责，加强与政府部门、工会组织和其他企业方代表的合作，参与劳动关系立法，共同推动健全劳动标准体系和劳动关系协调机制，研究解决劳动关系中的重大问题，正确协调处理投资者利益和劳动者权益的关系。引导企业履行管理和服务职工的社会责任，严格遵守劳动法律法规和相关政策，强化民主管理，依法与职工签订劳动合同，加强对职工的职业技能培训，尊重和维护职工合法权益；推行工资集体协商制度，按照职工报酬增长和企业效益提高同步的要求，探索建立职工工资稳步增长机制，努力实现全体职工共享企业发展成果。积极开展企业劳动争议预防调解工作，探索在商会中建立劳动争议调解组织，建立健全重大集体性劳动争议预防预警制度。

引导企业促进民生改善。不断扩大民营企业招聘周等活动的影响力，创新就业服务载体，注重创业带动，引导企业积极创造就业岗位，重点帮助高校毕业生、农村转移劳动力、城镇困难人员和退役军人就业，推动实现更高质量的就业。引导企业树立义利兼顾、以义为先理念，自觉投身光彩事业、感恩行动、援藏援疆以及各类公益慈善活动，积极参与新农村建设和扶贫开发，帮助提高群众生活水平。把生态文明建设放在突出位置，引导企业增强节约意识、环保意识、生态意识，在制定发展战略、实施生产经营活动中，着力推进绿色发展、循环发展、低碳发展。

积极开展维权等法律服务。探索建立与社会力量相结合的维权机构，加强与执法机构和司法部门的联系沟通，参与非公有制经济领域防治腐败工作，逐步完善非公有制企业法律维权服务体系，积极维护企业和出资人的合法权益，确保他们同等受到法律保护。协助司法部门探索建立商会调解与诉讼调解相衔接的工作机制，不断完善商会调解与仲裁职能，积极处理和化解非公有制经济领域的矛盾纠纷，维护市场秩序。组织开展法制宣传与培训活动，增强非公有制经济人士的法制意识和维权意识，引导企业严格遵守国家法律法规，努力从源头上防止和减少因环境污染、食品药品安全、企业重组和破产等可能引发的社会矛盾。

协助指导企业党建工作。教育引导主要出资人支持企业党建工作，为党组织开展活动、发挥作用提供必要条件，特别要教育引导党员出资人自觉履行党员义务，使他们成为企业党建工作的骨干力量。配合有关部门，加强对企业党组织带头人队伍的培训，健全企业党员立足岗位创先争优长效机制，改进企业党组织对党员队伍特别是流动党员的教育、管理、服务，充分发挥推动发展、服务群众、凝聚人心、促进和谐的作用，努力成为服务基层、化解矛盾的重要力量。认真总结各地工商联指导企业党建工作的经验做法，在党委统一领导、组织部门统筹协调和指导下，建立健全工商联参与指导企业党建工作机制，探索建立工商联直接联系执委常委所在企业党建工作的制度，以规模以上企业党建和商会党建为重点开展工作，不断扩大党组织和党的工作覆盖面，有效发挥党组织在企业职工群众中的政治核心作用和在企业发展中的政治引领作用。

（五）培育和发展中国特色商会组织

建设中国特色商会组织，是加快政府职能转变、建立健全现代市场体系的必然要求。我们要认真履行社会团体业务主管单位职责，坚持三性有机统一，坚持发展与规范并重，推动商会健康有序发展。

积极稳妥组建商会。制定商会中长期发展规划，明确组建重点，加快在战略性新兴产业、高新技术产业、现代服务业、文化产业等领域，在开发区、产业园区、专业市场、城市楼宇等企业集聚区域组建商会，不断优化商会布局。深入调查研究并总结异地商会建设实践经验，注重发挥异地商会在促进区域协调发展和产业有序转移等方面的积极作用。参与制定行业协会商会政策法规，促进行业协会商会改革发展进程，推动形成

政社分开、权责明确、依法自治的现代社会组织体制。

加强对商会工作的指导。指导商会完善法人治理结构，建立健全会员大会、理事会、会长办公会等商会组织机构，完善以章程为核心的商会内部管理制度，提高商会运行的规范化水平。完善商会会长和秘书长培训制度，提高政治把握和服务会员能力，树立民主办会和开放办会理念，建设先进的商会文化，鼓励支持探索中国特色商会发展新路子。组织开展商会评估工作，加强对商会的服务和指导。

提升商会服务水平。商会要把宣传促进非公有制经济发展的方针政策等作为服务会员的重要内容，加强与金融、科研、法律等机构的合作，扩大相互间的交流，努力培育特色化的服务品牌，充分发挥宣传政策、提供服务、反映诉求、维护权益、加强自律的作用。有条件的商会要积极承接政府转移职能，参与制定地方和行业发展规划、行业政策、相关标准，向政府反映行业动态，促进行业转型升级、实现健康发展。

（六）以改革创新精神加强自身建设

工商联自身建设的水平，决定着服务科学发展的成效。我们要以改革创新的精神，按照政治坚定、特色鲜明、机制健全、服务高效、作风优良的目标，全面加强自身建设，不断提高工作科学化水平。

大力加强领导班子建设。组织开展工商联系统领导干部培训，逐步完善中心组理论学习和务虚会等制度，认真学习、全面领会十八大精神，深入钻研中国特色社会主义理论体系，不断深化对中央16号文件理论观点和政策措施的认识，模范践行社会主义核心价值观，提高班子成员的思想道德素质。切实发挥党组的领导核心作用，贯彻民主集中制，按照懂全局、议大事、管本行的要求，不断提高科学决策水平。加强合作共事，积极发挥班子中党外领导干部和非公有制经济代表人士的作用。加强领导班子作风建设，一切从实际出发，密切联系群众，着力服务基层，真正用心谋事、用心干事、用心成事。加强执委会、常委会建设，充分调动执委常委中非公有制经济代表人士的积极性，增强他们参与工商联工作的使命感和责任感，建立健全管理监督机制，

完善议事程序和规则，严格会议制度和纪律，不断提高执委常委的履职尽责能力和水平。

切实加强组织建设。重点依托县级工商联和商会大力加强会员队伍建设，按照面向工商界、以非公有制企业和非公有制经济人士为主体、广泛性和代表性相结合的原则，加大企业会员比重，注重吸收团体会员，不断扩大会员覆盖面，优化会员结构。协助党委统战部门建立健全非公有制经济人士综合评价体系，做好发现、培养、推荐和管理工作，按照思想品质优、社会贡献大、公众形象好、参政议政能力强的要求，努力建设一支数量充足、素质优良、结构合理的非公有制经济代表人士队伍。按照中央16号文件要求，坚持分类指导，抓紧解决县级工商联面临的突出困难和问题，力争用两年左右时间改变县级工商联建设长期薄弱状况，加快形成组织有活力、工作有成效的良好局面。

全面加强机关建设。继续加强教育培训、实践锻炼、基层调研，建立健全干部培养、考核、激励机制，牢固树立服务意识，全面提高干部的政治把握能力、调查研究能力、群众工作能力和落实推进能力；深入开展以为民务实清廉为主要内容的党的群众路线教育实践活动，进一步加强机关党建工作；建设具有工商联特色的机关文化，着力整治庸懒散奢等不良风气，改进会风文风，厉行勤俭节约，营造爱岗敬业、求真务实、廉洁自律的浓厚氛围，加快培养一支政治强、业务精、作风硬的干部队伍。建立开放式、多层次、社会化的理论研究机制，注重创建学习型机关，培育理论研究人才，加强全局性、基础性、前瞻性问题研究，尽快形成中国特色工商联理论体系。加强制度建设，建立健全符合工商联自身特点的工作制度，用制度管权管事管人，促进工商联在工作指导、沟通联系、组织协调、推进落实等方面规范化。加强信息化建设，在自动化办公方面取得突破，完善共享数据库建设，提高工作效能和工作效率。

同志们！党的十八大描绘了我国经济社会发展新的宏伟蓝图，非公有制经济发展迎来了新的历史机遇，工商联事业站上了新的发展起点。让我们更加紧密地团结在以习近平同志为总书记的党中央周围，高举中国特色社会主义伟大旗帜，以邓小平理论、"三个代表"重要思想、科学发展观为指导，认真学习贯彻十八大精神，按照中共中央、国务院贺词要求，牢牢把握两个健康工作主题，更加奋发有为、兢兢业业地工作，继续推动工商联事业创新发展，为夺取中国特色社会主义新胜利做出新的更大贡献！

全哲洙同志在中华全国工商业联合会第十一次会员代表大会上的讲话

（2012 年 12 月 9 日）

各位代表，同志们：

在党中央国务院的亲切关怀和全体代表的共同努力下，中华全国工商业联合会第十一次会员代表大会圆满完成各项议程，就要胜利闭幕了。此时此刻，我们至少有四点共同的感受。

一是，这次大会高举旗帜、主旨鲜明。大会是在全党全国各族人民认真学习贯彻党的十八大精神热潮中召开的。党的十八大是在我国进入全面建成小康社会决定性阶段召开的一次十分重要的大会，鲜明地宣示和回答了在新的时代背景下举什么旗帜、走什么道路、保持什么样的精神状态、朝着什么样的目标继续前进等关系党和国家工作全局的重大问题。大会把学习贯彻十八大精神作为一条主线贯穿始终。大会通过的《中华全国工商业联合会第十届执行委员会报告》力求体现十八大精神，总结工作突出深入贯彻落实科学发展观，分析形势紧扣十八大做出的科学判断，部署工作贯彻十八大提出的任务要求。大会通过的《中华全国工商业联合会章程（修改草案）》，同样体现了十八大精神，将科学发展观列入指导思想，确立了两个健康作为工商联工作主题的重要地位。大会还通过了《关于认真学习贯彻党的十八大精神的决议》，举办了学习贯彻十八大精神、把握国内国际两个大局的形势报告会。会议各项议程紧密结合工商联实际，努力将十八大精神和党中央对非公有制经济以及工商联工作的最新要求体现其中。这次大会对于工商联干部职工和广大非公有制经济人士统一思想、凝聚共识，筑牢共同思想道德基础，必将产生广泛而深远的影响。这是本次大会最为重要的成果。

二是，这次大会隆重热烈、催人奋进。大会得到了党中央国务院的高度重视和社会各界的大力支持。中共中央政治局常委刘云山同志亲切接见全体与会代表并合影留念，在开幕式上代表党中央国务院致贺词，对非公有制经济和非公有制经济人士给予高度评价，对全国工商联过去五年工作给予充分肯定，对新形势下工商联工作提出新的更高要求，这给我们以极大地鼓舞和鞭策。全国人大常委会副委员长陈至立同志，全国人大常委会副委员长、民建中央主席陈昌智同志，国务委员梁光烈同志，全国政协副主席、全国工商联主席黄孟复同志，全国政协副主席张梅颖同志，全国政协副主席郑万通同志和中央统战部部长令计划同志，全国政协原副主席、全国工商联原常务副主席孙孚凌同志莅临大会。陈昌智同志代表各民主党派中央，中华全国总工会副主席、书记处第一书记王玉普同志代表有关人民团体，向大会致了贺词。73位中央国家机关、民主党派中央和人民团体的领导或有关方面负责同志出席大会，其中近60位是省部级领导。48个香港、澳门、台湾和国外的友好工商社团、工商界知名人士，向大会发来贺电、贺信。新华社播发了中共中央、国务院贺词和关于全国工商联过去五年工作的综述文章，人民日报、光明日报、经济日报刊登了中共中央、国务院贺词全文，中央电视台新闻联播做了专门报道，明天人民日报还将单独刊发评论员文章，其他中央新闻媒体也对大会进行了报道。正是在党中央国务院的高度重视和各方面的大力支持下，会议组织周密有序，气氛隆重热烈，取得圆满成功。

三是，这次大会凝心聚力、务实高效。出席本次会议的960多名代表，肩负着294万工商联会员和6000万非公有制经济人士的信任，以高度的责任感和使命感，认真履行职责，圆满完成各项议程。大会期间，各位代表立足实际，围绕工商联服务科学发展和实现自身科学发展，共谋工商联事业发展大计。大会集中学习中共中央、国务院贺词，进一步坚定了我们做好工商联工作的信心决心；组织代表深入讨论，审议通过了《关于中华全国工商业联合会第十届执行委员会报告的决议》和《关于〈中华全国工商业联合会章程（修改草案）〉的决议》，进一步明确了工商联工作的目标任务；经过充分酝酿，选举产生了新一届执行委员会，一批思想品质优、社会贡献大、公众形象好、参政议政能力强的非公有制经济代表人士进入工商联领导机构，进一步显示了工商联事业蓬勃兴旺、薪火相传、后继有人。这次大会不仅增强了各位代表做工商联工作的荣誉感和责任感，也展示了各位代表较高的议事能力和参政议政水平。

四是，这次大会开拓进取、继往开来。大会是在全面深入贯彻落实中央16号文件，工商联事业站上新的起点上召开的，对开创工商联工作新局面具有十分重要的意义。过去五年是工商联事业发展进程中不平凡的五年，是我们顺应形势、迎难而上、主动作为，地位作用明显提升，各项工作取得突破性进展的五年。特别是中央16号文件的颁发和贯彻落实，为工商联工作指明了方向。当今世界正在发生深刻复杂的变化，我国已经进入全面建成小康社会决定性阶段。总体上看，我国发展仍处于可以大有作为的重要战略机遇期，工商联事业面临的机遇和挑战前所未有。新形势下的工商联，凝聚着广大非公有制经济人士的热切期盼，承载着全体工商联干部的真切期待，担负着党和政府的殷切期望，使命光荣，责任重大。

新的奋斗目标催人奋进，新的宏伟蓝图鼓舞人心。展望未来，要把大会勾画的蓝图变为现实，还有较长的路要走，需要我们付出艰辛的努力。当前，关键是要以党的十八大精神为引领，抓好全国工商联十一大精神的学习贯彻。大会结束后，各级工商联主要领导要切实负起领导责任，尽快向党委政府汇报大会盛况；及时传达会议精神，组织好集中学习；紧密联系实际，结合调查研究，坚持学以致用、用以促学，真正把十一大精神落实到工商联工作各方面，体现到做好今年工作和安排好明年工作之中。各位企业家代表要把会议精神带回企业，带回到身边的非公有制经济人士中，落实到企业发展和个人成长上，坚持科学发展主题和加快转变经济发展方式主线，带领企业实现持续健康发展；坚持社会主义核心价值观，不断提升思想境界，更加坚定道路自信、理论自信、制度自信。

同志们！党的十八大描绘了我国经济社会发展的广阔前景，非公有制经济发展必将迎来更大的机遇，工商联事业必将展现出更加美好的明天。让我们更加紧密地团结在以习近平同志为总书记的党中央周围，高举中国特色社会主义伟大旗帜，以邓小平理论、"三个代表"重要思想、科学发展观为指导，认真学习贯彻十八大精神，按照中共中央、国务院贺词要求，全面深入贯彻落实中央 16 号文件，牢牢把握两个健康工作主题，以改革创新精神加强工商联自身建设，凝心聚力，埋头苦干，开拓进取，为全面建成小康社会、不断夺取中国特色社会主义新胜利而努力奋斗。

中国工商业联合会章程

（中华全国工商业联合会第十一次会员代表大会部分修改，2012 年 12 月 9 日通过）

总　则

中国工商业联合会（简称工商联）是中国共产党领导的面向工商界、以非公有制企业和非公有制经济人士为主体的人民团体和商会组织，是党和政府联系非公有制经济人士的桥梁纽带，是政府管理和服务非公有制经济的助手。工商联工作是党的统一战线工作和经济工作的重要内容。工商联事业是中国特色社会主义事业的重要组成部分。

工商联以中华人民共和国宪法为根本准则，按照章程开展工作。

工商联高举中国特色社会主义伟大旗帜，以邓小平理论、"三个代表"重要思想、科学发展观为指导，坚持党的领导，坚持公有制为主体、多种所有制经济共同发展的基本经济制度，围绕经济建设中心，服务党和国家工作大局，继续解放思想，坚持改革开放，推动科学发展，促进社会和谐。

工商联具有统战性、经济性、民间性有机统一的基本特征，以非公有制经济健康发展和非公有制经济人士健康成长为工作主题。充分发挥在非公有制经济人士思想政治工作中的引导作用，在非公有制经济人士参与国家政治生活和社会事务中的重要作用，在政府管理和服务非公有制经济中的助手作用，在行业协会商会改革发展中的促进作用，在构建和谐劳动关系、加强和创新社会管理中的协同作用，是工商联的主要职能。

工商联以建设政治坚定、特色鲜明、机制健全、服务高效、作风优良的人民团体和商会组织为目标，全面加强思想建设、组织建设、作风建设、反腐倡廉建设、制度建设，不断增强凝聚力、影响力、执行力；坚持团结、服务、引导、教育的方针，引导非公有制经济人士坚决拥护中国共产党的领导、坚定不移走中国特色社会主义道路，积极投身社会主义经济建设、政治建设、文化建设、社会建设和生态文明建设，为把我国建设成为富强民主文明和谐的社会主义现代化国家，为实现祖国完全统一和中华民族伟大复兴而奋斗。

第一章　职能与任务

第一条　加强和改进非公有制经济人士思想

政治工作。

（一）引导非公有制经济人士践行社会主义核心价值体系，树立中国特色社会主义共同理想，树立义利兼顾、以义为先理念，学习、贯彻党和国家的方针政策，发扬自我教育的优良传统，自觉地把自身企业的发展与国家的发展结合起来，把个人富裕与全体人民的共同富裕结合起来，把遵循市场法则与发扬社会主义道德结合起来，爱国、敬业、诚信、守法、贡献，做合格的中国特色社会主义事业建设者。宣传表彰他们中的先进典型。

（二）引导非公有制经济人士弘扬中华传统美德，弘扬时代新风，致富思源、富而思进，积极承担社会责任，热心公益事业，投身光彩事业，加强企业文化建设，支持企业党建工作，为基层党组织开展活动、发挥作用提供必要条件。

第二条 参与政治协商，发挥民主监督作用，积极参政议政。

（一）密切同非公有制经济人士的联系，深入了解他们的意愿和要求，向党和政府提出相关意见和建议。

（二）围绕贯彻落实党的路线方针政策，参与国家有关政策、法律法规的制定和贯彻执行，促进非公有制经济市场环境、政策环境、法治环境、社会环境的改善。

（三）帮助非公有制经济代表人士提高参政议政能力和水平，积极反映社情民意，有序参与政治生活和社会事务。

（四）做好非公有制经济代表人士的发现、培养、推荐和管理工作。

第三条 协助政府管理和服务非公有制经济。

（一）积极探索建立适应社会主义市场经济要求的服务载体和机制，为非公有制企业提供政策、信息、法律、融资、技术、人才等方面服务，引导非公有制企业按照科学发展观要求，加快经济发展方式转变和产业优化升级，推进结构调整和自主创新，不断增强市场竞争能力、抵御风险能力和可持续发展能力。

（二）增强与香港特别行政区、澳门特别行政区和台湾地区工商界的联系，促进经贸合作。

积极开展民间外交，加强同国外工商界的交流合作，为非公有制企业开展国际合作提供服务。

（三）承办政府和有关部门委托事项。组织非公有制企业参与实施国家区域发展战略，为地方经济建设服务，促进城乡、区域统筹协调发展。

第四条 促进行业协会商会改革发展。

（一）履行社会团体业务主管单位职责，指导和推动商会组织依照法律法规和本章程制定商会章程，完善法人治理结构，规范内部管理，发挥宣传政策、提供服务、反映诉求、维护权益、加强自律的作用，培育和发展中国特色商会组织。

（二）参与行业协会商会政策法律的制定。指导商会反映行业发展动态，促进行业健康发展。

第五条 参与协调劳动关系，协同社会管理，促进社会和谐稳定。

（一）参与协调劳动关系三方会议，同政府部门、工会组织和其他有关企业方代表一道，共同推动劳动关系立法、健全劳动标准体系和劳动关系协调机制，共同研究解决劳动关系中的重大问题，参与劳动争议调解、仲裁。

（二）引导非公有制企业依法与工会就职工工资、生活福利、社会保险等涉及职工切身利益问题进行平等协商，签订集体合同。

（三）协调处理投资者利益和劳动者权益的关系，引导非公有制企业构建和谐劳动关系，积极创造就业岗位，严格遵守国家相关法律法规和政策措施，尊重和维护员工合法权益，协助指导非公有制企业党建工作，推动其建立工会等群团组织，积极开展活动。

第六条 反映非公有制企业和非公有制经济人士利益诉求，维护其合法权益。参与经济纠纷的调解、仲裁。

第七条 依法加强会产管理和保护。

第二章 会员

第八条 凡承认本章程，自愿参加工商联的一个组织，承诺履行会员义务的企业、团体和个人，可以申请入会。

（一）各类企业入会申请经批准后，为企业会员。

企业会员的主体是非公有制企业，主要包括私营企业、非公有制经济成分控股的有限责任公司和股份有限公司、港澳投资企业等。

（二）具有法人资格的行业协会、行业商会、异地商会、私营企业协会、个体劳动者协会等工商社团和其他有关社会组织，入会申请经批准后，为团体会员；

工商联所属商会为团体会员。

（三）非公有制企业主要出资人和经营者、个体工商户等，入会申请经批准后，为个人会员；

与工商联工作有联系的有关人士、在内地投资的港澳工商界人士，可以申请成为个人会员；

与工商联建立工作联系的单位代表，经协商，可被邀请作为个人会员入会；

原工商业者均为个人会员。

第九条　实行会员入会自愿和退会自由的原则。

各级工商联可根据本章程规定与实际情况，制定具体的会员入会条件及办理入、退会手续的办法，并报上一级工商联备案。

第十条　会员如违反本章程或触犯刑律，应停止或取消其会籍。

第十一条　地方各级工商联的会员，同时也是上级工商联的会员。

第十二条　会员有下列权利：

（一）选举权、被选举权和表决权；

（二）向工商联反映意见、要求和建议；

（三）参加工商联组织的参观考察、学习培训等活动；

（四）接受工商联提供的服务；

（五）要求工商联维护其合法权益；

（六）对工商联工作进行监督。

第十三条　会员有下列义务：

（一）遵守本章程；

（二）执行组织决议；

（三）按规定交纳会费；

（四）关心支持工商联工作；

（五）接受组织监督；

（六）办理组织委托的事项。

第三章　组织

第十四条　工商联按国家行政区划设置全国组织和地方组织：中华全国工商业联合会为全国组织，简称全国工商联；省、自治区、直辖市工商联和新疆生产建设兵团工商联，市（地区、自治州、盟、直辖市的区）工商联为地方组织。县（市、旗、省辖市的区）工商联既为地方组织又为基层组织。工商联所属商会为基层组织。

第十五条　工商联可设立行业商会（同业公会）、乡镇商会、街道商会、园区商会、异地商会等商会组织，并作为其业务主管单位。

第十六条　工商联的组织原则是民主集中制。上级工商联对下级工商联具有指导关系。

第十七条　工商联的最高权力机构是代表大会（会员大会）。它的职权是：

（一）听取和审议执行委员会报告；

（二）选举执行委员会；

（三）讨论决定工商联的重要事项。

中国工商业联合会全国代表大会负责修改章程。

第十八条　工商联代表大会（会员大会），每五年召开一次。必要时可以提前或延期召开。

代表大会（会员大会）由执行委员会召集。大会期间由选举产生的主席团主持会议。

第十九条　工商联代表大会的代表，按照协商推选方式产生，根据需要也可以特邀部分代表。

代表大会代表的名额和分配办法，由执行委员会或授权常务委员会决定。

第二十条　工商联的执行委员会，在代表大会（会员大会）闭会期间，是工商联的最高领导机构，其职权是：

（一）贯彻执行代表大会或会员大会的决议；

（二）听取和审议常务委员会的报告；

（三）讨论和决定工作任务；

（四）选举主席、副主席、常务委员。

执行委员会每届任期五年，全体会议每年召开一次。

下一届执行委员会委员名额分配、产生办法由上一届执行委员会或授权常务委员会决定。

第二十一条　执行委员会委员的责任和义务：

（一）坚持正确的政治方向，认真执行党的路线方针政策；

（二）发挥参政议政作用，就经济社会发展中的重要问题建言献策；

（三）热爱工商联工作，参加组织的会议活动；

（四）执行工商联的各项决议；

（五）广泛联系会员，反映会员的意见和要求；

（六）对工商联工作提出意见和建议。

第二十二条　常务委员会由主席、副主席、秘书长、常务委员组成，每届任期与执行委员会相同，在执行委员会闭会期间行使执行委员会职权：

（一）贯彻实施执行委员会的决议；

（二）讨论研究工作任务；

（三）对执行委员会负责并报告工作。

常务委员会会议每年召开两次。

下一届常务委员会委员名额分配、产生办法由上一届执行委员会或授权常务委员会决定。

县级工商联视情况决定是否设置常务委员会。

第二十三条　主席主持会务，副主席协助主席工作。主席、副主席组成主席会议，研究决定重要事项。

副主席分为专职副主席和兼职副主席。专职副主席连续任职原则上不超过两届。全国工商联兼职副主席原则上不连续任职，地方工商联兼职副主席连续任职原则上不超过两届。

全国工商联和省级工商联设常务副主席，由同级执行委员会选举产生。

地方工商联秘书长由本级执行委员会选举产生，是主席会议的组成人员。

每届执行委员会产生的领导机构和领导人，在下届代表大会（会员大会）开会期间，继续主持经常工作，直到下届执行委员会产生新的领导机构和领导人为止。

第二十四条　执行委员会会议、常务委员会会议、主席会议在特殊情况下可以通信方式召开。

第二十五条　未经批准，执行委员三次不参加执行委员会会议，应免去其执行委员职务；常务委员三次不参加常务委员会会议，应免去其常务委员职务。

第二十六条　工商联的执行委员会、常务委员会组成人员，可在届中进行调整，调整的人员由执行委员会通过，或由常务委员会通过，提交执行委员会确认。

地方工商联换届时应向上一级工商联报告筹备情况，选举结果报上一级工商联备案。

第二十七条　工商联根据工作需要设立工作部门和专门委员会。

第二十八条　地方工商联新设或撤并，应报请同级党委批准，并报上级工商联备案。

第二十九条　中华全国工商业联合会又称中国民间商会，地方工商联为地方商会。

会长由工商联主席兼任，副会长原则上由工商联专职副主席、非公有制经济代表人士兼（担）任，会长、副会长由工商联执行委员会选举产生。

中国民间商会副会长中的非公有制经济代表人士原则上不连续任职，地方商会副会长中的非公有制经济代表人士连续任职原则上不超过两届。

第四章　工作人员

第三十条　工商联机关应遵照中华人民共和国公务员法的规定，加强对工作人员的培养、考核、激励和监督，建设一支政治强、业务精、作风正的公务员队伍。

第三十一条　工商联工作人员应当做到：

（一）高举中国特色社会主义伟大旗帜，认真学习马克思列宁主义、毛泽东思想、邓小平理论、"三个代表"重要思想、科学发展观，学习党的理论和路线方针政策以及现代市场经济、现代科技、现代管理、法律等方面知识，具有履行职责所需要的理论、政策、业务水平；

（二）树立中国特色社会主义理想信念，具有较强的事业心和责任感，热爱工商联事业，解放思想，勇于创新，忠于职守，勤奋工作，具备较强的政治把握能力、调查研究能力、群众工作能力、落实推进能力；

（三）坚持求真务实、深入基层、调查研究，树立良好作风，密切联系会员和非公有制经济人士，增强服务意识；

（四）严于律己、勤政廉洁、顾全大局、遵

守纪律，自觉接受组织和会员的监督。

第五章　会徽

第三十二条　工商联的会徽为桥梁纽带造型组成的图案。

工商联的会徽，可作为会章佩带；可在工商联组织的办公地点、活动场所、会议会场悬挂；可作为纪念品、办公用品上的标志；未经授权，

不得作商业用途。

第六章　附则

第三十三条　本章程为各级工商联（中国民间商会和地方商会）的统一章程，经中国工商业联合会全国代表大会通过。

第三十四条　本章程的解释权属于中华全国工商业联合会。

中华全国工商业联合会第十一次会员代表大会向离任十届全国工商联领导岗位的老领导老同志和企业家朋友们的致敬信

尊敬的老领导、老同志和企业家朋友们：

中华全国工商业联合会第十一次会员代表大会就要闭幕了。由于任期和年龄原因，你们从工商联领导岗位上光荣离任，我们全体代表谨以大会名义，向你们致以崇高的敬意和诚挚的问候！

五载光阴，春华秋实。你们在任期间以高度的责任感和使命感，认真履行职责，充分发挥作用，为促进非公有制经济健康发展和非公有制经济人士健康成长做出了重要贡献。工商联事业今天呈现出生机勃勃的局面，浸透着你们的心血，凝聚着你们的付出。尤其是你们中的非公有制经济代表人士，自觉做到爱国、敬业、诚信、守法、贡献，坚持走中国特色社会主义道路，积极响应党和政府号召，带领企业着力转变发展方式，主动承担社会责任，踊跃参与光彩事业、感恩行动与各种公益慈善活动，树立了良好的社会形象，以出色的工作成绩赢得了企业的尊重和社会的赞誉。

在此，我们要特别向黄孟复同志表达深深的敬意。黄孟复同志担任第九届、第十届全国工商联主席期间，为营造非公有制经济发展良好环境倾心尽力，为引导非公有制经济人士积极投身中国特色社会主义建设倾注心血。黄孟复同志顾全大局、高风亮节、作风深入，为工商联事业发展

做出了重要贡献，在广大非公有制经济人士和工商联干部中深孚众望。

薪火相传，继往开来。全国工商联已经走过近 60 年的风雨历程，正是一代又一代工商联工作者和广大会员接续奋斗、接力奋进，使工商联的优良传统在传承中不断发扬光大。你们自觉接受党的领导、坚定走中国特色社会主义道路的共同理想信念，心系国家、情牵人民、热爱工商联事业的真挚情感，尽职尽责、锐意进取、乐于奉献的敬业精神，兢兢业业、团结合作、勇于开拓的工作作风，永远是值得我们珍视并传承的宝贵财富，是激励我们凝心聚力、奋发进取、继续推进工商联事业发展的强大动力。

党的十八大对全面建成小康社会目标提出了新要求，做出了新部署。非公有制经济发展前景更加广阔，工商联事业大有作为。工商联永远是你们的家，诚恳期盼你们一如既往地为促进两个健康发挥影响和作用，一如既往地为推动工商联事业发展贡献智慧和力量，继续为推进中国特色社会主义伟大事业做出新的更大贡献。

再次向你们致以崇高的敬意！

中华全国工商业联合会
第十一次会员代表大会全体代表
2012 年 12 月 9 日

全国工商联十一届一次执委会议

会议综述

全国工商联十一届一次执委会议于 2012 年 12 月 10 日在北京召开。

会议提议并通过黄孟复同志为全国工商联名誉主席。

会议选举产生了新一届领导班子和领导机构，王钦敏当选为第十一届全国工商联执行委员会主席，全哲洙当选为常务副主席，黄小祥、谢经荣、黄荣、庄聪生、李路、安七一、王志雄、卢文端、史贵禄、许健康、孙荫环、苏志刚、李河君、李彦宏、陈经纬、何俊明、张建宏、茅永红、周海江、徐冠巨、董文标、程红、潘刚当选为副主席。

会议同时选举王钦敏为中国民间商会会长，全哲洙等 22 人为副会长。

中央统战部部长令计划到会祝贺并讲话。他希望工商联新一届领导班子和广大会员，在以习近平同志为总书记的党中央领导下，高举中国特色社会主义伟大旗帜，以邓小平理论、"三个代表"重要思想、科学发展观为指导，认真贯彻落实党的十八大精神，坚持团结、服务、引导、教育的方针，牢牢把握"两个健康"工作主题，真抓实干、开拓进取，进一步开创工商联事业发展新局面，为全面建成小康社会、夺取中国特色社会主义新胜利做出新的更大贡献。

王钦敏代表全国工商联新一届领导机构讲话，向从工商联工作岗位上退下来的老领导、老同志、老委员表示敬意。王钦敏说，面对新形势下党和国家赋予工商联的重要使命，我们要兢兢业业，殚精竭虑，勤奋工作，为工商联事业发展做出新贡献。各级工商联组织要认真学习深刻领会党的十八大精神实质，以改革创新的精神抓好全国工商联十一大各项工作部署的贯彻落实，推动工商联事业不断取得新发展。（魏　丹）

王钦敏同志在全国工商联十一届一次执委会议上的讲话

（2012 年 12 月 10 日）

尊敬的令计划部长，各位执委：

在党中央、国务院的亲切关怀下，中华全国工商业联合会第十一次会员代表大会圆满完成各项议程，于昨天胜利闭幕。这次大会高举中国特色社会主义伟大旗帜，认真学习中共中央、国务院贺词，做出《关于认真学习贯彻党的十八大精神的决议》，全面部署未来五年工商联促进两个健康的战略任务，进一步增强了我们坚定不移走中国特色社会主义道路的信念和决心。大会选举产生新一届全国工商联领导机构，吸收了许多新

的执行委员，为加强和改进新形势下工商联工作注入了新生力量。与此同时，包括孟复同志在内的一批老领导、老同志、老委员从工商联工作岗位上退了下来，他们为工商联事业倾注了大量心血，做出了突出成绩，对此我们深表敬意。

十一届一次执委会议选举我为全国工商联主席，我感到十分荣幸，也深知这是一份沉甸甸的责任。对于工商联工作，我是一名新兵。面对新形势下党和国家赋予工商联的重要使命，我深感责任重大，同时也对工商联事业发展的明天充满

信心。我要尽最大努力尽快熟悉工作、进入角色，兢兢业业，殚精竭虑，勤奋工作，与新一届领导班子成员一起，为工商联事业发展做出贡献，不辜负党中央的重托和各位执行委员以及各级工商联组织和广大非公有制经济人士对我的信任。

一会儿，中央统战部令计划部长还要给我们作重要讲话。下面，我简要谈三点意见。

第一，认真学习深刻领会党的十八大精神实质。十八大是在我国进入全面建成小康社会决定性阶段召开的一次十分重要的大会。胡锦涛同志所作的报告从理论和实践层面系统回答了在中国这样一个人口多底子薄的东方大国，建设什么样的社会主义、怎样建设社会主义这个根本问题；鲜明地宣示了在新的时代背景下，举什么旗帜、走什么道路、保持什么样的精神状态、朝着什么样的目标继续前进这四个重大问题；立足于我国仍处于社会主义初级阶段这一基本国情，以及我国发展仍处于可以大有作为的重要战略机遇期这一基本判断，提出了全面建成小康社会的目标要求。我们要把学习贯彻十八大精神作为当前和今后一个时期工商联首要的政治任务，在领会精神实质、把握任务要求上下功夫，在武装头脑、指导实践、推动工作上做文章。要把学习十八大精神与学习党中央、国务院贺词精神结合起来，与全面贯彻落实中共中央国务院《关于加强和改进新形势下工商联工作的意见》精神结合起来，与学习贯彻全国工商联十一大会议精神结合起来，牢牢把握两个健康工作主题，在全面建成小康社会的进程中发挥工商联的独特优势和作用。

第二，以改革创新的精神抓好各项工作部署的贯彻落实。未来五年，是全面建成小康社会具有决定性意义的五年，也是工商联事业加快发展、大有作为的五年。全国工商联十一大全面总结过去五年工作成就和经验，认真学习贯彻十八大精神，对今后五年工商联工作做了全面部署，特别强调要以转变发展方式为主线促进非公有制经济健康发展，以培养合格中国特色社会主义事业建设者为目标引导非公有制经济人士健康成长，以改变基层薄弱状况为重点全面加强自身建设。各级

工商联要认真传达学习全国工商联十一大会议精神，切实抓好贯彻落实。要把会议精神贯彻落实到各项具体工作中。各地在新年前后即将召开的执委会、常委会上，无论是谋划工作思路，还是部署工作任务，既要紧紧围绕地方党委政府中心工作，又要注重与十一大会议精神相衔接。要切实抓好十一大部署的重点工作。各级工商联组织要按十一大提出的工作要求，特别是对深入贯彻落实中央16号文件、服务企业加快转变发展方式、营造良好发展环境、加强理想信念教育、加强基层组织建设等重点工作，狠抓工作落实，力争取得明显实效。

第三，全面加强工商联领导班子建设。去年以来，一大批综合素质较高的非公有制经济代表人士担任了各级工商联执委、常委，一批政治坚定、事业心强，熟悉统战、经济工作，热爱工商联工作的干部进入了各级工商联领导班子。要组织他们系统学习中国特色社会主义理论体系、中央16号文件、新时期党的统一战线理论，不断提升他们的政治觉悟和理论素养；引导他们关心国家政治生活和社会事务，不断增强参政议政能力和建言献策水平。大家要倍加珍惜工商联执委和非公有制经济代表人士身份，既把执委当作一份荣誉，更当作一份责任，切实增强荣誉感和责任感，积极参加工商联组织的各项活动，认真履行职责，充分发挥作用。领导班子成员要牢记"空谈误国、实干兴邦"，切实改进工作作风，密切联系群众，在实践中不断提高政治把握能力、调查研究能力、群众工作能力和落实推进能力，努力提升服务科学发展水平。要坚持党组领导核心作用，认真贯彻民主集中制，加强合作共事，健全议事规则和决策程序，不断提高科学决策、民主决策、依法决策的水平。

同志们，工商联事业发展新的征程已经开启，让我们更加紧密地团结在以习近平同志为总书记的党中央周围，高举中国特色社会主义伟大旗帜，以邓小平理论、"三个代表"重要思想、科学发展观为指导，解放思想、实事求是、与时俱进、求真务实，进一步开创事业发展新辉煌，为全面建成小康社会做出新贡献！

第四部分　调研报告

工商联服务引导小型微型企业保生存谋发展调研报告

2011 年全国工商联开展的中小企业综合性调研表明，中小企业的问题主要是小型微型企业（以下简称"小微企业"）的问题。为深入贯彻中央经济工作会议和《中共中央国务院关于加强和改进新形势下工商联工作的意见》精神，全国工商联继续坚持重心下移、面向基层的工作思路，于 2012 年 2 月至 4 月，以实体经济领域制造业、生产性服务业为重点，由 5 位副主席分别带队赴 17 个省区市的 67 个市区县，开展了全国性的小微企业"保生存谋发展"调研活动。调研重在总结一批迎难而上、自强不息、加快转型升级的小微企业典型，总结一批服务引导小微企业生存发展的工商联、商会典型以及龙头企业典型，推动各级工商联在新形势下更好地发挥政府助手作用。调研期间共召开 78 场涉及政府部门、商会、企业和理论界的座谈会，走访了 261 家小微企业以及 101 个产业园区、服务机构、龙头企业和工商联基层组织，形成了 5 份区域报告、5 份专题报告、104 个案例等调研成果。现将调研情况报告如下。

一、一批小微企业成功实现保生存谋发展

一个国家的经济发展要有活力，要有竞争力，不仅需要"顶天立地"的大企业，更需要"铺天盖地"的小微企业。随着我国社会主义市场经济的不断发展，小微企业大量涌现，已经超过 1000 万家，加上 3750 多万个体工商户，总计吸纳了 2 亿多人口就业。量大面广的小微企业，一头连着经济繁荣，一头连着社会稳定，在增加居民收入、满足市场需求、弘扬创业精神、推动

技术进步、促进县域经济发展等方面发挥着不可替代的作用。但是，由于小微企业规模小、经营分散，与大中型企业相比往往处于弱势地位，尤其在经济出现较大波动时，更容易受到冲击，显得非常脆弱。调研表明，当前小微企业的生存发展依然艰难。以浙江省为例，2011 年下半年以来小型企业的工业增加值、出口交货值、利润增速等均出现明显回落。面对严峻形势，一批活跃在实体经济领域的小微企业知难而进、不断创新，展现出了勃勃生机。认真总结其独具特色的探索实践与典型经验，必将为众多小微企业走出困境、实现科学发展起到示范引领作用。

（一）坚持依靠技术创新

调研表明，传统产业中多数小微企业技术创新能力薄弱，尤其在初创时期，"保生存"的压力很大，如履薄冰，但难能可贵的是仍有一批小微企业坚持技术创新，努力掌握自主知识产权，潜心研发高、精、尖的产品，展示出旺盛的生命力和巨大的发展潜力。江苏苏州天臣国际医疗科技公司是一个专门研制外科手术吻合器的百人小企业。2003 年成立以来，创始人陈望宇冒着倾家荡产的风险，四处筹集资金搞技术创新，8 年来共投入 6000 多万元用于科技研发，获得专利 361 项，其中发明专利 36 项，公司被江苏省授予"十佳科技创新明星企业"，其产品成功进入国际市场，彻底打破了这一领域被美国强生和泰科两大医疗巨头垄断的局面。四川成都阿尔刚雷科技公司是一家由平均 26 岁的 15 名大学生创办的微

型企业,在长期研发投入没有产出的情况下,他们坚持"零工资"上岗与企业共患难,奋战近3年,终于研发出全球独有、征服"电老虎"威胁的安全用电技术,获得了国际和国内发明专利。经过该技术处理的各种电器设备不仅能做到防漏电、防触电,即使在水中也能安全使用,以致日本一家企业试图出资2亿元人民币收购其专利。其产品参加中央电视台《创业英雄会》节目震撼全场,专家盛赞"这将改变一个世界"。深圳一电科技公司持续依托技术创新,成功实现转型升级、快速增长。公司连续多年把销售收入的近10%投入研发,从而拥有发明专利26件,掌握了无线音频视频传输、图像处理和智能控制三大核心技术。作为全球唯一一家专业研发生产非手持拍摄设备的企业,它还研制出了用于军警拍摄的一体化无人飞机,2011年销售额达1295万元,其中60%销往德国、法国、美国等欧美国家和地区。

(二) 加快进入新兴产业

一批小微企业充分发挥市场反应灵敏、决策灵活的优势,积极进入新材料、新能源、生物医药等新兴产业,获得发展先机。广东益德环保科技公司主要开发以植物淀粉为原料的全生物降解新材料及其制品,能确保废弃后1年内全部实现生物降解,是传统塑料制品的理想替代品。2009年其产品进入美国市场,成为哈佛大学、西点军校、麦当劳的首选用品,并与法国航空公司签订了长期供货协议。湖南纯一新能源科技发展公司的前身是一家生产弹簧和床垫的公司。在床垫产能过剩的情况下,企业果断瞄准新能源领域作为转型发展的突破点,主动争取中科院、湖南农业大学技术力量的支持,开发出了可以替代汽油、柴油的新型环保醇基燃料,经湖南省质监部门检测,各项经济技术指标均达到或超过国家标准。

(三) 融入产业集群发展

实践证明,产业集群具有产业链上下游集成配套、土地厂房等资源集约利用、公共服务集中提供等优势,能极大地降低小微企业设立、运行和管理等成本。江苏菀坪镇是全国最大的工业缝纫机及零部件生产基地,在万工科技集团等龙头企业的带动下,目前已集聚28家从事缝纫机整

机生产的中小企业和300多家从事缝纫机零件生产的小微企业,与世界几乎所有著名缝纫机公司建立了零部件采购关系。2011年,该产业集群生产工业缝纫机262200台,实现工业总产值18.83亿元。江苏苏州中杨物流公司作为一家微型物流服务商,原来营业收入仅200万元左右,自2009年正式加盟大型物流企业——传化物流的苏州公路港以来,利用其市场资源、企业信誉、品牌价值等优势,实现快速发展,2011年营业收入超过1亿元。

(四) 不断创新经营模式

一批小微企业在困难面前不等不靠,努力创新经营模式,提高经济效益。湖北晋远酒店设备用品有限公司推出"一站式酒店设备采购基地"模式,改变了过去酒店设备分散经营的老套路,解除了客户到各地分散采购既耗时又耗力的烦恼,大大节约了成本,并由此中标承建了多家4星级、5星级宾馆酒店以及一些学校、大型企事业单位的配套工程。山东日照冠清茶科技有限公司是一家只有26人的小型企业,2008年在国家惠农政策的支持下,牵头组织117户茶农参股出资100万元成立了茶叶专业合作社,进行"统一管理、统一采摘、统一收购、统一加工、统一销售",不仅提高了生产标准化水平,还提高了茶叶产量和质量。这种"公司+专业合作社+农户"的生产模式带动周边2000余户茶农走上致富之路,户均增收近2000元。

(五) 精心培育自主品牌

许多小微企业有强烈的品牌意识,以创建深得客户好评的自主品牌为使命,善于从自身特点出发,集中力量做专、做精主营业务,成为小而强、小而久的企业。江苏南京易记面馆30年来一直专注经营老百姓放心吃、吃得起的面条生意,研制出了30多种不同口味的面条。虽然至今只有两个店面、20多名员工,却已是经久不衰、誉满全城的名小吃。山东荣成普利姆皮草公司从进口300只獭兔起家,通过掌握先进的养殖技术,在国内领先成功繁育法系原种獭兔,并从单一饲养繁育种兔向毛皮精深加工销售发展,创立了"普利姆"品牌,创业者在业内赢得了"獭兔王"的美誉。

此外,一些小微企业还通过积极开展对外

贸易、进军国际市场，不断拓宽生存发展空间。浙江台州竹之语生态用品有限公司是一家只有 89 名员工的小企业，它凭借技术研发，以竹子为主要原料生产出有机、绿色、入口无毒的天然洗涤品，获得欧盟有机认证，产品成功进入意大利、德国、英国、法国、西班牙等国际市场，2011 年出口额达 950 万元，展示了巨大发展前景。

二、各级工商联主动服务引导小微企业保生存谋发展

近年来，特别是中央 16 号文件下发以来，各级工商联组织牢牢把握促进"非公有制经济健康发展和非公有制经济人士健康成长"工作主题，逐渐认识到服务引导中小企业尤其是小微企业是新形势下工商联工作的重点与难点所在，也是突破与希望所在，一方面积极建言献策，为小微企业营造良好的生存发展环境，另一方面充分发挥统战性、经济性和民间性有机统一的综合优势以及组织网络优势，为小微企业保生存谋发展尽心尽力、排忧解难。调研中总结的主要做法有以下五个方面。

（一）注重发挥商会优势

商会是工商联工作的组织基础和重要依托，在了解和联系小微企业方面独具优势。实践证明，各级工商联注重发挥行业商会、异地商会等在助推小微企业保生存谋发展中不可替代的作用，不断增强服务引导工作的针对性和实效性。在融资方面，商会组织通过银企商（银行－企业－商会）合作平台、信用担保和互助基金等多种方式，帮助小微企业缓解融资难问题。广东省惠州市陈江商会与惠州仲恺东盈村镇银行签订"小额速贷"融资产品方案，由商会会长、常务副会长等签名担保，会员企业就可向银行融资，最高借贷金额可达 1000 万元。湖北省襄阳市副食百货供应商商会与市农村信用社合作，形成商会牵头组成共保联合体的模式，两年来已为会员企业融资 2 亿多元，且无一笔不良贷款。在用工方面，商会组织通过招聘会以及动员学校、企业和社会各界力量加大专业培训力度等形式，为小微企业发展提供必要的人才和用工渠道。天津互联网商会为解决会员企业招工难的问题，加强与高校的协调，两年中组织了 20 多场校园专场招

聘会。广东省深圳市宝安区福永商会是一个街道商会，多年来与安徽池州学院创建"定点专业班"，与西安亚欧学院签订"预就业"人才培养实施协议，与韶关高级技工学校、宝安职业技术学校等签订校企合作协议，为小微企业输送了大量人才。在市场方面，商会组织通过推动小微企业加强合作，想方设法寻找市场商机。天津医疗器械商会在政府专项资金的扶持下，连续五年组织 300 多家小微企业以商会名义参加国际展会，拓宽了产品营销渠道。福建省福州市工商联木业公会联合小微企业会员，共同注资 1 亿元成立了投资公司和贸易公司，握指成拳，聚沙成塔，增强了国际竞争力。在效益方面，商会组织通过提高小微企业的市场定价能力，降低生产经营成本，提升利润空间。江苏海安县工商联围绕 16 个特色经济板块，成立了 16 个商会，其中海安化纤商会为了应对原材料价格上涨，专门成立德富贸易有限公司进行集中采购，统一谈判、统一质量、统一价格、统一结算，四年来采购原料共 2.5 万多吨，为小微企业节约成本 1000 多万元。福建泉州石业商会发挥组织优势，建立国际贸易合作伙伴关系，与国外商家先后三次谈判溢价，掌握了定价主动权，提高了小微企业利润以及出口市场份额。在自律方面，商会组织通过制定行规公约、行业标准等，营造良好市场秩序、维护企业权益。云南省橱柜商会在 2009 年起草了国内首个橱柜生产技术和服务标准，经国家和省质监部门审核后作为云南省地方标准正式颁布实施，有力地规范和促进了行业发展和市场秩序。湖北省随州市香菇商会通过在企业中推广 ISO9000 系列质量认证体系，聘请行业监察员，签订食品安全自律书等形式，促使众多小微企业更加重视香菇产品安全，保证了全行业的健康发展。

（二）引导"龙头"以大带小

大企业与小微企业依据产业分工形成布局合理的企业生态，有利于资源的有效配置，有利于小微企业规避风险、提升发展能力，进而实现互利共赢。调研表明，各级工商联以多种形式引导大企业不仅整合小微企业发展自己，还把帮扶小微企业作为自身的重要社会责任。一是依托产业链共同发展。浙江省工商联副主席单位正泰集团

股份有限公司奉行"一枝独秀不是春，百花齐放春满园"的生产经营理念，为带动供应链上的小微企业提升管理水平，成立了供方优抚办公室，以管控机制、技术提升、流程再造为核心进行系统评估。仅 2010 年就投入 2000 万元，帮助 130 家供应商构建电子商务平台，近几年还年均投入 230 万元用于供方培训。郑州三全食品有限公司是全国工商联农业产业商会的会长单位、全国最大的速冻食品生产企业。公司所在的郑州市惠济区现已发展成为全国最大的速冻食品产业基地，直接带动了种养殖、米面制品加工、印刷、包装、仓储物流、商贸等数十个行业 3000 多家小微企业的发展。二是建设园区集聚发展。天津工商联副主席单位鑫茂集团先后创建 8 个民营科技园，不仅针对小微企业特点开发了厂房和办公场所，提供了 65 项服务，还针对小微企业融资难问题，创立了科技园信用共同体，让入园企业无须质押物就能够从银行获得融资，目前入驻小微企业超过 1200 家。三是运用新兴载体助推发展。一些大企业实施电子商务等新商业模式，带动一大批小微企业转型升级。1999 年，尚在浙江大学三年级读书的田宁创办了浙江盘石网络公司，仅仅十几年时间就迅速发展成一家员工超过 2000 人、年营业收入超过 7 亿元的大企业。公司运用先进的互联网技术手段，通过人群定向、网站定向、内容定向、行为定向、地域定向等多种方式，帮助小微企业精准投放广告，为小微企业开拓市场、推广产品创造了新的机遇，公司服务的数万家小微企业投入产出比超过 1∶7.5。红星美凯龙集团用自身创建的品牌为大量小微企业搭建直销平台，已经成为从事家具、建材生产的小微企业品牌创建的孵化器。

（三）大力抓好信息服务

各级工商联不断创新方法，努力为小微企业提供权威、多元、及时的信息服务，引导小微企业加快转型升级、实现可持续发展。一是及时解读政策信息。多数小微企业缺乏了解、把握和应用相关政策的能力，各级工商联以政策宣传和咨询等方式，千方百计帮助小微企业了解和用好政策。辽宁省本溪市工商联全面收集国家、省、市促进小微企业发展的政策信息，积极帮助小微企业与科委、经信委等政府部门沟通协调，几年来

争取科学技术奖励专项经费、技改资金 5000 余万元，为企业转型升级提供支持。上海市徐汇区工商联每季度都举办科技政策和产业政策咨询对接会，帮助企业及时了解、使用各项优惠政策。二是促进交流商贸信息。各级工商联努力创造条件促进小微企业间商贸信息共享，实现共赢。福建省工商联积极推进泉州籍商会的区域协作和片区互动，促进东北三省、长三角和中南地区共 49 个泉州籍商会间的信息交流，实现跨地区企业间的商机共享。三是创新信息服务手段。各级工商联充分利用互联网、移动通信等信息化手段，为小微企业直接提供服务。安徽省工商联与安徽科大讯飞信息科技股份有限公司合作建立了面向中小企业的电子商务和信息服务平台——联商在线，为小微企业会员提供信息咨询、在线采购、在线培训等服务，已有几百家小微企业获益。河北省盐山县工商联专门成立"中国管道装备制造基地电子商务中心"，建立 B2B 电子交易平台，收录了该县所有企业信息，并先后举办了两次中国管道装备制造业网络展览会，3 年共为企业争取到国外电子订单 2.7 亿元。

（四）切实维护合法权益

小微企业在市场、社会中普遍处于弱势地位，既容易受到侵害，也经常"求告无门"、"孤立无援"。各地工商联把维护企业合法权益当作工商联和商会服务小微企业生存发展的内在要求和有效方式，不断创新维权方式，"有困难就找工商联和商会"越来越成为许多小微企业的共识。一是畅通维权渠道。各级工商联普遍成立了专门的维权部门，负责受理、协调、处理小微企业在生产经营过程中遇到的困难和问题。广东省建立了由工商联负责运作，覆盖省、市、县三级的民营企业投诉机构，以及"商会调解＋仲裁"、"商会调解＋诉讼调解"的纠纷解决机制，为小微企业调处民商事纠纷，并通过《重要投诉反映》、电子监察综合平台、重大案件专报等工作载体，帮助企业维护合法权益。二是加强维权合作。小微企业投诉的问题不少涉及政府部门的登记审批、行政执法等，仅靠工商联自身无法解决。各级工商联通过加强与政府相关部门的合作，建立制度化维权机制，提高了维权效果。安徽省芜湖县工商联建立了县委有关领导负责的

"工商联直通车"工作机制，相关部门受理小微企业诉求时，要听取工商联的意见或邀请工商联派员参加，并将办理结果及时反馈工商联。四川德阳市工商联与市纪委、监察局于2003年联合成立"损害民营经济合法权益投诉受理中心"，受理各类投诉300余件，"企业改制土地遗留问题"、"工程招投标暗箱操作"等多个问题都得到了及时妥善处理。三是拓展维权领域。随着产业细分不断加快，小微企业的权益诉求延展到知识产权保护等诸多领域。商会特别是行业商会，在提供专业服务方面，已经成为工商联维护小微企业权益的重要力量。浙江省绍兴县工商联通过商会与江苏南通、山东潍坊和广东佛山三地纺织品协会签订版权保护与合作协议，3年来共代办版权登记157件，协调侵权案9起，帮助会员追查花样侵权67件。

（五）树立宣传先进典型

各级工商联注意发现和宣传坚守实业的优秀典型，激励小微企业转型升级。浙江省、四川省工商联先后召开全省民营中小企业转变发展方式现场会，组织经验交流、现场观摩，引导更多小微企业保生存谋发展。新奥集团于1989年由一家出租汽车公司起家，经过持续的战略升级与产业拓展，现已成为涉及能源分销、智能能源、太阳能源、能源化工等诸多领域，拥有员工2.7万余人，总资产近400亿元人民币的企业集团。河北省工商联充分挖掘新奥集团转型升级经验，在全省范围内组织开展了"学新奥、比创新、促转型"活动，使广大小微企业深受教育。与此同时，各级工商联还把小微企业出资人的健康成长放在重要位置，通过树立、宣传一批可信、可学、可比的优秀典型，展示小微企业出资人精神风貌，既增进社会对小微企业的了解，又有力提振小微企业的信心，在帮扶小微企业保生存谋发展方面发挥了独特作用。上海浦东新区工商联通过与社会媒体合作、创办杂志、编辑书籍等形式，对春宇供应链公司、奥威科技等小微企业在创新驱动、转型发展方面的典型经验加强宣传，引起了各级领导和社会各界的关注。内蒙古包头市工商联与市电视台经济生活频道共同举办《鹿城财经人物》栏目，通过展现小微企业出资人感人至深的创业历程，为促进全民创业、优化舆论环境起到了积极作用。

三、以改革创新精神促进小微企业保生存谋发展

2011年以来，党中央、国务院连续出台了"国九条"、"银十条"等一系列扶持中小企业发展的政策措施。特别是2012年"两会"期间温家宝总理在政府工作报告中先后7次提到小微企业，4月下旬又发布了《国务院关于进一步支持小型微型企业健康发展的意见》（以下简称"小微企业29条"），充分体现了对小微企业的高度关注。我们认为，要真正落实中央提出的好政策、好措施，促进小微企业保生存谋发展，关键在于深入贯彻落实科学发展观，正确处理政府、市场和企业的关系，以思想的不断解放持续推动改革的不断深化，加快破解制约小微企业生存发展的体制机制难题。

（一）进一步解放思想，形成切实高效帮扶小微企业的社会氛围

促进小微企业生存发展的过程，就是进一步解放思想、深化改革的过程，必须充分体现科学发展观的根本要求。保生存并不是保一切、包一切，该淘汰的就要淘汰；谋发展不是硬发展、乱发展，该调整的就要调整。一方面，要看到小微企业有其自身的发展规律。处在不同行业、不同发展阶段的小微企业，其需求有所不同。例如，高新技术小微企业，资金、人才需求最为迫切；从事加工制造或生产性服务业的小微企业，产业链上下游的安全稳定最为要紧；从事餐饮、零售等生活性服务业的小微企业，诚信、老百姓的口碑最为关键。创业初期的小微企业，某一不良因素的影响就有可能使其夭折。因此，必须坚持因地制宜、分类指导、有保有舍，引导小微企业健康发展。另一方面，要尽一切可能为小微企业营造良好生存发展环境。小微企业占我国企业总数的绝大多数，具有"百姓生活离不开、社会就业离不开、实体经济离不开"的极端重要性。但是，不少政府部门中依旧存在着视而不见、放任不管的现象，领导干部抓大企业的多，深入小微企业调查研究解决问题的少，很多小微企业甚至反映"只见收税收费的，不见问寒问暖的"；虽然小微企业能够以分包的形式参与政府组织的大

型工程项目建设,但资金久拖不结的现象仍屡见不鲜。这些问题的存在,既有认识上的不足,也有制度上的缺陷,必须从全局和战略的高度重视小微企业在经济社会发展中的重要地位作用,解放思想、转变观念,着力在科学发展主题和稳中求进总基调上形成共识,不断加大对小微企业转型升级典型、龙头企业帮扶小微企业典型和工商联、商会促进小微企业保生存谋发展典型的宣传力度,努力营造良好的生存发展环境,从根本上改变许多地方目前存在的小微企业"无人疼、无人爱"的"自生自灭"状态。

(二)进一步深化改革,加快理顺关乎小微企业生存发展的体制机制

小微企业生存发展中的问题,归根到底是改革不到位,现有体制机制与科学发展观的本质要求还不相适应。当前,必须寻求重点突破,着力实现深层次的改革创新。我们认为,金融体制改革是当务之急。长期以来,我国金融资源供给被大型国有金融机构所控制,绝大部分金融资源被大型企业享用,而广大小微企业很难获得及时有效的金融服务,金融资源供给与实体经济需求严重失衡,使以小微企业为主体的实体经济受到较大影响。调研发现,中国民生银行在2007年提出"小微企业银行"战略后,已经逐步形成了符合小微企业特点的组织构架、资源保障体系、售后服务和风险管理体系,近3年累计为60万小微企业发放贷款5600多亿元,截至2012年3月份小微企业贷款余额2450亿元,不良贷款率仅为1.4‰,在服务小微企业过程中不仅承担了重要的社会责任,更找到了重要的市场商机。这充分表明,银行服务小微企业完全可以做到"风险可控、效益可图、前景可观",在金融服务领域民间资本完全可以大有作为。建议对民生银行服务小微企业的先进经验进行广泛深入的宣传,引导大银行增强服务意识,创新服务小微企业的金融产品和方式,加强与商会组织的联系与协作,加大服务力度。同时,下决心解决村镇银行等小微金融机构的发起人问题,允许民间资本发起并控股小微金融机构,可在温州金融综合改革试验区率先全面放开对发起人的限制,激发民间资本活力,做到以"小微金融服务小微企业"。其次,

切实转变政府职能刻不容缓。要把服务市场主体和创造良好环境作为转变政府职能的重要着力点,在行政审批、市场准入、服务体系建设等方面,为小微企业松绑、为实体经济服务。要加大《中小企业划型标准规定》在实际工作中的应用力度,以划型为依据保证相关政策真正惠及小微企业;加强相关政策的顶层设计,建议全国人大常委会适时修订《中小企业促进法》,统一规范促进我国小微企业生存发展的各项政策法规;加强政策执行力,全面落实包括"中小企业29条"、"小微企业29条"等各项促进小微企业生存发展的政策措施,加快出台"民间投资36条"的实施细则,尤其是要为具备条件的小微企业进入垄断行业创造条件。

(三)进一步加强领导,充分发挥工商联优势作用

目前,工商联系统已有县级以上组织3000多个,所属各类商会4万余家,直接联系着上百万家企业,在服务引导小微企业保生存谋发展方面发挥了积极作用。但是,从总体上看,工商联服务小微企业的手段仍然比较单一、覆盖面较小,与小微企业生存发展的迫切需要相比还有较大差距。建议各级党委、政府按照《中共中央国务院关于加强和改进新形势下工商联工作的意见》精神更加重视和加强工商联工作,为工商联履行职能、发挥作用创造条件。一是支持推进行业协会商会改革。按照行政管理体制改革要求,明确划分政府与商会功能,逐步把部分行业和社会服务职能交给商会。落实"十二五"规划纲要关于对商会"扩大税收优惠和种类"的要求,对商会用地、服务收入等给予税收优惠,将具备条件的商会列入政府购买公共服务的对象范围。二是支持培育和发展中国特色商会组织。大力支持各级工商联发展行业商会、异地商会、园区商会等基层组织,强化工商联服务引导小微企业生存发展的组织基础。大力支持工商联履行好社会团体业务主管单位职责,推进行业商会履行法人登记手续工作,进一步发挥各类商会在宣传政策、提供服务、反映诉求、维护权益、加强自律等方面的作用。三是支持参与公共服务体系建设。政府在提供基础性公共服务的前提下,鼓励各类商会组织充分发挥服务功能,共同构建多元化、多

样化、多层次的小微企业服务网络。扩大小微企业发展专项资金的使用管理单位范围，政府有关部门通过商会将扶持资金更好更快地惠及广大小微企业。四是引导大企业发挥龙头带动作用。要鼓励和引导更多的大企业把帮扶小微企业作

为自身持续发展的重要前提和履行社会责任的重要内容，在资金支持、技术指导、专利服务、人才培养、标准推广、安全生产等方面，大力扶助产业链上下游协作配套的小微企业实现共同发展。

把"保生存、促转型"作为扶持
民营经济发展的着力点

2011 年是"十二五"时期开局之年，在复杂多变的国内外经济形势下，党中央、国务院牢牢把握科学发展主题和加快转变经济发展方式主线，正确处理保持经济平稳较快发展、调整经济结构和管理通胀预期的关系，着力解决经济运行中遇到的突出困难和问题，促进国民经济总体呈现增长较快、价格趋稳、效益较好、民生改善的良好态势。这一年，虽然民营经济发展遇到前所未有的困难和挑战，但依然展示出强劲生机与活力，为"十二五"良好开局做出了积极贡献。

一、"十二五"开局，民营经济战略地位更加凸显

2011 年，我国民营经济在面临诸多困难和挑战的情况下，依然呈现出数量较快增长、规模日益扩大、结构不断优化、贡献更加突出的良好发展态势，在稳增长、调结构、保民生三个方面发挥了积极而重要的作用。

（一）民营经济"稳增长"作用明显

经济增长的动力源自投资、出口和消费的协调拉动，源自市场主体数量的不断增多和活力的不断增强。

民营企业数量规模持续增大，有力活跃了市场经济。截至 2011 年底，全国登记注册的私营企业已达 967.68 万家，同比增长 14.5%；个体工商户 3756.47 万户，同比增长 8.8%（见表 1、图 1）。私营企业注册资金总额达 25.79 万亿元，同比增长 34.3%，户均

266.5 万元；个体工商户注册资金总额达 1.62 万亿元，同比增长 20.8%，户均 4.3 万元（见表 2、图 2）。私营企业和个体工商户的数量近三年呈稳定增长态势，注册资金规模呈快速增长态势，户均注册资金逐年较大幅度增长，显示了民营经济综合实力的不断增强。

表 1   2005~2011 年个体、私营企业户数及增长率

单位：万户，%

年份	私营企业户数	增长率	个体工商户户数	增长率
2005	471.95	17.3	2463.9	4.8
2006	544.14	15.3	2595.6	5.3
2007	603.05	10.8	2741.5	5.6
2008	657.42	9.0	2917.3	6.4
2009	740.15	12.6	3197.37	9.6
2010	845.16	14.2	3452.89	8.0
2011	967.68	14.5	3756.47	8.8

注：表中历年私营企业户数均包含分支机构数量；
资料来源：国家工商总局。

民间投资依然强劲，有力拉动了经济增长。截至 2011 年底，内资民营经济城镇固定资产投资共完成 17.6 万亿，同比增长 42.3%，占比达到 58.2%，较 2010 年底大幅提升 7.1 个百分点。其中私营企业完成 7.2 万亿，同比增长 32.9%，占比达到 23.8%（见表 3、图 3）。

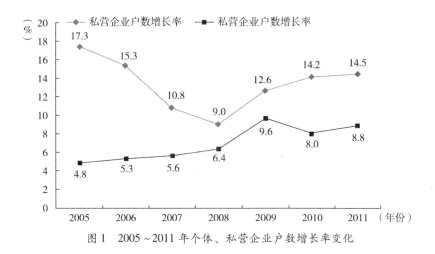

图 1 2005～2011 年个体、私营企业户数增长率变化

表 2 2005～2011 年个体、私营企业注册资金数额及增长率

年份	私营企业注册资金（万亿元）	增长率（%）	户均注册资金（万元）	个体工商户注册资金（亿元）	增长率（%）	户均注册资金（万元）
2005	6.13	28.0	129.9	5809.5	14.9	2.4
2006	7.6	23.9	139.7	6468.8	11.4	2.5
2007	9.39	23.5	155.7	7350.8	13.6	2.7
2008	11.74	25.0	178.6	9006.0	22.5	3.1
2009	14.64	24.8	197.8	10856.6	20.5	3.4
2010	19.21	31.14	227.1	13387.6	23.3	3.9
2011	25.79	34.3	266.5	16177.6	20.8	4.3

注：表中历年私营企业户数均包含分支机构数量；

资料来源：国家工商总局。

图 2 2005～2011 年个体、私营企业注册资金数额增长率变化

表 3 2005～2011 年分经济类型城镇固定资产投资变化情况

指标＼年份	2005	2006	2007	2008	2009	2010	2011
投资总额（亿元）	75095	93369	117464	148738	194139	241415	301932.8
国有及国有控股	38678	44824	52229	63998	86536	102130	107485.8

续表

指标＼年份	2005	2006	2007	2008	2009	2010	2011
外商及我国港澳台商	8424	9925	12193	14179	14111	15833	18798.1
内资民营	27993	38620	53043	70561	93492	123452	175648.9
构成（%）	100	100	100	100	100	100	100
国有及国有控股	51.5	48	44.5	43	44.6	42.3	35.6
外商及我国港澳台商	11.2	10.6	10.4	9.5	7.3	6.6	6.2
内资民营	37.3	41.4	45.2	47.4	48.2	51.1	58.2

注：内资民营投资总量＝全社会城镇固定资产投资－国有及国有控股企业投资－外资及我国港澳台商企业投资。
资料来源：国家统计局。

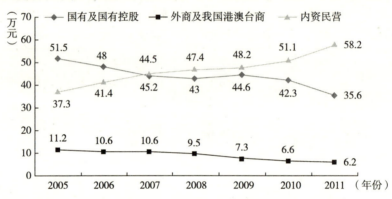

图 3　2005~2011 年国有、外资、内资民营企业城镇固定资产投资比重变化

从工业企业增加值看，2011 年规模以上私营工业企业增加值累计增速达到 19.5%，虽然比 2010 年增速下降了 0.5 个百分点，但显著高于国有及国有控股工业企业的 9.9% 和全部工业企业 13.9% 的平均增速水平，充分表明民营经济在以工业为主的实体经济领域依然保持着较好发展势头（见表 4、图 4）。

表 4　工业增加值增长速度

单位：%

年份	全部工业企业	国有及国有控股企业	私营企业	股份制企业	外商及我国港澳台投资企业
2007	18.5	13.8	26.7	20.6	17.5
2008	12.9	9.1	20.4	15	9.9
2009	11.0	6.9	18.7	13.3	6.2
2010	15.7	13.6	20.0	16.8	14.5
2011	13.9	9.9	19.5	15.8	10.4

资料来源：国家统计局。

民营企业出口占比显著增加，有力抑制了出口增速下滑较快的趋势。截至 2011 年底，全国民营企业出口总额达 6352.9 亿美元，同比增长 32.0%，占全国出口总额的 33.5%（见表 5）。从出口产品结构上看，民营企业不仅在传统劳动密集型商品出口上占有优势，在机电、家电产品和高新技术产品领域也愈发活跃；从地区分布来看，中部地区增速加快，西部地区和东北地区民营企业已成为当地出口的主力军。民营企业出口始终保持较高增速，抑制了总体出口增速的较快下滑，防止了出口因素对经济增长带来较大影响。

（二）民营经济"调结构"趋势明显

加快经济发展方式转变和经济结构的战略性调整，企业是重要的主体。没有占全国企业总数 90% 以上的民营企业的转方式、调结构，就没有整个国家经济发展方式的转变。

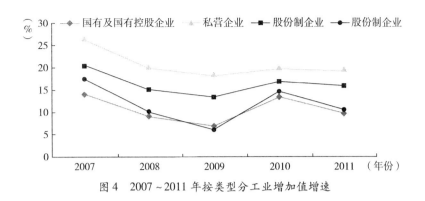

图 4　2007～2011 年按类型分工业增加值增速

表 5　2005～2011 年各类企业出口情况

单位：亿美元，%

年份	总值	同比增长	国有企业			外资企业			民营企业		
			金额	比重	同比增长	金额	比重	同比增长	金额	比重	同比增长
2005	7620.0	—	1688.1	22.2	—	4442.1	58.3	—	1489.8	19.6	—
2006	9690.7	27.2	1913.4	19.7	13.3	5638.3	58.2	26.9	2139.0	22.1	43.6
2007	12180.1	25.7	2248.1	18.5	17.5	6955.2	57.1	23.4	2976.8	24.4	39.2
2008	14285.5	17.3	2572.3	18.0	14.4	7906.2	55.3	13.7	3807.0	26.6	27.9
2009	12016.6	-15.9	1909.9	15.9	-25.8	6722.3	55.9	-15.0	3384.4	28.2	-11.1
2010	15779.3	31.3	2343.6	14.9	22.7	8623.1	54.6	28.3	4812.7	30.5	42.2
2011	18986.0	20.3	2672.2	14.1	14.1	9953.3	52.4	15.4	6352.9	33.5	32.0

资料来源：商务部。

民营经济产业分布更趋合理，促进了我国产业结构的优化。近几年，从事第三产业的私营企业在户数和注册资金的增速上均显著增加。截至2011 年底，从事第三产业的私营企业已达 673.8万户，注册资金 17.2 万亿元，分别占私营企业总户数和注册资金总额的 69.6% 和 66.7%，同比分别增长了 11.58% 和 40.3%。第三产业企业大多从事服务业为主，其固定资产通常情况下少于一般工业企业，但注册资金却呈逐年上升趋势，展现出极大的发展潜力和内生活力（见表 6、表7，图 5、图 6）。从具体行业来看，从事信息传

输、计算机服务和软件业的私营企业数量增速略有下降，但注册资金仍保持较高增速，充分表明该行业私营企业已经进入稳定发展期，原有的小企业在做精、做强方面迈出了可喜步伐；从事金融业、租赁和商务服务业、科学研究、技术服务和地质勘查业等现代服务业的私营企业发展迅速，已经成为民营第三产业企业的重要群体；从事文化、体育和娱乐业的私营企业也呈现出喜人的发展势头（见表 8）。总体上，民营企业正在积极进行结构调整和转型升级，不断向科技含量高、核心竞争力强、有利于节能环保的产业迈进。

表 6　私营企业三次产业户数分布

单位：万户，%

指标	2009 年		2010 年			2011 年		
	户数	所占比重	户数	增长率	所占比重	户数	增长率	所占比重
第一产业	16.4	2.2	19.4	18.3	2.3	24.5	26.3	2.5
第二产业	220.6	29.8	244.4	10.8	28.9	269.5	20.3	27.8
第三产业	503.2	68.0	581.7	15.6	68.8	673.8	11.6	69.6

续表

指标	2009 年		2010 年			2011 年		
	户数	所占比重	户数	增长率	所占比重	户数	增长率	所占比重
全国总计	740.2	100.0	845.5	14.2	100.0	967.8	14.5	100.0

资料来源：国家工商总局。

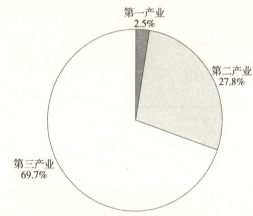

图5　2011 年私营企业三次产业户数分布

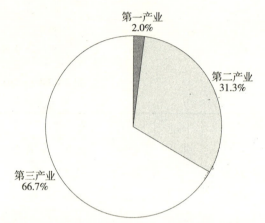

图6　2011 年私营企业三次产业注册资金分布

表7　私营企业三次产业注册资金分布

单位：亿元，%

指标	2009 年		2010 年			2011 年		
	注册资金	所占比重	注册资金	增长率	所占比重	注册资金	增长率	所占比重
第一产业	2989.2	2.0	3863.4	29.2	2.0	5192.7	34.4	2.0
第二产业	53555.6	36.6	65572.5	22.4	34.1	80704.3	23.1	31.3
第三产业	89901.8	61.4	122618.7	36.4	63.9	171983.4	40.3	66.7
全国总计	146446.6	100.0	192054.6	31.1	100.0	257880.4	34.3	100.0

资料来源：国家工商总局。

表8　2007～2010 年分行业私人控股占全部城镇
固定资产投资的比重

单位：%

指标	2007 年	2008 年	2009 年	2010 年
全国总计	39.5	40.5	41.4	43.6
农、林、牧、渔业	33.4	40.1	40.3	42.1
采矿业	26.2	29.6	34.5	38.3
制造业	57.3	60.4	67.0	69.0
电力、热力的生产和供应业	12.9	13.6	13.6	15.4
建筑业	33.3	32.0	31.7	29.5

续表

指标	2007 年	2008 年	2009 年	2010 年
交通运输、仓储和邮政业	5.9	7.5	7.6	8.6
信息传输、计算机服务和软件业	4.0	7.8	8.6	10.7
批发和零售业	65.6	67.3	71.5	71.4
住宿和餐饮业	64.3	66.6	71.8	70.8
金融业	9.5	9.6	13.9	13.4
房地产业	61.7	56.3	54.8	55.6
租赁和商务服务业	32.0	36.3	32.9	13.7

续表

指标	2007 年	2008 年	2009 年	2010 年
科学研究、技术服务和地质勘查业	18.5	24.7	25.5	26.9
水利、环境和公共设施管理业	6.1	6.6	6.7	7.6
居民服务和其他服务业	55.2	61.6	55.2	48.1
教育	10.7	12.3	11.0	10.8
卫生、社会保障和社会福利业	10.9	11.8	11.4	10.4
文化、体育和娱乐业	20.0	23.8	29.4	31.5
公共管理和社会组织	4.0	5.9	5.8	6.9

资料来源：2008~2011 年《中国统计年鉴》。

民营经济地区分布更趋合理，促进了我国区域经济结构的优化。近三年，东部地区私营企业在户数和注册资金的比重上依然占绝对优势地位，在东部、中部、西部、东北地区的户数占比分别为 60.0%、15.3%、17.6%、6.7%，注册资金占比分别为 63.3%、15.4%、16.1%、5.2%。但中、西部地区的企业在两者的增速上已经逐步超过了东部地区。2011 年底，中部地区私营企业户数较 2010 年底增长 15.7%，注册资金增长 34.9%，西部地区私营企业户数增长 18.9%，注册资金增长 42.9%，均快于东部地区（见表9、图7、图8）。从省份分布来看，中部地区的安徽、湖北、河南和西部地区的内蒙古、广西、重庆、青海等地区，近三年来私营企业发展速度显著快于全国平均水平，发展势头喜人。特别是不少民营企业在积极参与西部大开发、中部

地区崛起、振兴东北老工业基地等国家区域经济发展战略过程中，不仅找到了新的利润增长点，成功实现了区域转移，而且有力促进了我国经济结构布局的优化和区域经济的协调发展。

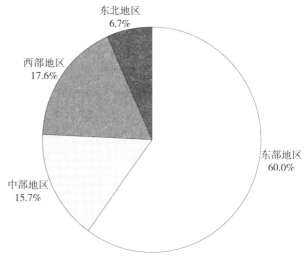

图7　2011 年私营企业分地区户数分布

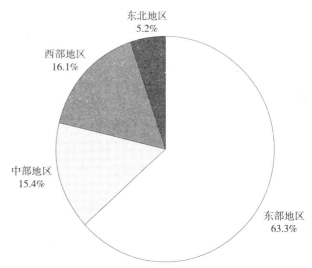

图8　2011 年私营企业分地区注册资金分布

表9　私营企业地区分布

单位：万户，亿元，%

地区	2009 年		2010 年				2011 年			
	户数	注册资金	户数	增长率	注册资金	增长率	户数	增长率	注册资金	增长率
东部地区	449.6	93811.0	512.3	13.9	122765.7	30.9	580.7	13.4	163292.5	33.0
中部地区	111.7	21695.8	131.1	17.4	29526.8	36.1	151.7	15.7	39821.3	34.9
西部地区	127.0	22348.6	142.9	12.5	29005.4	29.8	169.9	18.9	41451.1	42.9
东北地区	51.9	8591.3	59.2	14.1	10756.7	25.2	65.3	10.3	13315.5	23.8
合　计	740.2	146446.7	845.5	14.2	192054.6	31.1	967.7	14.4	257880.4	34.3

资料来源：国家工商总局。

民营经济组织形式日趋优化，创新能力不断增强。随着市场经济的进一步发展完善、市场主体的日益多样化，企业组织形式和出资方式也更加灵活。集中体现现代企业制度的公司制企业发展迅速，近四年来，私营有限责任公司和股份有限公司的增长率显著高于独资企业和合伙企业。截至2011年底，私营有限责任公司和股份有限公司分别达到808.7万家和2.9万家，分别增长15.0%和38.1%（见表10、图9）。在组织形式日趋优化的同时，广大民营企业也加强了对技术创新的重视。如华为公司有43%的员工从事或参与技术研发，已经成为全球最大的电信网络解决方案提供商，2011年提交国际专利申请1831件，排名世界第三位；合肥科大讯飞公司是国内在语音技术领域基础研究时间最长、历届评测成绩最好、专业人才最多及市场占有率最高的公司，其智能语音核心技术代表了世界的最高水平。与此同时，越来越多中小企业表现出勇于开拓、不断超越的创新意识，把技术创新作为企业发展的重要支撑，努力建立以市场为导向、产学研相结合的技术创新体系，使企业真正成为研究开发投入、技术创新活动、创新成果应用的主体。他们中的一部分企业已经成长为拥有行业内关键核心技术的"排头兵"。如苏州天臣国际医疗科技公司，员工只有百人，却成功研制出外科手术吻合器，彻底打破了美国强生和泰科两大医疗巨头垄断的局面；成都阿尔刚雷科技有限公司，仅有15名员工，研制出的不怕水的插座和可游泳的手机等产品，开创了人与电和谐发展的先河。

表10　私营企业组织形式分布

单位：万户，%

企业类型	2008年	2009年		2010年		2011年	
	户数	户数	增长率	户数	增长率	户数	增长率
独资企业	108.3	115.8	6.9	127.5	10.1	142.3	11.6
合伙企业	12.7	12.6	-0.9	12.7	0.8	13.8	8.7
有限责任公司	535.3	610.3	14.0	703.2	15.2	808.7	15.0
股份有限公司	1.1	1.5	36.4	2.1	40.4	2.9	38.1

资料来源：国家工商总局。

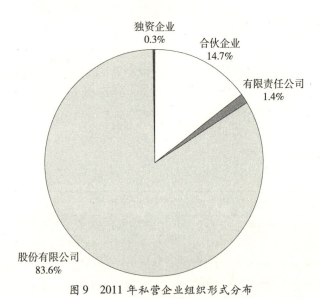

图9　2011年私营企业组织形式分布

我国民营上市公司数量显著增加，总量过千家。2011年民营上市公司继续快速发展，当年新增民营上市公司255家，达1162家（见表11、图10）；2012年前四个月又新增54家，截至2012年4月30日，民营上市公司数量达到1216家。这一千多家民营上市公司2011年实现营业收入24729亿元，比2010年增长了27.8%；实现利润总额为2468亿元，比2010年增长了17.5%。

表11　2005～2011年全国民营上市公司情况

单位：家，%

年份	民营上市公司数量	当年新增数量	增长率
2005	404	7	1.8
2006	437	33	8.2
2007	503	66	15.1
2008	559	56	11.1
2009	634	75	13.4
2010	907	273	43.1
2011	1162	255	28.1

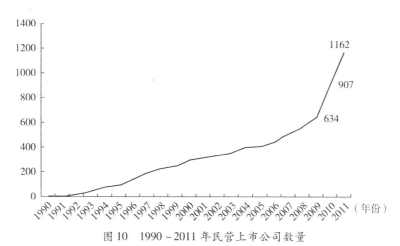

图10 1990~2011年民营上市公司数量

资料来源：Wind、SEEC。

（三）民营经济"保民生"贡献突出

就业是民生之本，集中力量发展壮大县域经济、村镇经济是改善民生的重要途径。2011年，我国民营企业主动参与创新社会管理、积极履行社会责任，为改善民生和促进社会和谐稳定做出了重要贡献。

民营经济持续创造就业岗位，大量吸纳新增劳动力就业。截至2011年底，全国个体私营企业从业人员总计达到18298.9万人，较2010年底增加了1883.7万人，增长了11.5%，其中私营企业从业人员达到10353.6万人，个体工商户从业人员达到7945.3万人，分别较2010年底增长了10.1%和13.4%（见表12）。民营经济特别是中小企业的快速发展，为大量城镇无业人员、农村剩余劳动力、高校毕业生、国企分流人员等群体创造了众多就业岗位，已经成为吸纳社会就业、增加城乡居民工资性收入、不断改善人民生活的主要来源。

表12 2007~2011年全国个体私营企业就业基本情况

单位：万人，%

年份	私营企业		个体工商户	
	绝对值	增长率	绝对值	增长率
2007	7253.1	10.1	5496.2	6.5
2008	7904.0	9.0	5776.4	5.1
2009	8607.0	8.9	6585.4	14.0
2010	9407.6	9.3	7007.6	6.4
2011	10353.6	10.1	7945.3	13.4

资料来源：国家工商总局。

民营企业自觉履行社会责任，积极参与创新社会管理。一年来，广大民营企业家自觉践行"义利兼顾、以义为先"理念，积极投身光彩事业和感恩行动，把企业发展与回报社会有机结合起来。据统计，在光彩事业新疆行活动中，万达等多家大型民营企业与新疆相关企业和州县签订了7个投资项目，总投资额达1200多亿元；在感恩行动中，共有13.2万家企业共计资助30.6万人，资助金额总计72.5亿元，惠民项目到位资金共90亿元。在发展企业的同时，许多民营企业坚持以人为本，关爱员工，把严格管理与人文关怀结合起来，建立工资正常增长机制，加强劳动安全保护，维护员工的合理诉求和合法权益，努力构建和谐劳动关系，以企业内部的和谐稳定促进社会的和谐稳定，在加强社会管理创新中发挥了积极作用。有的企业通过建立党组织，积极宣传党的方针政策，主动调和工作中出现的各种矛盾，促进企业和谐；有的企业始终注意加强员工素质教育和技能培训"两手抓"，将人才成长作为企业成长的基础；还有的企业建立除正常社会保险外的企业内部保障机制，帮助遇到困难的员工渡过难关。

民营企业积极参与区域经济发展战略和新农村建设，有力推动地方经济发展。2011年，民营企业响应党和国家的号召，按照"十二五"规划要求，积极参与到区域发展战略和新农村建设中来，有力促进了地方经济特别是贫困落后地区经济的快速发展。仅依托工商联这个平台，就组织了很多大型经贸洽谈活动，为民营企业和地方政府之间实现经贸投资和项目对接搭建了桥梁。2011 年，在"珠三角"，全国工商联与广东省政府联合举办的"广东与全国知名民营企业合作发展共促转型升级大会"，吸引了 800 多家民营企业，投资总额超过 1 万亿；在海西经济区，全国工商联与福建省政府共同举办的"民营企业产业项目洽谈会"，共对接项目 1334 项，投资总额 1.28 万亿元；在西部地区，全国工商联参与主办的青洽会，民营企业的项目签约总额超过 1000 亿元；在中部地区，全国工商联与安徽省政府共同举办"安徽省与全国知名民营企业合作发展会议"，截至目前已开工项目投资额近 7000 亿元，占签约项目总额 66%。广大民营企业积极参与各种大型经贸活动，形成了集聚效应，成为发达地区加速经济腾飞、人民实现全面小康，欠发达地区不断发展壮大县域经济、夯实经济基础、改善人民生活的重要推动力量。

二、未来发展，民营经济机遇大于挑战

当前，世界经济格局正在发生深刻复杂变化，经济下行压力明显增大，国内经济运行也出现不少新情况新变化，尤其作为市场主体的部分企业特别是小型微型企业生产经营出现严重困难。尽管如此，在世界经济格局加速调整、国内新的政策举措不断推出的背景下，民营经济发展仍然大有可为。2011 年中央经济工作会议明确提出，2012 年经济社会发展要突出把握好"稳中求进"的工作总基调，以扩大内需作为战略基点，加快推进经济发展方式转变和经济结构调整，着力扩大国内需求，着力加强自主创新和节能减排，着力深化改革开放，着力保障和改善民生。这必将使我国继续抓住和用好重要战略机遇期，进一步巩固平稳较快发展的良好势头，同时也为民营经济发展带来一系列重大机遇。

（一）当前民营经济发展面临的主要困难和挑战

作为市场主体的民营企业，尤其是中小企业，在当前形势下生产经营遇到了较大困难，主要面临"两高两难"问题，即成本高、税费占比高、融资难、招工难。

1. 生产经营成本激增为民营经济发展带来较大困难

虽然成本上升对于全国企业来讲是个普遍问题，但对于本小利薄的民营企业特别是中小企业来讲，成本上升直接影响到企业的利润空间和生存空间。一是能源、原材料价格大幅上涨。2011 年以来，国际大宗商品价格持续上涨、高位震荡，能源、原材料等生产要素的购进价格持续攀升。据统计，2011 年 1～12 月份，工业生产者出厂价格和购进价格同比上涨 6.0% 和 9.1%，二者的价差一直保持在 3 个百分点左右（见表 13）。从全年主要生产材料购进价格指数看，燃料动力、黑色金属、有色金属、化工原料、农副产品类价格比 2010 年分别上涨了 10.8%、9.4%、12.1%、10.4% 和 15.6%。二是劳动力成本急剧上升。2010 年有 30 个省区市上调最低工资标准，平均上调幅度为 22.8%。以湖北省纺织服装业的人均工资为例，2010 年初为 1400 元/月，到 2010 年底已涨至 2100 元/月，增幅高达 50%。此次上调，使 2011 年的企业用工成本急剧攀升。而 2011 年，又有 24 个省区市再次上调最低工资标准，平均增幅为 22%。这对于大量中小企业来讲，用工压力明显增大。此外，土地征用、商铺租赁等价格上涨进一步加重了企业负担。

表 13　2011 年工业生产者购进价格和出厂价格指数

月份	工业生产者购进价格指数	工业生产者出厂价格指数	价格差
1～3	110.2	107.1	3.1
1～6	110.3	107.0	3.3
1～9	110.4	107.0	3.4
1～12	109.1	106.0	3.1

资料来源：《中国经济景气月报》2012.2。

2. 税费占比较高的状况没有明显改善

近年来，尽管国家十分重视企业税费负担问题，也陆续出台了一些政策用以缓解，但总体改善状况不明显。一是税负占比高。中小企业整体税收负担占销售收入的 6.81%，高于全国企业总体水平 6.65%，部分企业缴税总额高于净利润；企业涉税种类多，征收管理费用高；征税标准不合理，存在重复征收现象。二是缴费项目多。据粗略统计，目前向中小企业征收行政性收费的部门就有 18 个，收费项目达 69 个大类。如山东省滕州市公布的收费项目共有 1300 项，多数面向企业。三是社保负担重。依法为员工缴纳社会保险无疑是企业应尽的责任，但目前我国企业承担的社会保险比例与大多数中小企业微薄的利润率相比明显偏高。以北京为例，"五险"占工资比例为 44%，单位缴费部分就达到 32.8% ~ 43.3%。如北京市某餐饮企业，"两险"改为"五险"后，企业为员工支付的费用占总流水金额的比例提高了近 8 个百分点。

3. 融资难题长期难以有效缓解

我国金融领域改革相对滞后，国有大型商业银行难以解决大量中小企业特别是小型微型企业的融资难题。目前，对于小型微型企业，一是难融资。2010 年以来，央行存款准备金率持续维持在历史较高水平，在信贷规模缩减情况下受影响较大的首先是小型微型企业。据银监会测算，我国银行贷款主要投放给大中型企业，大企业贷款覆盖率为 100%，中型企业为 90%，小企业仅为 20%，微型企业几乎没有。由于总体缺乏适合小型微型企业需求特点的金融产品、信贷模式和信贷管理制度，尽管各大国有银行纷纷设立中小企业专营机构，但也只能满足极少数小型微型企业的需求。而面向中小企业的村镇银行、小额贷款公司等新型金融机构，无论在发展数量还是资金实力方面都远远无法承担中小企业融资重任。截至 2011 年 5 月末，全国村镇银行仅开业 440 家。截至 2011 年 6 月末，全国共有小额贷款公司 3366 家，且多集中在地级以上城市。二是融资贵。小型微型企业在贷款时基本无法享受基准利率，而且要支付更多的浮动利息，年实际利率远远高于基准利率。如在浙江，银行往往对小企业实行基准利率上浮 30% ~ 50% 的政策，加上有的商业银行实行存贷款挂钩、提前扣除利息、搭购相关理财产品等，实际的贷款成本接近或超过银行基准利率的两倍，小型微型企业处于"舍不得、用不起"的两难之中。而村镇银行、小额贷款公司由于经营成本和风险较高，其贷款利率一般是银行基准利率的 3 ~ 4 倍。民间融资成本则更高，在浙江、福建、广东等沿海一些地区民间借贷利率年息在 25% ~ 30% 之间，短期民间借贷利率有的高达 80% ~ 100%。

4. 用工结构性矛盾导致企业招工难

近年来，一些地方产业结构不断优化升级，用工需求和用工结构也发生了较大的变化，部分行业、企业出现了"旧人流失、新人难招"的现象。一是企业对职工招不进、留不住。这既有外因，也有内因。从就业观念看，不少择业人员认为民营企业稳定性较差、管理不规范、个人发展受限制、各种福利得不到保障，而不愿进入民营企业就业。从企业自身看，大量民营企业在治理结构、经营管理、薪酬福利、企业文化和内部激励机制等方面存在不足，致使企业凝聚力相对较差，难以招纳、培养、留住员工。此外，由于我国对于商业秘密、技术专利的保护还不到位，员工连带商业机密一并"跳槽"等违反商业诚信、职业操守的事情时有发生。二是聘用技能人才，小城镇比大城市难。现阶段，工作环境、职称评定、医疗服务、子女教育等已成为吸引技能人才的重要因素，地处小城镇和经济不发达地区的民营企业因缺乏相应的"资源"只能在人才竞争中处于劣势地位。从供需结构上看，地处小城镇和不发达地区的民营企业的求人倍率（需求人数与求职人数之比）均大于 1，其中对技师及专业技术职务求人倍率更是高达 5 ~ 10。三是招收普通工人，东南沿海地区比西部地区难。由于我国劳动力供给增量的减速和新生代务工人员在就业取向、劳动态度等方面日益呈现多元化发展态势，加上东南沿海地区和西部地区的工资差距不断缩小，导致东南沿海地区出现了较为严重的"用工荒"现象。"用工荒"主要存在于"三来一补"的劳动密集型企业，工资待遇多集中在 1500 元左右，且劳动强度较大，工资在 2000 元以上的企业招工难度相对要小。这种由用工的结构性矛盾导致的"用工荒"会在较长时期内存在。

5. 企业自身素质和整体水平有待提高

经过改革开放 30 多年的发展，广大中小企业的素质不断提升。但总体而言，多数企业在治理结构、经营模式、管理理念及人才储备等方面存在明显不足，与我国经济不断发展和国际市场竞争日趋激烈的形势不相适应。一是缺乏核心竞争力。目前，我国低能源资源成本、低人工成本、低环境成本的"三低"时代已经过去，而民营企业中加工贸易型、资源依赖型、能源消耗型企业所占比例依然较大，处于产业链低端、缺乏关键核心技术和自主品牌的企业数量依然较多。据统计，我国中小企业的产品增值率只有发达国家的一半左右，相当一部分小型微型企业技术装备落后，只能赚取微薄的加工费用。如河南郑州生产的女裤已占全国近50%的市场份额，但基本上是贴牌加工，没有自己的品牌。二是经营管理不规范。不少企业缺乏必要的经营管理知识，科学决策和市场应变能力不足。如有的企业没有独立的财务核算制度，存在潜在的决策和管理风险；有的企业尚未建立现代企业管理制度，公司治理家族化现象比较严重，内部激励约束机制不完善，缺乏可持续发展能力。据有关资料显示，我国中小企业的平均寿命为3.7年，与欧洲和日本的12.5年、美国的8.2年相比存在着较大差距。三是质量诚信意识较为淡薄。个别中小企业在生产经营过程中以次充好、假冒伪劣、违约毁约等现象时有发生，加剧了社会对民营经济的偏见与误解。如在社会上引起广泛关注的"地沟油"、"瘦肉精"等事件，对中小企业特别是小型微型企业的发展造成一定的负面影响。

（二）未来民营经济发展面临的重大机遇

虽然民营经济发展面临着严峻挑战，但我国民营企业发展总体上是正常的、健康的，中小企业正处于加快培育发展和加速转型升级的重要战略机遇期。在我国努力促进经济平稳较快发展、大力发展战略性新兴产业和现代服务业、不断扩大国内需求、加快城镇化建设的宏观背景下，广大民营企业只要振奋精神、坚定信心、抓住机遇、积极作为，就一定会迎来新的更大发展。

1. 良好的政策环境为中小企业发展提供了保障

中央经济工作会议强调，要牢牢把握发展实体经济这一坚实基础，努力营造脚踏实地、勤劳创业、实业致富的社会氛围。中小企业多集中在制造业、服务业等行业和领域，是实体经济的重要基础，"非公经济36条[①]"、"中小企业29条[②]"、"民间投资36条[③]"等一系列扶持中小企业发展的各项政策措施的贯彻落实，就是为了推动实体经济发展。当前，中小企业发展遇到了不少困难，有的离开了实体经济领域。针对当前中小企业发展遇到的突出困难和问题，2011年底和2012年初，国务院两次召开常务会议，出台了支持中小企业特别是小型微型企业发展的金融、财税等多项政策措施。工信部还编制了《"十二五"中小企业成长规划》，以支持创新型、劳动密集型、创业型中小企业特别是小型微型企业为重点，推动出台进一步扶持中小企业健康发展的政策意见，更好地完善落实扶持政策。2012年"两会"期间，温家宝总理在政府工作报告中先后7次提到小型微型企业，4月下旬国务院又出台了《关于进一步支持小型微型企业健康发展的意见》（以下简称"小微企业29条"）。最近，国家发改委、商务部、卫生部、铁道部、住建部、国资委、银监会、电监会等20个相关部委相继出台了落实"民间投资36条"的实施细则。这一系列政策举措，充分表明了党中央、国务院坚定发展实体经济的决心和信心，同时也为中小企业尤其是小型微型企业发展创造了良好的政策环境。如在资金扶持方面，中央财政预算设立了中小企业科目，安排了扶持中小企业发展的专项资金，包括科技型中小企业技术创新基金等；在税收政策上，对小型微利企业实行减半征收企业所得税政策，对小规模纳税人增值税征收率由6%和4%统一降至3%；在减轻企业负担等方面，对困难企业缴纳职工社会保险实行"五缓、四减、三补贴"等政策，2011年共取消了31项涉企收费和20项社团收费，并在今后3年里对小型微型企业免收22项行政事业经费；在缓解融资难方面，工信部和国家税务总局对141家中小企业信用担保机构免征3年营业税，并与财政部安排中小企业担保服务补助14亿元。

2. "十二五"规划纲要的实施为中小企业创造了广阔发展空间

"十二五"期间，我国将加快推进产业结构的

---

① 2005年国务院《关于鼓励支持和引导个体私营等非公有制经济发展的若干意见》。
② 2009年《国务院关于进一步促进中小企业发展的若干意见》。
③ 2010年国务院《关于鼓励和引导民间投资健康发展的若干意见》。

优化调整，大力发展先进制造业，加快发展现代农业和现代服务业，进一步加大知识产权保护力度，推进自主创新机制的形成，稳步推进城镇化建设，大力实施区域经济发展战略，这都为中小企业高效配置各种生产要素资源、有效增强核心竞争力提供了重要战略机遇，创造了有利发展条件。从世界范围来看，新技术革命的兴起，各种新兴主导产业的孕育出现，也将创造大量发展机会，有条件的中小企业通过技术创新和商业模式创新，坚持走专、精、特、新的发展路子，有可能发展成为行业领导的"小巨人"企业或跨国企业集团公司。

3. 有利的国际市场环境为中小企业"走出去"提供了重要契机

当前，我国正在积极推进自由贸易区谈判进程，抓紧研究制定促进境外投资的法律法规，进一步支持能源资源和先进制造业等领域的海外并购；欧洲、东盟、东北亚、西亚等国家和地区更加关注中国优质企业，拟提供更多优惠政策吸引中国企业投资，这都为民营企业"走出去"利用两个市场两种资源发展自己提供了重要机遇。据统计，我国45种主要矿产有近一半储量出现缺口，部分产业技术、设备、产品过剩，海外战略资源的开发与投资已成为企业转型升级的重要出路。特别是欧洲企业资产价格的下降，为民营企业"走出去"以低廉的价格兼并收购、投资设厂，获取西方企业的先进技术、管理模式和产销渠道、推动国内自主品牌的国际化提供了重大机会。值得一提的是，以联想、吉利为代表的一批民营企业，成功实现海外并购，不仅扩大了中国民营企业在国际上的影响，而且极大地提振了民营企业"走出去"的信心。

4. 加快发展文化产业为中小企业指明了前进方向

文化产业被称为21世纪的朝阳产业，是最有发展潜力的优势产业、绿色产业。从国际上看，文化产业已成为当今世界经济的支柱产业、新的经济增长点，美国的文化产业占GDP的25%，日本则达到20%。据统计，从事文化、体育和娱乐业的民营企业达30.2万家，占全部文化企业的95.7%。2010年我国文化产业增加值突破1.1万亿元，仅占GDP的2.75%，产业发展潜力巨大。党的十七届六中全会明确提出，要推动文化产业成为国民经济支柱性产业，积极引导文化领域的非公有制经济发展。这一明确要求必将使中小企业进入出版发行、影视制作、演艺娱乐等传统文化产业的渠道更加畅通，发展文化创意、数字出版、动漫游戏等新兴文化产业的意愿更加迫切。天舟文化、华策影视、奥飞动漫、华谊兄弟、水晶石、俏佳人、光线传媒等一批民营企业已开始做强做大，并陆续登陆资本市场。可以预见，随着文化产业发展蓝图的逐步实施，会有更多的民间资本进入这个产业，并涌现出一批具有"中国文化"竞争力的民营企业。

5. "人口红利"向"人才红利"转变将为中小企业转型发展提供持续动力

当前，面对我国资源环境约束日益强化、劳动力成本激增的现状，过去几乎无限供给的劳动力人口带来的红利正逐步减弱，再造中国经济奇迹的关键在于人才，在于从依靠低成本劳动力人口的数量优势，向依靠高素质人口的创新创造优势转变。《国家中长期人才发展规划纲要（2010－2020年）》提出，要围绕用好用活各类人才，进一步创新人才工作管理体制、人才工作机制和人才政策。中国每年高校毕业的大学生约700万，他们具有较高的专业水平，可塑性较强。广大中小企业必须抓住并用好国家出台的人才政策，充分发挥灵活的用工和人事制度，完善人才激励政策，创新人才引进机制，通过主动培养造就领军型人才、引进急需紧缺人才和加强与高等院校合作培养人才、主动走出去延揽人才等各种方式，为加快转型升级培养和储备应用型人才队伍。

总之，当前和今后一个时期是加快转变经济发展方式的攻坚时期。广大民营经济特别是中小企业要自觉苦练内功，不断完善内部治理结构，建立健全内部激励约束机制，着力形成科学规范的经营管理模式；善于利用国家产业政策导向，积极投身新能源、新材料、生物工程等战略性新兴产业和现代服务业；更加注重自主创新，努力掌握更多自主知识产权，培养更多自主品牌；更加注重资源节约和生态环境保护，大力发展绿色低碳经济，切实把提高自身素质、加快转型升级作为战略任务，就一定会使发展空间越来越大，发展质量越来越高，发展道路越走越宽广。

三、把保生存、促转型作为扶持民营经济发展的工作着力点

面对当前形势，2012年我国要把握好经济社会发展"稳中求进"的工作总基调，完成好稳增长、控物价、调结构、转方式、惠民生的目标任务，就必须把"保生存、促转型"作为扶持民营经济特别是中小企业发展的工作着力点，切实摆在经济工作更加突出的位置，以更大的决心、更有力的措施努力为中小企业发展营造良好的政策环境和市场环境。

（一）进一步解放思想，形成切实帮扶中小企业特别是小型微型企业的社会氛围

促进中小企业特别是小型微型企业生存发展的过程，就是进一步解放思想、深化改革的过程，必须充分体现科学发展观的根本要求。保生存并不是保一切、包一切，该淘汰的就要淘汰；谋发展不是硬发展、乱发展，该调整的就要调整。一方面，要看到小型微型企业有其自身的发展规律。处在不同行业、不同发展阶段的小型微型企业，其需求有所不同。例如，高新技术小型微型企业，资金、人才需求最为迫切；从事加工制造或生产性服务业小型微型企业，产业链上下游的安全稳定最为要紧；从事餐饮、零售等生活性服务业的小型微型企业，诚信、老百姓的口碑最为关键。创业初期的小型微型企业，某一不良因素的影响就有可能使其夭折。因此，必须坚持因地制宜、分类指导、有保有舍，引导小型微型企业健康发展。另一方面，要尽一切可能为小型微型企业营造良好发展环境。小型微型企业占我国企业总数的绝大多数，具有"百姓生活离不开、社会就业离不开、实体经济离不开"的极端重要性。但是，不少政府部门中依旧存在着视而不见、放任不管的现象，领导干部抓大企业的多，深入小型微型企业调查研究解决问题的少，很多小型微型企业甚至反映"只见收税收费的，不见问寒问暖的"；虽然小型微型企业能够以分包的形式参与政府组织的大型工程项目建设，但资金久拖不结的现象仍屡见不鲜。这些问题的存在，既有认识上的不足，也有制度上的缺陷，必须从全局和战略的高度重视小型微型企业在经济社会发展中的重要地位作用，解放思想、转变观念，着力在科学发展主题和稳中求进总基调上达成共识，不断加大对小型微型企业转型升级典型、龙头企业帮扶小型微型企业典型和工商联、商会促进小型微型企业保生存谋发展典型的宣传力度，努力营造良好的生存发展环境，从根本上改变许多地方目前存在的小型微型企业"无人疼、无人爱"的"自生自灭"状态。

（二）进一步深化改革，加快理顺关乎中小企业特别是小型微型企业生存发展的体制机制

中小企业生存发展中的问题，归根到底是改革不到位，现有体制机制与科学发展观的本质要求还不相适应。当前，必须寻求重点突破，着力实现深层次的改革创新，特别是财税、金融等方面的体制改革，减轻中小企业特别是小型微型企业的负担，加大对他们的扶持力度。要加快政府职能转变的步伐，把服务市场主体和创造良好环境作为转变政府职能的重要着力点，在行政审批、市场准入、服务体系建设等方面，为小型微型企业松绑、为实体经济服务。要加大《中小企业划型标准规定》在实际工作中的应用力度，以划型为依据保证相关政策真正惠及小微企业；加强相关政策的顶层设计，适时修订《中小企业促进法》，统一规范促进我国小型微型企业生存发展的各项政策法规；加强政策执行力，全面落实包括"中小企业29条"、"小微企业29条"等各项促进小微企业生存发展的政策措施，认真落实各有关部门出台的"民间投资36条"实施细则，增强政策的针对性和可操作性，尤其是要为具备条件的小微企业进入垄断行业创造条件。

（三）对中小企业特别是小型微型企业实施普惠的税收政策

当前和今后一段时期，要统筹考虑中小企业特别是小型微型企业生产经营困难现状、转型发展难度，以及不同区域、不同领域企业的实际情况，实施力度更大、惠及面更广、更切合中小企业特点的税收优惠政策。要把直接帮助企业渡过难关作为紧要任务，实施一步到位的税收减免，将小型微利企业的所得税减半征收政策作为一项

长期政策，按经济形势设定年纳税所得额门槛，以 6 万 ~10 万元为宜，根据当前困难状况可将门槛设置到 10 万元上限，以覆盖更多的小型微型企业；将小型微型企业的增值税、营业税起征点进一步提高，使更多的企业得到扶持。针对一些小型微型企业普遍反映的社会保险费企业支付占比较高且缴纳困难的问题，应对社会保险统一费率进行改革，实行大、中、小、微型企业差异化政策，适度降低小型微型企业社会保险费率，并对生产经营出现严重困难的小型微型企业实行阶段性的缓缴社会保险费政策。为避免"税退费进"再次挤压企业盈利空间，应严格按照财政部、国家发改委关于取消 253 项各省（区、市）涉企行政事业性收费的要求，从真正为企业减负的角度出发全面清理不合理收费项目，严禁以其他名目变相收费或由事业单位代为征缴。要把引导企业转型升级作为一项长期任务，发挥好减税在企业调结构、转方式中的积极作用，鼓励中小企业主要依靠技术创新提高核心竞争力。允许科技型企业提取研发风险准备金并在所得税前扣除，将购进无形资产纳入增值税进项税额抵扣范围，并对企业从事技术转让和开发以及相关的技术咨询、服务取得的收入免征营业税，对企业技术转让所得免征所得税，以引导中小企业加大研发投入，推动技术成果转化；引导企业加大技术改造项目资金投入，对技术改造设备购置允许缩短折旧年限或者加速折旧，并提高所得税前扣除比例，以提升中小企业技术装备水平。

（四）对缓解中小企业融资难给予有力的政策倾斜

中小企业融资难是世界性难题。长期以来，我国金融资源供给被大型国有金融机构所控制，绝大部分金融资源被大型企业获得，而广大中小企业特别是小型微型企业很难获得及时有效的金融服务，金融资源供给与实体经济需求严重失衡，使以中小企业为主体的实体经济受到较大影响。对于中小企业融资难问题，党和国家一直高度重视并不断出台相关措施予以缓解，但仍然难以与企业不断扩张的融资需求相适应。当前，中小企业融资难不仅仅影响的是企业发展和经济增长，更关乎到企业的生

死存亡，关系到社会的和谐稳定。对此，应以改革创新的精神加快深化金融体制改革步伐，出台更为灵活且符合企业实际需求的金融政策，鼓励并支持金融创新。首先要让中小企业从正规渠道得到资金，生存下来。一方面，要继续鼓励商业银行积极开发适合小型微型企业需求的多种金融产品，拓宽抵押品范围，探索制定以专利、品牌、技术等无形资产进行抵押或质押的具体措施，加大对符合产业政策的创新型、高科技型中小企业的扶持力度。改革银行对中小企业贷款的考核方式，不仅要将贷款发放数量作为重要考核指标，更要将企业受益户数纳入考核范围。另一方面，要大力发展村镇银行，允许符合条件的民间资本作为主要发起人设立村镇银行，放宽小额贷款公司转制条件，允许业绩优良、资信可靠、经营规范的小额贷款公司转为村镇银行，争取在 3 年内村镇银行在县域的覆盖率达到 50% 以上；创新发展社区银行、科技银行、融资租赁公司等专门面向小型微型企业的金融机构，加快民间资本进入金融领域的步伐，逐步做到以"草根金融"服务"草根企业"。解决中小企业融资难，还要让中小企业以合理的价格"用得起"资金。要进一步加大对小型金融机构的财税扶持力度，对符合条件的小型金融机构发放的中小企业贷款采取减征、免征营业税、加大准备金提取和代偿损失税前扣除等扶持政策，增加社会资金进入的积极性。对业务规范、资质良好的贷款担保公司给予适度担保资金财政补贴，加大财政风险补偿机制，加快建立银行与担保公司风险共担机制，进一步提高担保公司资金放大倍数。要创建小型微型企业征信机制，整合分散在工商、税务、银行、海关等部门的企业信用记录，加强信用管理，规避信用风险。

（五）不断扩大民间投资，发展实体经济

改革开放以来我国经济发展取得巨大成就的一条重要经验，就是民间投资对实体产业的重视和青睐，这为经济持续快速的发展提供了有力的保证。党中央把当前发展实体经济这一坚实基础作为必须牢牢把握的工作方向和任务。面对出口难度加大、政府主导型投资逐步缩减、内需短期

内难以大幅提升，要有效克服经济下行压力，努力实现"稳增长、调结构"宏观经济目标，应科学引导民间资本合理投向实体经济，这是促进经济平稳较快发展、加快经济社会转型升级步伐、持续增强经济发展内生动力的重大战略问题。扩大民间投资，首先要加大对"民间投资36条"实施细则的贯彻落实力度，及时开展贯彻落实情况的监督检查。要加强沟通，积极推动政府相关职能部门对实施细则的贯彻落实。要及时清理过时的、与实施细则相冲突的部门规章，增强服务民间投资的意识。要加大实施细则宣传力度，鼓励、支持民营企业用好、用活、用足政策。扩大民间投资，关键要降低部分垄断行业以及战略性新兴产业的市场准入门槛，进一步深化石油、铁路、电力、电信、军工、市政公用设施等垄断领域改革，加强顶层设计，明确国有资本和民间资本在整个国民经济战略布局中主要活跃的领域范围和功能定位。切实改革审批制度，破除不合理的进入壁垒，引导民营企业在战略性新兴产业中发挥作用。各相关部门制定有关行业的准入标准时，要更多地听取行业协会商会、相关民营企业的意见建议，提高决策的科学性。扩大民间投资，还要坚持"国民共进"理念，深化国有企业改革，鼓励支持掌握关键核心技术、自主创新能力强、主业突出的非公有制企业通过参股、控股或并购等多种形式依法参与国有企业分拆重组，利用市场机制、混合所有制形式促进国有资本和民间资本的相互融合，形成各种所有制经济地位平等、功能有别、优势互补、合作共赢、和谐发展的新格局。

（六）为民营企业积极稳妥"走出去"创造有利环境

改革开放三十多年来，我国依靠低劳动力成本等优势迅速崛起为世界制造业大国，但随着各种资源约束和成本的上升，如何继续保持在世界制造业的优势地位正在成为新的挑战。积极走出去参与经济全球化竞争，吸收先进技术、突破资源瓶颈、盘活过剩产能，已经成为优化产业结构、促进民营经济持续、稳定、健康发展的有效途径和必然选择。但当前支持企业"走出去"的相关政策与企业"走出去"的意愿和需求相比，还存在许多不相适应的地方。为此，要切实加大

法律保障力度，加快制定中国企业海外投资总体规划，做好企业海外投资产业引导和国别指导，特别是重点引导民营企业投资周边国家或发展中国家。尽快启动中国企业海外投资促进法的立法程序，改变企业"走出去"无法可依的状况，为企业"走出去"提供法律保障。以建立健全中国企业海外投资信息服务体系为重点，坚持政府指导、社会为主、市场运作的原则，组建涵盖世界各国政治经济状况、法律宗教概况、相关行业统计、商品贸易状况、报关与商务实务、国别风险报告、专业机构与行业组织名录等多方面信息的"走出去"公共和社会信息网，为企业提供范围更广、更为专业的服务，不断提高公共服务水平。进一步完善财税政策，设立扶持企业"走出去"财政专项资金，扩大支持经济技术合作和国际市场开拓的财政资金规模。建立境外投资损失准备金制度和海外投资收入税收减免制度，加快与相关国家或地区签订避免双重征税协议的进程。支持社会资金设立专门的境外投资私募基金和风险投资基金，建立企业海外投资金融支持体系。

（七）切实发挥商会作用

随着社会主义市场经济体系的不断发展完善，商会作为整个市场经济运行系统中不可或缺的中间环节，在推动中小企业发展方面的特殊优势越来越得到企业、政府和社会各界的认可。当前，要把发挥商会作用作为保生存、促转型的重要措施，充分利用商会熟悉行业、贴近企业的优势，引导商会在帮扶企业转型升级方面下功夫。要发挥商会会员中龙头企业的带动作用，引导产业链上下游中小企业特别是小型微型企业走专、精、特、新发展道路；发挥商会制定行业标准的引领作用，推动小型微型企业加快创意创新和技术改造；发挥商会在融资担保方面的优势作用，增强银行与企业之间的信息互通，利用联保、互保等形式缓解中小企业贷款难、融资贵的问题；发挥商会在加强行业自律中的重要作用，号召会员企业不欠薪、不减薪，按时足额给职工发放工资。发挥商会这些作用，必须要为商会建立公平、规范的发展环境。要按照全国人大立法项目计划安排，及早组织专家队伍起草《商会法》，并修订完善

《社会团体登记管理条例》，切实打破"一地一业一会"的限制，探索建立商会适度竞争的机制，形成公平有序的竞争秩序；理顺商会管理体制，坚持市场化方向，切实推行政会分开，让商会协会真正成为依法登记注册管理，有别于政府机构、为会员提供服务的非营利性社会组织；加快行业内统计监测、标准制定、职称评定等政府职能的有序转移，大力发展服务小型微型企业的各类商会，形成层次合理、分工明确的中国特色商会组织体系；建立健全促进商会发展的财政税收支持政策，对商会开展的公益性活动提供财政补贴或补助，把商会组织明确纳入政府购买公共服务的对象范围，加大政府向商会购买公共服务的力度。目前，全国工商联有县级以上工商联组织 3000 多个，所属各类商会超过 4 万家，在服务非公有制经济健康发展和非公有制经济人士健康成长中具有不可替代的独特优势。各级党委政府要深入贯彻落实《中共中央国务院关于加强和改进新形势下工商联工作的意见》，为工商联充分发挥在政府管理和服务非公有制经济中的助手作用和行业协会商会改革发展中的促进作用创造必要条件。

站在新起点加快推进我国非公有制经济组织党的建设

改革开放以来，伴随非公有制经济的发展，非公有制经济组织党的建设经历了一个从起步、探索，到不断拓展、深化的过程。早在 20 世纪 80 年代，党委就认识到非公有制经济组织党的建设的重要性，并进行了一些调研和探索。新世纪以来，特别是十七届四中全会对非公有制经济领域党组织组建、职能作用、党员发展和选好配强党组织负责人等方面提出了明确要求，非公有制经济组织党的建设进入了一个前所未有的快速发展阶段。当前，非公有制经济组织党的建设取得了阶段性成果，站在新的起点上，全面总结非公有制经济组织党建经验，深刻分析非公有制经济组织党建面临的新形势新问题，并提出相应的对策建议，具有重要的历史意义和现实意义。

一、加强和改进新时期非公有制经济组织党建的历史必然性和现实紧迫性

（一）非公有制经济蓬勃发展为非公有制经济组织党的建设提供了丰厚土壤

改革开放以来，在党和国家一系列方针政策指引下，我国非公有制经济经历了从无到有、从小到大、从弱到强的发展历程，已经成为社会主义市场经济的重要组成部分和社会主义现代化建设的重要推动力量。伴随着非公有制经济发展而成长起来的非公有制经济人士和在非公有制经济组织中就业的人员数量日益增多，他们都是党执政的重要群众基础和社会基础。如何在非公有制经济这个新领域加强党的建设，成为了摆在中国共产党面前的新课题。

1978 年底，中国共产党十一届三中全会历史性地提出要将党的工作重心转到以经济建设为中心上来，而当时的私营企业数是零，个体经济为 14 万人（户）。1982 年 9 月，党的十二大报告提出，要鼓励劳动者个体经济在国家规定的范围内和在国家工商行政管理下适当发展，作为公有制经济的必要的、有益的补充，那时全国个体工商户 261 万户。1997 年 9 月，党的十五大报告提出，非公有制经济是我国社会主义市场经济的重要组成部分，对个体、私营等非公有制经济要继续鼓励、引导，使之健康发展，这对满足人们多样化的需要、增加就业、促进国民经济的发展有重要作用。同年底，全国私营企业 96 万家，个

体工商户 2851 万户。2007 年 10 月，党的十七大报告指出，要坚持和完善公有制为主体、多种所有制经济共同发展的基本经济制度，坚持平等保护物权，形成各种所有制经济平等竞争、相互促进新格局。同年底，全国私营企业 551 万户，个体工商户 2742 万户。2010 年初，胡锦涛总书记专门就非公有制经济发展发表了重要讲话，对非公有制企业提出了要在加快转变经济发展方式、保障和改善民生、提升自身素质上争取有更大作为的殷切希望，更加坚定了非公有制经济的发展信心，激发了非公有制经济发展的内在活力。到 2010 年底，我国私营企业已达 845.16 万户，个体工商户户数已达 3452.89 万户，非公有制经济组织已成为数量最多、比例最大的企业群体；非公有制经济占 GDP 的比重从 1979 年的不足千分之一增长到目前的 60% 左右，完成社会固定资产投资的比重也迅速上升到 50% 以上，非公有制经济的发展速度成倍地高于全国经济发展速度，已成为国民经济增长的主要推动力量；非公有制企业"十一五"期间累计吸纳就业 6000 万人，年均增加 1200 万人，占城镇新增就业岗位的 90% 以上，非公有制经济已经成为社会就业的主渠道。非公有制经济的迅猛发展，催生了一大批非公有制经济人士，据估算超过 5100 万人，他们已经成为新的社会阶层的主要构成部分。同时，非公有制经济组织的从业人员日益增多，截至 2010 年底，个体私营经济从业人员已经超过 1.8 亿人。非公有制企业出资人和非公有制企业从业人员已经成为全面构建和谐社会、推进社会主义现代化建设的一支充满活力和极具潜力的重要力量，这为中国共产党的建设提供了一个新的领域和社会基础。

（二）90 年党建理论成就为加强和改进非公有制经济组织党的建设提供了理论基础

建设一个什么样的党？怎样建设这个党？这是任何执政党都必须认真研究的重大理论和实践问题。经过 90 年的探索与发展，中国共产党的领导水平和执政水平不断提高，马克思主义政党的先进性和优越性得到了充分体现，其原因就在于中国共产党高度重视理论建设这一优良传统和政治优势，并且能够越来越科学地把握和运用党的建设规律，不断把党的建设的理论创新与实践创新推向更高的阶段。

在坚持党要管党、从严治党的原则下，在正视并及时解决党内存在的突出问题的过程中，以毛泽东、邓小平、江泽民为核心的三代中央领导集体和以胡锦涛为总书记的中央领导集体积极探索创新，使党建理论不断丰富发展。毛泽东把民主革命时期党的建设经验运用于新中国时期的执政党建设，从中国阶级构成的实际出发，突破了唯出身论、唯成分论的束缚，提出以无产阶级思想领导党内的非工人阶级出身的党员，成功地解决了非工人阶级先进分子入党问题，使共产党成为一个具有广泛群众性的马克思主义政党，极大地壮大了党员队伍。十一届三中全会以后，我国进入了新的历史发展时期，党的建设也随着时代主题的转变而进入了新的发展阶段。以邓小平为代表的党中央，在总结党的建设历史经验与教训的基础上，从我国改革开放和现代化建设的实际出发，克服了大民主、无政府的弊端，提出把制度建设作为党的建设的根本性问题，坚持民主集中制原则，坚持四项基本原则，坚持有法可依、有法必依、执法必严、违法必究原则，使民主制度化、法制化，有效推动了党的建设民主化、科学化进程，规范了党的队伍。随着历史进入新的世纪，国内外形势发生了深刻变化，如何紧跟世界进步的潮流，团结和带领全国各族人民抓住机遇、迎接挑战，完成肩负的历史使命成为中国共产党必须解决的课题。以江泽民为核心的党中央为提高党的领导水平和执政水平、提高拒腐防变和抵御风险的能力，创造性地提出了以"三个代表"为核心，包括思想建设、政治建设、组织建设、作风建设和制度建设等一系列新论断的理论体系，突显了执政理念、执政党建设的功能，强调党的功能建设的重要性和统领作用，把党的建设推向了一个新高度。当今世界各个领域出现了一系列新变化新矛盾新问题，我国的改革发展也面临着一系列新任务新情况新课题。以胡锦涛为总书记的新一代领导集体，从全面建设小康社会和构建社会主义和谐社会的实际出发，强调了加强党的执政能力建设和先进性建设的建党主线，提出全党迫切需要提高的经济建设能力、政治建设能力、文化建设能力、社会建设能力和对外交往能力，为党领导全面建设小康社会和构建社会主义和谐社会提供了强大的思想武器。中国共产党走过的90年，是党建理论得到极大丰富发展的90年，是充分展现党在面对新形势新变化时所拥有的强大理论勇气和创新思维的90年。当前，面对在非公有制经济领域加强党的建设这个新课题，中国共产党理论创新能力和实践驾驭能力已经具备。

（三）改革开放以来党建政策的创新为加强和改进非公有制经济组织党的建设提供了制度保障

改革开放30多年来，伴随着非公有制经济的迅猛发展，中国共产党结合非公有制经济各阶段的发展实践和党的建设的实际需要，与时俱进地提出了非公有制经济组织党建的创新性政策，为非公有制经济组织党的建设提供了政策依据，指明了发展方向，明确了工作方法和实现途径。

早在1992年党的十四大上，党中央就提出了在全民所有制以外的其他各种经济组织中抓紧建立健全党的组织和工作制度的要求。1994年，党的十四届四中全会通过的《中共中央关于加强党的建设几个重大问题的决定》明确提出，"在其他各种所有制的企业中，都要加强党的工作。没有党组织的，要积极创造条件建立党的组织，采取适应各自特点的工作方式和活动方式，开展党的活动"。这是党内第一次以文件的形式提出在国有企业以外的其他所有制企业中开展党建工作。2000年，中共中央组织部下发了《关于在个体和私营等非公有制经济组织中加强党的建设工作的意见（试行）》，论述了加强非公有制经济组织党建工作的重要性和必要性，提出了开展工作的指导思想和基本原则，明确了组建党组织的要求和方法，规定了企业党组织的地位作用、职责任务、隶属关系，还对党组织的工作方法和活动方式、领导班子建设、党员队伍建设和党员发展工作、党组织与企业主及群众组织的关系、党对非公有制经济组织党建工作的领导等问题提出了具体要求，是党内第一个全面系统地规范个体和私营经济组织党建工作的文件。2002年，党的十六大首次把非公有制经济组织中党组织的职责任务写入了党章，而且对党的基层组织建制原则做了更为明确、详细的规定，指出："加强非公有

制企业党的建设，企业党组织要贯彻党的方针政策，引导和监督企业遵守国家的法律法规，领导工会和共青团等群众组织，团结凝聚职工群众，维护各方的合法权益，促进企业健康发展"，为非公有制经济组织党组织指明了发挥作用的途径和方法。2004年，党的十六届四中全会审议通过的《中共中央关于加强党的执政能力建设的决定》指出，"要加大在新经济组织、新社会组织中建立党组织的工作力度，探索党组织和党员发挥作用的方法和途径"。2007年，党的十七大通过的党章修正案，同样对非公有制经济组织中党的基层组织做出了明确的规定，"非公有制经济组织中党的基层组织，要团结凝聚职工群众，维护各方的合法权益，促进企业健康发展"。2009年，党的十七届四中全会审议通过的《中共中央加强改进新形势下党建若干重大问题的决定》，在基层党组织覆盖面、基层党组织工作创新、党员队伍和基层党组织带头人等四处明确提到了非公有制经济组织，提出要抓紧在非公有制经济组织建立党组织，非公有制经济组织中的党组织要围绕贯彻党的方针政策、引导和监督遵守国家法律法规、团结凝聚职工群众、维护各方合法权益、促进健康发展等职能探索发挥作用的途径和方法，要积极做好在非公有制经济组织中发展党员工作，要选好配强非公有制经济组织党组织负责人。从2008年到现在，中央先后成立了非公有制经济组织学习实践科学发展观活动领导小组和非公有制经济组织创先争优活动领导小组，领导非公有制经济组织开展学习实践科学发展观活动和创先争优活动，将非公有制经济组织党的建设推向深入，党组织和党的基层工作的覆盖面逐步扩大。党关于加强非公有制经济组织党建的政策思路越来越明确，工作要求越来越具体，非公有制经济组织党的建设的制度化、规范化水平也越来越高。

（四）当前新形势新任务迫切需要加强和改进非公有制经济组织党的建设

非公有制经济是党的群众工作的重要领域，新时期新阶段，在非公有制经济组织中建立党的基层组织，开展党的活动，是我国宪法赋予中国共产党的领导地位和执政地位所决定的。当前，非公有制经济组织党的建设的实践基础、理论准

备和政策保障都已具备，在新形势下加强非公有制经济组织党的建设显得更加重要，更加紧迫。

一是贯彻落实"十二五"时期主题主线、切实保障和改善民生，需要大力加强非公有制经济组织党的建设。"十二五"时期是全面建设小康社会的关键时期，也是深化改革开放、加快转变经济发展方式的攻坚时期，"十二五"规划确定了经济社会的科学发展主题和加快转变经济发展方式主线，要着力保障和改善民生，为全面建成小康社会打下具有决定性意义的基础。非公有制经济作为社会主义市场经济的重要组成部分和社会主义现代化建设的重要推动力量，没有非公有制经济发展方式的转变，加快转变经济发展方式的目标就难以实现。非公有制经济又是保障和改善民生的重要力量，不仅是社会就业的主渠道，也是满足人民群众生活需求的重要来源和保障。但总体上来看，当前还有不少非公有制企业在治理结构、经营模式、管理理念、人才队伍等方面存在明显不足，主要表现在技术水平、产品档次不高，能源资源消耗、环境污染相对较大，内部治理结构不够完善，管理能力水平较弱，科技管理人才严重匮乏、创新能力不足等。这些问题不解决，企业就难以提高自身素质，转型升级的目标就难以实现，非公有制经济就难以转变发展方式，保障和改善民生的作用就难以发挥。从各地的经验来看，非公有制企业设立党组织，充分发挥党组织和党员在推动企业健康发展和促进企业和谐中的积极作用，是企业可持续发展的内在要求和战略选择，与企业发展目标相一致。在非公有制企业加强党的建设，是党组织和党员及时了解职工群众思想动态，加强对职工的人文关怀，协助企业做好矛盾化解工作，构建和谐劳动关系，维护职工和企业双方合法权益的需要，是充分发挥党组织的思想政治工作优势，加强企业文化建设，提高职工队伍素质，以党员的先锋模范作用影响和带动企业职工为企业发展献计出力，不断提升企业的核心竞争力的需要。

二是加强党在非公有制经济领域的领导、巩固和扩大党执政的群众基础和社会基础，需要大力加强非公有制经济组织党的建设。90年来党的发展历程充分证明，党的最大政治优势是密切联系群众，党执政后最大危险是脱离群众。巩固党执政的群众基础和社会基础，关系到党的执政地位是否稳固，关系到全面建设小康社会的目标能否实现，关系到中华民族复兴伟业的兴衰成败。新时期，随着非公有制经济的快速发展，以非公有制经济人士为代表的新的社会阶层群体数量逐渐扩大，他们积极参与经济建设，参政议政愿望强烈，是中国特色社会主义事业的建设者，理所当然地也是我们党执政的重要群众基础和社会基础。在非公有制经济组织中就业的数量庞大的农民工已经成为工人的重要组成部分，他们是党执政的阶级基础和群众基础。非公有制经济组织量大、面广、点多，具有广泛性、多样性、复杂性的特点，非公有制经济领域劳动纠纷和劳资矛盾比较突出，是构建社会主义和谐社会的薄弱环节。非公有制经济人士来源多元，素质参差不齐，思想活动的独立性、选择性、多变性、差异性日趋明显，诚信守法意识、产品质量意识、安全生产意识、社会责任意识依然淡薄，在非公有制经济组织设立党组织，加强党在非公有制经济领域的领导，扩大党的工作覆盖面，充分发挥党组织和党员联系和服务群众的作用，把广大职工群众和非公有制经济人士团结在党的周围，增强党组织在非公有制经济组织中的吸引力、影响力和号召力，是保持党同人民群众的血肉联系，实现好、维护好、发展好最广大人民根本利益的现实需要，对于不断巩固和扩大党执政的群众基础和社会基础具有重要意义。

二、非公有制经济组织党建已经成为党的建设新的伟大工程的重要组成部分

在党中央一系列关于非公有制经济组织党建政策的指引下，特别是在学习实践科学发展观、创先争优活动的大力推动下，非公有制经济组织党的建设获得了迅猛发展。

（一）组织覆盖不断扩大

非公有制经济组织党组织已经成为党的重要基层组织。截至2009年12月，我国非公有制企业（不含个体户）中基层党组织42.78万个，占全国基层党组织的10.9%。其中，规模以上企业党组织20.40万个，占全国基层党组织5.2%，覆盖率41.34%；规模以下党组织22.37万个，占全国基层党组织5.7%，覆盖率5.12%。个体工商户中，党组织覆盖率0.046%。另据2011中国民营企业 500 强分析报告显示，2010 年 500 强民营企业中已经建立党委（支部）的占 92.6%，比 2009 年高出 2.6 个百分点。截至 2011 年 5 月底，甘肃省 82200 户非公有制企业中建立党组织 9809 个，比 2009 年底增加 7195 个，增长 2.75 倍；非公有制企业党组织组建率由 2009 年底的 3.68%，提高到 2011 年 5 月底的 11.93%。

非公有制经济组织中的党员已经成为党员队伍的重要组成部分。截至 2009 年 12 月，全国非公有制经济组织中党员 448.33 万名（不含个体户），占我国党员总数 5.58%。其中，规模以上企业党员 231.97 万名，占全国党员总数 2.9%；规模以下党员 216.36 万名，占全国党员总数 2.7%。在个体工商户中，党员 50.04 万名，占全国党员总数 0.62%。开展学习实践科学发展观和创先争优活动以来，非公有制经济组织中新党员数量迅速增加，据统计已经超过 65 万人，占全国党员总数 0.8%，通过"双找"活动找出"口袋"党员 74.8 万人，占全国党员总数 0.9%。截至 2010 年底，安徽省非公有制经济组织共有党员近 13 万名，其中学习实践活动中"寻找"到的"口袋党员"、"隐性党员" 2405 名，创先争优活动开展以来又"寻找"到 1389 名，2010 年新发展党员 4608 名。湖北省非公有制经济组织和新社会组织中的党员从业人数 2010 年底增至 17.78 万人，近 3 年来新发展党员 3.6 万人，占从业人员总数的 5.7%。

此外，党员构成更加优化，大多数非公有制企业发展的新党员都是中层以上管理人员、技术人员和工会、共青团工作中表现突出的职工，非公有制经济组织中党员的素质不断提高。

（二）组织活动日趋活跃

非公有制经济组织党组织结合企业发展实际情况，开展了形式多样、富有特色的组织活动，呈现出不少新亮点。

1. 中央统一部署的活动扎实有效

2009 年以来，党中央先后部署了两次较大规模的教育活动，广大非公有制企业纷纷参与其中。一是参与学习实践科学发展观活动。非公有制经济组织党组织按照中央提出的"党员干部受教育，科学发展上水平，人民群众得实惠"的要求，响应"促进科学发展、构建和谐非公有制经济组织"的号召，参与到"创建科学发展示范非公有制经济组织"等实践活动中，积极把党组织政治优势转化为企业发展的优势，把党员先锋模范作用转化为企业发展的动力。如内蒙古亿利资源集团党委采取个人自学、集中宣讲、聘请知名学者教授专题辅导、座谈讨论、征文竞赛、演讲比赛、读书比赛、专项理论考试、劳动竞赛、安全环保教育等灵活多样的方式深入开展学习实践科学发展观活动，取得了较好效果。甘肃省、西藏自治区、新疆维吾尔自治区和新疆生产建设兵团很多非公有制企业的党组织把学习实践科学发展观活动同"加强民族团结、促进社会稳定"专题教育活动结合起来，着力在"长治久安固根基"上下功夫，有力地促进了地区和谐稳定。二是参与创先争优活动。2010 年，根据中央统一部署安排，广大非公有制企业积极参与创先争优活动，形成了党组织围绕企业转变发展方式发挥作用、党员立足岗位建功立业的良好局面，党组织和党员推动企业转型升级、实现科学发展的积极性得到了激发和调动。很多企业结合发展实际，创新活动载体，如有的企业党组织成立项目党支部、党员技术攻关小组，设立党员示范岗、党员责任区等；有的党组织结合企业发展目标进行公开承诺，以发展成果检验党组织和党员作用发挥；还有的党组织发挥带动作用，引导企业工会、共青团等组织的建设，促进企业全员创先争优。据组织部门不完全统计，创先争优活动开展以来，全国非公有制经济组织党组织和党员共提合理化建议、开展技术革新 82 万多个，完成急难险重任务 900 万件，为群众和社会做好事、实事 78 万件，带来直接经济效益 1245 亿元。湖北省非公有制企业党组织围绕加快转变经济发展方式、促进企业科学发展等目标做出 126.3 万项创先争优承诺，并公开亮诺践诺，为企业创造了良好的经济效益和社会效益。江苏省扬州市非公有制企业党组织在党员职工中广泛开展了"我为企业发展献一计"等活动，激发党员员工创先争优的热情，共向企业提出合理化建议 5000 余条，其中 3000 余条被采纳，创造直接经济效益约 5000 万元。

2. 非公有制企业党组织自发组织的活动丰富多彩

一是围绕企业生产经营开展活动。多数非公

有制经济组织党组织把"以党建促发展"作为宗旨，将组织活动与企业生产经营紧密结合起来。面对制约企业科学发展的难题，山西沁新能源集团股份有限公司党委成立了以煤矿技术部、机电技术部、工厂技术部为中心的党员技术攻关小组，积极进行技术研发和创新活动，先后对煤矿实施巷道支护、沿空留巷、加采煤柱、对拉布置、煤矸石发电厂锅炉入炉燃料工艺进行技改，提高了技术工艺的效率，降低了企业生产经营成本，推动了集团转型跨越发展。浙江省缙云县仙都仪表有限公司党支部定期召开"三个会议"即"生产经营研讨会"、"质量提升会"、"企务恳谈会"，深入分析公司的现状及发展方向，开展"提合理化建议"和技术革新等活动，提高员工的质量意识，助推企业转型升级。二是开展教育培训活动。多数非公有制经济组织党组织注重加强对党员和普通职工的教育培训，改进教育方式方法，有效提高了党员的党性观念和普通职工的文化素养。河北省华夏幸福基业公司党委开展"双向培养"活动，即加强关键岗位、骨干员工的组织培养，使他们尽快成长，向党组织靠拢；同时，加强非关键岗位党员的职业技能和职业素质培训，提高他们的业务能力，使他们成为公司发展的中坚力量，体现出党员的先锋模范作用。江苏昆山市非公有制企业党组织积极参与当地非公有制经济组织学习实践指导小组开展的教育培训活动，有效改变了企业职工文化素质较低、精神生活贫乏、政治热情不高等情况，党员的先进性得到了增强，职工的文化素质得到提高。辽宁北方曲轴有限公司围绕"建设学习型党组织，争做学习型党员"的目标，组织制定建设学习型组织实施方案和培训计划，每年开展各类培训50余场次，受训人员7800多人次。三是开展企业文化建设。多数非公有制经济组织党组织注重发挥思想政治工作优势，以社会主义核心价值体系引领企业文化建设。重庆市非公有制企业党组织广泛开展"唱红歌、读经典、讲故事、传箴言"活动，极大提升了党员和员工队伍的精气神。苏宁电器集团党委积极参与到内容丰富、特色鲜明的企业文化创新中来，通过举办艺术作品展览、职工运动会、"苏宁之夏"音乐会、歌咏比赛等形式多样的活动，充分展示了员工多才多艺的综

合素质和积极向上的精神风貌，集中宣传了企业变革与发展过程中取得的经验和成就，企业发展的软实力得到了大幅提升。广西新振锰业集团党委把党的先进性建设与企业文化建设结合起来，创办了企业内刊《新锰人》，制做了企业歌曲《新锰人之歌》，并组织开展赴井冈山、百色、龙州起义纪念馆进行革命传统教育、迎国庆篮球赛、价屯社会主义新农村杯篮球邀请赛等内涵丰富的职工文体活动，增强了企业的凝聚力和向心力。四是履行社会责任。很多非公有制企业党组织积极开展社会救助服务、扶贫济困、送温暖活动、助残服务活动等，使企业党员和群众感受到党组织的温暖与关怀。安徽省潜山县一批非公有制企业党组织积极响应党委政府"百企联百村、共建新农村"活动的号召，"以企兴村、以村促企、村企共赢"的目标，与新农村建设示范村结对子，帮助解决实际问题。在内蒙古亿利资源集团党委的建议下，集团拿出企业20%股权的永续收益筹建公益基金，主要用于沙漠绿化、生态改善和慈善救助等公益事业，累计用于捐资助教、慈善赈灾等公益事业的资金5亿多元。江苏红豆集团通过产业链为纽带，带动上千个外协工厂共同发展，为10万多人提供了就业岗位，并出资1000万元与共青团中央共同建立了中国青年创业就业基金会，多年来已累计向社会捐款捐物3亿多元。五是参与重大节日主题活动。很多非公有制企业党组织注重利用"七一"、"国庆"等党和国家重大节日，组织党员群众重温党的执政历史，回顾新中国成立以来特别是改革开放以来取得的巨大成就，增强党员群众的历史责任感和使命感。内蒙古伊泰集团公司党委每年都结合重大纪念日举办丰富多彩的活动，如开展"党的知识百题竞赛"、"书画摄影大赛"、"爱国歌曲大型演唱会"和"党在我心中"为主题的演讲比赛，每年"七一"都组织开展表彰奖励先进基层党组织、优秀党务工作者和优秀共产党员活动。

（三）党组织和党员作用不断凸显

各级非公有制经济组织党组织坚持尊重实践、尊重创造，积极探索党组织战斗堡垒作用和党员先锋模范作用发挥的有效途径和载体，在实现自身科学发展的同时，服务非公有制企业科学发展的作用也日益突出。

1. 宣传贯彻党的方针政策，引领企业发展的正确方向

大多数企业党组织能够把贯彻落实党的方针政策作为首要任务，以邀请上级党组织负责人作辅导报告、企业负责人亲自上阵作动员讲话、先进典型介绍经验和组织参观等多种形式，组织党员群众学习《中国共产党党章》、党的十七大报告、中央有关重要会议和文件精神，让党的路线方针政策深入人心，保证、监督党的方针政策在非公有制企业的贯彻执行。浙江正泰电器股份有限公司党委制定了理论学习联合会议制度，定期组织公司董事会、总裁班子等公司高层对党的重要会议精神开展理论学习活动，及时把握党和国家的政策导向，收到较好的效果。浙江省长业控股集团党支部在公司内部刊物《长业资讯》上，开辟了学法普法、政策快递、新闻聚焦、管理之窗等6个专栏，确保企业的管理、决策都不偏离党的大政方针。北京叶青大厦党委努力搭建政企交流平台，加强与地区科技园、办事处、派出所、工商等单位的联系，每年邀请有关部门举办企业发展专题讲座、沙龙等活动，为驻厦企业引进更多的政策与资金支持。

2. 服务企业生产经营，推动非公有制经济科学发展

非公有制企业党组织树立"围绕发展抓党建，抓好党建促发展"的理念，把党建寓于企业生产经营之中，实现企业与党建共赢发展。福建恒安集团党委积极献计献策、展示作为、发挥作用，努力做到创建"五个好"党组织的要求，在党委的倡议下，企业设立"五小奖励基金"，即对"小革新、小发明、小设计、小建议、小改造"进行奖励，并以将业务和技术骨干纳入企业股票期权激励，以个人或团队姓名命名新方法、新工艺，有效营造了全员参与创新的良好氛围。四川省泸州市合江县蒋晏有限公司等200多个企业广泛开展"党员示范岗"活动，实现"三无"（党员身边无事故、无次品、无违章）、"三带"（党员带头学技术、带头搞创新、带头提建议）目标。浙江飞跃集团党委、重庆力帆集团党委组织党员职工开展"金点子"活动，针对企业生产经营、人员管理、市场开拓等方面存在的问题建言献策，帮助企业理清发展思路，破解发展难题，促进了企业科学发展。宁夏宝塔石化集团党委把推动企业的发展、取得良好效益作为企业发展的目标，紧密结合生产经营和技改工程建设，通过开展技术党课、确立党员责任区、开展党员示范岗等活动发挥战斗堡垒作用。

3. 加强思想政治工作，引导践行社会主义核心价值体系

非公有制经济组织党组织发挥思想政治工作优势，用中国特色社会主义共同理想教育和凝聚职工群众，引导、启发企业出资人和广大职工树立正确的世界观、人生观和价值观，积极践行社会主义核心价值体系。安徽南翔集团积极响应中央统战部、全国工商联提出"将部分资本同老少边穷地区的资源结合起来，做光彩事业重点项目"的号召，在全国率先开发建设区域商贸物流中心，走出了一条"市场扶贫"的路子，发挥了区域经济"加速器"作用，创造了大量就业机会，受到了社会各界的广泛赞誉。辽宁本溪华联商厦有限公司提出"廉政是健康、廉政是平安、廉政是幸福、廉政是终身保险"的廉政文化，公司党委明确规定，全体党员干部要做到"四要"即要关爱员工、要善待员工、要尊重员工、要亲近员工，"四必须"即员工有病必须看望慰问、员工出现思想问题必须耐心疏导、员工家庭出现矛盾必须家访调解、员工出现重大困难必须合力相助，"五不准"即不准以帮助办事为由吃拿卡要、不准收取钱物、不准参加下属宴请、不准让下属搭钱买饭干私活、不准员工到家串门拜年等，筑牢党员干部思想防线。四川明星电缆股份有限公司党委加强对党员的党性教育，提出的"无论所从事的职业在何种经济组织，党员的政治信仰始终坚定不移；无论薪酬待遇如何调整，党员的理想信念始终毫不动摇；无论所处岗位如何变动，党员的先锋模范作用无处不在"的要求已成为每名党员的自觉行动。

4. 积极构建和谐劳动关系，协同加强和创新社会管理

在大量产业工人和新的社会阶层人员不断向非公有制企业集中的情况下，广大非公有制企业党组织积极与工会等人民团体密切配合，维护职工的切身利益，开展"关爱员工、实现双赢"活动，促进了劳动关系的和谐。一些企业党组织主

动与出资人协商，为职工增加工资，办理住房公积金、养老和医疗保险，解除职工的后顾之忧，使党组织成为职工群众的"贴心人"、"主心骨"。陕西金花集团党委积极探索员工与企业共同发展的模式，建立科学合理的工资分配制度，将劳动报酬与岗位技术要求、岗位业绩和岗位贡献挂钩，激发广大员工、干部的工作积极性；健全各类福利保障制度，在原有"三金"（养老、失业、医疗）的基础上为员工增加了工伤保险、生育保险和住房公积金，达到了"五险一金"，解决了广大员工最关心、最现实的问题；开展以"关爱员工，温暖家人"为主题的慰问驻外员工家属活动，为驻外员工家属带去一份关怀，让员工与家属充分体会来自集团大家庭的关爱。海南海马集团党委以工会、共青团等组织为桥梁纽带，采取多种途径为公司培养技术骨干2000多人、管理骨干600多人，为员工增强自身素质提供平台；协助董事会改善员工居住环境，党委牵头、工会负责落实新修建了268套集资房，解决员工住房难的问题，使员工衣、食、住、行等生活条件得到不断改善，生活质量不断提高。另外，集团党委还设立专项资金救助困难员工，指导共青团开展"春节送温暖"、"金秋助学"等爱心活动，不仅留住了员工的心，增强了员工的家园意识，同时也在企业内部营造出了和谐发展的浓厚氛围。

（四）领导管理机制不断健全

各地党委高度重视非公有制经济组织党的建设，以改革创新的精神不断探索加强组织领导和工作指导，取得了较好成效。

1. 领导管理机构不断健全

面对非公有制经济组织这一党建新领域，各地党委不断探索和完善非公有制经济组织党建领导机制。当前，在各级党委的统一领导下，在组织、统战等部门的牵头协调下，初步形成了四种管理模式：一是依托工商联成立非公有制经济组织党工委，统筹加强和指导非公有制经济组织党的建设。党工委作为地方党委的派出机构，书记由统战部副部长、工商联党组书记兼任，统战、工商、税务、公安、质监等部门负责同志参加。如湖南省委明确党工委是省委派出机构，党工委书记由省委统战部副部长、省工商联党组书记担任，办公室设在省工商联。全省14个市州、112

个县（市、区）也同样依托党委统战部、工商联成立了非公有制党的建设机构。山东、江西、新疆等地也大体是这种模式。二是依托工商行政管理系统成立非公有制企业党工委，下设非公有制经济组织党建工作站，形成省、市、县三级工委和党建工作站四级贯通的非公有制经济组织党的建设格局。如甘肃、山西、重庆、四川、陕西、吉林、江苏等地成立个体私营企业党工委或党委，使个体和私营企业党的建设逐步走向规范。三是成立隶属省委组织部，依托省工商联开展工作的非公有制经济组织党工委。如海南省即是这种模式。四是依托行业主管部门成立非公有制经济组织党工委，直接管理非公有制企业党组织。如广东省普遍建立非公有制经济组织联席会议制度。

2. 工作机制和方法不断创新

各地积极探索加强非公有制企业党的建设的有效载体，创新工作方式，探索建立健全长效机制，不断形成工作合力。一是创新党组织组建方式。一些地方根据非公有制企业区域化、行业化集中等特点，不断丰富和完善"单独建、联合建、依托建、挂靠建"等党组织组建形式。浙江省各地市按照不同企业、不同行业、不同区域特点，积极创新组织设置方式，依托农村社区、工业园区、商圈楼宇、专业市场等，通过单独组建、联合组建、村企联建、编组共建等形式，大力推进区域化、园区化、行业化、产业化党建工作，目前全省规模以上非公有制企业已经实现了党组织全覆盖。山东省烟台市依托镇街商会党组织，逐步构建起以"镇街党工委—商会党组织—会员企业党支部"和"镇街党工委—商会党组织—直属党支部—无党组织和党员会员企业"为主线的党建工作网络，扩大了规模以下非公有制企业党建工作覆盖面，截至目前，全市正常运营的非公有制企业党组织组建率达到45.7%，其中规模以下组建率达到22.6%，比2002年提高了16.3%。二是创新活动指导。一些地方党委根据非公有制经济组织党组织开展活动难的问题，积极选派党建指导员深入企业具体指导。上海市创新"双结对"工作机制，除了与困难群众结对外，还推行机关事业单位党组织与城乡基层党组织尤其是非公有制经济组织党组织结对，强化资源优势党组织与资源薄弱党组织之间的资源整合、互动联动。重庆市充分发挥党建工作指导员"五员"即学习指导员、理论宣讲员、活动信息员、矛盾协调员、企业服务员的作用，为非公有制经济组织学习实践活动的深入开展提供了有力的指导，解决了非公有制经济组织党组织活动难开展、作用发挥不充分等问题。新疆生产建设兵团各师制定《关于加强非公有制企业党建工作的意见》，如八师党委先后出台《中共农八师石河子市委员会关于非公有制企业党的建设实施办法（试行）》和《农八师石河子市非公有制企业党建工作指导员制度实施办法（试行）》，六师新湖农场下发了《关于在非公有制企业中开展党建工作的实施意见》（场党发〔2006〕20 号），芳草湖农场下发了《关于印发〈芳草湖农场党群工作一体化〉的通知》（芳党发〔2007〕12 号），102 团制定了《非公有制企业党建工作五年规划（2005－2010 年）》，提升了非公有制企业党建的规范化程度。河北省廊坊市建立了非公有制企业党建工作联系点，市、县、乡三级党委负责同志定期深入联系点实地察访、专题调研，听取基层党组织和党员干部职工群众的意见，帮助解决非公有制企业党建工作中存在的突出问题，把领导干部非公有制企业党建联系点建成党建活动示范点。三是发挥典型示范作用。一些地方党委树立了一批党建先进典型示范点，并组织非公有制经济企业出资人和党组织负责人到示范点参观考察，引导出资人亲身感受党的建设与企业发展目标的一致性，帮助党组织负责人现场了解如何结合企业自身特点搞好党的建设，以点带面促进企业党组织组建，形成点线面结合、以面为主的区域化非公有制企业党的建设模式。甘肃省坚持抓大户、抓难点、抓示范，实施省市县三级分别抓 100 户重点企业的"三百"工程，推广了一批非公有制企业党建工作典型，共培育示范点 1907 个，建立领导干部联系点 4562 个，为全省非公有制企业树立了创先争优的标杆。重庆市开展了非公有制企业党建工作"三级联创模式"，在创建目标设定上坚持全面创建与分级创建相结合，在创建内容设定上坚持"规定动作"与"自创动作"相结合，在创建方法上坚持统筹兼顾与重点突破相结合，在创建机制上坚持上下联动长短结合，在全市建立了近 2000 个三级示范点党组织，通过典型引路、事实

说话、榜样推动、以点促面，提升全市非公有制经济组织党建工作的整体水平。四是开展教育培训。一些地方重视对企业出资人、党组织负责人和党员干部的培训工作，着力提升党组织开展活动的科学化水平。安徽省围绕如何当好支部书记、怎样开展活动等，开展党支部书记岗位培训，不断提高他们的党务工作水平和推动企业发展能力，2010 年全省共举办培训班 468 次，培训非公有制经济组织党支部书记 5954 名。创先争优活动开展以来，湖北省先后举办党组织负责人和党建指导员培训班 172 次，培训 8118 人次。河北省廊坊市出台专门文件把非公有制企业党务干部培训纳入党校培训整体规划，市财政每年列支 80 万元设立培训基金，建立市、县（市、区）、乡镇（街道）三级培训网络，采取党校培训、外出参观学习、观摩拉练等方式，并明确要求各县（市、区）每年对街道社区和非公企业党务干部普遍轮训一遍，每年举办一期街道社区和非公企业党务干部培训班。五是创新党员管理。许多地方面对非公有制经济组织中党员流动性大、口袋党员较多、管理较难的问题，创新党员管理手段，积极组织他们参与党的活动。重庆市大渡口区建立了开放统一的 12371 党建信息平台，实现党员精确管理、网上组织关系接转、网上视频组织生活、网上党费管理、网上教育培训、网上办公、网上信息发布、网上思想交流等功能，取得了较好的效果，截至目前，全区共在 12371 党建信息平台上建立网络党组织 684 个，党员通过网络转接组织关系 4961 人次，通过网络和手机缴纳党费 6667 人次；基层党组织通过平台发送、接收公文 4 万份，发布党建信息 10 万余条、互动手机短信 400 万余条、《12371 手机党报》近 120 万份；党员群众进行在线学习 3 万人次，提交学习成果、心得体会 1760 篇。

（五）自身建设得到长足进步

1. 内部制度进一步健全

在当地党委的领导下，大多数非公有制企业党组织都建立健全了"三会一课"、民主评议、谈心交心等内部制度，有的党组织还根据企业实际情况建立了党员向企业献计献策、党组织目标管理、党组织活动经费预算等制度，较好地推动了非公有制企业中党组织工作的开展。西藏特色产

业股份有限公司党支部建立了《党支部成员的职责》、《党员学习和活动制度》、《党支部工作制度》、《发展党员和缴纳党费制度》等规章制度，制定明确的支部工作计划，定期召开组织生活会，使党的生活制度化、规范化。北京启明星辰公司党支部重视支部自身建设，形成《启明星辰公司关于加强党支部建设的决定》、《启明星辰共产党员廉洁自律守则》等制度，扩大了党支部的影响力。

2. 党支部班子建设进一步夯实

非公有制经济组织党组织注重提升领导班子特别是党支部书记综合素质，一方面，通过内选、外聘等多种方式选择有丰富党务工作经验的党员担任支部书记，另一方面，注重对党支部领导班子成员加强党务工作培训，非公有制企业党务工作者的综合素质得到进一步提高，党务工作的科学化水平和推动企业发展能力显著增强。宁夏宝塔石化集团根据集团管理体制改革和党员分布情况，优化党支部组成和班子成员，果断将那些占着位子不干事的人调整出去，把"政治上靠得住、工作上有本事、作风上过得硬、党员职工信得过"的人选拔到领导岗位，并选聘党政机关退休老干部、军退干部等一批政治理论素质高的人员，担任各级党组织负责人，壮大政工队伍，提高党建工作整体水平，保证了党建工作的正常开展。

3. 党员队伍建设进一步加强

多数企业党组织都重视党员队伍建设，党员素质得到提升，先锋模范作用得到了充分发挥。在新党员发展方面，注重吸收优秀企业出资人、管理人员、高级知识分子和一线骨干职工入党，为党的建设注入新鲜血液。在党员培养方面，不断改进党组织活动方式，健全党内组织生活制度，抓好党内激励、关怀和帮扶，增强党员的荣誉感归属感。山西沁新能源集团股份有限公司坚持实施"双培双带"工程，注重做好入党积极分子的培养教育工作，把一些思想政治素质好、业务能力强的员工列为重点培养对象，近10年来共发展党员100名，其中50名党员在企业管理岗位，20名同志担任部门领导和科室主管领导职务，30名党员分布在管理、技术、生产、服务等关键岗位上，为企业发展发挥了模范骨干作用。

4. 党组织活动保障进一步完善

多数非公有制企业党组织通过多种渠道，积极争取出资人对党组织活动的支持。在经费保障方面，许多非公有制企业党组织除收取党费外，还获得了企业出资人在经费方面的支持，用于开展党务活动、党员职工教育培训等。广西新振锰业集团每年拨给党委专项经费，用于党员培训、订阅党报杂志、党员教材、党员外出考察学习、党委结对共建活动，表彰先进党支部、优秀共产党员奖金、奖品，累计已达30多万元。在活动场地保障方面，多数非公有制企业为党组织提供了党员活动中心等场所，为党务活动开展提供了场地保障。福建恒安集团等企业为党委、纪委、党校等安排了数百平方米的办公场所；北京市许多区县非公有制企业在当地党委的指导下，做到了各新建党组织都达到"四个一"，即一块党组织牌子、一间党员活动会议室、一本党支部工作手册、一面党旗，确保了党组织活动有阵地。茂名汉山锁业集团每年除按计划拨款给党总支部和各党支部开展党建工作外，还投入50多万元修建高标准党总支办公室、党员活动室、党员文化室，努力为党建工作开展创建良好的条件和环境。

三、当前非公有制企业党的建设存在的困难和问题

尽管各地在推动非公有制企业开展党的建设方面有一些新探索，取得了不少成效，但受党委政府领导认识层次、非公有制企业特点等制约和影响，当前非公有制企业党的建设仍处于起步阶段，非公有制企业党组织的组建率总体来说还不高，不少存在开展活动难、发挥作用难的问题，非公有制企业党建还远远滞后党建工作的实际需要和非公有制企业发展的实际。总体来看，当前非公有制企业党的建设面临五大困难和问题：

（一）对非公有制经济组织党建的认识亟待深化

非公有制企业党组织建设存在的问题首先是思想认识方面的问题，核心是对推进非公有制经济组织党建的重要性认识不足。一是少数领导认识不到位。一些地方党委对加强非公有制企业党建的重要性、必要性和紧迫性认识不足，对非公有制经济组织党建的关注不多，底数不清；一些地方没有把非公有制企业党建摆上议事日程，指导薄弱，基本处于放任自流状态。二是不少企业出资人认识不到位。不少企业对是否设立党组织、开展党的活动持怀疑、观望态度。三是企业党员认识不到位。非公有制企业党务工作者普遍感觉在非公有制企业"受制于人"，开展工作感到腰杆不直，顾虑重重；不少企业党员信仰意识淡薄，不愿亮明党员身份，给党组织开展活动带来困扰。

（二）党组织组建面临诸多困难

党组织组建难，是制约非公有制经济组织党建的基础性问题。当前，由于非公有制企业量大面广、稳定性差、队伍流动性大等特点，非公有制企业党组织不健全、覆盖面小、党建空白点较多的问题较为突出。目前全国非公有制经济组织中已建党组织40多万个，占全国非公有制企业总数的比例不足5%。组建困难除了私营企业出资人对党建工作存在片面认识，存在"怕监督制约、怕削弱威信、怕影响生产"的顾虑，不下真功夫抓党建工作外，还有诸多客观困难：一是企业规模小，党员分散，人数少。当前非公有制企业中99%都是中小企业，员工在10人以下的非公有制企业占较大比例，党员数量少、分布分散，给党组织组建带来困难。二是企业不稳定、员工流动性大。据测算，当前占非公有制企业99%以上的中小企业平均寿命只有3年左右，多数小型微型企业朝不保夕，忙于生计，没有时间也没有精力抓党建工作。同时，与国有企业相比，非公有制企业员工流动性大，对党员队伍的稳定性带来冲击。三是缺少合适的党组织负责人。多数非公有制企业特别是中小企业党员数量有限，找不到政治坚定、经验丰富、组织协调能力强的党务工作者。一些非公有制企业党组织负责人往往身兼数职，对党务工作投入的精力难以得到保证。党务工作者的待遇得不到保障，甚至有的党务干部的待遇与经营管理人员、专业技术人员比相对较低，工作积极性不高。

（三）党员素质亟待提升

当前，受体制、经费、人员等多方面因素制约，非公有制企业党员素质提升缓慢，先锋模范作用发挥不突出。一方面，非公有制企业的党员不少存在临时观念和雇佣心态，一些党员不愿亮明身份，不愿参加组织生活，不愿发挥带头作用。另一方面，传统的属地化管理模式难以把他们纳入稳定规范的管理之中。同时，由于多数非公有制企业特别是中小企业党务工作者缺乏党务

工作经验，加之党组织开展活动的经费多为企业自己承担，来源缺乏，一些企业的党员活动受条件限制，党员长期得不到培训，造成了党员素质的提升不够，先锋模范作用得不到有效发挥。

（四）党组织作用发挥亟待增强

由于非公有制企业党组织人事、经费及工作岗位均依附于企业，党组织表现出了比较明显的附属性，开展活动本身面临着较大困难。加之当前对非公有制企业党建工作正处在探索阶段，还没有找到行之有效的工作方法，导致党组织工作的效果普遍不理想，作用发挥不明显，不少处于"有组织无活动，有活动无效果"状态。一是活动的时间、经费、场地、人员得不到有效保证，党组织开展工作缺乏必要保障，党务工作难度大。许多企业没有专门的党建工作经费，没有专门的党员活动场地。一些企业"有组织无活动、有活动无质量"，少数企业党组织甚至长年不组织党员开展活动。二是活动方式普遍单一，对党员素质提高作用不大。党组织活动与非公有制企业党员的思想实际结合得不紧，出现了"庸俗化"和"精英化"两个极端，一些企业以简单的文化娱乐活动代替严肃认真的党内生活，一些企业用枯燥的读书看报方式教育党员，导致党员参与度低，组织活动效果不佳。三是活动与生产经营贴得不紧，难以得到企业主认可。很多企业党组织的活动方式和内容难以在非公有制企业中找到结合点，存在党内活动与企业经营活动、维护员工合法权益脱节的现象。

（五）体制机制亟待完善

科学合理的领导体制是促进非公有制经济组织党建深入发展的保障。目前，对非公有制经济组织党建的体制机制各地都做出了积极探索，取得了一定成绩。但仍存在诸多问题。一是领导体制亟待规范。当前各地探索出的党工委、社工委、联席会议等模式，缺乏统一的政策法律规定和规范的制度，随意性大，也容易造成职责不清，整体合力不大。多数地方成立的党工委、社工委等有机构，但无编制、无人员、无经费，难以保障工作开展。二是经费保障机制有待完善。与机关、事业单位和国有企业不同，当前非公有制企业党建经费基本上靠企业自发筹集，与企业出资人的态度密切相关，来源单一，稳定性得不

到保障，制约了工作开展。

四、对当前非公有制经济组织党建的几点认识

要加强非公有制经济组织党的建设，必须对非公有制经济组织党建所涉及的各个方面有着更为深刻的认识和更为准确的把握。当前，主要是把握以下几个方面的关系。

（一）正确把握非公有制企业党建与国有企业党建的关系

改革开放以来，党中央一直非常重视国有企业党的建设，积极探索加强和改进国有企业党建工作的有效途径和办法，取得了较大的进展，成效显著。国有企业党的建设在促进企业改革、推动企业发展、维护企业稳定、加强企业思想政治工作和精神文明建设中，发挥了不可替代的重要作用。作为正处于起步阶段的非公有制企业党的建设，与国有企业党建既有相同之处，又存在着明显的差异。在非公有制企业加强党的建设，可以借鉴国有企业党建的经验，但又不能照抄照搬，要考虑非公有制企业的实际情况。

一方面，二者都属党的基层组织建设，对于加强党的执政基础具有同等重要的战略意义。党的领导体现为党对社会各领域的全面领导。党在经济领域的领导，一个重要的环节是在经济活动主体中组建基层党组织，通过基层党组织在企业中发挥积极作用来加以实现。党章在党的基层组织一章中明确规定，企业等基层单位凡是有正式党员3人以上的，都应当成立党的基层组织。在我国当前社会主义市场经济体制下，国有企业与非公有制企业都是不可或缺的企业组织形式，都要接受党的领导。特别是在当前非公有制经济飞速发展，已经占据国民经济半壁江山的形势下，党必须要通过在非公有制企业大力加强党的基础组织建设来实现对非公有制经济领域的领导。开拓非公有制经济党的建设新领域，是加强党同非公有制企业职工的联系，帮助非公有制企业沿着正确的政治方向发展，从而巩固党在非公有制经济领域的执政基础的必然要求。因此，国有企业与非公有制企业的党的建设都是为了建设坚强的基层战斗堡垒，是党的建设的重要组成部分，也是党的全部工作和战斗力的基础。

另一方面，由于二者的产权归属不同，党组织的地位与作用发挥方式各异。非公有制企业与国有企业相比，产权归属不同，领导体制不同，社会主体资格也不相同。国有企业的产权归国家所有，由中央政府和地方政府分别代表国家履行出资人职责，国有资产管理机构对国有企业资产全面负责，享有所有者权益。非公有制企业的产权归出资人所有，企业主履行出资人职责，对非公有制企业资产全面负责，享有所有者权益，并无上级主管。由于产权结构及归属不同，国有企业与非公有制企业党组织在参与企业重大问题决策、任免企业干部以及与企业职工的关系等方面截然不同。在党组织地位方面，国有企业党组织是企业的政治核心，而非公有制企业党组织是企业职工的政治核心。党章明确规定："国有企业和集体企业中党的基层组织，发挥政治核心作用，围绕企业生产经营开展工作，保证监督党和国家的方针、政策在本企业的贯彻执行。"国有企业党组织政治核心地位体现在：把企业党组织的大部分工作与企业管理有机融合起来，积极参与企业改革、发展、用人等重大问题的决策，确保企业决策的正确性，避免失误，这是党组织发挥政治核心地位的重要内容和基本途径；按照党管干部原则，在企业选人用人中发挥主导作用，参与中层以上管理人员的选拔任用和管理监督，这是党组织发挥政治核心作用的组织保证和重要体现。与国有企业党组织的地位作用不同，中组部2000年9月下发的《关于在个体和私营等非公有制经济组织中加强党的建设工作的意见（试行）》（中组发〔2000〕14号），明确规定非公有制经济组织的党组织执行党章规定的党的基层组织的基本任务，在广大职工中发挥政治核心作用。非公有制企业党组织关心企业生产经营的重大问题，但同时尊重企业主依法自主经营企业的权利，与国有企业党组织在企业中发挥政治核心作用相比，非公有制经济组织党组织主要是做职工的工作，在非公有制企业中，党组织主要对企业职工发挥维权、教育、组织三大基本作用，密切党与职工群众的联系，是职工的政治核心。在党组织工作方式方面，党的工作在国有企业中有明确的制度性安排，而在非公有制企业没有强制性的制度。在国有企业中，党的工作属于"内在要素"，党组织在国有企业中的地位、职责与作用有明确的制度安排，比如，在党委会、党委扩大会议或党政联席会议上集体讨论企业重大问题的制度；厂长（经理）经常向党组织报告的制度；企业党政主要领导在重大问题决策前的沟通制度；党组织负责人参加厂长（经理）办公会、厂务会制度等。因此，党组织以直接形式对企业实行领导，党建工作因为党组织有权直接参与企业重大问题决策、任免干部而具有强制性，思想政治工作因为党组织有权参与物质利益分配而具有吸引力。在非公有制企业中，党组织是"外在要素"而非"内在要素"，党组织不能通过制度化安排，参与企业重大问题的决策，任免管理企业干部。因此，私营企业党组织只能以间接的运作方式，通过各种非制度安排的途径，影响企业决策，充分发挥作用。这种非制度安排主要是通过发挥党的政治优势、群众工作优势、组织优势，为加强党的执政能力建设做好基础性工作。

（二）正确把握非公有制企业党建与商会党建的关系

随着我国社会主义市场经济体制的逐渐完善、政府职能的进一步转变，各类社会经济组织应运而生、蓬勃发展。商会作为主要由非公有制企业组成的经济类社会组织，在加强非公有制企业党建中具有不可忽视的作用。一些商会通过加强自身党建，或者指导会员企业加强党建，在推进非公有制经济组织党的建设方面开展了诸多尝试，取得了良好的效果。

一方面，商会通过开展党建工作，在一定程度上解决了非公有制企业中不满3名党员无法成立党支部的问题。商会党建是加强党在非公有制经济领域领导力的重要途径。商会开展党建工作，是商会体现"三性有机统一"本质属性的组织保证，通过开展党组织的活动，使党的路线、方针、政策得以在商会组织贯彻落实，保证了商会建设的正确方向。越来越多的商会已经意识到加强党建在商会建设中的重要作用，并结合商会实际做了大量探索，特别是有的商会根据会员企业中不满3名党员无法成立党支部的实际，创造性地将那些规模小的非公有制企业中零星党员或流动党员纳入商会党组织，一举解决了流动党员组织关系无处挂靠、组织生活没有着落的情况，既有效扩大了党组织的覆盖面，又为会员企业健康发展、

做强做大提供了组织保证和强大动力。如重庆市工商联成立了商会党建工作指导委员会，已在18家直属商会中建立起了党组织，覆盖3200多家会员企业，近500名党员，200多名流动党员。

另一方面，商会发挥贴近企业的优势，以商会党建带动会员企业党建，有效扩大党组织的覆盖面。商会作为会员企业的联合组织，与会员组织联系非常密切，了解会员企业的实际情况，商会党组织能够更加有效地指导企业加强党建，提高会员企业党建质量，有效解决了由党委政府直接参与党组织建设而产生的社会管理成本过高、工作成效不理想的难题，既扩大了党在非公有制企业的组织覆盖和工作覆盖，同时也为基层党组织和党员主体作用的发挥营造了发展空间。当前，通过商会党建抓企业党建在各地已经取得显著的成效，也是一些地方党委发挥商会作用的重要做法之一。如四川省广汉市工商联按照市委对非公有制企业党建工作提出的"党的组织和工作全覆盖"的目标和要求，不断加强对非公有制企业党员的教育管理，强化非公有制企业党建工作，通过"单独建、联合建、挂靠建"等办法，在全市非公有制企业中建立党组织，其中单独组建283个，联合组建137个，1＋X模式组建26个（涉及企业1072家），同时，市工商联还通过以商会为主体建立商会党总支，帮助"零党员"企业开展党的工作，发展新党员、建立党组织，有效地提高了党对非公有制企业发展的影响力。广东省番禺区南村镇商会十分注重加强企业党建工作，商会党支部联合16家会员企业党支部深入开展创先争优活动，发挥党员的先锋模范作用，带动企业发展。同时，还坚持以党建带工建和团建，先后推动63家企业成立了工会组织，组建团支部10个。

但同时我们也应该清醒地认识到，商会党建与企业党建不能混为一谈，商会党建的核心是商会自身党建工作，特别是在当前坚持企业党建属地管理的基本原则下，应由企业所在地党组织领导管理企业中的党组织，不能用商会党建代替企业党建。当前商会党组织把一些不具备党组织组建条件的会员企业中零散的党员联合组织起来，组建"联合"党支部，可以作为一种过渡形态，商会党建最重要的目的是通过商会党组织引导会

员企业出资人支持所在企业组建党组织和开展党的活动，引导会员企业在属地管理的前提下做好党的建设工作。

（三）正确把握企业出资人与非公有制企业党建的关系

作为非公有制企业党建中的"关键人"，企业出资人是党巩固执政的群众基础和重要工作对象，同时企业出资人在企业的财产处置和生产经营中处于主导地位，党在非公有制企业开展工作必须取得非公有制企业出资人的理解和支持。

一方面，党建工作为出资人提供了正确的思想政治方向，促进出资人自身健康成长和企业健康发展。企业党组织围绕企业生产经营开展党建工作，在实现企业健康发展的目标上与出资人是高度一致的。企业党组织通过向出资人宣传党委、政府关于非公有制经济的各项方针政策，消除投资者对方针政策和各项工作的误解，增强他们对党的理解和信任，帮助他们在党委、政府的政策框架下做出正确的决策，把企业做大、做强、做优，使投资者真正体会到党组织是他们企业发展的支持者、鼓励者和引导者。党组织引导出资人诚信守法经营，积极构建和谐劳动关系，主动践行社会主义核心价值体系，树立义利兼顾、以义为先理念，积极履行社会责任，富而思源、富而思进，回报社会，树立良好的社会形象，提高企业知名度和美誉度，实现企业长远、可持续发展。党组织引导出资人加强企业文化建设，把党建活动融入企业文化建设之中，加强对企业员工的培养与教育，提升员工对企业价值观、企业精神、企业经营理念的认同感，统一员工思想，规范员工行为，凝聚员工力量，提高企业核心竞争力，促进企业经济效益的增长。

另一方面，出资人为非公有制企业党建工作的正常开展提供保障。非公有制企业是以市场为导向、以盈利为目的、由出资人决策的经济组织，其产权性质和运行机制决定了出资人的支持对企业党组织组建和开展工作具有重要影响。出资人的支持能够确保党组织在企业中的组建。在非公有制企业中，出资人是企业经营风险的承担者和利益享有者，必然处于企业的核心地位，对企业的投资、生产经营、利润分配、人事安排等有充分的决策权。在这种由产权私有派生出的管理架构中，并不必然包容党的组织体系，因此，只有出资人真正支持企业党建工作，党组织才能够顺利组建。出资人的支持能够确保党组织作用的发挥。非公有制经济组织的生产经营、机构设置、人事安排、利益分配等都由出资人自己决定，党组织和政府没有办法干涉，也不能干涉。非公有制经济组织中的党组织工作开展所需的场地、经费很大程度上取决于企业主本人的意愿，只有出资人的真心支持，党组织才能够顺利开展工作并取得成效。

（四）正确把握企业党组织负责人与非公有制经济组织党的建设的关系

非公有制企业党组织负责人也是非公有制经济组织党建工作的"关键人"。从当前的实践来看，非公有制企业中党组织负责人多数是在企业内部选举产生，即在征求非公有制企业主要出资人和党外群众意见的基础上，通过召开企业党员大会，由企业内部党员或党代表选举产生，内选的负责人有其本职工作，兼任党组织负责人。只有少数是外部选派，即在非公有制企业主要出资人同意的情况下，上级党组织为企业选派党组织负责人。无论是内选还是外派产生的党组织负责人，都要面对来自两个方面的领导，一方面是企业出资人的领导，另一方面是当地党委的领导，在这两种截然不同的领导体制下，党组织负责人处理好复杂的关系，实现企业生产经营与党务工作的有机统一、共同发展，显得尤为重要。

一方面，党组织负责人在企业中受出资人的领导，必须把党的建设与促进企业发展结合起来。非公有制企业的党组织负责人与国有企业党组织负责人在企业中的地位不同，在非公有制企业中，党组织负责人多数是企业雇员，在与企业出资人的关系中处于从属、被支配、被管理的地位，因此，取得企业出资人对党务工作的支持，是党组织负责人必须解决的首要问题。要取得企业出资人的支持，党组织负责人必须明确党组织的工作目标是围绕中心服务大局，坚持以党建促进企业生产经营，指导企业制定科学的规章制度，充分发挥党组织在生产经营决策中的参谋助手作用，决不能脱离企业生产经营就党建抓党建，多开展有利于企业经营管理的活动，寓党建工作于企业经营、管理和企业文化建设之中。要取得企业出资人的支持，党组织负责人要注重发挥党建工作的优势，帮助出资人通过支持党建工作获得上级党组织、政府在政策上的指导和在资金、技术、项目、信息等方面的扶持，使企业主切实感受到党建工作对企业的好处。要取得出资人的支持，党组织负责人要注重开展员工思想政治工作和科学文化教育，发挥党组织的战斗堡垒作用和党员在完成急难险重任务和攻克技术难题时的先锋模范作用，调动全体党员和职工参与生产经营管理的积极性，聚群体之智慧和力量促进企业的发展。只有这样，才能使出资人自觉地接受并支持企业中的党建工作。

另一方面，党组织负责人在党的组织层级中受上级党委统一领导，必须坚决拥护党的领导贯彻执行党的决策。非公有制经济组织党组织作为党的基层组织，要按照党章规定，必须坚决执行上级组织的决定。当前，非公有制企业党组织大多实行属地化管理，在当地党委的统一领导下开展工作。企业党组织负责人作为党的基层组织的主要领导，必须接受上级党委的直接领导、以全体人民的利益为首要目标，拥有坚定的理想信念、正确的政治立场、良好的品德作风、优秀的工作业绩和较强的履职能力，严格遵守政治纪律，保持应有的政治鉴别力和政治敏锐性。党组织负责人要坚持党的宗旨和目标，按照党的重要文件和上级部署要求，保证党的基本路线和各项方针政策在企业的贯彻执行，特别是发挥思想政治工作的优势，引导企业出资人和广大职工坚定走中国特色社会主义的道路。党组织负责人要在党委统一领导下，做好企业党员发展和管理工作，注重把符合条件的、高素质的员工特别是把企业生产经营骨干培养成党员，为党培养后备力量，要提高党员素质，把党员培养成生产经营骨干，夯实党的组织基础，使企业主真正感到党员是企业发展的不可缺少的中坚力量，从而支持党建工作。党组织负责人要密切联系群众，热忱服务群众，争取和保护职工群众的合法权益，只有关心他们的利益，真心实意地维护他们的权益，才能得到他们的拥护，为党的工作打下坚实的群众基础。

五、加强和改进非公有制企业党建工作的对策建议

党的十七届四中全会提出，要抓紧在非公有制经济组织建立党组织，贯彻党的方针政策、引导和监督遵守国家法律法规、团结凝聚职工群众、维护各方合法权益、促进健康发展，探索发挥作用的方法和途径。胡锦涛总书记在庆祝建党90周年大会上提出，要把服务群众、做群众工作作为基层党组织的核心任务和基层干部的基本职责，使基层党组织成为推动发展、服务群众、凝聚人心、促进和谐的坚强战斗堡垒。这为我们深入推进非公有制经济组织党建工作指明了方向。当前，要从坚持和完善社会主义初级阶段的基本经济制度，加强和巩固党的执政基础的高度，充分认识加强非公有制企业党建工作的重要性和紧迫性，以开展非公有制经济组织创先争优活动为契机，在认真总结各地非公有制经济组织党建探索的基础上，充分借鉴其他单位、其他系统党建工作的成功经验，推动非公有制经济组织党建工作再上一个新台阶。

（一）深入推进非公有制经济组织创先争优活动

2010年3月以来，中央在非公有制经济组织部署了创先争优活动。实践证明，这已经成为扩大两个覆盖面、推进非公有制经济组织党建工作的有效载体。当前，要把深入开展好创先争优活动作为深入推进非公有制经济组织党建的紧迫任务抓紧抓好。要把开展创先争优活动与营造良好的舆论环境结合起来。深入总结不同地域、不同类型企业发挥党组织党员作用、助推企业发展的鲜活经验，利用各种新闻媒体和多种形式，广泛宣传先进党组织和优秀党员，大力宣传在非公有制企业中开展党建工作的重要意义，形成全社会共同关心和支持非公有制企业党建工作的良好局面。把开展好创先争优活动与创新非公有制经济组织党建的指导方法结合起来。针对非公有制经济组织的特点和实际，坚持区别不同地区、不同行业、不同类型非公有制经济组织，实施分类指导。根据非公有制经济组织的不同情况、不同经营状况，明确开展党建工作的着力点，制定具体可行的工作方案。根据非公有制经济组织有无党组织的不同情况，提出有针对性的要求。对党组织不健全的，党委要及时选派党建工作指导员，开展党建工作，发展党员，抓好组织覆盖；对党组织功能不健全，作用发挥不明显的，党委要以

选好配强党组织负责人为重点，强班子、带队伍、谋发展，树立党组织的威信和地位；规模较大、党员较多、工作基础比较好的，要引导其积极创建先进基层党组织，促进党建工作上水平。把创先争优活动与建立健全非公有制经济组织党建的长效机制结合起来。认真总结各地创先争优活动的成功经验，把探索创造的有效做法制度化，把实践证明可行的制度长效化，建立健全非公有制经济组织党建工作长效机制，推动非公有制经济组织党建工作向深度和广度拓展。

（二）深入开展理论研究

当前，必须着眼于非公有制经济组织党建的深入推进，抓紧建立非公有制经济组织党建理论研究基地，为非公有制经济组织党建的深度推进发挥更大作用提供理论支撑。一要合理设置基地。要着眼于非公有制经济组织党建工作涉及面宽、主体多样等特点，探索建立开放式、多层次、社会化的研究机制。在基地的主体上，要充分发挥各方面力量，形成党的有关部门、政府有关部门、有关人民团体、高等院校、科研院所，特别是热心非公有制经济组织党建工作的企事业单位等机构或单位间的协作配合关系，努力拓展研究工作的广度和深度。在基地的条件上，要明确要求基地具备关注非公有制经济组织党建的工作热情、研究非公有制经济组织党建理论的专家队伍与研究基础等基本条件。在基地的层次上，要建立国家级、省级、地市级多层次的研究，将中央党校、国家工商总局、全国工商联等机构或单位设立为国家级理论研究基地。二要支持基地建设。鉴于当前非公有制经济组织党建工作研究的薄弱性，党的组织部门应加大对非公有制经济组织党建理论研究的经费支持，将非公有制经济组织党建研究经费列入党费统一预算，特别是要支持设立非公有制经济组织党建和非公党员的统计监测工作，为理论研究提供及时有效的数据支持。三是要明确研究重点。立足当前非公有制经济组织党建工作的实践，在充分吸收党建90周年整体工作经验的基础上，结合当前非公有制经济组织党建面临的困难和问题，抓紧建立非公有制经济组织党建重大理论的研究框架，着重在非公有制经济组织党组织的地位作用、党组织组建类型和方式、非公有制企业党建保障机制、企业

党组织负责人、非公有制经济组织党建管理体制、党组织如何发挥实质作用等重点问题进行重点研究，努力增强理论研究的系统性与前瞻性。特别是要着力摸清当前非公有制企业党组织、党员队伍现状；要着力研究其他组织体系党建工作的成功经验与非公有制企业实际相结合的问题；要着力研究非公有制经济组织党建的形成与发展规律，对影响非公有制企业党组织发挥作用的内部因素和外部环境进行量化分析；要着力分析新世纪新阶段以来非公有制企业和非公有制经济人士的新情况新问题，研究提出非公有制经济党建工作的规划。

（三）不断完善非公有制经济组织党建政策体系

非公有制经济组织党建是党的建设的新领域，必须以改革创新的精神不断进行思想创新、政策创新。当前，非公有制经济组织党建已进入新的发展阶段，进一步完善非公有制经济组织党建政策体系已经成为推动非公有制经济组织党建继续深入开展的关键因素。党委相关部门要认真总结非公有制经济组织党建开展特别是学习实践科学发展观和创先争优活动的成功经验，紧密结合我国经济社会发展特点和党建工作现状，深入研究非公有制经济组织党建的阶段性特征和未来发展趋势，尽快制定出台加快非公有制经济组织党建的政策措施，建立健全关于规范和促进非公有制经济组织党建开展的政策法规体系，推动非公有制经济组织党建尽快步入制度化、规范化发展的轨道。一要明确完善非公有制经济组织党建政策体系的基本原则。坚持一般意见与具体政策并行，既要出台全国性统一的政策文件对非公有制经济组织党建做出一般性规定，也要研究出台针对非公有制经济组织党建领导机制、财税扶持政策等不同环节的具体措施；坚持尊重党建规律与尊重市场规律并行，既要着眼于巩固党的执政基础加强非公有制经济组织党建工作，充分借鉴吸收其他系统党建工作开展的成功经验，也要充分考虑非公有制企业产权的私有性、人员的流动性等特点，明确非公有制企业党组织的定位、作用等，使非公有制企业党建体现非公有制企业特性、促进非公有制企业发展；坚持远期规划与近期目标并行，既要着眼长远，适时从党章层面对

非公有制经济组织党建的重大问题做出与时俱进的规定，也要考虑当前加强非公有制经济组织党建的现实紧迫性，加快制定近期的政策规划。二要尽快制定出台统一指导意见。鉴于党章修改程序的复杂性，应由中央组织部牵头，先行出台全国性的加强非公有制经济组织党建的指导意见，对非公有制企业党组织的定位、作用、管理机制等重大问题做出规定。

（四）进一步理顺管理体制机制

各级党委要着力健全非公有制经济组织党建的各项工作机制，不断提升非公有制经济组织党建的科学化水平。一是要完善非公有制经济组织党建领导机制，形成党委统一领导，组织部门牵头抓总，相关部门密切配合的齐抓共管工作格局。当前，要认真总结各地在建立健全非公有制经济组织党建领导机制上的探索经验。把各级党委组织部门作为党建工作的主管部门，在制定本地区基层党建规划、目标和任务时，将非公有制经济组织党建工作纳入整体规划，统筹安排。要进一步理顺非公有制企业党组织的属地、行业或归口管理的程序和关系，坚持"谁主管、谁负责"的原则，健全抓非公有制企业党建工作分级负责制，落实工作责任制，努力使非公有制经济组织党建工作进入科学化、规范化和有序化的轨道。同时，要发挥工商等行政职能部门、工会等群团组织在推动非公有制经济组织党建工作的助手作用，特别要注重发挥统战部、工商联等统一战线优势，推动非公有制经济组织党建工作的有效覆盖。二是强化责任保障机制。探索将把非公有制经济组织党建任务列入各级党组织书记党建工作述职和年度考核的范围，确立一把手负责制。同时，探索建立各级党委领导干部挂钩联系非公有制企业党建工作制度，在非公有制企业特别是中小型非公有制企业建立党建联系点，经常深入实地调查研究、督促指导，了解党组织发挥作用以及业主、员工的思想状况，帮助党组织及时解决工作中存在的问题，对党建工作不重视、不支持的一些非公有制企业主，分包领导要做好细致的思想政治工作。三是完善经费保障机制，探索建立多元化经费保障机制，加大党费对非公有制企业党建的投入。除鼓励企业自己解决部分党组织的活动经费和活动场地外，上级党委要采取财政拨付、党费返还等方法适当给予补贴，帮助企业党组织改善工作条件。探索党的活动经费与税、养老金、社会保险金等费同征办法，依托税务部门进行合理征收，为非公有制企业党组织开展活动提供固定经费来源。针对非公有制企业党支部书记工作保障差的情况，探索建立党务干部保障基金，给予党务干部从事党建工作以一定的补贴，解决党务干部的后顾之忧。加强党员活动阵地建设，设立专项资金，对有困难的非公有制企业，财政采取适当的方式进行一定补贴。四要健全人才保障机制。要抓住企业党组织负责人这个关键，结合非公有制企业的特点，采取灵活多样的方式，通过内选、外聘、下派等方式，选好配强非公有制经济组织党支部书记，不断加强对党支部书记的培训力度，提高他们党的工作能力、岗位技能水平和引导企业出资人达成共识的能力。要抓好党建指导员这个关键。在党委的统一领导、组织部门牵头下，加大统筹选派党建指导员工作力度，把政治素质好、组织能力强、懂经营管理、熟悉党务工作的干部选派到企业担任党建指导员。建立健全党建指导员的激励机制，探索将党建指导员的工作情况纳入基层党建工作目标考核，将考核结果作为派出单位评选党建工作先进集体的重要条件，并纳入领导班子、主要领导干部政绩的考核范围。切实规范党建指导员的行为，党建指导员要帮助企业组建党组织、开展党的经常性活动，在加强企业党建工作、推动创先争优活动顺利开展方面发挥积极作用。

（五）加快推进非公有制企业党组织组建

健全的党组织是开展非公有制企业党建工作的基础，也是党的作用发挥的组织保障。当前，要认真分析当前非公有制企业党组织组建中存在的困难和问题，借鉴其他单位特别是公有制企业党组织组建的经验，加快推进非公有制企业党组织组建工作。在组建重点上，针对当前规模以下非公有制企业党建工作是薄弱环节的情况，把规模以下的非公有制企业党组织组建工作作为重点，积极推动中小企业建立健全党的组织。切实抓好新成立的非公有制企业党建工作，坚持党建与企业同步成立、同步发展，把党建工作与业务工作、队伍建设同步部署，避免出现盲点和空白区，逐步实现党的基层组织和党的工作在非公有制经济组织中的全覆盖。在组建方式上，要结合非公有制经济量大、面广、点多的特点，因企制宜，坚持以单独组建为基本原则，凡有 3 名以上正式党员的，具备组建条件的，都要积极创造条件尽快建立党组织；对正式党员不足 3 名的，暂不具备条件的，要按照"行业相近、地域相邻、方便工作"的原则，采取联合组建、依托组建、区域组建等方法，建立联合党支部，尽快开展党的活动；对没有党员的非公有制经济组织，要采取派驻党建指导员、党员联络服务站或依托工会组织、共青团组织等形式开展党的工作，积极为组建党组织创造条件。

（六）加强非公有制企业党组织自身建设

加强非公有制企业党的建设，党组织自身建设是关键力量和核心因素。一要做好党员发展工作。要把不断壮大党员队伍作为深入推进非公有制企业党建工作的重要保障，注重在非公有制企业中大力发展党员。坚持质量优先的原则，既要注重在中高层管理人员、技术骨干中发展党员，也要注重在一线工人、营销人员中发展，尽量扩大党员的覆盖面，增强党员的号召力和示范性。二要创新党员管理方法。针对非公有制企业实际，要定期组织开展"三找"（组织找党员、党员找组织、党员找党员）活动，在摸清流动党员底数的基础上，按照"有利于党员合理流动、有利于加强党员教育管理、有利于发挥党员作用"的要求，坚持因地制宜，分类指导，努力扩大党的组织覆盖和工作覆盖，有效地解决"挂名党员"、"口袋党员"、"隐性党员"问题，为流动党员安好"家"。要按照流动党员工作单位、居住地之间"谁更利于加强对流动党员的教育管理，就由谁负责"的原则，不断创新基层党组织设置。党员外出的，流出地党组织应委托流入地党组织管理。三要强化党员教育培训。要加强党员的教育培训工作，充分保障党员的民主权利和主体地位，加强党内激励、关怀、帮扶工作，不断提高党员的文化素质和岗位技能，增强党员的光荣感、责任感和归属感，使之自觉寻找组织并发挥模范作用。要高度重视非公有制企业党员的培训工作，把非公有制企业党员、党务干部的培训纳入各级党委党员干部培

训规划。四要不断创新党组织活动方式。要把促进企业生产经营、提高企业竞争力作为党组织活动的出发点和落脚点，大力提高党组织在非公有制企业科学发展中的融入度和贡献率，着力把政治优势和组织优势转化成企业发展优势，努力做到"为企业所需要，为业主所认同，为职工所拥护，为党员所欢迎"，引导党组织党员在促进企业转变发展方式、实现科学发展中发挥实质作用。在指导思想上，坚持企业需要、党员欢迎的原则，做到生产经营与党建工作相结合；在活动时间上，坚持化整为零的原则，做到脱产与业务相结合，党建工作与生产经营相兼顾；在活动内容上，坚持注重实效的原则，做到提高党员的政治素质与业务技术相结合；在活动形式和活动载体上，坚持小型、分散、多样的原则，紧紧围绕企业的生产经营，积极开展"党员责任区"、"党员示范岗"等新、活、实的活动，充分发挥党员先锋模范作用。

（七）发挥工商联在加强非公有制企业党建中的重要作用

2010 年下发的中央 16 号文件明确指出，要充分发挥工商联在非公有制经济人士思想政治工作中的引导作用，并提出，要引导非公有制经济人士支持所在企业建立党的组织。这为工商联参与非公有制经济组织党建工作提供了政策依据和实践路径。工商联作为党和政府联系非公有制经济人士的桥梁和纽带，在参与非公有制企业党建工作方面有着诸多的优势。实践证明，工商联党组织是参与非公有制企业党建工作的一支重要力量。工商联在非公有制经济领域多年的思想政治工作和实际经验，在参与非公有制企业党建工作方面有着明显的职能优势和实际工作经验的优势：工商联具有健全的组织网络优势，联系着一大批非公有制经济人士，习惯运用适应非公有制企业特点的方式方法开展工作，能够在扩大党的两个覆盖面中有所作为。一要发挥工商联党组在非公有制企业党建工作领导体制和工作机制中的作用。中共中央国务院《关于加强和改进新形势下工商联工作的意见》提出，要"重视工商联党组协助开展非公有制经济组织党建工作"。党组作为工商联的领导核心，应当在促进非公有制经济

组织党建工作中发挥领导作用。党组要对非公有制经济组织党建工作中的重大事项进行深入研究。建议各级党委成立非公有制企业党的工作委员会，可以考虑党工委书记由同级党委分管统战工作的常委或统战部长兼任，工商联党组书记作为专职副书记具体负责协调，也可以考虑工商联党组书记担任工委书记。党委、政府相关职能部门负责人可以作为工委兼职委员，工作机构则设在统战部或工商联。二要开展非公有制经济人士思想政治工作，提高企业出资人对党建工作的支持度。争取企业主要出资人的支持，是非公有党建工作顺利开展的前提和重要条件。工商联要通过多种渠道和方式，引导企业主要出资人充分认识加强企业党建工作与企业实现可持续发展目标的一致性，教育他们始终保持正确的政治方向、健康的道德追求、主动承担社会责任，自觉接受中国共产党的领导，主动接受企业党组织的建议和监督，争当优秀中国特色社会主义事业建设者。对担任各级人大代表、政协委员、工商联常委和获得各级优秀中国特色社会主义事业建设者称号的主要出资人，要重点引进教育引导，号召其积极支持非公有制经济组织党建工作。要支持工商联做好包括企业党组织书记在内的非公有制企业党务工作者的培训工作，通过定期轮训、任职培训等方式，不断增强他们履行职责的能力，发挥好企业党组织的核心作用。要加大对非公有制企业党建工作的宣传，在社会形成关心、支持非公有制经济组织党建工作的氛围。三要培育和发展中国特色商会组织，发挥商会在加强非公有制企业党建工作的作用。中央16号文件提出了中国特色商会组织，并要求工商联要积极培育和发展中国特色商会组织。商会作为非公有制企业自愿组建的中介组织，凝聚了一大批非公有制企业和非公有制经济人士，在经济社会生活中发挥着不可替代的作用，能够在加强非公有制经济组织党建中发挥纽带作用。实践中，已经有一些商会尝试将商会作为加强非公有制经济组织党建工作的重要途径和环节，如天津山西商会已经成立了商会党委。加强商会党建工作，一方面要着力引导符合条件的商会积极设立党组织，不断扩大商会党组织的数量。另一方面要着力引导会员企业设立党组织，对不符合设立条件的小微会员企业，可考虑以商会为依托开展党的活动。在商会党组织的隶属关系上，应以接受主管单位领导为基本原则。

全国县级工商联组织建设情况问卷调查分析报告

为全面、客观、真实地了解目前全国县级工商联建设的具体情况，分类指导、配合推进各地重点解决县级工商联机关人员编制、办公条件、工作经费等实际问题，全国工商联会员部于2月下旬至6月中旬开展了县级工商联组织建设情况专项调研。

本次调研采取调查问卷的形式，将《县级工商联组织建设情况调查表》下发至各省（自治区、直辖市）所辖全部县级工商联组织。各省（自治区、直辖市）工商联协助全国工商联会员部组织此次调查问卷，共收回2949份有效调查表，占全国县级工商联总数的99.4%。经全国工商联会员部数据录入、反馈核对、汇总整理、客观分析之后，形成本报告。

一、县级工商联组织建设基本情况

（一）县级工商联人员编制情况

调查显示，2011年全国县级工商联编制总数为10827人，比2010年增加371人，增长3.54%，县均编制3.67人；全国县级工商联实有人员13944人，比2010年增加619人，增长4.6%，县均实有人员4.73人；2011县级工商联实有人员超出编制人员3117人，实有人员超出编制28.8%（见表1、图1）。

表1 编制和实有人员情况

单位：人，%

年份	县级工商联数量	编制数		实有人员	
		总数	平均	总数	平均
2010	2949	10456	3.55	13325	4.52
2011		10827	3.67	13944	4.73

注：县级工商联数量指此次调查收回的有效问卷对应的县级工商联数量，下同。

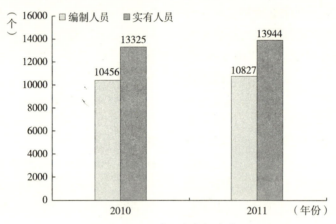

图1 编制人员和实有人员情况

2011年0编制县级工商联共计258个（含兵团149个0编制工商联），占全国县级工商联总数的8.8%，比2010年的281个0编制县减少23个；32个省份中，共有12个省份消除了县级工商联的0编制；3个以下编制的县级工商联共计599个，占全国县级工商联总数的20.3%；3～7个编制县级工商联共计1938个，占全国县级工商联总数的65.7%，8个以上编制县级工商联共计154个，占全国县级工商联总数的5.2%（见表2、图2）。

表2 编制情况

单位：个

年份	县级工商联数量	0编制县数量	3个以下编制县数量	3～7个编制县数量	8个以上编制县数量
2010	2949	281	722	1802	144
2011		258	599	1938	154

注：此表中3个以下编制不包括3和0编制，8个以上编制包括8个编制在内。

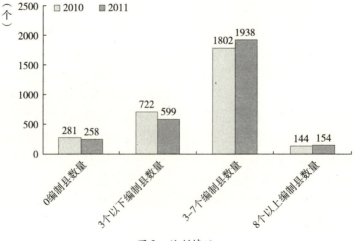

图2 编制情况

2011 年共有 1489 家县级工商联实有人员超出编制，占总数的 50.5%；实有人员少于编制数的县级工商联共有 295 家，占总数的 10.0%（见表 3、图 3）。

表3　实有人员和编制数比较分析

单位：个

年份	县级工商联数量	实有人员超出编制县数量	实有人员少于编制县数量
2010	2949	1429	279
2011		1489	295

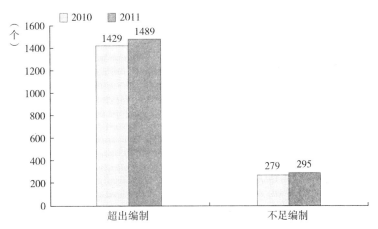

图3　超出编制及不足编制比较分析

（二）县级工商联办公经费情况

2011 年全国县级工商联经费总额为 68172 万元，其中财政拨款为 55020 万元，占经费总额的 80.7%，略高于 2010 年 80.6% 的比重；会费收入为 11199 万元，占经费总额的 16.4%；经费总额、财政拨款、会费收入分别比 2010 年增长 18.6%、18.8% 和 20.6%；2011 年县级工商联县均经费 23.12 万元，比 2010 年县均经费增加 3.63 万元，增长 18.6%（见表 4、图 4）。

表4　经费情况

单位：个，万元

年份	县级工商联数量	经费				平均经费
		财政拨款	会费收入	其他	总计	
2010	2949	46332	9289	1846	57467	19.49
2011		55020	11199	1953	68172	23.12

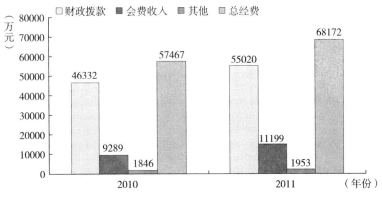

图4　经费情况

（三）县级工商联办公场所情况

2011 年共有 2527 家县级工商联独立办公，占全国县级工商联总数 85.7%，比 2010 年增加 20 家；办公硬件（电话、传真、电脑、公务用车）齐备的县级工商联共 1152 家，占全国县级工商联总数 39.1%，比 2010 年增加 7.1%（见表 5、图 5）。

表 5　办公场所情况

单位：个

年份	县级工商联数量	独立办公	具备办公硬件	备注
2010	2949	2507	1076	办公硬件指电话、传真、电脑、公务车同时具备
2011		2527	1152	

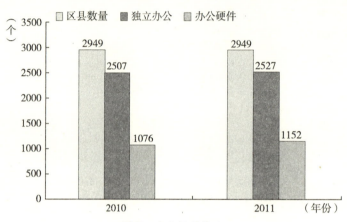

图 5　办公场所情况

（四）县级工商联执、常委情况

2011 年全国县级工商联执委共计 172148 名，县均 58.4 名；执委中的非公有制经济代表人士共计 144720 名，占执委总数的 84.1%，县均 49.1 名。全国县级工商联常委共计 67378 名，县均 22.8 名；常委中的非公有制经济代表人士共计 57065 名，占常委总数的 84.7%，县均 19.4 名（见表 6、图 6）。

表 6　执常委情况

单位：名，个

县级工商联数量	执委		常委		非公执委	非公常委
	总计	平均	总计	平均		
2949	172148	58.4	67378	22.8	144720	57065

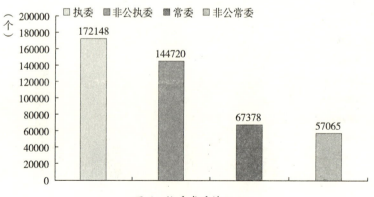

图 6　执委常委情况

（五）县级工商联会员情况

2011 年全国县级工商联共计有 2236243 个会员，县均会员 758 个。其中团体会员 45175 个，占会员总数 2.0%；企业会员 899273 个，占会员总数的 40.2%；个人会员 1291795 个，占会员总数的 57.8%。

表7　会员基本情况

单位：个

总计	会员		
	团体	企业	个人会员
2236243	45175	899273	1291795

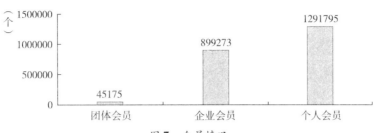

图 7　会员情况

企业会员中有 761496 家按照大、中、小、微型企业划分标准划分了企业规模，其中大型企业 29898 家，占 3.9%；中型企业 142745 家，占 18.7%；小型企业 319435 家，占 42%；微型企业 269418 家，占 35.4%（见表8、图8）。

表8　企业会员规模分析

单位：个，%

大型企业		中型企业		小型企业		微型企业	
数量	占比	数量	占比	数量	占比	数量	占比
29898	3.9	142745	18.7	319435	42	269418	35.4

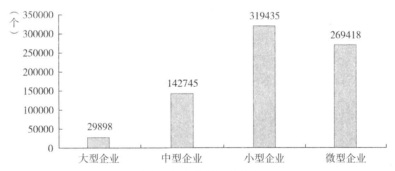

图 8　企业会员规模分析

（六）县级工商联基层商会情况

2011 年全国县级工商联共有基层商会 30407 个，县均 10.3 个。其中行业商会 7924 个，占基层商会总数的 26.1%；乡镇商会 15387 个，占基层商会总数的 50.6%；街道商会 3690 个，占基层商会总数的 12.1%；异地商会 1989 个，占基层商会总数的 6.5%；市场商会 411 个，占基层商会总数的 1.35%；社区商会 261 个，占基层商会总数的 0.9%；其他商会 745 个，占基层街道商会总数的 2.45%（见表9、图9）。

表9　基层商会情况

单位：个

县级工商联数量	基层商会						
	行业商会	乡镇商会	街道商会	异地商会	市场商会	社区商会	其他商会	总计
2949	7924	15387	3690	1989	411	261	745	30407

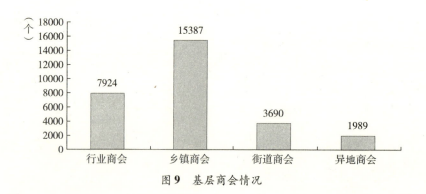

图9　基层商会情况

（七）县级工商联设立党组情况

2011年全国共有2430个县级工商联设立了党组，占县级工商联总数的82.4%（见表10、图10）。

表10　设立党组情况

单位：个,%

县级工商联数量	设立党组县数	设立党组县比例
2949	2430	82.4

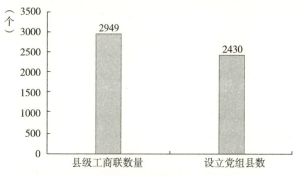

图10　设立党组情况

（八）县级工商联召开会议和制度建设情况

2011年全国县级工商联主席会议、常委会议和执委会议三项会议都按期召开的共1633家，占总数的55.4%；会员发展和管理，执、常委会建设，基层商会建设，机关工作制度等规章制度都完备的县级工商联共1725家，占总数的58.5%（见表11、图11）。

表11　召开会议和制度建设情况

单位：个,%

县级工商联数量	按期召开会议县数	按期召开会议县比例	制度建设完备县数	制度建设完备县比例
2949	1633	55.4	1725	58.5

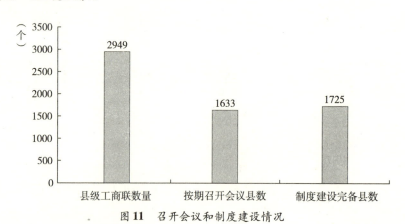

图11　召开会议和制度建设情况

（九）县级工商联领导班子情况

2011年全国县级工商联共有56682名领导班子成员，其中非公人士45316名，占总数的79.9%；男性49367名，女性7315名，男女比例约为7：1（见表12、图12）。

表12　领导班子情况

单位：个

县级工商联数量	领导班子成员数量	非公	男性	女性	县均数量
2949	56682	45316	49367	7315	19

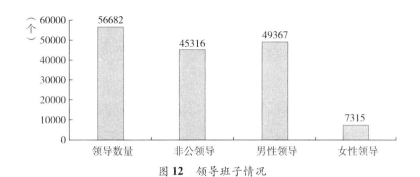

图12 领导班子情况

在县级工商联领导班子成员的学历构成方面，高中、中专以下 14371 名，占领导总数的 25.4%；大专学历共 21917 名，占领导总数的 38.7%；本科学历 16118 名，占领导总数的 28.4%；研究生学历 4276 名，占领导总数的 7.5%（见表13、图13）。

表13 领导班子成员学历构成情况

单位：个,%

领导班子成员数量	高中以下		大专		本科		研究生	
	数量	占比	数量	占比	数量	占比	数量	占比
56682	14371	25.4	21917	38.7	16118	28.4	4276	7.5

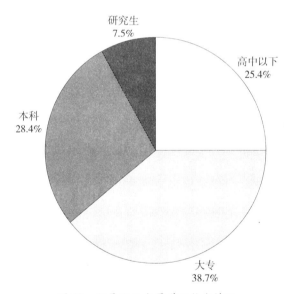

图13 领导班子成员学历构成情况

县级工商联领导班子成员担任人大副主任的有 156 名，担任人大常委的有 2507 名，担任县（市）长的有 15 名，担任副县（市）长的有 102 名，担任政协副主席的有 1210 名，担任政协常委的有 8647 名（见表14、图14）；其中县级工商联主席担任人大副主任、县（市）长、副县（市）长、政协副主席的共 1483 名，约占县级工商联主席总数的一半。

二、贫困县县级工商联建设情况分析

在全国工商联曾对我国东、中、西部地区县级工商联建设情况进行分类调查的基础上，运用本次调查样本资料对全国 14 个连片特困地区中国家扶贫开发重点县县级工商联建设情况进行分析，是一次有益的尝试。以下为涉及全国连片贫困地区 432 个贫困县县级工商联相关情况的初步分析。

表14 领导班子成员担任同级人大、政府、政协职务情况

单位：个

人大职务		政府职务		政协职务	
人大副主任	人大常委	县（市）长	副县（市）长	政协副主席	政协常委
156	2507	15	102	1210	8647

（一）贫困县县级工商联人员编制情况分析

本次调查显示，2011 年全国贫困县县级工商联编制总数为 1605 人，县均编制 3.72 人，比 2010 年增加 42 人，增长 2.7%；全国贫困县县级工商联实有人员 2118 人，县均实有人员 4.90 人，比 2010 年增加 109 人，增长 5.4%（见表15）。

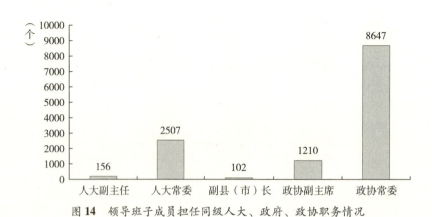

图 14　领导班子成员担任同级人大、政府、政协职务情况

表 15　贫困县县级工商联编制和实有人员情况

单位：个

年份	贫困县数量	编制人员		实有人员	
		总数	平均	总数	平均
2010	432	1563	3.62	2009	4.65
2011		1605	3.72	2118	4.90

据统计，贫困县县级工商联县均编制、县均实有人员、实有人员增长幅度略高于全国平均水平；编制增长幅度和0编制县比例低于全国平均水平（见表16）。

表 16　贫困县县级工商联人员情况分析

单位：个，%

	县均编制	县均实有人员	编制增长幅度	实有人员增长幅度	0编制	
					数量	占比
贫困县	3.72	4.90	2.7	5.4	16	3.7
全 国	3.67	4.73	4.0	4.6	258	8.7

注：增长幅度以 2010 年数据为基数。

（二）贫困县县级工商联办公经费情况分析

2011 年全国贫困县县级工商联总经费为 4366 万元，其中财政拨款为 3836 万元，会费收入为 399 万元，分别比 2010 年增长 24.5%、24.0% 和 25.1%；2011 年贫困县县级工商联县均经费 10.11 万元，比 2010 年增加 1.99 万元，增长 24.5%（见表 17）。

据调查，贫困县县级工商联县均经费为全国平均水平的 43.7%，比 2010 年有所增加（2010 年为全国平均水平的 41.7%）；在总经费、财政拨款、会费收入增长幅度上均高于全国平均水平；财政拨款占总经费的 87.9%，高于全国 80.7% 的平均水平。

表 17　贫困县县级工商联办公经费情况

单位：个，万元

	年份	数量	总经费				平均经费
			财政拨款	会费收入	其他	总计	
贫困县	2010	432	3094	319	93	3506	8.12
	2011		3836	399	131	4366	10.11
全国	2010	2949	46332	9289	1846	57467	19.49
	2011		55020	11199	1953	68172	23.12

（三）贫困县县级工商联办公场所情况分析

2011 共有 388 家贫困县县级工商联独立办公，比 2010 年增加 4 家，占贫困县县级工商联总数 89.8%；备齐办公硬件的贫困县县级工商联共 146 家，占全国贫困县县级工商联总数 33.8%，比 2010 年增加 12.3%。据调查，贫困县县级工商联独立办公比例高于全国平均水平，具备办公硬件比例低于全国平均水平（见表18）。

表18　贫困县县级工商联办公场所情况分析

单位：个,%

	年份	县级工商联数量	独立办公		备齐办公硬件	
			数量	占比	数量	占比
贫困县	2010	432	384	88.9	130	30.1
	2011		388	89.8	146	33.8
全　国	2010	2949	2507	85.1	1076	36.5
	2011		2527	85.7	1152	39.1

注：备齐办公硬件指电话、传真、电脑、公务车同时具备。

（四）贫困县县级工商联执常委情况分析

2011 年贫困县县级工商联执委共计 19116 名，县均 44.25 名；执委中的非公有制经济代表人士共计 15316 名，占执委总数的 80.1%，县均 35.45 名。贫困县县级工商联常委共计 7149 名，县均 16.55 名；常委中的非公有制经济代表人士共计 5591 名，占常委总数的 78.2%，县均 12.94 名（见表19）。

据调查，贫困县县级工商联县均执委、常委、非公执委比例及非公常委比例均低于全国平均水平，分别占全国平均水平的 75.8%、72.4%、72.2%、66.9%。

表19　贫困县县级工商联执常委情况分析

单位：个

	执委		常委		非公执委		非公常委	
	总计	平均	总计	平均	总计	平均	总计	平均
贫困县	19116	44.25	7149	16.55	15316	35.45	5591	12.94
全　国	172148	58.37	67378	22.85	144720	49.07	57065	19.35

（五）贫困县县级工商联会员情况分析

2011 年全国贫困县县级工商联共计有 287895 个会员，其中团体会员 3731 个，占会员总数的 1.3%；企业会员 38176 个，占会员总数的 13.3%；个人会员 245988 个，占会员总数的 85.4%（见表20）。

调查显示，贫困县县级工商联会员组成中，个人会员比例高达 85.4%，远超过 57.8% 的全国平均水平；团体会员比例较低，和全国情况大致一致；企业会员比例为 13.3%，远低于全国 40.2% 的平均水平。

表20　贫困县县级工商联会员情况

单位：个,%

	总计	会　员					
		团体		企业		个人会员	
贫困县	287895	3731	1.3	38176	13.3	245988	85.4
全　国	2236243	45175	2.0	899273	40.2	1291795	57.8

2011年贫困县县级工商联企业会员中有34402家按照标准划分了企业规模，其中，大型企业757家，占2.2%，低于全国水平；中型企业3524家，占10.2%，低于全国平均18.7%的平均水平；小型企业和微型企业的比例为44.3%和43.3%，均高于全国平均水平（见表21）。

表21　贫困县县级工商联企业会员规模

单位：个，%

	大型企业		中型企业		小型企业		微型企业	
	数量	占比	数量	占比	数量	占比	数量	占比
贫困县	757	2.2	3524	10.2	15243	44.3	14878	43.3
全国	29898	3.9	142745	18.7	319435	41.9	269418	35.4

（六）贫困县县级工商联基层商会情况分析

2011年全国贫困县县级工商联共有基层商会4120个，其中行业商会1008个，占基层商会总数的24.5%；乡镇商会2781个，占基层商会总数的67.5%；街道商会57个，占基层商会总数的1.4%（见表22）。

据调查，贫困县县级工商联县均9.54个基层商会，低于全国10.31个的平均水平；行业商会占基层商会比例略低于全国26.1%的平均水平；乡镇和街道商会之和占基层商会比例略高于全国62.7%的平均水平。

表22　贫困县县级工商联基层商会情况

单位：个

	基层商会								
	行业商会	乡镇商会	街道商会	异地商会	市场商会	社区商会	其他商会	总计	县均
贫困县	1008	2781	57	178	19	8	69	4120	9.54
全国	7924	15387	3690	1989	411	261	745	30407	10.31

（七）贫困县县级工商联设立党组情况分析

2011年全国共有359个贫困县县级工商联设立党组，占贫困县县级工商联总数的83.1%，略高于全国82.4%的比例（见表23）。

表23　贫困县县级工商联设立党组情况

单位：个，%

	设立党组	
	数量	占比
贫困县	359	83.1
全国	2430	82.4

（八）贫困县县级工商联召开会议和制度建设情况分析

2011年全国贫困县县级工商联主席会议、常委会议和执委会议三项会议都按期召开的共207家，占总数的47.9%；会员发展和管理，执、常委会建设，基层商会建设，机关工作制度等规章制度都完备的县级工商联共246家，占总数的56.9%；按期召开会议和规章制度完备情况方面低于全国平均水平（见表24）。

表24　贫困县县级工商联召开会议和制度建设情况

单位：个，%

	按期召开会议		规章制度完备	
	数量	占比	数量	占比
贫困县	207	47.9	246	56.9
全国	1633	55.4	1725	58.5

（九）贫困县县级工商联领导班子情况分析

2011年全国贫困县县级工商联共有6170名领导班子成员，其中非公人士4529名，占总数的73.4%；男性5376名，女性794名，男女比例约为7:1（见表25）。

根据调查显示，贫困县县均领导班子成员人数为14.28名，低于全国19.22名的平均水平；

非公人士的比重也低于全国 79.9% 的平均水平；男女比例和全国平均水平持平。

表25 贫困县县级工商联领导班子基本情况

单位：个

	领导班子成员数量	非公	男性	女性	县均数量
贫困县	6170	4529	5376	794	14.28
全　国	56682	45316	49367	7315	19.22

在贫困县县级工商联领导班子成员的学历构成方面，高中、中专以下 2075 名，占总数的 33.6%；大专学历共 2483 名，占总数的 40.3%；本科学历 1428 名，占总数的 23.1%；研究生学历 184 名，占总数的 3.0%（见表26）。

根据调查显示，贫困县县级工商联领导班子成员学历构成中，大专学历比例最高，和全国情况一致；大专学历和高中、中专以下学历比例超过全国平均水平，本科和研究生学历比例低于全国平均水平。

表26 贫困县县级工商联领导班子成员学历构成情况

单位：个，%

	高中以下		大专		本科		研究生	
	数量	占比	数量	占比	数量	占比	数量	占比
贫困县	2075	33.6	2483	40.3	1428	23.1	184	3.0
全　国	14371	25.4	21917	38.7	16118	28.4	4276	7.5

从百步亭经验初探非公有制经济人士成长规律

——宣教部赴百步亭集团调研情况汇报

2012 年 10 月 26 日，根据全哲洙书记的要求，经与李路副主席商议批准，高庆林部长率宣教部 8 位同志赴武汉，对 2011 年全国工商联重点宣传的非公经济十个先进典型之一的百步亭集团进行了重访和调研。湖北省工商联主席赵晓勇、副主席江浩等同志陪同调研。调研组听取了百步亭集团工作汇报，参观考察了百步亭花园社区，与集团董事局主席茅永红、总裁王波、各社区负责人以及居民代表进行了广泛座谈。通过这次调研，进一步了解到百步亭经验一年来的新发展、新变化，更重要的是以茅永红董事长的成长经历为样本探索非公有制经济人士健康成长规律，从中收获了许多加强和改进思想政治工作的有益启示。

一、先进典型事迹报告会后百步亭的新变化

2011 年 12 月 2 日在人民大会堂举办"全国非公有制经济先进典型事迹报告会"，湖北省各主要媒体对百步亭集团董事长茅永红进行广泛宣传，茅永红认为：能参加这样一个会议并作事迹报告既感到无比的光荣，又感到一种压力、一种紧迫感和使命感。同时感觉自己还有很多的差距，要做的事情还很多，一刻也不能停顿，一刻也不能自满。

至今近一年来，百步亭经验进一步得到中央各部门、地方党委政府和社会各界的高度重视和一致肯定。中组部先后三次派出调研组，对百步亭社区党建工作蹲点调研，总结出百步亭"二三六党建工作法"。中组部部务委员兼组织二局局长陈向群的《关于到百步亭社区调研的情况报告》得到中组部部长李源潮的批示："百步亭社区党建的工作经验很好，可以推广。"同时，中组部办公厅以中组部《工作通报》形式向各省级、副省级城市党委组织部印发《湖北省武汉市百步亭社区党建工作报告》。湖北省、武汉市先后发出《中共湖北省委办公厅关于在全省学习推广百步亭社区党建工作法的通知》《中共武汉市委关于在全市学习推广百步亭社区工作法的通知》，要求各级党组织充分认识学习推广百步亭社区党建工作法的重要意义，迅速掀起学习推广百步亭社区党建工作法的热潮。人民日报、光明日报分别在今年8月30日、8月21日头版头条刊发百步亭先进经验的报道。

10月30日，湖北省召开文明社区创建工作现场会，学习推广武汉市百步亭社区文明创建经验，很多地方党委组织部、党校、街道办等单位相继来百步亭花园社区考察学习。

集团党委副书记、百步亭社区管委会主任王波继作为非公人士当选十七大党代表后，再次当选为十八大党代表。

二、百步亭创造的多方面经验得到各领域高度评价

中央组织部、中央宣传部、中央文明办、建设部、文化部、民政部都曾发文向全国推广百步亭经验，高度评价百步亭在夯实党的执政基础、创新社会管理、建设文明社区、探索养老新模式、提升居民生活质量、提高城市文明程度、促进改革发展、维护社会稳定和弘扬志愿者精神等各个层面，具有全局性、方向性和示范性的意义。多位中央领导也称赞百步亭"是一个具有高度社会责任感的企业，在创新社会管理中探索了一条新路"。

百步亭社区管理模式的核心内涵在于，秉承房地产开发"理性利润"理念，让利社区居民、服务社区居民、融入社区居民、与社区居民之间建立起充分信任、和谐相处、互利共赢的良性循环。在这种理念的指导下，百步亭创新房地产开发"社区"建设理念，创新党领导下的居民自治社区运作机制，创新社会协同、各方参与的社区管理格局，成功探索出一套特色鲜明、行之有效的社区管理模式。通过健全五级负责、一抓到底的管理网络，构建立体式、全覆盖的组织网络；着力建设一支思想政治素质强，群众工作能力强的社区骨干队伍，把基层组织的"根"扎进楼栋；在社区党委的统一

领导下，社区居委会、物业公司、业主委员会三方联动，整合资源，形成合力，为居民群众提供全方位、全天候、全过程的服务；开展居民自治以及丰富多彩的群众活动；探索企业支持、市场运作的投入保障机制，引导社会力量参与社区管理服务。

三、百步亭经验对非公人士成长规律的启示

百步亭的经验无疑是多元化的，但工商联的关注视角却有所不同，我们调研的重点是着眼于以百步亭当家人茅永红董事长的成长规律为样本，探索加强和改进非公有制经济人士思想政治工作的有效方法。在此领域百步亭经验确实给予了我们许多启示。

启示一：各级党委政府与社会各界对民营企业家的善行、义举和贡献及时给予肯定、鼓励、嘉奖和支持，是民营企业家健康成长不可或缺的社会环境和养分丰富的土壤。那么，各级工商联组织充分发挥整合各领域资源的作用，创造一个好的社会环境和肥沃土壤，就是我们做好思想政治工作的巨大空间。

茅永红从不讳言，他最初创新百步亭社区管理模式，多是凭着做一个好人、做一个有良心的房地产开发商的朴素感情行事，试图在追逐经济效益的同时也能兼顾社会利益。但在百步亭社区从成长到成熟的过程中，每一步每一个环节，中央各部门、地方党委、政府和社会各界都给了适时的支持和鼓励。中组部蹲点调研、总结百步亭"二三六工作法"并在全国推广，中央文明办要求"社区志愿服务全国联络总站"设在百步亭。百步亭取消街道办事处的做法，没有民政部的支持也无法实现。工商联选择百步亭作为非公有制经济领域先进典型，进行了准确的、及时的、有效的宣传，在肯定和推广百步亭经验的大合唱中发出了工商联强有力的声音，这对茅永红是个非常重要的鼓励和荣誉，在茅永红的成长道路上也具有标志性意义。由于各级党政部门和社会各界的适时现身，使百步亭最初简单粗糙的一些做法越来越规范。各方的支持和鼓励也转化成了压力和动力，百步亭的追求和目标不断得到修正与提升，茅永红在义利的选择上由自发逐渐走向自觉。

我们据此可以清晰地看到一个轨迹，茅永

红的做法从自发到自觉与百步亭经验持续的打造过程可以看出，政策导向、社会褒奖、舆论赞扬和消费者的支持，是非公人士能够自觉地、持续地健康成长的必要条件和共性原因。工商联做好非公有制经济人士思想政治工作的一个重要着力点就是要充分发挥桥梁纽带作用，学会获得各级党委政府支持，最大限度地整合社会资源，善于借助社会各界力量，为非公有制经济人士的健康成长创造一个良好社会环境和肥沃土壤。

启示二：茅永红这个当家人在思想深处上真正过了"义"和"利"的取舍大关，在行动上真正摆正了义利关系，这是百步亭能够不断创造新经验、做出新贡献的核心原因。工商联加强改进在思想政治工作的着力点、同时也是推进企业文化的灵魂，就是促进广大民营企业家摆正"义利"关系。过了这一关，"健康成长"就会步上坦途。

茅永红多次强调："我有生之年积累起来的财富，不会悉数传给子女的，最终大部分要还给社会"，"钱是怎么来的，干什么用的，往哪里去？想清楚这些问题，做一切事情都心平气顺了"。一个企业家非常清晰知道自己如何"逐利"，如何"取义"，真正摆正了义利关系，这是百步亭一切令人称道的行动的源头。

在调研中我们问到茅永红为什么推选自己的副手王波做十七大党代表时，他坦诚承认："我认可王波的才干和贡献，向组织推荐了王波当党代表，但真等王波参加了十七大，心里还是十分别扭。最终我想清楚了，名和利都是考验，懂得节制欲望，在利益面前做出让步，境界才能升华。"由此可以看出，茅永红作为一位房地产开发商为什么能得到社区居民发自内心的爱戴和拥护，为什么百步亭管理层形成了一个志同道合的精神共同体，百步亭为什么能够屡屡创造新鲜经验。茅永红在成长过程中逐渐克服了资本逐利的盲目性，培育和树立了"义利兼顾"的正确财富观，在行动中遵循了"利由义取"、"义为利先"的原则。

民营企业家建立文化自觉与道德自觉，义利关系是皮，"皮之不存，毛将焉附"，工商联加强改进在思想政治工作的着力点、同时也是推进企业文化的灵魂，就是促进广大民营企业家摆正义利关系。义利关过了，一通则百通。

启示三：在始终清醒认识和坚持企业家身份前提下，运用企业家的智慧、资源和能力理性地履行社会责任，是民营企业家健康成长和可持续成长的重要前提。在这个过程中，工商联应扮演一个理性的牧师角色，就是叮咛和引导民营企业既要"理性发展"，又要"理性奉献"，只有可持续的才是最健康的。

茅永红始终是一个民营企业家，他在创造百步亭模式时，得到各方认可，虽然损失了一部分利润，但是也给企业发展带来了巨大近期收益和长远效益。对此他们并不遮掩：百步亭楼盘的畅销，广告费都省了。百步亭"社区地产"，成为企业的核心竞争力，在近两年国家加大对房地产的政策调控力度、房地产总体形势不容乐观的情况下，突现出强劲的生命力，经受了调控考验，得到了居民认可，每次开盘总是排队抢购，几乎都是当日开盘，当日售完。2011年以来总计销售住宅6000多套，名列全省前茅。有媒体评论说："百步亭创新住宅产品，打造社区品牌，已经达到了'不管市场冷暖，始终不愁销售'的境界了。"

谈及百步亭经验不能脱离这个实事，不能失之偏颇，不能片面取其社会公益的一面，忽略取其合理使用市场规则的一面。这样的宣传和教育，才能在社会上、在企业家群体中做到可信、可比、可学，才能加强对企业家群体引导的有效性。

目前，社会各界前去百步亭参观考察的数量已经很庞大。党的十八大召开以后，党和政府很可能会进一步加大对百步亭经验推广的力度。2012年，百步亭新建的廉租房小区将会有3万居民进驻，他们大都是收入最低的城市贫民，这必将会陡然加大社区管理难度，增大管理成本和管理负担。百步亭的"十没有"和"十无"是否还能持续，考验着百步亭人的智慧。一方面，百步亭已经被推上了迎接全国范围学习推广的风口浪尖，另一方面，廉租房小区将会给百步亭的模式带来新的挑战。这时候不适当的口号，不适当的目标，不理性的荣誉感，都会让企业背负沉重的负担。以往树立典型的经验警示我们，只有可持续的，才是健康的。工商联要冷静地帮助他们分析问题，引导他们量力而为，"理性发展，理性奉献"。

2011 年度全国工商联上规模民营企业调研

2011 年度民营企业 500 强调研整体分析

2011 年民营经济实现较快增长，规模日益扩大，结构不断优化，贡献更加突出，在稳增长、调结构、保民生三个方面发挥了重要作用。截至 2011 年底，全国共有私营企业 967.68 万户，增长 14.45%；注册资本（金）25.79 万亿元，增长 34.27%；从业人员 1.04 亿人，增长 9.94%。

一、民营企业 500 强规模继续扩大

2011 年民营企业 500 强整体规模继续扩大，入围门槛再创新高，营业收入总额和资产总额保持快速增长，大型化、规模化趋势明显，但是相比 2010 年增速放缓。

民营企业 500 强的营业收入总额 5 年来持续攀升，保持了良好的增长势头。2011 年，民营企业 500 强营业收入总额达到 93072.37 亿元，户均 186.14 亿元，增长速度为 33.25%，但增速较 2010 年的 47.48% 下降 14.23 个百分点。

民营企业 500 强的资产总额 5 年来也呈现逐年攀升的趋势，但是 2011 年增速放缓。2011 年，民营企业 500 强企业资产总额为 77703.52 亿元，户均 155.41 亿元，增幅为 32.09%，较 2010 年的 50.90% 的增幅低 18.81 个百分点（见图 1）。

图 1　2007～2011 年民营企业 500 强资产总额变化情况

从营业收入的分布来看，超大型企业的数量增多。2011 年，营业收入总额超过 1000 亿元的企业由 2010 年的 4 家增至 7 家（见表 1），其中江苏沙钢集团有限公司以 2075.28 亿元的营业收入居于首位（见表 2）；营业收入总额在 500 亿元至 1000 亿元之间的企业由 2010 年的 13 家增至 20 家；营业收入总额在 100 亿元至 500 亿元之间的企业由 2010 年的 203 家增至 284 家（见表 1）。

表 1　2010～2011 年民营企业 500 强营业收入结构

单位：家

营业收入 总额标准	2011 年企业 数量	2010 年企业 数量
1000 亿元以上	7	4
500 亿～1000 亿元	20	13
100 亿～500 亿元	284	203
100 亿元以下	189	280

表2 2011年民营企业500强营业收入前20家

单位：亿元

序号	企业名称	所属行业	省、自治区、直辖市	营业收入总额
1	江苏沙钢集团有限公司	黑色金属冶炼和压延加工业	江苏省	2075.28
2	华为投资控股有限公司	计算机、通信和其他电子设备制造业	广东省	2039.29
3	苏宁电器集团	零售业	江苏省	1947.34
4	联想控股有限公司	计算机、通信和其他电子设备制造业	北京市	1830.78
5	山东魏桥创业集团有限公司	纺织业	山东省	1610.15
6	浙江吉利控股集团有限公司	汽车制造业	浙江省	1509.95
7	大连万达集团股份有限公司	房地产业	辽宁省	1051.02
8	雨润控股集团有限公司	农副食品加工业	江苏省	907.47
9	新疆广汇实业投资（集团）有限责任公司	零售业	新疆维吾尔自治区	802.07
10	三一集团有限公司	通用设备制造业	湖南省	801.87
11	南京钢铁集团有限公司	黑色金属冶炼和压延加工业	江苏省	784.45
12	新希望集团有限公司	农业	四川省	753.81
13	北京建龙重工集团有限公司	黑色金属冶炼和压延加工业	北京市	721.29
14	万科企业股份有限公司	房地产业	广东省	717.83
15	广厦控股集团有限公司	房屋建筑业	浙江省	710.38
16	杭州娃哈哈集团有限公司	酒、饮料和精制茶制造业	浙江省	678.55
17	海亮集团有限公司	有色金属冶炼和压延加工业	浙江省	677.97
18	中天钢铁集团有限公司	黑色金属冶炼和压延加工业	江苏省	626.53
19	恒大地产集团有限公司	房地产业	广东省	619.18
20	上海复星高科技（集团）有限公司	综合	上海市	579.81

从资产规模的分布来看，2011年共有9家企业资产总额突破1000亿元，比2010年增加1家，其中万科企业股份有限公司以2962.08亿元的规模高居资产总额榜首；资产规模在100亿元至1000亿元之间的企业大幅增加，由2010年的143家增加至195家；资产规模在50亿元与100亿元之间的企业为137家，比2010年减少3家（见表3）。

表3 2010～2011年民营企业500强资产总额结构

单位：家

资产总额标准	2011年企业数量	2010年企业数量
1000亿元以上	9	8
100亿～1000亿元	195	143
50亿～100亿元	137	140
10亿～50亿元	158	202
10亿元以下	1	7

二、民营企业500强经营效益有所波动

（一）利润水平继续增长，但比2010年增速放缓

近5年民营企业500强税后净利润除2008年微降外，大体上呈逐年增长的趋势。2011年民营企业500强税后净利润达到4387.31亿元，户均8.77亿元，比上年同期增长了12.17%，但增长率远低于上年同期水平（见图2）。

（二）盈利能力与经营效率出现波动

从盈利能力看，近5年民营企业500强的销售净利率和资产净利率呈窄幅波动。2011年民营企业500强的销售净利率、资产净利率双降，销售净利率由2010年的5.60%下降至4.71%，资产净利率由2010年的6.65%下降至5.65%。

从经营效率看，近5年民营企业500强总资产周转率除2010年略有反弹外，总体呈单边下降趋势，由2007年的162.65%逐年下降至2011

■ 税后净利润 ■ 增长率

图 2 2007～2011 年民营企业 500 强
税后净利润增长情况

年的 136.34%；而人均营业收入和人均净利润除 2008 年外，总体呈上升趋势。

三、民营企业 500 强对税收和就业的贡献显著增强

（一）民营企业 500 强缴税快速增长，占全国税收比重逐年提高

近 5 年来民营企业 500 强占全国税收收入的比重稳步提高，贡献逐步增长。2011 年，民营企业 500 强纳税总额高达 4094.34 亿元，同比增长 49.49%，比全国税收增长率高出了 26.93 个百分点，占全国税收的比重由 2010 年的 3.74% 上升到 4.56%。

从纳税结构看，2011 年民营企业纳税规模在 20 亿元以上的企业有 34 家，比 2010 年增加了 14 家（见表 4）。

表 4 2011 年民营企业 500 强纳税结构

纳税总额标准	2011 年企业数量	2010 年企业数量
20 亿元以上	34	20
10 亿～20 亿元	58	40
1 亿～10 亿元	357	368
1 亿元以下	51	72

从行业类别看，纳税总额居于前五位的行业分别为：房地产业，黑色金属冶炼和压延加工业，计算机、通信和其他电子设备制造业，房屋建筑业以及煤炭开采和洗选业（见表 5）。

表 5 2011 年民营企业 500 强纳税前 5 大行业排名
单位：亿元，家

序号	行业名称	纳税总额	入围企业数量
1	房地产业	823.63	33
2	黑色金属冶炼和压延加工业	371.40	65
3	计算机、通信和其他电子设备制造业	274.90	6
4	房屋建筑业	265.67	53
5	煤炭开采和洗选业	252.61	12

（二）民营企业 500 强对就业拉动进一步增强

近 5 年民营企业 500 强就业人数逐年增长，就业增长率远高于同期全国就业增长率。2011 年民营企业 500 强员工人数达到 629.51 万人，比 2010 年增长 12.18%，对全国就业的贡献进一步增强。

四、民营企业 500 强行业特征明显

（一）第二产业集中度下降，第三产业比重上升

2011 年，中国民营企业 500 强有 388 家企业属于第二产业，占比 77.6%；实现营业收入 72393.50 亿元，占比 77.78%；资产总额 53145.46 亿元，占比达 68.40%。有 107 家属于第三产业，比 2010 年增加了 11 家（见表 6）。

表 6 2011 年民营企业 500 强产业分布

	入围企业数量		营业收入总额		资产总额	
	数量（家）	占比（%）	数量（亿元）	占比（%）	数量（亿元）	占比（%）
第一产业	5	1.00	1927.91	2.07	710.39	0.91
第二产业	388	77.60	72393.50	77.78	53145.46	68.40
第三产业	107	21.40	18750.96	20.15	23847.67	30.69

（二）民营企业 500 强以制造业为主导

民营企业 500 强仍以制造业为主导，但企业数量有所下降。2011 年，共有 313 家制造业企业入围民营企业 500 强，占比达到 62.60%。比 2010 年减少 16 家，减少显著（见表 7）。

表 7　2011 年制造业企业占民营企业 500 强比重

单位：亿元，万人，%

	企业数量	营业收入	税后净利润	资产总额	缴税总额	员工人数	研发费用
制造业企业	313	62450.38	2605.80	46351.52	2286.90	346.83	1180.19
占 500 强比重	62.60	67.10	59.39	59.65	55.86	55.09	88.98

（三）民营企业 500 强重化工特征明显，钢铁行业增长明显

2011 年，民营企业 500 强前十大行业共 336 家企业中，除批发零售业和综合业外，有 258 家企业集中于冶金、电气机械和器材制造业、房地产业、化学工业、石油工业等资金和技术密集型行业。

钢铁行业（黑色金属冶炼和压延加工业）增长尤其明显，从 2007 年的 36 家增长到 2011 年的 65 家（见表 8）。

表 8　2007～2011 年民营企业 500 强主要行业分布

单位：家

所属行业名称	2011 年	2010 年	2009 年	2008 年	2007 年
黑色金属冶炼和压延加工业	65	64	41	66	36
建筑业	60	58	67	60	66
电气机械和器材制造业	37	—	—	47	38
房地产业	33	23	26	16	23
批发业	33	—	—	—	—
有色金属冶炼和压延加工业	27	25	22	—	31
综合	24	29	28	—	—
化学原料和化学制品制造业	22	19	25	20	24
零售业	18	—	—	—	—
石油加工、炼焦和核燃料加工业	14	12	8	11	6

（四）建筑业和房地产业企业呈波动增长趋势

2011 年，尽管房地产政策一再调整，分别出台了"新国八条"、房产税试点政策、保障房建设政策，调整了住房转让营业税和人民币存款准备金率等，民营企业 500 强中房地产业入围企业数量仍增加 10 家，达到 33 家，营业收入较 2010 年增长 68.9%。建筑业也较 2010 年增加 2 家，达到 60 家，居民营企业 500 强行业分布第二位。

（五）行业间经营效益差异明显

2011 年民营企业 500 强行业运营效率差异明显，互联网和相关服务业、专业技术服务业等技术密集行业表现突出，而非金属矿物制品业则由于两家太阳能光伏电池生产厂家而出现亏损。

从销售净利率来看，2011 年有 23 个行业高于民营企业 500 强平均水平的 4.71%。互联网和相关服务业以 45.65% 高居首位，其他 3 个行业分别为煤炭开采和洗选业、专业技术服务业、房地产业，分别属于资源类、技术密集和资金密集型行业；这 4 个行业的平均销售净利率在 10% 以上。

有 5 个行业销售净利率不足 2%，分别为废弃资源综合利用业、批发业、商务服务业、保险业和非金属矿物制品业。其中，非金属矿物制品业销售净利率为负。

从行业资产运营效率来看，2011 年有 29 个行业平均资产净利率高于民营企业 500 强平均水平的 5.65%。其中有 8 个行业平均资产净利率在 10% 以上，互联网和相关服务业资产净利率最高，达到 28.36%（见表 9）。

五、民营企业 500 强区域差异继续缩小

（一）东强西弱格局依然明显，但中部企业增长显著

从入围企业数量来看，2011 年民营企业 500 强中，东部地区企业数量 380 家，中部地区 53 家，西部地区 50 家，东北地区 17 家，东部地区企业仍占绝对优势。

从营业收入总额占比来看，2011 年中国民营企业 500 强中，东部地区民营企业营业总额达到 73765.62 亿元，占比 79.26%，比 2010 年占比下降了 0.55 个百分点；中部地区民营企业营业收入总额为 7615.93 亿元，占比 8.18%，比 2010 年占比增加了 1.86 个百分点，占比增幅相对较大；西部地区民营企业营业收入总额为 8574.06 亿元，占比 9.21%，比 2010 年占比减少了 1.36 个百分点；东北地区民营企业营业收入总额为 3116.76 亿元，占比 3.35%，比 2010 年占比增加了 0.04 个百分点。

从资产总额占比来看，东部地区民营企业资产总额为 58376.44 亿元，占比 75.13%，比 2010 年占比下降 0.84 个百分点；中部地区民营企业资产总额为 5635.50 亿元，占比 7.25%，比 2010 年占比增加 1.03 个百分点；西部地区民营企业资产总额为 9115.87 亿元，占比 11.73%，比 2010 年占比下降 0.15 个百分点；东北地区民营企业资产总额为 4575.71 亿元，占比 5.89%，比 2010 年占比下降 0.04 个百分点（见表 10）。

表 9 2011 年民营企业 500 强资产净利率超过 10% 行业

单位：亿元，%

所属行业名称	入围企业数量	资产总额	税后净利润	资产净利率
互联网和相关服务业	1	233.41	66.20	28.36
专业技术服务业	1	54.71	14.46	26.42
仪器仪表制造业	1	66.82	11.08	16.58
酒、饮料和精制茶制造业	4	546.88	82.16	15.02
软件和信息技术服务业	2	94.30	14.00	14.85
皮革、毛皮、羽毛及其制品和制鞋业	1	47.50	6.91	14.54
畜牧业	3	175.50	21.83	12.44
煤炭开采和洗选业	12	2088.20	246.18	11.79

有 19 个行业平均资产净利率低于民营企业 500 强平均水平，非金属矿物制品业出现亏损，另有 3 个行业平均资产净利率低于 2%，分别为保险业、废弃资源综合利用业和土木工程建筑业。

表 10 2010～2011 年民营企业 500 强地区分布

单位：家，亿元

地区		入围企业数		收入规模		资产规模	
		2011 年	2010 年	2011 年	2010 年	2011 年	2010 年
东部	企业数量	380	388	73765.62	55745.92	58376.44	44688.7
	占 500 强比重	76	77.6	79.26	79.81	75.13	75.97
中部	企业数量	53	44	7615.93	4412.12	5635.50	3660.39
	占 500 强比重	10.6	8.8	8.18	6.32	7.25	6.22
西部	企业数量	50	52	8574.06	7382.04	9115.87	6987.68
	占 500 强比重	10	10.40	9.21	10.57	11.73	11.88
东北	企业数量	17	16	3116.77	2309.24	4575.71	3488.03
	占 500 强比重	3.4	3.20	3.35	3.31	5.89	5.93

从企业经营效益来看，各地区民营企业差异显著，西部地区民营企业销售净利率最高为7.29%，比最低的中部地区高4.16个百分点。中部地区民营企业总资产周转率最高为163.86%，比最低的东北地区高一倍。

与2010年相比，2011年各地区民营企业销售净利率均出现了不同程度的下降，其中中部地区民营企业销售净利率下降最为明显，下降2.18个百分点。东部、西部以及东北部民营企业总资产周转率均下降，其中西部地区总资产周转率下降最明显，下降31.82个百分点；中部地区的总资产周转率相比2010年上升了21.51个百分点（见表11）。

表11　2009～2011年民营企业500强地区经营效益情况

单位:%

地　区	销售净利率			总资产周转率		
	2011年	2010年	2009年	2011年	2010年	2009年
东　部	4.52	5.28	4.49	143.14	147.70	147.31
中　部	3.13	5.31	3.58	163.86	142.35	132.87
西　部	7.29	7.67	6.07	106.49	138.31	119.26
东　北	6.17	7.33	5.89	77.30	84.76	89.85

（二）民营企业仍集中于江浙地区，但分布更加广泛

从省市分布看，2011年民营企业500强涵盖了我国内地29个省、自治区、直辖市，新增青海省和贵州省。民营企业500强仍主要集中在浙江和江苏两省，但是集中程度有所下降。2010年两省民营企业500强达到262家，2011年减少到250家。河北、天津、北京、河南等省份入围企业数量增加显著。

从营业收入总额和资产总额看，2011年江苏省占比仍居首位，其中营业收入总额占比达24.73%，资产总额占比达20.99%；浙江省营业收入总额和资产总额占比紧随江苏省居第二位，其中营业收入总额占比达22.81%，资产总额占比达18.49%。

六、民营企业500强投资更为理性主动

（一）民营企业500强积极向国家开放和鼓励的领域投资，也遇到政策执行不到位、垄断企业阻碍等问题

现代商业和物流领域，资源、能源等基础产业，金融服务领域成为民营企业500强已进入最多的三大投资领域，分别有160家、156家和142家企业进入。国防科技工业投资建设领域成为民营企业进入最少的行业，仅有6家企业进入。政策性住房建设领域，文化、旅游和体育事业等其他领域也吸引了数十家民营企业进入。资源、能源等基础产业成为未来3年民营企业500强首选的投资领域。

（二）民营企业500强当年的重大事件以重大投资和技术突破为主

2011年民营企业500强中进行重大项目投产的有267家，占比为53.4%；其次为重大技术突破，有98家，占比19.6%。还有66家、43家、32家和26家企业发生了国内并购、重大资产重组、国际并购及上市等重大事件，民营企业500强资本运作能力增强。

（三）民营企业多种举措加快转变发展方式

调研数据显示，提高管理效率、引进高素质人才、加强质量管理是近两年民营企业500强转变发展方式最主要的三项举措，2011年分别有388家、363家、347家企业采取这三项举措。

（四）投资更为集约化，主业发展突出

民营企业500强专业化经营战略突出，并没有随着规模的扩大而盲目进行多元化发展。调研数据显示，2011年民营企业500强中242家主营业务收入比率在90%～100%，而主营业务收入比率在50%以下的企业仅占民营企业500强的10.8%，比重相对较低（见图3）。

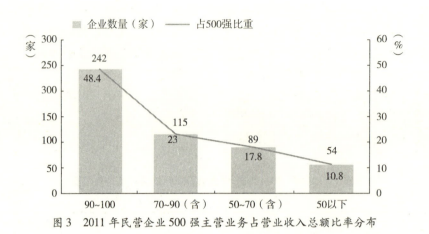

图3　2011年民营企业500强主营业务占营业收入总额比率分布

七、民营企业 500 强管理更为科学规范

（一）民营企业内部治理结构更加规范

1. 控股股东法人占比显著提高，首度超过自然人

2009 年至 2011 年，控股股东为自然人的企业逐年下降，2011 年为 237 家；控股股东为法人的企业数量逐年上升，2011 年达到 247 家。

2. 超过半数为非家族控股企业

调研数据显示，2011 年，民营企业 500 强中非家族控股企业达到 292 家，占比为 58.4%，比 2010 年增加 7 家。从经营效益来看，两种类型的企业不相上下（见表 12）。

表12　2011 年民营企业 500 强控股权类型绩效对比

单位：家，%

控股权归属	企业数量	占 500 强比重	销售净利率	资产净利率
家　族	176	35.20	4.78	5.77
非家族	292	58.40	4.88	5.74

3. 企业决策权集中于董事会和股东大会

2011 年民营企业 500 强中分别有 363 家和 269 家民营企业的决策权掌握在董事会和股东大会手中，占 500 强的 72.6%、53.8%；而企业决策权掌握在董事长和总裁的民营企业 500 强的数量比重仅为 16.8%、5.2%，民营企业 500 强中绝大部分已建立起规范的决策机制。

科学民主的决策机制带来企业经营效益的提升。重大决策权集中掌握在股东大会手里的民营企业 500 强的销售净利率最高，为 5.18%；重大决策权掌握在董事长手里的民营企业 500 强的资产净利率最高，为 6.56%。

（二）民营企业产品服务和管理稳步提升，积极通过各项认证

调研数据显示，质量管理方面，2011 年民营企业 500 强中有 427 家通过了 ISO9000 系列国际质量认证，107 家通过 3C 质量认证。环境管理方面，有 322 家通过了 ISO14000 环境管理体系认证，比 2010 年增加 3.4%。员工待遇方面，有 223 家通过 OHSAS18000 职业健康安全管理体系认证，比 2010 年增加 17 家。同时，2011 年民营企业 500 强中有 23 家通过 SA8000 社会责任标准国际认证，民营企业的社会责任意识增强，社会责任形象逐渐提高。

通过 SA8000 社会责任标准国际认证的企业的销售净利率为 5.48%，比民营企业 500 强平均值高出 0.77 个百分点；通过 SA8000 社会责任标准国际认证的企业的资产净利率为 7.11%，比平均值高出 1.46 个百分点（见图 4）。由此可以看出，企业通过 SA8000 社会责任标准国际认证提高了企业的社会责任感，提升了企业的社会责任形象，从而得到消费者的认可，提高了企业的经济效益。

（三）利用信息技术，提升企业管理水平

1. 加大信息化平台建设力度

企业信息化能够通过对企业内外部信息的共享和有效利用，提高企业的经济效益效率和市场竞争力。随着企业的发展、先进管理理念的形成，民营企业信息化平台建设的力度逐渐加强，信息化水平逐渐提高。

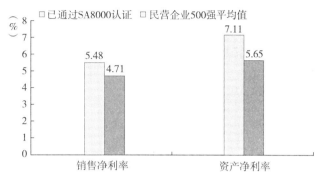

图4　通过 SA8000 社会责任标准国际认证的企业经营效益比较

调研数据显示，2011 年民营企业 500 强采用最多的信息系统为企业资源规划系统（ERP）和人力资源管理（HRM），分别为 366 家和 337 家。近三年采用企业管理解决方案系统（SAP）的企业数量增长最快，2009 年至 2011 年几乎翻倍。说明民营企业 500 强快速发展的过程中，需要利用现代手段进行管理和运营。

2. 企业创新销售模式，电子商务成亮点

随着互联网技术的发展，企业不断创新销售模式，扩大产品的市场范围，降低销售成本。电子商务作为新的销售模式，也逐渐被民营企业所采用。

调研数据显示，2011 年民营企业 500 强中共有 140 家民营企业采用电子商务销售模式，占 500 强比重的 28%。其中，13 家企业的电子商务收入比率达到 50% 以上（见图 5）。

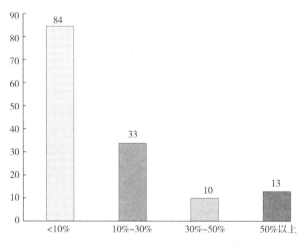

图5　2011 年民营企业 500 强电子商务销售模式收入比率

（四）民营企业 500 强用工规范，营造和谐劳动关系

调研数据显示，2011 年民营企业 500 强中养老保险、医疗保险和失业保险等基本险种覆盖率

实现 80% 以上的企业数量分别为 454 家、447 家和 444 家，近 4 年三种保险覆盖率在 80% 以上的企业数量逐年递增。2011 年三类险种覆盖率均实现 100% 的企业数量达到 295 家，比 2010 年增加 21 家。同时，2011 年劳动合同签约率在 90% 及以上的企业数量达到 468 家，比 2010 年增加 13 家，占民营企业 500 强比重的 93.6%。

八、民营企业 500 强品牌建设仍然任重道远

（一）企业注重品牌建设，拥有国内外商标的企业数量显著增加

品牌是企业发展宝贵的无形资产，企业可凭借创建的品牌优势不断获取利益，可利用品牌的市场开拓力、形象扩张力、资本内蓄力获得发展源泉。调研数据显示，2011 年民营企业 500 强中有 187 家拥有"中国驰名商标"，比 2010 年增加 10 家，占比为 37.4%。同时，民营企业 500 强非常重视海外品牌建设，有 154 家企业拥有国外商标，其中 92 家拥有马德里商标（见表 13）。

表13　民营企业 500 强认定中国驰名商标分析

单位：家,%

2011 年	国内商标	中国驰名商标	国外商标	马德里商标
企业数量	393	187	154	92
占 500 强比重	78.6	37.4	30.8	18.4

从经营绩效来看，拥有国内外商标的企业经营效益明显优于民营企业 500 强平均水平。其中，拥有中国驰名商标的民营企业 500 强的销售净利率最高，为 5.09%；拥有国外商标的民营企业 500 强的资产净利率最高，为 6.40%（见表 14）。

表14 2011年民营企业500强品牌建设和经营绩效相关性分析

单位:%

项目	拥有中国商标	拥有中国驰名商标企业	拥有国外商标	拥有马德里商标	民营企业500强（平均）
销售净利率	4.77	5.09	5.03	4.61	4.71
资产净利率	5.55	6.03	6.40	5.97	5.65

（二）以自有品牌为主，品牌效益明显

2011年拥有自有商标的企业数量达到354家，比2010年增加22家，占民营企业500强的70.8%；以自有品牌形成的收入比重为100%的企业数量为242家。民营企业500强贴牌收入比重大部分在30%以下（见表15）。

表15 2008~2011年民营企业500强商标产品占总收入比例

单位：家

商标产品占总收入的比例	自有商标的企业数量				贴牌产品的的企业数量			
	2011年	2010年	2009年	2008年	2011年	2010年	2009年	2008年
100%	242	244	209	217	5	5	4	3
60%~100%（含）	82	61	76	78	6	5	8	7
30%~60%（含）	12	13	17	13	9	4	11	14
30%以下	18	14	8	14	51	44	53	52
总　计	354	332	310	322	71	58	76	76

九、民营企业500强自主创新能力显著增强

（一）民营企业500强注重研发投入，高于全国平均水平

民营企业500强研发投入高于全国平均水平，研发人员在员工中占比较高。2011年调研中，有375家民营企业填报了研发费用，合计1326.3亿元，户均3.54亿元。有188家企业研发投入占营业收入的比重超过1%，其中，3家民营企业超过10%。375家企业平均研发强度为1.79%，高于全国大中型企业的0.93%，也高于科技部2012年8月份发布的542家创新型企业平均研发强度的1.76%（2010年）。在员工构成方面，民营企业500强中有309家研发人员占比在1%以上，其中，有125家研发人员占比高于10%（见表16）。

（二）自主研发是企业关键技术首要来源，自主创新能力日益增强

企业的可持续发展壮大依赖于核心技术的不断更新与进步，自主研发一直是民营企业关键技术的首要来源。2011年，民营企业500强中有369家企业的关键技术来源于自主开发和研制，占比达到73.8%；采用产学研合作方式的有291家，占比达58.2%；引进技术的有258家，引进人才的有253家。

民营企业对技术研发的持续高投入结出了丰

表16 2011年民营企业500强研发投入、
研发人员变化情况

单位：家,%

研发投入	2011年研发费用		2011年研发人员	
	企业数量	占500强比重	企业数量	占500强比重
5%及以上	16	3.20	215	43.00
3%~5%	44	8.80	25	5.00
1%~3%	128	25.60	69	13.80
1%以下	187	37.40	38	7.60
合　计	375	75.00	347	69.40

硕的成果，获得国家及各级科技奖励的企业数量增长迅速。从企业获得科学技术奖项看，2011年，民营企业500强中16家企业获得国家科学技术奖；获得省部级科技奖励的企业达到74家，获得全国工商联科学技术奖的有12家。

（三）高科技企业占比超40%，政府支持力度增强

2011年，民营企业500强中有217家被省级以上科技管理部门认定为高科技企业。从行业来看，高新技术企业主要集中在电气机械和器材制造业，黑色及有色金属冶炼及压延加工业，化学原料及化学制品，综合行业，化学纤维制造业等行业。

作为创新的重要主体，民营企业的技术发展也获得了政府的支持和鼓励，政策支持面广泛、政府支持力度显著增强。从民营企业获政府科研资金支持情况看，2011 年民营企业 500 强中有 211 家企业获得政府科技资金支持，覆盖率达到 42.2%；获得政府科技资金 42.8 亿元，比 2010 年增长 88%。

从行业来看，获得支持较多的行业主要是计算机、通信和其他电子设备制造业，总共获得政府科研资金 11.83 亿元；其次为汽车制造业，获得科研资金 3.88 亿元；除上述两个行业外，黑色金属冶炼及压延加工业、互联网和相关服务、电气机械和器材制造业、综合行业以及化学纤维制造业等获得政府科研资金支持力度也较大。数据统计显示，前 10 个行业所获资助额占全部企业已获资助额的 78.8%。政策支持方向侧重信息技术行业、冶金和化工行业。

（四）专利数量持续增长，发明专利数量可观

专利状况是反映科技创新能力的重要指标之一。近年来，民营企业专利意识日益增强，专利增长迅速，发明专利数量可观。

调研数据显示，2011 年，民营企业 500 强共拥有有效专利 74631 项，比 2010 年增长 58.38%；其中国内有效专利 68350 项，国外有效专利 6281 项。发明专利共 32662 项，占比为 43.76%，其中国内发明专利 26882 项，占国内专利比重的 39.33%；国外发明专利 5780 项，占国外专利比重的 92.02%。此外，有效实用新型专利为 27632 项，外观设计专利为 14337 项（见表 17）。

表 17　2011 年民营企业 500 强专利数量

单位：项

	有效发明专利	有效实用新型	有效外观设计	总计
国内专利	26882	27632	13836	68350
国际专利	5780	—	501	6281
合　计	32662	27632	14337	74631

民营企业 500 强非常重视自主创新能力的培养，以核心技术作为企业生存之本。华为以 23522 项专利总量居于民营企业 500 强首位，远远领先于其他公司，其中发明专利占比 86.35%，自主核心技术创造了华为近年的成长奇迹。重庆力帆控股有限公司和比亚迪股份有限公司分别以 6481 项和 5885 项专利数量居于第二、三位。

十、民营企业 500 强国际化经营进一步深化

（一）海外投资强度进一步加大，海外兼并增长显著

调研结果显示，2011 年民营企业 500 强中已开展海外投资的企业数量达到 150 家，比 2010 年增加 13 家，海外投资企业或项目达到 584 个；新增海外投资企业（项目）为 129 家（项），新增海外投资额为 59.5 亿美元。自 2007～2011 年五年间，我国民营企业 500 强进行海外投资的企业数量从 97 家发展到 150 家，海外投资项目从 404 家/项增加到 584 家/项，民营企业 500 强参与国际化经营的广度和深度都有所增加（见表 18）。

表 18　2007～2011 年民营企业 500 强海外投资状况

年　份	2011	2010	2009	2008	2007
已开展海外投资企业（家）	150	137	117	112	97
海外投资企业/项目（家/项）	584	592	481	306	404

民营企业 500 强海外投资总体规模增长显著，但是单体投资规模不大。根据调研数据，2011 年，民营企业 500 强累计海外投资额达到 123.48 亿美元。从海外累计投资额结构分布来看，民营企业 500 强投资额集中于 100 万美元以上，其中在 1000 万～1 亿美元之间的企业数量最多，有 61 家；累计投资额在 10 亿美元以上的企业仅有 2 家。

随着海外市场的逐步开拓，自身经验的积累，企业实力的增强，民营企业海外投资方式也逐渐由产品输出向资本输出转变。根据调研数据，2009～2011 三年间，独资新建和合资新建一直是民营企业 500 强主要的海外投资方式，2011 年民营企业 500 强中分别有 114 家和 77 家以独资

新建和合资新建的方式进行投资。民营企业500强海外投资整合能力增强，2009年至2011年以兼并和参股海外企业的方式开展国际化经营的企业数量明显增加。

目前，民营企业500强以各种契约形式为纽带，形成了多种主体参与的战略合作关系，降低了国际化经营风险。根据调研数据，2011年民营企业500强有177家以独立的形式"走出去"，有88家企业与外商企业联合，成为民营企业500强"走出去"的重要形式之一。这种方式能够降低开拓新市场的风险，快速了解当地文化、经济、消费习惯，尽快在海外市场站稳脚跟。

（二）国际贸易摩擦有所增多，民营企业应对能力大大提高

随着民营企业开拓海外市场，与其他国家的利益冲突也越来越明显。调研结果显示，2011年民营企业500强有32家企业遭遇贸易摩擦，共发生72起，其中知识产权纠纷是民营企业500强遭遇的最主要的贸易摩擦类型。同时，由于国际贸易保护主义抬头，我国制造成本相对较低，民营企业出口产品时往往遭遇反倾销，这也成为民营企业500强遭遇的主要贸易摩擦类型。另外，2011年民营企业500强也遭遇了反补贴、特别保障措施等贸易纠纷（见图6）。

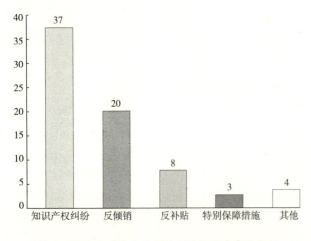

图6　2011年民营企业500强遭遇贸易摩擦类型

2011年民营企业500强遭遇国际贸易摩擦时采取的对策主要包括协商、应诉、起诉和仲裁等。其中，采取协商、应诉的企业最多，分别为

18家、11家。另外，只有3家企业没有应对。

当遭遇国际贸易摩擦时，政府成为民营企业500强主要依靠的外部力量。联合同行共同应对、借助商会力量也成为民营企业500强遭遇国际贸易摩擦时的重要选择（见图7）。

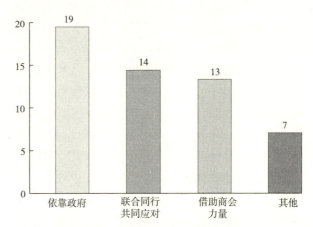

图7　2011年企业遇到国际贸易摩擦时
主要依靠的外部力量

十一、民营企业500强发展影响因素分析

（一）各项成本普遍上升、税费负担重和人才缺乏是影响企业发展的主要因素

从外部环境看，2011年，民营企业500强的生产成本上升明显，主要受四大因素影响：一是原材料价格上涨；二是企业用工成本上升；三是税费负担沉重；四是资金成本上升（见表19）。成本普遍上升，挤压了利润空间，是造成民营企业500强经营效益下降的重要原因。从内部环境看，影响企业发展的最大因素是人才缺乏。

表19　2011年影响民营企业500强发展的五大因素

单位：家，%

序号	影响因素	企业数量	占500强比重
1	原材料成本上升	332	66.40
2	用工成本上升	326	65.20
3	人才缺乏	300	60.00
4	税费负担重	300	60.00
5	资金成本上升	268	53.60

（二）企业采取多项举措应对成本上升

2011年民营企业500强应对成本上升的举措主要有节能降耗、采用新技术引进新设备以及加

快转型升级步伐。民营企业500强中共有345家积极响应国家政策，通过节能降耗应对成本上升，占比达69%；277家企业通过采用新技术引进新设备应对成本上升，占比达55.4%；269家企业加快转型升级，占比达53.8%。此外民营企业还采取拓展新兴市场，淘汰落后产品以及整合产业链等举措应对成本上升。

十二、民营企业制造业500强分析

制造业是中国国民经济的支柱产业，而中国制造业中，民营制造业又占据主体地位。近几年来，民营制造业虽然有了很大发展，但是仍然处于国际分工价值链的底端，国际竞争力有待提高。2011年民营企业制造业500强销售收入增长远高于利润、税收的增长速度；盈利能力有所下降，制造业发展面临挑战。

（一）民营企业制造业500强整体规模分析

从入围门槛看，2011年民营企业制造业500强的入围门槛为41.16亿元，较2010年增长了25.52%（见图8）。

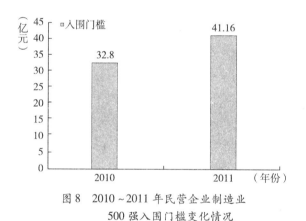

图8　2010~2011年民营企业制造业
500强入围门槛变化情况

从收入规模看，2011年民营企业制造业500强的营业收入总额达到72286.65亿元，户均144.57亿元，较2010年增长33.75%（见表20）。

表20　2010~2011年民营企业制造业500强收入规模

项目指标		2011年	2010年
营业收入（亿元）	总额	72286.65	54044.27
	户均	144.57	108.09
	增长率（%）	33.75	—

从资产规模看，2011年民营企业制造业500强的资产总额达到54180.93亿元，户均108.36

亿元，比2010年增长了24.75%；固定资产净值2011年达到13644.66亿元，户均27.29亿元，比2010年增长了25.02%；净资产总额在2011年为20697.34亿元，户均41.39亿元，比2010年增长了21.37%（见表21）。

表21　2010~2011年民营企业制造业500强资产规模

单位：亿元，%

项目指标		2011年	2010年
资产	总额	54180.93	43430.34
	户均	108.36	86.86
	增长率	24.75	—
固定资产	总额	13644.66	10913.66
	户均	27.29	21.83
	增长率	25.02	—
净资产	总额	20697.34	17052.85
	户均	41.39	34.11
	增长率	21.37	—

（二）利润略有增长，亏损面有所扩大

从盈利能力看，2011年民营企业制造业500强利润总额和税后净利润均小幅增长。其中利润总额为4007.76亿元，相比2010年增长了4.02%；税后净利润达到3128.05亿元，相比2010年增长了3.50%（见表22）。

表22　2010~2011年民营企业制造业500强盈利情况

单位：亿元，%

项目指标		2011年	2010年
利润总额	总额	4007.76	3852.76
	户均	8.02	7.71
	增长率	4.02	—
税后净利润	总额	3128.05	3022.36
	户均	6.26	6.04
	增长率	3.50	—

从亏损面和亏损程度看，2011年民营企业制造业500强的亏损企业数量由2010年的2家增加至6家，亏损面扩大，整体亏损额增加，但平均亏损额减少。

从销售净利率、资产净利率等指标看，民营企业制造业500强2011年盈利能力略微下降。2011年，销售净利率为4.33%，比2010年低1.26

个百分点；资产净利率为5.77%，低于2010年1.19个百分点；净资产收益率为15.11%，低于2010年2.61个百分点（见表23）。

表23 2010～2011年民营企业制造业500强盈利能力

单位:%

项目指标	2011年	2010年
销售净利率	4.33	5.59
资产净利率	5.77	6.96
净资产收益率	15.11	17.72

（三）社会贡献突出，尤其是拉动就业明显

从就业情况看，2011年民营企业制造业500强吸收就业人数总规模为418.40万人，户均8400人，相比2010年增长了9.72%，在创造就业方面做出了突出贡献（见表24）。

表24 2010～2011年民营企业制造业
500强创造就业情况

项目指标		2011年	2010年
员工人数 （万人）	总额	418.40	381.34
	户均	0.84	0.76
	增长率（%）	9.72	—

2011年民营制造业的纳税额略有增长。从纳税总额看，2011年民营企业制造业500强纳税总额为2673.43亿元，相比2010年增长了2.09%，2011年民营企业制造业500强占全国税收的比重为2.98%，较2010年下降了0.6个百分点（见表25）。

表25 2010～2011年民营企业制造业
500强缴税情况

单位：亿元,%

项目指标	2011年	2010年
民营企业制造业500强 缴税总额	2673.43	2618.80
民营企业制造业500强 缴税总额增长率	2.09	—
全国税收收入	89720	73202
民营企业制造业500强 纳税额占全国税收比重	2.98	3.58

（四）民营企业制造业500强行业分布

从行业分布来看，2011年，民营企业500强以制造业为主导，而民营企业制造业500强以黑色金属冶炼和压延加工业为主导。黑色金属冶炼和压延加工业入围制造业500强数量最多，达到91家，营业收入总额以及资产总额等指标也都居首位，户均销售收入192.3亿元，其中有65家入围民营企业500强；计算机、通信和其他电子设备制造业虽然入围数量只有11家，但是营业收入总额排名居第四位，户均421.6亿元。

（五）民营企业制造业500强地区分布

从地区分布来看，2011年民营企业制造业500强入围企业居首位的依然是东部地区，入围379家，占比达75.80%。东部地区的营业收入总额达59108.73亿元，占比达81.77%，资产规模和税后净利润占比也都超过80%；中部地区入围企业数量为71家，占比为14.20%，营业收入、资产规模和税后净利润占比都在10%左右；西部地区和东北地区所占比重均偏低，整体实力落后。

从省份来看，2011年民营企业制造业500强入围数量居首位的是浙江省，但是营业收入总额和资产总额占比最高的是江苏省，占比接近500强营业收入总额和资产总额的四分之一；从税后净利润看，浙江省的税后净利润为791.06亿元，占民营企业制造业500强的25.29%，居首位。

（六）民营企业制造业500强创新能力强

民营企业制造业500强中，有408家企业填报了研发费用，总计1139亿元，户均2.79亿元。有226家企业研发投入占营业收入的比重超过1%，其中，5家民营企业研发费用占比超过10%。408家企业平均研发费占营业收入总额的1.85%，研发强度也高于创新型企业的1.76%。在员工构成方面，有的民营企业研发人员在员工总数中占比也相对较高。2011年，民营企业制造业500强中有366家研发人员占比在1%以上，其中，有168家研发人员占比高于10%。

（七）与民营企业500强的对比分析

整体上看，民营企业制造业500强与民营企业500强相比，仍存在一定程度的差距，具体表现在增长速度、整体经营效益等方面。

从增长速度看，民营企业制造业500强除了营业收入的增长速度略微高于民营企业 500 强之外，其他指标都低于民营企业 500 强，尤其是纳税总额和税后净利润的增长速度远远低于民营企业 500 强。由此可见，目前我国制造业发展面临着增长速度放缓、利润指标下滑的困境。

从经营绩效看，民营企业制造业 500 强的资产净利率和劳动生产率均高于民营企业 500 强，说明我国传统制造业的资产运营效率、劳动力效率较高，但是销售净利率和总资产周转率略低于民营企业 500 强。原材料成本以及人力成本上升等因素挤压了制造业的利润空间，导致制造业整体销售净利率下降。

2011 年度民营企业 500 强进入战略性新兴产业专题

战略性新兴产业是引导未来经济社会发展的重要力量，加快培育和发展战略性新兴产业对推进我国现代化建设具有重要战略意义。2011 年民营企业 500 强投资前三位的战略性新兴产业为节能环保产业、新材料产业和新能源产业。民营企业 500 强战略性新兴产业的营业收入比重一般在 30% 以下，但其经济效益明显优于未进入战略性新兴产业的企业。进入战略性新兴产业的企业主要分布于东部的浙江、江苏和山东等地区。政府鼓励、支持和培育新增长点是企业进入战略性新兴产业的主要动因。投资战略性新兴产业面临技术路线不成熟和标准体系未形成等风险。

一、民营企业积极投资战略性新兴产业

我国战略性新兴产业仍处于起步阶段。根据调研数据，在国家政策引导下，2011 年民营企业 500 强有 163 家企业已在七大战略性新兴产业开展实质性投资。

2011 年，民营企业 500 强投资居于前三位的领域分别为节能环保、新能源产业和新材料产业，分别有 54 家、39 家和 29 家企业进行投资（见表1）。

表1 2011 年民营企业 500 强进入战略性新兴产业

单位：家,%

战略性新兴产业类型	企业数量	占 500 强比重
节能环保	54	10.80
新能源产业	39	7.80

续表

战略性新兴产业类型	企业数量	占 500 强比重
新材料产业	29	5.80
新一代信息技术产业	16	3.20
生物医药产业	15	3.00
高端设备制造产业	11	2.20
新能源汽车产业	6	1.20
物联网产业	2	0.40

从民营企业 500 强进入战略性新兴产业的经营效益来看，进入战略性新兴产业企业的销售净利率、资产净利率均高于未进入战略性新兴产业的企业，分别高出 0.42 个百分点和 0.05 个百分点（见图 1）。

二、民营企业 500 强主要进入资源综合利用和环保产业等细分行业

随着民众环保意识的增强、国家环保政策的力度加大，民营企业 500 强逐渐承担起环保责任。同时，根据战略性新兴产业的指导方向，民营企业 500 强纷纷投资节能环保行业。调查数据显示，民营企业 500 强中有 31 家投资资源综合利用产业，为投资新兴产业企业数量最多的行业；其次是太阳能产业，有 30 家；再次是环保产业，有 23 家；还有 21 家企业投资节能产业。其他的行业企业投资则较为零散（见表 2）。

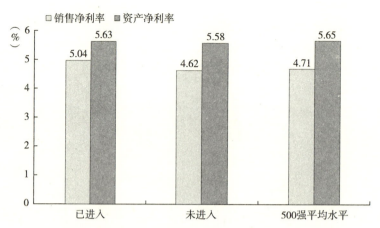

图1　2011年民营企业500强进入战略性新兴产业经营效益

表2　民营企业500强投资战略性
新兴产业细分行业分布

单位：家

战略性新兴产业类型		企业数量
节能环保产业	节能产业	21
	节水产业	7
	环保产业	23
	资源综合利用产业	31
	再制造产业	5
新一代信息技术产业	电子信息核心基础产业	7
	下一代信息网络	3
	高端软件和信息技术服务	6
生物医药产业	生物医药	8
	生物医学工程产品	1
	生物制造	3
高端装备	航空产品	3
	卫星及服务	0
	轨道交通设备	4
	海洋工程设备	0
	智能制造设备	7
新能源	核电	1
	太阳能	30
	风电	4
	生物质能源	2
	智能电网	6

续表

战略性新兴产业类型		企业数量
新材料	特种金属功能材料	8
	高端金属结构材料	4
	先进高分子材料	9
	新型无机非金属材料	1
	高性能复合材料	7
	前沿新材料	3
新能源汽车产业	新能源汽车整车	3
	储能装置	2
	驱动装置	0
	整车电子控制系统	1
	专用辅助系统	0
	供能装置及"车网互动"	0
物联网产业		2

三、进入战略性新兴产业企业主要分布于东部的浙江、江苏和山东等地区

与民营企业500强区域分布一致，进入战略性新兴产业的企业也集中分布于浙江、江苏和山东三省，分别为34、29和14家企业，位居全国前三位。

以浙江为例，发挥传统产业块状经济优势，大力发展战略性新兴产业，成为浙江经济转型升级的战略选择。浙江省委、省政府制定的最新规划显示，到2015年，浙江省战略性新兴产业增加值将达到5000亿元左右，占生产总值的12%左右；并推出了九大战略性新兴产业加以重点支持，具体包括生物、新能源、高端装备制造、节能环保、新能源汽车、物联网、新材料、海洋新兴以及核电关联产业。这些政策提高了浙江大型民营企业发展战略性新兴产业的积极性。

四、政府鼓励支持和企业培育新增长点是企业进入战略性新兴产业主要动因

民营企业500强进入战略性新兴产业主要出于政策引导、企业长远发展战略、追求高附加值等方面考虑。根据调研数据，政府鼓励支持是民营企业500强进入战略性新兴产业的首要动因，有203家企业选择该选项，战略性新兴产业的推动实施受政策影响较为显著。除政策引导外，民营企业500强从企业战略角度出发，为企业长远发展选择进入战略性新兴产业，其中以培育新增长点、市场前景看好、抢占科技和产业制造点为动因的企业居于第二至四位。同时，追求高附加值、有一定市场优势、传统产业空间小等也是促使民营企业500强进入战略性新兴产业的重要动因（见表3）。

表3 2011年民营企业500强进入战略性
新兴产业的动因

单位：家,%

进入战略性新兴产业的动因	企业数量	占500强比重
政府鼓励支持	203	40.6
培育新增长点	201	40.2
市场前景看好	175	35.0
抢占科技和产业制高点	154	30.8
追求高附加值	132	26.4
有一定的产业基础	126	25.2
有一定的市场优势	95	19.0
传统产业空间小	66	13.2

五、投资战略性新兴产业面临技术路线不成熟和标准体系未形成等风险

战略性新兴产业作为朝阳产业，发展潜力巨大，战略性新兴产业代表未来发展方向，对企业自主创新能力和核心技术水平都提出了非常高的要求。尤其在发展初期，民营企业面临市场、技术、管理、资金等诸多风险。

根据调研数据，技术路线不成熟是民营企业500强进入战略性新兴产业面临的首要问题，156家民营企业选择该因素。标准、融资、市场准入和市场前景等也是困扰民营企业的风险因素（见表4）。

表4 2011年民营企业500强进入战略性
新兴产业面临的风险

单位：家,%

进入战略性新兴行业的困难和风险	企业数量	占500强比例
技术路线不成熟	156	31.20
标准体系还未形成	115	23.00
缺少长期信贷资金支持	95	19.00
市场准入壁垒	89	17.80
市场需求前景不明	82	16.40
国内无序竞争	70	14.00
产能宏观调控	66	13.20
核心人才流失	47	9.40
管理模式不匹配	43	8.60
国际贸易壁垒	35	7.00
扶持资金不能兑现	34	6.80
知识产权侵权	33	6.60

战略性新兴产业也面临国际市场变化的风险。以光伏电池为例，欧洲由于经济不景气，政府对太阳能应用补贴减少，需求下降，导致我国对欧洲出口光伏产品下降。美国对中国硅材料电池进行"双反"，我国企业出口受阻，世界光伏产品市场处于低迷状态。根据统计，受市场影响，民营企业500强中，以太阳能电池组件为主业的12家企业中，8家企业2011年的利润大幅下降，甚至亏损。但是，也有的企业走高端技术路线，形成光伏产业链、集成化、制造与服务相结合等新的盈利模式，得到了很好的经济效益。由此可见，投资进入新兴产业，要在技术储备、市场开拓、人才聚集等方面充分做好抗风险的准备。

2011 年度中国民营企业 500 强与中国企业 500 强比较分析

结合中国企业联合会、中国企业家协会每年发布的《中国 500 强企业发展报告》中的数据，对 2006 年至今中国民营企业 500 强和中国企业 500 强的相关指标进行对比分析。

一、中国企业 500 强中国有及国有控股企业保持主导地位

中国企业 500 强中，国有及国有控股企业一直保持着主导地位，从 2006 年至 2011 年，国有及国有控股企业的家数占比始终在 60% 以上（见图 1）。从各经营指标上来看，优势则更加明显，2011 年，中国企业 500 强中国有及国有控股企业有 310 家，占比 62.0%；共实现营业收入 367576.1 亿元，占比 81.87%；实现税后净利润 17530.00 亿元，占比 83.61%；资产总额 1167306.8 亿元，占比则高达 89.68%。

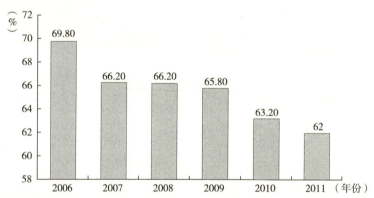

图 1   2006～2011 年中国企业 500 强中国有及国有控股企业家数占比情况

二、中国民营企业 500 强规模相对较小，但与中国企业 500 强之间差距在不断缩小

与中国企业 500 强相比，中国民营企业 500 强的规模相对较小，2006 年至 2011 年民营企业 500 强的入围门槛依次为 18.27 亿元、25.83 亿元、29.70 亿元、36.60 亿元、50.60 亿元和 65.69 亿元，中国企业 500 强的入围门槛则依次为 72.16 亿元、93.05 亿元、105.38 亿元、110.84 亿元、141.99 亿元和 175.07 亿元。但从增长率来看，民营企业 500 强的入围门槛的增速连续 6 年都高于中国企业 500 强，其中 2006 年和 2009 年的增速皆高出 18 个百分点，两个门槛的距离逐步缩小（见表 1）。

表 1   2006～2011 年中国民营企业 500 强与中国企业 500 强入围门槛比较

单位：亿元,%

年度	中国民营企业 500 强入围门槛	入围门槛较上年增长率	中国企业 500 强入围门槛	入围门槛较上年增长率
2006	18.27	36.81	72.16	18.88
2007	25.83	41.34	93.05	28.95
2008	29.70	14.97	105.38	13.25
2009	36.60	23.27	110.84	5.18
2010	50.60	38.23	141.99	28.10
2011	65.69	29.82	175.07	23.30

2006～2011 年，中国民营企业 500 强各项规模指标的增长速度超过中国企业 500 强，二者之间的差距在不断缩小。营业收入方面，除国际金融危机发生的 2008 年以外，中国民营企业 500 强的增长率都超过中国企业 500 强，其中 2011 年增长率高出了后者 9.62 个百分点（见图 2）；总资产方面，2007 年、2009 年、2010 年和 2011 年中国民营企业 500 强的增长率依次高出中国企业 500 强 11 个百分点、14 个百分点、32 个百分

点和 11.70 个百分点（见图 3）；净利润方面，除 2007 年以外，中国民营企业 500 强的增长速度均超过中国企业 500 强，其中 2008 年，大批企业因为国际金融危机的冲击而出现利润下滑，但由于迅速调整，采取了一系列应对措施，中国民营企业 500 强的净利润下滑速度远低于中国企业 500 强，并且，中国民营企业 500 强在 2009 年和 2010 年以更快的速度复苏，净利润增长率分别高出后者 8 个百分点和 41 个百分点（见图 4）。

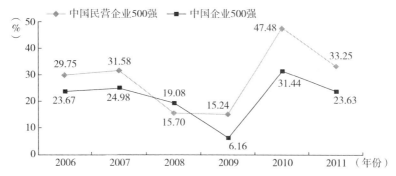

图 2　2006～2011 年中国民营企业 500 强与中国企业 500 强营业收入增长率对比

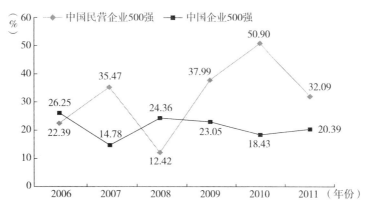

图 3　2006～2011 年中国民营企业 500 强与中国企业 500 强总资产增长率对比

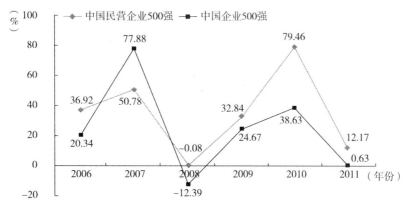

图 4　2006～2011 年中国民营企业 500 强与中国企业 500 强净利润增长率对比

三、中国民营企业 500 强总体盈利水平低于中国企业 500 强，但 2011 年趋势逆转

2006～2010 年，中国民营企业 500 强的销售净利率持续低于中国企业 500 强，但差距不超过 2 个百分点。2011 年这种状况有所逆转（见图 5），中国民营企业 500 强销售净利率略高于中国企业 500 强。中国民营企业 500 强的人均利润也一直与中国企业 500 强存在距离，

2006～2011 年五年间，中国民营企业 500 强人均净利润分别比中国企业 500 强低 0.27 万元/人、0.85 万元/人、0.70 万元/人、0.74 万元/人和 0.68 万元/人；2011 年中国民营企业 500 强人均净利润略高于中国企业 500 强（见图 6）。主要是由于 2011 年受国内外经济低迷影响，中国企业 500 强盈利能力有所下降，降幅超过中国民营企业 500 强。

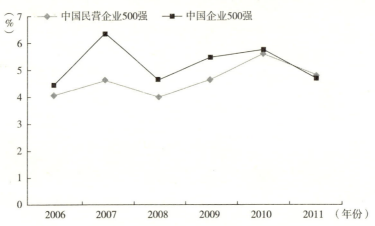

图 5　2006～2011 年中国民营企业 500 与中国企业 500 强销售净利率比较

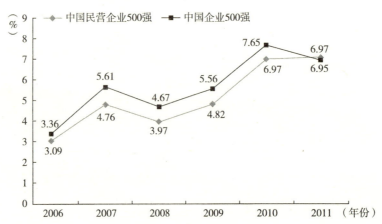

图 6　2006～2011 年中国民营企业 500 强与中国企业 500 强人均净利润比较

按行业来区分，根据行业的数量分布、行业总营业收入和总净利润等情况来看，中国民营企业 500 强与中国企业 500 强有着不同的特点。2011 年，中国企业 500 强前十大盈利公司集中于银行、石油开采加工、移动通信等垄断行业，共实现净利润 10006.44 亿元，占中国企业 500 强的 44.72%。其中，仅 5 家国有商业银行就实现净利润 6745.50 亿元，占中国企业 500 强的 32.17%；3 家石油公司实现净利润 2137.28 亿

元，占中国企业 500 强 10.19%。中国民营企业 500 强前十大盈利公司则主要集中于制造业和房地产等竞争性行业，共实现净利润 869.59 亿元，占中国民营企业 500 强的 19.82%，为中国企业 500 强前十大盈利公司净利润的 8.69%（见表 2）。中国企业 500 强大量分布于金融、石油、通信等垄断行业，而民营企业在这些领域一直未能真正获得进入，这是中国民营企业 500 强盈利水平较低的重要原因。

表2　2011年中国民营企业500强和中国企业500强净利润前十家

序号	中国企业500强	净利润（亿元）	中国民营企业500强	净利润（亿元）
1	中国工商银行股份有限公司	2082.65	恒大地产集团有限公司	117.85
2	中国建设银行股份有限公司	1694.39	华为投资控股有限公司	116.47
3	中国银行股份有限公司	1241.82	万科企业股份有限公司	116.00
4	中国农业银行股份有限公司	1219.27	三一集团有限公司	89.20
5	中国石油天然气集团公司	1054.902	山东魏桥创业集团有限公司	79.59
6	中国移动通信集团公司	756.573	大连万达集团股份有限公司	79.21
7	中国石油化工集团公司	611.1302	内蒙古伊泰集团有限公司	78.03
8	交通银行股份有限公司	507.3649	杭州娃哈哈集团有限公司	68.91
9	中国海洋石油总公司	471.2479	百度在线网络技术（北京）有限公司	66.20
10	国家电网公司	367.0914	碧桂园控股有限公司	58.13
合计		10006.44		869.59

四、中国民营企业500强资产运营效率显著高于中国企业500强，资产获利能力表现更强

2006～2011年，中国民营企业500强总资产周转率一直保持在130.00%以上，依次超出了中国企业500强的总资产周转率122.63、123.49、115.10、107.50、106.41和98.65个百分点（见图7）。可见中国民营企业500强通过强化经营管理，充分发挥出了资产规模相对较小、周转速度更快、利用效率更高的优势。

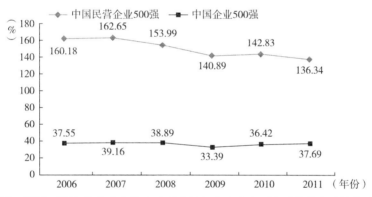

图7　2006～2011年中国民营企业500强与中国企业500强总资产周转率对比

2006年至今，中国民营企业500强的资产负债率一直保持在70%以下，普遍比中国企业500强低将近20个百分点（见图8）。这体现了中国民营企业500强在资产运作上更为稳健的作风，但大型国有企业从金融机构更易获得融资也应是其资产负债率连年高达80%以上的主要原因。

由于中国民营企业500强主要处于充分竞争的行业中，市场竞争激烈，利润水平较低，销售净利润与中国企业500强存在较大差距，但总资产周转率显著高于后者，资产负债率又相对要低得多，中国民营企业500强表现出更强的资产获利能力。2006～2011年间，中国民营企业500强资产净利率依次高出中国企业500强4.35、4.22、4.19、3.94、4.72和4.04个百分点（见图9）；在净资产收益率指标上中国民营企业500强的优势就更加明显，分别高出中国企业500强8.08、6.33、6.55、7.69、10.42和6.53个百分点（见图10）。可见中国民营企业500强更具活力和动力，在有限的资源中挖掘出更大的潜力。

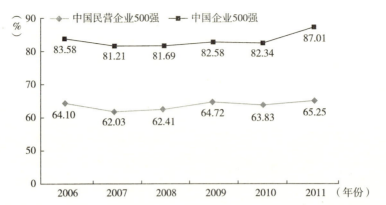

图8　2006～2011年中国民营企业500强与中国企业500强资产负债率比较

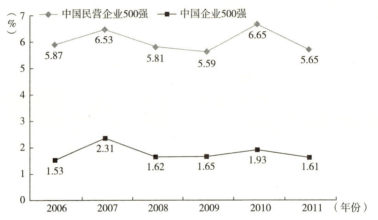

图9　2006～2011年中国民营企业500强与中国企业500强资产净利率比较

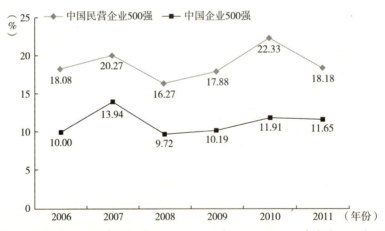

图10　2006～2011年中国民营企业500强与中国企业500强净资产收益率比较

五、中国民营企业500强的社会贡献日益加大

从纳税来看，中国民营企业500强纳税总额小于中国企业500强，但增长率一直高于后者，例如2010年中国民营企业500强纳税总额增长率高达54.21%，超出中国企业500强

25.75个百分点，2011年增长率再次接近50%，超出中国企业500强27.15个百分点，中国民营企业500强对国家税收的贡献正不断加大（见图11）。

从就业来看，除2007年中国民营企业500强员工人数增长率较低以外，其余各年都超出中国企业 500 强，特别是在国际金融危机爆发的 2008 年，面对经营困难，绝大多数 500 强民营企业承担起社会责任，坚持不裁员，员工人数非但没有减少，还大幅度增加了 19.87%，超出了中国企业 500 强 14.64 个百分点。此外，2010 年民营企业 500 强员工人数增加了 24.03%，比中国

企业 500 强高出了 23.22 个百分点；2011 年中国民营企业 500 强员工人数增加 12.18%，增速放缓，但仍然略高于中国企业 500 强（见图 12）。中国民营企业 500 强对全国就业的贡献进一步增强。

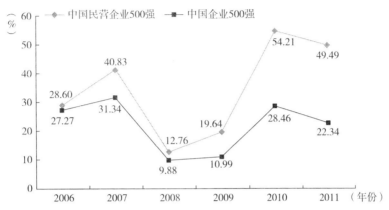

图 11 2006~2011 年中国民营企业 500 强与中国企业 500 强纳税总额增长率比较

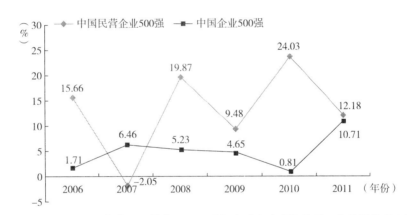

图 12 2006~2011 年中国民营企业 500 强与中国企业 500 强员工人数增长率比较

六、产业和行业对比分析

（一）中国民营企业 500 强和中国企业 500 强均集中于第二产业

从入围企业数量和营业收入来看，中国民营企业 500 强与中国企业 500 强仍集中在第二产业，中国民营企业 500 强集中度高于中国企业 500 强。2011 年，中国民营企业 500 强有 388 家企业居于第二产业，占比 77.6%；中国企业 500 强有 349 家企业居于第二产业，占比 69.8%。中国民营企业 500 强第二产业集中度高于中国企业 500 强（见图 13）。

从营业收入来看，中国民营企业 500 强和中

国企业 500 强都集中在第二产业，其中中国民营企业 500 强第二产业的营业收入占比在 70% 以上，而中国企业 500 强第二产业的营业收入占比也高达 68%（见图 14）。

从净利润和资产总额的情况看，中国企业 500 强则集中于第三产业，占比均超过 70%。中国企业 500 强第三产业的资产和净利润占比偏高主要是由于银行业 14 家商业银行的资产占比高达 54.9%，净利润占比高达 40%，而企业数量和营业收入占比仅为 2.8% 和 7.2%（见图 15 和图 16）。

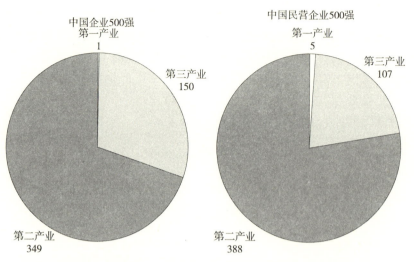

图13　2011年中国民营企业500强与中国企业500强各产业入围企业数量

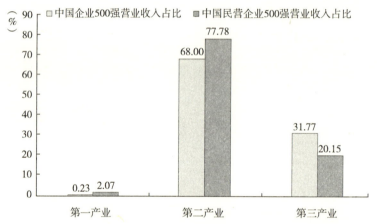

图14　2011年中国民营企业500强与中国企业500强各产业营业收入占比

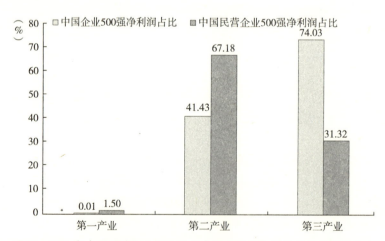

图15　2011年中国民营企业500强与中国企业500强各产业净利润占比

（二）中国企业500强比中国民营企业500强更多地分布于垄断性行业

从营业收入占比前十大行业来看，中国民营企业500强均分布在市场开放、竞争激烈的行业；而中国企业500强有五大行业为能源、资源、金融、基础设施建设等垄断行业，仅金融、保险业和采矿业53家企业就集中了54.42%的税后净利润。中国企业500强前十大行业共有企业

303 家，营业收入总额占比 76.07%，净利润占比 79.28%；中国民营企业 500 强前十大行业共有企业 326 家，营业收入总额占比 62.03%，净利润占比 54.86%（见表3）。

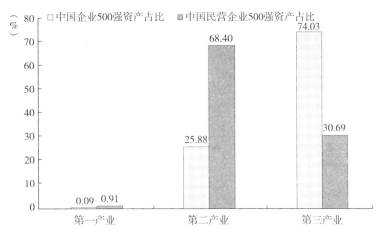

图16　2011 年中国民营企业 500 强与中国企业 500 强各产业资产总额占比

表3　2011 年中国民营企业 500 强与中国企业 500 强营业收入前十大行业

单位：家，%

序号	中国企业 500 强				中国民营企业 500 强			
	所属行业	入围家数	营业收入占比	净利润占比	所属行业	入围家数	营业收入占比	净利润占比
1	采矿业	31	12.16	12.11	黑色金属冶炼和压延加工业	65	17.31	8.65
2	金融业	22	10.21	42.31	房屋建筑业	53	7.35	4.16
3	黑色金属冶炼和压延加工业	58	8.97	2.51	电气机械和器材制造业	37	7.06	17.26
4	批发和零售业	52	8.50	1.79	房地产业	33	5.47	4.70
5	电力、热力、燃气及水生产和供应业	16	7.53	3.12	综合	24	5.43	3.97
6	建筑业	42	7.51	2.21	有色金属冶炼和压延加工业	27	4.84	3.36
7	交通运输、仓储和邮政业	26	6.26	6.69	零售业	18	4.74	1.08
8	石油加工、炼焦和核燃料加工业	9	6.21	3.04	批发业	33	4.39	6.47
9	汽车制造业	19	5.25	3.32	计算机、通信和其他电子设备制造业	6	3.46	3.66
10	有色金属冶炼和压延加工业	28	3.46	2.17	化学原料和化学制品制造业	22	2.00	1.53
合计		303	76.07	79.28		326	62.03	54.86

（三）中国民营企业 500 强绝大多数行业效率高于中国企业 500 强

从行业经营效率来看，中国民营企业 500 强多数行业在销售净利率、资产净利率、人均净利润方面超过中国企业 500 强，但是人均营业收入相对较低。

其中，在汇总对比的 41 个行业中，中国民营企业 500 强有 28 个行业销售净利率高于中国企业 500 强；有 27 个行业资产净利率高于中国企业 500 强。中国民营企业 500 强人均盈利水平较高，有 23 个行业人均净利润高于中国企业 500 强。凭借灵活的管理机制、对自主创新的重视、对成本的严格控制，中国民营企业 500 强在竞争性行业中表现出更强的盈利能力。

但是，在人均营业收入方面中国民营企业 500 强仅有 14 个行业领先中国企业 500 强，原因可能是中国民营企业 500 强更多地分布于劳动密集型行业。另外，在相同的行业领域内，中国民营企业 500 强装备水平与中国企业 500 强仍有一定差距。

2011 年度民营企业参与光彩事业（履行社会责任）统计调查数据分析报告

分析报告说明

统计调查目的

自 2008 年起，为了进一步了解和宣传民营企业参与光彩事业、改善民生、保障就业等方面做出的突出成绩，全国工商联和中央统战部光彩事业指导中心对参与光彩事业、积极履行社会责任的民营企业进行连续性年度统计调查。这项统计调查为了解民营企业参与光彩事业情况提供数据基础；为各地党委、政府制定民营经济发展政策提供决策参考；为促进非公有制经济人士健康成长和非公有制经济健康发展提供数据支撑。

统计调查方法

2011 年度民营企业履行社会责任统计调查工作，是由全国工商联光彩事业部和中央统战部光彩事业指导中心共同组织实施的。2012 年 3 月，全国工商联和中国光彩会制订统一的《民营企业参与光彩事业统计调查表》（以下简称《统计表》），并编制统一的业绩库统计软件。《统计表》中的表 1 至表 4 由各级工商联、光彩会印发到本地民营企业，并指导企业进行填写。各省级工商联负责表 1 至表 4 的回收、审核、汇总、存档和录入，并以数据库形式报送至全国工商联光彩事业部，各省级光彩会负责表 5 的填写，按照相关要求报送至中央统战部光彩事业指导中心。各省级工商联相应工作部门在其各自区域范围内组织实施统计调查，并负责汇总审核本地区统计调查数据。民营企业以自愿参加为原则，自填调查表，并经当地工商联和光彩会等有关部门确认后上报相关统计数据。

统计调查范围

所有在参与光彩事业、履行社会责任方面做出过贡献的民营企业均在统计范围之内；本省在外地参与光彩事业的企业和外地企业在本省参与光彩事业的情况，包括援疆援藏、异地商会参与光彩事业均在统计范围之内。

统计调查内容

本次统计调查采用问卷形式，共有五个统计表，分别是：企业基本情况、企业参与光彩事业投资类项目情况、2011 年企业参与公益慈善和光彩事业捐赠情况、2011 年新增就业及开展培训情况、2011 年度光彩事业发展情况统计表。

统计调查说明

本统计调查分析课题已列入财政部课题项目，其上报数据将录入全国工商联中国民营企业社会贡献业绩库，业绩库相关数据由各级工商联共享，并向社会公布、宣传并接受查询。

本次调查的全部数据样本量为12361个。统计调查数据的时间范围是2011年1月1日至2011年12月31日。本次调查对新疆生产建设兵团进行了独立统计，为保证统计口径一致，将新疆生产建设兵团有关数据并入新疆维吾尔自治区内。

本报告中所有计算、分析均以有效样本为依据，全部样本数仅供用于背景参照。各项统计调查的有效样本数量与有效回答率可能会有所不同。本次统计调查的置信区间达到95%，误差控制在5%以内。

统计调查标准

本报告中以《国民经济行业分类》（GB/T4754—2002）、工信部联企业〔2011〕300号等国家统计标准和文件为依据。

产业划分范围如下：

第一产业：农、林、牧、渔业；

第二产业：采矿业，制造业，电力、燃气及水的生产和供应业，建筑业；

第三产业：交通运输、仓储和邮政业，信息传输、计算机服务和软件业，批发和零售业，住宿和餐饮业，金融业，房地产业，租赁和商务服务业，科学研究、技术服务和地质勘查业，水利、环境和公共设施管理业，居民服务和其他服务业，教育，卫生、社会保障和社会福利业，文化、体育和娱乐业，公共管理和社会组织，国际组织。

地区划分范围如下：

东部地区：北京、天津、河北、辽宁、上海、江苏、浙江、福建、山东、广东、海南11个省区市；

中部地区：吉林、黑龙江、山西、安徽、江西、河南、湖北、湖南8个省区市；

西部地区：内蒙古、广西、重庆、四川、贵州、云南、西藏、陕西、甘肃、青海、宁夏、新疆12个省区市。

前　言

2011年，全球经济仍处于复苏阶段，全球经济增长明显放缓，发达国家经济复苏乏力，新兴经济体在世界经济中的地位进一步提升，但经济增速有所减缓。面对复杂多变的国际政治经济环境和艰巨繁重的国内改革发展任务，党中央、国务院以科学发展为主题，以加快转变经济发展方式为主线，实施积极的财政政策和稳健的货币政策，把稳定物价总水平作为宏观调控的首要任务，深化改革开放，促进结构调整和优化升级，重点支持实体经济特别是小型微型企业，把保障和改善民生作为根本出发点和落脚点，巩固和扩大了应对国际金融危机冲击成果，促进经济长期平稳较快发展和社会和谐稳定，实现了"十二五"时期良好开局，改革开放和社会主义现代化建设取得新的重大成就。2011年国内生产总值47.2万亿元，比上年增长9.2%；公共财政收入10.37万亿元，增长24.8%；粮食产量57121万吨，再创历史新高；城镇新增就业1221万人，城镇居民人均可支配收入和农村居民人均纯收入实际增长8.4%和11.4%。

2011年，我国民营经济在面临诸多困难和挑战的情况下，战略地位更加凸现，显示出强劲生机和活力。一年来，民营经济数量较快增长，规模日益扩大、结构不断优化、贡献更加突出，在稳增长、调结构、保民生三个方面发挥重要作用。截至2011年，全国登记注册的私营企业已达967.7万户，同比增长14.4%。个体工商户3756.5万户，同比增长8.8%。私营企业注册资金总额达25.79万亿元，同比增长34.3%，户均4.3万元。2011年规模以上私营工业企业增加累计增速达到19.5%。

2011年，我国民营企业主动参与创新社会管理、积极履行社会责任，为改善民生和促进社会和谐稳定做出了重要贡献。民营经济持续创造就业岗位，成为我国新增就业的主渠道。截至2011年，全国个体私营企业从业人员达到18298.9万人，同比增长11.5%。民营经济特别是中小企业的快速发展，为大量城镇无业人员、农村剩余劳动力、高校毕业生、国企分流人员等群体创造了众多就业岗位，已经成为吸纳社会就业、不断改善人民生活的主要来源。

民营经济积极履行社会责任，先富帮后富，积极参与到扶贫的光彩事业及其他社会公益事业。2011年，民营企业积极参与《中国农村扶贫开发纲要（2011－2020年）》的实施，特别是援藏援疆工作，努力推动贫困地区经济社会发展，帮助更多的贫困人群走上富裕道路。在社会扶贫实践中，民营企业充分发挥自身优势，坚持项目开发为主，公益捐赠为辅，增强扶贫对象自我发展能力，实现增收脱贫目的。

民营企业坚持义利兼顾、以义为先的光彩精神，一年来，广大民营企业家积极投身光彩事业和感恩行动，把企业发展与回报社会有机结合起来。据统计，仅在"光彩事业新疆行"活动中，苏宁环球集团、大连万达集团等多家大型民营企业与新疆相关企业和州县签订了 7 个投资项目，总投资额达 1200 多亿元，捐赠金额达 1700 万元；在感恩行动中，共有 13.2 万家企业资助 30.6 万人，资助总额总计达 72.5 亿元，惠民项目到位资金共 90 多亿元。

民营企业承担社会责任的意识明显增强。2011 年，共有 2273 家企业投资 2832 个光彩事业项目，到位资金 622.92 亿元，安置就业 41.89 万人，培训 58.54 万人，带动脱贫 109.23 万人。可见，民营企业不断参与光彩事业，积极履行社会责任，充分展现了"致富思源、富而思进、扶危济困、共同富裕、义利兼顾、德行并重、发展企业、回馈社会"的光彩精神，为促进非公有制企业及非公有制经济人士实现"三个更大作为"，进一步促进我国经济社会科学发展，社会和谐稳定，做出新的更大的贡献。

企业的基本情况

一、参与光彩事业的民营企业区域分析

（一）西部地区迅猛增长

在统计的 12361 个参与光彩事业的民营企业中，西部地区共有 4801 家民营企业参与统计调查，所占比例为 38.8％。与上年的 23.7％相比，比例大幅提高。

（二）东部地区步伐放慢

在 12361 个参与光彩事业的民营企业中，东部地区共有 4373 家民营企业参与统计调查，所占比例为 35.4％（见图 1）。与上年 57.8％相比，比例大幅下滑，已不占优势。

（三）云南省异军突起

在 12361 个参与光彩事业的民营企业中，云南省共有 1297 家民营企业参与统计调查，占总数的 10.49％，为各地区之首。而 2011 年夺冠的江苏省 2012 年企业数量急剧减少（见表 1、图 2）。

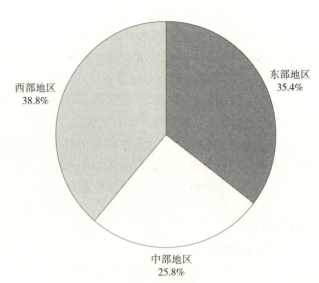

图 1　企业样本地区分布

表 1　参与本次统计调查的企业所在地区分布

单位：家,%

序号	区域	企业数量	所占比例
1	云南省	1297	10.49
2	安徽省	1067	8.63
3	重庆市	951	7.69
4	江苏省	933	7.56
5	上海市	742	6.00
6	山东省	603	4.88
7	湖南省	530	4.29
8	浙江省	522	4.22
9	河南省	489	3.96
10	四川省	423	3.42
11	贵州省	413	3.34
12	天津市	375	3.03
13	河北省	374	3.03
14	甘肃省	361	2.92
15	新疆维吾尔自治区	319	2.58
16	广东省	283	2.29
17	山西省	274	2.22
18	黑龙江省	252	2.04
19	青海省	247	2.00
20	湖北省	238	1.93
21	江西省	231	1.87
22	陕西省	211	1.71
23	辽宁省	196	1.59

续表

序号	区域	企业数量	所占比例
24	内蒙古自治区	183	1.48
25	广西壮族自治区	162	1.31
26	新疆生产建设兵团	155	1.25
27	北京市	122	0.99
28	福建省	113	0.91
29	海南省	109	0.88
30	吉林省	106	0.86
31	宁夏回族自治区	44	0.36
32	西藏自治区	35	0.28
33	香港	1	0.01

二、参与光彩事业的民营企业类型分析

（一）有限责任公司为参与光彩事业的主体

在12361个参与光彩事业的民营企业中，剔除未回答和重复回答的企业数量，这项调查有11856个有效数据。其中，参与光彩事业民营企业绝大多数为有限责任公司，有8407家，占70.9%（见图3）。这种分布特征与全国范围内的民营企业结构类型相一致。据国家工商行政管理总局的有关数据，2011年全国私营企业实有户数中有限责任公司比重为83.6%。以现代企业制度为代表的有限责任公司发展迅速，占据主导地位。

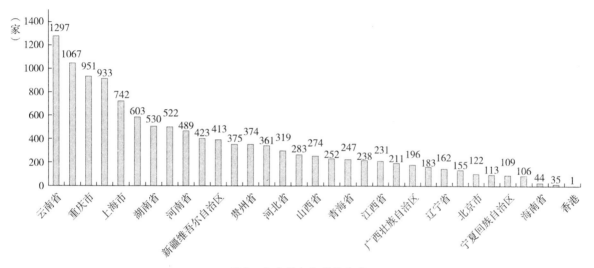

图2　企业样本分省区分布

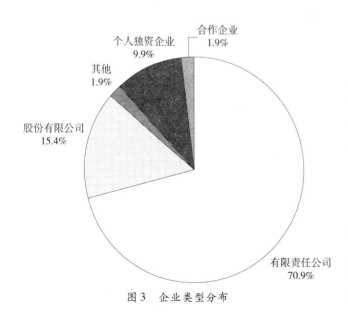

图3　企业类型分布

（二）合伙制企业参与光彩事业的比例很小

在本次统计中，合伙制企业有226家，所占比重为1.9%。这是因为我国合伙制企业相对较少，在私营企业中比重业很小。据国家工商行政管理总局的有关数据，截至2009年底，全国合伙制企业所占比重为1.4%。所以，参加光彩事业的合伙制公司数量不多，也在情理之中。

三、参与光彩事业的民营企业行业分析

（一）各个行业民营企业广泛参与光彩事业

在12361个参与光彩事业的民营企业中，这项调查有11997个有效数据。其中，制造业企业为4404家，所占比例为39.6%；批发和零售业企业为1154家，所占比例为10.4%；农、林、牧、渔业企业为1126家，所占比例为10.1%；房地产业企业1080家，所占比例为9.7%；建筑业企业993家，所占比例为8.9%（见图4）。

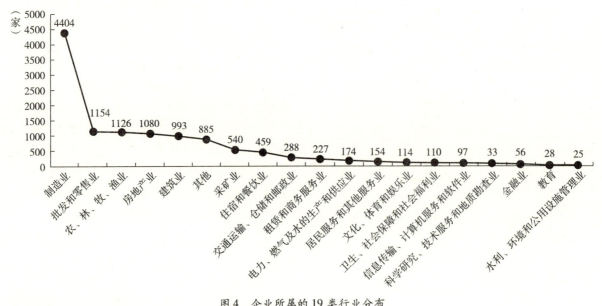

图4　企业所属的19类行业分布

（二）第二产业中参与光彩事业的民营企业占半数以上

在本次统计中，参与光彩事业的民营企业属于第一产业的民营企业共有1126家，所占比例为10.1%；属于第二产业的民营企业共有6111家，所占比例为55.0%；属于第三产业的民营企业3875家，所占比例为34.9%（见图5）。

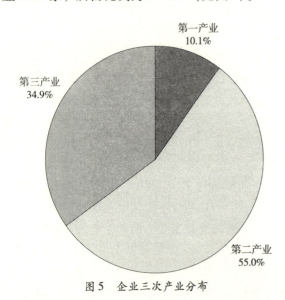

图5　企业三次产业分布

四、参与光彩事业的民营企业规模分布

（一）中小企业为参与光彩事业的主要力量

企业注册资本方面。在12361个参与光彩事业的民营企业中，这项调查有12305个有效数据。其中，注册资本1亿元以上的大型企业有

1305家，所占比例为10.6%，所占比例最小。注册资本1000万~1亿元的中型企业有4891家，企业数量所占比例为39.7%，比重最大。注册资本100万（不含）至1000万元的小型企业有4076家，企业数量所占比例为33.1%。注册资本100万元以下的微型企业2033家，比例为16.5%（见图6）。可见，中小型企业虽然注册资本并不如大型企业那样资金雄厚，但是其数量较多，比例较大，并积极参与光彩事业。

企业资产总额方面。参与光彩事业的中型企业，即资产总额1000万至1亿元的民营企业为4923家，所占比例最大，为40.3%（见图7）。资产总额在1亿~10亿元的大型民营企业，比例为30.7%。资产总额在100万~1000万元的小型民营企业，比例为15.9%。资产总额在10亿元以上的特大型企业，比例为9.5%。资产总额在100万元以下微型企业，比例为3.6%。可见，履行社会责任不分企业大小，中小民营企业广泛参与光彩事业，成为参与光彩事业的重要力量。

（二）中等规模企业占据主导地位

企业上缴税金方面。在本次统计中，上缴税额在100万~1000万元的民营企业有4324家，所占比例为36.7%。上缴税额在10万~100万元的民营企业有2959家，所占比例为25.1%。上缴税额在1000万~1亿元的民营

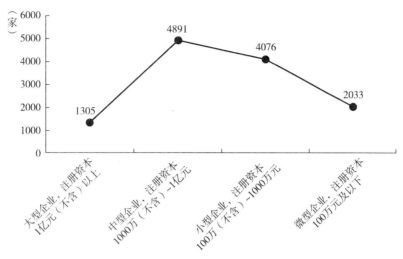

图 6　企业注册资本分布

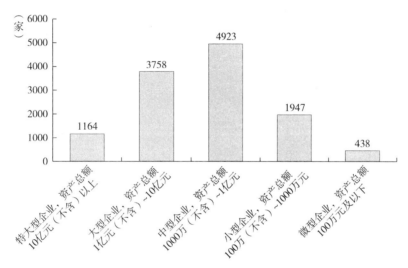

图 7　企业资产总额分布

企业有 2578 家，所占比例为 21.9%。上缴税额在 1 万~10 万元的民营企业有 1093 家，所占比例为 9.3%。上缴税额在 1 亿元（不含）以上的民营企业 590 家，所占比例为 5.0%。上缴税额在 1 万元以下的民营企业 231 家，所占比例为 2.0%（见图 8）。

企业员工人数方面。在本次统计中，员工人数在 100~999 人的民营企业 5861 家，所占比例最高，为 47.8%。员工人数在 10~99 人的民营企业 4545 家，所占比例 37.0%。员工人数在 1000~9999 人的民营企业 1414 家，所占比例 11.5%。员工人数在 1~9 人的民营企业 347 家，所占比例为 2.8%。员工人数在 10000 人以上的民营企业 107 家，所占比例为 0.9%（见图 9）。

五、企业发展阶段情况

各个发展阶段的民营企业都积极参与光彩事业，稳定发展阶段的民营企业参与光彩事业的比例最大。

在 12361 个参与光彩事业的民营企业中，这项调查有 11365 个有效数据。其中，初步稳定（5~10 年）的民营企业 4183 家，所占比例为 36.8%。稳定发展阶段（10~20 年）的民营企业 4020 家，所占比例为 35.4%。发展阶段（3~5 年）的民营企业 1765 家，所占比例为 15.5%。创业初期（3 年以内）的民营企业 836 家，所占比例为 7.4%。存在 20 年以上的民营企业 561 家，所占比例为 4.9%（见图 10）。

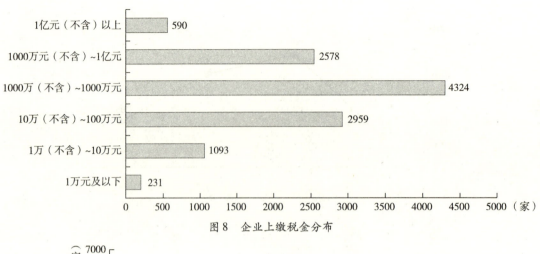

图8　企业上缴税金分布

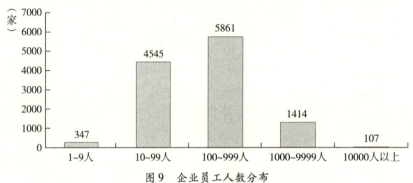

图9　企业员工人数分布

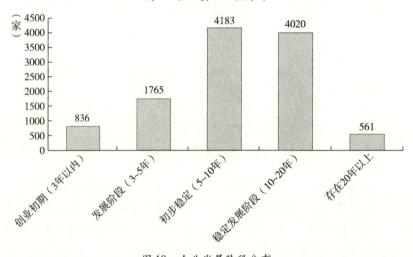

图10　企业发展阶段分布

六、企业劳动法执行情况

（一）绝大多数民营企业都积极构建和谐劳动关系，主动签订集体劳动合同

在统计的12361个参与光彩事业的民营企业中，有10255家企业签订集体劳动合同，所占比例为83.0%（见图11）。

（二）绝大多数民营企业保障员工合法权益，积极建立工会组织

在统计的12361个参加光彩事业的民营企业

中，有9115家民营企业按照规定建立工会，所占比例为73.7%（见图12）。

七、工商联执常委和光彩会理事参与光彩事业情况

（一）九成工商联会员都积极参加光彩事业

在全部12361个样本中，工商联会员11253家，占全部样本的91.0%，比上年的85.6%有明显提高。

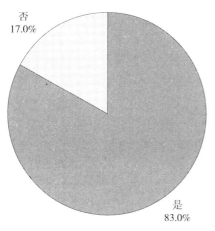

图 11　企业签订集体劳动合同情况

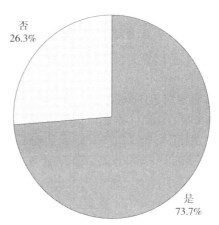

图 12　企业建立工会情况

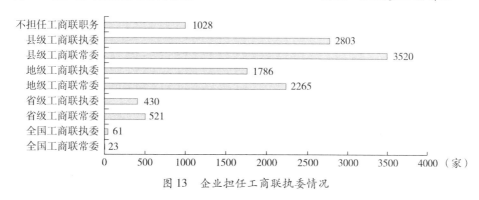

图 13　企业担任工商联执委情况

（二）大多数工商联执常委是履行社会责任的带头人

在 12361 个参与光彩事业的民营企业中，这项调查有 11253 个有效数据。其中，不担任各级工商联职务的只有 1028 家，所占比例仅为 12.3%（见图 13）。大多数参与光彩事业的民营企业家都是各级工商联执常委，并逐渐成为履行社会责任的带头人。

（三）光彩会企业家队伍建设不断壮大

在 12361 个参与光彩事业的民营企业中，这项调查有 8890 个有效数据。其中，担任各级光彩会理事的有 3760 家，所占比例为 42.3%（见图 14），光彩会企业家逐步壮大。即使不是光彩会理事的民营企业，认真践行光彩事业"义利兼顾、以义为先"核心理念，在实现自身科学发展的同时，积极履行社会责任。

八、企业党组织建设情况

绝大多数民营企业建立了党组织，不断夯实党的群众基础在统计的 12361 个参加光彩事业的民营企业中，有 7878 家民营企业按照规定建立党组织，所占比例为 63.7%（见图 15）。

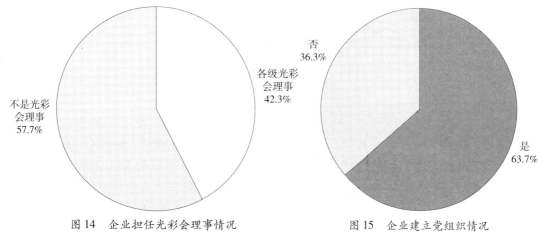

图 14　企业担任光彩会理事情况　　　　图 15　企业建立党组织情况

企业参与光彩事业投资类（非捐赠）项目情况

一、光彩事业总体概况

2011 年，共有 2273 家企业投资 2832 个光彩事业项目，到位资金 622.92 亿元，安置就业 41.89 万人，培训 58.54 万人，带动脱贫 109.23 万人（见图 16）。与上一年相比，光彩事业取得了丰硕成果，各方面均有了长足的进步。

二、单个企业投资光彩事业项目数量分布

光彩事业已经成为非公有制经济人士致富思源、回报社会、履行社会责任的重要平台。

在 2273 家参加光彩事业项目投资的民营企业中，投资一个光彩事业项目的企业有 1991 家，投资两个光彩事业项目的有 151 家，投资三个光彩事业项目的有 72 家，投资四个光彩事业项目的有 55 家，投资至少十个光彩事业项目的有 4 家。29.7% 的民营企业投资 2 个以上的光彩事业项目（见图 17）。

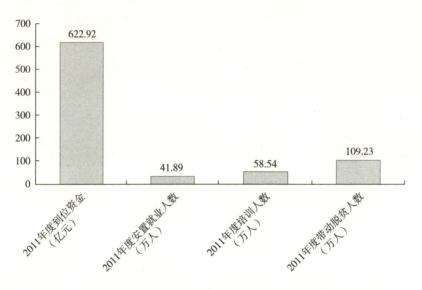

图 16　光彩事业总体概况

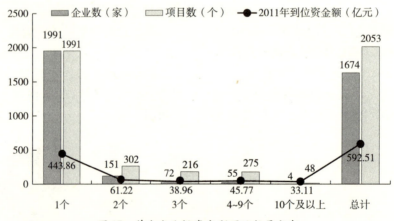

图 17　单个企业投资光彩项目数量分布

三、光彩事业发展状况

（一）2011 年光彩事业投资资金全部到位

在统计的 2832 个光彩事业项目中，剔除未回答和无效回答，这项调查有 2165 个有效数据。

其中，金额在 100 万～1000 万元的项目数量为 626 个，所占比例为 28.9%。金额在 1000 万～10000 万元的项目数量为 606 个，所占比例为 28.0%。金额在 1 万～10 万元的项目数量为 233 个，所占比例为 10.8%。金额在 1 亿元及以上

的项目数量为 137 个，所占比例为 6.3%。1 万元（不含）以下的项目数量为 45 个，所占比例为 2.1%。其中，实施 1 亿元及以上项目的民营企业 117 家，共计 402.62 亿元。统计表明，2011 年光彩事业投资资金全部到位（见图 18）。

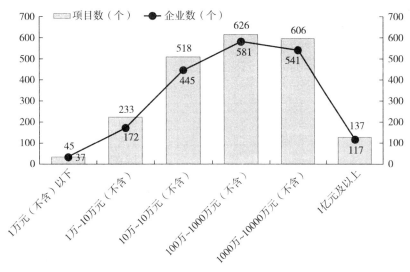

图 18　2011 年度光彩事业到位资金情况

（二）2011 年光彩事业安置就业人数大幅增加

在统计的 2273 家企业中，有 1470 家企业在实施光彩事业项目中，积极开辟就业渠道、提供更多就业岗位，共计安置就业人员 41.89 万人，涵盖 1681 个光彩事业项目（见图 19）。与 2010 年安置 31.66 万人相比，光彩事业安置就业人数大幅增加，增幅达 32%。

（三）2011 年光彩事业培训工作迅猛发展

在统计的 2832 个光彩事业项目中，有 1371 家民营企业以提升劳动者素质为重点，积极开展人才培训工作。2011 年，共计培训 58.54 万人，涵盖 1567 个光彩事业项目。而 2010 年只有 1106 家企业共实施了 1224 个就业培训项目，培训总人数 42.10 万人。相比之下，2011 年光彩事业培训工作，从企业数量、项目规模、培训人数迅猛发展。2011 年，培训规模在 10～100 人的光彩事业项目数量最多，为 817 个，比例为 52.1%。培训规模在 100～1000 人的光彩事业项目数量为 519 个，比例为 33.1%。培训规模在 10 人以下的光彩事业项目数量为 120 个，比例为 7.7%。培训规模在 1000～10000 人的光彩事业项目数量为 102 个，比例为 6.5%。培训规模在 10000 人以上的光彩事业项目数量为 9 个，比例为 0.6%（见图 20）。

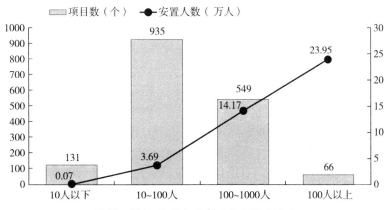

图 19　2011 年度光彩事业安置就业情况

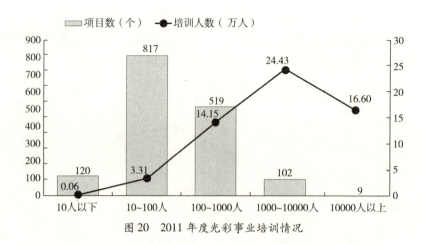

图20　2011年度光彩事业培训情况

（四）2011年光彩事业带动脱贫人数有所下滑

在统计的2273家企业中，1064家民营企业立足于提高欠发达地区人民群众生活水平，共计带动脱贫人口109.23万人，涵盖了1235个光彩事业项目。与上年相比，带动脱贫人数有所下滑。其中，规模在10000人以上项目有24个，带动脱贫人口48.16万人。规模在1000~10000人的项目有172个，带动脱贫人口48.01万人。规模在100~1000人的项目有374个，带动脱贫人口10.97万人。规模在10~100人的项目有540个，带动脱贫人口2.04万人。规模在10人以下的项目125个，带动脱贫人口575人（见图21）。

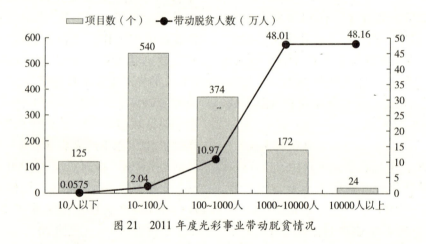

图21　2011年度光彩事业带动脱贫情况

四、光彩事业项目数量迅速增加

2011年光彩事业开始实施的项目有1723个，而2010年只有1215个。光彩事业项目数量增长十分迅速。这表明，广大非公有制经济人士以光彩事业理念为统领，积极参与项目建设，通过先富帮后富，最终实现共同富裕，为全面建设小康社会做出更大的贡献。

五、光彩事业项目实施地区分布情况

（一）光彩事业项目主要在中西部地区实施

在本次统计的2832个光彩事业项目中，这项调查有2406个有效数据。其中，实施地点在西部地区的项目有915个，所占比例为38.0%。

实施地点在中部地区的项目有866个，所占比例为36.0%。实施地点在东部地区的项目有623个，所占比例为25.9%（见图22）。近四分之三的光彩事业项目在中西部实施。可见，中西部地区是民营经济参与光彩事业项目的主战场。

（二）光彩事业项目实施地点全国并不均衡

在本次统计中，有264个光彩事业项目在湖南省实施，比例最高，为11.0%。其次，251个光彩事业项目在江西省实施，比例为10.4%。再次，231个光彩事业项目在山东省实施，比例为9.6%。光彩事业项目实施地点全国并不均衡（见图23）。

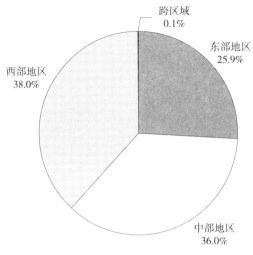

图 22　实施光彩事业项目的区域分布

（三）光彩事业项目大部分来源于中西部地区

根据本次统计，共有 819 个光彩事业项目来自东部地区，953 个光彩事业项目来自中部地区，1060 个光彩事业项目来自西部地区。623 个光彩事业项目在东部实施，866 个光彩事业项目在中部实施，915 个光彩事业项目在西部实施。2 个跨区域光彩事业项目。即 71.1% 的光彩事业项目来源于中西部地区，28.9% 的光彩事业项目来源于东部地区（见图 24）。74% 的光彩事业项目在中西部实施，25.9% 的光彩项目在东部地区实施。

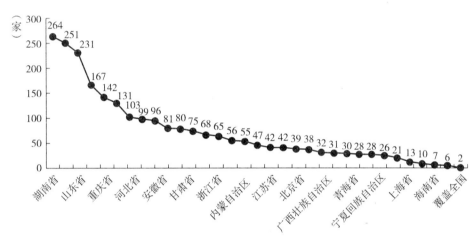

图 23　光彩事业项目实施地点的分省区分布

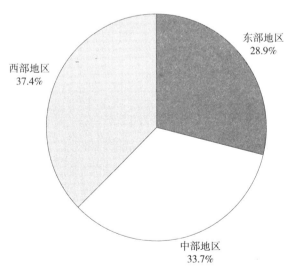

图 24　光彩事业项目的来源分布

（四）江西、湖南省亮点凸现

根据本次统计，湖南省光彩事业项目 282

个，占全国的 10.0%，位居首位；江西省光彩事业项目 246 个，占 8.7%，位居其次（见表 2）。江西省实施光彩事业的企业数量最多，共 231 家，所占比例 13.8%；湖南省实施光彩事业的企业数量紧随其后，共 230 家，所占比例为 13.7%。这两省在全国光彩事业项目建设中，企业数量和项目数量都居全国前列，亮点凸现。

表 2　光彩事业项目的分省区分布

单位：个，%

序号	区　域	项目数	比　例
1	湖南省	282	10.0
2	江西省	246	8.7
3	山东省	243	8.6
4	重庆市	199	7.0

续表

序号	区 域	项目数	比 例
5	云南省	163	5.8
6	贵州省	152	5.4
7	浙江省	150	5.3
8	河南省	132	4.7
9	安徽省	120	4.2
10	河北省	108	3.8
11	甘肃省	97	3.4
12	上海市	89	3.1
13	新疆维吾尔自治区	84	3.0
14	四川省	76	2.7
15	陕西省	74	2.6
16	山西省	69	2.4
17	黑龙江省	59	2.1
18	内蒙古自治区	57	2.0
19	天津市	53	1.9
20	北京市	49	1.7
21	江苏省	47	1.7
22	广西壮族自治区	40	1.4
23	湖北省	38	1.3
24	青海省	37	1.3
25	新疆生产建设兵团	37	1.3
26	辽宁省	36	1.3
27	广东省	34	1.2
28	西藏自治区	31	1.1
29	宁夏回族自治区	13	0.5
30	海南省	8	0.3
31	吉林省	7	0.2
32	福建省	2	0.1

六、光彩事业项目行业分布情况

第三产业光彩事业占优势，农、林、牧、渔业类光彩事业项目占首位。

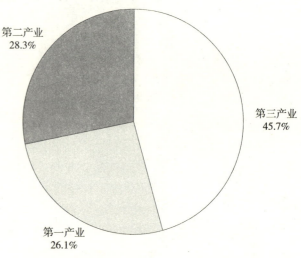

图 25 光彩事业项目企业的三次产业分布

根据本次统计，第一产业光彩事业项目所占比例为 26.1%，比重最小；第二产业光彩事业项目所占比例为 28.3%；第三产业光彩事业项目所占比例为 45.7%，比例最高（见图 25）。农、林、牧、渔业类的光彩事业数量占首位，为 529 个，所占比例为 26.1%。其次，制造业光彩事业数量 393 个，所占比例为 19.4%。再次，教育光彩事业数量 213 个，所占比例为 10.5%（见图 26）。

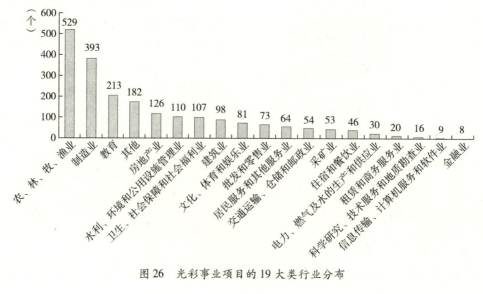

图 26 光彩事业项目的 19 大类行业分布

七、光彩事业项目特点分析

基础设施建设光彩事业项目占据首位。

根据本次统计，基础设施建设光彩事业项目共 622 个，所占比例为 22.0%。其次为农业产业化光彩事业项目，595 个，所占比例为 21.0%（见图 27）。

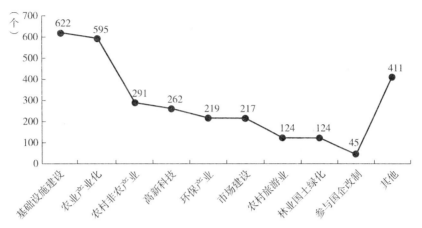

图 27 光彩事业项目特点

企业 2011 年参与公益慈善、光彩事业捐赠情况

一、企业 2011 年参与公益慈善、光彩事业捐赠情况

（一）企业参与公益慈善、光彩事业捐赠持续稳步开展

根据本次统计，2011 年共有 8297 家企业参与公益慈善、光彩事业捐赠 21181 项，捐赠金额（含捐款捐物）总计 59.64 亿元。其中捐款 52.89 亿元，捐物折合金额为 6.75 亿元。与往年相比，公益慈善、光彩事业捐赠项目数量和金额上有小幅下降，但总体上保持稳定态势。这表明，经过多年的积淀，"义利兼顾、以义为先"理念已经深入人心，光彩事业已经逐步成熟，成为常态和持续性工作。广大民营企业乐善好施，扶危济困，热情参与慈善活动和光彩事业捐赠，向需要帮助的人们奉献更多的关爱，在实现自身科学发展的同时，积极履行社会责任。

（二）公益慈善、光彩事业捐赠用途广泛，多集中于救济贫困和教育方面

根据本次统计，公益慈善和光彩事业捐赠用途非常广泛。救济贫困项目最多，为 6712 个，所占比例为 31.7%，捐赠金额 11.69 亿元。教育捐赠金额最多，为 13.59 亿元，项目数量为 4080 个。公共设施项目为 2251 个，捐赠金额 8.97 亿元。产业帮扶项目数量为 678 个，捐赠金额 5.27 亿元。救助灾害项目数量 1427 个，捐赠金额 2.57 亿元。扶助残疾人项目数量 1192 个，捐赠金额 2.63 亿元。卫生医疗项目数量 478 个，捐赠金额 2.45 亿元。体育项目数量 555 个，捐赠金额 1.18 亿元。环境保护项目数量 356 个，捐赠金额 2.72 亿元（见图 28、图 29）。

二、捐赠项目规模分布

中等规模光彩事业捐赠项目最多。

1 万～10 万元捐赠项目数量最多，为 9895 个，其比例为 48.1%。1 万元以下捐赠项目为其次，数量为 4585 个，所占比例 22.3%。再次是 10 万元～50 万元捐赠项目，数量为 4303 个，所占比例为 20.9%（见图 30）。

三、项目来源与受惠区域分布情况

（一）西部为公益慈善、光彩事业捐赠最大受惠地区

在本次统计中，西部地区接受公益慈善、光彩事业捐赠项目数量为 7003 个，所占比例最大，为 42.5%，为最大受惠地区。东部地区项目所占比例为 33.2%，中部地区所占比例为 24.3%（见图 31）。

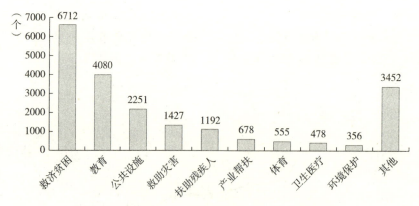

图 28　公益慈善、光彩事业捐赠概况（项目数量分布）

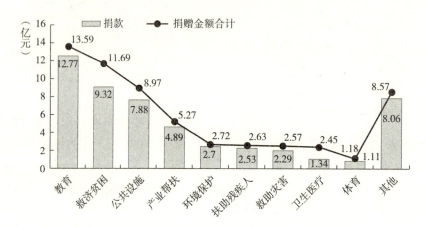

图 29　公益慈善、光彩事业捐赠概况（金额分布）

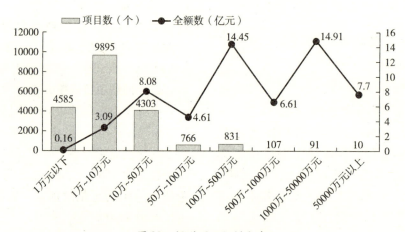

图 30　捐赠项目规模分布

（二）参与公益慈善、光彩事业捐赠的西部企业迅速增多，已超过东部地区

根据本次统计，参与公益慈善、光彩事业捐赠的西部企业数量为 8510 家，所占比例为 40.2%，占首位，已超过东部地区的 7370 家企业。参与公益慈善、光彩事业捐赠的东部企业所占比例为 34.8%，中部地区企业所占比例为 25.0%（见图 32）。

四、基金会和专项基金情况

（一）基金会和专项基金发展已渐入佳境

在统计的 21181 个项目中，共有 2542 个项目受到基金会或专项基金的资助，占全部项目的 12.0%，绝对数量和比例都比 2011 年有大幅上升。这些项目的捐赠金额 15.17 亿元，占到全部项目捐赠额的 25.4%（见图 33）。这表明，基金会或专项基金的发展已渐入佳境。

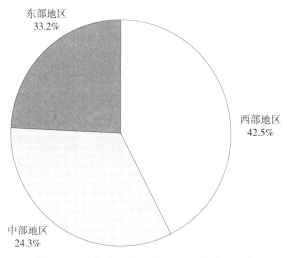

图 31 公益慈善、光彩事业捐赠受惠地分布

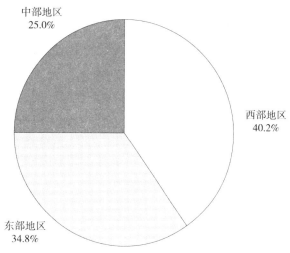

图 32 捐赠企业地区分布

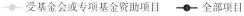

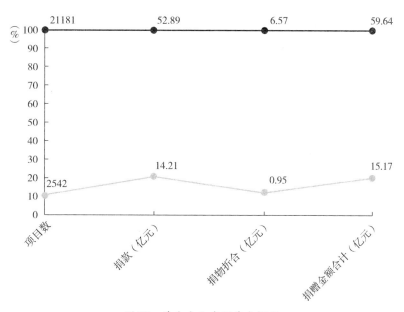

图 33 基金会和专项基金概况

（二）东部地区基金会和专项基金为主力

在统计的 679 个基金会或专项基金中，375 家东部地区企业建立基金会和专项基金，所占比例为 55.2%，占绝对优势。西部地区 162 家企业，所占比例为 23.9%。中部地区 142 家企业，所占比例为 20.9%（见图 34）。总体看，在全部 8297 家企业中有 8.2% 的企业建立了基金会或专项基金，绝对值和比例都比上年增加了一倍以上。

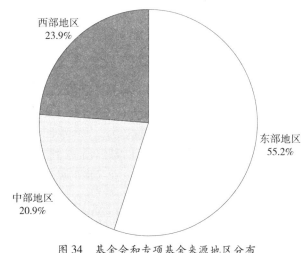

图 34 基金会和专项基金来源地区分布

2011 年新增就业及开展培训情况

一、2011 年企业新增就业情况

（一）企业安置人员总量稳步增长

根据本次统计，2011 年共有 9830 家企业安置各类人员 165.59 万人。其中，7800 家企业安置农民 96.55 万人。6458 家企业安置下岗职工 20.57 万人。7462 家企业安置大学生 21.71 万人。

2570 家企业安置残疾人 1.58 万人。3202 家企业安置复转军人 2.61 万人。4626 家企业安置其他人员 22.57 万人（见图 35）。

（二）新增各类人员就业以中等安置规模为主

根据本次统计，单个企业安置规模在 100～999 人，其安置人数为最多，共计 69.20 万人，占全部新增就业人员总数的比例为 41.8%（见图 36）。单个企业安置规模在 10～99 人，其企业数量最多，5473 家，占所有企业数量的 55.7%。

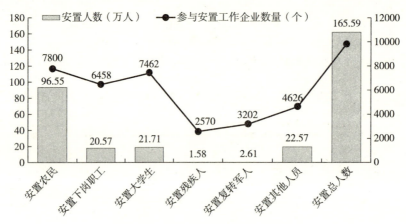

图 35 企业安置各类人员总体概况

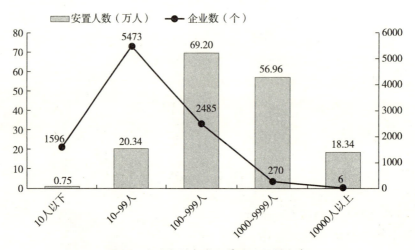

图 36 企业新增各类人员就业规模分布

（三）西部新增就业企业首超东部

根据本次统计，西部地区新增就业企业 3772 家，所占比例为 38.4%，首次超过东部地区。东部地区新增就业企业 3371 家，所占比例为 34.3%，中部地区新增就业企业 2687 家，所占比例为 27.3%（见图 37）。

（四）东部地区仍是新增就业的集中区域

虽然西部地区新增就业企业数量超过东部，但在新增人员数量上，东部地区新增就业人数比重接近一半，共计 82.62 万人，比例为 49.9%，仍为就业的集中区域。西部地区新增就业人员 42.88 万人，所占比例为 25.9%，超过中部地区。中部地区新增就业人员 40.09 万人，所占比例为 24.2%（见图 38）。

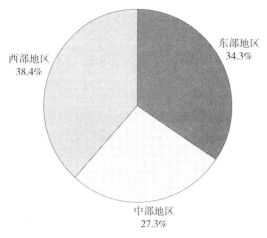

图37　新增就业企业的区域分布

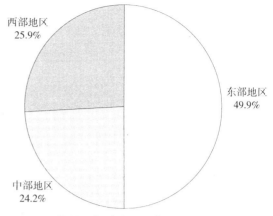

图38　新增就业人员的区域分布

（五）中等企业成为安置农民的重要渠道

根据本次统计，单个企业安置规模在100～999人的企业共安置农民38.56万人，所占比例最高，为39.9%。单个企业安置规模在10～99人的企业共有4258家，占所有企业数量的54.6%（见图39）。

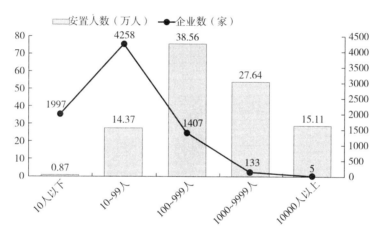

图39　安置农民人数与参与企业数量

（六）中等企业成为安置下岗职工的集中地

根据本次统计，单个企业安置规模在100～999人的企业共安置下岗职工8.88万人，所占比例最高，为43.1%。单个企业安置规模在10人以下的企业共有3222家，占所有企业数量的49.9%（见图40）。

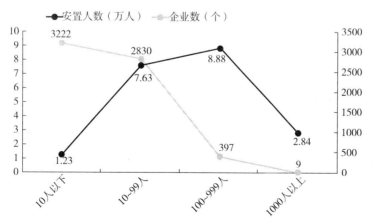

图40　安置下岗职工人数与参与企业数量

（七）中等企业占据安置大学生的主导地位

根据本次统计，单个企业安置规模在 100～999 人的企业共安置大学生 10.11 万人，所占比例最高，为 46.6%。单个企业安置规模在 10 人以下的企业共有 4284 家，占所有企业数量的 57.4%（见图41）。

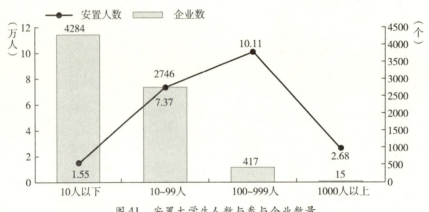

图41　安置大学生人数与参与企业数量

（八）中小企业成为安置残疾人的主体

根据本次统计，单个企业安置规模在 10～99 人的企业共安置残疾人 7028 人，所占比例最高，为 44.6%。单个企业安置规模在 10 人以下的企业共有 2251 家，占所有企业数量的 87.6%（见图42）。

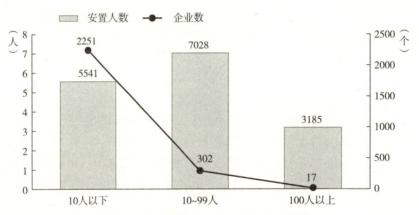

图42　安置残疾人人数与参与企业数量

（九）中等企业成为安置复转军人的主力

根据本次统计，单个企业安置规模在 10～99 人的企业共安置复转军人 1.38 万人，所占比例最高，为 52.8%。单个企业安置规模在 10 人以下的企业共有 2566 家，占所有企业数量的 80.1%（见图43）。

（十）中等企业成为安置其他人员的主要途径

根据本次统计，单个企业安置规模在 100～999 人的企业共安置其他人员 10.98 万人，所占比例最高，为 48.6%。单个企业安置规模在 10～99 人的企业共有 2108 家，占所有企业数量的 45.6%（见图44）。

二、2011 年企业开展培训情况

（一）企业培训总体力度加大

2011 年受调查 9128 家企业共培训各类人员 478.89 万人，培训金额 23.57 亿元，人均培训费 492 元（见图45、图46）。

（二）西部地区企业培训工作快速发展

根据本次统计，受调查的 9128 家企业中，来自西部地区的企业共 3510 家，所占比例为 38.5%，比重最大。其次是来自东部地区的企业共 3195 家，其数量所占比例为 35.0%。中部地区企业共 2423 家，所占比重为 26.5%（见图47）。

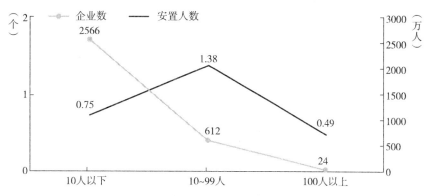

图43　安置复转军人人数与参与企业数量

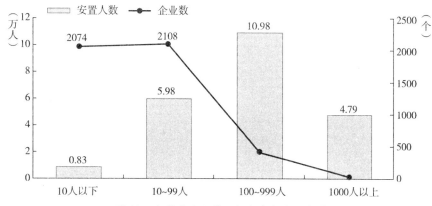

图44　安置其他人员人数与参与企业数量

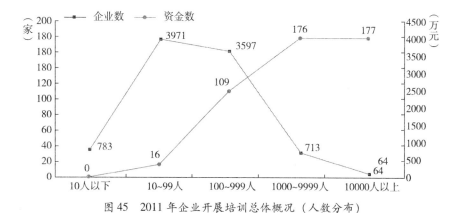

图45　2011年企业开展培训总体概况（人数分布）

（三）东部地区企业受培训人员众多

东部地区企业培训人员数量最多，共计294.03万人，占培训总人数的61.4%。西部地区企业培训人员，共计107.91万人，所占比例为22.5%。中部地区企业培训人员，共计76.96万人，所占比例为16.1%（见图48）。

（四）东部企业培训资金投入大

各地非常注重培训工作，受调查企业共投入23.57亿元培训资金。其中，东部企业培训资金投入最大，共计13.25亿元，其资金占比达56.2%。其次是西部企业培训资金，共计5.83亿元，所占比例为24.7%。中部地区培训资金，共计4.50亿元，所占比例为19.1%（见图49）。

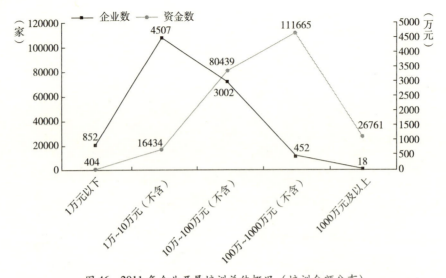

图46 2011年企业开展培训总体概况（培训金额分布）

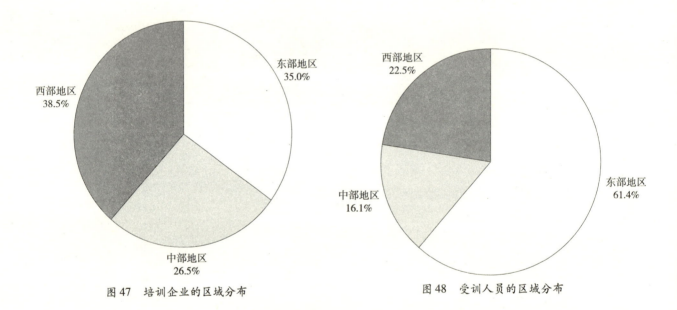

图47 培训企业的区域分布

图48 受训人员的区域分布

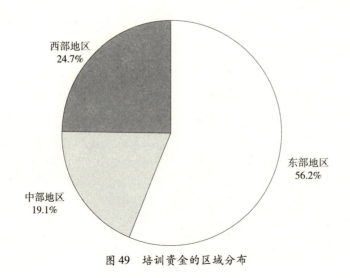

图49 培训资金的区域分布

非公有制企业劳动争议预防调解工作调研

针对当前非公有制企业特别是小微企业劳动争议易发、多发，劳动争议总量呈居高态势、集体劳动争议冲突性增强的现状，全国工商联法律部与人力资源和社会保障部调解仲裁管理司联合开展了非公有制企业劳动争议预防调解工作调研。2011 年底至 2012 年初，共在浙江、江苏两省的 9 个市区县进行实地调研，召开了 8 场由人社部门、工商联及所属商会、非公有制企业负责人参加的座谈会，深入考察了多家非公有制企业、劳动仲裁院和调解组织。基本情况如下。

一、非公有制企业劳动争议基本概况

非公有制企业劳动争议案件数量大、占比高。2010 年全国劳动争议案件 128.4 万件，非公有制企业案件占到 71.2%，其中民营企业占到 52.4%。如 2010 年杭州市非公有制经济组织发生争议案件占劳动争议案件总量的 90%，2011 年前三季度非公有制经济组织发生争议案件占案件总量的 84%。又如，2011 年苏州各级仲裁机构和调解组织共调处劳动人事争议案件 31108 件，涉及非公有制企业 30981 家，占案件总量的 99.59%，其中绝大部分是小微企业。

非公有制企业劳动争议案件主要类型。调研显示，非公有制企业劳动争议案件主要为劳动报酬、社会保险、解除和终止劳动合同争议案件。如南京市 2011 年 1 ~ 11 月受理的劳动争议案件中劳动报酬、经济补偿金、违约金、赔偿金等争议案件占到 76.9%；苏州市近两年来这三类劳动争议案件分别占受案总数的 29%、28% 和 25%，位居前三。调研所到县市普遍反映，非公有制企业社会保险参保面不够广，特别是外来务工人员较多的企业和人员流动性大的行业（如建筑业），参保情况总体不太理想。其他居于高位的劳动争议还有因企业劳动保护措施落实不够好引发的工伤案件，如绍兴市 2011 年发生工伤案件 900 起左右。

困扰非公有制企业发展的主要劳资矛盾。职工流失率高已成为影响企业生产经营稳定性的一大问题。调研中，企业反映了一些带有普遍性与共性的问题，主要有：劳动力供求结构性失衡局面加剧，江浙地区劳动力有效供应不足，企业招工难、留人难问题尤为突出；职工不愿签订劳动合同、不愿参加社会保险，企业为了解决用工问题不得不迁就职工，不得不为之承担违法违规的风险和后果；职工跳槽频繁，相当一部分跳槽是因为职工不切实际的心理期盼或同行业之间在人力资源市场上的无序、恶性竞争造成的，企业为之付出了高额的用人成本。调研中多数企业反映职工年流动率在 10% 左右，有的劳动密集型企业（如江苏佳能公司）职工月流动率甚至达到 9%。这些问题，虽然不一定以劳动争议案件的形式体现出来，但是已经严重影响到企业的正常生产经营，影响到劳动关系的稳定性，也不利于职工长远职业发展。

二、非公有制企业内部劳动争议预防调解工作开展情况

企业是争议产生的源头，也是处理矛盾的主体。调研表明，争议在企业内部解决，成本低、效果好。非公有制企业在开展劳动争议预防、调解工作方面已有不少好的做法与经验。

（一）非公有制企业劳动争议预防机制的建立情况

加强企业劳动争议预防、预警和疏导工作，是维护劳动关系和谐、促进企业健康发展必不可少的。步森集团、苏宁电器等一批非公有制企业的成功实践显示，科学有效的预防机制应从维护职工经济权益、政治权益、文化权益和社会权益入手，推动企业与员工协商共事、机制共建、效

益共创、利益共享。

1. 建立劳资双方沟通对话机制

不少非公有制企业通过落实职代会制度、推行厂务公开、实施合理化建议制度，组织各种形式的总经理接待日、新春团拜会、民主恳谈会，建立外来员工联络员制度，推行民主决策管理，不断完善员工多元化参与机制，畅通了员工诉求表达渠道，能够及时有效解决涉及职工切身利益的重大问题。如苏宁电器建立内部申诉平台，通过全公开的内部通讯、体系监查和内部控管系统，及时了解、关注并反馈员工的意见、认知和看法，不断提高员工对公司的认同感和满意度。

2. 落实劳动合同、集体合同制度

如步森集团从 1997 年开始就实行工资平等协商，对员工工资福利、休假旅游、培训晋升等依法做出具体约定，并由职代会对劳动合同各项条款进行认真审议，建立起了以工会与企业平等协商为特征的集体劳动关系调整机制，发挥了劳动合同在规范劳动用工、稳定职工就业、协调劳动关系中的基础性作用。

3. 加强人文关怀、实施柔性管理

有的非公有制企业树立了人才是企业第一资本的价值理念，切实保障员工权益，注重关心激励员工，通过多种手段感染凝聚员工。如雨润集团设立互助基金、开展困难员工慰问、不断改善员工福利和生产生活条件；步森集团制定实施《步森集团思想政治工作试行体例》，努力做到员工冷暖有人问、急难有人帮、生老病死有人管、呼声建议有人听、成绩进步有人赞，建立困难员工档案，设立爱心基金会、关心下一代工作委员会等，为外来员工、困难职工提供了特别的关爱和帮扶。

4. 重视职工培训和职业成长

畅通员工职业发展通道，是非公有制企业成功留住员工、激励员工、稳定劳动关系的共同经验。在江浙一些规模以上非公有制企业中，职工培训经费单列预算成为企业制度规定。调研显示，多数规模以上非公有制企业能够坚持投入大量资金，对员工开展多层次、多形式、多途径的培训，积极提高员工的知识层次和职业技能，并按照学历晋升和职业技能档次，分别提高工资待遇。通过为不同层次的员工提供培训机会、成长

渠道和发展平台，企业增强了自身的凝聚力和吸引力，实现了职工成长与企业发展的良性互动。

5. 积极发挥党群作用

非公有制企业党群组织在团结引领职工、做好职工思想政治工作、维护职工合法权益、预防化解矛盾纠纷等方面的作用越来越突出。如步森集团把加强党建工作作为保证企业正确发展方向、增强企业凝聚力的重要工程来抓，建立了由党委牵头的党工团联席会议制度，定期研究分析劳动关系中出现的苗头性、倾向性问题，积极协助董事会和管理层化解矛盾。不少非公有制企业的矛盾预防和调处机制是以企业党群组织为依托建立起来的，如义乌市金鹰工艺品有限公司的企业调解组织是由企业工会、妇联和党支部共同组建成立的。

6. 重视企业文化建设

越来越多的民营企业重视在企业价值理念塑造、职工文化活动开展上投入精力、创造条件，通过加强企业文化建设，培养员工健康良好心态，起到了有效预防劳动争议的积极作用。如雨润集团坚持用企业文化引导员工、凝聚员工，用岗位平台吸引员工，弘扬创业精神和奉献精神，增强员工的感恩情怀和团队归属感，已成为集团构建和谐劳动关系、预防劳动争议的有效途径。

（二）非公企业劳动争议调解组织建立情况

不少非公有制企业已建立起了企业劳动争议调解委员会，并实现了调解工作制度化、规范化和程序化，发挥出了调解委员会促进劳动关系和谐稳定的积极作用。如 2009 年杭州市 200 人以上企业全部建立了调解委员会。一些中小企业虽然没有组建专门的调解组织、设立固定的调解场所，但人力资源部门、工会或车间、工段、班组负责人发挥了疏导、协调纠纷矛盾的作用。

部分规模以上非公有制企业已经建立起了立体化、多层次的调解体系，形成了小额简单案件由分支机构调解委员会处理，疑难复杂案件由总公司（总厂、总部）调解委员会处理的分类处理、分级负责、上下联动的工作机制。如步森集团积极创新发展枫桥经验，建立了三级劳动关系调解组织 19 个，在公司设立劳动争议调解委员会，在各生产部门设立调解委员会，在各车间（班组）建立治调小组，各治调小组下面根据实

际情况设立信息员，形成了系统化的调解工作机制，将各类纠纷及时消除在萌芽状态，做到了"小事不出班组、一般纠纷不出车间，矛盾不上交"。苏宁电器已建立调解组织56个，形成了包含1个总部机构、40个大区机构、15个B类地区大区派驻机构的调解组织网络。苏果超市公司建立了由职工代表、企业代表、工会代表组成的劳动争议调解委员会，并在下属各部门、门店设立调解小组，形成了调解委员会、调解小组二级劳动争议调解组织体系。

（三）非公有制企业内部调解组织设立形式

当前，非公有制企业调解组织主要有以下几种形式。

1. 企业人民调解委员会

企业人民调解委员会是企业在司法行政部门的指导下依法设立的调解民间纠纷的群众性自治组织，多由企业党委、工会、妇联等部门共同组建，有明确的调解原则、纪律、章程，有规范的调解程序和办法，建立了台账制度，实现了案件有记录、有归档。调解范围包括企业与职工之间的纠纷、职工之间的纠纷甚至职工与驻地群众之间的纠纷。在业务方面，一般要接受街道社会治安综合治理办公室、街道劳动保障事务所和街道司法所的指导，如义乌市金鹰工艺品有限公司设立的人民调解委员会。

2. 企业劳动争议调解委员会

企业劳动争议调解委员会是负责调解本企业内劳动争议、协调劳动关系的群众性组织，由职工代表、企业行政代表和企业工会代表组成，遵循特定的工作规则、纪律，工作接受地方劳动争议仲裁委员会的指导，经费由企业确定。其办事机构一般设在企业工会，如苏宁电器、江苏国泰南园宾馆等企业都是在工会设立劳动争议调解委员会；但也有部分企业是由人力资源部门在劳动争议调解中起到主导作用，如LG熊猫是在公司人力资源部门的基础上逐步构建劳动争议调解组织体系。

3. 企业社会治安综合治理工作站

建立企业社会治安综合治理工作站，是为了营造企业内部及周边良好发展环境，把综治工作的网络、机制引入企业的一种做法。工作站接受地方党委、政府的统一领导，并在社会治安综合治理办公室的具体指导下开展工作。其主要职能

为调处化解矛盾纠纷、落实治安防控措施、预防违法犯罪现象、开展法律宣传教育等。综治工作站有固定的办公场所、治保人员和规范的工作制度。如步森集团建立了综治工作站，职责包括负责收集报告信息、定期商讨疑难纠纷的调处方案、化解矛盾纠纷、法制宣传教育、处置突发性事件、开展安防检查等，并就化解矛盾纠纷工作，专门制定了步森集团内部纠纷调解处理规定。

上述三种组织，虽然在价值定位、职能范围、管理指导等方面有一定区别，但是都属于"大调解"体系的组成部分，都发挥了把矛盾解决在基层、解决在初始状态的积极作用。特别是在加强和创新社会管理理念下，三者价值趋同、功能趋同趋势明显，如随着2011年8月中央社会治安综合治理委员会更名为中央社会管理综合治理委员会，综治工作站由强调社会治安管理、打击犯罪功能，到强调社会矛盾源头处理、使绝大多数的矛盾和问题能够及时发现在基层、解决在基层，其价值理念、思维方式与调解越来越接近。非公有制企业实践也表明，这三种组织形式及其工作可以相结合、相统一，如义乌市金鹰工艺品有限公司设立的人民调解委员会同时接受街道综治办、司法所和劳保所的业务指导，步森集团在综治工作站的基础上建立了企业人民调解委员会和劳动争议调解委员会。

三、工商联开展非公有制企业劳动争议预防调解工作情况

非公有制企业劳动争议预防调解工作，是党委领导、政府负责，社会协同、企业和职工共同参与的一项系统工程。江浙等地实践说明，构建多层次、社会化、全覆盖的劳动争议预防调解体系，须打破条块分割，建立政府、司法机关、工会、企业组织联动机制，建立人民调解、行政调解、司法调解等多种调解方式相结合的大调解模式，实现调解、仲裁、诉讼的有机衔接联动，形成各方面力量既各司其职又相互支持配合的工作局面。如江苏省"三方驻会"办公室、劳动人事争议联合预防调解办公室、劳动人事争议人民法院巡回审判庭（点）、劳动争议法律援助站、劳动争议律师调解工作站，都是实践中整合社会资源、发挥各方作用的成功做法。

工商联作为党领导的工商界组成的人民团体

和商会组织，作为协调劳动关系三方会议的成员单位，预防和调处非公有制企业劳动争议、促进劳动关系和谐稳定，是工商联的基本职责。为落实中央 16 号文件中提出的充分发挥工商联在构建和谐劳动关系中的积极作用的职能，江浙两地工商联及其基层商会组织在实践中，已先行开展若干探索性工作，其中不乏一些成效明显的做法。

（一）积极开展工资集体协商，规范行业用工秩序

工商联参与工资集体协商，有利于消除行业内各企业在劳动用工上的无序竞争状态，提高劳动关系稳定性。如江苏省太仓市璜泾镇加弹行业商会与行业工会联合会、就业管理所根据企业季节性较强、员工劳动强度、周边地区工资水平等八个因素制定出一个工资标准，广泛征求意见。在协商一致基础上，行业商会与行业工会签订工资专项集体合同，由行业商会在会员企业中执行，并强化考核、服务指导、公示通报和监督检查。这一机制取得了三重效应：一是职工工资连年增长；二是职工劳动积极性普遍提高；三是消除了企业无序用工现象，员工在同行业内任何一家企业，都能享受到同等工资待遇。

（二）建立工商联劳动争议调解委员会

部分地方工商联直接设立了工商联劳动争议调解委员会，调解会员企业与员工之间的劳动争议。如苏州市高新区工商联于 2011 年 1 月成立了苏州市高新区工商联劳动争议调解委员会，调解会员企业与员工之间的劳动争议，检查督促争议双方当事人履行调解协议，并对企业与员工开展法律法规的宣传教育及咨询服务。

（三）建立或参与建立行业性劳动争议调解组织

苏州市相关行业主管部门会同工商联、商会组织建立了出租车、餐饮、建筑等行业劳动争议人民调解组织，根据行业特点开展劳动争议预防和调解工作。太仓市璜泾镇加弹行业商会设立劳资关系协调委员会，加强了对会员企业劳动法律法规培训，要求会员企业严格落实法律法规，还组建起一支由商会和企业代表组成的调解员队伍，对出现的劳动纠纷情况及时进行调解处置，化解劳资矛盾，全镇化纤加弹行业职工队伍稳定，人员流动减少，劳动关系和谐。

（四）建立地域性、行业性商会人民调解委员会

部分工商联发挥了异地商会、行业商会等工商联基层商会组织充分了解区域内行业信息、整合资源的优势，积极引导非公有制企业构建和谐劳动关系，并在司法行政部门指导下，组建商会人民调解委员会，大力开展劳动争议的预防调解工作。如浙江省义乌市工商联借鉴"枫桥经验"，提出"小事不出商会"，在义乌市 20 多家商会推行调解工作。其中，义乌丽水商会试点成立人民调解委员会 3 年以来，调解了百余起各类民商事案件，标的近 2 亿元。义乌宁波商会人民调解委员会也在预防和化解民商事纠纷及劳动争议方面发挥了积极作用。

四、非公有制企业劳动争议预防调解工作存在的主要问题

（一）企业自我防范化解劳动争议能力不强

企业与职工发生纠纷时，特别是职工辞职情况下，多数争议很难双方自己协商解决，多数企业还做不到"劳动纠纷不出厂"。而为数众多的小微企业，缺乏足够的物力和人力投入人力资源方面，缺乏用工管理方面的专门人才，对国家的劳动法律规范和用工政策了解不全面，执行上也难免有缺失，不能较好地防范劳动争议的发生，不能依法妥善调处劳动争议。同时，外来务工人员普遍文化程度低，缺少技能或技能单一，法律知识贫乏，缺乏自我保护的意识，发生劳动争议时，容易非理性维权，甚至走极端。

（二）劳动争议"案多人少"矛盾突出

从政府部门来看，劳动监察力量薄弱和劳动仲裁机构人员不足，监督力度不够、劳动争议调处能力受到限制，"案多人少"矛盾仍然非常突出，对大量小微企业、个体作坊企业的服务和监管显得"有心无力"。

（三）企业内部调解组织建设滞后

一方面，在非公有制经济领域，工会、调解组织还做不到全覆盖，双方协商机制也不够健全。另一方面，由于企业内部调解经费主要来源于企业，这就使工会、调委会受制于企业一方，很难真正能够代表和维护职工利益。许多职工也对企业工会、调委会缺乏信任度，一旦发生争议就直接寻求政府调解组织、劳动监察、仲裁、司法解决。部分劳动者对企业内部调解协议的效力

有疑虑，也影响到企业内部调解作用的发挥。不少企业呼吁，希望政府部门能够加大对企业内部调解组织的支持和帮扶力度，如加强指导培训。

（四）工会、商会职能作用未充分体现

一方面，多数中小企业尚未建立工会组织，行业性、区域性工会建设滞后；另一方面，行业协会商会的发展改革步伐缓慢，在协调劳资关系方面发挥作用有限。工商联作为企业组织的重要代表，囿于职能多、任务重、编制少，还不能完全做到专人负责、专人处理劳动关系工作，加之参与劳动关系协调时间较短，调解水平有待提高、调解经验有待丰富，还需要在实践中逐步健全相关工作机制和保障机制。

五、关于工商联参与非公有制企业劳动争议预防调解工作的思考与建议

（一）工商联参与非公有制企业劳动争议预防调解工作的重要性与必要性

1. 是创新社会管理的要求

我国目前正处于重要的战略机遇期，也是社会矛盾的凸显期，在这种形势下，如何加强和创新社会管理，显得越来越重要。胡锦涛总书记明确提出，在社会管理格局中，要"支持人民团体参与社会管理和公共服务"，这对于工商联在社会管理创新中更好地发挥优势、履行职能、应对挑战、发展壮大，提出了新的更高要求。工商联按国家行政区划设置组织，按行业设立行业商会等行业组织。截至 2010 年底，全国工商联共有县级（含县级）以上组织 3345 个，县级以下基层组织 26359 个，行业组织 14251 个，已形成覆盖全国的组织网络。工商联的各类商会已达 41551 个，包含行业商会、乡镇商会、异地商会、街道商会、市场商会、园区商会、社区商会、楼宇商会、村商会等类型的商会组织，目前全国范围内乡镇商会和街道商会覆盖率已达 51.4% 和 61.5%，有的县（市、区）已实现了乡镇、街道商会的全覆盖。在长期的工作实践中，工商联全心全意促进非公有制经济健康发展、非公有制经济人士健康成长，在非公有制经济领域影响力大、凝聚力强、号召力广，有独特的公信力优势，在参与社会管理方面具有不可替代的地位和作用。在目前非公有制企业劳动争议数量逐年增多、劳资矛盾较为突出的背景下，工商联参与劳动争议预防、调解工作，能够发挥工商联的组织优势、政治优势和社会优势，更好地实现加强和创新社会管理的目标。

2. 是构建和谐劳动关系的要求

我国经济在经历了 30 余年的快速发展后，已进入社会矛盾的高发期。在所有社会矛盾之中，劳动关系矛盾是重中之重。劳动争议是劳动关系矛盾的显性形式，甚至是劳动关系矛盾的激烈形式，构建和谐劳动关系的关键点是预防和化解劳动关系矛盾，做到重心下沉、关口前移，把矛盾纠纷解决在基层、解决在萌芽状态。近些年劳动争议不仅在数量上逐年增多，而且在形式上单个劳动争议与群体劳动争议并存。每年劳动者与用人单位发生劳动争议的人数逾百万，其中，近 30 万劳动者所涉及的是群体劳动争议案件。中小微型企业、非公有制企业劳动争议多发，通常占到各地劳动争议案件来源的 60% 以上，部分地区甚至达到 90%。工商联服务于广大非公有制企业和中小微型企业，应当在劳动争议预防、调解中担当重任。

3. 是促进"两个健康"的要求

促进"两个健康"是工商联工作主题。民营经济特别是中小企业在发展中遇到诸多挑战，当前突出表现为"两高""两难"，即生产经营成本高、税费过高，融资难、招工难。具体到劳动关系领域，民营企业职工招不进、留不住，劳动争议易发、多发，企业仅靠自身力量无法解决和应对这些问题。工商联作为人民团体和商会组织，参与劳动争议的预防和调解，立足于解决劳资问题、化解劳资矛盾、维护劳动关系稳定，有利于民营企业、中小企业构建和谐劳动关系，是非公有制经济持续健康发展的必要条件。

4. 是加强商会自治与服务功能的要求

中央 16 号文件首次提出培育和发展中国特色商会组织，这既是各级党委政府加强和改进新形势下工商联工作的重要任务，也是对工商联在商会建设中坚持、体现、发展中国特色的明确要求。构建和谐劳动关系是党委政府重视、非公有制企业急需、社会各界关注、工商联力所能及的工作。劳动争议预防与调解是构建和谐劳动关系的重要内容，作为商会组织，我们参与这项工作，既是当好政府助手、支持非公有制企业发展、稳定非公有制企业生产经营的需要，也是商会实现市场治理、利益协调与服务会员的需要。无论是引导非公有制企业提升自我防范、疏导、调处劳动争议的能力，还是为非公有制企业开展调解服务，都具有为建设中国特色商会组织积累经验、摸索规律的价值和意义。

（二）工商联参与劳动争议预防调解工作的建议

1. 推动非公有制企业劳动争议预防调解工作的制度完善

要充分发挥工商联参政议政、参与立法职能，争取相关政策支持和制度保障。一是要加强环境分析，提出立法、政策建议。在当前就业结构性矛盾进一步显现、企业用工成本不断上升、新的企业组织形式和用工方式不断出现等形势下，准确把握劳动关系发展变化的新情况新趋势及其对非公有制企业特别是中小企业的影响和当前非公有制企业的需求，在国家政策法律制定层面为制度创新和政策创新建言献策。二是要在工作创新上下功夫，鼓励和支持基层商会组织建立具有劳动争议调解职能的组织。选择一批行业商会、异地商会等基层商会开展试点工作，及时总结提炼试点创造出的经验做法，并上升到制度层面。

2. 充分发挥在三方机制中的沟通协调职能

在政府与企业之间发挥服务、沟通、协调、监督等作用，争取各级党委政府关心、支持非公有制企业发展，通过稳定企业来稳定就业、促进和谐。积极反映非公有制企业诉求、化解社会矛盾、提供咨询服务。推动区域性、行业性商会组织开展工资集体协商工作，规范区域、行业用工秩序。积极参与建立预防化解劳动争议纠纷工作体系、重大劳动争议案件沟通协调机制，加强与政府部门、工会组织的联动合作，合力处理各种劳动矛盾纠纷。

3. 加强对非公有制企业内部劳动争议预防调解的规范与引导

积极配合人社部门，培育发展非公有制企业内部劳动争议预防调解机制，提升企业自我防范

化解争议的能力，维护企业正常生产经营秩序。引导企业将内部调处机制纳入党委和政府主导的社会管理体系，确保其健康有序发展，使之真正成为把矛盾纠纷化解在基层和源头的社会基础。要鼓励、指导和帮助企业建立健全内部调解组织和制度建设，通过政策引导和典型引路的办法，有针对性地指导非公有制企业建立和完善劳动争议调解组织和工作制度，加强相关培训，规范调解程序，增强其调委会的活力，实现调防结合、以防为主。近期，我会与人社部可就加强企业内部劳动争议预防调解工作，联合发布指导性文件。

4. 进一步完善商会调解职能、打造商会调解品牌

商会调解是一个发展的命题，需要不断在实践中丰富工作内涵，扩大职能范围。要统一各级各地工商联组织思想认识，明确调解是工商联的一项职责，调解不是目的，服务才是根本，其核心要义是通过有效的服务满足非公有制经济发展客观需要和解纷需求，并在此过程中实现工商联的自我发展完善。当前，各地工商联调解组织、工作范围各具特色，主要有商会调解中心、民商事仲裁调解机构、人民调解委员会、民商事仲裁委员会或其分支机构、劳动争议调解组织。建议各地调解机构在现有基础上统一设立商会调解中心，除非法律有禁令，调解范围不受限制，可涵盖民商事纠纷、民间纠纷和劳动争议纠纷。

5. 加强商会法律工作能力建设

要切实解决商会调解有人办事、能办成事的问题。一方面要善于组织和整合各种力量，注重发挥基层商会组织的地域性、行业性和专业性优势。另一方面要切实加强队伍建设，提升商会法律工作能力、调解工作能力，加强专业知识、工作技能培训和能力建设，组织各级工商联组织法律工作干部真正深入到非公有制企业中去，了解企业的所思所想所盼，为他们办实事、解难事、做好事。今后，法律部可联合人社部门、司法部门就调解工作开展专题培训。

第五部分　省级工商联工作

北京市工商联 2012 年度工作综述

2012 年，是北京市工商联换届之年，也是工商联发展历程中极不平常的一年。市工商联坚决贯彻落实全国工商联和市委、市政府的决策部署，以促进"两个健康"为工作主题，按照"实、新、联"的思路和要求，团结奋斗，求实创新，真抓实干，各项工作迈出了新步伐、取得了新成绩。

一、认真组织非公有制经济人士学习贯彻十八大精神，深入领会精神实质，把思想认识统一到十八大精神上来，坚定走中国特色社会主义道路的信心和决心

党的十八大召开后，组织和引导全市工商联系统和非公有制经济人士，迅速掀起学习贯彻的热潮。

一是制定学习方案，下发通知。在十八大召开之前，就召开了主席办公会议和党组会议，研究学习十八大精神的具体安排，及时制定和部署了学习十八大精神的工作方案。十八大召开后，按照市委关于《认真学习宣传贯彻党的十八大精神的通知》要求，下发了《北京市工商联关于深入学习宣传贯彻落实党的十八大精神的通知》和《北京市工商联机关学习宣传贯彻落实党的十八大精神的工作安排》，要求各区县工商联组织、行业商会、驻京异地商会及时组织本单位干部和联系的企业家认真学习十八大报告精神。

二是集中收看，座谈研讨，进一步坚定非公有制经济人士的信心。十八大开幕当天，组织非公有制经济代表人士及工商联全体机关干部集中收看会议直播。第二天，组织召开了学习十八大

精神座谈会暨主席扩大会议。北京市副市长、市工商联主席、市商会会长程红同志出席会议并做了重要讲话。市工商联、市商会领导班子成员和区县工商领导近百人出席了会议。

三是结合首都产业规划布局、转型升级，组织召开十八大专题辅导报告会和工作部署会。12月 15 日，组织市工商联执委、区县工商联主席、行业商会、驻京异地商会主要领导共计 350 人参加学习十八大辅导报告会，请市发改委副主任作关于学习贯彻十八大精神，加快北京市产业规划布局、产业转型升级的专题报告。12 月 20 日召开学习贯彻党的十八大和全联十一大精神座谈会暨工作研讨会。结合落实党的十八大和全联十一大精神，布置明年的工作，下发《北京工商联 2013 年工作意见》和《北京市工商联 2013 年折子工程》。

二、精心筹备，严密组织，换届工作圆满成功

认真贯彻执行中央和北京市委关于工商联换届工作的方针政策，先后成立了组织人事组、会务组、文件组、宣传组和后勤保障组，多次召开工作部署会、动员会和协调会。整个换届工作严谨细致、周到圆满，换届大会隆重热烈，影响广泛积极。大会选举产生了新一届工商联和商会领导班子，系统总结了过去五年工作，明确了今后发展的思路和任务。换届后新班子的规模增大，力量加强，精神面貌好，企业家副主席当中有很多代表首都经济发展新趋势、新产业、新业态的人物，执常委、副主席的综合素质大大提高，领

导班子的结构更加符合新形势下工商联工作的要求，为做好今后的工作提供了有力的组织保障。

三、加强制度和组织建设，提高工商联工作水平

一是完善制度规定，提高工作的规范化、科学化水平。研究制定以《关于加强北京市工商联（商会）领导班子和领导机构建设的意见》、《北京市工商联领导班子廉洁自律规定》、《关于加强北京商会建设管理办法》为重点的相关制度规定，重新修订机关7大类45项制度细则，努力形成组织健全、制度完善、机制顺畅，充满生机和活力的工作格局。面对工商联工作的新形势、新任务，在深入企业、区县工商联和行业商会调研的基础上，通过召开班子工作交流会、机关工作务虚会，集思广益，达成共识，确立了工商联工作要在"实"字上下功夫，在"新"字上出思路，在"联"字上做文章的工作方针，并在此基础上形成了北京市工商联2013年工作意见和折子工程。

二是完成北京市商会在民政局的登记注册，组建七家新的行业商会。经过努力，市民政局关于批准成立北京市商会的行政许可决定书已经正式下发，市商会的各项规章制度和管理办法也基本制定完善。为进一步推动行业商会的发展，积极筹备成立北京市工商联肉类食品行业商会等七家行业商会组织，扩大行业的覆盖面和影响力。

三是召开全国基层商会建设现场会。配合全国工商联在京召开全国基层商会建设现场会。全国工商联副主席黄小祥出席会议并讲话，各省级工商联以及全联30多家直属行业商会负责同志参会。实地考察了木业商会、什刹海商会，市工商联和海淀区工商联分别就市区两级工商联组织发挥"枢纽型"社会组织作用和基层商会建设做了典型发言。

四是突出重点，自身建设取得新进步。创新选拔任用机制，开展竞争上岗和公开选拔工作。邀请区县工商联领导为机关青年干部就成长成才问题作专题报告。举办"企业家进机关"专题系列讲座和组织"机关干部进企业"活动。弘扬"家"文化，构建和谐机关。搭建机关综合服务平台，解决干部职工日常需求。组织丰富多彩的文体活动，坚持走访、探视患病、困难职工制度，力所能及地为困难职工排忧解难。

四、真抓实干，充分发挥桥梁纽带和助手作用

与市发改委、经信委、商务委、土地局、金融局、投促局、文化局、统计局进行了工作对接，就北京市如何更好地促进非公经济发展进行深入研讨与合作。与经信委共同研究制定了《北京市关于进一步支持小型微型企业发展的意见》，并以市政府文件的名义印发实施。与市发改委共同研究制定《关于进一步引导民间资本投资文化创意产业的鼓励政策》。与市国土局共同研究北京市关于贯彻国土资源部、全国工商联《关于进一步鼓励引导民间资本投资国土资源领域的意见》（国土资发〔2012〕100号）的实施意见。

搭建金融服务平台，与北京市金融局组织召开中小企业金融服务需求对接会，实现政府机构、市工商联和金融机构共商中小企业融资推进、金融创新工作。继续开展"首都非公经济金融服务周"品牌活动，与中国银行、华夏银行、光大银行北京分行成功举办银企对接会。

积极开展交流合作，一方面，组织会员企业参加国内民营经济投资洽谈会、项目推介会、产业博览会等活动；另一方面，加强跨国交往，与澳大利亚维多利亚州雇主工商总会、伊朗商贸代表团建立了友好合作。

认真开展非公经济领域"六五"普法教育，积极参与北京市协调劳动关系三方会议，与市人力资源和社会保障局、市总工会、市企联联合下发了《关于进一步加强企业劳动协商调解工作的通知》。与北京盈科律师事务所签订战略合作协议。

五、调查研究，积极为非公有制经济发展建言献策

市工商联与全国工商联、市委、市政府和市政协的有关部门密切合作、深入调研，形成调研报告7篇，主办和参与重大调研课题5项，上报团体和个人提案10余件。其中关于北京市中小型科技企业创新发展环境现状及政策优化的调研是2012年市政协重点课题，提出了六项对策建议。落实全国工商联要求，开展"两个健康"与新形势下工商联履行职责、发挥作用的理论研究，探索开创工商联事业新局面的战略举措。积

极走访区县工商联和会员企业，开展非公有制企业文化建设、小微企业"保生存、谋发展"等调研，掌握企业基本情况，形成了一系列深化服务的对策建议。

六、广泛宣传，努力提升市工商联的影响力

通过丰富和创新载体，落实"一报一系统、两刊两网站"，形成了多渠道、全覆盖的立体宣传格局。一是加大《市工商联工作简报》对综合

性信息的宣传力度，创办了《北京市工商联工作动态》，对《工商界》杂志进行了全面改版。二是充分利用网络媒介，围绕换届、学习十八大精神等中心工作改版官方网站，启动商会网站建设，开通官方微博"商汇北京"。三是携手北京电视台"首都经济报道"栏目，制作"探访特色民营企业"系列报道，推介特色会员企业，并在官方微博同步播出。

天津市工商联 2012 年度工作综述

2012 年，天津市工商联在中共天津市委的领导和全国工商联的指导下，认真学习贯彻党的十八大精神，全面落实中央"16 号文件"和天津市第十次党代会精神，深入贯彻落实科学发展观，坚持围绕中心服务大局，在促进"两个健康"、加强自身建设等方面取得显著成绩。

一、深入学习贯彻党的十八大、全联十一大精神，积极引导非公有制经济人士健康成长

着力加强思想政治工作。采取报告会、培训班、研讨班等多种形式组织广大非公有制经济人士深入学习党的十八大、市第十次党代会及全国工商联十一大精神。把加强企业文化建设作为改进非公有制经济人士思想政治工作的新着力点，组织召开"天津市民营企业文化建设座谈会"，就企业文化建设进行交流研讨。与今晚报社签订服务民营经济战略合作协议，发挥各自优势，探索形成共同服务民营经济发展的合作机制。

积极开展非公党建工作。以"加强和改进非公有制企业党建工作座谈会"为契机，研究提出我市《关于贯彻落实〈关于加强和改进非公有制企业党的建设工作的意见〉的建议》。深入开展非公有制经济组织党建理论研究，形成《关于非公有制企业党组织功能定位问题的调研报告》。多渠道宣传非公有制经济领域党建工作典型和经验，加强非公党建体制机制建设，全市 11 个区建立了非公有制经济组织工委，覆盖非公有制企

业 28000 多家，非公有制企业党员总数达到 52000 多人。开展"双强六好"创建活动，涌现出一批先进党组织。天地伟业有限公司党委和天津山西商会党委被中组部评为"全国创先争优先进基层党组织"。

切实加强基层组织建设、壮大会员队伍。按照行业商会"五个有"标准，继续推动行业商会建设和异地商会建设，把标准化工作前移到商会筹备过程。到 2012 年底直属行业商会已有 45 家，异地商会团体会员 21 家。继续推进乡、镇、街商会建设以及市场、开发区、工业园区等商会组织组建。目前，全市有基层商会组织 284 个。通过建组织带发展，会员队伍不断壮大，总数达到 23941 个。

打造民营企业温暖的家。结合非公有制经济人士特点，组织妇委会、雅爱社、"商界 70 后"沙龙、CEO 工作委员会等，广泛开展形式多样的特色活动，如设立雅爱基金、组织联谊活动、开展慈善义卖等，努力打造民营企业温暖的家。继续做好原工商业者、家属及遗孀"互助金"、采暖补贴发放等政策落实工作。

二、围绕民营经济热点难点问题深入调研，参政议政成果显著

认真开展调查研究。围绕民营文化企业发展情况、小微企业发展情况、民营企业"走出去"等内容深入开展调研，形成《关于鼓励和支持天

津市民营文化企业发展的意见》、《我市民营企业外向化发展情况调研报告》。总结 2002～2012 年调研成果，编印《天津市工商联理论研究调查研究优秀成果汇编》。多篇文章在各级优秀调研成果评选中获奖。

积极参政议政。就市第十次党代会报告（征求意见稿）、市政府工作报告（征求意见稿）等提出意见建议，积极反映民营企业的呼声、愿望和诉求。在市政协十二届六次会议上作"关于进一步改善我市民营中小企业生存环境的建议"的大会发言。《关于加快民营文化企业发展的建议》等四件团体提案和几十件个人提案得到市政协和市有关部门的高度重视，许多建议已转化为政府有关部门的决策。在市政协十二届优秀提案评选中，我会有两件提案被评为优秀提案。收集整理 2002～2012 年十年间参政议政成果，编印了《天津市工商联参政议政成果汇编》。

三、突出重点，创新载体，创造性开展工作

精心组织大型活动。举办了"把握发展机遇，加快转型升级"天津民营经济发展论坛和民营经济发展座谈会。时任市委书记张高丽、市长黄兴国等领导同志亲自出席论坛和座谈会，倾听民营企业家的心声与诉求，与大家共商民营经济乃至天津发展大计。与会企业家也就加快自主创新等内容建言献策，交流经验。会同《天津日报》和市妇联开展"巾帼榜样——2012 天津杰出女企业家"评选活动及高峰论坛。邀请著名经济学家开展讲座，帮助企业了解经济发展态势，拓宽了企业发展思路。

启动天津市民营企业"健康成长工程"。在全市民营企业中评选表彰"销售收入"、"依法纳税"、"社会责任（捐赠）"、"和谐劳动关系"、"科技创新"、"促进就业"、"先进党组织"各100 家，使"两个健康"有了用数据衡量的指标体系。

经济服务工作取得新进展。超额完成我会所承担的"调惠上"工作任务，帮助 29 家企业解决 43 个难题。举办了"民营企业家融资问题座谈会"，与民生银行签订了全面合作协议。金融创新工作有了新亮点，东丽区互保金制度已经建立，首批 10 家企业进入实际操作阶段。有 3 家经工商联申报的小额贷款公司批筹开业。组织

150 余家企业参加"融洽会"。

光彩事业取得新成绩。配合市委统战部研究出台《天津市光彩事业指导意见》。深入开展"百企帮百村"活动，组织考察团赴贵州毕节试验区考察，我市 10 个帮扶单位与纳雍县 10 个贫困村进行对接，并达成帮扶意向。举行参与毕节试验区建设"百企帮百村"活动新闻发布会，首批项目帮扶资金 473 万元及价值 2000 多万元的设备已到位。开展"支持蓟县孙各庄满族乡建设与发展爱心助困捐赠仪式"活动。举办首届"民营企业书画展拍卖"活动，共拍卖书画作品 111幅，募集善款 38.6 万元。据不完全统计，2012年全市民营企业捐赠各类善款共计 14232 万元。

加大法律维权服务力度。会同市综治委联合开展"企商科技杯"法律知识宣传有奖竞答活动，采取多种形式举办培训班帮助企业了解相关法律知识，强化构建和谐劳动关系及知识产权风险意识。稳步推进非公有制经济领域人民调解组织工作。加强民营企业危机服务管理，与市高院联合召开"关于为我市中小微企业健康发展提供司法保障"专题座谈会。受理并办结民营企业危机诉求 14 件。充分发挥市非公有制经济组织服务中心作用，努力为企业排忧解难。2012 年共接到民营企业投诉 8 件，全部办结。与市监察局联合召开规范基层执法工作调研座谈会，对规范基层执法提出意见建议，为民营企业营造良好的政务环境，形成和谐的发展氛围。

商务联络工作取得新突破。与津巴布韦马绍纳兰省商会等 6 个海外商会签订友好商会协议，我会海外友好商会超过 40 家。积极组织会员参加"津洽会"、"台湾名品展"等会展活动，凝聚商气和人气，扩大声势和影响；组织民营企业参加行业对口的国际性专业名展，搭建海外对接平台；组织民营企业参加五金、纺织、医疗器械等天津优势产业国外展会，开阔民营企业家视野，为民营企业"走出去"提供契机。

四、圆满完成换届任务，自身建设得到进一步加强

按照中央的要求和市委的部署，以改革创新的精神、认真负责的态度，积极稳妥地完成了换届任务。一大批政治强、业务精、作风正、熟悉统战和经济工作、热爱工商联事业的优秀人才，

特别是非公有制经济代表人士被选配到执、常委班子及领导班子。

以换届工作为契机，机关自身建设得到新加强。大兴求真务实之风，积极搭建干部想干事、能干事、干成事的平台，不断增强干部能力素养，提高工作主动性、创造性。加大机关干部队伍培训力度，不断提高党员干部的理论素质和工作能力。利用青年理论小组平台，引导教育年轻干部加强学习积累，在实践中锻炼成才。切实加强制度建设，修订《天津市工商联机关制度汇编》，逐步实现机关工作的科学化、规范化、制度化。

河北省工商联 2012 年度工作综述

2012 年，河北省工商联在省委、省政府的坚强领导和全国工商联、省委统战部的有力指导下，结合新形势、新任务、新要求，开拓创新、团结奋进、扎实工作，不断提高履职尽责和发挥"五个作用"的能力，有力地促进了"两个健康"发展，较好地完成了各项工作任务，多项工作受到全国工商联和河北省委、省政府的肯定和表彰。

一、以政治坚定为根本要求，推进思想政治工作迈上新台阶

（一）认真学习贯彻党的十八大精神

党的十八大召开后，我会及时向各市工商联下发通知，要求各级工商联认真抓好学习宣传贯彻党的十八大精神。十八大闭幕后，我会及时组织召开了省会民营企业家学习贯彻党的十八大精神座谈会，企业家畅谈了学习党的十八大精神的认识和体会，表达了用实际行动贯彻落实好大会精神、促进企业科学发展的信心和决心。

（二）积极开展宣传活动，践行"同心"思想

一是向各市县工商联下发活动通知，引领全省非公有制经济又好又快发展。二是与神威药业有限公司联合在《河北经济日报》开设了"冀商榜样"专栏，对 50 家民营企业的先进事迹进行了宣传报道。同时，借助工商联网站和《新冀商》内刊进行了同步宣传。三是与有关部门联合开展了河北省模范劳动关系和谐企业评选表彰工作，评选出 40 家模范劳动关系和谐企业、40 家厂务公开民主管理先进单位。

（三）全面加强教育培训，提高企业家综合素质

联合北京大学民营经济研究院先后在唐山、张家口、秦皇岛等市共同举办了"河北省工商联小微企业培训暨唐山市工商联民营企业家素质提升工程"培训班、"二十一世纪企业领袖智慧培训班"、"真正的执行力培训班"等活动，共 600 余名民营企业家参训。

（四）组织优秀民营企业家在全省开展了"大学生创业就业巡回演讲"活动

省市工商联先后组织 30 名优秀民营企业家到 15 所大学巡回演讲，听讲大学生达 1.5 万人次。

二、以调查研究为重要抓手，不断提高参政议政水平

（一）紧紧围绕促进民营经济健康发展议题，深入开展调查研究

一是开展了小型微型企业"保生存谋发展"的调研。按照全国工商联部署，由会领导带队，深入部分市县对河北省小微型企业应对成本高、融资难等问题开展调研，及时形成了《河北省工商联关于小型微型企业"保生存谋发展"的情况报告》、《关于我省当前小微企业和个体经济发展环境的调研报告》分别报送省政府和全国工商联。

二是开展了民营经济发展环境的调研。为落实省委、省政府提出的着力改善"两个环境"的部署要求，省工商联联合市县工商联及直属商会，围绕河北省民营经济发展环境进行了专题调研，形成了《关于当前我省民营经济发展情况的调研报告》，上报省委、省政府，受到省领导的重视，

省委书记、省人大常委会主任张庆黎批示："省工商联的这份调查报告很有价值。"省委副书记、省长张庆伟，省委常委、统战部长田向利，省政府副省长张杰辉等都对报告做出了重要批示。

三是根据省委常委、常务副省长杨崇勇的指示精神，为进一步完善促进河北省民营经济发展政策，省工商联就河北省与部分沿海发达省份促进民营经济发展政策进行了对比分析，形成了《关于河北省与部分沿海发达省份促进民营经济发展政策比较的报告》，杨崇勇常务副省长阅后对该报告给予充分肯定。

四是开展了非公有制企业知识产权情况调研。按照全国工商联关于开展非公有制经济领域知识产权工作的通知要求，围绕河北省非公有制企业知识产权战略及法律保护问题进行了专题调研，形成了《非公有制经济领域知识产权工作调研报告》，分别报全国工商联和省政府，该调研报告得到省政府领导高度重视，并发省直16个有关部门审阅。

（二）以承担研究项目为契机，整合社会力量，提升参政议政质量

为完成好"我省民营经济发展若干问题研究"项目，省联注重联合专家学者共同对河北省民营经济的发展情况进行了更加专业化、系统化的研究，提出了针对性和操作性较强的建议。研究报告得到了评审委员会的充分肯定，顺利通过验收。同时，还圆满完成了全国工商联指定由省联主笔起草的《2011～2012年京津冀地区民营经济发展报告》。

三、紧紧围绕经济工作重点，充分发挥服务平台作用

（一）发挥了银企合作平台作用

省联联合省中小企业局与10家商业银行签订了支持中小企业的合作协议。截至2012年第三季度，已经落实贷款额6169亿元。配合中小企业局，共组织银企对接269次，向银行推荐符合信贷政策的项目4100多个，落实项目贷款865亿元，在一定程度上缓解了中小企业贷款难的问题。

（二）发挥了招商引资平台作用

积极协助省政府做好5·18经贸洽谈会的有关工作，组织了京津冀120余名民营企业家参加对接会，达成部分合作意向，签约金额9.9亿元。经省联协调，省政府与全国工商联在会上签

署了《战略合作框架协议》。组织民营企业家参加了"海内外知名企业家齐鲁行"、"中博会"等经贸洽谈活动，取得了一定成效。

（三）发挥了人才服务平台作用

截至目前，已在石家庄、保定、沧州、邢台、承德五市工商联建立了人才中心分支机构，省工商联人才中心已存放档案30321份，有效地帮助民营企业解决了档案无人管理问题，提供了人才需求信息。联合省人社厅等部门开展了"2012年民营企业招聘周活动"，有6568家企业参加了招聘，签订职业技能培训意向1.3万人。为支持大学生和社会青年创业，在省工商联的领导下，成立了"河北省青年创业促进会"，该组织将为大学生和青年创业提供资金、培训、指导等方面的帮助。

（四）发挥了对外交流平台作用

省联先后与新加坡、巴西、智利、澳大利亚等国家和地区商会建立了友好联系，积极向广大会员企业介绍以上国家和地区的投资、出口相关信息。在新加坡举办了第三届民营企业家培训班，实地考察了新加坡工业园区，使受训的企业家受益颇深。组织民营企业家赴阿联酋、瑞士开展经贸洽谈活动，取得良好成效。与香港特区政府和省商务厅合作，在唐山举办了"立足香港、迈向国际"研讨会，受到与会企业家的欢迎。

（五）发挥了法律维权平台作用

为了给民营企业提供多方面的法律服务，省联与省中小企业局在石家庄、张家口等地联合举办了"金色阳光行动"，组织专家在现场开展法律咨询服务。

四、引导民营企业家积极履行社会责任，光彩事业有了新的亮点

（一）组织民营企业家抗洪救灾

2011年7月，强降雨引发河北省部分地区特大洪涝灾害后，省工商联迅速向会员企业发出抗洪救灾的号召，两天内，企业家捐款捐物折合人民币5100多万元，为灾区人民重建家园贡献了力量。

（二）组织民营企业家开展感恩活动

为帮助贫困地区改善教学条件，省光彩会联合明日之星教育科技有限公司开展了"明日之星·助学支教"捐赠活动，共筹集到了价值1000余万元的教学用品。

（三）组织开展新奥·威远环保农业技术巡回培训

在石家庄等地举办了种植、养殖科学技术培训班，受训人数达 200 余人次，促进了农民的致富增收能力。

（四）推荐光彩事业先进典型

向全国工商联推荐了张家口弘基实业集团等 4 家民营企业作为全国光彩事业先进典型，受到表彰。

五、按照省委部署圆满完成了基层建设年任务

按照省委部署开展"基层建设年"活动要求，省工商联由一名副主席带队组成工作组，驻村十个月完成了各项工作任务。协助村里完成了换届工作，建立健全了各项规章制度；组织商会和企业进行对口帮扶，帮助村里硬化道路 400 余米，架设线路 12000 余米；为五家贫困户进行了危房改造；在斯特龙集团的资助下，建成了标准化卫生室、图书室，改善了村里的通信、饮水、用电、体育文化广场等设施。帮扶工作得到了省、市、县各级领导的充分肯定，受到了全体村民的高度赞誉。

六、工商联自身建设得到进一步加强，干部队伍素质有了明显提升

（一）制定了省工商联五年工作规划纲要

换届后，省联研究制定了《省工商联 2013 年至 2017 年五年工作规划纲要》，提出了省工商联今后五年工作的指导思想、总体要求、奋斗目标和重点工作任务。

（二）推动和帮助解决县级工商联存在的突出问题

按照中央 16 号文件和全国工商联的部署下发了《河北省工商业联合会关于解决县级工商联建设中突出问题的实施方案》，并积极协调有关市对尚未建立党组、无经费、无编制、无办公场所等问题进行督办。

（三）推动商会组织健康发展

进一步修订完善了《河北省非公有制经济领域社会团体建设与管理办法》和《河北省工商联直属非公有制经济领域社会团体管理办法》，新成立了一批直属商会。2011 年 9 月在兰州召开了"海内外河北商会联席会议第一次会议暨冀甘经济发展项目发布会"，来自海内外 41 家商会和企业家代表共计 200 余人参加会议，会议取得了显著成效。

（四）推动机关干部综合素质提升

共选派 10 人次参加各类培训班，4 人次参加基层建设年和挂职扶贫工作，在机关党员干部中开展了讲党课等活动。

（五）推动机关信息化建设和信息工作迈上新台阶

举办网站技术和信息工作培训班，全年上报省委、省政府、全国工商联信息 690 条，通过网站发布各类信息 17000 多条，比较好地发挥了信息渠道作用。

回顾一年来的工作，省工商联在许多方面取得了新的进步和成绩，服务民营经济科学发展的能力进一步增强，在今后的工作中河北省工商联将继续努力开创工作新局面，为促进非公有制经济健康发展和非公有制经济人士健康成长，做出新的更大贡献。

山西省工商联 2012 年度工作综述

一、经济服务

积极落实省委、省政府决策部署，与省委统战部共同牵头举办首届世界晋商大会。2012 年 8 月 19 日至 20 日，在太原举办了首届世界晋商大会，山西省委副书记、省长王君主持，省委书记袁纯清致辞，全国政协副主席、全国工商联主席黄孟复出席。

会议筹备期间，按照"以商招商、以企引企"原则，以海内外的晋籍商人和在晋投资创业的外籍商人等为主要邀请对象，先后组成 7 个邀商招商小组，分赴 23 个省市自治区，精心选定和邀请了来自 45 个国家和地区、国内和省内的 65 个代表团、共计 1400 多名嘉宾和企业家代表参加了会议，郭台铭、李彦宏等一批国内外知名企业家应邀到会；共完成招商引资项目 802 个，拟引资金额 10327 亿元，签约引进高端人才 123 名。实现了"千名晋商精英"参会，"万亿招商项目"签约两大目标。大会召开期间，安排 5 场论坛和招商项目签约等活动，11 个市和有关单位也抓住晋商领袖人物聚首龙城的难得机会，在会前、会中、会后举办了形式多样的交流联谊、招商引资活动，加强了晋商之间、晋商与家乡之间的交流合作。

围绕首届世界晋商大会，开展了"三晋行"采风、"百名晋商人物"宣传等活动，在山西卫视、山西日报等主流媒体设专栏宣传大会、宣传晋商、宣传山西。50 多家海内外媒体对大会进行了专题报道，山西卫视对大会盛况进行了现场直播，《晋办通报》加发编者按全文刊载了大会工作总结。

大会得到全国政协副主席、全国工商联主席黄孟复的肯定："首届世界晋商大会取得圆满成功，凝聚了全球晋商的力量，提升了山西的区域形象，促进了全省的转型升级。"省委书记袁纯清认为，"首届世界晋商大会既是一次大的宣传，又开展了积极的招商活动，聚集了广泛的人脉，这是山西发展很有利的人才资源、市场资源，需要有一种经常性的组织形式，使之可持续"。省委副书记、省长王君评价，"首届世界晋商大会初战告捷，要总结经验，做好后续工作，促进全省转型发展"。

2012 年还组织 90 家民营企业负责人与工商、民生、兴业、晋商、华夏和农村信用社等 6 家金融机构负责人进行座谈，并召开了环渤海地区工商联联络工作联席会议，形成了加强区域合作、抱团服务民营企业的共识。开展了山西省转型与民营经济可持续发展能力建设德国国际合作机构合作，签订了《德国国际合作机构支持山西省转型与民营经济可持续发展能力建设的协议》，举办了《德国矿区土地修复治理及市场化运作》专题报告。

二、思想政治工作

组织开展"发扬晋商精神、提升晋企形象"主题活动。

举办了"发扬晋商精神、提升晋企形象"主题座谈会、"新晋商·新责任·新作为"专题培训班、"新晋商·新形象·新境界"民企座谈会、"传承与发扬晋商精神"专题研讨会、"全省民营企业转型跨越发展参观学习活动"、"喜迎十八大、争作新贡献——省工商联常委培训班"等系列活动，教育引导全省民营企业家，深入贯彻落实党的十八大精神，在发扬晋商精神、承担社会责任、传承晋商文化、塑造晋商形象等方面更好地发挥带头作用。省委书记袁纯清出席民企座谈会并提出，"全省民营企业要提振信心，展示形象，做无愧于时代的责任晋商、诚信晋商、知识晋商和开放晋商"。

围绕主题活动，与各主流媒体合作撰写了《山西搭建载体引导"煤老板"投身经济建设和社会公益事业》等 50 多篇重量级文章，分别刊载在《国内动态清样》、《瞭望》、《人民日报》等报刊，与《光明日报》联合，就资源型民营企业承担社会责任情况开展专题调研。省委书记袁纯清 6 次对"发扬晋商精神、提升晋企形象"主题活动做出重要批示，指出"主题活动开展得有声有色，晋企自身得到提高，社会反响积极"；中央统战部部长杜青林批示中央统战部五局对我省开展主题活动情况进行专题调研。

2012 年 12 月 18 日，召开了山西省工商联成立 60 周年座谈会。省工商联领导班子新老成员、全省工商联会员、市县工商联组织代表共同回顾省工商联 60 年光辉历程，会议表彰了工商联系统先进组织、先进个人和优秀会员企业，印发《山西省工商联 60 年简史》，会议号召全省会员要发扬光大老一代工商人士"听、跟、走"的光荣传统，坚定走中国特色社会主义道路的信心。

组织民营企业家举行同心·新晋商科普惠"三老"推进活动，向"三老人员"赠送爱心手机 1700 部。组织 441 家民营企业参加招聘周活动，提供就业岗位信息 10914 个，签订就业意向人数 4916 人。开展高校毕业生就业见习活动，接收 4400 名高校毕业生就业见习。开展"红丝带健康包"活动，为民营企业外来务工人员发放健康包 4000 个。

开展宣传先进典型活动。挖掘、树立、宣传了 26 家在坚持自主创新、加快转变发展方式、关爱员工、构建和谐企业，保障改善民生、自觉履行社会责任，"走出去"争创民族品牌，非公党建和企业文化建设等方面的先进典型。开展"关爱员工，实现双赢"活动，引导企业构建和谐劳动关系。举办民营企业文化建设培训活动，指导民营企业加强文化建设，打造符合时代要求的优秀企业文化。

做好非公有制人士政治安排，推荐全联"十一大"21 名代表人士和 9 名执委人选；推荐 17 名非公有制经济人士为省政协委员人选；推荐 50 名非公有制经济人士进入党外优秀中青年人士后备队伍。

三、调查研究、建言献策

深入全省 11 个市、80 多个县市区、200 多家重点民营企业进行专题调研，撰写了《山西省助力中小微企业快速发展》、《山西小微企业调研报告》、《2011 年山西民营经济发展报告》、《民营企业融资情况调研报告》、《民营企业发展战略性新兴产业的路径选择》、《2011 山西省上规模民营企业分析报告》、《山西民营企业法律风险及防范调研报告》等，编印了《2011 山西民营经济发展报告》。其中"如何充分发挥民营企业在转型跨越发展中作用"课题调研，在山西统一战线服务转型跨越发展调研成果汇报会上专题汇报，受到省委、省政府的充分肯定。

四、组织建设

2012 年 5 月 19 日，召开省工商联（总商会）第十一届会员代表大会，严格按照换届文件要求制定换届工作方案，全面部署未来 5 年工作目标和任务。张复明当选为省工商联第十一届执委会主席、总商会会长，杨临生当选第一副主席，樊秀清、王建华（兼秘书长）、郎宝山、赵淑芹当选为驻会副主席，上官永清（女）、王新哲、冯建新、史元魁、任武贤、伍永安、孙宏原、朱晓鹏、米占有、张亚平、张来拴、李玮、李猛、李安平、李建明、李彦宏、李德志、远勤山、姚锦诚、昝宝石、赵明、贾廷亮、曹建军、黄卫东、韩长安、薛靛民 26 名民营企业家当选为省工商

联兼职副主席，马力农、王长青、王迎新、王艳梅（女）、王殿辉、朱建军、吴晓年、张伟刚、李月斌、李永红、李兆会、李海暇（女）、杨建新、汪荣贵、陈阳、范小玲（女）、赵华山、郝旭、郝建秀、袁思义、郭兴银、高文变（女）、彭辉、韩树平、梁伟、梁俊明、谭慷、谭晋康、樊三星 29 名民营企业家当选为省总商会副会长，圆满完成换届工作。

加大会员发展力度，优化会员结构，改进会员管理，吸收优秀人才加入工商联会员队伍，截至 2012 年底新增会员 11061 个，全省会员总数达 102749 个。履行社会团体业务主管单位职责，召开商会工作座谈会。批准民生银行太原分行牵头成立了"山西省小微企业金融服务促进会"，建立起面向小微企业发展的融资平台。

组织机关干部职工和会员企业收看十八大盛况，印发了学习贯彻党的十八大精神的《通知》和《工作方案》，在机关干部和非公有制经济人士中开展"五个一"活动，引导非公有制经济人士更加坚定拥护中国共产党领导、走中国特色社会主义道路的信念。

开展文明和谐标兵单位创建活动，制定了《创建文明和谐标兵单位活动实施方案》，成立了活动领导组。组织机关干部赴刘胡兰教育基地和嘉兴南湖中共一大会址，重温入党誓言。开展了"迎晋商大会、争一流水平、创一流业绩"、"机关党建名嘴"演讲选拔、"党建工作走在前头"、"喜迎十八大，争作新贡献"等创建活动，激发了干事创业活力。"七一"期间对表现突出的 18 名优秀党员进行了表彰，省工商联被省直工委评为 2012 年度文明和谐标兵单位。

指导非公有制企业开展党建工作，开展"创先争优"和保持党的纯洁性学习教育活动，宣传推广了山西沁新集团等一批先进典型和经验。组织直属商会开展了党建工作观摩交流、赴武乡八路军纪念馆和平型关大捷旧址考察学习、优秀党员表彰等党建活动。全省 11.3 万户非公有制企业以单独组建、联合组建、挂靠组建等形式，共建党组织 13195 个，组织覆盖率达 99.78%。

内蒙古自治区工商联 2012 年度工作综述

2012 年，内蒙古自治区工商联坚持以邓小平理论、"三个代表"重要思想、科学发展观为指导，紧紧围绕自治区党委、政府中心工作，按照"坚持促进'两个健康'工作主题，重心下移，深入基层，重点做好自治区工商联换届和对口帮扶通辽市工作，扎实开展小微企业保生存谋发展调研、非公有制企业文化建设、商会组织建设等各项工作"的总体思路，团结一心，扎实工作，圆满完成了全年各项工作任务。

一、非公有制经济人士思想政治工作成绩显著

（一）认真学习宣传贯彻党的十八大精神

把学习宣传贯彻党的十八大精神作为首要政治任务，认真组织全区各级工商联和非公经济组织学习贯彻党的十八大精神。组织召开了学习贯彻党的十八大精神报告会、专题培训班，在《内蒙古商报》和工商联网站开设专栏，大力宣传党的十八大精神。全年共组织召开学习会、座谈会11 次，参加学习座谈的非公有制经济人士达1300 多人次。

（二）深入开展宣传表彰、企业文化建设、教育培训工作

宣传表彰工作，举行了"2012 内蒙古民营企业 100 强"发布会，发布了"2012 内蒙古民营企业 100 强"名单和《2012 内蒙古民营企业 100 强分析报告》，在社会上引起了较大反响。开展了"走进先进民企"专题报道活动，在《内蒙古商报》刊登专题文章近 30 篇，全年共发表宣传报道文章 300 余篇。企业文化建设工作，印发了《非公有制企业文化建设调研方案》，组织开展了全区企业文化建设调研活动，召开了全区民营企业文化论坛。教育培训工作，举办了全区工商联副主席培训班、全区非公有制经济代表人士培训班和内蒙古工商联民营企业培训班等，全年共举办各类培训班、论坛、专题讲座 12 次，参加的非公有制经济人士达 800 多人次。

（三）引导民营企业参与社会帮扶、光彩事业和公益慈善事业

按照自治区党委统一部署和要求，认真开展对口帮扶通辽市工作。组织 6 个工作组先后到通辽市贫困旗、苏木嘎查进行调研和考察，以项目帮扶、产业帮扶、智力帮扶为重点，通过村企对接、企企对接、项目对接、企民对接等形式，着力发展优势项目和特色产业，加大农牧民技能培训力度，努力增加就业岗位，帮助特困家庭解决实际困难。截至 12 月底，组织非公有制企业多次到通辽市进行项目考察，共签订意向协议 32 个，签约资金达 282 亿元人民币（正式签订合同项目 7 个，资金额 206 亿元）。结合帮扶通辽工作，与自治区和北京市有关部门在通辽市共同举办了两次招聘会，共有 331 家企业参与，提供两万多个就业岗位，现场与用人单位达成就业意向 1674 人次，达成 14810 人定向就业培训协议。

积极引导非公有制经济人士投身光彩事业、社会公益和慈善事业。内蒙古自治区工商联执委、港澳爱国人士都文龙为科左后旗巴嘎塔拉中心学校捐款 100 余万元人民币。内蒙古五金机电行业商会为奈曼旗幼儿园捐款 20 万元。内蒙古金宇集团和内蒙古规划院分别向通辽籍贫困大学生捐赠了 10 万元和 3 万元。50 位企业家在参加清华班培训期间，为科左后旗贫困大学生捐款 10 万元。杨氏美容美发学校免费接收了开鲁县 10 名农村贫困家庭学生进行为期 3 年的职业技能学习培训，并直接安排就业，内蒙古鄂尔多斯商会、内蒙古永业集团提供 30 万元用于学生的生活费用。内蒙古天宇信力置业发展有限公司走访慰问呼和浩特市儿童福利院，为孩子们送去了 3 万元爱心捐款。

（四）以深入开展创先争优活动为重点，大力推进非公有制经济党组织建设

按照中共中央办公厅《关于加强和改进非公有制企业党的建设工作的意见》要求，对基层党组织建设及党员信息进行了全面了解登记，建立了数据库，制定了《内蒙古工商联机关基层党组织组建工作程序》和党员发展流程。开展了向劳动模范、共产党员赵聪明同志学习的活动，以及国防教育、爱国主义教育活动。举办了非公有制经济组织党务工作者培训班，推荐了"北疆固本工程"党建示范点，召开了非公有制经济组织党建工作现场会。

二、换届工作圆满完成

2012年7月28日至29日，成功召开了自治区工商联第十一次会员代表大会。自治区领导胡春华、巴特尔、任亚平、李佳、符太增、王素毅、邢云、布小林、刘新乐等与参会代表在会前合影留念，部分领导参加了会议。自治区党委、政府向大会发来贺信，李佳副书记、王素毅部长在会上讲话，刘新乐代表各民主党派致辞。全国工商联副主席庄聪生亲临会议指导工作并作重要讲话。大会审议通过了自治区工商联第十届执行委员会工作报告的决议，选举产生了自治区工商联第十一届执行委员会执委241名、常委95名、副主席28名，田震同志当选为自治区工商联第十一届执行委员会主席。

三、调查研究、参政议政水平明显提高

2012年上半年，开展了小微企业保生存谋发展调研，撰写了《内蒙古自治区小微企业生存发展情况的调研报告》，自治区政协以社情民意的形式印发了调研报告，并在自治区政协十届八次常委会议上做了书面发言。按照全国工商联统一部署，开展了2011年度上规模民营企业调研工作，完成了《上规模民营企业发展报告》，荣获二等奖。开展了中小企业监测示范点工作，上报民营企业参与光彩事业统计调查表200多份，完成了第十一次私营企业问卷调查工作。撰写完成《内蒙古民营经济发展报告（2011年度）》、《内蒙古民间资本进入农村金融领域调研报告》等。

四、经济服务水平进一步提升

（一）多种形式帮助民营企业缓解融资难问题

与自治区金融办分别在呼伦贝尔市和阿拉善盟联合主办了内蒙古东、西部盟市中小企业金融服务峰会，两次峰会上，各金融机构与中小企业共签署151个融资项目协议，融资额达491亿元。组织直属行业商（协）会与包商银行呼和浩特分行举行了银企座谈会，会后包商银行为自治区婚庆协会会员企业融资近1000万元。与中国民生银行呼和浩特分行合作，以组织成立"商业合作社"模式支持我区小微企业发展，现在已有4个盟市成立了5家商业合作社。与交通银行内蒙古分行、包商银行呼和浩特分行等8家商业银行签署了战略合作协议。

（二）组织和参加各类经贸洽谈活动

组织会员企业参加了"第十三届中国西部国际博览会"、香港特别行政区政府投资推广署在呼和浩特主办的"立足香港·迈向国际"推介会等多次经贸洽谈活动。帮助乌海市工商联和二连浩特市赴安徽省、江苏省、浙江省、福建省、北京市等地开展招商引资活动，协助山西、青海、山东、辽宁、贵州等地招商团来我区开展了招商引资活动。

（三）开展法律维权服务

法律维权工作，对新编《劳动合同法》、《内蒙古自治区企业工资集体协商条例》等提出了修改意见和建议。帮助协调解决了鄂托克旗宏斌煤矿与北京海岳通商贸有限公司债权纠纷一案，对2家会员企业债权纠纷进行了调解，协调解决了内蒙古塞宝集团公司债权一案。

五、商会组织建设稳步推进

深入开展了行业商会协会、异地商会调研，了解情况，掌握动态，沟通联系，共走访直属商会协会、异地商会和会员企业200多家。积极参与并帮助指导行业商会协会召开成立大会、开展活动，全年共帮助指导4家行业商会召开成立大会、2家行业商会召开会员代表大会，同时参与了多家行业商会举办的座谈会、论坛和评选活动。

六、引导非公有制企业参与和谐社会建设取得新业绩

为迎接自治区"实施贫困家庭大学生促进就业计划"专场招聘会的召开，举办了"传达召开促进农村牧区大中专毕业生就业工作现场会"精神暨捐赠动员会，与内蒙古财经大学、内蒙古师范大学、内蒙古农业大学举办了3场座谈会，为

招聘会的成功召开打下了组织基础。4月26日，在自治区"实施贫困家庭大学生促进就业计划"专场招聘会上，组织了146家非公有制企业参加招聘会，提供了4700多个就业岗位，签署用工合约1256人。

七、工商联自身建设进一步加强

（一）加强会员队伍建设和非公有制经济代表人士队伍建设

发展会员是工商联的基础性工作，截至2012年底，全区各级工商联共有会员75929家，比2011年同期增加1058家。自治区工商联现有直属会员7038家，直属行业商（协）会组织57家、二级商会2家、异地商会和其他商会组织21家。2012年共发展直属会员1058家。按照换届工作要求，完成了对拟进入会员代表大会名单中非公有制经济代表人士的综合评价工作，配合自治区党委统战部完成了直属行业商（协）会、异地商会和直属会员中非公有制经济代表人士的综合评价工作。

（二）加强县级工商联建设

为进一步推动旗县工商联建设，向各盟市工商联印发了《内蒙古自治区工商联关于推动解决旗县级工商联建设中的突出问题工作实施方案》，并要求各盟市工商联结合实际制定实施方案，做好贯彻落实。2012年下半年，自治区工商联组成调研小组，由会领导带队，深入全区各旗县区开展了基层工商联调研活动，了解掌握旗县区工商联工作现状，对全区101个旗县级工商联组织建设情况进行了问卷调查。

（三）加强工商联机关建设

组织机关干部认真学习政治理论和业务知识，全年组织机关干部学习12次，中心组成员学习13次。选派干部参加了政治理论和保密、档案、人事、法律等专业知识的培训，共13名同志参加了培训，机关干部队伍综合素质得到明显提高。提拔使用了7名干部，并合理调整了干部工作岗位，为打造一支政治强、业务精、作风正的干部队伍打下了基础。加强了综治和维稳工作，制定了应急预案。开展了经常性的保密、综治、消防教育检查和"平安机关创建活动"。

辽宁省工商联2012年度工作综述

2012年，辽宁省工商联坚持以科学发展观为指导，紧紧围绕省委省政府中心工作，以促进"两个健康"为主题，以积极推进中央和省委文件精神的贯彻落实和扎实稳妥地完成换届工作为重点，充分发挥工商联统战性、经济性和民间性有机统一独特优势，凝心聚力，开拓进取，各项工作取得了显著成绩。

一、全力抓好两项重点工作

（一）对全省贯彻落实中央和省委文件精神进行督办

为深入贯彻落实中央16号和省委6号文件精神，按省委要求，与省委督察室、省委统战部联合组成督察组，深入全省14个市和部分县区，对两个文件的贯彻落实情况进行督察指导。在提交给省委、省政府的督察报告中，提出了进一步落实好两个文件精神的具体意见，陈政高省长在批示中强调："落实得很好，同意所提建议，要继续抓好。"

（二）圆满完成省工商联换届工作

2012年是换届年，按照省委和全联的统一部署，在省委的正确领导和省委统战部的悉心指导下，经过充分酝酿和精心筹备，7月上旬，召开了辽宁省工商联第十一次会员代表大会。代表们审议通过了省工商联第十届执委会工作报告，选举产生了辽宁省工商联第十一届执行委员会，在随即召开的省工商联第十一届一次执委会上，选举产生了省工商联新一届领导班子，顺利完成了新老交替和政治交接，换届工作的圆满完成为今后工作的开展提供了坚强的政治和组织保障。

二、深入研究新形势新任务，提出新的总体工作思路

新一届领导班子认真学习党的十八大精神，根据工作实际，确立了"突出一个主题，搞好三个服务，着力抓好五项重点工作"的总体工作思路。

突出一个主题：突出"促进非公有制经济健康发展和非公有制经济人士健康成长"这一工作主题。

搞好三个服务：一是为党团结广大非公有制经济人士搞好服务，充分发挥桥梁纽带作用，团结和引领广大非公有制经济人士坚定不移走中国特色社会主义道路，不断巩固党的执政基础和群众基础；二是为政府大力发展非公有制经济搞好服务，充分发挥助手作用，促进非公有制企业加快转变经济发展方式，助推我省非公有制经济实现科学发展；三是为会员和广大非公有制经济人士搞好服务，在政治上，关心他们的健康成长，在企业发展上，为他们争取良好的外部环境。

着力抓好五项重点工作：一是着力抓好非公有制经济人士思想政治工作；二是着力抓好政治协商、民主监督和参政议政工作；三是着力抓好以促进非公有制企业转型升级为重点的经济服务工作；四是着力抓好以建设中国特色商会组织为重点的社会管理创新工作；五是着力抓好工商联组织的自身建设。

三、认真履行自身职能，各项工作稳步推进

（一）政治协商、民主监督和参政议政工作取得新成果

加大专项调研力度，一是在全省开展了上规模民营企业调研；二是以辽阳、锦州两市为试点，对"小微企业发展和创业就业"情况进行了综合调研；三是对省级行业商会、异地商会进行了专题调研；四是配合全联开展了"非公有制经济人士理想信念教育"专题调研。在广泛调研基础上，向省政协提交了《大力发展民营企业，推动全民创业，充分扩大就业》的调研报告，《关于加大对小微企业扶持力度的建议》被省政协列为重点督办提案，在省政府召开的民主协商会上，就民营企业转型升级和加强新形势下工商联工作做了重点发言，在向省委提交的《关于我省

中小企业发展情况的调研报告》上，王珉书记做了重要批示，责成有关部门就报告所提问题深入研究并加以解决。加强非公有制经济人士的政治安排工作，推荐一大批新的非公有制经济代表人士当选为全国人大代表、全国政协委员、全联十一大代表和省人大代表、省政协委员。

（二）思想政治工作获得新进展

坚持"团结、帮助、教育、引导"方针，加大对非公有制经济先进典型的宣传力度，联合省委宣传部、统战部等部门，推选优秀非公有制经济代表人士，参加以"展示建设者风采·建设富庶幸福辽宁"为主题的全省"非公经济领域先进典型宣传年"活动，取得了良好的示范效应和广泛的社会影响。与全运会组委会合作，编写在全运会期间发行的《群星闪耀——辽宁民营企业风采录》。积极开展光彩事业和扶贫捐赠活动，在全省开展的民营企业参与光彩事业统计调查工作，获全联二等奖。与清华大学等高校联合举办各类培训和论坛活动，开阔企业家视野提高素质，受到企业家好评。

（三）商会建设和会员发展工作开创新局面

2011年新组建和吸纳了6家省工商联行业商会、异地商会，省级行业商会、异地商会已达22家。目前，全省各级各类商会组织已达到1600余家，形成了覆盖全省各地、遍布各行各业的组织网络。制定了《省工商联行业商会、异地商会综合评价考核办法》，并实行各商会会长年终述职制度，使行业商会、异地商会建设不断走向规范化。省五金机电商会、汽配商会、湖北商会、川渝商会、广东商会等很多商会工作业绩突出，积累了很多成功的办会经验。

基层组织建设全面加强，很多市、县（区）工商联主动争取党委政府支持，机构设置、人员编制、行政经费等方面已有明显改善。大连、锦州、营口、铁岭等很多地区乡镇商会、街道商会建设工作实现"双覆盖"，特别是沈阳市柏家沟乡镇商会所取得的成绩作为典型经验被全国工商联加以推广。各类商会组织的不断壮大使会员发展工作突飞猛进，全省工商联会员总量已从2011年的近15万人已增加到16.8万余人。

（四）经济服务工作迈上新台阶

9月份与省委统战部联合举办了首届"友好

商会辽宁行"活动，为我省与海内外友好商会搭建了交流合作的平台。来自30多个国家和地区的友好商会，以及全国工商联20多个行业商会的代表近700人应邀参会，56个项目正式签约，签约额达648亿元，友好商会代表还分别赴沈阳、鞍山、本溪和丹东等地进行项目考察，会后的项目洽谈不断深入。省领导给予了高度评价，认为此项活动具有开创性、实效性、持续性，打开了工商联工作的新局面，希望坚持下去、形成品牌。

与省教育厅、科技厅等部门联合开展省非公有制经济"产学研"协作洽谈交流活动，参与起草《关于进一步促进产学研合作工作意见》。会同省总工会、人社厅、教育厅举办"民营企业招聘周"活动，荣获"全省就业创业工作先进集体"称号。与瀚华担保公司的合作项目在各市全面铺开，为会员企业解决了很多实际困难。

（五）构建和谐劳动关系和维权工作取得新突破

建立商会调解与诉讼调解衔接机制工作在全国率先取得突破，选拔聘请40名商会代表作为省高院特邀调解员，与省高院联合下发了《关于开展诉调对接工作的意见》，协调省高院在市级以下法院设立商会调解室，将商会调解与诉讼调解衔接工作推向了实质性阶段。最高院、全联把辽宁的做法评价为"一好三新"：调解机制建设工作开展得好，在建章立制上有创新，在实践上有创新，在工作方法上有创新，成为全国工商联十大亮点工作。

与省人社厅联合开展"构建模范劳动关系、争做和谐民营企业"活动，协助省人社厅成立了辽宁省民营企业劳动争议仲裁庭，与省总工会、人社厅、外企协会等共同开展"工资集体协商建制攻坚行动"，指导非公有制企业积极构建和谐劳动关系。

（六）自身建设展现新形象

一是加强制度化规范化建设，建立健全了重点工作考核制度、联系基层商会制度、机关内部管理制度；二是不断加强领导班子建设，完善党组会议、主席（会长）办公会议、执常委会议等各项制度，提高决策的民主性和科学性；三是机关选拔聘用一批中层领导干部，增强机关干部队伍凝聚力和执行力。干部职工队伍建设得到加强，机关整体面貌焕然一新，工作效率和工作质量明显提升。

吉林省工商联2012年度工作综述

一、做好思想政治工作，引导非公有制经济人士健康成长

召开机关干部大会和全省非公有制经济人士学习座谈会，组织干部职工和广大会员认真学习十八大报告。在《吉林日报》上向全省非公有制经济人士发出学习贯彻十八大精神倡议书。协调《吉林日报》、吉林电视台、《协商新报》等新闻媒体对省工商联领导班子暨非公有制经济代表人士学习贯彻十八大精神座谈会进行了集中宣传报道，在全省工商联系统营造出学习十八大精神的浓厚氛围。在开展民营企业文化建设年活动中，完成了"关于非公有制企业文化建设情况的调研报告"，总结了吉林省小棉袄集团企业文化建设典型经验并报送全国工商联。与省图书馆合作，举办了十期《吉商论坛》，大力宣传民营企业家队伍中的优秀典型。编辑出版了《吉商论坛实录》一书，巴音朝鲁同志为新书题写书名并作序，对《吉商论坛》活动给予了很高的评价。与《中华工商时报》、《东亚企业家》杂志合作开展"小微企业在成长"主题宣传活动，先后赴通化、白城、延边和白山四个市（州）挖掘小微企业典型；与《长春晚报》合作，开辟了"商会周刊"栏目，每周四专版宣传非公有制经济和人物、宣传工商联和商会工作，通过加强典型宣传，收到了很好的社会效果。

二、提升服务能力和水平，促进民营经济快速发展

组织会员企业积极参与"三化"统筹，跟踪服务长春国信投资集团奢岭城乡双向一体化投资项目，计划投资 101 亿元，目前已完成投资 5 亿元。开展全联科学技术奖申报推荐审核和推荐工作，敦化市敖东食品开发有限责任公司的玉米营养项目被全联评为科学进步优秀奖。与省工信厅等部门共同建立服务中小企业合作机制，在开展"中小企业服务年"活动中，对安图、敦化等地多家中小微型企业进行调研，实地走访了 50 余户有代表性的中小微型企业，切实帮助企业谋划发展思路，反映发展诉求，协调解决实际困难。积极协助做好"第八届中国吉林·东北亚投资贸易博览会"有关工作，共邀请 2238 名客商参会，组织 132 户民营企业参展，签约项目 78 个，签约金额 456.98 亿元。参与组织全国 150 家大型民营企业并直接组织 50 余户省内企业参加中国民营经济长白山论坛，组织 6 家外埠商会 20 多户企业到敦化开展经贸交流，组织欧亚集团投资项目组到大安进行洽谈对接，组织海南 15 户企业家参加辽源市委、市政府组织的招商引资项目推介会，帮助白城、四平等地到厦门、广州、福州等省市进行招商引资，取得很好效果。与外事部门合作，开展"走出去，请进来"活动，先后组织 60 多户企业出访 10 多个国家和地区。省工商联被省政府评为"东博会筹办工作先进单位"、"招商引资优秀服务单位"和"吉林省对外开放突出贡献单位"。与盛京银行联合举办吉林省中小企业联谊会，并签署战略合作协议，盛京银行为吉林省小微企业提供 5 亿元授信。帮助吉林省绿色产业集团、长春国信投资集团等企业分别与盛京银行长春分行签署战略合作协议，争取授信 4 亿元。与民生银行合作制定"整合资源、创新模式、促进发展"暨小微企业城市商业合作社建设方案。帮助凯利工程机械有限公司在吉林银行融资 1 亿多元。组织全省 3593 户民营企业参加全国民营企业招聘周活动，为各类求职人员提供 114226 个就业岗位，有 29946 人达成就业意向。全省各地工商联系统共举办企业经理培训班 41 次，全年重点帮助高校毕业生、下岗失业人员等

各类群体 14153 人实现就业。省工商联被评为吉林省全民创业带动就业系统活动先进单位，并在全省创业促就业工作交流会上做了经验介绍。

三、开展调查研究，积极参政议政

对全省 660 户民营企业生产经营情况固定观察点进行了跟踪监测，在做好有关数据统计分析的基础上，完成了全省民营企业生产经营情况固定观察点调查数据分析报告，得到了省委、省政府主要领导的充分肯定。目前，我省民营企业固定观察点已成为省委、省政府主要领导和有关部门及时掌握民营经济运行情况的有效渠道，发挥了较好的决策参考作用。完成了《吉林省民营经济发展报告》的编撰工作。全书 80 万字，围绕加快实施新一轮民营经济腾飞计划，从行业、产业、企业以及相关政策等方面，对我省民营经济发展的总体态势和存在问题进行了深入分析研究，提出加快民营经济发展的建议，得到了各方面认可和肯定。省委副书记竺延风同志为本书做了题为"抓住机遇、乘势而上，努力实现民营经济发展新跨越"的序言，进一步提升了工商联的影响力。围绕经济社会发展的重大问题和非公有制经济发展中的热点难点问题，累计向省政协提交团体提案 17 份，得到了有关部门的高度重视。出席省政府召开的"推动民营经济发展专题座谈会"，积极反映非公经济人士的意见、建议和诉求。先后推荐 5 名民营经济研究会成员为省软环境监督员、2 名为省委决策咨询委委员、1 名为省政府决策咨询委委员，进一步提升了参政议政能力和水平。

四、以换届为契机，加强自身建设

在省委统战部的正确指导下，经过精心筹备，省工商联（总商会）圆满完成了换届任务，领导班子成员和执常委满票或高票当选。吉林省工商联新一届执委领导班子的规模比上届有所扩大，增加了非公有制经济代表人士在常委会中的数量，提高了市（州）代表在省工商联领导班子中的比例，领导班子组成人员年龄、文化等结构更加科学合理，更具有广泛性和代表性，为全面做好新形势下的工商联工作提供了坚强的组织保证。截至 2012 年 12 月末，全省会员总数达到 67639 个，全省行业（同业）组织达到 293 个，基层组织达到 278 个。加强对县级工商联的指导

和服务，共确定县级工商联联系点18个，其中九台市被确定为全联的联系点，其有关经验得到了全联的肯定。在充分调研的基础上，撰写了我省加强县级工商联建设经验材料，在全国加强县级工商联座谈会上做了专题发言，计算机行业商会、钢铁贸易商会的典型经验在全国各地进行了交流。党组理论学习中心组发挥带头作用，带动了机关全体干部职工的学习。先后制定了《省工商联整治庸、懒、散工作实施方案》和《省工商联开展"五权"工作实施方案》，为促进机关高效运转提供了保证。坚持实行机关工作月通报制度，提升机关工作科学化和规范化水平。开展"五型"机关创建活动，进一步提高干部的政治把握能力、群众工作能力、组织协调能力、合作共事能力、调查研究能力和落实推进能力。

黑龙江省工商联 2012 年度工作综述

2012年，黑龙江省工商联在省委、省政府的领导下，在全国工商联和省委统战部的指导下，紧紧围绕中心工作，履职尽责，主动作为，为促进全省民营经济发展和社会稳定做出了积极贡献。

一、深入学习贯彻党的十八大精神

全省各级工商联组织把学习贯彻十八大精神作为首要政治任务，掀起学习热潮。通过下发通知、组织企业家和工商联干部座谈会、中心发言、答题竞赛等多种形式，开展学习宣传活动。积极引导广大非公有制经济人士深刻领会十八大精神实质，牢固树立中国特色社会主义共同理想信念，坚定发展信心和决心，将十八大精神贯彻到工商联工作和企业发展全过程。《黑龙江日报》、黑龙江电视台等媒体对工商联系统学习贯彻情况进行了宣传报道。

二、做好经济服务工作

为企业科学发展服务。为掌握民营中小企业生产经营中存在的问题和困难，省联在全省范围内选定140家企业作为监测点。申请财政支持资金103万元，与省统计局签订《合作协议》，进行跟踪调查、统计分析，每半年向有关部门提交分析报告，为省委省政府决策提供参考，此举得到全联充分肯定。建立民营企业项目库，经筛选向省发改委、工信委等有关部门推荐产业项目56个，新昊绿色旅游集团、升辉集团等企业的12个项目获得2.5亿元资金支持。开展科技服务，哈尔滨乐泰药业有限公司、齐齐哈尔华工机床有限公司获全国工商联"科技进步优秀奖"，哈尔滨泰富电气有限公司总裁杨天夫荣获"科技创新企业家奖"。哈尔滨鸿盛集团、通能电气股份有限公司的创新事迹在全国工商联网站刊发。

开展招商引资工作。近年来，省联围绕省委省政府中心工作，通过举办大型经贸活动吸引国内知名民营企业来我省考察投资，为招商引资工作牵线搭桥。其中香港豪德集团在我省建设"哈尔滨·华南城"项目计划投资500亿元，已完成投资23亿元，开工面积80万平方米。东方集团在我省投资建设的稻谷加工及物流园区等项目，计划总投资11.5亿元，已实际完成投资4.2亿元。新华联集团在大庆市投资50亿元"纳尼亚生态小镇"项目已开工建设，投资1亿元入股大兴安岭农信社，签订漠河"俄罗斯北极村"项目亿元投资协议。省联积极组织企业参加哈洽会期间举办的中外投融资合作项目对接会、中韩贸易洽谈会，完成"哈洽会"境内外客商的邀请工作，连续8年荣获哈洽会"突出贡献奖"。

加强对外交流与合作。省联利用俄罗斯加入世贸组织的契机，访问俄远东地区6个州（区）工商会，举行工作会谈并签署合作协议，出访成果得到孙尧副省长的肯定和批示。为进一步推动黑龙江中小企业发展，省联积极与德国中德合作机构开展多领域合作。与省商务厅就联合培训、共同调研、研究探讨外经贸政策、互通情况等正式签署了工作合作机制备忘录，更有效地服务民营外经贸企业。会同省旅游局组团参加首届澳门世界旅游经济论坛并拜会澳门厂商联合会等机构，推动旅游产业发展。

推动改善投资环境。省联法律维权工作进一步制度化、规范化。与省法院共同下发《关于共建企业法律风险防范化解机制促进我省非公有制经济发展的意见》，与省检察院共同下发《服务非公有制经济发展工作联系制度》，配合省检察院下发《关于服务非公有制经济发展的意见》等文件。并先后与省政府法制办、省检察院举办民营企业座谈会，企业家就民营经济发展中遇到的环境问题提出意见和建议。省联推荐49家企业作为省检察院维权联系点，会同省中小企业局、商务合作促进会推荐120家企业作为省法制办维权联系点。省联作为三方工作机制的企业一方代表，积极会同省人保厅、工会做好协调劳动关系的工作。有效解决3家会员企业的维权请求。

三、加强和改进非公有制经济人士思想政治工作

开展思想政治工作。省联以开展企业文化建设情况调研为契机，进一步推动思想政治工作。14家民营企业在企业文化建设座谈会上介绍了经验，调研报告获得省委统战部调研成果二等奖。西林钢铁集团、齐齐哈尔阳光热力集团、佳木斯多多集团3个企业文化典型上报全联进行交流。

加强培训工作。省联在浙江大学举办全省64个县级工商联主席理论业务研修班和黑龙江（西藏）工商联干部、民营企业家管理研修班。对全省县级工商联主席全面培训在全国尚属首次，省联及时总结上报培训情况，被全国工商联评为2012年度十大优秀案例，进行推广。省联举办第三期企业家暑期读书交流学习班，配合全联在绥芬河举办东北地区民营企业"走出去"培训班。

引导企业履行社会责任。开展民营企业招聘周活动。省联与省人保厅、工会共同开展"民企就业大有可为"主题招聘活动，共签订就业协议3.8万人次。组织企业投身光彩事业，省联组团参加"中国光彩事业宁夏行"活动，省联副主席、亿阳集团董事长邓伟，鸿盛集团总经理林国

海为宁夏捐资和无偿转让新型建筑节能专利技术。省联副主席、翔鹰集团董事长刘迎霞，哈尔滨市光彩事业促进会分别获得全国"光彩事业奖"和"光彩事业组织奖"，并有2位企业家获得全国"光彩事业国土绿化贡献奖"。推进新农村建设工作，省联投入16万元用于兰西县、讷河县对口帮建村的村路建设等项目并赠送4台电脑。在第三批试点村帮建工作中，全省35个会员企业投入资金2.7亿元，参与73个村的帮建工作。

四、为改善非公有制经济发展环境建言献策

省联多次出席省委省政府召开的重大问题协商会和座谈会，就党代会报告、政府工作报告及省委有关文件进行认真研究、提出有分量的意见和建议。在省政协全会上《关于加快我省煤化工产业发展的建议》和省政协常委会上《关于深入贯彻东北老工业基地振兴战略，推动我省民营经济快速发展》的发言反响良好。向省政协递交了《关于创新行业商会登记管理方式的建议》等3份团体提案，其中《关于对"走出去"民营企业加强金融服务支持的建议》荣获省政协"优秀提案"。

省联与省委政研室联合开展全省非公有制经济发展情况专题调研，调研报告获省委"党政干部优秀调研成果奖"，并送省委省政府领导参阅。按照全联部署，开展小微企业"保生存谋发展"情况调研，报告获得省委统战部2012年度调研成果三等奖。开展对俄贸易情况调研，形成《俄罗斯入世对我省对俄经贸合作民营企业的机遇与挑战及应对策略》的报告和省政协大会发言。开展上规模企业调研，对全省年营业收入5亿元以上的会员企业进行调查摸底，东方集团等4家企业入围2012中国民营企业500强。

五、加强工商联自身建设

完成换届工作。省联召开十次会员代表大会，一批思想品质优、社会贡献大、公众形象好、参政议政能力强的非公有制经济人士充实到省联执、常委队伍中来，省联现有执委266名，常委136名，主席、副主席28名，总商会会长、副会长21名。

夯实组织基础。为改善县级工商联建设薄弱状态，省联会同省委统战部联合下发《关于进一

步加强县级工商联建设的意见》，在省政协全会上提交《关于解决部分区级无工商联机构编制的提案》。省联围绕省委省政府确定的重点产业，开拓视野，在装备制造、对俄经贸、农副产品加工和高科技产业等领域重点发展会员。目前，我省会员总数5.56万个，其中企业会员1.9万个，团体会员1101个。全省共有商会组织806个，其中省级9个，市地级114个，县级537个，乡镇街道级146个。

加强机关建设。省联进一步完善机关管理和政治学习制度，机关工作更加制度化、规范化。改版升级省联网站，提高全省工商联系统信息化水平。省联连续6年荣获"省级文明单位标兵"、连续2年荣获"省直先进职工之家"荣誉称号。

上海市工商联2012年度工作综述

2012年，上海市工商联在市委及市委统战部的领导下，在全国工商联的指导下，以科学发展观为统领，深入学习贯彻党的十八大、全国工商联十一大、十届市委三次全会精神，按照中央16号文件及市委12号文件的有关要求，围绕上海"创新驱动、转型发展"的总体目标，牢牢把握两个健康的工作主题，团结和凝聚广大会员，为促进上海经济社会转型发展做出新的积极贡献。

一、学习贯彻十八大精神

市区联动、广泛动员，通过实况收看、宣传讲解、讨论交流等形式，促进非公有制经济人士学习贯彻好党的十八大精神，引导民营企业家把思想和行动统一到党的十八大精神上来，进一步坚定走中国特色社会主义道路的信念。举行非公有制经济代表人士学习党的十八大精神座谈会，增强民营企业家对发展企业、奉献社会，积极投身中国特色社会主义伟大事业的决心和信心。下发《关于上海市工商联系统学习宣传贯彻党的十八大精神的通知》，推动各级工商联加强学习，落实要求，指导实践。将学习党的十八大、全国工商联十一大、十届市委三次全会精神与贯彻中央16号文件及市委12号文件结合起来，加大落实推进的工作力度。全市17个区县都制定出台地区实施意见并举行本地区加强和改进工商联工作会议，形成有关各方合力推进工商联工作和有力支持民营经济发展的新局面。

二、换届工作

成功举行第十三次会员代表大会，选举产生新一届领导机构，顺利完成新老交替。王志雄当选为主席，赵福禧当选为常务副主席，金亮、高开云、徐惠明、傅新华、陈学军、马弘、吉晓辉、沃伟东、王均金、张文荣、钱建蓉、沈雯、严健军、周成建、丁劲松、汤亮、姚祖辉、何猷龙、王建平、常兆华、张德安、辛春华当选为副主席，杨茜当选为秘书长。其中专职领导干部6名；非公有制经济人士兼职副主席15名（包括港澳地区著名企业家2人），政府部门和工商界人士4名。新一届市商会领导班子由25名成员组成，会长由工商联主席兼任，副会长由工商联专职副主席和非公有制经济代表人士等组成。为更好地联系和发挥因年龄、任期等原因从市工商联、市商会领导班子中离任同志的作用，新一届市工商联设立了市工商联咨询委员会，主任委员由王新奎、任文燕担任，另有20名成员担任咨询委员。当选常委共计119名，其中非公有制经济代表人士71名，占全体常委的59.66%。当选执委共计315名，其中非公有制经济代表人士255名，占全体执委的80.95%。

三、参政议政

在市政协十一届五次会议上提交团体提案4件，大会发言1篇，其中"关于积极推动本市微型企业加速发展的建议"和"关于稳步推进上海市营业税改征增值税试点工作的建议"获市政协优秀提案奖。开展"小微企业保生存谋发展"、"支持上海民营企业'走出去',加快培育本土跨国公司",全国工商联第十次私营企业抽样调查（上海地区）、民营企业文化情况等专题调研。参与市委重点调研课题"深化增值税改革动态跟踪及放大效应"研究。为市发展改革委《上海市非公经济发展"十二五"规划》、市经济信息化委《关于进一步规范本市企业跨区县迁移工作的若干意见（讨论稿）》等的制定和出台提供参考和建议。报送《调研参阅》、《要情专报》、《工作简讯》及各类专报获得全国工商联、市有关领导批示 20 多次。与市委统战部联合开展"深入实践'两个健康'工作主题,推动新形势下经济统战工作新发展"调研,形成《关于新时期发挥工商联在非公有制经济组织党建工作中的作用的思考和建议》等报告。与华东师范大学、上海民营经济研究会联合成立中国特色商会研究中心。提出关于新时期工商联（商会）工作四项课题,其中小微企业法律保障体系等研究项目作为市决策咨询课题申报。荣获全国工商联系统 2012 年度信息工作先进单位、上海市统战调查研究和理论研究优秀成果一、二等奖及上海统战信息工作二等奖。

四、宣传教育

与市委组织部、市委党校、市社会工作党委共同举办"两新"组织高层次人才——第 10 期经营管理者研修班和"两新"组织高层次人才——第 9 期民营企业家研修班。召开主要媒体信息沟通会,宣传新时期工商联工作有关情况。组织首届"上海市工商联工作十大亮点、十大优秀案例"评选。关注参与社会公益的民营企业家,"把时间给最爱的人最爱的事"、"赤子精诚"等专访反响良好。联手主流媒体为代表性企业提供危机应对与处理宣传机制工作。制定《上海市推进民营企业文化建设的实施意见》,着力搭建"三个平台"、做好"五项重点工作"。参与"第二届上海市企业文化创建示范基地"评选,复星集团等 15 家民营企业获得授牌。举行"稳中求进促发展、同心向党创未来——市工商联 2012 年新春联谊会"以民营企业家合唱团和青年创业者联谊会为载体,促进引导教育和自我教育相结合。

五、经济服务

与市财政局等部门举行上海市营业税改征增值税试点宣讲会议,向 2000 多名民营企业家宣传有关政策,受到广泛好评。举行"发挥上海优势,服务全国民企,促进转型发展"的招商育财活动,39 位全国知名民营企业家参加,具有投资意向的总部经济、战略性新兴产业、高新技术产业等领域项目合计总额 1000 多亿元。参与制定世博园后续开发招商机制和民营企业入驻标准工作,15 家民营企业提出入驻世博园 A 片区意向,其中第一组地块 8 家入围。与市统计局达成合作协议,探索建立民营经济运行监测平台和中小企业监测点。与中国出口信用保险公司上海分公司合作,促成中信保对市工商联推荐的重点扶持企业给予优惠支持。以民生银行为率先试点,推动基层商会与银行共建"小微企业融资服务合作社",已建立 82 家金融合作社,授信约 2.9 亿元。参加 2012 年享受政府特殊津贴人员选拔。在本市民营企业中开展第二批上海"千人计划"申报工作。编写《上海市民营企业引进海外高层次人才需求目录》,汇集 39 家民营企业,288 个岗位。通过参与市劳动关系三方协调机制,参加 2012 年度上海市最低工资标准、2012 年度上海市企业工资增长指导线的协商制定。推动民营企业建立并完善适应市场经济要求的企业工资分配制度和正常增长机制。参与研究审定《上海市规范劳务派遣用工管理试行意见》,举办专题辅导讲座。

六、组织建设

制定完善基层商会干部挂职管理办法,鼓励银行员工到基层商会挂职,民生银行相关支行在黄浦、长宁、普陀、宝山等区的部分基层商会安排挂职人员。开展 2012 年度市工商联优秀基层商会和先进个人评选活动。推动成立市工商联泉州商会、市紧固件工业协会。民办教育协会、纺织服装商会顺利完成换届。全年共发展新会员 4506 户,会员总数达到 43188 户,其中非公有制企业会员 35687 户。

七、对外联络

组织民营企业 16 批 113 人次赴美国、日本、澳大利亚、马来西亚等地开展经贸交流,达成企业收购、产品采购、兴建厂房等合作意向。组织 600 多家企业参加国外及我国港澳台地区的在沪经贸推介会。与香港全区工商联共同举行"2012沪港两地各区工商联经贸合作交流会"，部分区县工商联和香港地区工商联分别签署7项友好合作协议。

八、承担社会责任

组织71家民营企业分别参加"中国光彩事业宁夏行"、"全国民营企业家西藏行"、"2012海内外知名企业家齐鲁行"、"民企携手湖北，共促中部崛起"活动以及江西抚州黎川县扶贫捐赠等，拟投资建设13个项目，签约公益捐赠人民币980万元。组织95家民营企业分别参加山西、云南、宁夏、广东、湖北、新疆等省、区、市在沪经贸推介会。举办首期新疆喀什地区统战部、工商联干部上海学习交流培训班。支持民营企业开展"同心·西藏医护培训"计划，组织西藏学员来沪参加医学技能培训。促进青年就业和人才培养的机制与平台建设，市工商联五金行业商会与民办教育协会联手，促成11家民营企业分别

与5所高等院校成功签约。与市人力资源社会保障局等部门联合开展"2012年上海民营企业招聘周"活动，举办20多场现场招聘会，同步开设网上活动专栏，2400家企业发布招聘岗位1.9万个，4600多名求职者当场达成录用意向，提供维权及法律援助服务1400余人次。启动"同心·光彩创业工程"，邀请优秀民营企业家走进校园讲述创业故事，引导民营企业家参与导师团"手拉手一带一"活动，帮助大学生创业带动就业。

九、自身建设

组织2012年市工商联系统干部培训班，来自各级工商联的机关干部及优秀基层商会专职领导31人受训。组织41名干部参加"上海干部在线学习城"学习。组织20名机关干部参加法律道德网上培训。在原有工作基础上，修订完善《上海市工商联党组会议议事决策规则》、《上海市工商联"三重一大"问题主要内容》等10项规章制度，促进机关工作规范化和执行力提升。

江苏省工商联 2012 年度工作综述

2012年，面对世界经济复苏明显放缓和国内经济下行压力加大的严峻形势，全省各级工商联在省委、省政府正确领导下，坚持以科学发展为主题，以加快转变经济发展方式为主线，团结带领广大民营企业，着力推动发展方式转变，促进经济转型升级，为实现全省民营经济又好又快发展做出了积极贡献。

一、学习宣传十八大精神，思想政治工作扎实推进

党的十八大是在我国进入全面建成小康社会决定性阶段召开的一次十分重要的大会，是一次承前启后、继往开来的大会，为续写中国共产党和中华民族发展史上的崭新篇章指明了前进方向。为把学习引向深入、把思想和行动统一到十八大精神上来，十八大闭幕不久，省工商联及时下发通知，要求各地工商联认真组织学习十八大

精神，坚持学以致用，谋划工作新思路，提出工作新举措。先后召开党组会议、主席常务会议、中心组学习会议，传达学习十八大精神，邵军书记为全体机关干部就十八大报告进行了深入解读。会同省委统战部联合召开了全省非公有制经济代表人士学习贯彻十八大精神座谈会。会上，邀请了十八大代表周海江同志宣讲"十八大精神"；会同省委统战部、省经信委举办了以"加强企业文化建设，促进企业健康发展"为主题的"2012江苏民营企业家高层论坛"，推动民营企业家学习贯彻十八大精神，走科学发展、和谐发展之路。党组还深入相关县级工商联进行工作调研，积极推动基层工商联组织建设。各地工商联也在十八大召开前后，开展了富有特色的学习活动，全省工商联系统和民营经济领域迅速掀起了学习宣传十八大精神热潮。

2012年，根据中央和省委的统一部署，历时两年半的创先争优活动圆满结束，取得了明显成效。据统计，全省非公企业党组织组建率达到85.9%，规模以上非公企业党建基本做到全覆盖，江苏省非公经济党建工作多年来一直走在全国前列。

二、积极稳妥做好换届工作，工商联工作活力充分显现

2012年，省工商联第十次会员代表大会胜利召开。全国政协副主席、全国工商联主席黄孟复，省委书记、省人大常委会主任罗志军，省长李学勇，省政协主席张连珍等领导同志亲切接见了与会代表。会议期间，表彰了35名第五届"江苏省优秀中国特色社会主义事业建设者"，追授周江疆同志为"江苏省优秀中国特色社会主义事业建设者"，引起了社会各界的强烈反响。

通过换届，选举产生了由301名执委组成的第十届执行委员会，顺利实现了新老交替和政治交接，为工商联注入了新鲜血液和新的活力。执委中，非公有制经济代表人士执委211名，占70.1%，港澳工商界代表人士和其他新经济组织及外资企业中国籍高级管理代表人士执委6名，占1.99%。2012年12月全国工商联第十一次全国代表大会召开，红豆集团董事长周海江当选全联副主席、苏宁电器股份有限公司董事长张近东当选中国民间商会副会长。江苏省有17位企业家当选全国工商联执委，7位当选全国工商联常委。

为了加强换届后工商联领导班子建设，增强理论素养和工作能力，省工商联与省委统战部共同举办了全省工商联领导干部培训班。参训人员进一步加深了对新时期经济领域统战工作和工商联工作的认识和了解，为全省工商联换届后顺利开展工作打下了坚实的基础。各地工商联在换届后也都结合本地实际，开展了形式多样的培训活动。

三、广泛深入开展调查研究，参政议政水平不断提升

2012年，第十次私营企业抽样调查工作全面展开。省联选取1078份样本进行数据比较分析，与南京师范大学商学院紧密合作，形成全省私营企业抽样调查分析报告，引起社会广泛关注，《新华日报》等主流媒体给予报道。一年来，围绕小微企业发展、民营文化产业发展以及科技型

企业与资本对接、民营企业文化建设等课题，进行了重点调研，形成调研报告，取得良好成效。其中关于小微企业发展情况的调研报告以及形成的一系列典型案例，为全联开展相关调研提供了翔实资料与有益经验。省联组织撰写的32个小微企业发展案例中，有5个荣获全国工商联小型微型企业保生存促转型谋发展典型案例，占全联典型案例的20%以上。

年度上规模民营企业调研持续进行，并荣获全国工商联一等奖。全省108家民营企业进入2012中国民营企业500强，沙钢集团、苏宁电器集团和雨润集团分列第一、第三和第八位，14家企业排名前50位，25家企业排名前100位。

2012年，民营企业履行社会责任统计调查实现新突破。首次将社会责任统计调查表格与上规模民营企业调研合并，同步进行。这一做法，得到了全国工商联的认可，并获得全联特等奖表彰。一年来，江苏省上规模民营企业参与公益慈善、光彩事业捐赠1146项，捐款8.38亿元，捐物1957万元；参与光彩事业投资类项目15个，到位资金12.5亿元，安置就业4920人，培训4273人次，带动脱贫人口3558人。

在省政协十届五次会议上，省联做了题为《加大政策扶持，促进中小企业健康发展》等3篇大会发言，围绕全省民营经济发展中存在的问题，向大会提交了11份团体提案。其中《关于进一步促进战略性新兴产业有序健康发展的建议》，被列为省政协主席督办提案。

四、着力拓展服务平台，服务发展水平显著提高

全省各级工商联继续以推进民营经济调结构促转型为重点，改进工作作风，拓展服务手段，搭建服务平台，提升服务水平。先后组织企业参加了第六届苏北投资贸易洽谈会、第十五届"西洽会"、第十三届中国西部博览会，组织企业参加了全国民营企业家拉萨行、中国光彩事业宁夏行、海内外知名企业家齐鲁行、百名苏商河南（开封）行以及"民企携手湖北，共促中部崛起"等活动，考察当地投资环境，帮助企业拓展新的发展空间。

2012年，江苏省民营企业科技创新成效显著。江苏豪森药业股份有限公司的"抗肿瘤

新药盐酸吉西他滨及制剂（泽菲）的研究和产业化"等 4 个项目荣获全国工商联科技进步一等奖，江苏联发纺织股份有限公司的"纯棉超高支高密弹力色织面料关键技术及产业化"项目等 5 个项目获二等奖，另有 10 个项目获优秀奖；两个项目取得了全国工商联推荐国家科技进步奖仅有的两席资格；江苏天明机械集团有限公司董事长卢明立等 7 位企业家获得全国工商联科技创新企业家奖。

2012 年，共组团 5 批 21 人（次），完成了对美国、加拿大、我国港澳台、东南亚等国家和地区的出访考察任务。成功举办了"第三届江苏省商会对外友好合作联谊会"，增进了会员企业与国际商贸机构和代表处的了解与深入合作，为广大民营企业开拓市场，"走出去"发展提供了更为广泛的交流平台。全省民营企业构建和谐劳动关系取得重大进展，涌现了大批模范劳动关系和谐企业。省工商联法律服务工作平台初步建立，法律维权工作机制不断完善。

五、发展壮大会员队伍，组织建设成效显著

为切实加强基层工商联组织建设，结合基层商会换届工作，对全省 102 家县级工商联基本情况做了一次全面的摸底调查，在全国首家形成了县级工商联情况分析报告，为全面推进县级工商联工作提供了翔实的依据。

一年来，省联把如何建设有中国特色的商会组织作为商会工作的重点，深入探索新时期商会管理模式和发展模式，加大组建力度，积极推动商会组织规范有序发展。截至目前，全省各级工商联会员总数达到 205753 个，企业会员 150782 个，位居全国第一。全省工商联基层组织总数达到 1664 个，其中乡镇商会 990 个，街道商会 293 个，异地商会 216 个，市场商会 25 个，开发区商会 47 个，联谊会 32 个，其他组织 61 个。乡镇、街道商会覆盖率达到了 98% 以上，位列全国第一。在全联商会建设工作会议上，江苏省联作为全国三个先进省级工商联之一，在大会上做了经验介绍，并获全国工商联基层组织建设先进单位、商会建设先进单位荣誉称号。

2012 年，在广州召开了全球苏商高峰论坛及全国各地江苏商会协调委员会第五次会议，异地江苏商会间经贸交流与合作趋于频繁，区域合作已成为我省异地商会常态工作。全国已有 29 个省（自治区、直辖市）和 80 个地级市成立了江苏商会（协会），另有 2 家海外江苏商会，为加强江苏和当地的经济文化交流，拓展江苏产品市场占有率，促进江苏与各地的共同发展，发挥了积极作用。

六、加强自身建设，整体工作水平不断提升

省联始终坚持围绕中心、服务大局，着眼于促进"两个健康"的工作目标，根据工商联工作的特点逐步建立了工作落实机制，推进制度建设，着力强化执行。机关干部中长期课题研究持续深入，"网上在线"学习和系统培训实现常态化管理。年度《江苏省民营经济发展报告》2011 卷顺利出版发行，成为社会各界研究江苏民营经济的权威资料；全省会员数据库和非公有制经济代表数据库资料做到了及时录入与更新，基本做到了重点会员企业情况全部掌握；会同省相关部门发布了全省民营企业 100 强名单。一系列品牌工作得以持续推进。

浙江省工商联 2012 年度工作综述

2012 年，在省委、省政府的正确领导下，在全国工商联和省委统战部的有力指导下，省工商联坚持以邓小平理论和"三个代表"重要思想为指导，深入贯彻落实科学发展观，认真贯彻中央 16 号文件和省委 51 号文件精神，以促进"两个健康"为主题，坚持立足实际，突出重点，以改革创新的精神，以务求实效的作风，扎实开展各项工作，努力促进工商联事业科学发展。

一、全面加强和改进工商联工作

积极争取省委、省政府支持，成立省促进"两个健康"工作领导小组，办公室设在省工商联，为促进我省非公有制经济健康发展和非公有制经济人士健康成长强化了组织保障。坚持重心下移，领导班子成员分工负责，加强对市、县两级的检查督促和具体指导，积极推动中央16号文件和省委51号文件精神的贯彻落实，市一级已全部出台实施意见并召开工作会议，县一级已有70个县（市、区）出台实施意见，56个县（市、区）召开专题工作会议，有力推进了全省工商联工作。

二、深入开展调查研究和参政议政工作

始终坚持发挥工商联组织的独特优势，深入调查研究，积极建言献策，全力服务非公有制企业健康发展。向省政协十届五次会议提交《以真情服务感召天下浙商，推动在外浙商回归创业创新》的大会发言和8个提案，其中，《加快金融体制创新，改善中小企业融资环境》团体提案列为重点提案，省政府主要领导亲自督办。坚持省、市、县三级联动，有针对性地深入开展小型微型企业"保生存、谋发展"调研，形成的调研报告得到省领导重要批示，为营造小微企业发展良好环境发挥积极作用。采取有力措施，继续抓好上规模民营企业调研，我省142家民营企业入围"2012中国民营企业500强"，连续14年居全国首位。

三、努力促进非公有制经济人士健康成长

通过召开全省非公有制经济代表人士学习贯彻党的十八大精神座谈会等方式，积极引导非公有制经济人士坚定走中国特色社会主义道路。深化"抓典型、树典型、学典型"成果，以中小微企业为重点，深入挖掘先进典型，与省委统战部、省经信委联合召开中小微企业先进典型表彰宣讲电视电话会议，引导全省中小微企业克服困难、健康发展。全面开展非公有制企业文化建设调研，会同省委宣传部、省委统战部出台了全国首个民营企业文化建设指导意见，向全省非公有制经济人士发出加强民营企业文化建设倡议书，推动建立全省民营企业文化建设协调机制，在全国民营企业文化建设座谈会上作典型发言。"浙

江省工商联推进民营企业文化建设"被评为"2012年全国工商联系统十大亮点工作"。通过举办"世界格局的新变化和中国的战略机遇"、"浙江制造业与全球化（广博）峰会"等论坛、讲座，积极引导非公有制企业加快转变发展方式。开展新生代企业家队伍建设调研，积极推动企业有序传承和顺利交接。加强劳动关系三方协调机制建设，与省人力社保厅、省总工会、省企联共同指导推动市、县工商联参与劳动关系三方会议，已实现市、县工商联参加劳动关系协调机制全覆盖，进一步推动和谐劳动关系深入发展。组织引导非公有制经济人士履行社会责任，与省委统战部联合开展"光彩事业温州革命老区行"、"同心送温暖"等活动；积极参与"低收入农户奔小康工程"结对帮扶，为龙游县6个低收入农户集中村和兰溪市10个少数民族低收入农户集中村提供帮扶资金105万元。

四、全力服务浙商创业创新

更加注重工商界人士座谈会实效，省领导就与会浙商提出的46个重大产业项目进行现场办公。加强与省有关部门的对接，抓好浙商重大项目的跟踪落实，18个项目已动工建设，落实用地5158.52亩，到位资金95.63亿元。首次召开浙商创业创新推进会，解读政策，加强宣传，积极引导广大浙商回归创业、创新发展。整合浙商活动，成功举办世界浙商大会2012年专题活动启动仪式。深化金融科技服务，加强与中信银行等金融机构的合作，与省中小企业局共同举办中小企业投融资大会，帮助中小微企业缓解融资难题。推荐民营企业申报全国科技创新奖项，14家企业、6名企业家获奖，18个项目列入国家火炬及星火计划项目；与省科协、新华社浙江分社联合开展民营科技创新奖评选表彰活动，引导企业科技创新，加快转型升级。创新对外交流和法律服务，发挥民间外交优势，举办以"联络世界、服务浙商"为主题的2012"携手浙商"主题活动；与香港贸发局、省经信委等单位共同主办"2012转型升级·浙港企业合作周系列活动"；开通因私赴美商务签证预约绿色通道，为浙商开展国际经济合作搭建平台、提供便利；加强与省律师协会合作，成立了浙商律师服务团和浙商律师人才库，首批聘请104名资深律师，为广大浙

商提供法律服务；召开全省工商联商会调解工作经验交流会，积极推进商会民商事纠纷调解工作，充分发挥商会在加强和创新社会管理中的协同作用。深化首届世界浙商大会成果，在首届世界浙商大会执行委员会的基础上，积极筹建世界浙商联合会。与浙江日报等单位建立全面合作关系，合力办好世界浙商网、《浙商》杂志和《浙商直通车》，初步建立巩固世界浙商大会成果的长效机制。

五、进一步加强自身建设

认真贯彻落实中央和省委关于工商联换届工作文件精神，坚持标准，严格程序，严密组织，成功召开省工商联第十次会员代表大会，选举产生新一届领导班子，执、常委会结构更加优化，圆满完成省工商联换届各项工作。积极指导市、县工商联换届工作。成功举办省工商联六十周年纪念活动，通过召开纪念大会、集中编纂省工商联六十周年大事记、图片集，首次由省委、省政府表彰省优秀建设者，首次联合省人力社保厅表彰全省工商联系统先进单位和先进工作者等形式，激励广大工商联干部和非公有制经济人士以更加饱满的热情和强烈的责任感、使命感，扎实做好新形势下工商联工作。大力加强县级工商联建设，与省委统战部联合在全国率先出台关于推

动解决县级工商联建设中主要问题的若干意见，召开市级工商联主席党组书记会议专题研究部署，努力解决长期困扰县级工商联建设的瓶颈问题。积极探索中国特色商会建设，召开全省工商联商会建设工作会议，推动商会建设继续走在全国前列，此项工作得到全国工商联的充分肯定。截至2012年底，全省工商联系统拥有会员174303个、乡镇（街道）商会855个、行业商会690个、异地商会579个。省工商联组建成立了省农业投资发展商会、省商业地产商会。按照省委、省政府的统一部署，省、市、县三级工商联联动，开展以"进百村、访农户、入千企、优服务"为主要内容的走访活动，重点走访省、市、县三级工商联结对帮扶村和新农村建设联系村，重点走访中小微企业，深入基层，摸情况、听民意、办实事，切实改进工作作风，树立工商联机关良好形象。争取有关部门支持，增设社会服务处并配备力量，进一步完善了省工商联机关工作机构。重视干部队伍建设，注重实绩，强化激励，对机关中层干部进行提拔任用和轮岗交流，干部队伍结构得到进一步优化。通过组织革命传统教育、开展"一句话承诺"、"我的核心价值观"大讨论等活动，进一步提升机关凝聚力和执行力。

安徽省工商联2012年度工作综述

2012年，安徽省工商联坚持以科学发展观为统领，以"工商联与民营经济共成长"活动为总抓手，深入贯彻落实"两文一会"精神，围绕中心，服务大局，开拓创新，主动作为，为促进"两个健康"和全省经济社会平稳健康较快发展做出了新贡献。

一、围绕省委省政府战略部署，努力完成省工商联重点工作

（一）深入推进与全国知名民企合作发展
一手抓已签约项目的跟踪服务，促进项目落

地生根；一手抓在皖投资满意度回访，促进优化发展环境。截至2012年12月底，2169个省与全国知名民营企业合作发展签约合同项目中有2002个项目开工，投资规模9030亿元，分别占签约合同项目数及总投资规模的92%、85%，开工项目累计完成投资额4691亿元。

（二）扎实推进"商会合作共建皖江"活动
组织开展了"金鼎俱乐部全国知名企业家芜湖行"、"香港企业家皖江（合肥、芜湖）行"、"百强企业滁州行"、"商会合作共建皖江——宣

城（广德）行"等活动，组织民营企业家赴皖江各市县投资考察，推动了一大批全国知名民营企业纷纷参与皖江建设，商会参与的招商引资项目总投资规模达到 750 亿元。

（三）持续开展"百家民企进皖北"活动

协助皖北市县到外地招商，组织知名民营企业家参加省政协工商联界别视察暨"百家民企进皖北——宿州行"活动。和宿州市政府签订《战略合作框架协议》，10 家民营企业与宿州市签订项目投资协议，总投资额达 126 亿元。据不完全统计，截至 2012 年底，全省各级工商联已先后组织了 16 批民营企业家、350 多人次赴皖北考察，民营企业在皖北三市七县签约项目共计 139 个，项目总投资额达 685 亿元。

（四）精心组织实施"同心示范工程"和光彩事业

组织企业家赴金寨县斑竹园镇桥口村参加"结对帮扶·合作共建美好乡村同心示范工程"签约仪式，帮扶协议意向资金 1500 万元。帮助斑竹园镇与安徽庆发集团签订投资项目协议，一期投资 4000 万元。组织企业家开展"光彩事业石台行"活动，签订协议总投资 8.2 亿元。配合省委统战部召开省光彩会三届二次理事会议，新增光彩事业基金 4697 万元。安徽省光彩事业促进会获得 2012 年中国光彩事业促进会组织奖，省光彩事业统计工作荣获特等奖。

（五）推进"工商联直通车"工作有效开展

推动全省 16 个市和 78 个县区建立了"工商联直通车"工作机制，直接向党委政府反映全省非公经济发展和工商联工作中带有全局性、紧急性和共性的重大问题和重要事件。省联全年报送 7 期直通车，省委书记张宝顺、省长李斌等领导对"我省民营经济发展情况分析及建议"、"小微企业发展现状及政策落实建议"等工商联直通车给予了批示。

（六）开展百名排序活动

连续 14 年开展安徽省民营企业百名排序活动，展示民营企业实力与形象。积极推荐企业参与全国工商联百名排序，获得组织工作一等奖。推动建立了由省工商联牵头，省经信委等省直十个部门共同参加的"安徽省上规模民营企业调研及百强排序"联席会议机制。编写了"全省民企

入围 2011 中国民营企业 500 强情况及上规模民营企业发展情况分析专报"，针对问题提出建议供省政府决策参考。

二、抓服务体系和平台建设，为中小企业提供综合服务

（一）参政议政服务

在省政协十届五次会议上提交了 16 份团体提案、2 篇大会发言。其中"关注实体经济更要关注中小企业发展"的大会发言得到省长李斌批示，2 篇团体提案分别得到其他省领导批示，3 篇团体提案被省政协评为优秀提案。

（二）融资服务

先后与交通银行安徽省分行、华夏银行合肥分行签署战略合作协议，分别给予省工商联所属行业商会及会员企业授信 30 亿元。截至目前，全省工商联投融资服务机构累计为金融机构推荐有投融资需求的项目 222 个，项目总投资额 135 亿元。

（三）人才服务

省工商联人力资源市场全年共举办 300 余场招聘会，其中大型招聘会 20 余场。开展了民营企业招聘周活动，招聘企业达到 5000 多家，求职者达到 25 万余人次。2012 年，省工商联人力资源市场获得国务院、省政府促进就业先进单位表彰。

（四）维权服务

成立安徽省商会调解中心，贯彻落实由省工商联和省高院共同建立的非公企业商事纠纷诉调衔接机制。制定非公企业民商事纠纷仲裁工作实施意见，协调推动省高级人民法院出台《关于充分发挥审判职能作用，依法促进非公有制经济发展的指导意见》，为依法维护非公企业合法权益提供了法律依据。

（五）信息服务

全年共有 30 余条调研、综述等信息被中央统战部、全国工商联和省委省政府相关部门采用。与科大讯飞共建"联商在线"中小企业公共服务平台，推动"联商在线"拓展新业务，为企业提供在线采购和融资等服务。启动省工商联办公 OA 系统。

（六）对外交流服务

组团带领民营企业赴澳、新、德、法、南非

等国开展经贸交流，鼓励有实力的企业"走出去"。与香港贸发局、省商务厅联合举办"皖港企业合作对接会"，皖港两地 134 家企业、225 位企业家参加了现场对接活动。接待了 10 余批境外工商社团及有关人士来访，为民企"走出去"搭建平台。组织企业与有关商会参加中博会、西博会、青洽会等活动，促进省内外民营企业的交流合作。

（七）构建和谐劳动关系

发挥省工商联在构建和谐劳动关系中的积极作用，在与企业利益密切相关的各项工作中主动作为，为企业争取应得利益。2012 年，承办了省协调劳动关系三方会议第十五次会议，利用省协调劳动关系三方会议的平台，构建和谐劳动关系长效机制。

（八）非公经济人士宣传教育工作

开展首届"安徽省宣传民营经济好新闻"评选活动，建立与宣传部门和主流媒体的协调合作机制。举办 7 期"民营企业家大讲堂"活动，受众超过 1000 人次。与省委统战部等部门共同开展"安徽省第三届优秀中国特色社会主义事业建设者评选表彰"活动，树立非公经济人士良好社会形象。

三、以"工商联与民营经济共成长"活动为总抓手，切实加强自身建设

（一）深入贯彻落实"两文一会"精神

在各级党委政府的大力支持下，解决了 11 个县（区）未独立设置工商联机构和 6 个县区未设工商联党组的问题。全省和部分市县区工商联增设了工作机构，全省新增的行政和事业编制 61 个。工商联的办公用房、经费、工作用车等一些长期影响工商联组织和事业发展的突出问题得到了改善。

（二）圆满完成省工商联换届工作

省委高度重视工商联换届工作，成立了由省委书记任组长的换届工作领导小组。省工商联在领导小组领导下，精心组织、周密部署、规范运作，顺利完成换届，改善了工商联领导班子和工作班子的人员结构。

（三）加强基层组织和行业商会建设

截至 2012 年 12 月底，省工商联共有各类会员 14.6 万户，各级行业协会商会 481 个，乡镇基层商会 1135 个，组织网络覆盖全省。其中，省联全年新发展直属会员 50 家，新成立直属商会协会 10 个，省联直属行业商（协）会已达到 46 个。在省、市、县工商联换届中，一大批优秀年轻干部和民营企业家进入工商联队伍，工商联队伍结构得到了改善。

（四）全面加强机关建设

一是加强能力建设。坚持把学习贯彻十八大精神与学习贯彻"两文一会"精神相结合，与促进非公有制经济健康发展相结合，与推动"工商联与民营经济共成长"活动相结合，着力研究解决非公有制经济发展中的新情况新问题，提高促进"两个健康"的工作能力。二是加强制度建设。对机关各项工作制度进行梳理，进一步规范了办事、办文、办会和财务管理等制度，内部管理水平得到提升，精细化管理进一步加强。三是加强机关党建和文化建设。开展社会主义核心价值体系践行年、党员公开承诺、廉政风险防控、结对共建等活动，营造了积极健康向上的商会文化。四是加强效能建设。切实提高执行力和办事效率，增强服务意识，改进工作作风，坚持重心下移、面向基层，努力为全省民营企业提供更加高效、便捷的服务。

福建省工商联 2012 年度工作综述

2012 年，福建省工商联坚持以邓小平理论、"三个代表"重要思想、科学发展观为指导，深入学习贯彻党的十八大、全国工商联十一大和省委九届六次全会精神，牢牢把握工商联"三性"

有机统一，服务科学发展、跨越发展，以助推民营企业加快转变发展方式为主线，全面推动实施"三规划两方案"，力促"两个健康"，为推动科学发展跨越发展、建设更加优美更加和谐更加幸福的福建做出了积极贡献。

一、坚持党的领导，把握正确方向，以十八大精神引领工商联事业开创新局面

党的十八大召开以来，省工商联明确把学习宣传贯彻十八大精神作为首要政治任务，坚决在思想上政治上行动上与党中央保持高度一致。通过举办一系列非公有制经济人士和商会组织座谈会、党组中心组研讨会、专题辅导报告，在门户网站、会讯、《中华工商时报》、《福建工商时报》上开展立体宣传，引导广大非公有制经济人士、工商联干部、行业商会、异地商会组织，深入领会十八大精神实质，树立道路自信、理论自信、制度自信，坚定不移地走中国特色社会主义道路。制作图片展，展示全省工商联系统学习宣传贯彻十八大精神的丰硕成果。注重把学习十八大精神与学习全国工商联十一大精神、省委九届六次全会精神结合起来，自觉用十八大精神武装头脑、指导实践、推动工作，引领工商联事业不断前进。

二、坚持开拓创新，圆满完成换届，在新起点上践行两个健康工作主题展现新作为

省工商联于8月27日至28日胜利召开第十次会员代表大会，选举产生了新一届领导机构和领导班子。全国工商联、省委、省人大、省政府、省政协等十多位领导出席大会，680名代表和50名特邀代表参加了大会。大会表彰了"2007～2011年度福建省工商联系统先进集体和先进工作者"，举办以"非凡民企共创辉煌"为主题的促进非公有制企业文化建设文艺会演，举行光彩事业捐赠举牌仪式，使换届大会取得圆满成功。换届后省联迅速召开新一届领导班子成员工作座谈会，出台《兼职副主席（副会长）轮值工作制度（试行）》和《关于进一步发挥兼职副主席（副会长）作用的意见》，形成了专兼职领导团结一致、工商联系统上下一心的强大合力。

三、坚持围绕中心，服务科学发展，促进非公有制经济转型升级迈上新台阶

着力引导非公有制企业牢牢把握发展实体经济这一坚实基础，以提高经济增长质量和效益为中心，加快转变发展方式，努力实现"稳中求进"、"好中求快"的科学发展。把民营企业产业项目对接作为促进转型升级的突破口。举全省工商联系统之力推进"三维"对接，参与做好福建省珠三角民营企业产业项目洽谈会工作，推动对接项目1006项，总投资6642亿元；会同龙岩市委、市政府举办"龙岩市千名企业家大会"，签约项目48个，总投资296亿元。把健全社会化服务体系作为促进转型升级的着力点。会同省委统战部于正月初十召开"全省异地商会企业家代表新春恳谈会"，并形成一项机制；组织企业参与5·18、6·18、9·8、中博会、西博会、东博会等省内外重大经贸活动；与工商银行、中国银行签订战略合作协议，有效缓解中小微企业融资难题；坚持做好职称评定工作，全年经全省各级工商联考核和评审并经人事部门批准确认，9649人获得非公有制企业专业技术职称。泉州市工商联在促进转型升级上成效显著，搭建了政策宣传、项目对接、行业协作、参政议政等平台，引导民营企业推进自主创新、加强企业文化建设、打造国际品牌，形成《泉州市民营企业转型创新升级典型范例汇编》，有力地助推了民营企业"二次创业"。把加强两岸商会合作、扩大海外交流作为促进转型升级的新优势。会同泉州市政府承办"第四届海峡两岸商会经济论坛"，与台湾八大工商社团签订友好合作备忘录，推动两岸四地商会交流合作制度化。全国政协副主席、时任全国工商联主席黄孟复等领导出席论坛，时任省委书记孙春兰充分肯定省工商联在促进两岸经济合作、招商引资服务企业发展中发挥了重要作用。在9·8期间与德国中小企业联合总会等五个单位共同主办"第五届中德经济合作论坛"，并组团赴德国、奥地利、澳大利亚、意大利等国考察海外企业和工商社团，引导企业"走出去"发展。

四、坚持以人为本，建设先进文化，培养中国特色社会主义事业建设者取得新实效

着力强化思想政治工作的生命线地位，不断健全教育培训、综合评价、政治安排、评比表彰、非公党建等"五大工作体系"，以先进的企业文化和商会文化、党建文化、闽商文化，引导广大非公有制经济人士坚定不移走中国特色社会主义道路。以企业文化建设为抓手，促进"两个健康"取得明显成效。会同省委统战部出台《促进非公有制企业文化建设行动纲要（2012～2016）》，并以换届为契机举行促进非公有制企业文化建设文艺会演；以省工商联名义授予50家民营企业文化建设优势单位，配合省委宣传部等11个部门开展全省企业文化建设示范单位评选命名工作，23家非公有制企业获得示范单位命名；民营企业文化建设的突出成绩得到全国工商联的充分肯定，省工商联在全国民营企业文化建设座谈会上做了典型发言，《中华工商时报》、《福建日报》等媒体对《纲要》实施及省联的做法做了宣传报道。深入开展非公有制经济组织创先争优活动，以党建文化引领企业科学发展取得明显成效。由省委统战部牵头，省工商局、省工商联参与，组织动员全省非公有制经济组织1.5万多个党组织和9万多名党员开展了历时两年半的创先争优活动，解决影响和制约科学发展的突出问题4300多个，实现规模以上企业党组织应建已建率100%，规模以下企业党组织应建已建率92.2%，探索形成了"三五"非公党建工作机制，推动创先争优常态化、长效化。全国非公有制经济组织创先争优活动总结大会对我省在异地商会、行业商会和台资企业中开展非公党建的做法给予了充分肯定。坚持思想教育与实践教育相结合，弘扬福建精神和闽商文化取得明显成效。结合学习贯彻十八大精神、工商联换届等重要工作，集中宣传一批体现时代风貌的非公有制经济领域先进典型；举办"全省、市（县、区）新任工商联专职领导培训班"和"第一期省、市工商联（总商会）新一届领导班子成员培训班"，培训学员105人，提升了"两支队伍"的素质和能力。引导非公有制经济人士自觉参与"同心"实践，省市县三级联动开展"同心·海西春雨光彩助学助教"活动，筹集资金4112万多元帮扶5688名学生；举办"省工商联（总商会）连城对口支援洽谈会"，推动企业签约13个项目总投资28.48亿元，筹集支持连城县水土流失治理和扶贫项目专项基金300万元。福州市光彩会被中国光彩会授予"光彩事业组织奖"，民营企业家曹德旺和傅光明荣获"光彩事业奖章"，彰显了爱国爱乡、乐善好施的福建精神。

五、坚持求真务实，深入调查研究，参政议政和建言献策工作收获新成果

省工商联领导干部带头下基层、接地气、摸实情，深入基层企业调研，反映民企诉求。注重调研的前瞻性和实效性，面对小微企业发展困境，及时研判形势，发动各级工商联联合开展小微企业"保生存谋发展"、"转型升级促倍增"系列调研，总结推广了一批小微企业典型和服务小微企业的工商联、商会典型以及龙头企业典型，上报全国工商联的4篇典型案例在《人民日报》、《中华工商时报》、《中国工商》等报刊上发表；编印《福建民营经济发展报告（小型微型企业专辑）》和《2012年调研论文集》，充分展示调查研究成果，省工商联被评为2012年度全省统战理论研究优秀组织奖单位。注重调研成果的转化和参政议政职能的发挥，开展钢贸企业资金链调查，撰写专报件《我省民营钢贸企业发展现状亟待关注》，得到苏树林省长等三位省领导的高度重视，协同省经贸委、人行福州中心支行、福建银监局召开专题研究会议，成立应急协调机制，积极帮助钢贸企业防范风险、化解危机；撰写《泉州鞋服企业高库存危机亟待关注》，在《八闽快讯》（专报件）上刊出，得到省委书记尤权的重要批示，帮助解决鞋服企业库存问题；先后两次在省政协常委会议上以口头发言形式为民营经济发展建言献策，相关建议被吸纳进福建省支持小微企业发展的政策措施之中。

六、坚持重心下移，夯实基层基础，商会建设和自身建设实现新突破

省工商联始终坚持面向基层、重心下移，以创先争优活动推进自身建设，内强素质、外树形象，不断增强工商联组织的凝聚力、影响力、执行力。截至2012年底，全省工商联共有会员13.2万个，所属各类商会1601家。加强县级工商联建设取得新进展。继续推动中发〔2010〕16号、闽委〔2011〕5号文件精神的贯彻落实，全面开展县级工商联建设情况大调研，推动大部分县级工商联的编制、经费、车辆等实际困难得到有效改善，"一个设立、五个有"和"五个好"示范点目标取得阶段性成效。培育和发展中国特色商会组织取得新进展。推动闽籍异地商会规范健康发展，在全国成立各级异地商会713个，并在25个省级异地商会加挂了"闽商回归联络办"牌子；推动落实《工商联商会章程示范文本》和《工商联商会管理办法（试行）》等制度性文件，指导商会提升服务水平，全省共成立了行业商会356个。提升机关工作科学化水平取得新进展。认真贯彻落实中央关于改进工作作风、密切联系群众的"八项规定"和省委有关要求，扎实推进学习型、创新型、服务型党组织建设；坚持工做

出信息、信息促工作，荣获2012年度全国工商联信息工作先进单位和全省统战信息工作先进单位；开展"下基层、解民忧、办实事、促发展"活动，领导、干部深入村镇、会员企业及直属组织开展驻点帮扶、指导党建工作，干部队伍的政治把握能力、调查研究能力、群众工作能力和落实推进能力得到显著增强，省工商联被评为"第十一届省直机关文明单位"。

江西省工商联2012年度工作综述

　　2012年，江西省工商联在省委、省政府的正确领导下，在全国工商联和省委统战部的具体指导下，深入贯彻落实党的十八大精神，以换届为契机，进一步理清思路、夯实基础、提振信心、促进"两个健康"，开展一系列调查研究、建章立制、强基固本工作，各方面工作取得了新进展，工商联工作开创了新局面。

　　一、凝心聚力，工商联工作合力显著增强

　　（一）增强非公有制经济人士对工商联的凝聚力

　　积极做好非公有制经济人士政治推荐安排工作，一大批非公有制经济人士进入各级人大、政协及工商联组织。非公有制经济人士担任全国人大代表7名，比上年增加3名，全国政协委员6名；担任省人大代表56名；省政协委员112名，比上届增加74名。省工商联十届执委会共有非公有制经济人士251名，其中副主席、副会长41名，常委79名，执委131名。建立对会员的生活关怀机制，凝聚会员人心。建立驻会领导联系非公有制经济人士制度和主席（会长）会议制度，以制度化加强与非公有制经济人士的联系和交流。

　　（二）增强市县工商联、商会对省工商联的向心力

　　制定《省工商联工作联席会制度》及相关商会工作手册，切实增强对市、县工商联工作和商

会工作的指导。积极与当地党委、政府主要领导就市、县工商联工作人员少、办公经费不足和商会大厦建设等问题进行沟通。宜春市、上饶市、新余市工商联商会大厦建设已摆上重要议事日程；奉新县工商联、铜鼓县工商联分别增加了专职工作人员。举办全省工商联领导干部培训班，110名工商联领导干部和省工商联直属商会负责人参加培训。召开省工商联直属行业商会座谈会和省工商联行业商会、异地商会中秋国庆恳谈会，吹响了发展壮大民间商会的冲锋号。探索异地商会、外埠商会以团体会员身份加入工商联的模式，已有8家异地商会、外埠商会以团体会员的形式加入省工商联。

　　（三）增强省工商联机关干部的执行力

　　对机关内设机构和人员编制进行调整，增设"非公经济党工委办公室"、"机关后勤服务中心"和"项目办"，将"咨询培训处"更名为"社会服务处"，积极筹备成立民营经济研究会。修订完善机关17项制度，新建5项制度，出台6个指导性意见。出台在职学习制度，对在职参加学历教育的给予报销学费，建设学习型、创新型、廉洁型机关。

　　二、精心服务，工商联工作取得实效

　　（一）服务政府

　　一是抓好参政议政工作。围绕江西经济发展

全局、服务非公有制经济发展问题深入开展调查研究，形成《鼓励和引导民间资本进入江西文化创意产业》等5个调研报告；向全国工商联、省政协提交了《关于大力扶持龙头企业同步推进农业产业化的建议》等8份提案，其中《建议抓住政策机遇，乘势做强江西文化产业》被确定为省政协领导重点督办提案，《建议弘扬"三色"文化做强旅游产业》等2份提案被评为省政协优秀提案。二是积极开展经贸活动。邀请88位知名企业家参加江西省香港招商周活动，邀请客商参加首届华侨华人赣都投资创业洽谈会。组织会员企业参加"中博会"、"兰洽会"、"齐鲁行"等国内大型经贸活动。举办"立足香港迈向国际"研讨会，鼓励有条件的民营企业在香港设点，依靠香港开展研发合作和开拓国际市场。

（二）服务非公有制经济人士

一是维护权益。出台《关于加强法律服务和维权工作的意见》，强化对全省工商联法律服务和维权工作的指导；受理赣州力菲克药业有限公司等3家企业申诉，通过"维权绿色通道"使企业诉求得到妥善处理。二是推荐评比。开展了"十大儒商"评选活动。推荐泰豪集团等6家企业被评选为"全国就业先进企业"；江西东旭投资集团有限公司等企业被评为"全省就业先进企业"。由中央统战部组织开展的第三次民营企业转变发展方式优秀案例评选中，我省泰豪集团、博能实业、方大特钢3家企业获此殊荣。三是文化建设。与省委宣传部等单位联合开展"企业文化建设年"系列活动，泰豪集团、正邦集团、方大特钢、仁和集团被命名为"江西省企业文化建设示范单位"；组织国企与泰豪集团、正邦集团开展企业文化交流活动。四是金融服务。继续深化与中国银行、交通银行、建设银行、民生银行、省农信社的合作。积极推动各设区市工商联利用合作机制，开展多种形式的银企商合作活动。五是科技服务。推荐3个项目被评为全国工商联科学技术进步奖，1名企业家获全国工商联创新企业家奖。组织多家企业开展国家级"火炬计划"项目、"星火计划"项目和军民两用高新技术项目申报。六是外事服务。组织了4批73人次境外经贸考察团组出访，并接待了泰国、韩国、新加坡、我国香港等国家和地区经贸考察团的来访。

（三）服务社会

一是开展教育活动。在非公有制经济人士中开展"同心同德、同心同向、同心同行"教育活动和"致富思源，富而思进"教育活动以及学习党的十八大精神等活动，引导非公有制经济人士争当中国特色社会主义建设者。二是实施光彩事业项目。积极引导民营企业履行社会责任，参与光彩事业，据统计，全省共有231家民营企业参与光彩事业项目246个，到位资金32亿多元。三是支持广昌振兴发展。联合主办"双百·同心"振兴赣南等原中央苏区广昌行活动，引导非公有制经济人士支持广昌振兴发展，共捐赠帮扶项目资金2000余万元。四是协调劳资关系。促进三方会议，参与起草了《关于构建和谐劳动关系的指导意见》等文件。召开全省工商联参与协调劳动关系工作座谈会，总结交流了工商联在劳动关系三方会议中的工作经验，推进工商联协调劳动关系工作。

三、积极推进，非公党建工作明显见效

（一）完善体制机制

一是出台《省委党建工作领导小组关于做好当前非公有制企业党的建设几项重点工作的意见》、《关于落实基层组织建设年解决非公有制经济组织党建工作突出问题的工作方案》、《关于非公有制经济组织党组织活动经费问题的通知》、《关于确定省委组织部、省非公有制经济组织党工委直接联系的规模以上非公有制企业党组织的通知》等文件；二是争取省委组织部批复了省非公党工委委员和办公室主任名单。三是发挥工商联组织优势，积极推进非公党建工作组织网络建设。目前，全省11个设区市均成立了市级非公党工委，其中10个设在工商联；全省100个县（市、区）也都成立了县级非公党工委，其中61个设在工商联。

（二）开展非公有制经济党组织建设年活动

截至2012年12月，全省共有非公有制企业党组织8758个，覆盖企业46270家，符合条件的上规模非公有制企业党组织组建率达100%，全省规模以下非公有制企业单独建立党组织5678家，单建率为14.46%。全省新发展非公有制经济组织党员2569名，非公有制经济组织党员总数达到50382名，占全省党员总数的2.71%。

（三）探索创新非公党建工作新思路

撰写了《增强非公有制企业党建工作有效性研究》、《非公有制经济领域贯彻党的十八大精神，提高党建科学化水平》等调研报告；开展我省非公有制经济组织党员发展调研项目《在非公有制经济组织发展党员工作探索》，并成功申报2013年基层党建工作创新探索型项目《在非公有制经济组织培育和发展党建之友的探索》。

（四）加强典型宣传

推荐正邦集团被评为全国先进基层党组织。与江西日报合作，对省非公党工委工作、省非公有制经济组织创先争优活动及非公有制企业党建工作进行专栏宣传。编写《江西省非公有制企业先进基层党组织百例选编》，宣传报道我省非公有制企业党组织先进事迹。创办了《非公党建通讯》。

山东省工商联 2012 年度工作综述

2012年，省工商联领导班子在省委、省政府的坚强领导下，在全国工商联、省委统战部的具体指导下，坚持以邓小平理论、"三个代表"重要思想和科学发展观为指导，深入学习贯彻党的十八大和省第十次党代会精神，按照全国工商联第十一次代表大会的要求，围绕中心、服务大局，立足实际、开拓创新，各项工作取得了新进展，全面建设迈上了新台阶，为促进全省非公有制经济健康发展和非公有制经济人士健康成长、助推经济文化强省建设新跨越做出了积极贡献。

一、思想政治工作更加扎实有效

党的十八大胜利召开后，省工商联及时组织召开党组扩大会、主席办公会、省工商联工作会议和非公有制经济人士座谈会，认真学习、深刻领会党的十八大会议精神，特别是加深理解有关鼓励和支持非公有制经济发展重要论述与政策措施，进而找准工商联工作的着力点，理清非公有制经济发展的定位点和目标。在此基础上，研究提出了关于深入学习贯彻党的十八大会议精神的实施意见，与各新闻媒体联系，陆续推出学习专题，举办了喜迎党的十八大书画展，及时报道非公有制经济人士和企业组织学习党的十八大会议精神的做法体会，利用省工商联内刊和文件形式，推广各级学习十八大经验做法，督导各级工商联学习进度，调动广大非公有制经济人士和企业学习党的十八大会议精神的积极性。通过深入

学习、把握精神实质，进一步提高了工商联机关干部高举中国特色社会主义伟大旗帜、注重从政治上把关定向的理论水平，坚定了广大非公有制经济人士高举旗帜、加快发展的政治信念，增强了为全面建成小康社会贡献力量的信心与勇气。省工商联还深入组织学习省第十次党代会精神，学习贯彻省委、省政府和全国工商联一系列决策部署。结合换届实际，省工商联努力做好新老领导班子政治交接工作，全面推进思想政治建设，着力提高领导班子成员的政治把握能力、合作共事能力和开拓创新能力。把开展活动作为凝聚政治共识的重要举措，深入开展践行"三强"（强信念、强责任、强奉献）争创"三百"（实力百强、创新百家、公益百星）的主题活动，深入开展非公有制经济领域选树典型活动，通过典型引导、活动促进、会议推动、自我教育等多种形式，使全省工商联思想政治工作更加扎实有效，渗透性、覆盖面进一步增强。

二、参政议政工作再上新水平

一年来，省工商联努力做到放眼全局、围绕大局、贴近中心、服务会员开展调查研究，把促进"两个健康"、实现又好又快发展作为参政议政主题，着力抓住"热点"，参到"焦点"，促进"结合点"。充分利用省委政治协商会、省政府征求意见会和省政协全委会等议政平台，集中反映非公有制企业的意愿诉求，着力在为非公有

制企业减免税收、融通资金、放宽市场准入门槛、增加财政支持、解决乱收费乱摊派等事关非公有制企业健康发展的热点难点问题，广泛开展调研，及时向省委、省政府提出建设性的意见和建议，有些建议被写入了省第十次党代会工作报告、2012年省政府工作报告和我省"十二五"规划。坚持统筹兼顾、突出重点，结合当前经济形势，把如何引导和服务小微企业"保生存、谋发展"作为重点课题，深入开展"大走访、大调研"活动，向省委、省政府和全国工商联报送了一批高质量的调研报告，向省政协提交了14件团体提案。加大调研成果转化力度，在省级以上主流媒体发表了多篇理论文章，与省广播电视台等联合录制播放了一批宣传非公有制企业克艰破难、谋求发展、履行社会责任、依法照章经营、促进社会稳定的专题片，着力为非公有制经济发展营造良好氛围。

三、服务工作又有新的提升

"服务立会、实干兴会、创新强会"逐步成为各级工商联的共识，"为党委政府服务、为会员发展服务、为社会稳定服务"的"三为"方针已成为工商联机关干部的自觉行动。一年来，省工商联坚持"请进来、走出去"，积极开展各项服务非公经济的经贸活动。第十届海内外知名企业家"齐鲁行"暨重大投资项目洽谈会在枣庄市成功举办，前后共举办的十届"齐鲁行"活动相继为我省引进发展资金近千亿元，有力地推动了山东的经济与社会发展，受到省委、省政府主要领导的充分肯定，得到了广大会员及社会各界的积极响应，成为全国工商联系统一项"亮点"工程，在海内外产生了重要影响。一年来，省工商联还组团参加了青洽会、西博会、鲁台商会合作、两岸中小企业合作论坛等大型经贸活动，为服务我省经济社会发展和推动区域经济合作发挥了重要的促进作用。坚持把推动社会就业作为一项工作重点，会同省劳动和社会保障厅及高校工委、教育厅、团省委等单位，成功举办了"2012年民营企业人才招聘周"活动。积极推荐会员企业参加国家星火计划、火炬计划和全国工商联科技进步奖等项目申报工作，借以推动我省民营企业科技水平。着眼促进山东民营企业的企业文化建设、推进文化产业的快速发展。连续三次举办

了"山东省民营企业100强"等三项评选活动，着力提高民营企业的科技创新意识、竞争软实力和核心竞争力。召开了全省民营企业走出去工作推进会，进一步深化与港澳台地区的联系与合作，积极开辟新的对外联络渠道，组团赴多个国家和地区进行了学习考察，协助会员企业达成了一批合作项目。

四、工商联组织基础更加牢固

2012年是我省各级工商联换届之年，更是工商联新老交替、继往开来的关键之年。省工商联以集中换届为契机，坚持重心向下、工作前移、强化基层、夯实基础，精心部署和开展"县级工商联建设年"活动，持续加大县级工商联建设力度，全省县级工商联建设实现新突破、呈现新变化。认真贯彻落实九届省委第167次常委会决定和鲁组党字〔2012〕3号、鲁编办〔2012〕64号文件精神，努力推动工作落实，着力开创省管异地商会工作新局面。按照"一手抓组建、一手抓规范"的思路，不断加大对工商联商会建设的指导、规范和组建力度，积极协助各直属商会开展活动，由省工商联主管、经省民政厅登记注册的山东省民间对外交流合作商会、山东省黑龙江商会、山东省浙江台州商会相继成立，共发展成立异地商会15家。进一步加大会员发展力度，会员总数首次突破了16万个，工作基础更加扎实，组织代表性不断增强。完成了县级以上工商联执常委数据库录入工作，为掌握情况、科学决策提供了一手资料。

五、非公有制企业党建工作迈上新台阶

一年来，坚持把开展非公有制企业党建工作与促进"两个健康"结合起来，与推进思想政治工作结合起来，与提升工商联全面建设结合起来，积极支持省非公有制经济组织党工委履职尽责，全力为党工委开展工作提供服务和保障。经过不懈努力，党工委工作在实践中不断深入，探索形成了许多山东模式、山东做法、山东经验，得到有关方面的高度肯定。省工商联和党工委共同作为省综治委成员单位、"两新组织"专项组副组长单位和非公经济组织服务管理工作小组牵头单位，结合创先争优活动，加强对非公有制企业参与社会管理创新工作的指导，切实担负起了组织协调、检查指导、督促落实、服务保障等职

责。着力教育引导非公企业出资人支持企业党建工作，努力形成出资人重视支持企业党建、党组织负责人履职尽责、党建指导员助推引领的工作机制，积极选树培育先进典型、宣传推广成功经验、营造良好工作氛围。配合党工委探索推进非公企业党组织党务公开、纪检组织建设和防腐试点等工作，拓宽了工作视野，增强了非公有制企业党建工作的扎实性和针对性。

六、工商联机关科学化水平逐步提高

2012 年，省工商联着力加强机关建设，在机关干部中大力倡导以主动性、创造性、扎实性等"三性"为主题的"能力年"建设，切实按照政治强、业务精、作风硬、能干事、干成事的要求加强机关干部培训，放手交任务、压担子，让机关干部在实践中得到锻炼，在实干中提升能力。

把筹备好、召开好省工商联第十二次会员代表大会作为年度各项工作的重中之重，科学谋划、协调推进、注重实效，顺利完成了换届工作和新老领导班子成员的交接。严格按照中央 16 号文件的要求，全面加强思想建设、组织建设和作风建设，积极探索建立有别于党政机关、符合工商联特点的长效工作机制。注重发挥会员主体作用，紧紧依靠市县工商联、直属会员、直属商会、异地商会开展工作，努力打造漂亮温暖的家、和谐团结的家、可以信赖的家和会员企业之家、基层工商联之家、机关干部之家。扎实推动省级文明单位创建工作，努力营造健康向上的良好氛围，省工商联机关的执行力和规范化、科学化水平逐步提高。

河南省工商联 2012 年度工作综述

2012 年，河南省工商联在省委、省政府的正确领导下，在全国工商联、省委统战部的具体指导下，牢牢把握"两个健康"工作主题，以换届工作为契机，进一步推动中央 16 号和河南省委 13 号文件精神的深入贯彻落实，充分发挥职能作用，切实加强自身建设，各项工作取得了新成绩，迈上了新台阶。

一、圆满完成换届工作

按照工商联章程规定和中央、省委关于做好工商联换届工作的要求，2011 年以来，指导全省各级工商联相继完成了换届工作任务。2012 年 7 月初，省工商联第十一次会员代表大会胜利召开。在河南省委的正确领导和全国工商联、省委统战部的关心指导下，省工商联十一大圆满成功，全国工商联、省四大班子领导莅会祝贺，省内各大新闻媒体对大会的盛况充分进行了宣传报道，提升了工商联的社会影响。大会选举产生了第十一届省工商联领导集体，执委 271 人中，非公有制经济人士 227 人，占 83.8%，比上届增加

4.3%；常委 133 人中，非公有制经济人士 95 人，占 71.4%，比上届增加 3.3%；主席、副主席、秘书长 31 人中，非公有制经济人士 24 人，占 77.4%，比上届增加 5%；河南省总商会会长、副会长 32 人中，非公有制经济人士 30 人，占 93.8%，比上届增加 16.9%。一批政治上可靠、影响较大、代表性较强的非公有制经济代表人士进入领导机构和领导班子，进一步优化了结构，实现了新老交替。大会回顾了过去五年的工作，总结了成功经验，以践行"两个健康"工作主题为主线，明确了未来五年的总体要求、指导思想、工作任务和奋斗目标。大会的成功召开，为实现工商联事业新的发展奠定了坚实基础。

二、思想政治工作扎实有效

省工商联高度重视非公有制经济人士的思想政治工作，注重将引导教育寓于重大活动之中，扎实开展思想政治工作，全面提升非公有制经济人士的综合素质。一是加强政治引导。组织非公有制经济人士认真学习省九次党代会精神、《中原

经济区建设纲要》、胡锦涛同志7·23重要讲话精神和党的十八大精神，引导非公有制经济人士坚定理想信念；深入开展创先争优活动，引导支持党建工作；深化引导教育工作内涵，创新工作手段，与省预防腐败局联合在非公有制经济界联合开展了"反对贿赂·公平竞争"联盟活动，营造风清气正的发展环境；二是开展教育培训。联合北京大学、长江商学院、浙江大学等高校举办论坛、研讨峰会、培训班等，提升了非公有制经济人士自身素质。三是引导民企履行社会责任。组织引导非公有制经济人士积极参与光彩事业和同心实践、感恩行动。积极响应省委统战部号召，组织民营企业多次赴全省统战系统同心实践活动基地洛宁县考察，动员河南广安集团与洛宁县达成投资意向2.6亿元。动员郑州古玩城有限公司等企业向洛宁捐款230万元用于教育、基础设施建设。引导、组织200多家民营企业支持在河南南阳举办的农运会，累计向农运会捐款捐物1.36亿元。组织民营企业家参加了光彩事业"宁夏行"、"延边行"活动，与省扶贫办、省邮政总公司共同举行了向贫困地区捐赠"爱心包裹"关爱行动，彰显了非公有制经济人士的良好形象。组织召开了全省工商联宣传思想政治工作暨民营企业文化建设座谈会，交流了各地开展宣传思想政治工作的新思路、好经验、好做法。

三、调研参政成果突出

充分履行参政议政职能，深入开展调查研究，积极建言献策，努力为优化非公有制经济发展环境、促进"两个健康"鼓与呼。一是深入开展调查研究。坚持重心下移、贴近基层，围绕小微企业、民营文化产业、民营企业助推新型城镇化建设等课题，深入开展调研，取得了一批调研成果。按照全国工商联的要求，省工商联开展了小微企业"保生存谋发展"调研，形成《河南省小微企业"保生存谋发展"调研报告》，部分意见建议被全国工商联小微企业综合调研报告采纳；为了贯彻落实中共十七届六中全会精神，推动我省文化大发展大繁荣，省工商联联合各省辖市工商联，对全省民营文化企业开展调研，形成了《关于我省民营文化产业发展情况的调研报告》，得到省委常委、统战部部长史济春等领导的重要批示，促使有关建议得到落实；根据省委

统战部《新型城镇化引领"三化"协调科学发展联合调研》工作要求，省工商联开展了全省发挥非公有制经济优势、推动我省新型城镇化调研活动，形成的《关于发挥非公有制经济优势，助推我省新型城镇化的调查与思考》，在省委统战部汇报座谈会上得到一致好评，并被编入了省委统战部调研报告汇编；围绕郑州航空经济示范区建设形成的《关于参与郑州航空经济示范区建设专题调研有关情况汇报》专题报送全国工商联，在国家层面为港区建设鼓与呼。其中，在省政协十届四次会议上提出的《扶持民办幼儿园健康发展，缓解"入园难"问题》，被评为第十届省政协优秀提案。二是积极履行参政议政职能。充分发挥《民企社情》直通车作用，引导非公有制经济人士通过《民企社情》信息，反映企业在发展中遇到的困难和问题。其中《关于规范"银行承兑汇票"业务的建议》被省政协作为专报报送全国政协参阅。通过调研参政工作，不仅促进了河南省非公有制经济发展环境的改善，而且提升了民营企业和工商联的形象，扩大了社会影响力。

四、服务中心工作取得新成效

积极探索"政府支持、商会主导、企业参与、以商招商"新模式，举办了百名苏商河南（开封）行活动，邀请到全国110多名苏商参加，达成合作意向12个，资金800多亿元。签约项目4个，资金114亿元。活动形式新、规格高、效果好，得到省主要领导的高度评价。组织民营企业参加了第七届中国河南国际投资贸易洽谈会、第七届中博会、豫商大会、"首届世界晋商大会"、"2012海内外知名企业家齐鲁行"、"2012全国知名民营企业家四川行暨第七届泛成渝经济区商会合作峰会"、"东北亚博览会"等经贸活动，为民营企业提供商机；组织民营企业赴法国、瑞士、德国进行经贸交流，赴我国台湾开展经贸交流，帮助民营企业走出去发展；积极探索"千企帮千村"与"三化"协调发展相结合的有效途径，与省扶贫办联合召开了"全省定点扶贫暨千企帮千村工作会议"；组织召开了全省工商联法律工作座谈会，启动了"百名法律专家服务民营企业活动"，为民营企业免费开展法律服务，深受企业好评。引导服务民营企业做大做强，在全国工商联2012中国民营企业500强发布会上，河南省天瑞

集团有限公司、河南龙成集团有限公司等 12 家入围 2012 年中国民营企业 500 强，河南省华鹏棉业有限公司、河南森源集团有限公司等 18 家民营企业入围 2012 年中国民营企业制造业 500 强。

五、商会和基层组织建设取得新进展

为进一步贯彻落实中央 16 号文件和省委 13 号文件精神，省工商联和省委统战部联合开展了全省加强和改进工商联工作专题调研，并在三门峡召开了全省加强和改进工商联工作经验交流会，有力地督促了各省辖市的贯彻落实工作。召开了全省县级工商联暨商会建设工作会议，下发了《推动解决县级工商联建设中的突出问题工作实施方案》，细化了县级工商联"一个设立、五个确保"目标任务和县级工商联示范点"五好标准"，开展了县级工商联"五好标准"示范点创建活动。联合省委组织部、统战部、省编办等 6 家单位起草了《关于加强全省县级工商联建设的意见》。出台了《河南省工商联直属商会筹建与管理暂行办法》，制定实施了《省直商会联谊活动制度》。通过会议推动、制度保障、督导检查，县级工商联和商会建设中存在的突出问题得到较好解决。

六、自身建设不断加强

围绕建设学习型、服务型、创新型、和谐型、廉洁型机关，切实加强自身建设。一是领导班子建设逐步加强。出台了《河南省工商业联合会（总商会）关于进一步加强领导班子建设的决定》和《河南省工商业联合会（总商会）关于领导班子成员和常委执委出席重要会议及重大活动的规定》，修订了《省工商联工作规则》，制定并坚持了省工商联《党组职责和工作规则》、《企业家副主席联谊活动制度》，为新一届领导班子履行职能提供制度保证。注重发挥领导班子集体领导和示范带动作用，坚持勤于学习，服务至上，勤政廉政，务实重干，领导班子的凝聚力和战斗力进一步增强。二是注重提高干部的素质。组织机关干部认真学习党的十八大精神，赴延安开展"传承延安精神，践行入党誓言"教育活动，编发机关人员《应知应会》手册，机关干部政治理论素质得到提升；按照省委常委、统战部部长史济春同志提出的"善于学习、善于研究、善于调研、善于总结、善于提升、善于献策"和"有亮点、有特点、有平台、有声音、有地位、有创新"即"六个善于、六个有"的要求，不断加强机关干部的业务能力。三是商会大厦建设稳步推进。史济春部长和四大领导班子亲临视察，对大厦建设给予充分肯定。目前，大厦建设主体工程基本完工。四是圆满完成省级文明单位复查工作，省工商联机关精神面貌焕然一新，呈现出团结向上，务实肯干，开拓创新，努力为建设文明工商联、创新工商联、活力工商联、和谐工商联共同奋斗的良好局面。

湖北省工商联 2012 年度工作综述

2012 年，省工商联以邓小平理论和"三个代表"重要思想为指导，深入贯彻落实科学发展观，在省委、省政府的正确领导下，把学习贯彻中发〔2010〕16 号和鄂发〔2011〕9 号文件贯穿到工商联工作的各个方面和各个环节，以"两个健康"为工作主题，围绕中心，服务大局，充分发挥职能作用，为湖北科学发展、跨越式发展做出了新的贡献。

一、创新思路，多措并举，为促进民营经济科学发展跨越发展做出了新贡献

一是深化对民营经济省情的再认识，组织力量先后开展了规模以上非公有制企业调研、小微企业"保生存、谋发展"等专题调研，形成了《湖北省上规模非公有制企业调研报告》、《湖北省小微企业保生存谋发展调研报告》等一批调研成果。二是深入开展了"进万家民企、促跨越发

展"活动，深入走访 15000 多家民营企业，形成调研报告 360 多篇，提出各类对策建议 10000 余条，积极为民营企业特别是中小企业优化环境、破解难题。三是努力推动发展环境的优化，与省经信会同省直 30 多个部门起草《关于大力推动民营经济跨越式发展的意见》（鄂政发〔2012〕82 号），为我省民营经济发展再送春风雨露。四是进一步搭建融资平台，与湖北银行等金融机构建立深层次战略合作关系，探索的"银行－商会－担保"试点工作走在全国前列。五是启动并全面开展了全省非公有制企业高级经济师职称评定工作，搭建了工商联服务全省非公有制经济发展新的平台。

二、发挥优势，招商引智，为推动湖北科学发展跨越发展添加了新动力

一是组织参与"民企携手湖北，共促中部崛起"活动，整合全国工商联、各省市工商联、省外湖北商会、境外商会协会等多种资源，大力服务招商引资和项目推介活动，促成项目合同金额达 6000 多亿元，总投资超过万亿元。二是组织全国范围内的政协委员和民营企业家参加"全国政协委员携手助推大别山区经济社会发展"活动，促成企地双方共对接项目 91 个，合同及协议投资总额达 576 亿元。三是组织参与了"2012 鄂浙（长三角地区）经贸洽谈会"、"2012 鄂港（粤）经贸合作洽谈会"、"华创会"、"世界华商峰会"等省内外、国内外多项招商引智活动，拓展了外联内引的渠道。

三、加强引导，营造氛围，促进非公有制经济人士健康成长取得了新成效

一是在全省非公有制经济领域迅速掀起学习贯彻党的十八大、省十次党代会精神热潮，引导非公有制经济人士自觉践行社会主义核心价值体系，更加坚定地走中国特色社会主义道路。二是大力加强非公有制经济代表人士队伍建设。通过省市县工商联换届，把一大批有政治觉悟、有实力、有代表性的非公有制经济人士吸收到工商联组织中来。一批非公有制经济人士的优秀代表被推荐到各级人大、政协。三是加强和主流媒体合作，大力宣传非公有制经济发展和非公有制经济人士中的先进典型，配合省直有关部门推选表彰了 81 家全省优秀民营企业，组织开展了全省百

强民营企业和最佳成长型民营企业推选活动，社会反响良好。四是组织开展感恩行动、支农惠民行动，增强非公有制经济人士的社会责任感。2012 年，全省非公有制企业为"万名干部进万村挖万塘"活动捐资达 10649.26 万元。五是采取论坛、专题研讨、培训班等多种形式，分层分类开展教育培训，着力提升非公有制经济人士整体素质。

四、加强指导，丰富载体，助推非公有制经济组织党的建设迈上新台阶

一是加强分类指导。在全省非公有制经济领域开展"五亮五比五创"、"学党史、知党情、感党恩、跟党走"等主题实践活动，推动非公有制经济组织创先争优活动深入开展。二是以"五个基本"和"七个体系"建设为重点，全面加强非公有制经济组织党的建设，不断扩大"两个覆盖"。截至目前，全省已组建非公有制经济组织党组织 17923 个，规模以上非公有制企业党组织组建率达 99.6%，非公有制经济组织党员人数达到 17.87 万人。三是采取教育培训等手段，着力提升党建联络员、党组织负责人和企业出资人等"三个关键人"素质。配合省委组织部在红安革命传统教育学院举办了全省非公有制企业党员"双育"示范培训班，得到非公有制企业的热烈响应和省委组织部的充分肯定。四是与纪检监察部门合作，大力开展非公有制经济领域廉洁风险防控体系建设试点工作，与省检察院联合出台了《关于加强廉洁风险防控工作促进非公有制经济健康发展的意见》，开辟了非公党建工作新领域。

五、夯实基础，激发活力，全省工商联自身建设开创了新局面

一是圆满完成了省工商联换届工作。大会以认真学习贯彻省十次党代会精神为主线，紧紧围绕湖北省加快构建中部崛起战略支点实现富民强省的宏伟目标，结合我省工商联工作实际，以实事求是的态度认真总结过去，以改革创新的精神科学谋划未来，明确提出了今后五年全省工商联工作的指导思想、奋斗目标和主要任务，实现了"形成一个好的工作报告、选举一个好的领导班子、营造一个好的工作氛围"的目标。二是大力加强领导班子建设。通过建立完善党组会、主席会议事规则等规章制度，对专职班子成员发挥作

用进行规范和明确。出台了《湖北省工商联（总商会）关于进一步发挥企业家副主席（副会长）作用的意见》，充分调动了企业家副主席（副会长）积极性。成立了省工商联（总商会）主席（会长）办公室并完善了相关工作机制，为领导班子发挥整体功能搭建了新的平台。三是大力加强商会建设。全省商会数量达2563个，比2011年底增加270家。在北京召开了高规格的楚商合作发展论坛暨全国湖北商会会长会议，省委书记李鸿忠亲自到会并作重要讲话。四是大力加强县级工商联建设。与省委组织部等七个部门联合出

台了《关于加强县级工商联建设的实施意见》，在汉川召开了全省加强县级工商联建设推进会，对进一步加强县级工商联建设进行了全面部署。五是工商联机关活力进一步增强。大力开展"三抓一促"、"三短一简"等活动，进一步建立和完善了公文办理、工作督办、财务管理、接待服务等规章制度，进一步明确了工作责任，规范了工作程序，严明了工作纪律，调动了全体人员的积极性，激发了机关干部的工作热情，机关面貌焕然一新。

湖南省工商联 2012 年度工作综述

2012年，湖南省工商联在省委、省政府的正确领导下，在全国工商联和省委统战部的具体指导下，以促进"两个健康"为宗旨，以提升影响力、执行力和创新力为目标，高起点布局谋篇，大手笔推进工作，为湖南省经济社会发展做出了积极贡献。

一、谋大局，铸品牌，服务富民强省

（一）学习贯彻十八大精神，提振发展信心

组织集中收看党的十八大开幕式，召开省工商联（总商会）主席（会长）全会开展专题学习讨论，在非公有制企业开展十八大精神巡讲，组织动员非公有制企业党组织举办党的十八大精神征文、演讲、座谈交流等活动，会机关网站开辟学习专栏，在机关和全省非公有制经济领域形成了全方位、大纵深、立体式学习十八大精神的热潮。

（二）积极参政议政，优化发展环境

一是充分反映诉求。组织非公有制经济代表人士参加省委主要领导主持召开的全省多党合作座谈会。争取省长徐守盛、省人大和政协领导到机关和企业调研，召开民营企业家座谈会，反映企业转型升级中存在的困难和问题。二是深入开展调研。围绕小微型企业"保生存谋发展"，重

点调研了一批实体经济领域非公有制企业；开展"上规模民营企业调研"和"民间投资36条"执行情况调研。三是注重成果转化。就创业创新、推进新型工业化等问题组织专题调研，形成调研成果向省委省政府汇报。参与全国工商联组织的六省市重点调研，撰写了《湖南省中小微型企业发展调研报告》，温家宝、贾庆林等9位党和国家领导同志在综合六省（市、区）的报告上做出重要批示。组织非公有制企业的全国、省人大代表、政协委员深入调研，提交了一批高质量的议案提案，其中《加快完善民间投资机制，充分发挥民间资本作用》的政协大会发言得到了省委书记周强的批示。

（三）打造湘商品牌，增强发展活力

举办了"2012年中国睿智湘商大讲堂暨振兴湘商投企对接大型公益活动"和"2012中国湘商力量总评榜启动仪式暨湘商发展论坛"；承办了"2012世界华商领袖峰会"；参与组织岳阳第九届城市友好商会经济协作会暨百强民营企业岳阳行活动，签约重大项目总投资达180多亿元；协助吉首市开展招商引资工作，推动吉首市湘鄂黔边区总部经济工业园建设；积极组织湘商参加情系湖南"四个一"活动。不断加强与境内外政

府组织和工商社团的联系与交流，共安排赴境外执行公务的团组七批次，接待境外嘉宾十一批次；参与举办"2012 湘港金融合作专题研讨会"；组织会员企业参加"盛情湖南，相会台湾——湖南省第八届两岸经贸交流合作会"，与台湾三品会签订了友好合作关系协议书；组织会员企业赴美国、德国等七国考察，与西班牙中国青年商会等国外商会组织建立友好合作关系，达成一批合作意向；全面完成德国中小企业联合总会 ZDH 合作项目；继续推进德国西门子"完善市场公平竞争环境"项目和 SES 德国退休专家合作项目。

二、办实事，解难题，助推企业发展

（一）协调项目实施

积极与湘潭市政府协调民营企业总部基地和九华国际服务中心项目建设，跟进抓好"2011 中国（湖南）民营经济投资洽谈会"暨"海内外华商湖南行活动"、"2012 世界华商领袖峰会"、第九届城市友好商会经济协作会暨百强民营企业岳阳行活动、2011 年"宜章行"等活动签约项目的跟踪落实。筛选确定 40 个科技型企业申报项目，引导企业加大技术创新。

（二）协调解决问题

争取省委、省政府领导和有关部门负责人到基层和企业现场办公，及时解决了企业用地、用工、融资、社保等一批实际问题。争取省委省政府重视湘西红石林项目开发，解决了多年来融资难、开发难的老大难问题。省委省政府主要领导和有关职能部门负责人多次专题深入非公有制企业走访调研，大大提升了非公有制经济人士参与"稳增长、促和谐、惠民生"的信心。

（三）协调银企对接

深化与工行、建行、广发、民生和北京银行的合作关系，促进银企对接，扩大项目融资。与北京银行和民生银行建立了战略合作关系，举办融资签约会，签约金额分别达 50 亿元和 200 亿元。全省民间投资被充分激活，为缓解非公有制企业特别是中小微企业融资难问题发挥了重要作用。

（四）协调权益维护

全程参与《湖南省人力资源市场条例》、《法制湖南建设纲要（草案）》、《湖南省实施工商保险条例办法（草案）》、《湖南省工资集体协商条例》等立法工作。着力争取省优化办的调处授权，在 30 多家企业建立了省优化经济发展环境监测点，在 10 家企业开展了企业诚信试点。积极推动非公有制企业建立工资集体协商制度。加大个案协调力度，共接受企业咨询 65 人次，受理企业维权请求 23 起，其中结案 19 起，为企业挽回经济损失数千万元。

三、兴文化，抓党建，强化教育引导

（一）加强企业文化建设

与有关部门联合举办湖南省第五届企业文化论坛，五家会员企业被授予"湖南省企业文化建设示范基地"荣誉牌匾。

（二）拓展党建覆盖面

新建非公有制经济组织党组织 10063 个，全省非公有制经济党组织已达 3.8 万个，其中直管基层党组织由 36 家增加到 57 家。与省委统战部共同开展"党员干部联点非公有制企业抓党建"活动。在全国率先成立省级非公有制经济组织纪工委。

（三）强化教育培训

联合清华大学等高校举办"中小企业生存状况与发展"论坛、第三届"湖湘财富峰会"、"中小微企业转型发展培训班"、"基业长青：经济变革中企业经营之道"论坛，增强企业转型升级的内生动力。

四、树形象，促和谐，弘扬光彩精神

（一）抓项目推动

组织有实力的非公有制经济人士参加在深圳召开的"江华、古丈县情推介会"，承担古丈县总投资 7000 万元的 8 个扶贫开发项目；组织非公有制企业参与"同心系湘江，共护母亲河"、"百名海内外专家会诊湘江母亲河"等活动，支持建立保护母亲河基金；举办"2012 湖南省民营企业招聘周活动"，8000 多家非公有制企业提供就业岗位 6 万多个；与清华大学经济管理学院联合举办"湖南中小微企业转型升级暨创业者培训班"；组织非公有制企业家 5100 余人参加情系"三区"感恩社会光彩大行动，投入资金 35 亿元，在"三区"对接项目 1400 余个，结对帮扶"三老"人员 14760 人。

（二）抓示范带动

"万企联村，共同发展"活动实现由联点村到整县整区推进的转变。协调省扶贫开发办为示范项目帮助解决扶贫资金 940 万元，重点支持 57

个项目。全省共有 6400 多家非公有制企业参与"万企联村、共同发展"活动,对接 9800 多个行政村,实施项目 6800 多个,投入各类资金 410 亿元,覆盖 1100 多个乡镇 1300 多万农业人口。

(三) 抓整体联动

会同省卫生厅、团省委举办"红丝带健康包百校进千企"活动;与爱尔眼科集团继续推进"光明行光彩大行动",并被列入我省援疆援藏工作项目。我会荣获 2012 年度"中国光彩事业组织奖"。

五、打基础,练内功,加强自身建设

(一) 强化督查,推动基层工商联建设

组织 8 个督察组下到市州开展了落实中央 16 号文件和省委 23 号文件精神集中督察工作,制定了《湖南省加快推进解决县级工商联组织建设突出问题的实施方案》。参与非公有制经济领域社会治安综合治理工作。

(二) 完成换届,夯实工商联组织基础

全省有换届任务的 12 个市州和省工商联(总商会)本级顺利完成换届。重点发展战略性新兴产业代表的新会员 30 多个。目前,全省会员达到 156716 个,其中企业会员 64368 家,行业商协会 916 个,乡镇街道商会 1643 个。

(三) 搞好搬家,着力打造现代商会

安全有序搬迁了新办公场地,全面修改完善制度规范,提升了机关形象。创办《湘商蓝页》信息刊物。认真抓好机关创先争优和绩效评估工作,分别获得"省直机关文明单位"和"湖南省绩效评估先进单位"光荣称号。

广东省工商联 2012 年度工作综述

在省委、省政府的坚强领导和全国工商联、省委统战部的悉心指导下,全省各级工商联紧紧团结依靠广大非公有制企业和非公有制经济人士,始终把握科学发展主题和加快转变经济发展方式主线,围绕加快转型升级、建设幸福广东核心任务,积极促进"两个健康",工作取得新的成效。

一、迅速掀起学习宣传贯彻党的十八大精神热潮

把学习宣传贯彻十八大精神作为首要政治任务,及时召开全省工商联系统学习会,全面部署全省非公有制经济领域学习宣传贯彻十八大精神。各地采取组织收看电视直播、党组中心组专题学习会、非公有制经济代表人士座谈会等多种形式,组织学习宣传。

二、圆满完成省工商联换届工作任务

省工商联第十一次会员代表大会如期顺利召开,中共中央政治局委员、省委书记汪洋向大会发来贺信,全国政协副主席、全国工商联主席黄孟复,省委常委、统战部部长林雄莅临大会并讲话,林雄常委为新一届当选主席、副主席颁授证

书。大会全面回顾总结过去五年工作,明确提出今后五年目标任务;选举产生新一届执委会。

三、督查落实中发〔2010〕16 号和粤发〔2011〕15 号文件

9~10 月会同省委统战部、省编办等单位组成四个督查小组,督查全省贯彻落实中发〔2010〕16 号和粤发〔2011〕15 号文件情况,并将督查报告上报省委。督查活动进一步推动了文件精神的贯彻落实。目前已有 14 个地级以上市制定出台实施意见和召开工作会议,中山、江门、潮州等 12 个地市和 25 个县(市、区)工商联党组书记当选为新一届党委委员或候补委员,18 个地级以上市和顺德区工商联办公经费和调查研究、教育培训等专项经费列入地方财政预算。

四、积极推动"反哺工程"等经济服务工作

根据省委、省政府部署,把实施"反哺工程"作为推动民营企业加快转型升级的重要任务,动员引导民营企业及粤东西北在外企业家回乡投资兴业。先后与清远、河源、湛江以及乐昌、连平市(县)委政府联合举办 5 场"民企·乡贤粤东、

粤西、粤北行"系列考察活动,组织广州、深圳等8市从事钢铁、物流、机电等不同行业600多人次民营企业家参加。据不完全统计,各地工商联引进乡贤反哺投资项目共480个,总投资金额超过2553亿元。协助省政府开展重大项目招标工作,动员70多位规模以上民营企业代表参加省政府组织的全省面向民间投资公开招标重大项目推介会。继续推进"双转移"战略。组织"广东省工商联民企援疆考察团"赴新疆喀什地区投资考察。发动民营企业家参加2012中国（新疆）非公有制经济交流推介会、海南省现代服务业招商活动等活动,为民营企业转型升级提供商机。积极推进科技服务。推荐一批会员企业科技项目申报省级科技资金、科技认证和科技奖励,推动企业科技创新。深化与建设银行广东省分行等金融单位交流合作。1～11月,上述银行通过省联搭建的服务平台,与394家商会协会、442家合作市场、295个园区合作,向1.84万户小微企业发放贷款2013.25亿元。进一步推进粤港澳合作。组织民营企业家300多人次参加香港法律服务论坛和第十七届澳门国际贸易投资展览会等活动。召开第十三次粤港澳主要商会高层圆桌会议,粤港澳三地17家主要商会的商界精英积极为促进南沙新区发展建言献策。推动实施"走出去"战略。联合省外经贸厅、省民营经济国际合作商会举办首届广东民营企业"走出去"高峰论坛。先后组织民营企业家赴德国、荷兰等国考察。

五、扎实做好思想政治工作

会同省委统战部举办第三期广东省非公有制经济后备人才培训班,省委常委、统战部部长林雄亲自做学习动员。支持配合省委、省政府开展"三打两建"工作。在全省非公有制企业和非公有制经济人士中开展倡导诚实守信、依法经营,坚决抵制欺行霸市、制假售假、商业贿赂,自觉维护社会信用体系、市场监管体系的"两倡导三抵制两维护"活动。组织全省1万家民营企业向全社会发出积极参与"三打两建"承诺书,并组织召开新闻发布会。召开广东民营企业参与"三打两建"活动经验交流会。引导非公有制企业积极参与扶贫济困和社会公益事业。发动非公有制企业参加"6·30"广东扶贫济困日活动,共捐赠款物13.3亿元。扎实推进扶贫"双到"工作。

六、大力推动商会组织规范发展

加强对全省各级工商联商会建设的指导,出台《关于加强商会建设的意见》。牵头指导成立广东省青年企业家联合会、广东省民营经济国际合作商会等枢纽型商会组织。积极参与全省社会组织改革的相关工作。在省工商联指导、联系的93个商会（协会）中,已有88个完成民政登记注册。积极引导商会协会承接政府职能转移。目前,省工商联指导联系的8家商会协会进入第一批省本级社会组织承接政府职能转移和购买服务目录。协助商会协会申请省级培育发展社会组织专项资金。广东省金银首饰商会等5家行业协会类组织已成功获得社会组织专项资金扶持提名。

七、不断优化非公有制经济发展法治环境

健全维权工作机制。2012年前三季度,全省受理民营企业投诉机构共接到非公有制企业的各类投诉、咨询、求助累计226宗（次）,其中正式受理71宗,办结60宗,办结率85%,提供相关协助150多宗。与省司法厅建立非公有制经济主体服务双向工作机制。选聘首批43名调解员。参与劳动关系、社会信用体系、市场监管体系、社会建设等方面立法工作。正式加入省协调劳动关系三方会议,指导18个地市工商联加入当地协调劳动关系三方会议。参与全省职工群体性事件预防和处置工作调研督察。成功申报非公有制企业民商事纠纷调处机制为省社工委社会创新观察项目。制定省工商联创建平安企业活动意见,参与制定广东省创建平安广东行动计划和建设法治化国际化营商环境行动计划。制定省工商联"六五"普法规划,被有关部门确定为"广东省首批法治文化建设示范点",向会员企业和非公有制经济人士5万多人次发送普法短信。

八、加强调查研究和宣传工作

做好调查研究工作。组织中小微型企业发展、知识产权保护、民营企业文化建设、非公有制经济领域党建、上规模民营企业等重点课题调研,及时掌握非公有制经济领域发展状况,汪洋书记、朱小丹省长、朱明国副书记分别在调研报告上做出重要批示。注重调研成果转化为提案议案,为党委、政府制定政策提供参考。参与汪洋书记、朱小丹省长牵头督办的重点提案办理工作。

做好宣传工作。在巩固与主流新闻媒体合作

基础上，与羊城晚报报业集团建立战略合作关系，启动非公有制经济发展情况巡礼报道。认真编印内部刊物及蓝皮书系列丛书，进一步加强信息工作，改进网站建设。

九、努力推动非公有制经济组织党建工作

在省委组织部、统战部大力支持和指导下，省非公经济组织党委正式挂牌成立。在非公有制经济组织中深入开展"百日攻坚行动"。推进实施非公有制企业党建"书记项目"。继续深入开展创先争优活动，着力抓好"三支队伍"（企业出资人队伍、党支部书记队伍、党员队伍）建设，引导非公有制经济人士支持企业建立党组织。建立非公党建工作指导员（联络员）制度，积极推动

"双覆盖"。目前，在省工商联联系、指导的93家商会协会中，已有37家建立了党组织，组织覆盖率达40.22%，党的工作覆盖率达92.39%。

十、不断强化自身建设

开展基层组织建设示范点创建工作。印发《广东省工商联关于创建基层组织建设示范点的实施意见（试行）》和《广东省工商联基层组织建设示范点考评细则》。对各地级以上市及顺德区工商联组织建设进行年度指标量化考核。进一步加强县级工商联和乡镇商（分）会组织建设，实现县级工商联全覆盖，镇街商会覆盖率近50%。深入开展以"学习型、创新型、服务型、高效型、廉洁型"为主题的机关作风建设。

广西壮族自治区工商联2012年度工作综述

2012年，广西壮族自治区工商联在自治区党委、政府的领导下，认真学习党的十八大精神，高举中国特色社会主义伟大旗帜，以邓小平理论、"三个代表"重要思想和科学发展观为指导，围绕科学发展主题和加快转变经济发展方式主线，深入贯彻中发〔2010〕16号和桂发〔2011〕18号文件精神，突出"两个健康"主题，强化"五项职能"作用，不断提高工商联的凝聚力、影响力、执行力，引导非公有制企业转型升级，为实现广西"翻两番、跨两步、三提高"目标和"五区建设"战略部署凝心聚力，各项工作取得较好成绩。

一、学习宣传贯彻党的十八大精神，努力开创工商联事业新局面

党的十八大召开后，自治区工商联通过组织机关干部收看直播，召开中心学习组、机关干部学习会，举办全区工商联主席书记培训班和全区工商联系统专干学习贯彻党的十八大精神培训班，举办党的十八大精神宣讲（广西民营企业家专场）报告会等形式，广泛开展学习。同时，下发学习通知，就有关学习安排对各级工商联机关以及非公有制经济人士提出了具体要求。各市县

工商联通过组织机关干部和非公有制经济人士学习、座谈、培训等，引导学习活动深入开展。

二、抓服务、促发展，非公有制经济健康发展取得新成绩

巩固完善教育培训平台。自治区工商联举办3期广西非公有制企业成长讲座，邀请全国工商联副主席、新华联集团董事长傅军，中欧国际工商管理学院肖知兴教授和丁远教授讲课，1200多人参加培训。

完善政策服务平台。国务院出台《关于鼓励和引导民间投资健康发展的若干意见》的42个实施细则后，广西各级工商联通过编印政策汇编、网站宣传、座谈交流等形式在民营企业中大力宣传。自治区工商联与自治区国税局联合开展"税收优惠政策解读、税收权益维护知识宣传"等一系列专题活动。

健全风险防范机制。自治区工商联与自治区高级人民法院、环保厅及南宁、北海等市协作，帮助11家会员企业解决生产经营中的纠纷和问题。同时，加入自治区协调劳动关系"三方四部门"合作机制。据不完全统计，广西各级工商联

帮助企业解决纠纷约116起。

切实解决企业融资难题。自治区工商联与自治区金融办、电视台、中国邮政储蓄银行广西区分行联合举办"为梦想加速——2012中国邮政储蓄银行创富大赛"活动，拓宽企业融资渠道。

三、抓团结、重引导，促进非公有制经济人士健康成长取得新成效

践行"同心"思想，打造工商联"致富感恩行动"品牌。引导非公有制经济人士通过招工扶贫、产业扶贫等方式参与扶贫工作，由"输血扶贫"向"造血扶贫"转变。此外，组织4856家企业参与"民营企业招聘周"活动，提供就业岗位9.5万个。据不完全统计，2012年广西工商联会员企业捐款捐物达2.51亿元。

开展主题教育，提升非公有制经济人士素质。组织自治区工商联兼职副主席、企业家常委学习党的十八大精神和胡锦涛同志在省部级主要领导干部专题研讨班上的讲话精神。

树立先进典型，充分发挥示范引领作用。组织和推荐企业参与"中国民营企业500强"、"中国民营企业制造业500强"、"光彩事业国土绿化贡献奖"等评比活动并获奖。

协助做好非公有制经济人士的政治安排工作。推荐126名优秀会员为自治区工商联第十一届执委候选人；推荐17名优秀会员为全国工商联第十一次会员代表大会代表，其中6人当选为执委；推荐30名优秀会为自治区第十一届政协委员候选人；推荐100家民营企业和100名民营企业家担任自治区监察厅优化政务环境监督员。

坚持文化引领，积极推进非公有制企业文化建设。组织会员企业参与"弘扬广西精神，唱响企业之歌，喜迎党的十八大"企业歌曲演唱大赛，展现广西民营企业员工跟党走的精神风貌。

加大宣传力度，提升对健康成长和健康发展的认同感。自治区工商联会同自治区党委宣传部、统战部组织广西8家主流媒体，深入广西14家执常委企业开展先进典型宣传活动，展示广西民营企业的精神风貌。

四、拓渠道，重质量，参与政治经济社会事务管理有新突破

认真落实自治区领导批示精神，推进政策建议的实现。推进自治区领导对自治区工商联在政

协大会上的发言、优秀提案的批示精神落实。落实自治区党委书记郭声琨对《引导民营企业参与文化建设推动广西文化大繁荣》的批示精神，落实自治区政府主席马飚对《关于加强帮助我区中小微实体企业保生存谋发展的建议》提案的批示精神，落实自治区党委危朝安副书记对《信息专报》"部分台商对在桂投资的一些看法及建议"的批示精神，落实自治区党委常委余远辉秘书长对《关于督察推进新形势下工商联工作有关精神的建议》提案的批示精神。

开展重大课题研究，当好党委、政府助手。完成自治区党委重大决策课题《广西资源型产业转型升级问题研究》、《广西优势产业转型升级问题研究》、《广西上市公司情况调研》、《广西非公有制企业文化建设情况调研》及《广西小微型企业保生存谋发展调研报告》的调查研究，形成课题报告。

做好非公有制经济运行分析，为党委政府决策提供参考。完成《2011年广西非公有制经济发展报告》的编撰工作，全方位反映广西非公有制经济发展的现状、特征和趋势。

关注经济社会热点议题，充分履行参政议政职能。自治区工商联向自治区政协提交17件团体提案和2件大会发言，向全国政协提交8件提案。所提提案一一得到了答复，多数提案建议得到采纳落实。

五、围绕中心，服务经济发展大局工作取得新成果

推进知名民营企业的引进和服务工作。邀请吉利集团、研祥高科、安徽桑尼、宗申集团等知名民营企业到南宁、玉林、钦州等市开展投资考察；在全联主要领导的支持下，推进吉利集团钦州整车项目即将落户，新华联集团入股玉林参皇养殖有限公司并策划上市；推进香港豪德集团投资60多亿元的玉林、梧州毅德现代商贸物流城，万达集团投资80多亿元的南宁青秀万达广场等项目开工建设。据不完全统计，2012年广西工商联系统引进项目67个，投资总额511亿元，到位资金98.58亿元。

搭建国际交流合作平台，开创对外交往工作新局面。承办"大湄公河次区域资源合作开发与可持续发展研讨会"，该研讨会已成为工商联推动民营企业参与国际区域交流，促进区域经济合作发展的品牌。组织广西民营企业600多人参加中国—

东盟博览会的相关经贸活动，搭建交流合作平台。

巩固区域合作平台，帮助企业拓展发展空间。组织企业参与第七届泛北部湾论坛、第八届泛珠三角区域合作与发展论坛暨经贸洽谈会、2012海内外知名企业家齐鲁行、延边行、宁夏行等国内大型经贸活动。

六、强素质，树形象，工商联自身建设展现新风貌

完成自治区工商联换届工作。一批德才兼备、年富力强的干部和优秀非公有制经济代表人士进入工商联班子，为工商联注入新的活力。

会员发展工作保持良好势头。会员队伍进一步壮大，结构逐步优化。截至2012年12月，广西有工商联会员96442个，比2011年新增4655个，企业会员和团体会员数量有大幅增长。

推动商会组织健康规范发展。自治区工商联指导广西投融资商会、广西茉莉花产业商会的组建工作。自治区工商联各直属商会积极履行职责，在帮助会员企业掌握经济发展大局，促进交流合作，维护合法权益及履行社会责任等方面取得较好成效。

加强自身建设，提高服务科学发展水平。自治区工商联抓好学习建设、党组织建设、干部队伍建设、制度建设、作风建设和精神文明建设。成立自治区工商联机关党委，完善三会一课制度。开展机关大轮岗，激发干事创业激情。开展县级"五有工商联"评选活动，推动解决基层工商联在编制、场所、经费等方面的问题。认真落实中央《关于转变工作作风密切联系群众的八项规定》，机关面貌焕然一新，干部精神状态振奋。

海南省工商联2012年度工作综述

2012年，海南省工商联认真学习贯彻党的十八大和省第六次党代会精神，坚持"两个健康"工作主题，按照"求真务实，开拓创新，讲究品格"总要求，大力创新工作机制和工作方式，加强自身建设，充分发挥非公经济人士作用，广泛开展一系列主题突出、特色鲜明的经济服务活动，工商联工作上了一个新台阶，为海南科学发展绿色崛起和国际旅游岛建设做出了积极贡献。

一、充分发挥政府助手作用，服务国际旅游岛建设大局

（一）成功举办"2012中国优秀民企海南招商项目推介会"，为项目建设年助力造势

省工商联为积极响应省政府项目建设年号召，于2012年5月全力筹办了"2012中国优秀民企海南招商项目推介会"，来自全国260名知名企业家参加了推介会，陈峰、尹明善、郭广昌等知名企业家做了大会发言。现场签约项目14个，投资金额386亿元，开创了"政府主导、工商联搭台、企业唱戏"和"以商邀商"招商推介

形式的先例，得到了各方的高度评价。

（二）精心策划羊山扶贫开发光彩事业项目，探索光彩事业与扶贫开发结合的新路子

结合省"十二五"扶贫规划，深入琼北海口羊山地区调研考察，形成了《关于琼北羊山地区乡村旅游扶贫开发光彩事业项目整体策划方案》，确定开发项目"不征地、不拆迁，义利兼顾、以义为先"的基本原则，"政府主导、企业参与、村民共建"的开发模式。目前，前期试点工作已全面展开，省工商联已协调6家企业抱团进入，相关项目正在有序推进，成效初显。

（三）主动搭设经贸交流合作平台，服务企业取得新成效

协调组织"2012优秀民营企业家三沙考察慰问活动"，会同澳门贸易投资促进局等单位联合主办"泛珠三角-葡语国家经贸合作推介会"，组织企业参加第八届泛珠大会、洋浦经济开发区招商推介与项目洽谈会、世界旅游经济论坛·澳门2012、第十三届中国西部国际博览会、第八届

中国吉林·东北亚投资贸易博览会、2012年中国（海南）国际热带农产品冬季交易会等活动，促进了经贸交流合作。注重引导异地商会、行业协会开展多种交流活动，服务海南经济社会建设。

（四）引导企业"走出去"，拓展海外发展新空间

举办"走出去"座谈会，研究"走出去"的新趋势、新动态。组织赴新西兰、澳大利亚考察，分别与新西兰奥克兰市海滨开发区和澳大利亚都市系统签订了合作备忘录，明确了双方合作意向领域和方式，与中新工商业联合会达成具体合作意向，拟共同组建中新工商（海南·奥克兰）合作发展促进会。通过交流，进一步密切了与当地政府部门、协会及企业的关系，为双方企业合作发展奠定了基础，拓宽了我省企业海外发展的空间。

（五）广泛开展调查研究，参政议政水平取得新进步

认真开展海南非公经济发展调研，连续五年汇编海南非公经济发展"蓝皮书"，指导市县工商联和重点会员企业完成非公经济运行情况报告32篇。加强房地产等重点行业调研，将调研情况以《专报》形式报送省委省政府，并通报相关部门及企业。深度开展海南传统小吃和特色餐饮业情况调查，为下一步助推海南特色餐饮业转型升级奠定了基础。配合省政协做好"绿化宝岛"行动调研工作，积极献计献策。自省政协五届一次会议以来，我会机关共提交团体提案25份，被省政协评为优秀提案单位。

（六）大力宣传政策法律，维护企业合法权益

开展中小企业扶持政策宣讲活动，设立政策服务点，免费发放政策汇编资料2000余册。大力开展法律宣传，以海口、三亚、东方为片区，举办民营企业法律风险防范讲座，增强企业预防和化解法律风险的能力。主动帮助多家企业开展维权工作，有效维护企业合法权益。积极参与协调劳动关系三方会议，共同推动劳动关系立法和劳动关系协调机制建设。

二、加强思想政治引导，促进非公经济人士健康成长

（一）深入开展学习宣传，把思想统一到十八大精神上来

印发《海南省工商联学习宣传贯彻党的十八大精神的意见》，组织全省非公经济人士深入学习贯彻党的十八大精神，举办专题报告会，组织十八大代表陈峰、邢诒川与非公经济人士座谈交流，深入市县和企业宣讲十八大精神，通过网站、会讯等途径大力宣传十八大精神，引导非公经济人士深刻领会精神实质，把思想和行动统一到中央和省委的决策部署上来。

（二）扎实做好宣传工作，努力扩大非公经济的社会影响

充分借助省内主要媒体和驻琼中央媒体，加大非公经济宣传力度，在2012中国优秀民企海南招商项目推介会、第七次会员代表大会等重大活动中，通过《海南日报》、海南电视台在重要时段、重要版面作深度报道，扩大社会影响。加强信息工作，连续4年被评为全省统战宣传信息工作先进单位，2012年被全国工商联、省委省政府办公厅等单位采用转载信息共132条，其中《基层反映民营担保存在的问题及建议》被省政府办公厅采用，并上报中央办公厅和国务院办公厅。

（三）积极引导教育，切实提高非公经济人士社会责任感

创新和丰富同心工程、感恩行动载体，组织开展"美丽海南·我的家"系列文化创意创作及义卖活动，筹得善款400多万元，用于同心碳汇林项目、扶贫工作及"三老"人员慰问等。积极引导企业参与公益事业，引导第一投资集团股份有限公司捐款一千万元成立成美基金会，专门用于救助我省低收入重大医疗患者，得到了社会的赞誉。大力推动社会就业，与省人社厅等单位联合主办2012招聘月和民营企业招聘周活动，引导近2000家非公企业参与招聘，提供了近3万个就业岗位。

（四）认真做好政治安排推荐工作，为非公经济人士搭设有序参与政治的平台

协助省委统战部做好非公经济人士综合评价和政治安排的推荐工作。2012年推荐了9名非公经济人士当选全国工商联执常委，推荐30余名非公经济人士为六届政协委员人选，配合省非公经济党工委推荐2名非公经济人士当选为党的十八大代表，为非公经济人士在更高的平台参与国家和社会事务发挥了桥梁纽带作用。

三、圆满完成换届工作，进一步加强工商联组织建设

按照中央和省委对工商联换届工作的要求，

坚持标准，严格条件，扎实做好省工商联第七届执委会成员的选拔、推荐工作，为换届大会顺利召开奠定了基础。换届大会上，省委书记罗保铭和全国工商联常务副主席孙安民莅临大会并作重要讲话。大会审议通过了海南省工商联第六届执行委员会工作报告，选举产生了海南省工商联第七届领导机构和领导班子，新一届执委会由 293 名同志组成，监事会由 51 名同志组成。新一届领导班子分布广泛，知识结构合理，兼顾了新老衔接，能够适应非公经济发展和工商联组织发挥作用的需要。加强市县换届指导，协调解决市县工商联编制、经费等难题，配齐配强领导班子。通过换届，全省会员队伍不断壮大，吸引了一大批有影响力的非公经济人士加盟工商联，现有会员 38270个，涵盖了各个领域、各个行业、各个层次，使工商联工作的组织基础得到了前所未有的加强。

四、积极推动企业党建工作，努力扩大"两个覆盖面"

加强非公企业党建工作研究，形成有力度的调研报告 7 篇。组织非公企业党组织和广大党员学习贯彻十八大精神，出台了《关于组织学习宣传贯彻党的十八大精神的意见》。健全完善全省非公经济组织党工委领导工作体系，指导 4 个市县成立党工委，目前全省成立党工委市县已达 15个。扎实推进基层组织建设年，部署开展了"百

日攻坚、扩大覆盖"活动。活动中，全面摸排全省工商登记在册的非公企业，对筛选符合组建条件的企业建档立案。新建党组织 253 家，新增工会、共青团、妇联组织 982 家，有效提升了"两个覆盖率"。认真做好党的十八大代表推荐工作和省第六次党代会代表的选举工作。圆满完成全省非公经济组织创先争优活动的总结工作，开展了创先争优专项表彰活动。

五、加强机关自身建设，营造齐心干事良好氛围

按照"抓班子、带队伍，立规矩、建秩序，攻重点、创亮点，优环境、闯天下"的工作思路，全面加强机关自身建设。完善主席（会长）会议和主席（会长）办公会议制度和议事规则。配强领导力量，完善内设机构和职能，通过多方协调，增配专职副主席 1 名，副巡视员 1 名，增设法律维权处，信息中心正在审批中，商会大厦建设、企业服务中心的前期筹备工作正在有序推进。注重建设学习型机关，坚持政治理论和业务学习，开展读书征文活动，努力提升机关干部的学习自觉性和履职能力，在 2012 年全省处级干部网上在线学习中，我会干部平均学时全省排名第三，得到了省委组织部的通报表彰。结合基层组织建设年和创先争优活动，加强机关党建工作，集中整治"庸懒散贪"，促进工作作风进一步转变，机关内外部环境进一步优化，改善明显。

重庆市工商联 2012 年度工作综述

2012 年，党的十八大开启了全面建成小康社会的新征程，重庆市第四次党代会描绘了"科学发展、富民兴渝"的新蓝图。市工商联按照全国工商联的工作部署和要求，以促进"两个健康"为工作主题，全市非公有制经济活动单位达131.48 万户、比上年末增加 23.18 万户；实现增加值 7136.46 亿元、同比增长 16.9%、高出全市发展速度 3.3 个百分点，占全市 GDP 比重达62.3%、比上年末提高 0.6 个百分点，各方面工

作全面推进并取得较好成效。

一、深入学习贯彻党的十八大精神

党的十八大召开后，我们采取多种措施深入学习贯彻。一是分别组织区县工商联党组书记、主席，市工商联兼职副主席及执常委、各直属商会负责人、市工商联机关干部，逐字逐句学习十八大报告原文，务求深刻领会、全面把握十八大会议精神实质，特别是增强对"两个毫不动摇"、"三个平等保护"新观点、新理论的理解，为进

一步做好促进"两个健康"工作打牢理论基础。二是多次邀请十八大代表、阿兴记集团董事长刘英作十八大精神辅导报告，通过他的亲历感受，加深对十八报告精神的理解，增强做好新形势下工商联工作的信心。三是专门印发了《重庆市工商联关于认真学习宣传贯彻党的十八大精神的通知》，号召各区县（自治县）工商联、万盛经开区工商联，各直属商会要在认真研读党的十八大文件上下功夫、在深刻领会精神实质上下功夫、在统一思想和行动上下功夫，切实加强对非公有制经济人士的思想政治引导、切实加强对民营经济转型升级的服务引导、切实加强基层组织建设、切实提高干部队伍素质能力、切实完成好2012年目标任务和谋划好2013年工作。四是在会刊《新渝商》和本会网站上开辟专版、专栏，交流学习体会，推动各项工作。

二、进一步加强工商联各级组织建设

在市委、全联和市委统战部的领导支持下，我们成功召开第四次会员代表大会，圆满完成了换届工作，代表人数比上届增加104名，达543名，规模为历届最大；参会率历届最高，达92%；选举产生了执委343名、常委217名，满票率达92.5%；首次新增港澳代表人士和基层组织负责人进班子，连续3届实现由非公有制经济代表人士担任主席。举办全市县级工商联建设工作会，制订会员和组织发展两年规划，开展"争创全国县级工商联示范点"活动，区县工商联基本实现"一个设立、五个有"目标。召开全市工商联工作交流会，黔江、涪陵、渝中、巴南、南川、大足、荣昌、巫山工商联及汽摩、湖北商会交流发言。新增会员8121个，全市工商联会员达79605个；新增各类基层商会178个，达到1038个。新建直属商会4个，总数达47个，指导6个商会完成换届，入选"全国优秀基层商会材料汇编"3篇。异地重庆商会新增4家，成功召开第二届全国重庆商会会长年会。

做好代表人士工作。选举全联十一大代表22名，当选执委11名、常委6名、中国民间商会副会长1名。协商提名推荐市政协委员人选。2名企业家荣获全联科技创新企业家奖。推选100名优秀民营企业家、200家优秀民营企业获得市委、市政府隆重表彰。推荐36名非公有制经济

人士获市第四届"劳模"称号。执常委数据库建设全市推开，录入工作受到全联表扬。建立非公有制经济代表人士后备人才库。开展新生代非公有制经济人士调研摸底。

三、深入推进"调查研究年"活动

我们深入推进"调查研究年"活动，梳理建议意见60条，为出台我市鼓励支持民营经济发展"1+3"政策文件提供参考；形成调研文章114篇，提交调研专报多份，多项建议被市委、市政府及相关部门采纳或获领导批示，或在相关会议上作交流发言。我们以调查研究为基础，切实加强提案工作，积极建言献策，向市政协提交集体提案14件，获市政协重点提案1件，全国政协立案1件。与西南大学、蓝洋担保联合组建中国西部非公有制经济研究中心，启动第一批研究课题。

为推动落实我市鼓励支持民营经济发展"1+3"政策文件，我们在广泛深入调查研究基础上制发2个贯彻文件。积极参与民营经济发展专项资金评审，指导区县和企业做好申报。支持38个区县召开发展民营经济大会，并指导他们制定实施意见，落实配套资金总计超过24亿元。主动加强与市工商局、发改委、科委、司法局等10余个部门及多家金融机构联络联动，签订战略合作协议6个，召开微企个体工商户发展暨表彰大会，启动"十百千万"科技行动，举办法律助推民营经济发展论坛，共搭银企合作平台，组织62家民企大渡口行、南川行、万盛行，合力支持民企及区县发展。全市工商联系统共组织境外考察交流38批次，与毛里求斯、法国、新加坡等国家和地区7家工商社团缔结友好商会。直属商会引领会员集群发展，打造汽摩城、物流园、专业市场，组建餐饮文化公司等。

四、创新举措推进非公有制经济再上新台阶

搭建合作平台。支持组建渝商投资集团，不断壮大实力、塑造品牌，打造重庆民营企业集团航母，善待和支持小微企业发展。积极筹建渝商会所，搭建交流合作平台，发挥民间交流作用，通过提升服务质量，打造交流信息、整合资源、对接项目、学习提高、社交联谊的综合平台。发挥综合集聚效应，鼓励建设重庆市非公有制经济企业总部基地，吸引非公有制企业总部和研发机构入驻；促

进区县现有合作平台（载体）发挥作用，支持有条件的区县建设非公有制经济总部基地或商会大厦。开展"全国知名民营企业重庆行"、"民营企业区县行"等品牌活动，引进知名企业落户，落实与区县的战略合作协议，助推区县经济社会发展。

促进集群发展。紧扣全市总体布局，积极引导民企参与千亿级、百亿级产业集群建设。构建大产业链，加快培育汽摩制造、医药及医疗器械制造、文化旅游、现代服务业、农副产品加工等5个千亿级产业集群。充分挖掘潜力，加快培育3户千亿级、10户五百亿级、20户百亿级民营企业集团。筛选建立民企产业发展项目库，形成15～20个项目集群，明确龙头及配套企业。

搞好综合服务。充分发挥上市服务中心作用，重点培育一批基础好、潜力大的优势企业，助推民营企业上市。加强与政府部门的合作，帮助有条件的民企制定跨国经营战略，支持企业积极稳妥走出去，开展对外投资和并购，获取技术、知识产权、人才、渠道、资源等要素。深入对接金融机构，定期召开银企对接会，协调各大银行为民企提供授信、贷款。与国内外大型信托、基金、非银行金融机构、金融租赁公司等建立战略合作关系，帮助民企构建多元化融资渠道。推动成立大型担保公司，发展"六小金融"机构，为民企提供融资及担保。开展法制宣传教育培训，联合检察机关到企业、进两江新区，筹建重庆市民营企业法律专家服务团，积极履行协调劳动关系三方会议成员单位职责，做好维权服务。开展"中小微企融资服务月"活动。主办首届重庆市中小企业服务博览会暨中小企业服务巡回月活动。举办民企赴法兰克福上市高峰论坛，助推隆鑫通用成功上市。组织民营企业参与"渝洽会"、"台湾周"，受到市政府、渝洽会组委会通报表彰。圆满完成市政府下达的"走出去"投资任务。成功挂牌"院士专家工作站"3个，1人获评"全国优秀科协工作者"。开展非公有制企业职称评审，协助引进中科院院士1名、"百人计划"人才1名，推荐国务院特殊津贴专家2名。

实现联动发展。继续实施商会、大企业双带动战略，大型企业每年带动中小微企业50户以上，中型企业每年带动小微企业20户以上，切实为中小微企业提供融资、信息、技术、人才、法律等服务，构建以大帮小、以强扶弱长效机制，推动"1+3+3+3"政策落实。

加大舆论宣传。主动联系全联和市内媒体，利用互联网和《新渝商》等媒介，宣传我市民营经济发展成就、民营企业转型升级案例、民营企业家典型事迹，联合主办"渝商高峰论坛"，宣讲"民营经济发展趋势与对策"，推荐入选全联全国民营企业文化建设优秀案例4个，开展"重庆民企十大转型优秀案例"评选活动。

四川省工商联2012年度工作综述

2012年，四川省工商联在省委、省政府的领导下，在全国工商联和省委统战部的指导下，围绕中心、服务大局，在促进"两个健康"上取得新成绩，在服务科学发展和实现自身科学发展上取得新突破。

一、打造"川商"品牌，促进企业抱团发展

一是推进"塑造川商精神、打响川商品牌"工作，协助川商投资控股有限公司考察遴选重大投资项目。二是指导筹建"川商大厦"，目前米易县和大邑县都建起了近20层的县级商会大厦，绵阳、德阳、南充、自贡、内江、攀枝花等市的商会大厦也在筹建当中。三是推进建立"川商产业园区"，促进"以企招企、以商招商"，截至2012年底，全省已挂牌"川商产业园区"7个。四是组织民营企业开展或参与"内江行"、"攀枝花行"、"西藏行"、"齐鲁行"、"亚欧博览会"、

"青洽会"、"喀交会"、"长三角"、"珠三角"等经贸活动；积极参与全省"首届十大杰出川商"和"十大魅力女川商"评选表彰活动。

二、注重示范引领，推进转变发展方式

一是召开"四川省民营企业转变发展方式现场会"，推动企业加快转型升级步伐。二是全年共有 13 家企业分别被全国工商联表彰为"转变发展方式优秀案例"、"科技进步一等奖"、"科技进步优秀奖"、"国土绿化奖"和"十大碧水环保先锋奖"等。三是引导大中型企业设立研发机构，提升核心竞争力。目前，全省 30% 的大中型企业设立了研发机构。

三、强化服务职能，助推地方经济发展

一是促成"喜之郎"项目落地遂宁，总投资达 33 亿元；促成广东香江集团在成都新繁投资 50 亿元 CBD 家居产业园区二期项目，已完成投资近 40 亿元；与太平洋建设集团签订《项目合作备忘录》。荣获"四川省招商引资工作先进集体"称号。二是完成第十三届西博会相关主办和承办活动，促成签约项目 20 个，金额达 313 亿元。三是与攀枝花、内江和绵阳市政府签订《战略合作协议》，促成 23 家企业达成投资意向。四是完成 17 批 23 人次民营企业人员出国（境）的审批工作，协助 5 家企业申请并办理 APEC 商务旅行卡；完成 20 余批国内、外商会组织的友好访问和经贸洽谈工作，与韩国庆尚南道工商会议所缔结为友好商会；积极筹备"蜀商台湾联系中心"，在蓉成功举办"2012 中国企业澳洲融资推介会"。五是推进中国国际金融有限公司和贵阳银行成都分行在我省发行中小企业集合债，帮助中小企业解决融资困难。六是组织开展民营企业招聘周活动，共有 10413 家企业参加，签订就业（意向协议）84118 人。七是完成 400 多名非公有制经济人士高级专业技术职称（称号）的申报、初审和评定工作。八是组织企业参与针对凉山州美姑县的"挂包帮"对口帮扶工作。

四、发挥独特优势，构建和谐劳动关系

一是开展构建和谐劳动关系调研督察活动，引导企业推进厂务公开，切实维护职工合法权益。二是为民营企业提供各类法律咨询 30 余次，办理个案 26 件。三是召开民营经济司法服务座谈会，组织企业参加"非公有制企业劳动争议预

防调解培训班"，提升企业自我预防与内部化解劳动争议的能力。四是做好"三方四家"协调机制相关工作，承办全省构建和谐劳动关系现场会，积极向有关部门反馈意见和建议。五是与省司法厅、省检察院分别就构建和谐劳动关系、建立商会人民调解委员会和建立经常性工作沟通联系机制进行多次协商。

五、参与党建工作，团结非公有制经济人士保持政治坚定

与省纪委等部门深入四川重庆商会、成都资阳商会、资阳临江味业和南骏汽车等开展民营企业党建调研工作；引导非公有制企业将党建工作与企业文化建设互通共融，用党建工作引领和充实企业文化内涵。全年共有 6 家企业基层党组织、2 名共产党员受到中央和省委表彰。

六、加强教育培训，帮助非公有制经济人士提升综合素质

配合有关部门实施"英才计划"，组织非公有制经济人士学习"中小企业 29 条"、"民间投资 36 条"等政策措施。举办"'十二五'规划暨国家产业政策培训班"、"2012 品牌战略与西部产业经济发展论坛"等培训班、讲座、论坛 20 余期，受训民营企业家和高管达 6770 余人次；选送 200 余名企业家到北京大学、英国剑桥大学、广东金融学院、国家行政学院等高等院校学习，举办 5 场 300 余人次参加的优秀中国特色社会主义建设者俱乐部活动，提高非公有制经济代表人士综合素质。

七、加大宣传力度，营造非公有制经济人士健康成长良好环境

一是发出倡议，引导企业弘扬"川商"精神、建设先进企业文化。二是利用会办《新蜀商》期刊、官方网站、简报等媒介，及时宣传党的方针政策等 400 余条。三是通过影视、报刊、网络等载体，宣传我省民营企业在履行社会责任、加快转变发展方式、坚持自主创新、重视企业党建的报道 500 余篇。完成《川商》系列组片之《蜀中蛟龙》的拍摄并播出，《新蜀商》期刊全年出刊 6 期。

八、加强调查研究，推动非公有制经济代表人士提高参政议政水平

围绕省委、省政府中心工作，引导非公有制

经济人士建言献策。全年累计提供大会发言材料4篇，提交团体提案18件，报送社情民意15篇，完成各类调研报告10余篇，多条建议被有关部门采纳，得到省委、省政府领导的充分肯定；编辑出版约50万字的《优秀调研成果汇编》，被全国工商联表彰为"上规模民营企业调研二等奖"。

九、践行"同心"思想，引导非公有制经济人士履行社会责任

一是配合全国工商联扶贫部赴仪陇、旺苍等地开展调研，与省物流商会一起在巴州区、红原县开展支教扶贫活动。二是推进上海世茂集团在川捐建60所"世贸爱心医院"项目的跟踪落实，协助宏达集团向西藏贫困地区捐助10000床棉被、5000件棉大衣。三是完成我省"全国就业创业工作先进企业"、"全省就业创业工作先进企业"和"四川省十年扶贫先进集体"的推荐表彰工作。

十、精心筹划准备，圆满完成换届工作

10月20～22日，四川省工商联圆满完成换届工作。选举产生第十届执行委员会，第十届执委会现有名誉会长1名、主席（会长）1名、副主席28名、副会长29名、常委218名、执委424名。省商会名誉会长由刘永好同志担任，省工商联主席、省商会会长由陈放同志担任，省工商联党组书记、常务副主席由省委统战部副部长钟家霖同志担任，另有4名驻会领导任省工商联专职副主席，23名非公有制经济代表人士任省工商联兼职副主席。

十一、突出政治激励，培养选拔代表人士

一是积极推荐并实现17名非公有制经济人士担任全国工商联十一届执委；何俊明、刘沧龙分别当选为全国工商联副主席和中国民间商会副会长。科创控股集团董事局主席何俊明、四川金象赛瑞化工股份有限公司董事长雷林获"2012年全国工商联科技创新企业家奖"。二是完成2012年度省、市（州）、县（市、区）共11510条工商联执、常委数据库信息建设工作。

十二、加强组织建设，不断夯实工作基础

一是严格入会条件、程序和管理，共走访考察会员企业500多家，批准直属会员企业14家。二是召开全省行业商会工作会议，并在全国工商联商会建设工作座谈会上作经验交流发言。全年共登记注册商会3家，另有10余家商会正在筹备中。三是加强对省工商联直属行业商会的监督、管理、服务和指导力度，努力提高行业商会的管理水平。四是会同有关部门联合制订《关于推动解决县级工商联建设中的突出问题工作实施方案》，基层工商联的机构编制、经费保障和办公条件得到明显改善。

十三、狠抓机关建设，提高履职服务水平

一是完善机关公文、公车、接待、慰问等制度，重新修订处室职责并上墙公开，主动接受群众监督。二是推行目标责任制，并定岗、定职、定责，机关办事程序进一步规范，办文办会质量进一步提高。三是不断推进机关干部队伍调整，干部队伍年轻化、专业化、知识化方面呈现出可喜变化，工作积极性、主动性和创造性不断提高，工作执行力和工作效能全面提升。

贵州省工商联2012年度工作综述

2012年，省工商联在省委省政府的正确领导下，在全国工商联和省委统战部的悉心指导下，以"同心"思想为引领，以促进"两个健康"为工作主题，以开展各类活动为载体，着力搭建服务民营经济发展平台，凝聚力、影响力、执行力显著增强，各项工作有序开展，取得了较好成绩。

一、成功召开第十一次会员代表大会，为工商联事业发展提供坚强保障

省工商联把顺利圆满召开第十一次会员代表大会作为工作的重中之重。按照省领导选好一个班子、起草好一个报告、开好一次大会的要求，在党组的带领下，班子成员深入基层和企业开展调研，广泛听取各方面的意见和建议，认真遴选、推荐执委会和常委会组成人员；同时，成立工作报告起草小组，反复征求各地工商联和民营企业家意见，多次召开专题会议研究，对开好会员代表大会做了全面充分的准备。8月，省工商联第十一次会员代表大会成功召开，选举产生了新一届领导班子，提出了新形势下工商联奋斗目标，顺利实现了班子的新老交替。大家普遍反映，此次会员代表大会是历届会员代表大会代表人数最多、会议规格最高、影响面最大、参会率最高、社会反响最好、取得成果最丰硕、开得最成功的代表大会之一，充分展现了省工商联党组的核心领导能力和全省会员和干部团结、爱会、向上的精、气、神。

二、认真谋划和开展工作，积极探索工商联服务民营经济发展的新路子

新一届省工商联领导班子在认真研判全省民营经济和工商联事业发展阶段性特征的基础上，提出了"解放思想，开拓创新，围绕中心，服务大局，重心下移，打牢基础，以活动带动省工商联工作迈上新台阶"的工作思路，勇于实践，勇于创新，在全面完成全年目标任务的基础上，各方面工作都取得了长足的进步。

调研出成果。年初"两会"上，省联提出的"关于对全国民营企业助推贵州发展大会签约项目落地情况进行督察"的团体提案得到有关部门的高度重视，省委办公厅、省政府办公厅决定由"两办督察室"牵头，省工商联参与开展专项督察工作，形成的"督察专报"由时任省委书记栗战书同志亲自签发报全国工商联，得到全联主要领导的高度赞扬；11月，省联完成的"全省重点行业民营经济布局情况调研报告"，得到了省委赵克志书记批示表扬；完成的"2011年度贵州民营经济发展报告"、"贵州民营企业人才队伍建设调研报告"被及时提交省委十一届二次全体会议文件起草组参考，所提部分意见和建议得到采纳并写入省委全会出台的相关文件之中；完成的"全省民营企业承担社会责任情况调研报告"、"全省民营经济发展现状及建议"及时为省委决策提供了参考，受到省委有关部门好评。

培训有创新。积极支持、配合贵州长通集团引进EMBA教育模式组织实施全省工商联"优秀会员企业家成长培训计划"，自8月开班以来已成功举办5期培训班，全省9个市（州）工商联组织了2000多人次参加学习，从第一期的200多位学员到第五期的700多位学员，会员学习热情逐步提高、参与面越来越广，反响非常好。另外，与香港理工大学、浙江大学等境内（外）高校及省社会主义学院合作，举办民营企业家、商会秘书长及工商联机关干部培训班，为大家开阔眼界、提升素质拓宽了渠道。

宣传见成效。11月，《经济日报》记者专访了省工商联及部分会员企业，以"贵州民营经济扬帆远航"为题，整版宣传报道了我省民营经济在后发赶超中勇挑大梁的风貌；省联与《贵州日报》合作，以"民企进园区"为主题，大力宣传民营企业在助推县域经济发展中所发挥的重要作用；继续发挥《中华工商时报》舆论阵地作用，将我省民营企业新风貌、新作为以及全省工商联的新思路、新做法在全国范围内进行宣传。据不完全统计，自换届以来，省工商联在省内、外媒体和自办媒体登载的各类信息达3000余篇（条），为贵州省民营经济发展营造了良好的舆论氛围。

引资有收获。2012年，省联圆满完成了省政府交办的6次重大邀商、招商引资活动，其间积极参与重点项目对接，先后与名列世界500强的美国思科集团、名列中国500强的中国北车集团等海内外企业、省内外异地商会、异地贵州商会等对接，通过实地考察、项目推介、政商恳谈等方式，千方百计促成项目签约落地。在省联的努力下，目前已有预计投资近千亿的多个项目开工投建，一批项目正在考察和洽谈当中。

走进基层推小康。积极组织民营企业走进基层、走进园区，开展助推县域经济发展活动。2011年先后在大方、平坝、黔西、仁怀、桐梓五县举办项目推介活动，组织民营企业走进基层、走访园区，助推县域经济发展。与省经信委、贵州日报报业集团共同开展"民企走进园区、见面就是商机"活动，先后组织数百家民营企业和商（协）会走进丹寨、息烽、龙里等县工业园区考察，以实际行动贯彻落实省委十届二次全会精神。

帮助企业排难解忧。省联建立了班子专职成

员分工联系市、州工商联制度，主要领导带头走进基层，深入企业了解企业投资、经营中遇到的实际困难，在省政府分管领导、省直各部门的支持、帮助下，先后帮助益佰制药、勤邦生物、绿地环保、荣盛集团、中泉电器、东泰投资、市西商会等企业解决用地、环评、税收、上市筹备等问题，并将企业反映的共性问题以提案、建议等形式向有关部门反映，努力促进企业排除障碍，加速发展。

银、政、企合作有新举措。9 月，省工商联及直属行业商（协）会分别与省农村信用社签署了为期五年的战略合作协议，涉及贷款授信金额 1000 亿元。10 月，省工商联与省民营经济发展局签订战略合作框架协议，达成了在推进民营经济发展规划的制定、发展环境改善、对外开放水平提高以及促进民营企业健康发展和民营企业家健康成长等 6 个方面合作的共识。

创先争优结硕果。工商联作为指导全省民营企业开展创先争优活动的成员单位之一，依托全省基层组织创造性地开展活动，成果丰硕。截至目前，在全省 16843 户民营企业中，有 6709 户建立了党组织，其中，新建党组织 1691 个，新发展党员 2110 名，我省取得了民营经济组织新建党组织数量上升到全国第 6 位、新建党组织企业比例上升到全国第 3 位的好成绩。11 月，省工商联与省委组织部、省委统战部共同在仁怀市召开了全省民营企业党组织建设暨"万企帮村"经验交流会，及时总结和交流了经验，进一步推动了非公企业党建工作健康开展。

引导民营企业承担社会责任有成绩。省工商联通过与省直有关部门、省联直属商（协）会等合作，开展"同心"工程、推进"万企助村"、

开展"送医送药送健康"、实施"彩虹雨"项目、发放"红丝带健康包"等活动，引导民营企业积极参与社会扶贫与服务，累计捐款捐物达 17 多亿元，其中，"同心"工程捐款 4300 多万元，"万企助村"16.7 亿元，在社会上产生了广泛影响。省工商联还先后组织了近 5000 家民营企业参与招聘活动，提供就业岗位 12.5 万个，达成就业意向 4000 多个。

民营企业发展树典型。在省工商联的推荐下，一批民营企业得到了全国的表彰，包括首次入选全国民营企业 500 强的贵州宏立城集团；全国十佳小型微型企业典型松桃苗绣公司；全国工商联科技进步一等奖贵州川恒化工有限公司，三等奖贵州桑立洁净能源科技开发有限公司；全国转型升级发展典型贵州百灵集团，等等。

三、努力加强工商联自身建设，为今后发展打好基础

大力推进基层工商联建设。省工商联与省委统战部在黔西县召开了"全省基层工商联建设经验交流会"，对贵州省基层工商联建设经验做了进一步提炼，对下一步工作进行认真安排部署。

大力加强省联机关自身建设。制定或完善了《党政联席会议制度》、《机关公文处理办法》、《宣传信息工作报送管理制度》、《机关考勤制度》、《信息文稿采用奖励办法》等相关制度和办法，使决策、议事程序更加科学有效；开展商会会费的收缴工作，得到广大执、常委特别是各位副主席、副会长的大力支持；经多方协调和努力，省联机关得以增设了一个内设机构，增加了一名处级领导职数；加强文件督办工作，使文件的办理办结更加有序和及时。

云南省工商联 2012 年度工作综述

2012 年，面对世界经济复苏明显放缓和国内经济下行压力加大的严峻形势，云南省各级工商

联组织认真贯彻落实党中央国务院和省委省政府的战略部署，积极适应经济形势的发展变化，以

促进非公有制经济健康发展和非公有制经济人士健康成长为目标，认真履行职能，强化服务意识，狠抓工作落实，圆满完成年度各项工作任务。

一、加强思想政治工作，始终保持正确的政治方向

认真组织工商联干部职工和非公有制经济人士学习传达党的十八大精神。组织召开省工商联学习贯彻十八大精神动员会，邀请专家学者为非公有制经济组织党员宣讲十八大精神。组织所属各基层党组织深入学习贯彻党的十八大精神，广泛开展带头学习、带头争先、带头守法、带头创新、带头建功的"五带头"活动，迅速在非公有制企业党员和职工中掀起学习宣传贯彻党的十八大精神热潮。继续推进创先争优活动深入开展，全省共有8359个非公有制经济组织基层党组织和近10万名党员参加了活动。认真开展"四群"教育活动，把"四群"教育与推进"两个健康"目标相结合，紧紧围绕"访民情、抓落实、办实事、强组织、谋发展、促和谐"六项任务，既联系农村农户，又联系民营企业。省工商联组织动员部分民营企业家为"四群"教育联系点共捐赠资金106万元，积极帮助当地群众解决住房、生活、就医等困难。

二、努力提高经济服务水平，促进非公有制经济加快发展

紧紧围绕实施"桥头堡"战略以及打好"县域经济、民营经济、园区经济"三大战役，努力提高经济服务水平。成功承办省委、省政府在北京召开的民企入滇助推云南产业发展座谈会和在昆明召开的民企入滇助推桥头堡建设大会，为民企入滇签约项目金额过万亿做出了积极贡献。配合省招商局做好省领导到浙江、福建、上海、江苏、贵州等地的招商引资和项目推介工作。全力抓好全省工商联系统鼓励创业小额贷款工作任务，截至2012年底，通过"贷免扶补"政策，累计扶持15948人实现创业，发放贷款10.5亿元，带动就业4.8万余人。扶持138户劳动密集型企业实现持续发展，带动就业6000余人，累计获得专项工作经费5300万元，争取中央财政贴息近2亿元。加强与浙江省工商联和各行业商会联系，组织200多户浙江当地的知名民营企业家参加滇浙经贸合作交流会。举办云南省鼓励民

间投资铁路建设推介会，积极动员民营企业参与云南铁路建设。组织企业家和商会代表共41人参加"首届世界晋商大会云南省邀商招商会"。组织我省民营企业和各州市工商联参加全省民营企业招聘周启动仪式及招聘周活动。组织企业参加军民两用高新技术全军采购，我省三家民营企业入选。与省工商局、工商银行云南省分行积极开展"工商搭台金融服务，助推民营经济发展"战略合作，举办"打造工商品牌推动民营经济发展"启动仪式。加强法律服务，协调维权案件，与省高院、省监察厅、省纪委建立工作联动机制；牵头开展企业减负专题调研及全省非公有制经济乱收费纠风治乱行动；组织行业商会参加全联法律部知识产权培训班；组织劳动争议预防与调解工作培训班。

三、深入开展调查研究，认真履行参政议政职能

省工商联组成四个专题调研组，分别完成了《云南省促进实体经济发展的政策建议》、《云南文化行业非公经济发展现状及展望》等专题的调研工作。配合全国工商联完成了小微型企业保生存谋发展、中国上规模民营企业调研等工作。根据省委常委会课题要求，完成了《云南非公经济发展现状与对策研究》起草工作。积极开展云南跨境经济合作区调研，实地考察河口口岸和磨憨口岸，完成了《云南跨境经济合作区建设调研报告》撰写工作。按照省政府关于调结构、转方式的要求，省工商联从各产业中选择100户龙头企业进行重点帮扶和重点监测，并开展民营企业转变发展方式典型案例征集评选活动。积极参与省委、省政府《关于加快民营经济发展的决定》、《关于推动工业跨越发展的决定》、《关于构建和发展和谐劳动关系的意见》、《云南瑞丽开放开发试验区建设总体发展规划》等政策文件的研究修改工作。向省金融办提出《关于推动我省企业上市融资的意见和建议》，向省纪委提出《关于改善非公经济发展环境的意见和建议》，充分发挥和彰显了工商联在相关法规政策制定中的重要作用。

四、发挥商会民间性优势，积极开展对外交流合作

省工商联领导随同李纪恒省长访问GMS五国。组织6个团组、54位企业家前往美国、加拿

大、俄罗斯、波兰等 12 个国家和地区进行经贸考察、参会参展。接待来自亚洲、欧洲、大洋洲等地区的商会及国际组织来访 6 批次，增进了云南民营企业与国外企业的了解互信，促进同国外商会、国际组织的友好往来，为企业"走出去"发挥了积极推动作用。配合全国工商联，在昆明成功举办大湄公河次区域（GMS）运输商协会启动会议。认真做好 GMS 运输商协会中国办公室的筹备工作，起草 GMS 运输商协会中国办公室中长期工作计划。积极配合省商务厅做好云南省商贸服务代表团赴香港、澳门、广东等地开展交流活动。组织企业代表近 300 人次，参加泰国清迈商品与服务推介会、泰国水果网站启动仪式、印度投资机遇推介会、大湄公河次区域运输商协会启动会议和 2012 年北美国际太阳能科技展览等经贸活动。与澳大利亚南澳州政府代表团共同举办"商务投资座谈会"，进一步了解澳大利亚矿产审批法律法规、项目审批、风力发电、可再生能源利用等相关信息。

五、以工商联换届工作为契机，进一步加强组织建设

省工商联成功召开第十一次会员代表大会，认真总结回顾过去五年工作，安排部署未来五年任务。组织云南代表团参加全国工商联第十一次会员代表大会。成功召开全省加强基层工商联建设、推动县域经济发展现场会，进一步促进和推动了全省基层工商联建设水平的提高。认真指导全省工商联系统会员发展和组织建设工作。截至 2012 年底，全省工商联会员数达 88947 个，比上年同期增长 12.8%。全省工商联基层组织 1080 个，比上年同期增长 16%。加强商会建设，成立云南省建材商会、云南省纺织协会、云南省玻璃商会。成功举办全省非公有制经济人士国庆中秋联谊会。以提升工商联领导干部能力素质为目标，紧紧围绕"两个健康"工作主题，在浙江大学成功举办全省工商联系统领导干部培训班。全省 16 个州（市）、129 个县（市、区）工商联主席、党组书记和省委统战部、省工商联机关干部共 282 人参加了培训。

六、加大光彩事业和扶贫力度，为实现共同富裕做出新的贡献

全省各级工商联和光彩会认真组织"云南红土情·光彩进万家——民营企业感恩行动"。截至 2012 年底，全省感恩行动共帮扶人员 30.65 万余人，资助资金 3.08 亿多元，捐赠实物合计 237.19 万元，实施惠民项目 82 个，到位资金 4.02 亿多元，参与活动企业数达 12433 户。省工商联组织 29 位云南知名企业家开展"华宁感恩行动"，捐赠资金 670.9 万元。组织沪滇对口帮扶的 6 个州市工商联领导组成代表团赴上海进行帮扶合作洽谈。组织企业参与"9·7"彝良抗震救灾活动，在第一时间紧急筹集 20 万元资金捐助灾区，随后又组织近百家民营企业向灾区捐赠 1794 万元资金和价值 115 万元的物资。省光彩会与昆明诺仕达集团共同举办"七彩云南助学资金"启动仪式，对 6 所院校 320 名贫困学生进行资助；与长江商学院第十九期 EMBA 一班同学共同发起，由云南锦康投资开发集团牵头共捐赠 40 万元，组织开展了慰问"中国远征军老兵"公益捐赠活动。加大对普洱市孟连县定点帮扶力度，扎实做好挂钩扶贫工作，全年直接投入资金 26 万元、物资价值 20 万元。

西藏自治区工商联 2012 年度工作综述

2012 年，西藏自治区工商联高扬"干事、创业"主旋律，紧紧围绕促进"两个健康"工作主题，积极服务全区发展稳定工作大局，脚踏实地为非公有制经济人士谋利益，真抓实干为非公有制企业办实事，全面提升工商联的凝聚力、影响力、执行力，取得了阶段性工作成果。

一、加强教育，思想政治建设得到新加强

结合新形势新任务，组织工商联干部职工和广大非公有制经济人士深入学习贯彻党的十八大精神以及胡锦涛同志在参加西藏代表团审议时的重要讲话精神等，组织"3·28西藏百万农奴解放纪念日"座谈会、先进事迹报告会，开展"四观、两论"教育、"三个离不开"教育、"反对分裂、维护稳定"教育，加强对干部职工的爱国主义、民族团结和社会主义核心价值体系教育，进一步打牢各民族共同团结奋斗、共同繁荣发展的思想基础。

二、主动作为，服务非公经济发展迈上新台阶

抓住贯彻落实中央16号文件和自治区首届非公有制经济发展大会精神主线，围绕服务非公有制经济大发展快发展大局，发挥独特优势，增强服务力度，提升服务效果。

一是扎实推进非公大会精神贯彻落实。以落实会议精神为首要任务，将"两个意见"细化为102条具体工作任务。积极协调自治区党办、政办出台藏党办发29号、30号文件，对贯彻会议精神作进一步分工。推动拉萨市出台引导和鼓励非公有制资本参与"一区三园"建设等23方面优惠政策，日喀则地区采取"三不、六零"（"不违法"、"不后悔"、"不赔本"，"注册零收费、工作零差错、企业服务零距离、行政事业零收费、投资外环境零风险、环境零污染"）措施，山南地区采取设立中小企业发展专项资金等11项措施。自治区政府批准财政、税务部门调整四项非公有制企业税收政策，西藏出入境检验检疫局出台6项服务非公有制经济发展的措施，区工商局实行"零收费注册"，人民银行拉萨中心支行积极加大信贷支持力度、创新金融产品，区新闻出版局提出积极扶持非公有制出版企业，区党委政法委明确4方面措施促进非公有制经济发展，区商务厅出台推进非公有制经济跨越式发展的8条措施等。

二是积极开展商贸活动。邀请内地17个援藏省市工商界来藏洽谈项目，组织区内非公有制企业到内地和新加坡、澳大利亚、尼泊尔、德国、芬兰等国家及我国港澳台等地参加各种经贸洽谈，考察学习；与内地有关方面合作，在上海浦东奉贤经济技术开发区组建西藏非公有制企业特色产品营销中心，依托福建平潭建立闽藏台经济文化交流中心，积极筹备组织非公有制企业到台湾举办西藏特色产品展览及文化周，协调安排工商联干部和非公有制经济人士赴新加坡及内地参观考察交流等。积极配合全国工商联与拉萨市共同举办"全国民营企业家拉萨行活动"，28家企业（其中全国民企500强8家）签约项目28个，集中开工项目16个，意向签约项目13个，总投资508.47亿元，加上活动后续签约总额接近600多亿元，取得前所未有的良好效果。

三是搭建融资上市平台。与中国进出口银行成都分行、中国证券监管委员会西藏监管局、西藏银行、中国银行、农行西藏分行、农业发展银行西藏分行签订战略合作协议，共同搭建私营企业融资、上市平台，推荐30家非公有制企业近12亿元的贷款项目；举办西藏华钰矿业开发有限公司上市筹备工作情况汇报会，积极协调区金融办、发改委、国土、环保、安监、证监等共同推动有实力的民营企业上市；促成西藏通泰小额贷款公司成立并与西藏江苏商会联合开展苏商贷款担保业务，开创了我区"商会担保贷款"新模式。

四是开辟扶持非公有制企业发展新渠道。推动自治区财政厅出台《西藏自治区非公有制经济发展专项资金管理办法》（藏财字〔2012〕128号），明确由工商联会同财政厅确定年度非公经济发展资金的支持重点和扶持范围，负责组织工商联会员企业申报项目，参与项目的评审、监督与验收。2012年组织申报非公有制经济扶持项目275个，最终审核评审通过77个，下达项目资金15179万元。

五是构建和谐劳动关系。与区人社厅、总工会构建三方参与的非公有制企业和谐劳动关系协调联动机制；与人社厅共同举办民营企业招聘周活动；促成自治区高级人民法院出台《关于充分发挥民商事审判职能，为我区非公有制企业发展提供司法保障的意见》；指导7家非公有制企业与员工签订了《企业工资集体合同》。

六是加强人才培训服务。开展企业经营管理人员培训、企业高管和工商联干部培训、企业社会保险培训、职业化心态和精细化管理培训、企

业文化建设等培训班 40 余场次；协调安排非公有制经济人士参加财政厅小企业会计准则培训班；组织非公有制经济人士赴内地和国外参加学习培训、交流活动，与上海浦东干部管理学院达成企业高管培训协议，下功夫提高干部和企业家的素质。

七是加强政策信息服务。在中国西藏新闻网开辟"西藏非公有制经济之窗"，推荐区工商联编撰的招商引资项目书、政策法规和全区非公有制经济发展动态，推动产业优化升级和企业技术进步；编发《商会信息》117 期、《政策法规资讯》30 期、《商会动态》8 期，为企业提供政策、信息、法律等服务。

三、实事求是，积极为非公有制经济发展建言献策

组织 4 个调研组 20 余人，深入全区七地市、38 个县（市、区）、160 余家非公有制企业，开展大调研活动，进一步做到企业总数清、经营状况清、职工情况清、业主情况清、党员情况清、组织建设清，并向区党委上报了详细的分类情况报告；牵头起草并以自治区人民政府名义印发《西藏自治区非公有制经济中长期发展规划纲要（2011～2020 年）》；向自治区政府上报《关于创新工作机制完善管理办法加强非公有制经济扶持资金管理的意见》；牵头起草《西藏非公有制经济发展报告（2007～2011 年）》等；深入调研非公有制企业生存发展困难，向区党委报送《关于非公大会贯彻落实情况报告》等多篇调研报告，区党委政研室根据所提建议，完成了《坚持放心放开放宽放胆放手推动全区非公有制经济大发展快发展的调研报告》，得到自治区党委政府主要领导高度重视，并责成区党委办公厅和区政府办公厅对会议贯彻落实情况进行专项督察。

四、积极引导，推动非公有制企业承担社会责任有新亮点

出台《非公经济代表人士思想政治工作意见》，召开全区非公有制经济人士思想政治工作会议，组织非公有制经济人士参与创先争优、基层组织建设年、强基惠民等活动。协调非公有制企业为农牧区捐助资金、实物和项目累计 170 余万元；组织企业开展"抓稳定、促发展，建设美好家园"回报社会感恩行动等，慰问驻村、驻寺

干部及基层群众款物 200 万元；慰问拉萨便民警务站全体干警捐款物 50 万元；与藏医学院联合开展扶贫助学促进就业第一批捐款 50 万元。

五、注重实效，推动强基惠民活动结出新硕果

按照区党委统一部署，选派两个工作队，分别进驻山南隆子县加玉乡杆吉村和日喀则岗巴县直克乡乃村开展"强基础惠民生"活动。一年来，两工作队积极为基层办了数十件实事，累计投入款物近 400 万元，其中，走访贫困户、五保户、普通群众 2200 余人次，开展集中宣讲 24 场次，发放宣传资料 1200 余份，发放各类生活用品和现金折合 12 万余元；组织 27 名年轻党员和群众到拉萨学习驾驶、烹饪、种养殖等技术；投入 30 万元帮助杆吉村修建莫嘎致富路，投入 10 万元帮助村里发展面粉加工坊、榨油坊等经济实体，建起第一个馒头店，使村里群众"第一次吃上热馒头"；为两个村争取"西部光彩帮扶基金"200 万元，用于饮水和灌溉项目；为群众购买发放良种奶牛 144 头，修建 8 座温室，等等。

六、迎难而上，推动全区非公党建工作有了新面貌

一是理顺体制机制，健全工作机构。起草并协调区党委办公厅印发《关于加强和改进非公有制经济组织党的建设工作的实施意见》（藏党办发〔2012〕29 号），协调区党委正式成立自治区非公党工委，建立了非公党建等一系列制度，推动了非公党建工作规范化和科学化。

二是不断扩大党的组织和工作覆盖。新发展435 名党员。新组建 18 个党支部和 2 个非公有制企业党委。在区工商联 129 家会员企业中帮助建立 26 家工会组织、5 家团组织、5 家妇女组织。制定《关于在全区推广建立非公有制经济组织党员服务站的意见》，指导西藏宏绩集团等 3 家公司建立党员服务站。

三是不断建强党建工作队伍。制定《党组织书记培训计划》，与区党委党校、黑龙江省工商联达成协议，每年组织非公有制企业党务工作者到浙江大学进行培训；举办 3 期非公组织党组织书记培训班，培训 350 人次；召开"全区选派非公有制企业党建工作指导员大会"，从自治区 77 个区（中）直党政机关单位的干部和离退休人员

中，选派 300 名党建工作指导员到规模以上非公有制企业和规模较大的非公有制企业开展党建工作。

七、积极进取，工商联自身建设迈出新步伐

顺利召开第五次会员代表大会，选举产生了新一届工商联（总商会）领导班子，全区各级工商联会员达到 3151 个（其中企业会员 646 家；个人会员 2485 人），自治区工商联第五届执委会

执委达到 90 名，常委达到 41 名；制定《关于发挥兼职领导作用的意见》，积极促进兼职会领导参与工商联工作，发挥应有作用；以地市工商联换届为契机，将 7 地市工商联"县级建制，机构单设"落到实处，全区设工商联的县（市、区）从 6 个增加到 15 个，专兼职人员从 70 人增加到 150 余人；正式建立了 16 个行业协会、异地商会等组织，归口管理了 4 个行业协会组织。

陕西省工商联 2012 年度工作综述

2012 年，陕西省工商联在省委、省政府的正确领导和省委统战部的具体指导下，深入贯彻落实科学发展观，认真学习贯彻党的十八大和全国工商联十一大精神，积极推动中央 16 号文件和陕发〔2011〕12 号文件精神落实，紧紧围绕省委、省政府中心任务，牢牢把握工作主题，认真履行各项工作职能，以转变经济发展方式为主线，以培养合格中国特色社会主义事业建设者为目标，有力地促进了非公有制经济的健康发展和非公有制经济人士的健康成长。在陕西省委 2012 年组织的年终目标考核中，工商联机关被评为"优秀"单位。

一、筹备召开会员代表大会，圆满完成领导班子新老交替

在省委的正确领导下，在省委统战部的指导下，陕西省工商业联合会第十一次会员代表大会于 2012 年 9 月 27 日至 29 日在西安召开，大会选举产生了新一届领导机构，圆满完成了换届任务。陕西省委书记赵乐际、省长赵正永、省政协主席马中平、省委副书记孙清云看望了与会代表并合影留念。全国工商联副主席庄聪生，省委常委、省纪委书记郭永平出席开幕式并讲话，他充分肯定了省工商联十届执行委员会以往的工作，并对即将产生的新一届工商联执委会提出了希望。省人大常委会副主任、民盟陕西省委会主委张道宏，陕西省副省

长、农工党陕西省委会主委朱静芝，省政协副主席、省委统战部长周一波出席大会。省政协副主席、民建陕西省委会主委李冬玉，省总工会副主席王淑琳分别代表省级各民主党派和各人民团体向大会致贺词。会议审议并通过了陕西省工商联第十届执委会工作报告，选举产生了第十一届陕西省工商联执委会和总商会领导班子，表彰了陕西省工商联系统 80 名先进工作者。向全省非公有制企业发出了《关于推进非公有制企业文化建设倡议书》，新当选的 45 名省工商联企业家副主席、省总商会企业家副会长向全省非公有制经济人士发出了《关于推进非公有制企业参与扶贫开发倡议书》。

二、宣传引导，做好非公有制经济人士思想政治工作

抓宣传——通过《陕西新工商》、《信息快讯》、《商界·陕西》、陕西省工商联门户网站等宣传平台展示非公有制经济风采；通过召开新闻媒体负责人座谈会，为非公有制企业发展营造良好舆论环境；与陕西广播电视台、《陕西日报》、《中华工商时报》、新华网、人民网等媒体建立了良好的合作关系，全年共撰写新闻稿件 50 余篇，及时报道了工商联的各项重要工作。联合《中华工商时报》采访了省长赵正永，并在《中华工商时报》刊登；在全省工商联系统开展了"唱响同心曲、永远跟党走"主题实践活动，既宣传了党

的方针政策，又增强了非公有制经济的凝聚力。树典型——省工商联积极做好树典型、学榜样活动。经省工商联推荐，西安金花企业集团和西安大唐西市文化产业投资有限公司党委被评为陕西省创先争优先进党组织，西安金花企业集团党委被评为"全国非公有制经济组织创先争优先进基层组织"，其先进典型材料入编《中国非公有制企业党的建设探索情况报告》。搞培训——省工商联举办了市县工商联领导干部培训班；配合省委统战部举办了全省工商联主席、党组书记培训班和非公有制经济人士培训班，51人参加了培训。做表彰——表彰了"2012年度全省工商联系统先进工作者"80名，"2012年度热爱工商联事业优秀会员"120名，"在市、县（市、区）工商联连续工作满15年和在省工商联连续工作满20年的干部"151名。授予西安等5个市级工商联和莲湖区等45个县（市、区）级工商联"2012年度工商联系统会务工作先进单位"。向全国工商联推荐科技进步奖2家、创新企业家奖1人。

三、广泛开展调查研究，积极履行参政议政职能

为适应新形势、新任务要求，省工商联先后多次开展调查研究工作。一是围绕省非公有制经济发展情况开展调研。通过走访省统计局、工商局、国税局、地税局、商务厅等相关单位，调查收集有关陕西省非公有制经济发展的数据资料，完成的《陕西民营经济发展报告（2011）》上报省委、省政府，同时编入全国工商联《中国民营经济发展报告（2011）》。配合中央统战部、国家工商管理局、全国工商联和全国民（私）营经济研究会完成了第十一次私营企业问卷调查，发放抽样和跟踪问卷77份。独立开展省私营企业抽样问卷调查，形成了《2012年陕西省私营企业问卷调查分析报告》，作为情况专报送省委省政府领导。上规模民营企业调研工作，获全国工商联民营企业上规模调研三等奖。二是围绕工商联基层组织建设开展调研。对县级工商联领导班子配备、人员编制、办公经费等进行全面统计摸排，赴吴堡县、清涧县、镇巴县等地进行实地调查研究和统计汇总，完成《积极开拓进取，不断加强县级工商联建设》、《求真务实，积极努力，切实推动商会建设》两份调研报告，在全国工商联召

开的组织工作西北片会上，受到肯定和表扬，并在全国予以推广。三是围绕构建和谐劳动关系开展调研。与省总工会联合，在省工商联直属会员企业和宝鸡、汉中地区的会员企业中，进行了"厂务公开民主管理制度建设"调研，形成了《构建和谐劳动关系，促进非公有制企业健康发展》的调研报告，为起草《陕西省职工民主管理条例》提供参考，省工商联被陕西省厂务公开领导小组推荐为"全国推动厂务公开民主管理工作先进单位"。四是围绕构建企业文化开展调研。贯彻落实全国民营企业文化建设座谈会精神，深入会员企业调研指导开展文化建设，形成了《陕西省非公有制企业文化建设调研报告》。五是继续就中央和省委加强和改进新形势下工商联工作的文件落实情况进行调研。了解掌握各地贯彻落实文件和工作会议精神情况，就存在的问题向省委省政府提出加强专项督察的建议，推动各项政策措施的落实。

在调研的基础上，围绕推动社会管理创新、规范民间借贷、建立完善企业社会服务体系建设和信用体系建设等重点、热点问题，向省政协十届五次会议提交集体提案9件，大会发言、常委会发言4份，撰写全国人大十一届五次会议议案9件，其中有两件提案被列为省领导重点督办，三件提案被评为优秀。

四、加强对外交流合作，创新经济服务模式

在加强对外交流合作方面，省工商联全年为会员企业办理因公出国（境）任务报批、政审、护照、签证和因私出国手续118人次，组织了2个代表团共计55人赴俄罗斯、瑞典、德国，美国、加拿大考察访问。接待了来自美国、德国、捷克、日本、韩国、新加坡、我国香港等8个国家和地区的驻华机构、商会及企业人员120多人次。与美国驻华大使馆商务处联合举办了"美中医院与养老建设研讨会"，与香港贸发局、香港特别行政区政府投资推广署、中央人民政府驻香港特别行政区联络办公室经济处联合举办了"现代服务业研讨会暨经贸合作交流会"、"高新科技企业发展机遇研讨会"。省工商联被省政府外事办评为"陕西省因公出国（境）管理工作先进单位"。

在经济服务方面，进一步完善"陕西省纳税人维权服务中心"组织体系，共建立各级维权服

务中心 97 个，其中省级 1 个，市级 10 个，县级 86 个。与省地税局联合举办了"陕西省纳税人维权服务中心走进商会"系列活动，省工商联、省地税局有关领导出席，省地税局各税政部门干部和房地产、广西、江苏、福建、川渝等 5 家商会近 40 家企业代表共 50 余人参加了会议。第十六届东西部合作与投资贸易洽谈会期间，省工商联积极参与会议筹备，邀请全国工商联党组副书记、副主席褚平出席开幕式及有关活动，并完成各项工作 13 项，共组织近 200 家企业参加有关活动，被省政府评为"第十六届西洽会先进单位"。在省政府举办的"第二届陕粤港澳经济合作周"活动中，邀请当地部分企业家参加各项推介交流活动。组织部分民营企业参加了"2012 中国民营企业 500 强"发布会、西博会、青洽会等活动。与铜川市委、市政府联合举办了"省内外知名民营企业家铜川行"活动，召开了招商项目推介大会，部分参会企业家对部分项目进行了实地考察，省工商联、铜川市委市政府主要领导及铜川市有关部门负责人和省内部分知名民营企业家、商会代表约 100 人参加了活动。

在缓解融资难题方面，省工商联与工商银行陕西分行联合开展"访商会、进企业"活动以及银企座谈会。与省科委、省教委、省发改委等部门联系，成立专家委员会，牵头组建了一期注册资金 17 亿元的"陕西和谐投资股份有限公司"，并与长安银行、西安银行、中国工商银行陕西省分行等 10 家金融机构签署了战略合作协议。7 月 31 日，陕西和谐投资股份有限公司成立大会暨揭牌仪式在省政府综合楼隆重举行。时任省委副书记、省长赵正永为公司揭牌并讲话，省人大常委

会副主任罗振江参加揭牌仪式。

五、壮大会员队伍，夯实组织建设基础

截至 2012 年底，全省各级工商联共发展新会员 3440 个，会员总数达到 71885 个。新建县（市、区）工商联、行业商会等基层组织 46 个，总数达到 1236 个，已经在民政部门登记为社团法人的 72 家。2012 年度核准登记的商会有陕西省书业商会、陕西省工艺礼品商会、陕西省旅游文化产业商会、陕西省商贸市场商会、陕西省农副食品商会、陕西省企业友谊商会、陕西省重型汽车商会；正在办理和履行相关登记程序的有陕西省家居商会、陕西省不锈钢商会、陕西省家电商会。根据全国工商联会员及组织情况数据库建设要求，在全省 10 个市、107 个县级工商联开展信息采集，录入省工商联执委 287 名、市工商联执委 1110 名和县级工商联执委 3094 名，总信息量 233532 项（条）。

六、光彩事业得到新发展

依据工商联章程有关规定，在省慈善协会的指导下，省工商联筹备成立了"陕西省工商业联合会同心光彩慈善会"。5 月 29 日，在省政府举行的慈善答谢会上，时任省委副书记、省长赵正永及其他领导同志向 11 位首期设立冠名基金的民营企业家颁发了荣誉证书和纪念宝鼎。截至 2012 年底，已有 12 家企业设立了 13 个总金额 4.14 亿元的冠名基金，当年可用资金 2070 万元。光彩慈善会已开展项目 21 项，使用资金 917.4 万元，其中助学项目 5 项、直接受助学生 179 人、扶贫项目 12 项、建设慈安桥 48 座、"慈善筑巢" 11 个、灾害救助 1 项、大病救助 3 人。陕西省工商联副主席李建军在中国光彩会四届三次理事会上荣获"光彩事业组织奖"。

甘肃省工商联 2012 年度工作综述

2012 年，是甘肃省非公有制经济发展环境大为改观的一年，是工商联奋发有为锐意进取的一年。一年来，省工商联深入学习贯彻党的十八大

和全联十一大会议精神，以科学发展观为指导，以促进"两个健康"为己任，大力实施"331"战略计划，主动作为，创新发展，示范带动，整

体提升，全省非公有制经济发展呈现新气象，工商联工作跃上新台阶。

一、下大气力，全面抓好中央 16 号文件精神的贯彻落实

（一）大力改善非公有制经济发展环境

一年来，甘肃省委省政府从甘肃与全国同步进入全面小康社会的战略高度推动非公有制经济转型跨越，以省第十二次党代会提出的未来五年非公有制经济占全省经济总量 50% 以上为奋斗目标，省委、省政府成立了全省促进非公经济发展领导小组，出台了《关于推动非公有制经济跨越发展的意见》（甘发〔2012〕19 号），以开展十大工程为抓手从六个方面支持非公有制经济发展。

（二）扎实推进中央 16 号文件落实

各地按照省委、省政府要求，精心组织、周密部署，下发工作通报，实地指导督察，推动中央 16 号文件和省委、省政府"一会三个文件"的贯彻落实。目前，全省 14 个市州全部下发了贯彻意见，白银市等 5 个市召开了贯彻落实大会；全省 86 个县市区中，48 个出台了贯彻意见，23 个召开了贯彻会议。酒泉市将非公有制企业对市县财政新增贡献额的 20%，用于分级设立非公有制经济发展专项基金。庆阳市计划利用三年时间在全市创建 1000 户小微型企业。白银市工商联工作经费由 7 万元增加到 30 万元并列入财政预算。

（三）认真学习贯彻十八大精神

按照省工商联的安排部署，全省各级工商联组织开展了学习十八大精神、座谈讨论、宣传教育、调查研究等四项活动，把学习贯彻十八大精神与落实中央 16 号文件、推进全省非公有制经济转型跨越、"民企陇上行"专项行动结合起来，用十八大精神推进工商联工作。

二、转变发展方式，全力推进非公有制经济健康发展

（一）强力推进商会大厦建设

由省工商联带头，各级工商联运用市场化手段，公司化运作方式推动商会大厦建设，工程有了实质性进展。省工商联牵头组织甘肃奇正藏药集团等七家非公有制企业发起成立甘肃远志置业投资公司，甘肃商会大厦已开工建设。金昌、平凉商会大厦也已开工，白银、酒泉、庆阳等市州

已进入实质性操作阶段，武威、张掖等市州已启动方案初设和土地选址。舟曲、靖远、陇西、玉门等一批县级工商联也已启动商会大厦建设。

（二）广泛开展经贸活动

承办了甘肃投资环境（西安）说明会，组织了 50 余名企业家参加。组织民营企业家参加了"2012 全国知名民营企业家暨第七届泛成渝经济区商会合作峰会"，参与组织了首批创业板上市 28 家民营企业在酒泉召开的创业板 C28 酒泉高峰论坛。组团参加了以"新晋商、新山西、新跨越"为主题的首届世界晋商大会。

（三）着力推进金融科技工作

继续加大与省内金融机构的联系合作，为企业搭建投融资服务平台。和中国银行兰州分行共同组织举办了"高端国学主题沙龙"。和工商银行、甘肃银行共同组织举办了"全省小微企业融资对接会"。庆阳市指导新成立担保公司 12 家、小额贷款公司 19 家、村镇银行 2 家，全市民营金融机构达到 70 家，为 478 户中小企业融资 4.8 亿元。大得利制药有限公司获全国工商联科技进步奖二等奖。

（四）扎实开展"联村联户、为民富民"活动

省工商联筹资 130 万元完成了帮扶对象漳县马泉乡小城镇总体规划、农贸市场硬化工程、蔡家坪村谈家沟社人畜饮水工程、药材扶持发展基金、天庆奖学金等 10 件实事。采取"公司＋基地＋农户"的运作方式，动员甘肃伊真堂药业有限责任公司与马泉乡签订了药材订单，药材种植面积从 2011 年的 2500 亩扩大到 2012 年的 10750 亩、育苗 2000 亩，2012 年农民纯收入在 2011 年 2746 元的基础上实现了翻番。

三、凝心聚力，全力开展"民企陇上行"专项行动

（一）全力开展"民企陇上行"专项行动

3 月 8 日，省委、省政府在北京举办了"企业家联谊恳谈会"。5 月 22 日，省委、省政府主要领导专程前往北京拜会了全国工商联，与全国工商联达成了支持帮助甘肃发展的意见。省委、省政府专门成立了省"民企陇上行"专项行动领导小组，办公室设在省工商联。编制完成了甘肃 18 个国扶重点县的招商重点项目册，利用全国工

商联十届九次常委会和十一大进行项目推介，组团参加了 2012 年中国海外投资年会等招商活动，组团赴陕西、四川、重庆、河南、上海、江苏等省市开展项目推介活动，为 2013 年开展"民企陇上行"大型招商活动奠定了基础。

（二）积极协助办好第十八届"兰洽会"

首次将各商协会投资招商洽谈活动纳入到兰洽会正式议程，邀请全国工商联副主席李路及 14 个省市的工商联和 148 名企业家参会，举办了由省内外 31 家商会参加的项目建设座谈暨甘肃投资项目推介会，共签约项目 120 个，签约资金 866.83 亿元。兰州市举办了第十八届"兰洽会"工商联签约专场，签约合同项目 6 个，投资额 60.17 亿元。

（三）组织开展"商会对口帮扶"活动

省工商联按照"一会一企带一县"或"多会多企带一县"的模式，以产业和项目为纽带，组织动员省工商联企业家副主席和执常委、省商会联席会议 45 家成员单位对 18 个国扶重点县开展对口帮扶工作。积极争取全国工商联帮助，11 月 14 日，全国工商联 30 个直属商会和甘肃 18 个国扶重点县在北京签订了产业开发战略合作协议。全联旅游商会、全国工商联石油业商会、全联新能源商会等商会已赴成县、庆城县、景泰县等县区开展项目对接活动。

四、探索实践，努力做好非公有制经济人士的思想政治工作

（一）深入开展"五百五千"活动

大力弘扬"感恩文化"、"同心思想"，组织我省有特色的民营企业在北京、上海、广州等地设立直销中心。发动组织全省民营企业建设农业产业化项目 150 个，带动产业发展。组织民营企业救助了 210 名特困病人和 2866 名特困大学生。组织规模较大、经济效益较好的 170 户企业提供就业岗位，安置 4500 名大学生就业。帮助 119 个乡镇的 2256 户"三老"人员解决生产生活中的困难。

（二）积极开展培训活动

举办"非公经济论坛"，邀请全国人大原副委员长成思危、天津天士力药业董事长闫希军主讲。邀请金融专家举办在兰执常委金融知识讲座，组织 26 名非公有制经济人士赴美国参加为

期 21 天的学习培训活动。组织非公有制经济人士参加在上海复旦大学举办的第六期高级培训班，组织推荐 6 名青年企业家参加了"2012 蓬莱——未来之星"国际论坛。组织天庆集团、远达集团的企业家走进兰州大学，举办了"大学生就业辅导座谈会"。平凉市工商联举办了民营经济论坛暨"2012 经济形势与对策（平凉）论坛"。2012 年，全省市州工商联举办各类培训 35 期，培训人员 2500 人。

（三）大力开展光彩行动

与省委统战部、省光彩会共同组织开展了"同心·光彩陇原行"暨"同心·智慧陇原行"临潭大型系列活动，全国工商联及广西中恒集团向临潭县捐赠价值 200 万元的药品；动员全省 38 家民营企业捐款 363.5 万元。5 月 30 日，岷县暴发洪灾后，省工商联在第一时间组织在兰的 49 家民营企业向岷县灾区捐款捐物 606.06 万元。兰州市工商联开展了"爱心月"募捐活动，募集款物 221 万元。光彩事业统计获全联光彩事业统计二等奖。省工商联荣获舟曲特大山洪泥石流灾后重建先进单位。张勇、王焕臣、刘羽桐、刘建民等民营企业家获全联光彩事业表彰。

（四）认真开展招聘周活动

精心周密组织招聘周活动，全省共组织了 3067 家民营企业提供岗位信息 42675 个，签订就业意向协议 22722 人，签订职业技能培训意向 10564 人，为 21990 人次进行了维权法律援助，发放就业政策宣传资料 36 万余份。兰州市工商联被全联表彰为就业先进单位。

五、服务决策，不断提升工商联参政议政水平

（一）积极建言献策

向省政协提交了团体提案 9 件，社情民意 6 篇。省工信委、省发改委等 10 多个部门对提案进行了答复，多条建议被有关部门采纳。其中《关于引导民间资本进入文化产业的提案》（第 102 号提案）被评为优秀提案。积极参加各种专题议政会议，在省政协十届五次会议上做了《创新社会管理模式，发挥商会参与社会管理的作用》和《非公有制经济是实现甘肃转型跨越发展的重要力量》两篇大会发言，反响热烈。

（二）认真开展专题调研

建立了中小微企业监测点 103 个，开展了小微型企业"保生存谋发展"、民营企业参与文化大省建设等重点课题调研活动。向省委、省政府提出了促进非公有制经济发展和帮扶小微企业的建议。完成了《全省小型微型企业的调研报告》等 80 余篇调研报告。其中《2011 年甘肃工商联上规模民营企业调研报告》获全联上规模民营企业调研三等奖。

（三）着力做好信息工作

建立了"信息直通车"，刊发信息 3084 条，同比增长 153%；全国工商联信息平台采用 722 条，同比增长 245%；全年共编辑刊发《工作通讯》、《工作通报》、《工商联信息》、《甘肃工商联信息专报》共 36 期；全国工商联刊物刊发 15 篇，刊发《甘肃工商》杂志 3 期，承办了全联信息员培训会议，全年信息积分位列全国第一，被全联评为信息工作先进集体。

六、适应要求，着力抓好工商联自身建设

（一）全面完成工商联换届工作

顺利召开省第十一次会员代表大会，全省 365 名代表参加了会议，全国工商联和省委省政府领导出席会议并作重要讲话，选举产生了新一届执行委员会和领导班子。协调指导市、县工商联按照要求完成换届工作，选好配强领导班子。

（二）加强商会会员建设

2012 年，全省新建商会 116 个，总数达到 1669 个，同比增长 7%；发展会员 4396 个，总数达到 68494 个，同比增长 6.9%。其中，省联新建直属商会 6 个。制定了《甘肃省工商联直属商会管理办法》，完成了省市县工商联 5419 名

执委常委数据库建设工作。组织 45 家联席成员商会会长和代表 260 人走进白银，助推地方经济发展，签订协议项目 8 个，协议资金 30.86 亿元。省工商联与甘肃银行签订战略合作协议，全省商会联席会成员单位获 100 亿元贷款授信额度。

（三）加强县级工商联建设

协助全国工商联开展了县级工商联建设调研并承办了"全联县级工商联建设西部片会"。制订了《关于推动解决县级工商联建设中的突出问题工作实施方案》，提出了"一个设立"和"五个有"目标，明确了解决办法和时限。全省县级工商联中成立党组 71 家，增加 6 家；独立办公达 67 家，增加 11 家；经费列入同级财政预算 75 家，增加 4 家；有办公用车 26 家，增加 9 家；编制总数 342 名，增加 38 名。

（四）加强省工商联机关建设

完成省工商培训学院机构审批，省联机关坚持周四经常性学习制度，举办全省工商联系统领导干部培训班。完成了对市州工商联 2012 年考核工作。选调干部 4 名，1 名副主席转任为党组副书记，1 名处级干部提拔为副主席。出台了工作督察制度，认真推行机关岗位责任制，机关办事程序进一步规范，办文办会质量进一步提高，工作执行力和工作效能全面提升。

2012 年，甘肃省工商联的凝聚力明显增强，影响力显著提升，执行力进一步提高，各项工作都有了新的进步。新的一年，甘肃省工商联将在省委、省政府的领导下，在全国工商联和甘肃省委统战部的指导下，认真履行职能，充分发挥作用，把各项工作更进一步推向前进。

青海省工商联 2012 年度工作综述

2012 年省工商联在省委、省政府的正确领导下，在全国工商联和省委统战部的指导帮助下，认真学习贯彻十八大精神和省党代会精神，充分发挥"桥梁、纽带和助手"作用，紧紧围绕"四个发展"的主线和"两个健康"的主题开展工作，推动了工商联事业科学发展的步伐，取得了

良好的成绩。

一、加强思想政治工作

各级工商联通过学习会、报告会、下发学习资料等形式，认真组织非公有制经济人士学习党的十八大和省第十二次党代会精神。省第十二次党代会闭幕后，及时组织非公经济人士学习会议精神，并把学习党代会精神列为省工商联第十次会员代表大会重要议程，引导非公经济人士和工商联干部在工作中加以贯彻落实。十八大开幕当天，组织非公经济人士和工商联干部集中收看开幕盛况，并就非公有制经济领域如何贯彻落实好十八大精神进行座谈。同时，邀请十八大代表为300多名非公经济人士和工商联干部宣讲十八大精神，收到了良好的效果。

以外出考察、学习、培训为载体加强思想政治工作，促进非公有制经济人士综合素质的提高。先后与省人力资源和社会保障厅、省总工会、省企业联合会等部门合作，分别在中央财经大学和深圳中旭股份公司举办了两期优秀非公有制企业董事长、总经理"和谐劳动关系"专题研修班。同时，通过树立榜样和典型示范带动的力量，加强对非公有制经济人士的教育引导。通过层层推荐、考察、公示等程序，在省联第十次会员代表大会上表彰了50名优秀社会主义事业建设者。积极向全国工商联推荐了16名全联十一大代表和执常委候选人，并推荐正平集团董事长金生光为全国"五一"劳动奖章获得者候选人。

二、加强队伍建设

按照省委的要求，精心筹备省联换届工作，并于8月26日召开了省工商联第十次会员代表大会，选举产生了新一届执行委员会、常务委员会和领导班子，顺利完成了换届工作。在换届工作中，严格按照章程的规定，对一些长期不履行会员义务，不热心工商联事业和不符合章程要求的执（常）委进行了调整，将一批拥护党的领导、有较强的参政议政能力、经济实力雄厚，具有一定代表性的非公有制经济人士充实到了工商联班子中，完成了省工商联领导班子新老交替和交接。

认真指导州县工商联完成换届工作，8个州（地、市）和33个县级工商联全部完成换届工作。通过换届，州县工商联工作呈现三个特点。一是基层工商联组织建设得到加强。以换届工作为契机，新成立县级工商联组织6个，截至2012年底，全省县级工商联组织达39个，覆盖率为84.7%。二是工商联党组建设取得新突破。通过换届，新成立县级工商联党组29个，覆盖率达74%。三是换届期间全省县级工商联新增编制29个，基层工商联工作力量得到了进一步加强。

三、加强调查研究

一是针对我省小微企业发展滞后的情况，与各州（地、市）联合开展调查研究，形成了《抓住新机遇、找准突破口，推动小微型企业持续健康发展》的调研报告，报告得到了省领导的高度重视，省委常委、副省长骆玉林做了重要批示。二是紧紧围绕我省民营经济发展开展调研，撰写了青海省2011年民营经济发展报告。并指导和督促各州（地、市）工商联和部分县级工商联撰写民营经济发展报告，出版了《青海省2011～2012年度民营经济发展报告》。组织开展全省工商联系统优秀调研成果评选活动，对评选出的18份优秀调研报告进行了表彰。三是协助全国工商联研究室着手建立工商联系统中小企业运行状况监测分析点，按照全国工商联的要求，在省内选择100家样本企业进行监测。四是紧紧围绕省政协议政工作开展调研，年内向省政协提交《创新金融服务体系、支持中小企业转型升级》等大会发言3份，提交《财税支持非公有制经济发展》等提案4份。

四、加强宣传报道

加强与省内外媒体的联系与沟通，紧紧围绕工商联重点工作和非公经济亮点进行宣传，共在《青海日报》、青海电视台、《中华工商时报》、青海新闻网等媒体刊登新闻稿件21篇，广播报道4篇，人物专访2篇，专题片一期。一是"青洽会"期间邀请主流媒体对工商联、侨联组织参会及招商工作进行宣传报道，《工商联侨联合力招商，民企侨商联袂参会》等新闻稿被多家媒体采用。二是在全联十一大和省联十大期间，组织媒体报道会议盛况，刊发《工商联尽心竭力促发展》等文章，并邀请《中华工商时报》、《中国工商》杂志记者现场采访我省参会代表，传播了青海声音。三是大力宣传五年来的工作成就，省党代会召开前夕，参与"新青海、新成就、新征程"宣传活动，制做了10幅展板，集中展示五年来我省非公经济和工商联事业取得的新成就；十八大召开之际，与青海广播电视台"大美青海"、"新闻焦点"栏目合作，制做了"非公经济为青海发展添活力"的电视专题片，并制作录音报告一期，充分展示工商联在服务民营企业方面取得的成效。

五、加强会员服务

积极向非公有制企业宣传"民间投资36条"、"小微企业60条"等文件精神，引导企业用足用活国家优惠政策。协助政府部门开展"保增稳产"工作，通过专题报告会、典型案例学习等形式，引导企业正确应对危机。积极协助政府做好招商引资工作，全程参与了2012年"青洽会"的招商引资工作，共邀请到162家国内知名民营企业和侨资港澳企业、15家商会及经济研究机构共227名嘉宾参会，促成签约项目8个，签约金额108.6亿元，圆满完成了招商引资任务，得到省委、省政府的好评。先后与海西、化隆共同举办了"民营企业柴达木行"活动和"民营企业化隆行"活动，邀请省内外78家（次）民营企业和5家商会参加，为民营企业参与州、县经济建设搭建了平台。先后在5个县举办了工商联服务民营企业培训班，培训基层工商联干部及小微企业主300余人。积极搭建融资平台，与省财政厅举办了扶持中小企业座谈会，为企业介绍了财政扶持资金申报流程，并向省财政厅组织申报小微企业发展资金扶持项目76个；分别与工商银行、招商银行签署了《共同支持中小企业和县域经济发展合作协议》，累计协调落实贷款7480万元。认真开展法律进企业活动，并与省检察院建立长效合作机制，联合发文为民营企业维权提供了依据。开展上规模民营企业调研，向全国工商联上报营业收入五亿元以上的民营企业14家，

青海庆华矿冶煤化集团有限公司入围2012年全国民营企业五百强，填补我省民营企业全国500强的空白。

六、引导企业履行责任

引导非公有制企业积极参与"党政军企共建示范村"活动，省工商联多方筹资180万元，用于改善公布昂村基础设施建设。以宣讲中央1号文件为契机开展"五送五帮五推"活动，为联点帮扶村协调落实奖励性住房补助185套222万元。引导非公有制企业参与慈善事业，组织开展救助白血病患儿活动，共筹措到爱心捐款57.86万元。与政府部门联合举办了"民营企业招聘周"活动，共组织50家民营企业提供600多个就业岗位，现场签订就业意向366人；并协同各级就业服务机构为求职人员提供政策咨询、职业指导、权益维护等服务，现场发放就业政策宣传资料9万余份，提供维权及法律援助5600余人次。与省卫生厅、团省委共同开展红丝带健康包"百校进千企"活动，组织志愿者深入企业、工地宣讲防艾知识，共为18家企业的务工人员发放健康包6000个。

据不完全统计，2012年全省已有259家非公有制企业分别参与了"党政军企共建示范村"等活动，为新农村建设做出了积极的贡献。各级工商联引导非公有制企业参与各项社会公益事业，全年累计捐款捐物3567万元。我省光彩事业也得到了上级部门的肯定，鑫恒集团董事长杨毅被中央统战部、全国工商联、中国光彩会等部门授予"光彩事业奖章"，西宁市工商联被评为"光彩事业组织奖"；青海清华博众生物技术公司原董事长鲁长征被全国工商联、国家林业局、中国光彩会授予"光彩事业国土绿化贡献奖"。

宁夏回族自治区工商联2012年度工作综述

一、学习贯彻有关文件和会议精神

继续把学习贯彻中央16号文件摆在突出位置，重点指导市、县（区）出台贯彻中央16号文件和自治区37号文件具体实施意见，帮助解

决制约基层工商联工作的重点难点问题。把学习宣传贯彻十八大精神作为首要政治任务，组织全体干部职工集中收看开幕大会盛况，聆听胡锦涛同志所作的工作报告，对全区工商联系统学习贯彻活动做出安排部署，及时购买学习辅导资料，通过党组扩大会议、中心组和机关学习会，学习领会大会精神，使干部职工把思想和行动统一到十八大精神上来。认真贯彻自治区第十一次党代会和自治区党委十一届二次全体会议精神，结合工商联工作实际，制定具体措施，认真抓好贯彻落实。

二、承办"中国光彩事业宁夏行"活动

由中国光彩事业促进会和自治区党委、政府共同主办，中央统战部光彩事业指导中心、全国工商联扶贫与社会服务部、自治区党委统战部、自治区民政厅、自治区招商局、自治区工商联共同承办的"中国光彩事业宁夏行"活动，8月8日在银川举行。全国工商联、中国光彩会的领导和有关部门负责同志，以及来自全国各地的400余名知名企业家，部分兄弟省（区、市）统战部、工商联、光彩会的负责同志应邀参加了本次活动。宁夏回族自治区领导张毅、王正伟、项宗西、崔波、齐同生、刘慧、马三刚、袁家军、冯炯华、李锐，以及自治区党委、政府有关部门，五市和宁东能源化工基地、银川经济技术开发区管委会的主要负责人出席开幕式。此次活动共签约项目142个，总投资2060.02亿元，其中合同项目110个，总投资1158.12亿元；协议项目32个，总投资901.9亿元。企业家们慷慨解囊、踊跃捐款，共收到捐款4170万元。活动的圆满成功得到了自治区和中央统战部、全国工商联领导以及与会嘉宾的高度称赞。2012年，宁夏工商联被中国光彩会授予"光彩事业组织奖"，"中国光彩事业宁夏行"活动被全国工商联评为2012年度"十大亮点优秀案例"。

三、参政议政工作

向全国政协和自治区政协提交提案26件、社情民意31件。其中，《关于进一步加强我区保健品市场监督管理的提案》被列为自治区重点提案，自治区政协副主席李淑芬亲自督办。深入基层工商联、企业就非公有制企业党建、企业文化建设、工商联自身建设、商协会建设、民营企业"走出去"、小微企业保生存谋发展等专题进行调研，全年共撰写各类调研报告14篇。《加强基层组织建设，提高非公有制经济组织党建工作影响力》被评为自治区党建研究会2012年度课题研究成果一等奖。积极配合自治区党委政研室赴陕西、浙江、福建等地就促进民营经济发展政策措施深入考察调研，参与起草了《自治区党委、人民政府关于加快发展非公有制经济的若干意见》，并多次提出修改意见。

四、组织建设情况

截至2012年底，宁夏全区工商联共有会员30328个，其中企业会员12448个、个人会员17460个、团体会员420个。年内发展直属会员2批16个，直属会员达221个。成功召开了自治区工商联第九次会员代表大会，圆满完成了自治区工商联换届工作。选举产生了自治区工商联第九届执委174名、常委74名。成立领导小组，加强对基层工商联换届工作的指导力度，督促指导24个市、县（区）工商联全部完成了换届工作。严格标准，扎实做好全国工商联十一大代表、执委、常委推荐工作，共推荐代表13名、执委7名、常委3名。研究下发了《关于推动解决县级工商联建设中有关问题的实施方案》，指导基层工商联开展示范点创建活动。筹备成立了宁夏浙江企业家协会、宁夏无锡商会等4家商（协）会，指导宁夏浙江商会、宁夏陕西商会、宁夏温州商会等6家商（协）会完成换届工作。制定《自治区工商联直属商（协）会评估工作实施方案》，在所属商（协）会中开展了星级商会评定工作，对工作成绩突出、管理较好的三个商会进行表彰奖励。

五、开展经贸交流活动

全年共参与、组织开展各类经贸活动23次，开展"请进来"、"走出去"活动15次。邀请上海复兴集团等一批全国知名企业家、慈善家来宁考察投资。邀请包括王健林、刘志强、陈光标、雷菊芳等687名国内知名企业家来宁考察或出席推介会，有力地宣传和推介了宁夏。配合政府有关部门开展了宁夏—香港经贸合作交流活动，组团参加首届世界晋商大会、兰洽会、西洽会，拓宽了非公有制企业发展路子。认真组织动员相关商会及民营企业，积极参与"中阿经贸论坛"、"宁洽会"、"回商大会"等活动，圆满完成了中阿经贸论坛有关工作任务，被自治区政府评为接待工作先进单位。指导协助宁夏浙江商会、宁夏黑龙江商会成功举办了"天下侨商·浙商宁夏行"和"东北一家亲联谊会暨送温暖慈善行项目启动仪式"等活动。

六、协调服务工作

积极为企业特别是小微企业提供人才、培训、信息、融资、维权、考察等方面的服务。协助银川市工商联与建设银行宁夏分行、西夏区政府与工商银行、浙江企业家协会与黄河农村商业银行等开展银企合作，积极与相关金融机构合作开展支持中小企业金融服务等活动，搭建银企合作平台。配合政府有关部门继续实施"百家成长千家培育"工程。协同有关部门认真组织开展"民营企业招聘周"活动，全区共组织678家民营企业参加了招聘会，提供就业岗位21870个，签订意向协议3599人。开展了上规模民营企业调研活动，受到全国工商联通报表彰并获三等奖，宁夏宝塔石化集团入围中国民营企业500强，宁夏宝塔石化集团、宁夏天元锰业集团入围中国民营企业制造业500强。积极参与协调劳动关系三方六部门工作，引导民营企业构建和谐劳动关系。宁夏西部光彩职业技能学院被自治区政府评为"农民工工作先进集体"。

七、典型宣传工作

认真贯彻落实全国非公有制经济先进典型报告会精神，通过教育引导和自我教育、培训、树立典型等形式，广泛宣传非公有制经济先进典型事迹。利用《中华工商时报》、《宁夏日报》、《华兴时报》、《宁夏商会》等平台，加大对民营企业先进典型和先进事迹宣传报道，引导非公有制经济人士大力弘扬同心思想、"光彩精神"、感恩文化。努力提高《宁夏商会》办刊质量，全年共编辑发行《宁夏商会》杂志4期7200册。协助自治区党委宣传部、广电总台等单位开展

"2011年度宁夏经济人物"、"宁夏十大企业"等评选活动。郑国福、孙珩超、朱奕龙、陈庆成、郑国祥、史信、李萍、宋益群、吴玉容等会员分别荣获自治区"2011年度经济人物"、"十大优秀企业家"、"三八红旗手"、"五四青年奖章"等荣誉。宁夏宝塔石化集团、石嘴山银行分别被评为"宁夏十大企业"、自治区"三八红旗集体"。陈逢干荣获全国"光彩事业奖章"，宁夏西部光彩职业技能学院生态移民培训经验做法，被选为中央统战部同心思想座谈会典型案例。宁夏浙江商会、宁夏福建企业家协会及刘金虎、孙珩超、陈逢干典型事迹入编全国工商联主编的相关图书。联合自治区党委宣传部编辑出版《推进社会主义核心价值体系建设工程·非公有制经济人士篇》系列丛书，征集汇编了我区31名民营企业家典型事迹材料。

八、教育引导工作

选派自治区工商联常委、副主席30余人分别参加自治区党委组织部、统战部举办的培训班。选派工商联干部分别参加中央统战部、全国工商联、自治区相关部门在香港、北京、上海、井冈山等地举办的各类培训班。举办了1期全区工商联领导干部培训班，进一步提高了各级工商联干部履职能力。组织机关干部参加网络教育培训，培训机关干部68人次。继续抓好创业讲堂活动，与宁夏鲁宁企业联合会联合开展"创业讲堂进商会"活动，邀请清华大学、中国矿业大学客座教授为商会会员、企业管理人员讲授企业经营之道。

九、自身建设情况

制定了《自治区工商联信息工作制度》等12项规章制度，进一步加强机关工作的制度化、规范化建设。在机关内部进行干部轮岗交流，实现多岗位锻炼培养，激发了干部活力。结合创先争优和"下基层"活动，调整了领导班子成员基层工作联系点，班子成员和处室负责人转变作风，经常到联系点调研指导工作，帮助解决问题。自治区工商联组织宣传处被自治区人民政府授予"全区就业先进工作单位"。

新疆维吾尔自治区工商联2012年度工作综述

2012年，全区工商联（商会）组织在各级党委、政府的正确领导下，以邓小平理论和"三个代表"重要思想为指导，深入贯彻落实科学发展观，深入贯彻落实党的十八大精神、中央新疆工作座谈会以及自治区第八次党代会精神，深入贯彻落实《自治区党委、自治区人民政府贯彻落实〈中共中央、国务院关于加强和改进新形势下工商联工作的意见〉的实施意见》（新党发〔2011〕26号，以下简称《实施意见》）精神，围绕"稳中求进、进中求变"总基调和"两个健康"工作主题，按照自治区工商联确定的目标和任务，各项工作迈上了新的台阶。

一、认真学习党的十八大精神，大力推动《实施意见》的贯彻落实

以党的十八大精神为指针，以中央新疆工作座谈会、自治区第八次党代会精神为统领，大力推动工商联工作深入开展。一是认真学习贯彻党的十八大精神，把深入学习贯彻党的十八大精神作为当前和今后一个时期各级工商联商会组织和非公有制企业一项重大政治任务来抓。按照自治区党委的统一部署，把学习贯彻十八大精神与贯彻落实中央新疆工作座谈会、自治区第八次党代会精神紧密结合起来，重点抓好党的十八大报告中关于非公有制经济发展新理论、新举措、新要求的学习研究，切实把全区工商联干部和非公有制经济人士的思想认识统一到十八大精神上来。结合学习，认真梳理非公有制经济发展存在的困难及问题，积极主动向自治区党委报送促进非公有制经济发展的意见建议。二是抓好中央16号文件、新党发26号文件精神的贯彻落实。3月，自治区工商联组成6个调研督察组赴地州市工商联调研督察中央16号文件、新党发26号文件精神学习贯彻情况。6月，配合自治区党委统战部，分别召开北疆、南疆东疆片区贯彻落实新党发26

号文件精神座谈会，编写并印发1万册新党发26号文件《学习问答30题》。目前，各地相继出台了与新党发26号文件配套的实施细则，非公有制经济组织党工委和工商联人员编制、专项经费、工作环境等诸多方面发生明显变化、各方面条件得到逐步改善，为工商联更好地履行非公有制经济发展服务职能奠定了良好基础。

二、做好换届工作，切实加强工商联自身建设

2012年是工商联换届年。按照中央和自治区文件精神，大力推动基层工商联换届工作。年初，深入全区地州市工商联开展换届督察工作，摸清实际情况、掌握换届动态、下发督察通报，将存在的问题及时上报自治区党委和自治区党委统战部，有力推动了基层工商联换届工作。截至2012年11月底，全区地州市县工商联全部完成换届工作。通过换届，一大批思想品质优、社会贡献大、公众形象好、参政议政能力强的非公有制经济代表人士充实到工商联领导班子中来，进一步提升了工商联的社会地位，扩大了社会影响力。

三、加强和创新非公有制经济人士思想政治工作

围绕中央和自治区党委的工作要求，始终将非公有制经济人士思想政治工作作为工商联工作的生命线和首要政治任务，广泛开展"爱国、敬业、诚信、守法、贡献"教育，努力探索新形势下做好非公有制经济人士思想政治工作的新途径、新方法。一是召开自治区非公有制企业典型事迹宣传报告会，6位非公有制经济先进典型代表从企业转型升级、争创民族品牌、热爱伟大祖国、建设美好家园、创先争优、构建和谐劳动关系、承担社会责任等方面介绍了先进经验和做法。二是召开主席（会长）扩大会议，邀请十八

大代表，自治区工商联副主席、特变电工集团董事长张新谈体会、谈感受、谈发展，坚定民营企业家发展信念、鼓舞民营企业家发展信心。三是开展系列非公有制经济发展宣传活动，组织非公有制经济发展成果板报展，在《新疆日报》上整版刊登民营经济发展报告，组织新闻媒体采访新当选的民营企业家副主席、副会长，多角度、多层次连续宣传报道换届大会盛况。工商联会刊《新疆民营经济动态》全年24期刊发180余幅图片70多万字文稿，跟踪民营企业发展、展示民营企业风采，反映民营企业心声。四是加强企业文化建设，积极参与光彩事业及其他社会慈善事业，民营企业为自治区见义勇为基金会捐款上百万元。继续参与实施"民营企业招聘周"活动，全区近3000家会员企业提供10余万个就业岗位。加大扶贫点扶贫工作力度。成功举办"红丝带健康包"新疆启动仪式。带领商会组织和民营企业开展自治区工商联光彩事业察布查尔行活动，捐款捐物总额达666万元，新疆通嘉集团拿出1000万元，扶持察布查尔县经济发展。截至2012年底，自治区民营企业参与光彩事业项目累计462个，到位资金167.18亿元，培训人员11.7万人次，为社会慈善公益事业捐款捐物达5.81亿元。

四、履行参政议政工作职能，提高调查研究工作水平

做好参政议政工作是体现工商联政治优势的重要方面。工商联围绕非公有制经济发展积极参政议政、建言献策。一是在自治区"两会"期间，向自治区政协提交《关于促进我区小额贷款公司科学发展的建议》等10份团体提案和《解决中小供应商商品进商场超市负担重问题的相关建议》等4篇大会发言。向自治区政协提出《加快民营企业"走出去"发展步伐建议》和《关于我区非公经济和中小企业存在问题及对策建议》2个建议，其中一个建议被列为自治区政协常委会重点发言。向全国工商联提交了《关于建立沿边高寒地区中小微企业免税区》的建议。编发了《2012年参政议政文集》。二是开展2012年大调研大宣讲活动。在自治区"三个促进周"活动推动下，我们以周促月、以月促年，围绕小型微型企业保生存谋发展等4大主题，由会领导分

别带队组成多个调研组，深入全疆14个地州市、27个县市、13个商会协会组织、84个小型微型企业深入调研。形成上报自治区党委《我区中小微企业发展存在的主要问题及对策建议》等4份专题调研报告；形成上报全国工商联《新疆小型微型企业发展调研报告》、6份小型微型企业先进典型材料和《关于在沿边50公里范围内设立小微企业免税区的建议》、《关于对高寒地区小微企业给予特殊财政补贴的建议》2个政策建议；形成题为《我区中小微企业发展状况及对策建议》的自治区政协常委会大会发言。在《新疆日报》、《中华工商时报》发表题为《有效提升我区非公经济和中小微企业发展能力》的署名文章；开展了非公有制企业文化建设调研，撰写《关于新疆非公有制企业文化建设情况调研》报告，编发3期《调查研究》。三是开展了2011年全区工商联系统定点企业调查工作，形成《2011年全区工商联企业会员经营情况定点调查统计分析报告》。协助完成全国第十次私营企业调查问卷活动，向全国工商联提交30份私营企业调查问卷。四是创新《2011年新疆民营经济发展报告》编撰工作。为全面反映自治区民营经济发展成果，形成有关部门服务民营经济发展的合力，组织召开由自治区党委常委肖开提·依明主持的编发《2011年新疆民营经济发展报告》协调会。推动从2012年开始，每年由工商联牵头，10个相关厅局参加，以自治区发展非公有制经济协调领导小组办公室的名义编撰印发了《2011年新疆民营经济发展报告》。五是帮助民营企业解决实际困难。推动并参与自治区党委、政府研究室牵头10个部门组成专题调研组实地调查，协调解决了自治区钢贸行业发展过程中出现的突出问题，帮助钢贸经营户恢复信心、战胜困难、迈出新的发展步伐。

五、切实推动非公有制经济和中小企业科学发展再上新水平

积极做好自治区发展非公有制经济和中小企业各项政策的学习贯彻落实工作。一是印发了《自治区促进非公有制经济和中小企业发展相关优惠政策法规摘要（2010～2011）》12000册，下发到全区各级工商联、各类商会和广大非公有制经济人士，受到全区工商联系统和非公有制经

济人士的欢迎。二是参加第二届中国—亚欧博览会，提供自治区重大招商引资项目，推动地州市工商联开展招商引资工作。2012年自治区招商引资中民间投资比重首次超过50%。同时，做好首届中国—亚欧博览会签约项目的跟踪落实服务工作。在"喀交会"活动中，主动协调对口援疆19个省市工商联和会员企业组团参展，并取得显著成效。三是稳步推进民营企业"走出去"。8月，协助召开新广州新商机乌鲁木齐推介会。9月，在伊宁市举办新疆民营企业"走出去"培训班。协调兵团工商联，组织行业商会、直属商会125人实地考察西山工业园并促使多家企业达成入园意向。10月，参加了中亚区域经济合作2020战略推介会。分别与广东、四川、湖北、江苏、重庆工商联建立工作联系机制，扩大交流合作。与新疆财经大学共同举办以"机遇·挑战·民营企业可持续发展"为主题的新疆企业发展论坛，并发放问卷，取得了良好的效果。四是培训工作与援疆工作相结合，协助全国工商联在伊宁市举办开拓中亚市场培训班。在全国工商联"十一大"会议期间，与中央统战部副部长，全国工商联党组书记、第一副主席全哲洙和19个援疆省市工商联领导座谈，为进一步开展援疆合作打下牢固基础。搭建银企合作平台，牵头与自治区建设银行、浦发银行签署战略合作框架协议。直属会员商会、行业商会等100多家企业积极参与，为银企合作搭建了更广的融资平台。五是大力开展民营企业维权工作，依托自治区非公有制企业维权工作协调会议机制，全年共受理华春集团、博瑞公司、百商集团、华祥社区商会、北疆商会等会员企业和行业商会各类维权案件和情况反映29起，帮助企业挽回经济损失数千万元。开展"法治天山行"、"送法到企业，送法到基层"等法制宣传教育活动，深入基层举办3期非公有制经济人士法律知识培训班，引导非公经济人士诚信守法、科学发展。积极推进三方合作机制各项工作，参与拟定《自治区构建和谐劳动关系领导小组办公室会议工作制度》、《关于进一步加强和规范劳务派遣用工管理的指导意见》、《关于进一步推进和谐劳动关系构建工作实施意见》等文件。

六、推进工商联组织建设和会员队伍建设

围绕"提升思想认识、提升综合素质、提升工作效能"工商联干部队伍建设的总要求。一是加大换届后的基层工商联专职领导培训工作力度。在自治区党委统战部的支持下、在新疆社会主义学院配合下，举办两期100名县市区工商联专职副主席、秘书长培训班，紧密结合新党发26号文件精神，从转变思想认识、强化服务理念、创新工作思路出发，使新任职的工商联专职领导尽快熟悉、掌握新时期工商联业务工作。培训基本上实现了96个县市区工商联领导干部的全覆盖。首次"走出去"在杭州举办《新疆民营经济动态》通讯员培训班，来自全疆16个地州市的40名基层工商联干部参加培训，反响强烈。二是落实自治区党委、人民政府召开的加强和改进新形势下工商联工作电视电话会议精神，根据《全国工商联捐赠资金管理使用办法》规定，从支持基层工商联工作、改善基层工商联条件出发，分别给地州市县工商联补助购车经费447万元，补助工作经费158万元，共计605万元，这是自治区工商联成立50多年来第一次为基层工商联配备工作用车，也是自治区工商联认真贯彻落实中发16号文件和新党发26号文件精神的具体举措。完成基层工商联申报自治区级"会员之家"的考核验收工作。组建成立了新疆民贸商会和新疆家居商会。截至2012年底，新疆工商联（总商会）在各地州市县（区）恢复和建立工商联组织109个（其中自治区级1个、地级14个、县级94个），乡镇（街道）商会等基层组织448个，行业商会91个，会员总数5.3万个。

七、非公有制经济组织党建工作

自治区非公有制经济组织党工委与工商联党组合署办公，办事机构设在工商联。自治区批准区工商联机关设立党建工作部。一是认真贯彻落实中办11号、新党发26号文件和全国非公有制企业党建工作会议精神，积极指导各地州市加强体制机制建设、开展非公有制经济组织党建工作。筹建成立新疆党建研究会非公有制经济组织党建研究专业委员会，加强非公有制经济党建理论的研究，完成多份较高质量的非公党建情况调研报告。二是建立党建信息员队伍，做好新疆党建网、新疆工商联网站非公党建信息工作，发布党建信息600条，编发简报102期，其中4条被中央创先争优领导小组简报选用。三是按照将非公有制经济组织党组织负责人培训班纳入自治区党委组织部培训计划和自治区党校主体班次，在自治区党校成功举办第一期非公有制经济组织党组织书记参加的培训班，同时邀请全国工商联副主席庄聪生为党校 10 个主体班、800 多名学员和教职员工做了学习《关于加强和改进工商联工作的意见》的辅导报告。组织非公有制经济党组织书记赴内地学习考察，参观典型、更新观念。3 月、11 月分别召开了全疆各地州市及部分县市非公有制经济组织党工委书记工作座谈会，总结工

作，交流经验。四是建立自治区非公有制经济党建联系会议制度和考核地州市非公有制经济组织党工委工作机制。逐步建立健全自治区非公有制经济组织党建系列制度措施，扎实有效推进非公有制企业党建工作、创先争优活动。特变电工党委受到全国表彰，14 个非公有制经济组织党组织和个人受到自治区表彰。目前，全疆 13 个地州市、87 个县市区成立了非公有制经济组织党工委，成立非公有制企业党组织 5500 个，规模以上非公有制企业党组织实现全覆盖。

新疆生产建设兵团工商联 2012 年度工作综述

2012 年，兵团工商联以邓小平理论、"三个代表"重要思想和科学发展观为指导，认真贯彻落实中央新疆工作座谈会、兵团党委六届十次全委（扩大）会议精神，围绕党委中心工作和兵团的工作大局，进一步落实中央 16 号文件精神，加强自身建设，发挥"五个作用"，组织动员广大非公有制经济人士积极投身兵团"三化"建设，为实现兵团跨越式发展和长治久安做出了积极努力。

一、团结服务，引导教育，发挥好在非公有制经济人士中思想政治工作方面的引导作用

在非公有制经济领域大力宣传党的十七届七中全会、十八大及兵团党委六届十次全委（扩大）会议精神，引导非公有制经济人士贯彻党的方针政策和兵团党委的决策部署，积极投身兵团"三化"建设。以社会主义核心价值体系为引领，推进企业文化建设。继续推进非公有制经济组织创先争优，开展评选兵团第四届优秀中国特色社会主义建设者活动。贯彻落实全国非公有制经济先进典型报告会精神，与农一师联合在塔里木大学组织非公有制经济人士开展"大学生创业大讲堂"活动。组织民营企业、邀请兵团党校教授举办党的十八大精神专题讲座，把学习贯彻十八大精神推向深入。

二、健全体系、教育培养，加强工商联组织和队伍建设

成功召开兵团工商联（总商会）第四次会员代表大会，选举产生了新一届领导机构和领导班子，总结了五年来的工作，提出了今后五年工作的指导意见。贯彻落实《全国工商联关于加强县级工商联组织建设的意见》精神，进一步加强基层工商联建设，因地制宜地推动社区、街道工商联的发展。组织举办工商联专兼职干部培训班，培训人员 124 人。指导各师共举办工商联专兼职干部培训班及民营企业业务专题培训班 14 期，培训 407 人。组织 4 名新任师工商联主席赴香港参加全国工商联组织的培训。加强了对各师工商联组织建设工作的指导，帮助解决师工商联人员编制不到位、经费不落实等实际困难和问题。

三、调查研究，建言献策，发挥好在非公有制经济人士参与社会政治事务中的主渠道作用

根据全联十届五次执委会议安排，在兵团范围内组织开展了兵团上规模民营企业调研。按照兵团 2012 年深化经济体制改革任务分工，制定了兵团工商联牵头任务的实施方案并组织实施，完成研究课题 2 项，提出了加快兵团非公有制经济发展的建议措施。加强信息交流，利用各类媒体宣传兵团非公有制经济发展情况。组织 5 位民

营企业家与兵直党工委在兵团机关举办"民营助推兵团跨越发展报告会"，扩大了社会影响。落实兵团工商联四届一次主席会议要求，在新一届工商联（总商会）副主席（副会长）中开展意见建议征询工作。通过作用发挥，工商联调研工作更加实际，建言献策能力进一步提高，主渠道作用得到发挥。

四、广泛联系，热情服务，发挥好在兵团管理和服务非公有制经济方面的助手作用

组织民营企业积极参与国内外"西洽会"、"厦洽会"、"西博会"等各类经贸活动。特别是在第二届"中国—亚欧博览会"期间邀请了全国工商联组织100多位企业家到兵团、师考察。协助兵团组织非公有制企业参加2012年"西洽会"，组织40家陕西省规模以上非公有制企业家参加兵团举办的新闻发布会。加强对外联络，推动招商引资，促成落地项目9个，投资75亿元。举办进出口政策业务培训班2期，加强对民营进出口外企贸政策服务和业务指导。与兵团企业联合会共同组织赴台经贸考察4批。协助兵团有关部门修订出台非公有制企业职称评定文件，完成了2012年非公有制企业从业人员经济类职称评审工作。

五、履行责任，促进正义，发挥工商联在构建和谐关系中的积极作用

参与兵团劳动关系"三方"协调机制和企业职工工资普遍协商制度，对兵团工商联（总商会）副主席（副会长）企业职工工资普遍集体协商制度开展了深入调研。组织开展第一届兵团企业"关爱员工，实现双赢"评选活动。与有关部门共同在石河子市举办"民企就业大有可为"专场招聘会，达成用工意向3000余人。落实兵团督办的企业上访积案化解工作，为确保党的十八大期间兵团社会稳定做出了积极努力。组织"法律进民企"宣传活动，把法律服务送到45家会员企业，并对100名企业家进行了预防职务犯罪警示教育。积极开展各项慈善公益事业，组织非公有制经济人士开展2次捐款活动。大力发展光彩事业，共实施光彩事业项目352个，到位资金25亿元。

六、加强管理，沟通协调，发挥工商联在行业协会商会改革发展中的促进作用

认真履行工商联社会团体业务主管单位职责，研究行业协会商会的管理体制机制。积极发展异地、市场、园区商会等新型组织，筹备成立了"东方智慧企业家联合会"，"兵团民营经济研究会"各项筹备工作已经就绪。与自治区工商联建立会议制度，共同组织驻疆商会52家民营企业到十二师开展兵地互访考察、交流协作，促进兵地发展。与自治区工商联共同举办了首届新疆品牌节。与浙江、广东、江苏达成友好商会协议。

七、改进作风，强化服务，促进机关效能提高

贯彻兵团党委六届十次全委（扩大）会议精神，落实兵团机关绩效目标管理工作电视电话会议精神，把绩效管理、党的建设、文明创建作为改进作风、深化管理、推动工作的三项重点任务，结合实际深入推进，工商联机关思想、组织、制度、作风建设进一步加强，促进了工商联机关工作科学化水平的提高。